教育部人文社会科学重点研究基地基金资助

古代文明

（第12卷）

北京大学中国考古学研究中心
北京大学震旦古代文明研究中心　编

上海古籍出版社
上海·2018

图书在版编目(CIP)数据

古代文明.第12卷/北京大学中国考古学研究中心,北京大学震旦古代文明研究中心编.—上海:上海古籍出版社,2018.5
ISBN 978-7-5325-8783-4

Ⅰ.①古… Ⅱ.①北… ②北… Ⅲ.①文化史—研究—中国—古代—丛刊 Ⅳ.①K220.3-55

中国版本图书馆CIP数据核字(2018)第056936号

古代文明(第12卷)

北京大学中国考古学研究中心
北京大学震旦古代文明研究中心 编

上海古籍出版社出版发行

(上海瑞金二路272号 邮政编码200020)

(1) 网址:www.guji.com.cn
(2) E-mail:guji1@guji.com.cn
(3) 易文网网址:www.ewen.co

上海惠敦印务科技有限公司印刷

开本787×1092 1/16 印张24.25 插页5 字数517,000
2018年5月第1版 2018年5月第1次印刷
ISBN 978-7-5325-8783-4
K·2460 定价:118.00元
如有质量问题,请与承印公司联系

目 录

良渚文化微观聚落研究 …………………………………………… 郭明建（1）

中国早期铃形器
　——以新石器时代至二里岗文化的陶铃和铜铃为例 ………… 陈国梁（28）

"族徽"内涵与商代的国家结构 …………………………………… 曹大志（71）

晚商"族墓地"再检视 ……………………………………………… 郜向平（123）

周原遗址黄堆墓地分析 …………………………… 雷兴山　蔡　宁（132）

匜鼎研究 …………………………………………………………… 田　伟（144）

新见夒簋考释 ……………………………………………………… 田　率（157）

晋南与鄂东豫西地区两周时期的地名重名现象 ………………… 于　薇（169）

琉璃阁墓地春秋铜器群文化因素分析 …………………………… 陈小三（234）

试论东周晋系墓葬的长幼之序与男女之别 ……………………… 林永昌（248）

战国时期巴蜀文化中"兰"形符号的考察 ………… 洪　梅　严志斌（268）

北京大学藏秦权与单位权意义探论 ……………………………… 熊长云（298）

北朝晚期墓室空间布局研究
　——以北魏洛阳时代至北齐都城地区的墓葬为例 …………… 王　音（306）

中国境内中古祆教徒葬俗考论（之一）…………………………… 陈　凌（324）

赵州城复原研究 …………………………………………………… 徐斐宏（342）

傅斯年与中研院历史语言研究所的创立 ………………………… 张　敏（370）

良渚文化微观聚落研究

郭明建

（中国国家博物馆）

聚落考古是一种主要源于西方的考古学研究方法和思路，一般来说，它是指以聚落遗址为主要研究对象的考古学方法。其中"聚落"一词在英语中为"settlement"，本意指人们居住的地方；而在考古学的研究中，它则引申为"人类占据地表的一种具体的表现"（Peter. Haggett），或者我们经常使用"聚落形态"一词代替它，其定义为"人类在他们栖居环境里安置自身的方式。它是指住宅和其排列方式，以及与社群生活相关的其他建筑物的性质和安置"。由于"这些聚落反映了自然环境、建造者所拥有的技术水平和各种维系其文化的社会互动及控制制度"，"聚落形态有一大部分为广泛保有的文化需要所形成的"（Gordon. R. Willy），所以通过对"聚落形态"的分析，我们可以得到很多关于古代社会，尤其关于其社会规模、社会结构和社会关系的信息。也正因如此，聚落考古常带有很强的社会研究的性质，以至于崔格尔和张光直这样定义聚落考古："用考古学的材料对社会关系的研究"，"聚落考古学是在社会关系的框架之内来作考古资料的研究"。[1]

以聚落考古的研究范围划分，它大体可以分为两个层次，一是对微观聚落的研究，即研究对象主要针对某个聚落本身，二是对宏观聚落的研究，即研究对象为某一地区的多个聚落。本文的研究对象是良渚文化的微观聚落，即主要分析良渚文化各个聚落内部的情况，并借以分析它们的社会组织、结构等信息。不过与其他文化相比，良渚文化的特点之一是发现的墓地居多，而包含生活区和墓葬区的完整聚落屈指可数。这种现状对于本文的研究自然是有利有弊的，而其中比较有利的一方面就是：由于墓葬分期相对较精确，而且可以直接和墓主人对应，如果能仔细分析，并结合生活居址的研究，应当会得出比单靠后者更多且更有意义的结论。

一、良渚文化完整聚落的形态分析

良渚文化目前发现的较完整聚落仅有数处，而其中材料相对较丰富的只有庙前、龙南和绰墩三处。笔者认为，这种情况主要是由于良渚文化的考古发掘多集中于遗址的高土

---

[1] 以上引文均引自张光直：《考古学专题六讲》，第五讲"谈聚落形态考古"，文物出版社，1986年。

墩部分所致,因为这一部分主要是良渚文化的墓地所在,而且除墓葬外,土墩上发现的其他遗迹也多与祭祀等活动有关。不过与墓地相比,这些为数不多的较完整聚落为本文考察良渚文化聚落的完整形态提供了更宝贵的资料,因此本文的分析将从它们开始。

下面分别分析:

1. 庙前遗址的聚落形态①

庙前遗址位于良渚遗址群东南部荀山东南侧,其总面积约有6万平方米,遗址共发掘六次,揭露总面积3 250平方米。其中第一、二次发掘区位于遗址的中部,第三、四次发掘区位于遗址的南部,第五、六次发掘区位于遗址的北部。

庙前的发掘报告将遗址的墓葬分为四期六段,生活遗迹的年代和墓葬也大体相近。其中属于第一期的遗存主要集中于庙前第一、二次发掘区,即遗址中部,其又可以分为前后两段(这两段不同于庙前报告所划分的第一期墓葬的两段,它们主要从地层关系上区分的)。其中,前段即第一、二次发掘区的"第一期遗存",其以生活遗迹为主;这些遗迹经过复原可以形成一个较完整的生活区,其中生活区的东部为河沟G2,依靠河沟的生活区北部有一座窑址Y1,其东南侧有一座墓葬M32和一处不明硬面;再往南则有两座房址F3和F4,不过两者有打破关系,可见它们也并不是同时使用的。第一期后段即第一、二次发掘区的"第二期遗存",此时前段主要遗迹所在的区域除了一个灰坑H1外,其他区域都基本被墓葬占据,窑址和房址也已废弃;在这一区域的南部,则出现了F1、F2两座房址,它们的面积较前段的F3、F4较大,且两者无打破关系,所以有可能是同时的。值得注意的是,F2的范围内还有五座墓葬(它们属于报告所划分的第一期早段墓葬),但其中M5打破F2的Z15,可见这些遗迹也不是完全同时的,五座墓葬应晚于房址,而与北部的墓葬同期。而此段沿河沟有一些木桩,有可能为码头一类遗迹。此外,属于良渚文化第一期的墓葬在第五、六次发掘区,即遗址的北部也零星存在(图一)。

遗址中属于第二期的遗迹主要是墓葬,它们主要分布在第三、四次发掘区,即遗址南部,另外遗址南部的第五、六次发掘区也有零星分布(其中第四次发掘区还发现了人工堆筑的墓地,墓地北侧有陶片面、灰坑和3座房址,但陶片面时代较晚,房址的时代也不明确)。

遗址中属于第三期和第四期的遗迹较多,但分布较零散,其中遗址中部第一、二次发掘区内有陶器窖藏坑J1、水井H2,遗址南部第三、四次发掘区内有陶片面,遗址北部第五、六次发掘区西北部有墓葬区,东南部则有带沟槽和柱洞的红烧土遗迹、灰沟、灰坑和水井等。但值得注意的是,第五、六次发掘区内的很多遗迹应该是从第一期一直沿用到第三、四期的,如其墓葬区就包括了第一至四期的墓葬,而其东南部的G3、H3等大型遗迹也都有从第一期到第四期的遗物。

---

① 浙江省文物考古研究所:《良渚遗址群考古报告之四——庙前》,文物出版社,2005年,第1—372页。

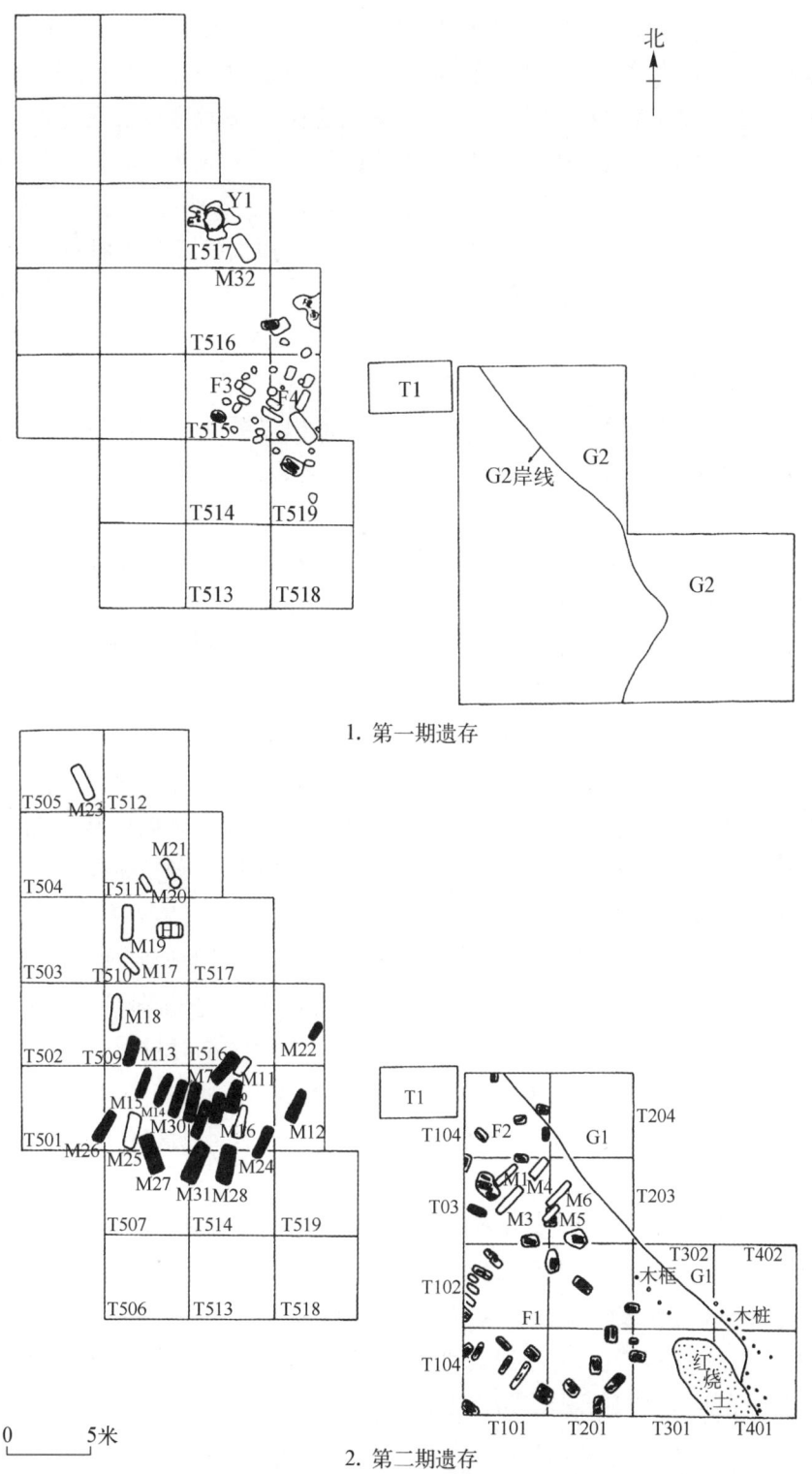

1. 第一期遗存

2. 第二期遗存

图一　庙前遗址第一、二次发掘区的聚落变迁

（据《庙前》图一三、二十七改绘）

此外,在庙前遗址周围100—300米的范围内,金霸坟、茅庵里、马家坟、荀山东坡等几个遗址也经过了小规模的试掘。其中西部的马家坟遗址发现了良渚文化晚期的灰坑、水井和河沟,北部的荀山东坡有一些良渚文化早期的遗存,金霸坟遗址发现了时代不明的房址、红烧土遗迹和良渚文化早期墓葬,东部的茅庵里遗址则发现了良渚文化晚期的灰坑和可能与水生植物或鱼类养殖有关的桩木遗迹。而综观以上庙前遗址的聚落形态,其特点可以归纳为:生活区与墓葬区有此废彼兴的现象,不同期别的墓葬多埋葬于遗址的不同方位,并有很多沿用时间很长的大型生活遗迹。

2. 龙南遗址的聚落形态①

龙南遗址位于吴江县梅堰镇龙南村西南,其总面积约4万平方米,为一平地类型的遗址。遗址共发掘过四次,揭露总面积合计1 020平方米,发现的遗迹以生活遗迹为主,此外还有墓葬17座。

遗址主要发掘部分揭露的为一处依河而居的村落,其使用年代分为三期。其中属于第一期的遗迹只有一座残破的房址。第二期遗存显示的村落则比较完整:村落中部为一条河沟,"河两岸高坡上分布三组房址,在临河西北岸的一组房址(88F5和88F6)前还保存着防止河水泛滥所筑的护房堤坝";"河南岸的两组房址更具特色,东侧一组以87F3—87F6为核心。门前有87H3—87H6等灰坑及灰沟所组成的储废排污设施。房后有土坑井87J2……出土以罐型器为主的陶器13件。房后临河处有一座圆形的半地穴式房址87F2,可能为猪圈,在河边还有木构埠头","87F3—87F6本是一处曲尺形的双间房。先筑有87F5和87F6组成的双间房,后修筑扩建成87F3和87F4组成的双间房";"河道南岸西侧的一组房址由88F1—88F4组成";"较为完整的房址是88F1,房内有内窖穴88H23,房外有外窖穴88H20"。由上述房址的分布看,它们应该有分组的现象,而房址间的打破关系,则说明它们使用了较长时间,有被废弃和重建过的情况。房址外的灰坑从出土物看,有的如88H16、88H17等则有明显的祭祀性质(图二)。第三期时村落由于河道淤塞变为了墓地,墓地内的墓葬有分组的现象,其随葬品的数量也多少不一,多的十余件,少的则无随葬品,其中88M12墓主人左股骨上还发现骨镞一枚;此外本期在墓地中还发现了陶片铺成的小路一条。

龙南遗址的年代跨越较长,其中第一期的遗存应属于崧泽文化,第二、三期的遗存,除了少量属于广富林文化外,发掘者认为大部分应为良渚文化早期的遗存,但典型的良渚文化陶器在遗址中却很少发现,简报所发表的多数陶器都带有明显的崧泽文化风格。

由以上的分析可以看出,龙南遗址和庙前遗址的聚落形态有一些相似之处,即生活区和墓葬区都存在此废彼兴的现象,房址也有分组的现象,也存在被废弃和改扩建的情况。

---

① 苏州博物馆等:《江苏吴江龙南新石器时代村落遗址第一、二次发掘简报》,《文物》1990年第7期,第1—27页;苏州博物馆等:《吴江梅堰龙南新石器时代村落遗址第三、四次发掘简报》,《东南文化》1999年第3期,第17—26页。

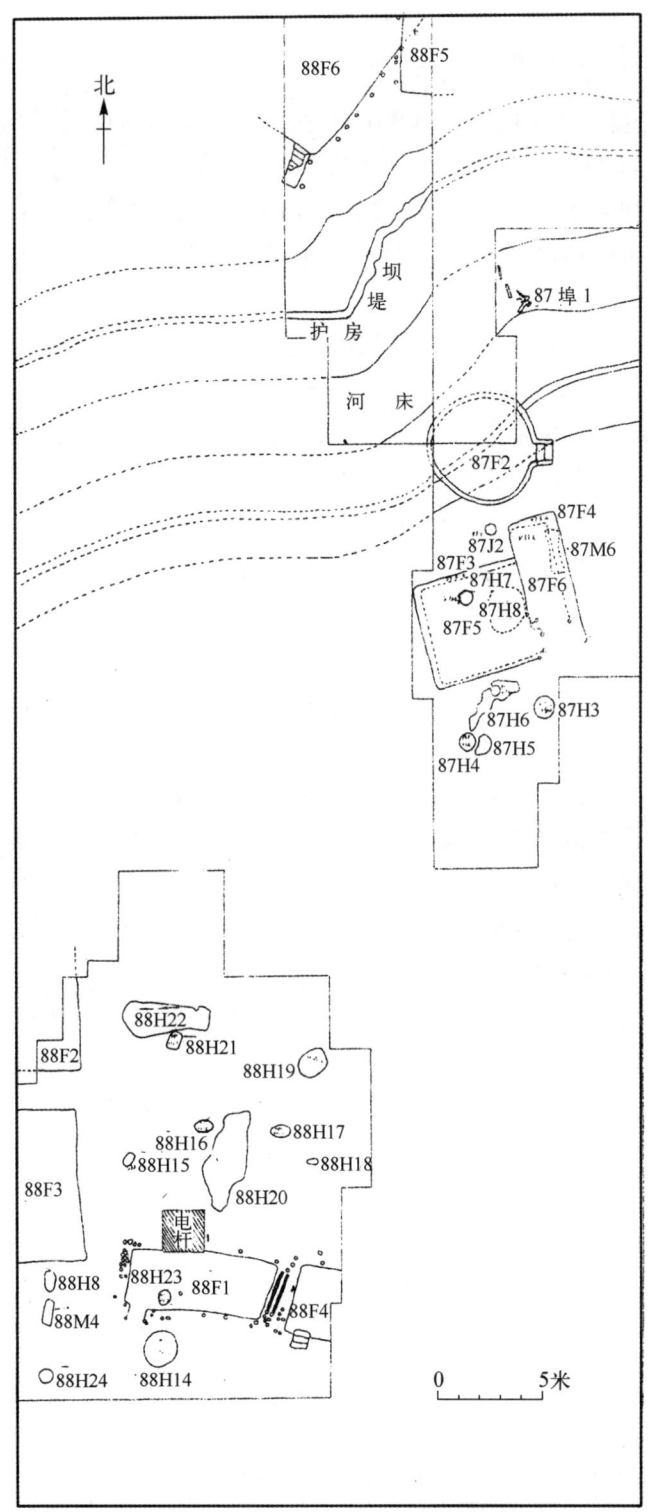

图二　龙南遗址第二期的聚落形态
(据《江苏吴江龙南新石器时代村落遗址第一、二次发掘简报》图九改绘)

3. 绰墩遗址的聚落形态①

绰墩遗址位于昆山市正仪镇北绰墩山村,为一土墩类型遗址,其总面积为40万平方米,中心区域面积为29万平方米左右。原土墩就位于遗址中心,但现已夷平;遗址共发掘过五次,揭露总面积合计2 784平方米。遗址发现的良渚文化聚落以河道为中心,河道两侧有红烧土护堤,河道两岸则分布有居址、水井、灰坑、祭祀坑等,另有遗址还发现了祭台一座和墓葬10座。

由于遗址并未发表全面的平面图,聚落的全部结构还不很清楚,但在其第Ⅱ区发表了平面图的区域内,房址、水井和部分灰坑开口于第④、⑤、⑥层下;其中三座房址中,F10和F12位于河道北岸,开口于第⑤层下,F11位于河道南岸,开口于第⑥层下,三者均相隔5—10米左右;第②、③层下开口的遗迹则主要是灰坑和墓葬,且部分打破了前期的房址。可见与庙前、龙南遗址一样,绰墩遗址的生活区和墓葬区也存在此废彼兴的现象。此外,遗址发现的祭台和81年发现的大墓M1均位于第Ⅱ区西侧,两者应该相距较近,可见绰墩遗址的大墓和小墓有分区埋葬现象。从遗址发掘的总体情况看,绰墩聚落的年代主要是良渚文化晚期。

除上述遗址外,独墅湖、灯笼山、茅山等遗址也发现了良渚文化的环壕聚落,但由于没有详细资料,其内部结构还不清晰。

综合上述分析,可见良渚文化完整的生活聚落虽然有一些发现,但与其他地区的考古学文化相比,资料仍然是非常匮乏的,一是没有完整揭露的聚落,二是很多具体情况都不清楚。而根据目前的资料,只能总结其有以下特点:

A. 它们多依托河沟而建或有环壕围绕,并且河沟两岸有护堤和码头一类遗迹。

B. 生活区和墓地总体分离,但两者存在此废彼兴的情况,一般是生活区废弃后改作墓地,因此如庙前遗址所示,其墓地总体存在不同时期位置转移的情况。至于这种现象出现的原因,笔者认为可能主要与本地区生存空间的限制有关,即由于河汊密集,适合人们居住的地方有限。此外,也有可能是古人想把死者埋在离原房址较近的地方。

C. 聚落内的房址存在分群的现象,但目前具体情况还不是很清晰。从龙南遗址的情况看,似乎是二至四座房址为一组,不同组的房址间有一定间隔。

D. 祭祀遗迹比较普遍,这可能继承了崧泽文化的传统。南河浜和仙坛庙都曾发现了

---

① 南京博物院、昆山县文化馆:《江苏昆山绰墩遗址的调查和发掘》,《文物》1984年第2期,第6—11页;苏州博物馆、昆山市文物管理所:《江苏昆山绰墩遗址发掘报告》,《东南文化》2000年第1期,第40—56页;苏州博物馆、昆山市文物管理所:《江苏昆山绰墩遗址第二次发掘报告》,《东南文化》2000年第11期,第23—40页;苏州博物馆、昆山市文物管理所、昆山市正仪镇政府:《江苏昆山绰墩遗址第一次至第五次发掘简报》,《绰墩山——绰墩遗址论文集》,《东南文化》2003年增刊1,第1—41页。

崧泽文化晚期的祭坛,其同期的墓葬都埋葬在祭坛周围。① 而到了良渚文化时期,祭坛发展为高台墓地,但在生活区中,如龙南遗址所示,也还有一些祭祀坑存在。当然这时高台墓地中的祭祀遗迹更加普遍。

最后需要说明的是,上述三个遗址的聚落等级总体较低,可能并不能代表良渚文化较高等级聚落的情况,而鉴于高等级聚落中还少有完整发掘的,本文只能在下面宏观聚落形态的分析中看出一些端倪。

二、良渚文化墓地的形态分析

与生活聚落相比,良渚文化墓地的发掘远远较多,而鉴于它们如此庞大的数量,本文在此也不可能对其一一介绍,因此在本节的研究中,笔者的策略是首先对良渚文化墓地总体的堆积特点和级别进行介绍,然后按照墓地的级别,对其内部形态和反映的社会情况分别进行详细分析。

1. 良渚文化墓地的堆积特点

从地形上看,良渚文化的墓地总体可以分为利用自然地势加以人工修筑或完全平地起筑的土墩墓地、利用自然地势的坡地墓地和平地墓地三种类型;从数量上看,其中土墩类型的墓地(很多学者也称为高台墓地)占据绝对优势,平地墓地和坡地墓地数量都较少,而且有些现存的坡地墓地可能原本也是利用坡地形成的高台墓地。而关于良渚文化墓地的堆积特点,根据目前的情况看,除了坡地墓地不太明晰外,高台墓地和平地墓地是有所不同的。

其中,良渚文化的高台墓地可以判断是由崧泽文化的祭坛发展而来。目前属于崧泽晚期的祭坛以南河浜、仙坛庙遗址的情况最为清楚,两者的共同特点是:祭坛规模都较小,上面基本无墓葬,而遗址的墓地主要环绕于祭坛周围;进入良渚文化后,高台墓地如雨后春笋般出现,甚至很多低等级的遗址也有小型的高台墓地。但因为这样的墓地一方面要耗费较多人力物力,一方面空间又有限,所以为解决这一问题,良渚先民往往对其进行多次改建和扩建以增加空间继续埋墓,这是良渚文化高台墓地堆积的第一个特点。此外,高台墓地中除了有墓葬外,有的发掘者还推测可能原有房址存在,但从目前的情况看这种推测尚无明确证据;而高台墓地中有祭祀性质的遗迹却是常见的,其中较明显者如福泉山的红烧土祭台等,但多数遗迹现已不甚明显,很多都由于后期的破坏现在只残留有一些红烧土建筑遗迹、灰烬坑或灰烬层等,这是高台墓地堆积的第二个特点。

---

① 浙江省文物考古研究所:《南河浜——崧泽文化遗址发掘报告》,文物出版社,2005年,第1—424页;浙江省文物考古研究所、海盐县博物馆:《海盐仙坛庙遗址的发掘》,《崧泽·良渚文化在嘉兴》,浙江摄影出版社,2005年,第218—228页;王宁远:《海盐仙坛庙遗址中期聚落试析》,《浙江省文物考古研究所学刊第八辑——纪念良渚遗址发现七十周年学术研讨会论文集》,科学出版社,2006年,第561—577页。

与高台墓地相比，平地墓地的堆积非常简单，它们往往建于废弃的生活遗迹之上，如庙前、龙南等遗址所示，而且不同期别的墓葬可能集中于不同方位。

至于良渚文化的墓地为何有上述特点，笔者认为，除了墓地中的祭祀遗迹与本地区居民的浓厚的宗教习俗相关外，良渚文化高台墓地改扩建和平地墓地建在废弃聚落上的特点都与当地的自然环境密切相关。根据上述本文对良渚文化完整聚落的分析，与今日长江下游地区的村落景观相对比，可以发现该地区古今环境的变化可能不大，即自然景观总体是河塘沟汊密布交错，人们则主要居住于高埠之上。正如新地里的发掘者指出"受地理环境、气候条件、生产方式等因素的影响，即便到了现代，环太湖地区在村落布局上仍跟以中原为代表的黄河流域存在着较大的区别，环太湖地区很少有诸如黄河流域那样上百户集中在一处的村落，而以三十五户、十来户占住一个小高墩的成片散居方式，由片与片的连接组成村落。目前，在嘉兴—沪南地区发现的良渚文化单个遗址的面积大多较小，发现的墓地也以30座左右墓葬最为常见，但遗址与遗址间的间距却常较小，在一定区域内遗址点的密度又比较高，这种遗址分布状况跟现代村落间有许多相似之处"。[1] 上述的论述也就是说，当地自然环境的制约决定了良渚先民当时并不能像其他地区的人们一样有充分的空间生活和埋葬，而高台墓地的改扩建和在废弃生活遗迹上埋墓就是先民克服这一限制的措施之一。

良渚文化聚落和墓地的堆积特点对本文考察其聚落结构也有利弊两方面的影响，一方面由于其单个土墩面积有限，这比较有利于本文利用聚落考古的方法考察其聚落和墓地体现的社会政治组织，而另一方面由于其遗址点较密集，分布范围又大，再加之后世对良渚文化墓地，尤其是对高台墓地的破坏，以及我们的发掘往往不能全面揭露"整个墓地"（目前考古工作揭示比较全面的墓地大都是瑶山、汇观山、福泉山、高城墩、邱承墩一类高等级的高台墓地），尤其是等级较低的平地类型的墓葬，所以我们一次发掘所揭示的区域往往只能代表一个遗址的一小部分和墓地某一阶段的墓葬，并不能与遗址全部或某一阶段的全部人口对应，而这一点我们在将来的研究中也应该引起重视。

2. 良渚文化墓葬和墓地的级别[2]

良渚文化墓地的级别与其中墓葬的规格相关，所以如果本文要划分良渚文化墓地的等级，就需要先把良渚文化的单个墓葬分级。而由于良渚文化墓葬间的区别主要是由其中随葬品——尤其是玉器的数量和质量决定，且随葬品较多较好的墓葬一般墓室较大，葬具齐全，所以在此笔者主要根据墓葬随葬品的情况将其分为五级，其中各级别墓葬的特点如下：

一级墓：本等级墓葬的随葬品数量差距较大，少的只有十几件，但一般都在30件以

---

[1] 浙江省文物考古研究所、桐乡市文物管理委员会：《新地里》，文物出版社，第2006年，第611页。
[2] 在拙作《良渚文化宏观聚落研究》中（《考古学报》2014年第1期），笔者曾对此有所论述，但由于前文成文较早，此文稍做了修改。

上,少数墓葬的随葬品则超过100件。随葬品中玉器的数量都较多,基本都占其总数量的一半或三分之二以上。这一级别的墓葬又可以大体分为两类,其中甲类一级墓基本都是玉琮、玉璧、玉钺同出,随葬品的总数量相对较多,乙类一级墓只随葬玉琮,随葬品的总数量相对较少。

二级墓:本等级墓葬的随葬品数量差距较大,但大都在20—40件之间;其中玉器数量占其随葬品总数量的三分之一到三分之二;都无玉琮随葬,但基本有玉璧或玉钺出土。

三级墓:本等级墓葬的随葬品数量多在10—20件之间,有些超过20件;多数有玉器随葬,但大都在10件以下,且多为小型玉饰,其器形以锥形器和串饰比较普遍,个别墓葬还有冠状器、玉镯等物。本等级中极少数没有玉器的墓葬则随葬数量较多的陶器和石器等。

四级墓:本等级墓葬的随葬品多在5—10件之间;其中随葬玉器者数量基本都在1—3件,其中玉质的珠、管、坠等较普遍,个别墓葬随葬有锥形器。

五级墓:本等级墓葬部分无随葬品,其余则随葬品数量少于5件,且基本没有玉器随葬。

这里需要特别说明的是本文对玉器数量统计的一条标准,即关于玉器中普通的珠、管、片,不论其成串与否,如果报告中统计了其单体数量,本文均按照每10件算作1件随葬品,其中不足10件者也算1件,至于报告中无单体数量统计的"串饰",则每串算作1件随葬品。

在上述分析的基础上本文可以把良渚文化墓地的等级划分为五级。

一级墓地:本级墓地中的墓葬基本都是一、二级墓,其他等级的墓葬很少,其中一级墓的数量较多,且一定有甲类一级墓。

二级墓地:本级墓地以二、三级墓葬为主,一级墓和四级墓有时也偶见。

三级墓地:本级墓地又可以分为三小类。甲类墓地:墓地中没有一、二级墓,其以三、四级墓葬为主,五级墓也常见。这种墓地为三级墓地的主要类型,其数量也最多。乙类墓地:墓地中也以三、四级墓为主,五级墓也偶见,除此还有一座一级墓。丙类墓地:墓地中也以三、四级墓为主,五级墓也偶见,除此还有一或两座二级墓。

四级墓地:也可以分为三小类。甲类墓地:墓地中主要是四、五级墓,并以四级墓为主,三级墓也偶见。这种墓地为四级墓地的主要类型,其数量也占四级墓地的绝对优势。乙类墓地:墓地中也主要是四、五级墓,并以四级墓为主,三级墓也偶见,除此还有一座一级墓。丙类墓地:墓地中也主要是四、五级墓,并以四级墓为主,三级墓也偶见,除此还有一两座二级墓。

五级墓地:墓地中绝大多数墓葬都是五级墓。

在此需要说明的是有些墓地或墓地某期的墓葬较少,所以不好判断其级别;本文以2座墓为判断墓地级别的数量下限,只发现一座墓的墓地多数只能算作级别不清者。

3. 良渚文化各级墓地的内部形态分析

在上述墓地分级的基础上,笔者分别分析一下各级别墓地的聚落形态。

（1）一级墓地

良渚文化的一级墓地以反山、瑶山、福泉山第四期、草鞋山、高城墩和寺墩墓地为代表,它们的共同特点是墓地经过精心设计,墓葬数量较少,但排列整齐。其中又以瑶山、反山和高城墩墓地揭露较为全面,也较典型,所以下面即以它们为例进行分析。

瑶山墓地位于良渚遗址群东北部,是一座依托瑶山山体而建的高台墓地。墓地从中心向外,依次为中心的红土台、外侧的灰土围沟、再外侧的黄土台和最外侧的多重石礅,其设计的精心程度可以说在所有良渚文化墓地中首屈一指。墓地中的墓葬均位于墓地南半部,即红土台中心以南的区域,它们可以分为明显的两排,其中北排的墓葬全部为三级墓。南排两侧的M3、M8为二级墓,而南排中部的墓葬均为一级墓。其具体的墓葬规格,又以南排中间的M12为最高,它随葬8件玉琮和1件玉钺,其次则是M12两侧的M2、M7、M9、M10,它们也随葬1—3件玉琮和1件玉钺,再次为南排两端的M3、M8和北排中间的M11,而北排两侧的其他墓葬等级最低,均为三级墓;各墓葬的埋入顺序,根据其随葬陶器和玉器的形制,笔者推测最早为M1和M5,其次为M9和M14,再次为M10、M12和M3,再次之为M7、M8和M4,最后为M11、M6和M2,这样的顺序显然与它们在空间位置上的排列不同,这说明了各墓葬的位置是事前经过设计的,大墓都有"预留空间"①(图三)。

与瑶山同属良渚群的反山墓地的规格更高于前者,这个墓地中除M19情况不明外,只有M15和M22为二级墓,其余8座墓葬均为一级墓。在墓葬布局上,除了时代较晚的M19和M21外,主要的9座墓葬分为两排,其中规格最高者为南排中间的M12。由于反山墓地并未完整揭露,其整体的情况还不甚明了,但通过现已发掘的部分看各墓的埋葬顺序似乎也是事前设计的。②

高城墩遗址也是一座良渚文化早期的一级墓地,其14座墓葬中,除5座等级较低的墓葬M4、M6、M7、M9、M14和较残破的M12外,其余均为一、二级墓葬,其中一级墓5座(此外,墓地中破坏较甚的M1,现存玉璧和玉钺,笔者推测其原本也是一座一级墓)。但高城墩墓地中墓葬的排列稍显凌乱,加之后世的破坏严重,其原来的总体布局已经很难复原。目前还比较清晰的是其中规格最高、墓坑最大且有棺椁和二层台存在的墓地最南侧的M13,其他几座等级较低的墓葬多位于墓地的西侧。高城墩墓地的发掘者研究了这些墓葬的下葬顺序,认为它们大致是由南向北从早到晚埋入的,即M13应为最早埋入的墓葬之一。而根据墓地中现有墓葬的分布,笔者推测M13以东原本应该还有相似规格的大

---

① 浙江省文物考古研究所:《良渚遗址群考古报告之一——瑶山》,文物出版社,2003年,第1—208页。
② 浙江省文物考古研究所:《良渚遗址群考古报告之二——反山》,文物出版社,2005年,第1—374页。

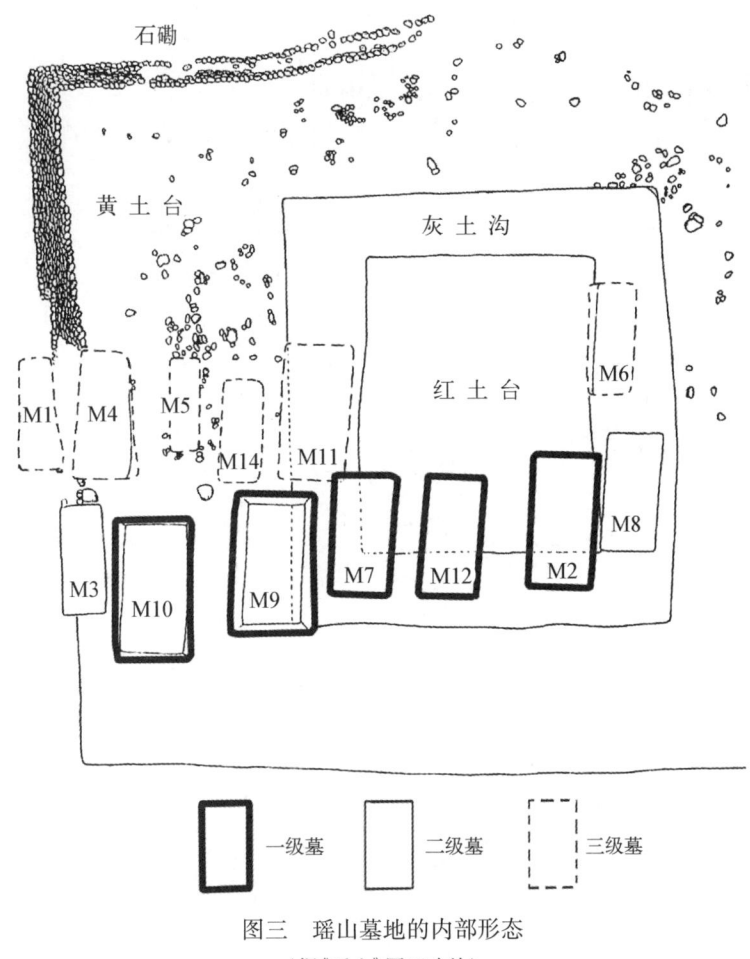

图三　瑶山墓地的内部形态
（据《瑶山》图四改绘）

墓存在。综上，笔者认为高城墩墓地应该主要是围绕M13等大墓设计的①（图四）。

除上述三个墓地外，其余的一级墓地墓葬数量都较少，但也具备上述墓地的共同特点，如福泉山四期墓地、草鞋山和寺墩墓地，墓葬排列均较整齐。而在寺墩墓地，现已发现的4座墓中，处于中部的M3和M4规格明显高于外侧的M1和M5。

一级墓地沿用的时间都较长，而其中的墓葬数量却有限，墓地中各墓葬的关系就显得比较难以判断。以瑶山墓地为例，包括其西区的两座墓在内，墓地共有仅15座墓，除较早的M1和M5外，其余13座墓笔者认为大概都属于良渚文化第二期，即250年的时间段内。如果我们认为这些墓葬是在这250年中陆续埋入的，即属于不同代人，那么按照20年一代人计算，则瑶山墓地中共有12代人，即平均每代只有1座墓左右。但根据瑶山墓地墓葬随葬品体现的性别取向，笔者更倾向认为这13座墓属于6对夫妻墓（所缺的一座可能是M1或M5，或已被破坏，或有其他可能），那么如此，实际上墓地中每隔40年左右

---

① 南京博物院、江阴博物馆：《高城墩》，文物出版社，2009年，第1—223页。

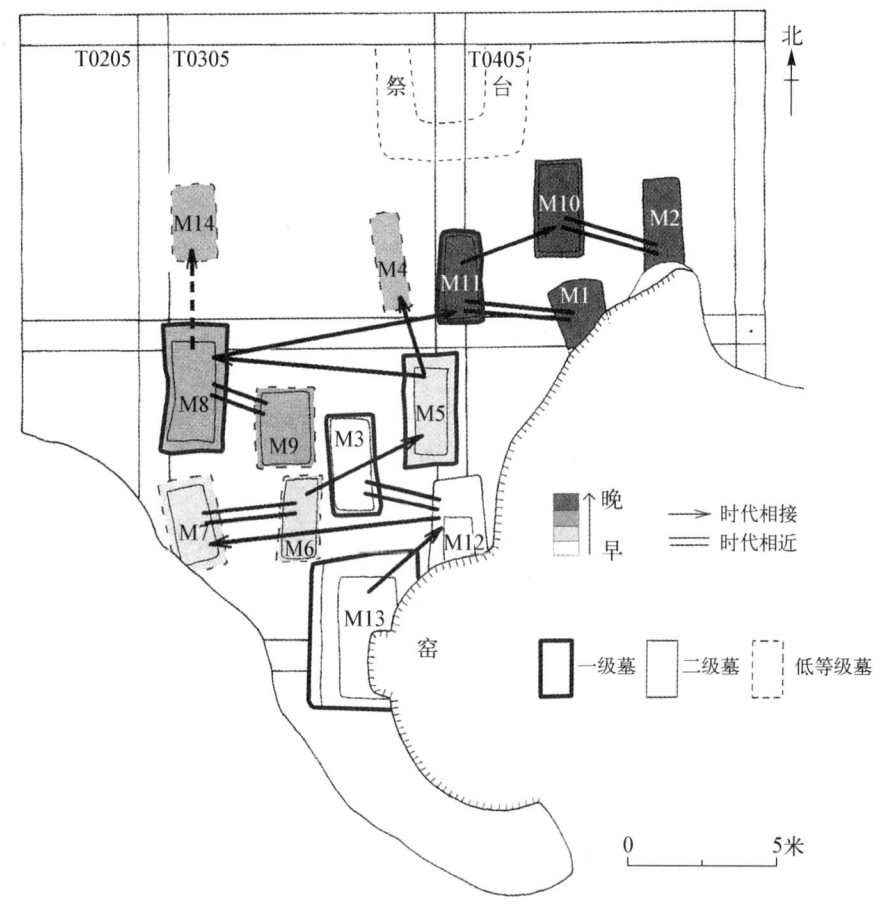

图四 高城墩墓地的内部形态
(据《高城墩》图一四五改绘,其中 M12 由于残破较甚,等级不明确)

才有一对夫妻埋入,其时间显得较长。由于瑶山墓地现在保存得较完整,可以基本排除它被后世大规模破坏的可能。所以笔者认为,如果上述可能成立,则瑶山墓地可能像殷墟西北冈的商王陵墓地一样,为历代的家族首领墓地,这里埋葬了五六代这样的首领和其配偶,其中规格最高的 M12 则可能是某位功绩卓著的先代首领。而如果我们认为这些墓葬不是陆续埋入的,它们可能只是属于同代或相近的两三代人,那么墓地则代表的是一个权贵家族的墓地,其中地位最高的 M12,可能为这一家族的首领。其他一级墓地的情况与瑶山的相似,但由于它们揭露面积或者较小,或者被后世破坏较严重,所以情况则比瑶山更显模糊,笔者认为它们也都是专门的权贵墓地,其墓地中各墓葬的关系也有上述两种可能。

（2）二级墓地

良渚文化的二级墓地发现并不多,且主要集中于嘉兴地区,其以小兜里中期、龙潭港晚期、荷叶地、姚家山、福泉山三期等墓地为代表。本级墓地的特点和一级墓地相似,墓地也经过一定设计,墓葬数量也较少,但排列也较为整齐,只是其墓葬的规格较一级墓地稍差。

目前我们发现的二级墓地中,只有福泉山和龙潭港发表了详细报告,下面即以二者为例分析。

龙潭港遗址位于嘉兴市海盐县横港乡桃园村,为一土墩类型遗址,其土墩面积约5 000平方米。墓地共发掘一次,揭露面积合计600多平方米。从发表的资料看,其早期主要为小墓,至良渚文化第三期,即相当于遗址第⑦层时遗址出现了人工堆筑的土台,土台上的5座大墓可以大体分为南北两排。其中M9和M28为二级墓,两墓的随葬品分别为53和110件,另外前者随葬1件玉钺和冠形器、玉镯、象牙器等器物,后者虽无玉钺或玉璧,但随葬品数量甚多,其中仅骨镞就有49件,另外还有象牙器2件。其余的三墓,M26为三级墓,M10和M27则遭严重破坏,推测它们原来也应为二、三级大墓。良渚文化第四期时,即相当于遗址第⑧层,遗址又出现了疑似祭坛的红烧土遗迹和打破它的大墓M11和M12,其中M12为二级墓,出土了2件玉璧和玉璜等玉器,M11则遭严重破坏,但笔者估计原来也应为二级墓。①

福泉山第三期有墓葬7座,它们大致可以分为东西两排,其中除M65为随葬玉琮、玉璧和玉钺的甲类一级墓外,其余6座墓——M74、M109、M136、M53、M60和M103均为随葬玉钺或玉璧的二级墓(其中M53随葬残玉琮),它们中除M53和M103较残破外,其余墓葬的随葬品数量多在30余件,而且墓坑的大小相近。②

由上面的分析可以看出,良渚文化的二级墓地和一级墓地基本相似,所以它们应该是专门的权贵墓地。而且由荷叶地、福泉山等遗址的情况看,二级墓地中的各墓葬间也有差别,其中等级较高的墓葬,如福泉山M65等应为家族中的首领或历代首领中功绩卓著者。

(3) 三级墓地

良渚文化的三级墓地发现的较多,其中三级甲类墓地可以邮家岭和赵陵山第一期墓葬(中型墓)为代表。

邮家岭位于海宁市硖石镇,为一坡地类型墓地。墓地发掘一次,揭露总面积800平方米,发现墓葬12座,它们分别属于良渚第二期和第三期。从空间位置上看,这些墓葬分为明显的南北两个墓群。总体来看,墓地中所有的墓葬差别都不大,稍有差异的是最北部的三座墓M7、M8、M10——其为四级或五级墓,其余的墓葬则均为三级墓,随葬品数量多在10—20件之间,玉器也多为管、珠或小型坠饰之类。这些三级墓唯一较突出者为墓地南部的M4,该墓随葬品数量最多,并出土墓地中仅有的两件玉镯③(图五)。

赵陵山遗址位于昆山市张浦镇赵陵村北,也为一土墩类型遗址。土墩面积约5 000平

---

① 浙江省文物考古研究所、海盐县博物馆:《浙江海盐县龙潭港良渚文化墓地》,《考古》2001年第10期,第26—45页。
② 上海市文物管理委员会:《福泉山——新石器时代遗址发掘报告》,文物出版社,2000年,第1—220页。
③ 浙江省文物考古研究所、海宁市博物馆:《海宁邮家岭良渚文化墓地发掘报告》,《东南文化》2002年第3期。

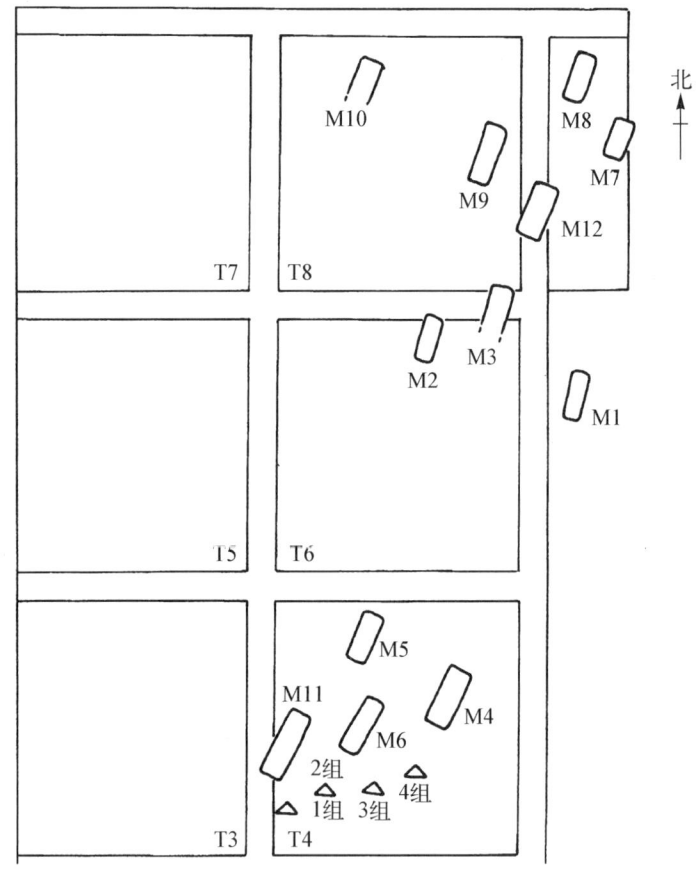

图五 郱家岭墓地的内部形态

(据《海宁郱家岭良渚文化墓地发掘报告》图一改绘,1组—4组为四组墓葬外遗物)

方米,墓地共发掘两次,揭露总面积830平方米,共发现墓葬85座,但其中发表了详细资料的仅有属于良渚文化第二期位于土台外西北侧的19座丛葬墓和土台上的1座大墓M77,以及属于良渚文化第一期的9座中型墓。这9座中型墓均位于大墓M77西南侧,但它们有明显的大小之分,其中三级墓M57、M58和四级墓M56墓坑较大,随葬品较多,且有彩绘陶壶等物。这三座墓东侧和北侧的四级墓M70、M80和五级墓M81墓坑面积次之,它们的随葬品都较少,仅M81的刻纹大陶盘为一件较特殊的器物。位于北侧的M68、M69和附于M56东侧的M82都为五级墓,其墓坑很小,随葬品稀少,且都是儿童墓。墓地发掘者根据这些墓葬的规格和随葬品的特点,推测其中规格较高的M57、M58及M80、M81为两对夫妻,不论这一推断是否准确,但至少这些墓葬间的分化是非常明显的,其低等级墓葬明显是围绕高等级墓葬而设的,并且它们应该是一个较完整的墓地单元①(图六)。

---

① 江苏省赵陵山考古队:《江苏昆山赵陵山遗址第一、第二次发掘简报》,《东方文明之光——良渚文化发现60周年纪念文集》,海南国际新闻出版中心,1996年,第18—41页。

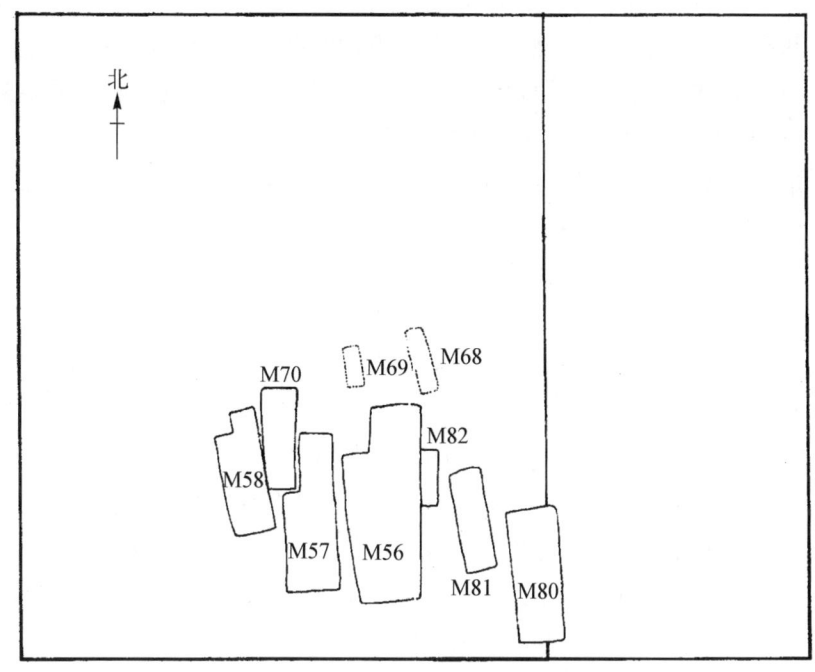

图六 赵陵山中型墓葬墓地内部形态
（据《江苏昆山赵陵山遗址第一、第二次发掘简报》图四改绘）

良渚文化的三级乙类和丙类墓地以新地里遗址为代表。新地里遗址位于嘉兴市桐乡留良乡湾里村四组，为一土墩类型的遗址，其土墩总面积约 24 000 平方米，其中发掘揭露的面积总计 2 960 平方米，遗址共发现墓葬 140 座，此外另有灰坑、灰沟、水井、红烧土建筑等遗迹 40 余处。新地里的墓葬可分为六期，其中第一期的墓葬除 M139 在西部早期土台之下可能为奠基墓外，其余墓葬都位于土台之上，应属于同一墓群；而其中位于北部的 M133、M134、M135 墓坑较小且不规则，并与祭祀坑混在一起，可能为殉葬或祭祀墓。其他墓葬则有五级墓 3 座，四级墓 2 座和一级墓 1 座；其中一级墓 M137 位于墓地南侧，并且其西侧有 2 座五级小墓。第二期时西部土台上的墓群仍然存在，但它们可以分为明显的两小群，其中 3 座三级墓 M98、M108 和 M109 位于墓地南侧，并一字排开，它们东南角都有祭祀小坑，并夹有 1 座五级小墓 M89；其他等级较低的墓葬则集中分布于墓群的西侧。这一期墓地东部的早期土台上也出现了一个墓群，其中 3 座三级墓 M63、M81 和 M105 也都位于墓地南侧。第三期时墓地东、西两个早期小土台经过增建连成了一个大土台，而新建的大土台中部也出现了墓葬，发掘者认为是一个新的墓群，但总体来看位于此处的墓葬和东部墓群比较接近，所以笔者认为它们划为一群更为恰当。第三期和第四期的墓地中，西部墓群内有唯一的二级墓 M121，它位于墓群西南角，其周围被三级墓和四级墓环绕，而较大的三级墓 M66 则独自位于墓群东南角；中东部墓群中较大的三级墓 M17、M35 和 M57 位于墓地南部，并与其他墓葬保持一定距离。第五期时西部墓群仅有 3 座墓，且均为三级墓；中东部墓群中则有二级墓M28独立处于墓群西南部，并伴有一座小墓M2，而较大的三级墓M6和M30突出于墓群南侧；另外，此期墓地北部也出现了较多的三级墓。第六期时，墓地西部的墓群似乎已经过了规划，其中的几座墓葬像一、二级墓地一样排成两排，墓葬的墓室均较大；中东部的墓群中二级墓M73独立于墓群西南部，且伴有一座三级墓M83，此外，东部的较大的三级墓M29也独立突出于墓群南部，而且该期本群北部的三级墓数量则变得更多了（图七）。

通过对新地里遗址的分析可以看出它有如上特点：第一，墓地经历了由小土台扩展到大土台的过程；第二，新地里墓地中有不同的墓群，且每个墓群大中小型墓葬都有，但它们均以三、四级墓为主；第三，新地里墓地的布局总体上是大、中、小型墓葬混杂在一起，但不同等级的墓葬局部集中，尤其是"少数墓坑规模大、使用木质葬具、随葬品数量多、随葬玉石器比例较高的墓葬，在各阶段墓葬的平面布局中位置突出，常单独埋设在墓地的南部或位于墓地的中心"，周围常有等级较低的墓葬围绕，"没有葬具的平民墓一般埋设在土台台面的北部或大墓东西侧的边缘部位"；第四，新地里墓地西部和中东部的墓群总体也有差别，其中第一至四期，西部墓群的规格总体高于中东部墓群，而第五、六期时中东部的墓群规格则超过了西部墓群，不过总体来说两者相差不大。

新地里遗址从良渚文化第二期沿用到第四期，大约经历了700年的时间，如果本文仍按照20年一代人计算，则遗址先后应生活过35代人左右。目前墓地中发现的140座墓，平均下来属于同一代的只有4座，而如果平均到两个墓群，则每个墓群只有2座墓。

不过目前新地里遗址已发掘的面积仅为其土墩总面积的1/8左右，且遗址曾有遭到破坏被夷平的部分，如果我们推测遗址中其他7/8的区域也埋葬了相同数量的墓葬，并算上遗址被破坏的部分，那么新地里遗址每代人的墓葬则实际应有40人左右，这样的人口规模笔者认为是比较接近属于同一氏族的几个家族的人口的情况。而目前新地里遗址已发掘部分的墓葬，最多应该只是遗址其中两个家族墓地中被揭露的一部分而已。在良渚文化时期新地里遗址的高土墩部分应该始终都在埋墓，而每当墓地被墓葬全部占满后，人们则扩建、加高土墩以获得更多的空间。而在新地里遗址被揭露的部分中，墓葬之间的差别也说明了当时遗址中各个家族的内部已经产生了明显的分化，其中的一、二级大墓或较大的三级墓，可能为其家族首领或家族有特殊地位的人，其他低等级墓葬则应为家族的普通成员。但这些低等级墓葬之间也有一定差别，说明他们之间产生了一定分化。[①] 此外新地里遗址中两个墓群之间的差异说明了它们代表的两个家族间亦有一些分化，只是这种分化总体差距不大。在良渚文化中，和上述墓地情况比较相似的还有大坟墩、叭喇浜、金石墩、平丘墩、亭林、徐家浜和章家浜等，但这些墓地发掘的规模和资料的详细程度都不及上述遗址，所以在此笔者不再赘述。

---

① 浙江省文物考古研究所、桐乡市文物管理委员会：《新地里》，文物出版社，2006年。

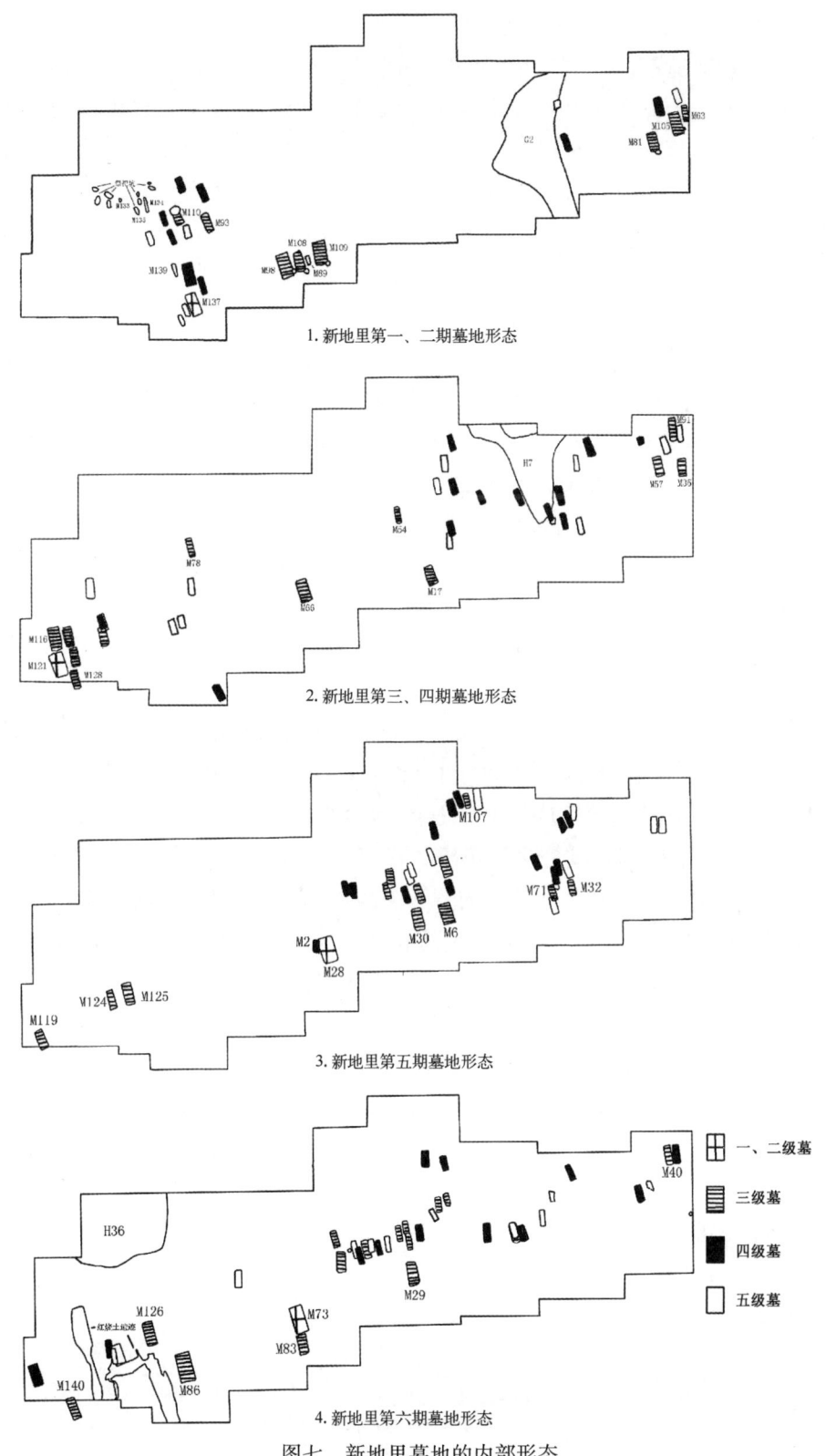

1. 新地里第一、二期墓地形态

2. 新地里第三、四期墓地形态

3. 新地里第五期墓地形态

4. 新地里第六期墓地形态

图七　新地里墓地的内部形态

综上所述，笔者认为良渚文化的三级墓地大概是一种家族或氏族墓地，一个墓地中可能埋葬了一个家族的或者属于同一氏族的不同家族的成员。在家族内部，成员间的分化已经比较明显，这一方面表现为一、二级墓葬的出现，说明了家族中有权势较大的首领之类人物，另一方面家族内普通家族成员之间产生了较小的分化。而在同一氏族内的不同家族之间也产生了一些差别，只是其总体还不大而已。

（4）四级墓地

目前良渚文化中发掘的四级墓地数量并不是很多，且多数墓地并未完整揭露，而在这些墓地中庙前遗址的资料是最为丰富的。

庙前遗址的墓葬分为四期六段。其中第一期墓葬主要集中于遗址中部的第一、二次发掘区，并可以分为前后两段，而属于第一期前段的墓葬又可以分为东西两区，东区墓葬即位于废弃的F2范围内的五座墓，西区墓葬则位于废弃的Y1、F3和F4的西侧和北侧，但它们的排列较凌乱；属于后段的墓葬主要集中于前段西区墓葬的南侧，其大体排成两排。本期的墓葬大都是四级或五级墓，从随葬品的情况看它们多数无明显差别，但个别墓葬也较突出，如ⅠM31① 位于墓群南侧中部，墓坑较大，且随葬墓地中仅有的1件锥形器以及石钺和较多的玉管和玉珠，其北侧的ⅠM30也随葬较多的陶器和墓地中仅有的1件玉璜。庙前遗址中属于第二期的墓葬主要位于遗址南部的第三、四次发掘区中，虽然发掘面积较小，墓地的总体布局不明确，但仍可以看出它们是成排分布的。本期从随葬品的情况看已产生了较大差别，其中的四级墓多随葬有锥形器，而五级墓则基本都没有。而且本期还出现了1座三级墓ⅢM5，其随葬有1件玉镯和6件锥形器，其墓坑也较大。庙前遗址北部第五、六次发掘区的墓葬区位于土台之上，包含有第一至四期的墓葬。属于第三、四期的墓葬可以大体分为三排，其分化较明显。其中ⅤM7为随葬玉璧和冠状器的二级墓，位于墓地中排中部，墓坑也较大。其余的墓葬中，四级墓则基本都随葬锥形器，墓坑也较大，五级墓却基本上没有玉器，墓坑也较小，多位于墓地南排。② 由以上分析可以看出，庙前遗址第一、二期的墓地为四级甲类墓地，到第三、四期时则转变成了四级丙类墓地（图八）。

除庙前外，徐步桥遗址是另一个较典型的四级甲类墓地。它位于嘉兴市海宁盐官镇，为一平地类型的墓地，共发掘过一次，揭露面积合计304平方米，发现墓葬15座。徐步桥墓地的年代基本贯穿了良渚文化始终，墓葬有分区和分排的现象，但如果具体到每一期墓地中的墓葬的布局则较凌乱。墓地现已发现的墓葬均为四、五级墓葬，且相互之间的差异不大，其随葬的玉器仅有一些珠、管之类。当然，这种情况可能是由于发掘面积较小造成的③（图九）。

---

① 为方便表述，庙前遗址第一、二次发掘的墓葬本文均以在"M"前加"Ⅰ"表示，如ⅠM5即代表第一、二次发掘的M5，依次类推，第三、四期发掘的墓葬加"Ⅲ"，第五、六次发掘的墓葬加"Ⅴ"。
② 浙江省文物考古研究所：《良渚遗址群考古报告之四——庙前》，文物出版社，2005年。
③ 浙江省文物考古研究所：《浙江北部地区良渚文化墓葬的发掘（1978—1986）》，《浙江省文物考古研究所学刊（建所十周年纪念1980—1990）》，科学出版社，1993年，第85—103页。

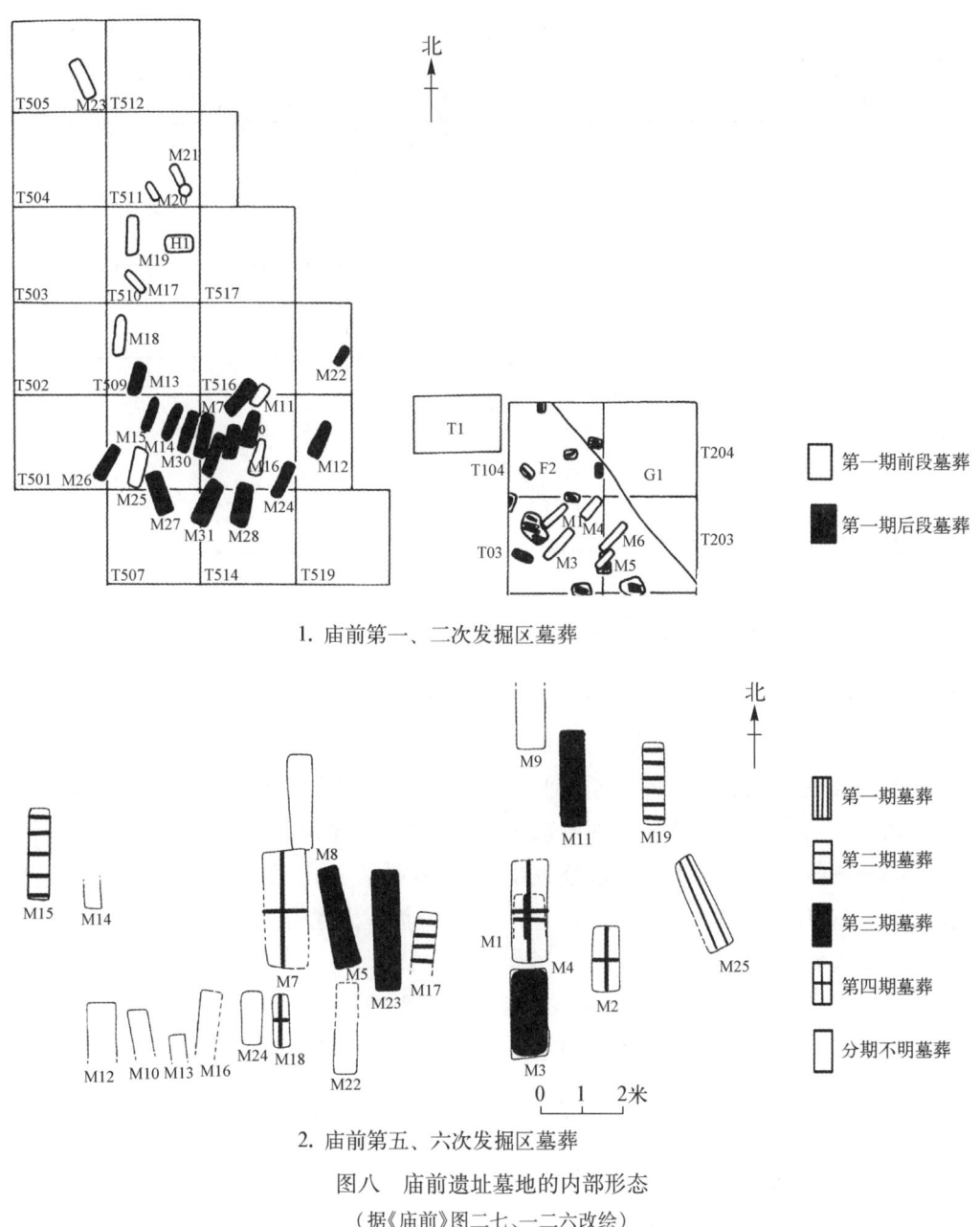

图八 庙前遗址墓地的内部形态
（据《庙前》图二七、一二六改绘）

由上面的分析可以看出，良渚文化四级墓地的特点和其反映的社会情况如下：第一，它们和三级墓地比较接近，存在分区和分排的现象，内部有分化，只是不如高等级墓地那样明显。这也就是说，四级墓地应该是一种家族或氏族墓地，但其规格又较三级墓地更低，而由庙前遗址的情况看，其家族成员之间的分化在良渚文化早期较小，在晚期则较明显。第二，从目前庙前遗址第一、二次发掘区内第一期墓葬的情况看，这个墓地相对较为完整，共有31座墓葬，和新地里遗址已揭露部分——中东部墓群每期的墓葬数量相近，因

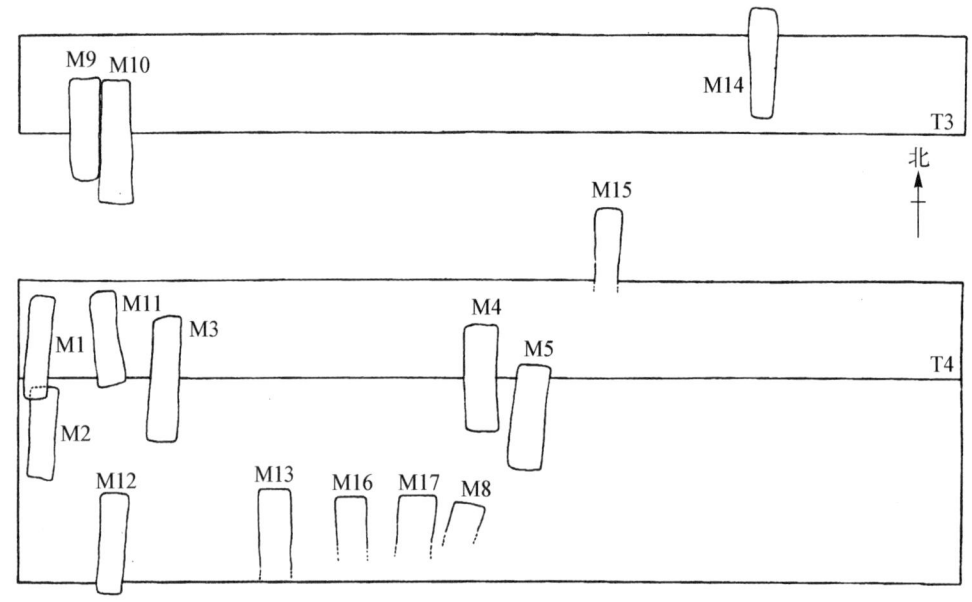

图九　徐步桥墓地的内部形态
（据《浙江北部地区良渚文化墓葬的发掘（1978—1986）》图二改绘）

此笔者推测良渚文化四级墓葬中每个家族的人口规模也与三级墓葬相似。第三，良渚文化的四级墓地多为平地类型的墓地，它们与土墩类型墓地不同的是，空间较为宽阔，以致不同家族的墓地相隔较远。如庙前遗址所示，其第五、六次发掘区也有第一期的墓葬，显然他们和第一、二次发掘区内第一期的墓葬应该不属于一个家族，而且四级墓地中一个家族不同期的墓葬也在不同地点，如庙前遗址所示，其第一、二次发掘区内只有属于良渚文化第一期的墓葬，显然，这个家族其他期别的墓葬应该埋于他处。

（5）五级墓地

目前这一级别的墓地比较典型的实际上只有马桥遗址一处。马桥遗址位于上海市闵行区马桥镇东2公里，为一海边的沙岗遗址，其总面积约150 000平方米。遗址共发掘七次，揭露总面积5 633.75平方米。马桥遗址的良渚文化遗迹除了少数建筑遗迹和灰坑外，主要是发现了24座墓葬。它们的年代自良渚文化第二期延续至第四期，大多数都是无玉器随葬的五级墓，其中只有M1和M9的随葬品达到了6件，而ⅠM4随葬有玉琮1件，是遗址中"最高级"的玉器。遗址90年代发掘的Ⅱ区沙堤以西部分发表了平面图，从此图可以看出，墓葬可以分为西北—东南向的两排，但墓葬之间的规格基本没有差别。而由于此级别的墓地现在较明确的还只有这一处，它的性质和所反映的社会组织还很难探讨[1]（图十）。

---

[1]　上海市文物保管委员会：《上海马桥遗址第一、二次发掘》，《考古学报》1978年第1期，第109—131页；上海市文物管理委员会：《上海市闵行区马桥遗址1993—1995年发掘报告》，《考古学报》1997年2期，第197—224页；周丽娟：《闵行区马桥良渚文化与马桥文化遗址》，《中国考古学年鉴2006》，文物出版社，2007年，第187页；上海市文物管理委员会：《马桥1993—1997年发掘报告》，上海书画出版社，2002年，第19—300页。

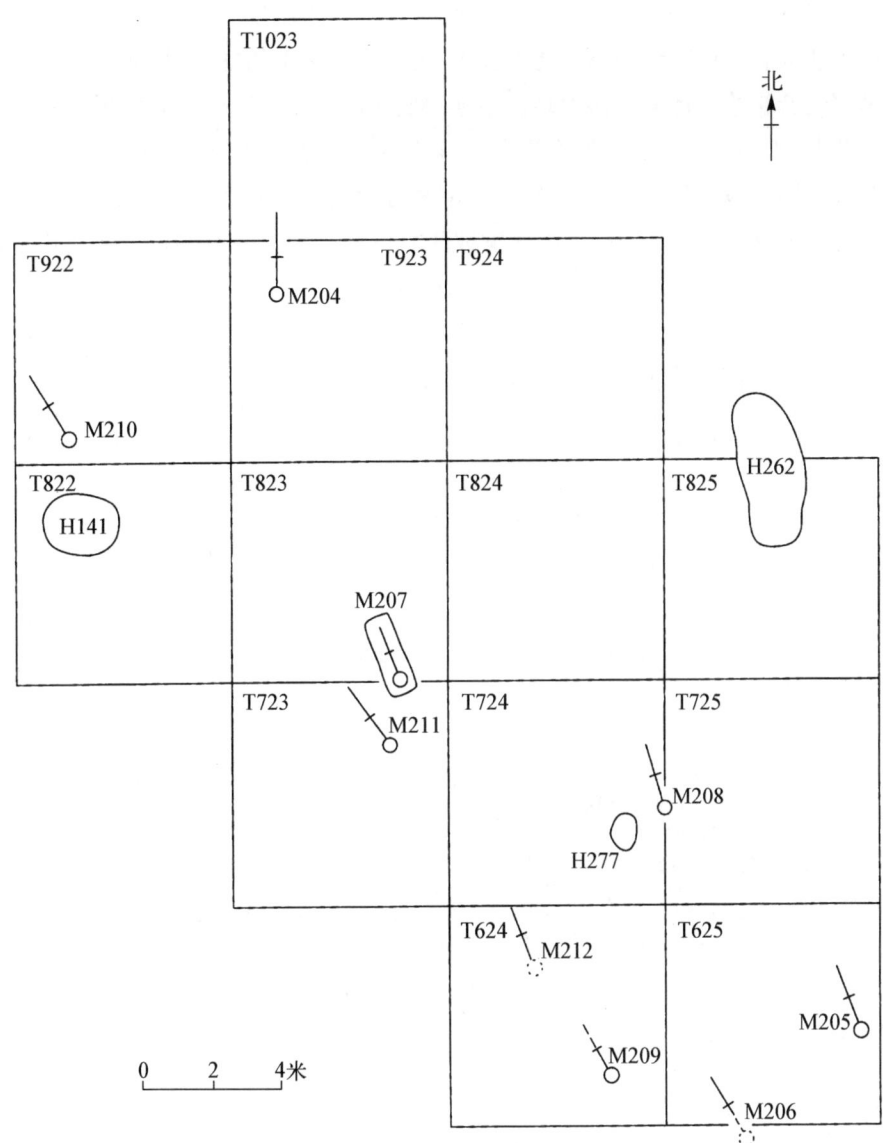

图十 马桥遗址墓地的内部形态
（转引自《马桥 1993—1997 年发掘报告》图一）

除上述级别的墓地外，良渚文化中还有一些有祭祀或殉葬性质的墓葬，如上述新地里遗址第一期的 M133、M134 和 M135，福泉山遗址的 M1、M2 和 M139 的殉葬墓等。其中比较成规模的为赵陵山的殉葬墓群，它们位于赵陵山土台外的西北部，共有 19 座，可以大体分为三排。这些墓的墓主人以儿童和青年为主，无老年个体，而且多无随葬品，M7、M8 等墓葬甚至还表现出肢体不全、头骨破碎以及捆绑状等非正常的死亡状态，可能为殉葬的表现。[①]

---

① 江苏省赵陵山考古队:《江苏昆山赵陵山遗址第一、第二次发掘简报》，《东方文明之光——良渚文化发现 60 周年纪念文集》，海南国际新闻出版中心，1996 年，第 18—41 页。

除了上述五级墓葬外,最后本文还要特别讨论一下比较特别的邱承墩墓地的情况。邱承墩位于江苏省无锡市鸿山镇东北1公里,为一土墩类型的墓地,其良渚文化的土墩后世又被越国贵族扩建并埋入一座大墓。墓地总发掘面积2 015平方米,发现了良渚文化祭台2座和墓葬11座。而根据其发掘报告,2座祭台开口于同一较早的层位下,其中10座墓葬则开口于同一较晚的层位下。这10座墓葬分为明显的两群,其中墓地中部为规格较高的M3、M4、M5和M11,它们除了被严重破坏的M4外,其余三墓均位于前期两座祭台所在位置的中间,而三者的规格也很接近,它们均随葬多套玉钺、玉璧以及大量石钺,M3和M5还随葬有多件玉琮。与4座大墓不同,6座小墓均位于墓地东部,且均为四级或五级墓,仅随葬一件玉镯和玉璜①(图十一)。

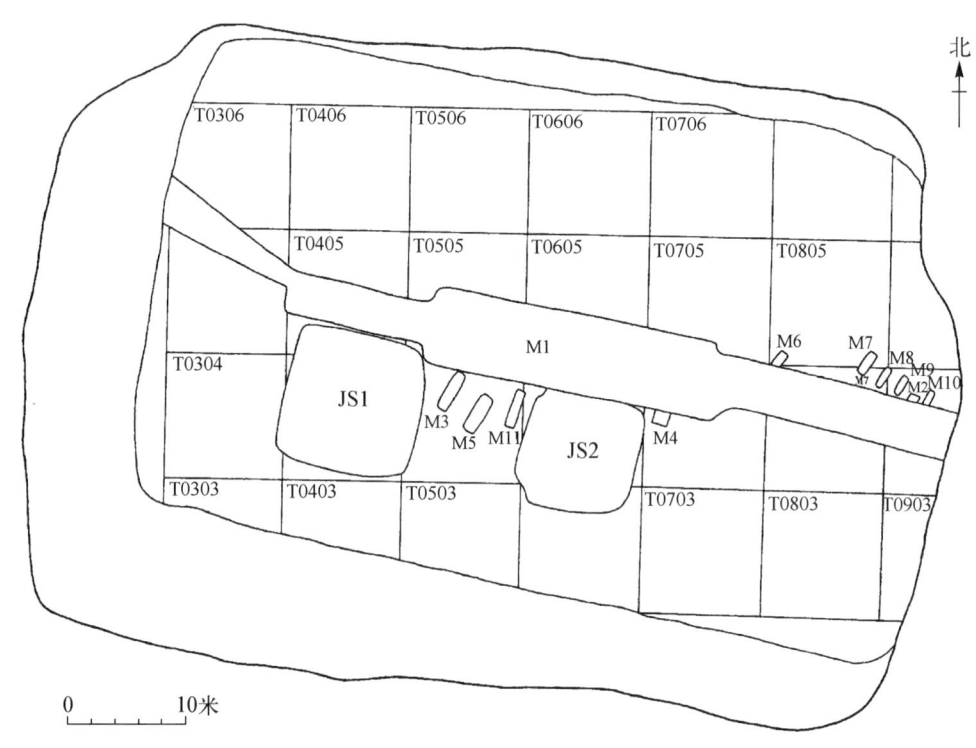

图十一　邱承墩墓地的内部形态
(据《邱承墩》图六改绘)

这种不同等级的墓葬同在一个墓地但却明显分开成群的情况,在目前发现的墓地中除邱承墩外,张陵山西山和赵陵山也有类似的情况。其中张陵山的小墓M1和M3位置较接近,而大墓M4和M5位置较接近。但与邱承墩相比,张陵山遗址揭露的面积较小,其整体情况并不明确,且三座小墓中M2也与规格较高的M4、M5在一起。② 赵陵山遗址的情

---

① 南京博物院、江苏省考古研究所、无锡市锡山区文物管理委员会:《邱承墩——太湖西北部新石器时代遗址发掘报告之三》,科学出版社,2010年,第1—238页。
② 南京博物院:《江苏吴县张陵山遗址发掘简报》,《文物资料丛刊6》,1982年,第25—38页。

况笔者上文已经提及,其在良渚文化第二期除了土台上的大墓 M77 外,土台外还有一批殉葬墓。

值得注意的是,上述三个遗址都是等级较高的墓地,而其反映的社会组织,笔者认为其中的高等级墓葬与本文上述分析的一级墓地一样,应为权贵的专门墓地,而其小墓在邱承墩遗址中应该代表了一个附属于前者的地位较低的家族,在张陵山和赵陵山则可能代表了奴仆甚至战俘一类人物的墓葬。

4. 良渚文化墓地的内部变迁

上面本文逐一分析了良渚文化各级别墓地的内部形态,而根据良渚文化墓地发掘的现有情况,实际上大部分墓地在不同期别其级别是不同的,下面笔者就以福泉山和龙潭港墓地为例分析一下这种历时性的变化。

福泉山遗址位于上海市青浦区重固镇西侧,为一土墩类型的遗址,其总面积约 15 万平方米,其中土墩面积近 10 000 平方米,良渚文化时期的遗存主要位于土墩上及土墩北侧和东侧。遗址进行过一次试掘及三次正式发掘,发掘面积合计 2 235 平方米,其中发现了良渚文化墓葬 30 座以及红烧土祭坛和灰烬坑等其他遗迹。

福泉山墓地基本上贯穿了良渚文化始终,其中在良渚文化第一期,墓地中有三级墓 4 座,它们的墓坑都较大且普遍随葬有玉镯,以 M139 规格最高,随葬品最多,并且还有殉人。另外,本期还有四级墓 5 座,部分墓有玉镯。上述的墓葬都集中在墓地西南部,可分为东、西两组,每组墓葬呈复杂的上下叠压关系。其中 M149 的面积较小,且为椭圆形,可能为祭祀或陪葬性质的墓葬。而本期的 2 座五级墓 M1 和 M2 位于墓地西北坡上,且两者只有一件随葬品,它们也应为祭祀性质的墓葬。在良渚文化第二期时,福泉山墓地中出现了 1 座二级墓 M144,随葬有玉钺、玉镯、锥形器等玉器,墓坑面积较大。另外,本期有三级墓多座,普遍随葬玉镯、冠状器、锥形器。本期无四级墓,但有五级墓 2 座——M115 和 M146,它们墓坑较小,且只随葬石钺,性质应该较为特殊,而其中 M146 位于 M144 一侧,似为陪葬墓。从空间分布上看,本期的墓葬分布除了部分还在第一期两组墓葬的原位置上外,其北部还出现了三座墓。良渚文化第三期时,福泉山墓地发生了较大变化,其中一级墓 M65 出土了两套玉琮、玉璧和玉钺,墓坑面积也最大。此外,本期其余的 6 座墓葬则均为有玉璧或玉钺的二级墓,且普遍随葬玉镯、锥形器、套管。比较残破的 2 座墓都较特殊,其中 M53 为圆形可能不是墓葬,但它有残玉琮 2 件,M103 为反常态的东西墓葬,也出土玉璧 1 件。从空间分布上看,本期的 7 座墓除 M103 位于南部且为东西向外,其余墓葬形成了东、西两排。第四期时,福泉山墓地只发现了 5 座墓,其中 M40 和较残破的 M9 为一级墓,两墓均有多套玉琮、玉璧和玉钺同出,其随葬品总数和墓坑大小也较相似;此外本期的 M101 为二级墓。M67 墓坑最大,但由于已残破,它出土的大型玉器只有半成品琮一件,但笔者推测它原也应为一级墓。而 M128 也残破较甚,但根据其残存器物规格看,其原也应为一、二级大墓。从空间分布上看,本期的五座墓葬除 M40 在东北部外,其余都在墓地南侧依次排开,其中M101和M128分别位于红烧土祭坛两侧,而墓坑最大的M67位于中央,M9则位于东部(图十二)。

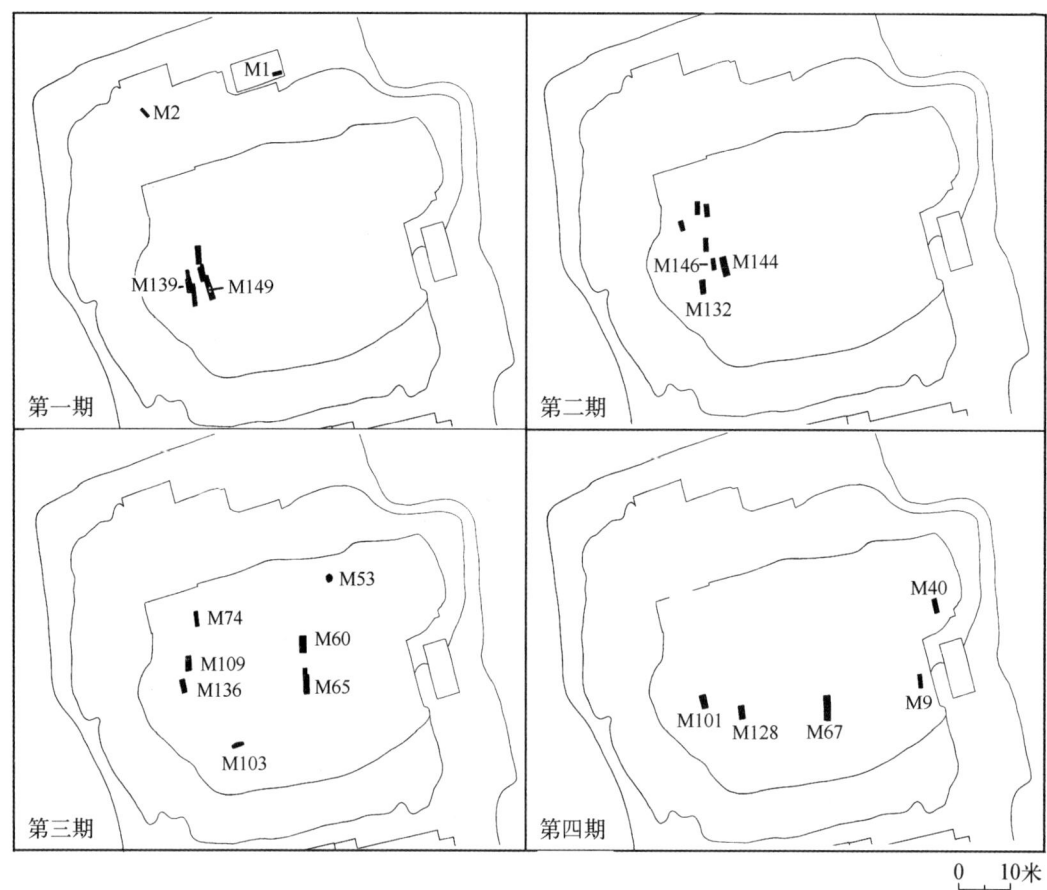

图十二　福泉山墓地的内部变迁

纵观福泉山墓地的变化,其一至四期分别为三级、三级丙类、二级和一级墓地,墓葬的总体布局也由早期的聚集在一起、上下叠压变为晚期的相隔较远、排列整齐。但福泉山墓地反映的社会政治组织似乎在整个良渚文化时期变化不大,即墓地始终由两个单元构成,从而分为东西两部分,这在第一、三期表现得最为明显。而这两个单元中,每期的墓葬也都有一定差距,特别是有一些规格明显较高的墓葬的存在,如第一期西部单元的M139、第二期东部单元的M144和西部单元的M132、第三期东部单元的M65和第四期的M67。综上分析,笔者认为墓地中东西两个单元的墓主应为始终使用福泉山墓地的两个家族,而每期的大墓就是某一家族或整个聚落的首领墓葬。

龙潭港墓地晚期的情况上面已经介绍过,其早期的情况则有所不同。良渚文化早期,龙潭港遗址应没有高台墓地,其中良渚文化第一期时(相当于遗址第⑨层),墓地中只有3

座小墓,且它们均为无玉器随葬的四级墓,其位置都位于墓地东侧。良渚文化第二期时(相当于遗址第⑧层),墓地中有10座小墓,其中三级墓2座,四级墓5座,五级墓1座,被盗而级别不清的墓葬2座。这些墓葬中除M13独自位于墓地西南部外,其余仍在第一期墓葬所在的位置,基本排成一排,叠压于第一期墓葬之上。它们的墓坑大小除了幼儿墓M22特别小外,其余均差别不大,而三级墓M18和M20除随葬品稍多外也无其他特别之处。此外,值得注意的是本期的墓葬包括三级墓M18在内有5座儿童墓,其比例较大,而且本期很多墓葬骨架也不完整(图十三)。

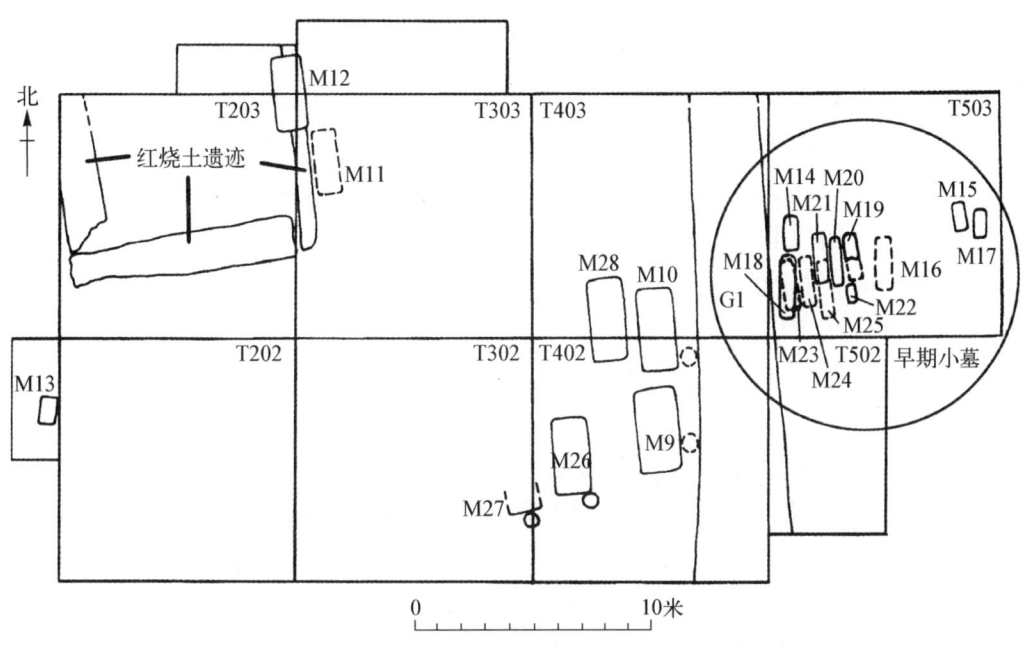

图十三　龙潭港墓地的内部变迁
(据《浙江海盐县龙潭港良渚文化墓地》图三改绘)

由上述分析可以看出,龙潭港墓地的情况与福泉山遗址有相似之处,墓地等级由早期的四级甲类墓地变为晚期的二级墓地,墓葬总体布局由早期的聚在一起、上下叠压,变为晚期的相隔较远、排列有序。但两者也有不同之处:一是与福泉山墓地两个单元的模式相比,龙潭港墓地早期和晚期墓葬的位置都相对集中,它们似乎都只能代表一个家族;二是龙潭港墓地早期和晚期的墓葬范围没有重合,且有沟相隔,很可能其早晚期的家族没有血缘关系,而晚期墓葬代表的家族可能是取代早期家族的另一个家族。而这或许可以解释其第二期墓葬中有较多儿童墓和骨架不全墓的原因,即这个家族遭受了某种灾难,以至于其聚落被晚期的家族占领了。

除了上述福泉山、龙潭港等高等级墓地内部的变迁,许多低等级墓地也有内部变化,但如上述新地里和庙前遗址所示,其变化总体较小,在此不再赘述。

综上所述,良渚文化墓地内部的变迁有几个共同的特点:一是墓地等级一般会越来越高,墓葬中随葬品的数量也会越来越多;二是墓地中墓葬的总体布局由早期的集中在一起埋葬,有的发展为晚期的各墓相隔较远、排列有序;三是这种变迁主要是在高等级墓地中体现得比较明显,而三至五级墓地中,如新地里、庙前等墓地所示,其变化则不很明显。

5. 良渚文化墓地的总体特点及其体现的社会政治组织体系

综合上述分析,笔者把良渚文化墓地的总体特点和其体现的社会政治组织体系归结为以下几点:

A. 高等级墓地的墓葬布局一般是事前经过设计的,墓葬数量都较少,应该为良渚社会权贵的家族墓地或历代首领的墓地。

B. 中低等级墓地中的墓葬一般较多,并存在分区和分排的现象,这说明它们有一定的设计,而不同的墓区或墓群应该为不同的家族墓地,整个墓地则可能为一个大家族或一个氏族的墓地。墓地中的不同墓区和墓群间也有差异,但总体来看不大。至于墓群中的"排",往往一排墓葬中包含有不同时期死去的人,或许他们之间有更亲密的关系,但详细情况还有待下一步工作的开展。

C. 以上两点说明,在良渚社会中家族仍是一种最基础、最重要的社会单元和社会组织。

D. 不论高等级还是中低等级的墓地,良渚文化的墓地整体往往呈现出高、中、低等级墓葬总体混杂,但局部集中的特点。其中,最高规格的墓葬一般都位于墓地南侧中部,有的较独立,但多数周围都有低等级墓葬环绕,这说明了墓地南侧中部在良渚文化先民的心目中是一个特殊的位置,而这些高等级的墓葬显然应为整个家族甚至氏族中的首领一类人物。而良渚文化墓地的上述布局则说明了在良渚社会中首领的地位很高,甚至整个墓地(尤其是高等级墓地)或墓群都是围绕他们设计的。因此,本文可以把良渚社会称为是一个"首领主导式"的社会,其各级别的首领在本级别聚落控制的势力范围中都有相应的较大权势。此外,除了首领墓葬外,良渚文化普通家族成员的墓葬也产生了一些差别,这说明良渚社会的家族内部出现了一定的分化。

E. 从墓地的历时性分析看,良渚文化墓地从早到晚的总体变化趋势是墓葬随葬品越来越多,墓地级别也越来越高。这一方面说明了良渚社会的生产力是逐步提高的,一方面也说明了人们对随葬品的生产也投入了越来越多的精力。

三、小　　结

上文分别分析了良渚文化完整聚落和墓地的形态,结合两者的结论,可以发现它们是相互支持的。一是几个完整聚落反映的临水而居的特点以及高台墓地的普遍存在,共同说明了良渚文化先民的居住和生活确实受到多水环境的影响和制约。二是聚落内房址分群的现象和墓地中墓葬分区分排的现象相对应,这应该与一个家族的成员生则同居、死则同葬的观念有关,也进一步说明了良渚社会中家族仍是一种最基础、最重要的社会单元和社会组织。三是居住址中祭祀坑的发现和墓地中祭祀遗迹的普遍存在说明了良渚文化中宗教生活占有很重要的地位。

最后,根据上文分析,笔者认为良渚文化微观聚落形态所反映的社会情况总体可以归纳为以下三点:

第一,良渚文化的聚落及其代表的社会组织,不论是在其内部还是不同的聚落之间都有相当程度的分化。从单个聚落的内部情况看,良渚文化的一级墓地至五级墓地,每个级别墓地内部的墓葬之间都有一定差别,其"首领主导式"的布局非常明显,可见社会各等级首领的权势都很大。从不同等级聚落间的差别看,一、二级墓地代表了权贵家族或首领阶层,它们和后世的"王族"、"贵族"非常相似;而三至五级墓地则代表了社会基层民众,即一般的社会劳动者,这充分体现了不同家族间的分化。虽然那些低等级墓地中有时也散见一些一、二级墓,但这些墓葬的墓主也无疑是在低等级聚落中担任酋长或巫师等重要职务的人。这一点与后世王朝分封少数贵族到异地统治或直接安抚当地贵族维系其统治的情况非常相似。

第二,除了社会分化外,良渚文化的社会竞争也是比较激烈的。除了上文提及的良渚文化墓地中很多非正常死亡的个体外,良渚文化一、二级墓地多数沿用时间较短更是一个有利的证明。笔者认为,这种现象主要是由社会竞争造成的,即不同的社会集团之间相互竞争,甚至战争,从而导致了高等级聚落的废弃和兴建。

第三,尽管良渚文化的社会分化和社会竞争已经非常严重,但从另一个方面看,血缘关系在良渚文化中仍是一种非常重要的社会纽带。这主要体现在两个方面:一是体现在良渚文化聚落的内部结构及其聚落的稳定性上。在上文笔者已经多次提及,良渚文化墓地分区分群的布局显然是一种血缘关系的外在体现,家族仍是良渚文化社会中最重要和最基础的社会组织。而良渚文化多数墓地的稳定性也说明了多数家族的稳定性,虽然这些家族内部有一定分化,甚至同一家族在良渚文化每一期的社会地位也不尽相同,但这种变化主要是由于其首领墓葬的变化——即首领的个人地位的变化造成的,墓地本身始终是以普通家族成员为主。二是体现在一、二级墓地的出现上。如上所述,笔者认为它们代表的家族与后世的"王族"、"贵族"非常相似,它的出现代表了社会分化过程中家族层次上的区别,也体现了血缘关系在政治统治中的作用,即一些家族整体成为贵族阶层,血缘关系仍是这个阶层对内维持团结和对外进行控制的重要依托。

中国早期铃形器

——以新石器时代至二里岗文化的陶铃和铜铃为例

陈国梁

（中国社会科学院考古研究所）

铜铃和绿松石牌饰共存的现象，在二里头遗址时有发现，这两种遗物不仅是二里头文化的代表，也是研究早期青铜文明的重要对象，更被视作早期礼乐文明的载体。铜铃是最先出现的铜质乐器，也被视作后世大型青铜乐器——编钟的雏形。

一般认为，铃形器在结构上具有开口式腔体和悬系铃舌两个特征，[1]在新石器时代和青铜时代的遗址中时有发现，[2]受关注度颇高，学者多有论及。高炜先生对史前时期发现的陶铃进行了系统梳理，对陶铃的类型、源流和用途进行了深入探讨，对铜铃出现的意义、陶寺至二里头文化铜铃的脉络进行了讨论。[3] 安家瑗先生对陶寺至殷墟时期的铜铃进行了形制探讨和功用分析，强调了陶寺铜铃发现的意义，认为将商代的铜铃归为乐器不够确切，铙出现之后，才能称之为乐器。[4] 宫本一夫先生以陶寺和二里头文化铜铃的形制和铸造特征为重点，讨论了铜铃的发展脉络和功用，并对铜铃出现的社会背景进行了分析，认为铜铃的铸造特征为中原地区独有，其社会意义和技术传统被后世继承，是身份和地位的标识，但是在陶寺和二里头之间的铜铃存在缺环，二里岗时期在礼仪制度中放弃了铜铃类乐器。[5] 久保田慎二先生从新石器时代发现的陶铃着手，分析了陶寺与二里头文化铜铃出现的背景，并基于类型学对陶铃的时空分布进行了探讨，提出了陶铃存在"中原系"、"东方系"和"北方系"三个组系，不同时期各系的范围和发展方向不同，功用也不同。[6] 张冲先生对先秦时期的陶铃和铜铃进行了系统研究，基于考古类型学分析了铃形器的型式、年代、源流、与后世主要礼乐器的关系、功用等。[7] 音乐史研究者也从古代乐器的产生、发

---

[1] 申莹莹：《中国新石器时代出土乐器研究》，中央音乐学院博士论文，2012年。
[2] 部分陶铃因为出土时残破，未被识别，发表时被称为碗形器、漏器、菱形器、船形器等，详见附表一。
[3] 高炜：《史前陶铃及相关问题》，中国社会科学院考古研究所编：《二十一世纪的中国考古学——庆祝佟柱臣先生八十五华诞学术文集》，文物出版社，2006年。
[4] 安家瑗：《中国早期的铜铃》，《中国历史博物馆馆刊》1987年总第9期。
[5] 宫本一夫：《二里头文化铜铃的来源与发展》，《夏商都邑与文化（一）——夏商都邑考古暨纪念偃师商城发现30周年国际学术研讨会论文集》，中国社会科学出版社，2014年。
[6] 久保田慎二：《陶寺与二里头铜铃的出现背景——由对新石器时代陶铃的分析入手》，《夏商都邑与文化（一）——夏商都邑考古暨纪念偃师商城发现30周年国际学术研讨会论文集》，中国社会科学出版社，2014年。
[7] 张冲：《先秦时期陶铃和铜铃研究》，山东大学硕士论文，2014年。

展和演变、铃形器和其他乐器之间的组合关系等角度对其进行了有益的探讨。① 总的来看,研究者多以考古类型学为基础进行讨论,但着眼点和侧重点各有不同。安文和宫本文侧重于铜铃,或注重形制,或注重技术特征,但是对铜铃产生的文化背景、陶铃到铜铃的更替及原因涉及较少。高文虽然同时注重陶铃和铜铃及其关系的探讨,但是对不同型式、不同文化陶铃交错分布的原因未曾涉及。久保田文的研究初旨与笔者相近,基于形态分类的时空分布探讨也颇有见地,但是忽略了铃体表面透孔所涉及的悬系方式和使用传统的差异。

基于礼、乐是"相须以为用"②的关系,对铃形器进行探讨,是研究礼乐器产生、变化、功能和礼乐文明形成过程的重要内容。本文根据陶铃器悬系方式的差异,对其时空分布进行讨论,再结合各地区不同系统文化的关系,对铃形器产生和演化的脉络、铜铃出现的基础和背景进行阐述。

本文探讨的对象主要为史前至二里岗文化时期黄河中下游及其邻近地区发现的铃形器。其他地区也发现了被称为"陶铃"或"铜铃"的器物,但它们和前述铃形器的特征不符,文中暂不涉及。

一、陶　　铃

据见诸报道的资料统计,在国内的近40个遗址(地点)中至少发现有近百件陶或石质的铃形器(附表一)。这些遗址多位于黄河中、下游地区,少数位于淮河北岸支流的上游或长江中游地区,而以黄河南岸的伊洛郑地区最为集中(图一)。

1. 形制

铃形器的形制探讨,研究者多有涉及。学者们在对其类型分析时多依据其悬系方式,参照这一成例,通常将铃形器分为两大类:一类为悬系铃(本文称之为甲类),发现数量较多;另一类为甬铃(或称之为执铃、钟,本文称之为乙类),发现数量较少。

(1) 甲类　悬系铃

前文述及,研究者们在对铃形器进行分析的时候,多侧重于铃体本身的形状。实际上,悬系类铃形器在使用中,音效与铃体的材质、形状、大小都有关系。但是悬系方式的差异体现的是使用方式和文化传统的不同,故而本文按照悬系方式的差别,将铃形器分为三型(图二):

A型:顶悬。悬系孔与铃舌穿系孔共用。穿孔的数量不一,少则1个,多则4个,以2

---

① 李纯一:《中国上古出土乐器综论》,文物出版社,1996年;王子初:《中国音乐考古学》,福建教育出版社,2002年;杨荫浏:《中国古代音乐史稿》,人民音乐出版社,2004年;李纯一:《先秦音乐史(修订版)》,人民音乐出版社,2005年;申莹莹:《中国新石器时代出土乐器研究》,中央音乐学院博士论文,2012年。

② (宋)郑樵:《通志·乐略》:"礼乐相须以为用,礼非乐不行,乐非礼不举。"

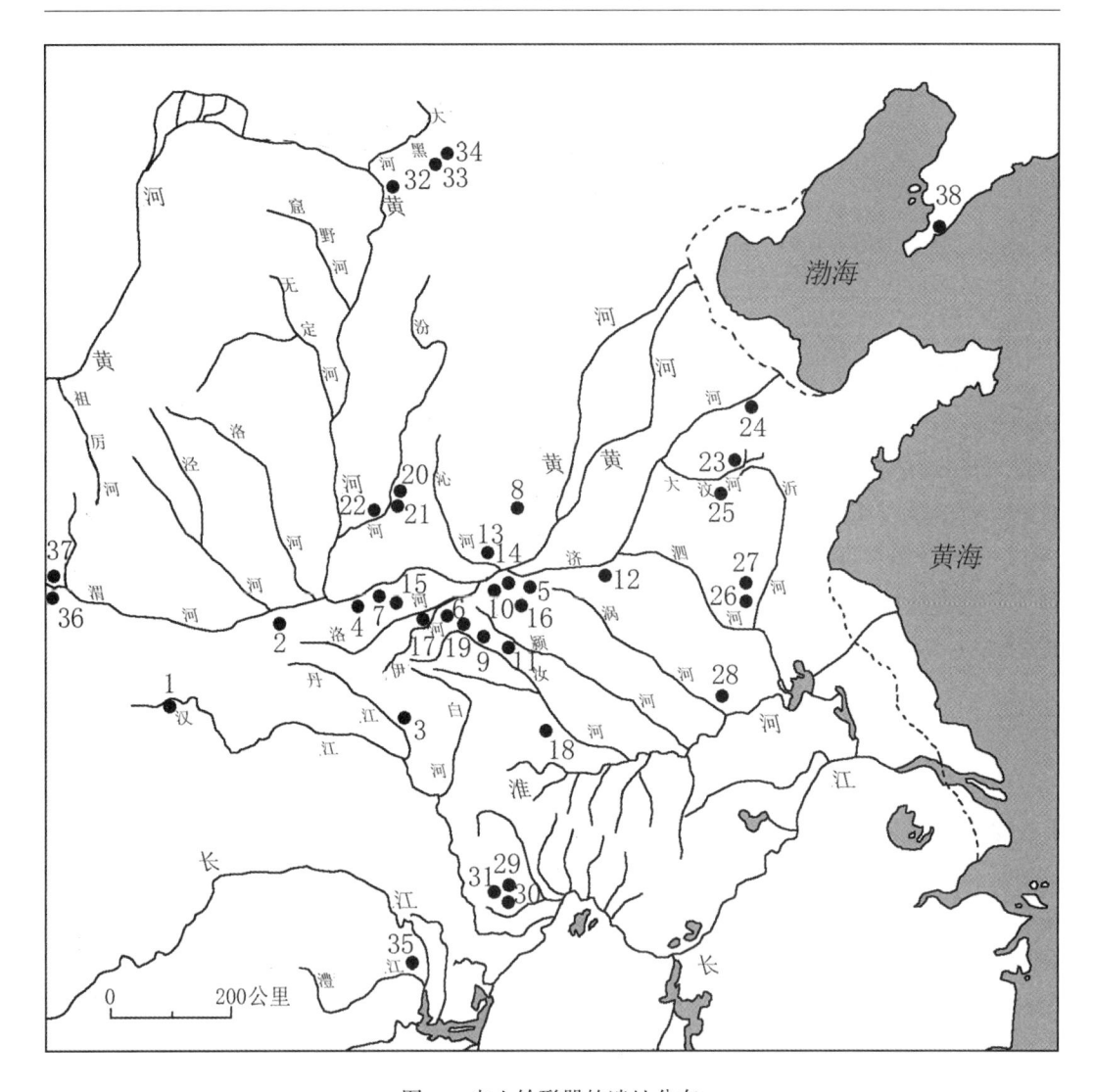

图一 出土铃形器的遗址分布

1. 南郑龙岗寺 2. 长安斗门 3. 淅川下王岗 4. 陕县庙底沟 5. 郑州大河村 6. 偃师灰嘴 7. 渑池仰韶 8. 汤阴白营 9. 临汝大张 10. 巩义里沟 11. 禹县鹿台岗 12. 杞县鹿台岗 13. 博爱金城 14. 郑州后庄王商城 15. 新安槐林 16. 新密新砦 17. 偃师二里头 18. 驻马店杨庄 19. 登封南洼 20. 襄汾陶寺 21. 襄汾丁村 22. 新绛古堆 23. 泰安大汶口 24. 章丘宁家埠 25. 兖州西吴寺 26. 邳县刘林 27. 邳县大墩子 28. 蒙城尉迟寺 29. 天门邓家湾 30. 天门三房湾 31. 天门杨家湾 32. 清水河岔河口 33. 凉城西白玉 34. 凉城园子沟 35. 石门皂市 36. 天水师赵村 37. 秦安大地湾 38. 大连郭家村

个居多。铃体大小不一,高度在2—11厘米左右。多为手工制成,形状不甚规则。依照铃体横截面的差异,本文将其分为三个亚型:

Aa型 不少于21件。横截面为圆形或椭圆形。口部的宽度一般大于或接近铃体的高度。多为平顶,少量弧顶。壁或外弧或斜直,部分稍显内凹。顶部多有2个穿孔,基本沿长轴方向两端分置,少量沿短轴方向竖置(图三,12、13)。顶部有1个竖向穿孔的,多居于中央(图三,14、15、17)。顶部有4个穿孔,则沿长轴两侧对向分置(图三,11)。其制作

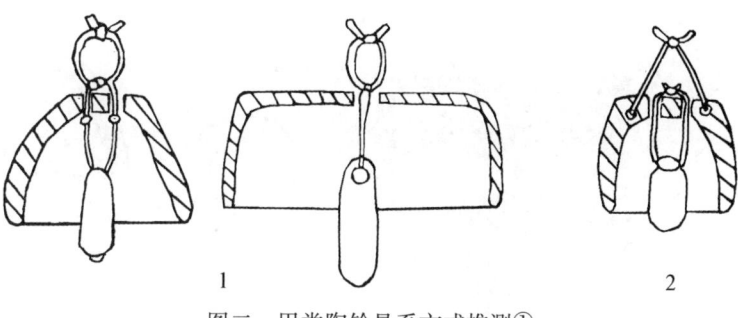

图二　甲类陶铃悬系方式推测①
1. A 型（顶悬）　2. B 型（壁悬）

过程相对简单,仅需将陶坯捏成一侧内凹的圆形或者椭圆形,修整后在顶部穿孔。该类陶铃存续时间也很长,贯穿新石器时代至二里头文化。不同时代,颜色不一。仰韶时代多为红褐陶,龙山时代则为灰陶,二里头文化兼有灰陶和白陶。发现此类陶铃的遗址较多,计17处,包括仰韶时代的龙岗寺、大河村、后庄王和岔河口,龙山时代的邓家湾、三房湾、贯平堰、陶寺、白营、金城、鹿台岗、西白玉、园子沟、郭家村,二里头文化时期的二里头、杨庄、南洼等遗址。

Ab 型　6 件。横截面为几何形。铃体大小不一,高度 2—5 厘米左右(图四)。横截面为矩形或菱形,菱形的表面有叶脉纹和斜线方格纹。顶部沿长轴方向有竖向穿孔 2 个。除 1 件(槐林 H8：1②)为仰韶时代外,其余为龙山时代,见于陶寺、古堆、里沟③和新砦等遗址。

Ac 型　7 件。横截面为合瓦形,铃体相对较扁。口部宽度多大于高度。平顶上有竖向穿孔,数量不一,少则 1 个,多则 4 个。排列方向不一,或沿长轴方向横置,或沿短轴方向对置(图五)。属于龙山和二里头文化时期。见于瓦店、陶寺、西白玉、园子沟和二里头等遗址。

B 型：壁悬。铃壁近顶部周围有透孔。壁或斜直或外弧。多为平顶,部分凹顶,④少量弧顶。顶部穿孔 2—4 个,排列方式不一,或沿长轴方向两侧对置,或在长轴两端分置。铃壁上穿孔 4—6 个,多为 4 个,基本在阔面上对称分置。此类陶铃的悬系方式可能有两种：一种为利用壁上穿孔穿入悬系绳,顶部穿孔悬系铃舌；另一种为利用顶部穿孔悬系,利用铃壁穿孔系铃舌。根据截面形状的差异可分为三亚型：

---

① 根据《先秦音乐史》图九改绘。李纯一:《先秦音乐史(修订版)》,人民音乐出版社,2005 年,第 26 页。
② 新安槐林遗址"陶埙"(H8：1),因发掘资料披露不甚详细,疑似陶铃。详见附表一。
③ 巩义里沟遗址所出陶铃(H1：323),壁上有圆形和三角形的透孔各 1 个,是原本既有还是发掘所留,不详,此处暂归为 A 型。详见附表一。
④ 山西、内蒙古、河南、山东的部分遗址发现有顶部四周凸起,中间内凹的陶铃,有学者将之归为凹顶,认为有别于其他地区的陶铃,可能源自北方,代表着不同的渊源。久保田慎二:《陶寺与二里头铜铃的出现背景——由对新石器时代陶铃的分析入手》,《夏商都邑与文化(一)——夏商都邑考古暨纪念偃师商城发现 30 周年国际学术研讨会论文集》,中国社会科学出版社,2014 年。

图三 Aa 型陶铃

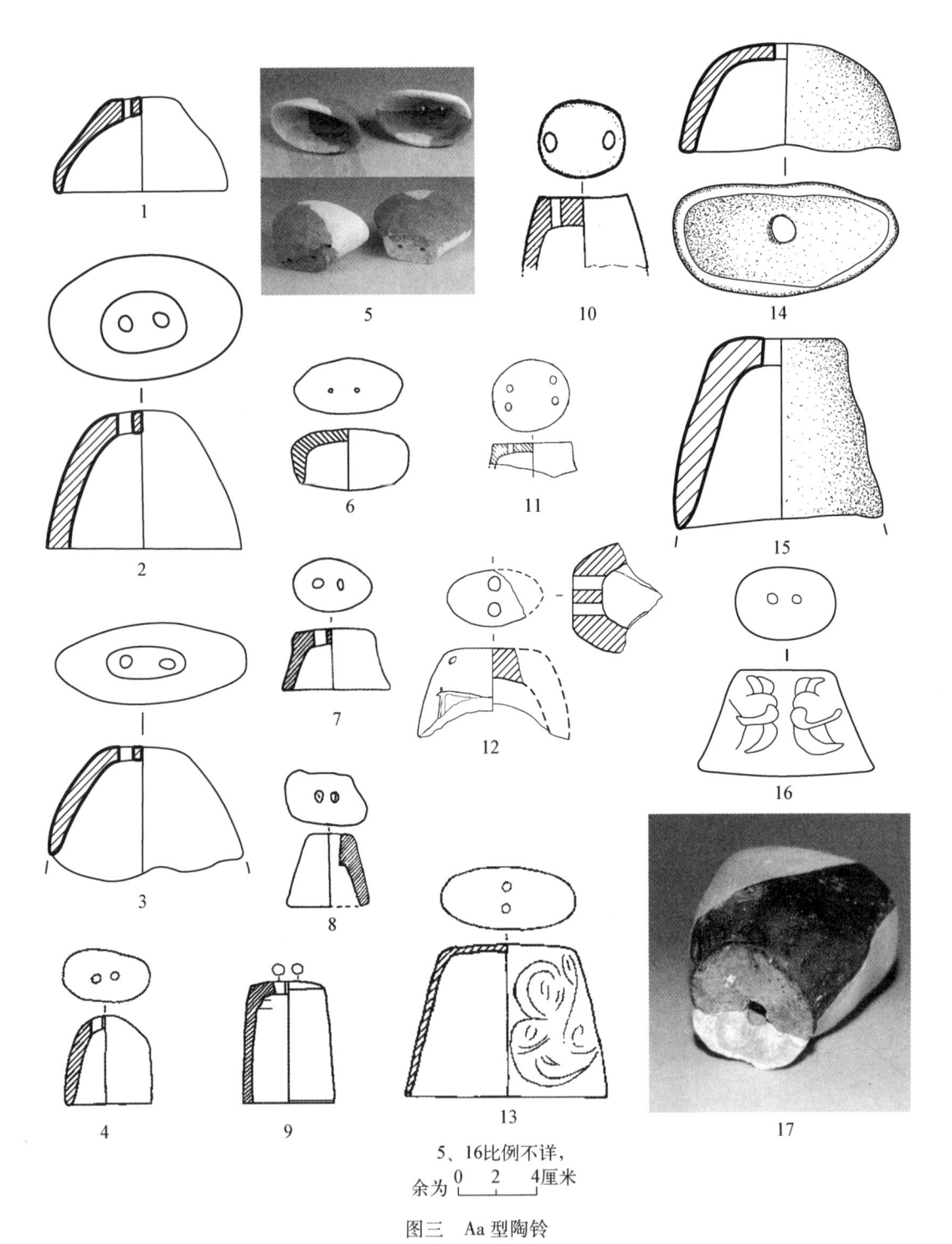

1. 龙岗寺 M430∶2 2. 大河村 T13②∶29 3. 大河村 T11④B∶17 4. 邓家湾 H109∶44 5. 岔河口 G2∶4、5 6. 白营 T4②∶10 7. 陶寺 T403④C∶48 8. 后庄王 H6∶15 9. 南洼 2004H418∶1 10. 大河村 T43⑪∶4 11. 金城 HBJ∶13 12. 二里头 2005ⅤH412∶5 13. 贯平堰 H1②∶25 14. 杨庄 T18②∶1 15. 杨庄 T18④∶6 16. 三房湾 T2⑤∶4

中国早期铃形器

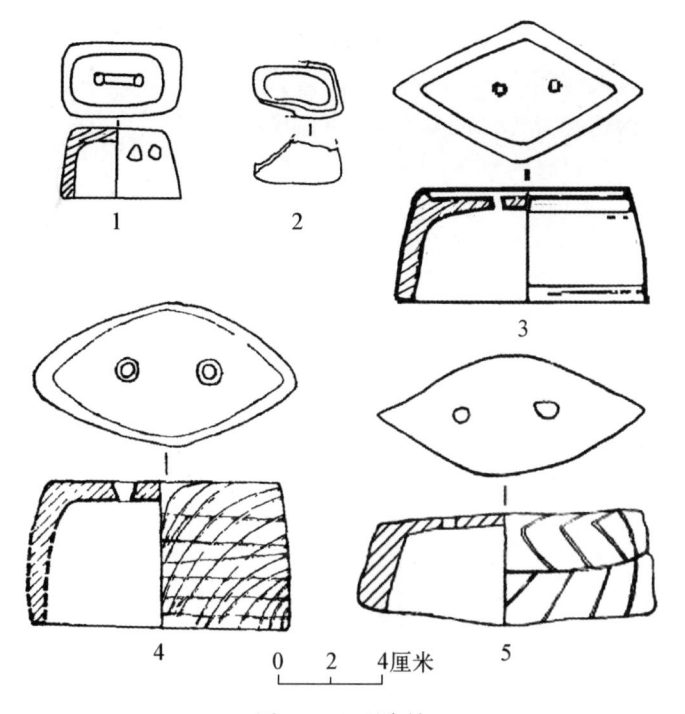

图四 Ab 型陶铃
1. 里沟 H1：323 2. 槐林 H8：1 3. 古堆 SH6：2 4. 陶寺Ⅳ：06（采集） 5. 新砦（采集）

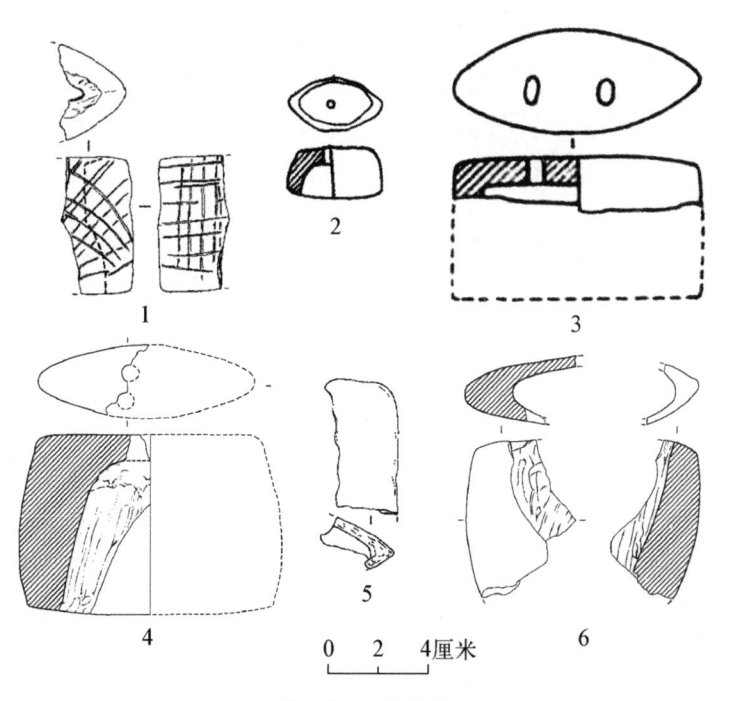

图五 Ac 型陶铃
1. 西白玉 H3：3 2. 瓦店 81ⅡT7④：27 3. 陶寺 H340：5 4. 二里头 2005ⅤH414：1 5. 园子沟 F3021：1 6. 二里头 2005ⅤH414：4

Ba 型 13 件。横截面多为椭圆形（其中 1 件为马蹄形①）。口部宽度大于或接近铃体高度（图六）。多属于仰韶时代，少数为龙山时代。见于龙岗寺、下王岗、大汶口、西吴寺、刘林、大墩子、②尉迟寺、岔河口、陶寺、西白玉等遗址。

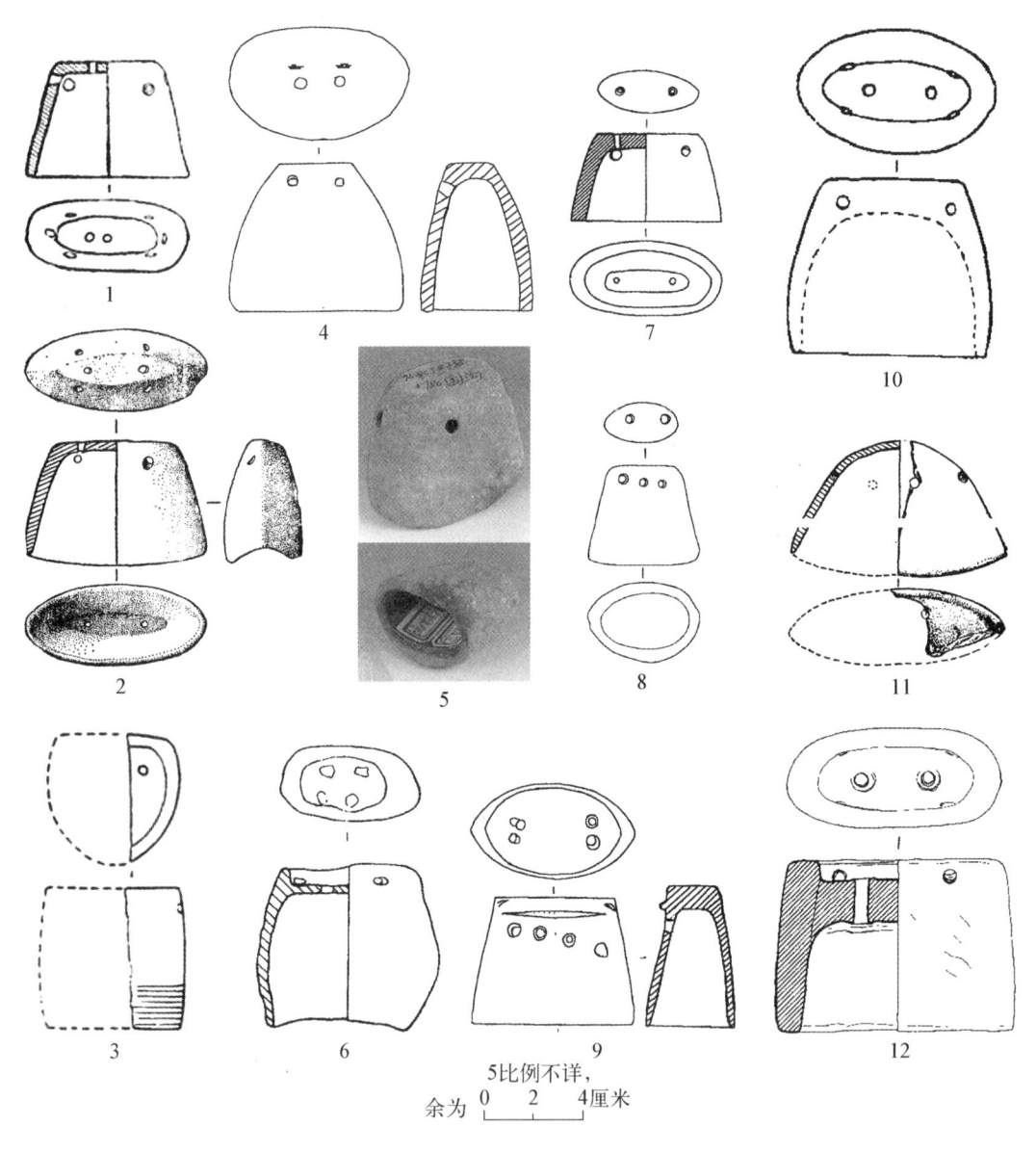

图六 Ba 型铃

1. 龙岗寺 M431：4 2. 下王岗 T16⑥：193 3. 陶寺 T393④B：3 4. 大墩子 M254：3 5. 岔河口 H86 6. 西吴寺 H4213：37 7. 尉迟寺 F37：19 8. 大汶口 H10：1 9. 大墩子 M325：1 10. 刘林 M118：7 11. 下王岗 H169：19 12. 西白玉 H3：1

---

① 陶寺遗址出土的 1 件陶铃（T393④B：3），铃体残损较甚，发掘者称顶部近似马蹄形。具体形状不详，暂归此类。
② 邳县大墩子遗址墓葬内出土 1 件石铃（M325：7），顶部沿长轴方向有对置竖向穿孔 2 组，在一侧壁上见有斜置横向穿孔 4 个，比较特殊，暂归入此类。

Bb 型　4件。横截面多为几何形（1件为圆角方形，图七）。多属龙山时代。见于仰韶村、尉迟寺、陶寺等遗址。

Bc 型　7件。横截面为合瓦形。铃体稍扁，宽度大于或接近于高度（图八）。属于仰韶至龙山时代。见于大地湾、大张、陶寺、宁家埠、园子沟等遗址。

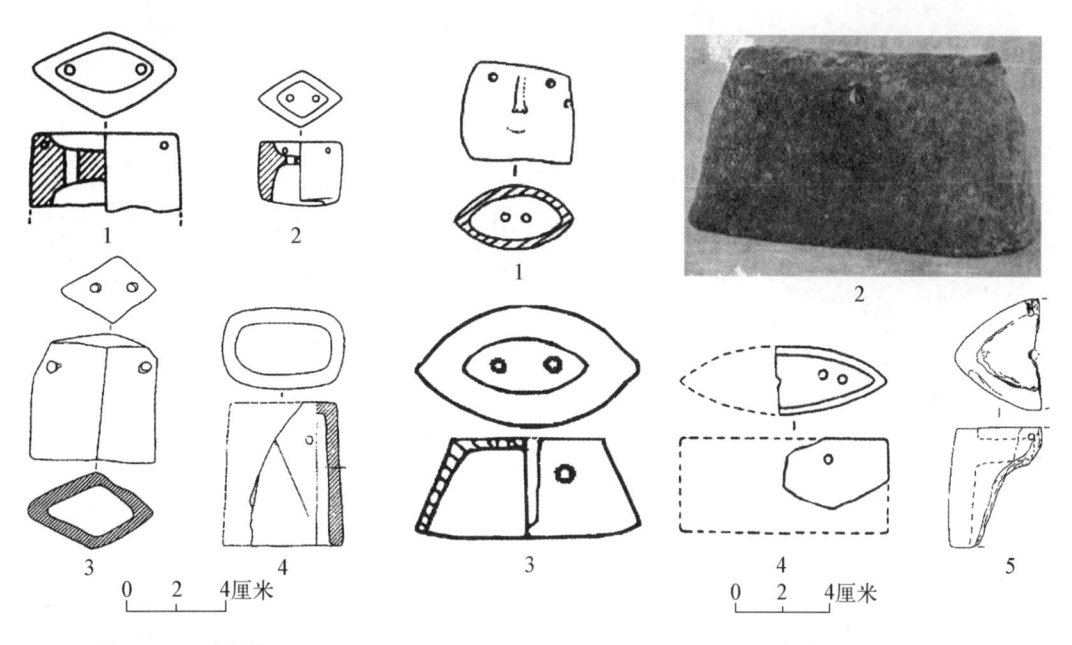

图七　Bb 型陶铃
1. 仰韶 T1②：19　2. 陶寺 J301：4　3. 尉迟寺 T3527⑤：5
4. 尉迟寺 F23：6

图八　Bc 型陶铃
1. 宁家埠 H431：1　2. 大张 T3：23　3. 大地湾 T600②：7
4. 陶寺 H419：5　5. 园子沟 F3028：1

C 型：钮悬。仅见于二里头遗址。铃体瘦高，壁外弧，顶部有桥形钮。出土时内有铃舌（图九）。从形态上看与 A 型铃有着较多的相似性，不同的是其采用桥形钮。据层位关系看，其年代应该为二里头文化早期。

（2）乙类　甬铃[①]

发现的数量较少。仅见于师赵村、庙底沟、丁村、斗门镇和灰嘴[②]等遗址。

顶部多有几何形凸起（图十）。其悬系方式有两种：一种为利用甬根部周壁两侧斜向穿孔，系挂铃舌；另外一种为平顶，顶部中央有圆形凸起的甬部，利用两侧有竖向穿孔2个，系挂铃舌。

---

① 这类器物的名称，音乐史研究者们看法不一。庙底沟遗址的铃形器，李纯一早年认为是铃，王友华称其为钟。长安斗门的铃形器，李纯一先生将其称为庸。李纯一：《先秦音乐史（修订版）》，人民音乐出版社，2005 年，第 23 页。王友华：《先秦大型组合编钟研究》，中国艺术研究院博士论文，2009 年，第 29 页。

② 偃师灰嘴的陶铃（2006T2H15：34）尚未发表，现存中国社会科学院考古研究所河南第一工作队。顶部一侧凸起（有残损，可能较高）可能为甬根，近中处有竖向穿孔2个。此处暂归入乙类。

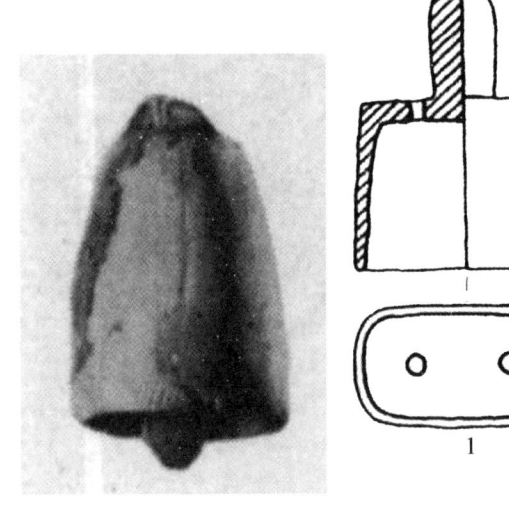

图九　C型陶铃

二里头1960ⅡT113⑥（比例不详）

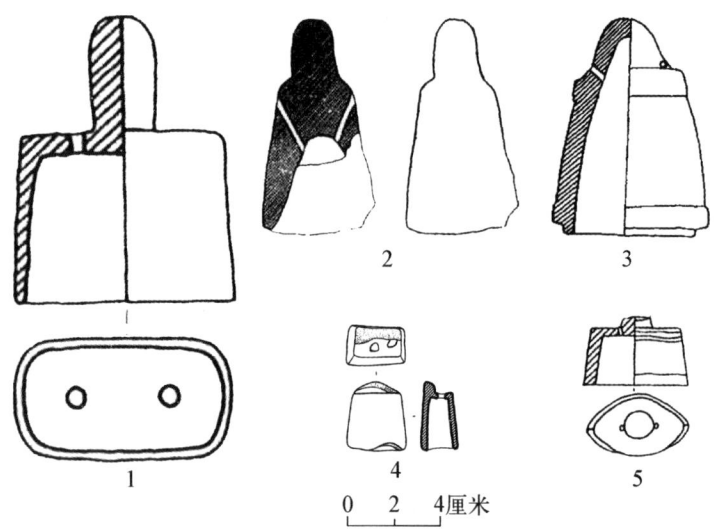

图十　乙类陶铃

1. 长安斗门　2. 庙底沟H387∶9　3. 师赵村T111④∶118　4. 灰嘴2006T2H15∶34　5. 丁村T3⑥∶7

2. 分区

据铃形器出土地点看，两类遗物多分布于黄河中下游地区。

乙类在仰韶文化早期（半坡类型）开始出现，龙山时代之后消失。最早的见于庙底沟遗址，此后渐次出现于渭水上游和伊洛河流域。其分布范围为仰韶时代的半坡—庙底沟期、龙山时代的陶寺和客省庄二期文化的范围，也即仰韶—庙底沟文化系统的核心区（图十一）。

甲类陶铃数量较多，分布范围较广。可分两个区域：顶悬系统，本文称之为A区；壁悬系统，本文称之为B区。

（1）仰韶时代

出土A型的遗址有龙岗寺、大河村、槐林、后庄王、岔河口5处。分布范围较广，北抵内蒙古中南部、东至豫中、南达陕南，其中前4处遗址位于仰韶文化的核心分布区，岔河口遗址该期遗存与仰韶文化也有着极其密切的联系。

出土B型的遗址有大汶口、刘林、大墩子、大张、下王岗、龙岗寺、大地湾和岔河口8处。分布范围较A型更广，东到鲁中、南抵豫南、西到陇东、北达内蒙古中南部，不仅包括北辛—大汶口文化的分布区，还延展至仰韶文化的分布区。

A、B型的核心分布区不同，但是两者之间有大面积重叠区域（图十二）。

根据现有的研究，龙岗寺遗址仰韶时期的遗存属于典型的仰韶文化半坡期遗存。① 大河村遗址仰韶文化时期的遗存稍微复杂，其一、二期与庙底沟类型相近，三、四期为大河

---

① 陕西省考古研究所：《龙岗寺——新石器时代遗址发掘报告》，文物出版社，1990年。

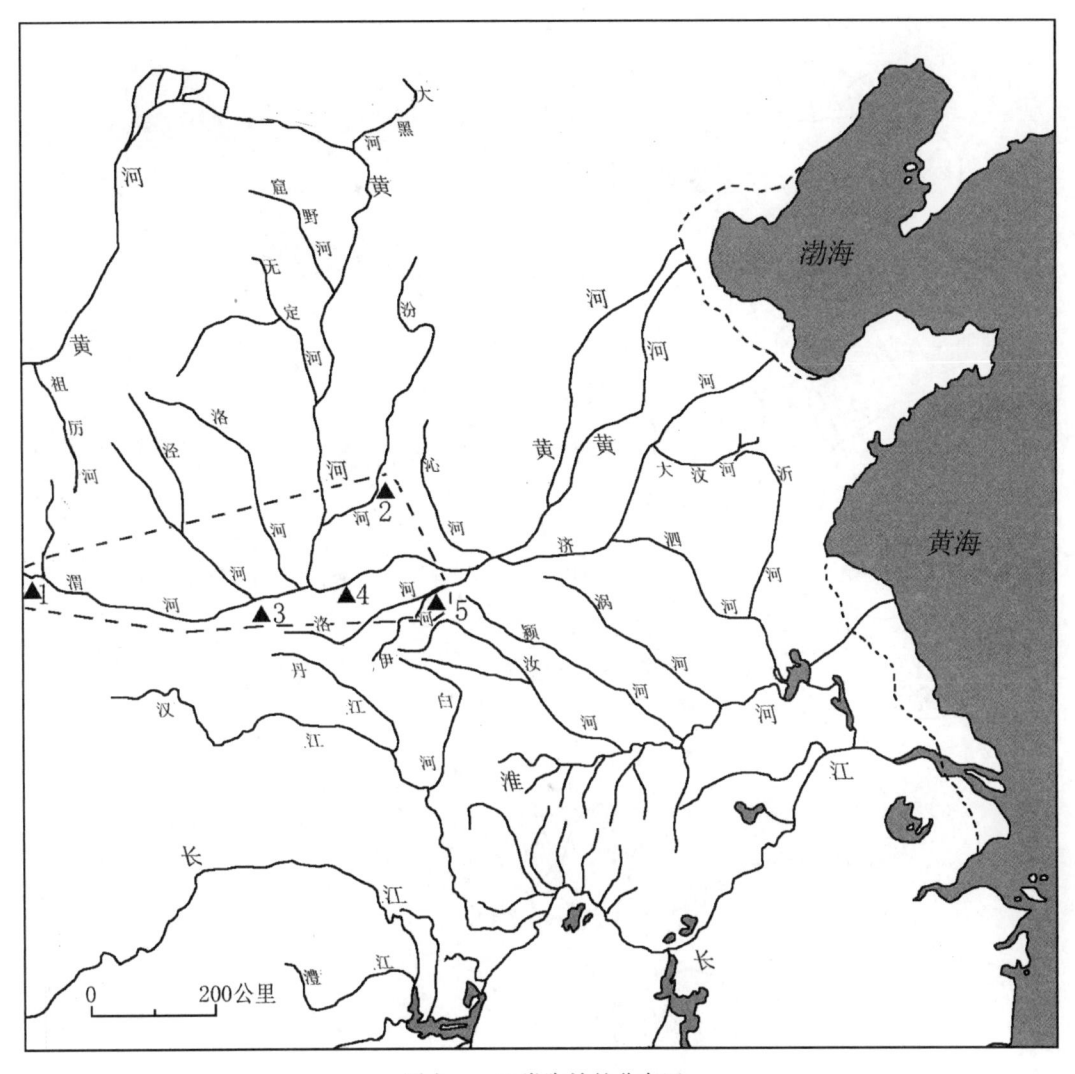

图十一　乙类陶铃的分布区
1. 天水师赵村　2. 襄汾丁村　3. 长安斗门　4. 陕县庙底沟　5. 偃师灰嘴

村类型或秦王寨类型。该遗址距离大汶口文化的核心地区较近,受其影响也较深,[①]此外还与南方的屈家岭文化有一定的关系。[②] 岔河口遗址该时期的遗存,有学者将其归入"岔河口文化",其发展受到了半坡类型、庙底沟类型和后岗一期文化的影响。[③] 而龙岗寺遗址出土 A 型铃,属于仰韶文化半坡类型,是该区域内年代最早的陶铃。大河村、岔河口等4处遗址出土的陶铃年代相对较晚,约为仰韶晚期。由于更早的考古资料还没有发现,A

[①] 栾丰实:《试论仰韶时代东方与中原的关系》,《考古》1996年第4期。
[②] 王仁湘、贾笑冰:《中国史前文化》,商务印书馆,1998年,第196页。
[③] 内蒙古历史研究所:《内蒙古中南部黄河沿岸新石器时代遗址调查》,《考古》1965年第10期;内蒙古文物考古研究所:《清水河县岔河口新石器时代遗址调查》,《内蒙古文物考古》2003年第2期。

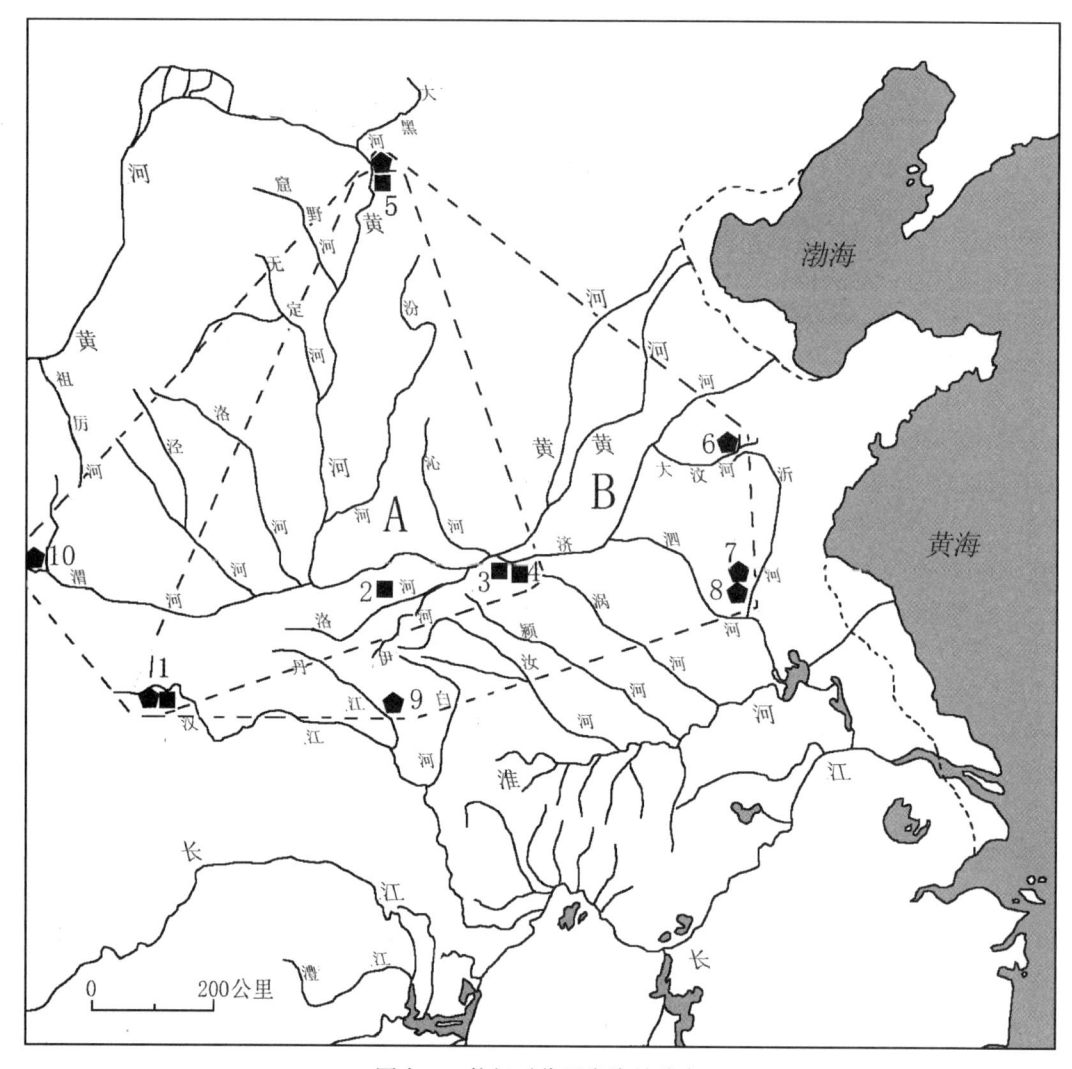

图十二　仰韶时代甲类陶铃分布

A：1. 南郑龙岗寺　2. 新安槐林　3. 郑州后庄王　4. 郑州大河村　5. 清水河岔河口
B：1. 南郑龙岗寺　5. 清水河岔河口　6. 泰安大汶口　7. 邳县大墩子　8. 邳县刘林　9. 淅川下王岗
10. 秦安大地湾

型陶铃来源还不清楚，与本区域新石器时代早期发现的响铃可能有一定联系。从本区域来看仰韶文化半坡类型区域可能是该型陶铃的初源地，之后发展到了内蒙古的中南部和河南西部，其传播线路大致为沿黄河北上和东进。

  大汶口遗址所出B型陶铃，属于北辛文化晚期，与龙岗寺、下王岗等遗址所出大体同时，约相当于仰韶文化早期。刘林、大墩子所出陶铃均为大汶口文化早期，与大地湾遗址出土陶铃基本同时，约相当于仰韶文化中期。岔河口文化年代稍晚，可能为仰韶文化晚期。大汶口、大墩子、刘林等遗址出土的陶铃位于大汶口文化分布区，下王岗、龙岗寺、大地湾、岔河口等遗址发现的B型陶铃，分布于仰韶文化诸类型的边缘区。据学者们研究，仰韶文化同山东地区的北辛—大汶口文化互动密切,不同阶段两者在互动中的主次角色也不同。① 下王岗遗址仰韶文化的形成与裴李岗文化的消失,仰韶文化半坡类型的南下和大汶口文化西进有关,②岔河口文化的第一期兼具后岗一期和半坡类型的文化因素等。③ 据此笔者推测,B型陶铃可能最早产生于山东地区,随着北辛—大汶口文化势力的增长,分为两条线路(一条线路沿济水西进至伊洛地区,一条为经由淮河支流的进入豫西南地区),与其他文化因素一起,传入仰韶文化分布区。进而,随着仰韶文化的扩散传播至渭水流域和内蒙古中南部。

(2) 龙山时代

龙山时代的铃形器,不论是数量还是分布地点(图十三),均较仰韶时代多。

出土A型的遗址有陶寺、白营、里沟、瓦店、新砦、郑州商城等14处。其分布范围南至鄂中江汉平原,东抵豫东平原,西达豫西山地,北至内蒙古中南部。核心分布区仍为黄河中下游的晋南和豫西地区。与仰韶文化时期相比,中心区整体东移,退出了关中地区的渭河流域。

出土B型陶铃的遗址有西白玉、园子沟、陶寺、仰韶、尉迟寺和西吴寺等8处。其分布范围相对收缩且东移,关中地区基本不见。

值得注意的是,龙山时代A型的核心区转移至以郑洛地区为中心的黄河两岸,即陶寺文化、王湾三期、大河村四五期、后岗二期等文化的分布区。外围区则还包括鄂中和内蒙古中南部。前者为屈家岭—石家河文化的分布范围,该地区自大溪文化以来,未见使用陶铃的传统。尽管石家河文化的来源复杂,有东方文化因素影响的迹象,但从铃形器的特征来看,仍为黄河中游地区仰韶—庙底沟文化系统的A型铃。

宁家埠、西吴寺、尉迟寺等遗址所出陶铃仍为本地传统的B型铃,边缘区的西白玉、园子沟、陶寺、渑池、大张等遗址发现的陶铃或两型共存,或仅有B型存在。内蒙古中南部、晋南和豫西地区B型陶铃的发现,应与这一时期三个区域的文化互动有关。河套地区的龙山文化在不同阶段与中原地区的客省庄二期、陶寺、后岗二期文化均有一定程度的交流,而晋南地区很有可能是南北交流的重要孔道,陶寺文化在中、晚期和以石峁为代表的老虎山文化互动频繁。④ 陶寺文化在发展过程中与东方地区也存在着较为明显的互动,比如大汶口文化中的厚葬、木椁、石磬和鼍鼓及玉钺、玉琮等文化因素在陶寺文化中可见。⑤ 文化之间的交互影响可能是河套地区和晋南地区两类陶铃并存的原因。

但是,在河南龙山文化中心区却未见有两类陶铃并存的现象,该区延续使用仰韶—庙底沟文化以来的A型铃,大张遗址所见的B型铃或许与大汶口文化晚期的西进、颍水类

---

① 中国社会科学院考古研究所山东队等:《山东滕县北辛遗址发掘报告》,《考古学报》1984年第2期;栾丰实:《试论仰韶时代东方与中原的关系》,《考古》1996年第4期。
② 余西云:《下王岗"仰韶文化一期"遗存试析》,《中国考古学跨世纪的回顾与前瞻——1999年西陵国际学术研讨会文集》,科学出版社,2000年,第199—206页。
③ 内蒙古文物考古研究所:《清水河县岔河口新石器时代遗址调查》,《内蒙古文物考古》2003年第2期。
④ 韩建业:《良渚、陶寺与二里头——早期中国文明的演进之路》,《考古》2010年第11期。
⑤ 邵望平:《中原文化中的东方因素》,《中原文物》2002年第2期。

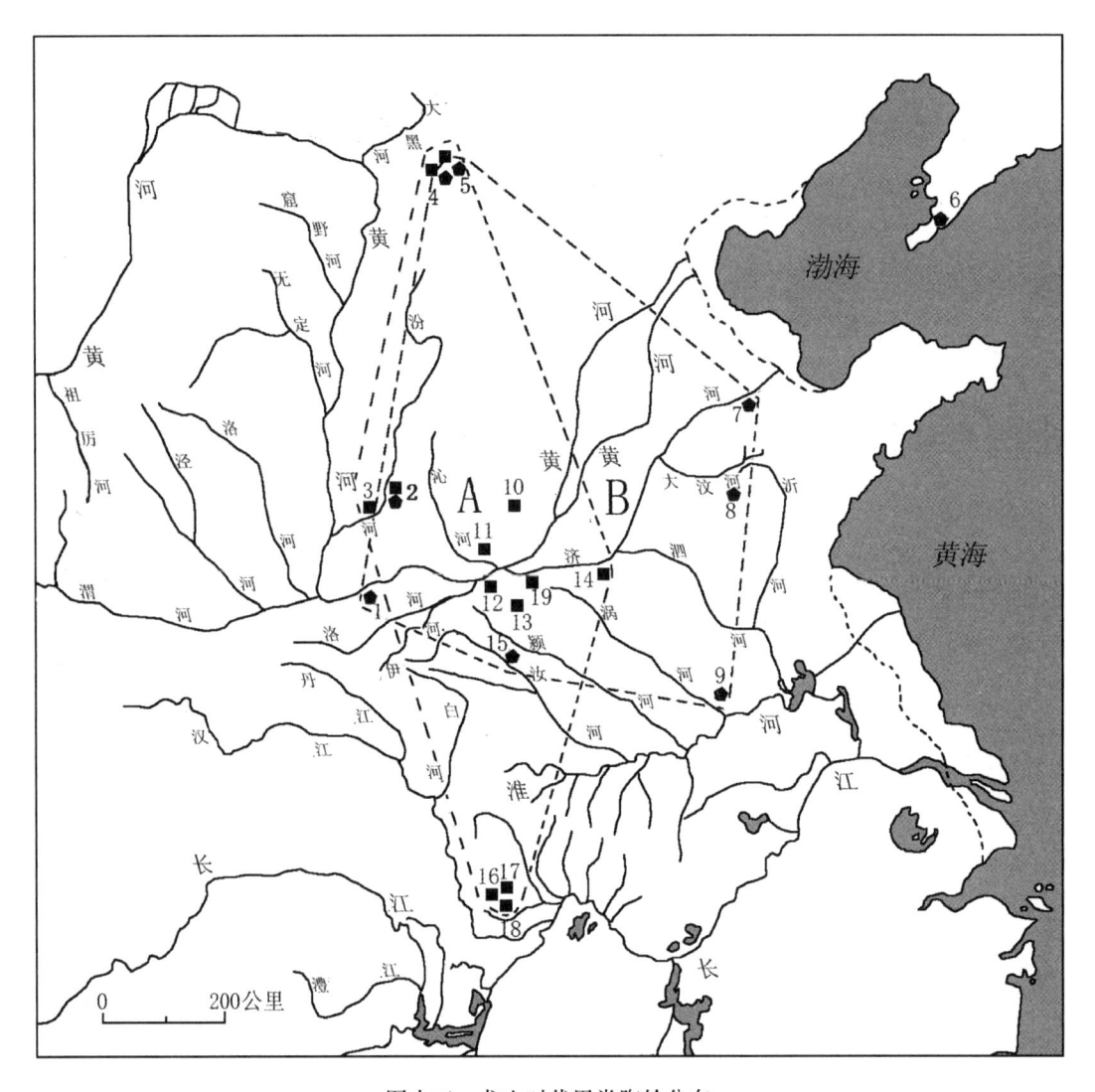

图十三　龙山时代甲类陶铃分布

　　A 型：2. 襄汾陶寺　3. 新绛古堆　4. 凉城西白玉　5. 凉城园子沟　10. 汤阴白营　11. 博爱金城　12. 巩义里沟　13. 禹县瓦店　14. 杞县鹿台岗　16—18. 天门邓家湾、三房湾、贯平堰（杨家湾）　19. 新密新砦
　　B 型：1. 渑池仰韶　2. 襄汾陶寺　4. 凉城西白玉　5. 凉城园子沟　6. 大连郭家村　7. 章丘宁家埠　8. 兖州西吴寺　9. 蒙城尉迟寺　15. 临汝大张

型①的出现关系密切。在辽东半岛南端的大连郭家村遗址出有被称为"甗"的遗物数件，②属于小珠山上层文化，这几件遗物的尺寸较甗为小，从形状看，疑似为陶铃。

　　值得关注的是在陶寺遗址还发现了铜铃，其形制脱胎于本地区 A 型陶铃，与本文所称 Ab 型陶铃几近相同。

---

① 杜金鹏：《试论大汶口文化颍水类型》，《考古》1992年第2期。
② 辽宁省博物馆、旅顺博物馆：《大连市郭家村新石器时代遗址》，《考古学报》1984年第7期。

(3) 二里头文化

仅见于二里头、南洼和杨庄遗址（图十四）。从形制上看，多数陶铃仍为本地区以往常见的桶形铃（A型），但是尺寸较以往为大。南洼遗址发现的陶铃为白陶质。二里头和南洼均为二里头文化的典型遗址，有学者将杨庄的同期遗存归为二里头文化杨庄类型。后两者所见陶铃为Aa型，仍有相当的原始特征。二里头遗址所出陶铃主要为Ac型，新出现了本文所称的C型钮悬铃。

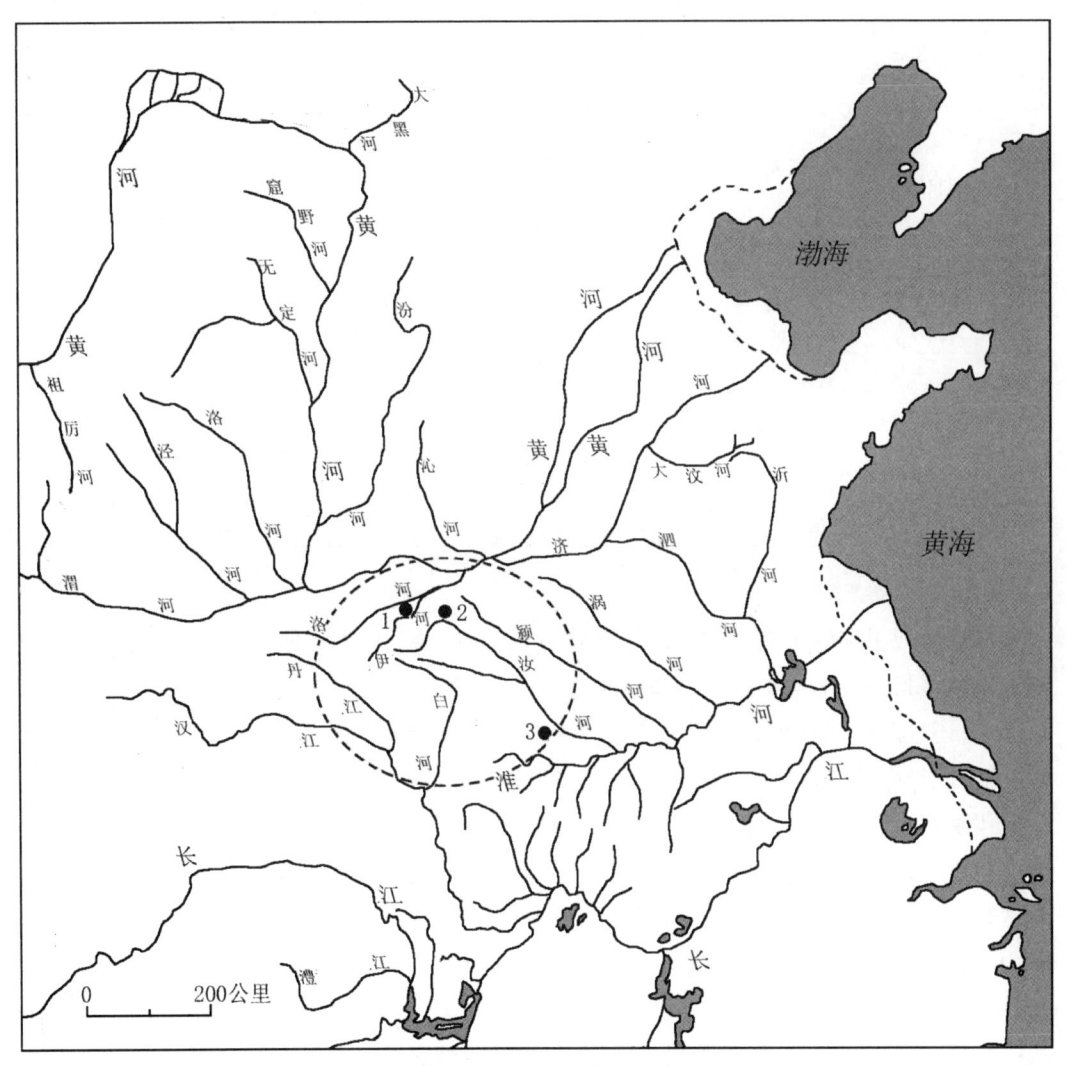

图十四　二里头文化陶铃分布
1. 偃师二里头　2. 登封南洼　3. 驻马店杨庄

从考古发现来看，在龙山时期已显衰微的B型陶铃彻底消失，而A型陶铃的分布区域也仅限于二里头文化的分布区。二里头文化无疑继承了该地区自仰韶文化以来的A型铃的使用传统，并创造出了C型铃，后者则是二里头文化铜铃的模本。

3. 演变

通过上文的形制分析和陶铃分布区域的比较,我们可以看出陶铃的发展大体经历了以下过程(表一):

表一　陶质铃形器的发展脉络

时　期		甲 类						C型	乙类
		A 型			B 型				
		Aa 型	Ab 型	Ac 型	Ba 型	Bb 型	Bc 型		
仰韶时代	早	✓			✓				✓
	中	✓			✓		✓		✓
	晚	✓	✓		✓		✓		✓
龙山时代	早	✓	✓		✓	✓	✓		✓
	晚	✓	✓	✓	✓	✓	✓		
二里头文化	早	✓		✓				✓	
	晚	✓		✓				✓	
二里岗文化	早	✓							
	晚							✓	

（1）甲类铃

仰韶时代早期的半坡文化和北辛文化分别创制出了 A、B 两种类型的陶铃,两者出现的先后顺序目前尚不明确。由于仰韶时代东、西方文化的互通,B 型陶铃不仅发现于大汶口遗址,还逐渐传至沂水下游及汉江支流上游的丹江流域及汉中地区。借助于仰韶文化的北播,此类陶铃出现于内蒙古的黄河北岸。该时期在 A、B 两区均流行 a 型铃,A 区在仰韶时代晚期出现了 b 型铃,B 区在大汶口早期出现了 c 型铃。

龙山时代,A 型陶铃的分布区东移,核心区为晋南、豫西地区。B 型陶铃除在山东地区外,其他地区仍有零星发现。A 区仍在使用 Aa 型,Ab 型使用至龙山晚期,Ac 型在龙山晚期开始出现。B 区的 Ba、Bc 型在龙山晚期消失,Bb 型在龙山早期出现,晚期以后不见。

二里头文化时期,A 型陶铃仍在使用,B 型陶铃彻底不见。核心遗址外仍然使用较为古朴的 Aa 型,二里头遗址则基本以 Ac 型为主,且新出现了 C 型陶铃。

二里岗文化晚期,在偃师商城发现有 A 型陶铃 4 件、①湖南石门皂市遗址发现 2 件 C 型陶铃,此后陶铃彻底消失。

---

① 报告将偃师商城遗址出土的陶铃称为"漏斗形器",见中国社会科学院考古研究所:《偃师商城》(第一卷),科学出版社,2013 年,第 698 页,图三八六:11—14。

(2) 乙类铃

乙类铃最早出现在仰韶文化早期的半坡类型区,龙山晚期以后基本不见。乙类铃与商周时期的甬钟和铙之间有近千年的时间间隔,应该不是甬钟、铙的直接源头。

4. 转变

从形制来看,A型陶铃采用顶部悬挂的方式,使用起来相对简单。在横截面为圆形或者椭圆形铃的基础上,逐渐发展出了横截面为几何形的陶铃,进而演变为合瓦形铃。而采用壁悬式的B型陶铃,因为悬挂起来相对繁琐,逐渐被淘汰。但是Bc型陶铃在仰韶文化时期最早出现,而Ac型陶铃在龙山晚期才出现,且被二里头文化所继承,对于铃形器的演变来说是个重要的环节。

从大小来看,仰韶时代的陶铃,口部长度在4.0—9.0厘米之间,平均长度7.0厘米。高度在3.3—7.0厘米之间,平均高度4.9厘米。口长与高度比为1.428。龙山时代陶铃的高度在1.8—9.2厘米之间,平均高度为4.94厘米。口部长度在3.3—11.3厘米,平均长度7.2厘米。口长与高度比为1.457。二里头文化陶铃的高度为5.2—8厘米,平均高度6.67厘米,口部长度5—6.8厘米,平均长度6厘米。口长与高度比约为0.9。可见仰韶至龙山时期陶铃口部长度大于其高度,显得矮胖。二里头文化时期,口部长度开始小于高度,铃体的形状发生了转变。

可以看出,陶铃在发展过程中,铃体尺寸变化不大。多数陶铃尺寸较小,实用功能应该较差。发掘所见的陶铃多未发现铃舌,铃舌的质地不清楚。作为响器的话,发声效果应该不太理想。二里头文化时期,局面为之改观,在Ac型陶铃的基础上,出现了带有铃舌和悬钮的C型陶铃。与之前的A型铃相比,悬挂部(悬钮)与铃舌悬系部(悬孔)分离,成为铜铃的范本。

二、铜 铃

考古发现年代最早的铜铃为襄汾陶寺遗址出土。此外在二里头、肥西大墩孜、偃师商城、藁城台西等也有发现。二里头文化和二里岗文化发现的铜铃共11件(详见附表二)。殷墟文化时期,包括殷墟在内的晚商时期遗址出土了较多的铜铃,已有学者做过较为系统的分析,[1]此处不再赘述。

1. 陶寺文化铜铃

陶寺遗址出土的铜铃(图十五),发掘者认为是陶寺文化晚期墓葬所出,研究者认为或可早至陶寺文化中期。[2] 该件铜铃与本文所称的Ab型陶铃形制接近。同类器还见于

---

[1] 安家瑗:《中国早期的铜铃》,《中国历史博物馆馆刊》1987年总第9期。
[2] 有学者认为其年代或可早至陶寺中期。方辉:《论我国早期国家阶段青铜礼器系统的形成》,《文史哲》2010年第1期。

古堆和新砦遗址。新砦遗址采集的陶铃,发现者将其归为龙山文化,①研究者认为属于新砦期遗存。② 从相对年代来看,新砦陶铃的年代比陶寺遗址晚期稍晚。在陶寺遗址发现的此类陶铃仅有1件,早、中期的遗存中均未见到。故而该遗址铜铃的年代属于陶寺文化晚期的可能性更高。

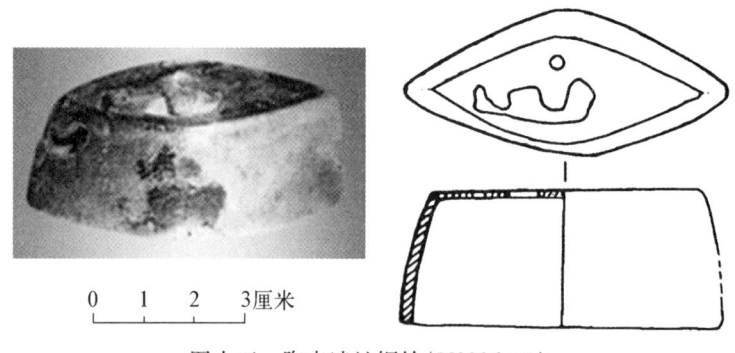

图十五　陶寺遗址铜铃(M3926∶1)

2. 二里头文化铜铃

二里头文化时期,A型陶铃与铜铃共存。新出现的C型陶铃,与铜铃的区别在于没有扉棱,形体稍小。

二里头文化的铜铃。多为平顶,有桥形钮,在钮部方向垂直分布有透孔2个,系悬挂铃舌所设。外壁多有矩形凸弦纹,形成方格状装饰,一侧有扉棱。这些铜铃形体差异较小,区别之处仅在于顶部、口部形状和铃体表面的弧度。铃体截面有椭圆形和合瓦形两种。器表按平整程度可分为微鼓、斜直、内凹三种。依据铜铃横截面、顶部和口部的差别将其分为两种:一种横截面椭圆形(图十六,A);另一种横截面顶部为合瓦形,顶部和口部形状不一,部分口部近圆形,多数为椭圆形(图十六,B)。

从大小来看,多数铜铃的高度在7.7—9.0厘米之间,仅有1件高度达到13.5厘米。口径在7.8—9.0厘米左右。高度和口长比接近1。从形态来讲,二里头文化铜铃采用桥形钮,铃体横截面为椭圆形或合瓦形,与陶寺铜铃的形体差异较大,模仿的应是陶铃。

史前陶铃多未发现铃舌。二里头遗址仅有1例见有铃舌,为陶质圆球。而铜铃多伴有铃舌发现,由于出土时铃舌和铃体多处于分离状态,早期发掘者多将其称为管状玉器,后来称其为铃舌。铃舌为玉或石质。颜色不一,或淡绿,或墨绿,或乳白,或青白。形状比较一致,均为两头粗、中间细,内有上下贯通的穿孔。长度在5—9厘米之间(图十七)。从形状看,其悬挂方式大概为一端打结,穿过中孔,一端系于钮下的两孔连接处。

---

① 魏殿臣、秦明晓:《密县新寨发现龙山文化时期陶铃》,郑州年鉴编辑部:《郑州年鉴(1988年)》,中州古籍出版社,1988年,第226页。
② 汤威:《郑州新密出土的新砦期陶铃》,《文物》2012年第1期。

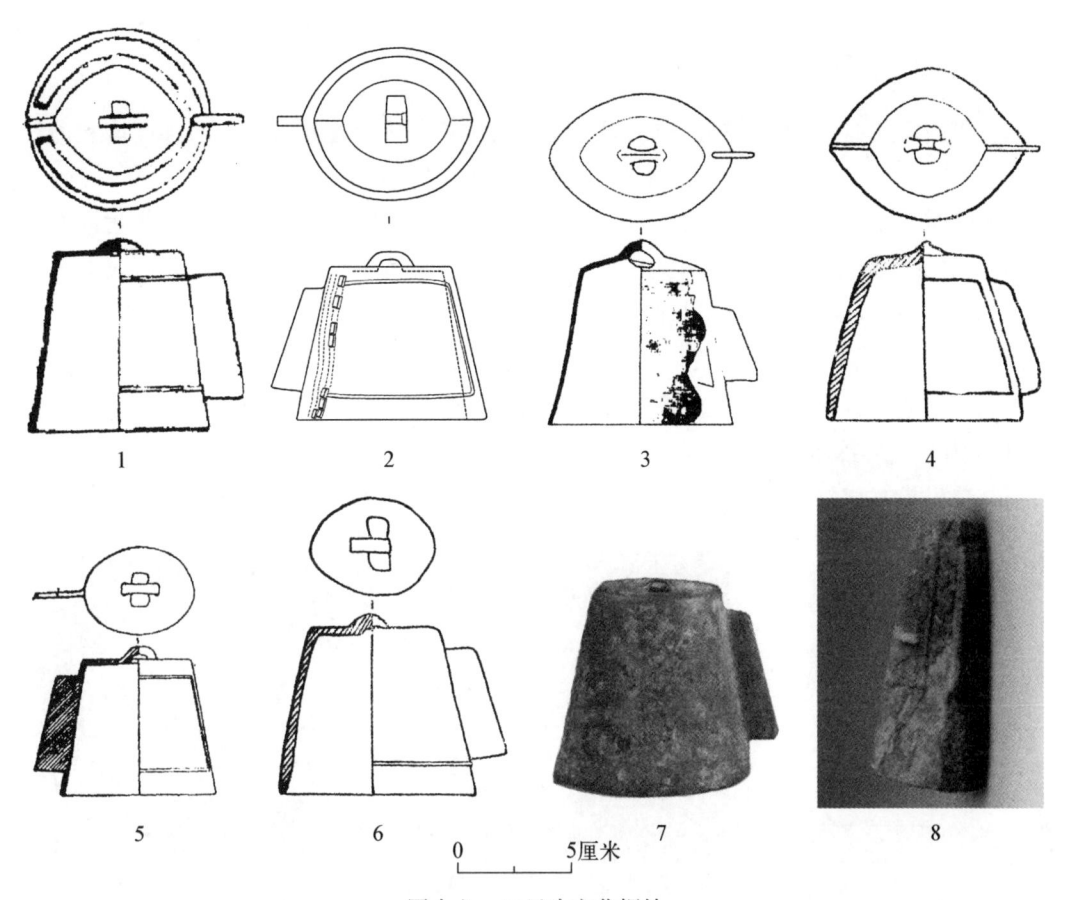

图十六　二里头文化铜铃
A：1. 1981ⅤM4：8　2. 2002ⅤM3：22　3. 1962ⅤM22：11　4. 1984ⅥM11：2
B：5. 1987ⅥM57：3　6. 1982ⅨM4：1　7. 肥西大墩孜　8. 1994ⅨM1
（未注明地点者均为二里头遗址所出）

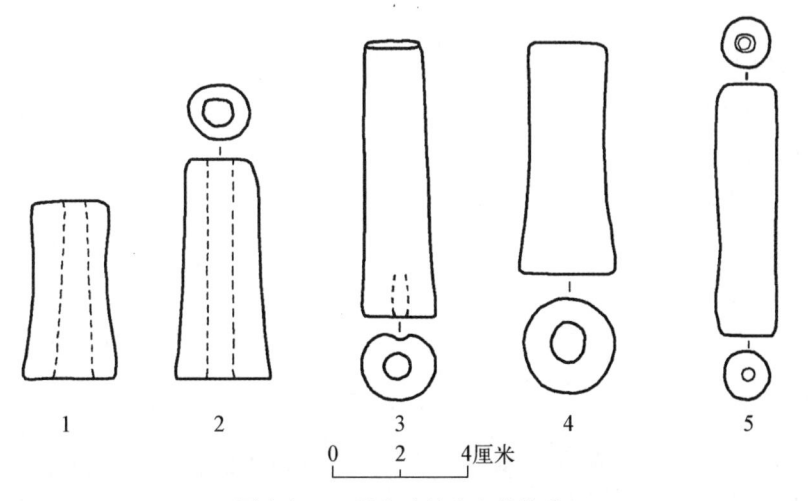

图十七　二里头遗址出土的铃舌
1. 1981ⅤM4：6　2. 1982ⅨM4：2　3. 1984ⅥM11：6　4. 1987ⅥM57：25　5. 2002ⅤM3：22

3. 二里岗文化及以后的铜铃

二里岗文化时期,不论是陶铃还是铜铃,发现的都较少。铜铃仅见于偃师商城和藁城台西遗址。

偃师商城发现的铜铃(M1∶2),保存完整。桥形钮,钮上有长方形镂孔,器身中部有两周阳文,器身一侧有一条扉棱,器身厚度较均匀(图十八,左)。口径7、底径4.4、高8.5厘米。① 此件铜铃从形制和使用方式来说应该是继承了二里头文化的传统。藁城台西遗址出土的铜铃,器身瘦长,有桥形钮,素面。其与二里头和偃师商城所见铜铃的形态已经有所不同。

三星堆遗址曾经采集到2件铜铃,研究者认为属于商代早期。② 其中1件为椭圆形铃体,1件为合瓦形铃体。顶部有条形钮,钮两侧有穿孔。铃体一侧有扉棱,表面饰凸弦纹,特征与二里头文化一致。特征上的相似则可能意味着使用方式和用途方面的类同。

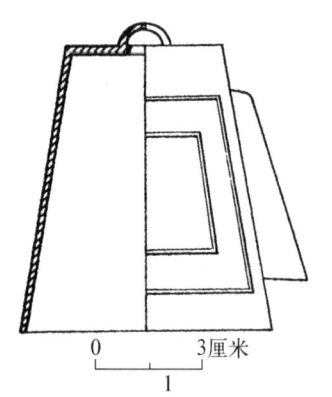

图十八 偃师商城和三星堆遗址铜铃
1. 偃师商城 T6M1∶2　2. 月亮湾00674　3. 月亮湾01097

石门皂市遗址曾出土2件仿铜陶铃,年代约为二里岗文化晚期,形状也与二里头文化的铜铃近似,唯其钮为方形,没有扉棱。有学者认为其为后世镈钟的起源。③

殷墟时期,铜铃数量剧增。多发现于墓葬之中,个别出自车马坑或祭祀坑,见于牺牲颈部。铃体横截面呈椭圆形或合瓦形,器体表面或无扉棱,或有1—2个扉棱。顶部有穿孔,桥形钮。腔体内有铃舌。这一时期,出现了铜铙,器体扁圆,口缘内凹。单个或成组出现,成组出现的铙体大小依次递减。与铜铃相比,铙的发声方式已经发生了变化,前者由铃舌撞击铃壁发音,而后者则借助工具敲击发声。

三星堆2号坑出土了43件铜铃。④ 体形较小,A型铜铃两侧无翼,B型铜铃两侧有

---

① 中国社会科学院考古研究所:《偃师商城》第一卷(上册),科学出版社,2013年,第655页,图三六五,12。
② 敖天照:《三星堆文化遗址出土的几件商代青铜器》,《文物》2008年第7期;敖天照:《商代青铜单翼铃在三星堆遗址陆续出土》,《四川文物》2009年第2期。
③ 高至喜:《论商周铜镈》,《湖南考古辑刊》第3集,岳麓书社,1984年,第214页。
④ 四川省文物考古研究所:《三星堆祭祀坑》,文物出版社,1999年,第289—298页。

翼,翼多呈窄长方形。部分铜铃内腔发现有横梁,上系铃舌。部分无舌铃可能靠铃架上的铜片与之相撞发声。2001年,金沙遗址出土了12件铜铃,①这些铜铃体形较小,形制简单,均为合瓦形,它们应与三星堆遗址祭祀坑所出的部分铜铃一样,悬挂在铃架上使用。

三、铃的起源

陶铃的起源,学界多有探讨。高炜先生认为,龙岗寺、下王岗及大汶口等遗址发现的陶铃均非原始形态,起源需要在新石器时代早期的文化中去寻找。② 李纯一先生认为,无钮铃可能由史前时期的平底容器演变而来,也可能脱胎于摇响器。③ 史前时期常见的摇响器多是球形的,表面有孔,内部有石球或陶球,通过球与器体相撞发声。从年代较早的陶铃看,他们多为椭圆形或者圆形的铃体,与摇响器有类似的结构,尤其是下王岗遗址发现的半球形铃体比较接近陶铃的原始形态。故而,陶铃脱胎于摇响器的观点有一定的合理性。

多数学者将陶寺遗址发现的铜铃视为二里头文化铜铃的祖型。该铃铸造成形,从形体看,铃壁厚薄不匀,顶部和表面各有一处不规则形的残痕和透孔。顶部的透孔系铸后钻成。从材质看,其主体成分为红铜,含铜量为97.86%,含铅1.54%,锌0.16%,铅、锌均为混入的杂质。④ 该件遗物的铸造技术尚不成熟,浇筑过程还有缺陷,具有相当的原始性,接近铜铃的原始形态。

二里头遗址出土的铜铃也是铸造成形,铸造时采用了具有共鸣腔弧面的2块外范、1块顶范和1块泥芯,浇口可能设在铃一侧的扉棱或铃体共鸣腔的口沿处。⑤ 顶部的透孔和钮均为一次铸成,而不是钻制。两者相比,二里头文化铜铃的铸造技术较陶寺文化更为先进,形态也相对成熟。

陶寺铜铃的起源,有学者认为西来的可能性极大。⑥ 但是陶铃在黄河中、下游地区有着清晰的发展脉络,并非孤立的发现。结合前文分析,陶寺遗址出土的铜铃模仿的是该遗址的陶铃形态。从陶铃发展到铜铃,具有跨时代的意义。铜铃声音脆而响亮,且易于保存。据学者们研究,合瓦形钟的震动模式与口部形状有很大关系,也与敲击位置关系密切。圆形或椭圆形铃体只能产生单音,而合瓦形铃体由于击打部位不同,铃壁厚度不均

---

① 成都市文物考古研究所:《成都金沙遗址Ⅰ区"梅苑"地点发掘一期简报》,《文物》2004年第4期;王方:《金沙遗址出土青铜器的初步研究》,《四川文物》2006年第6期。
② 高炜:《史前陶铃及相关问题》,中国社会科学院考古研究所编:《二十一世纪的中国考古学——庆祝佟柱臣先生八十五华诞学术文集》,文物出版社,2006年,第234页。
③ 李纯一:《先秦音乐史(修订版)》,人民音乐出版社,2005年,第22页。
④ 中国社会科学院考古研究所山西工作队、临汾地区文化局:《山西襄汾陶寺遗址首次发现铜器》,《考古》1984年第12期;李敏生、黄素英、季连琪:《山西襄汾陶寺遗址出土铜器成分报告》,《山西襄汾陶寺遗址首次发现铜器》附录,《考古》1984年第12期。
⑤ 廉海萍、谭德睿、郑光:《二里头遗址铸铜技术研究》,《考古学报》2011年第4期。
⑥ 刘学堂:《中国早期青铜文化的起源及其相关问题新探》,《藏学学刊》第3辑,2007年,第59页。

匀,带来的是"一钟双音"的效果。① 从金属冶炼技术产生和传播的角度,我们尚不能完全否定"西来说",但是单就铜铃的出现和发展来说,从陶铃到铜铃,有着完整的轨迹,应该是黄河中、下游地区自然选择和人为淘汰的结果,本地产生和发展的可能性更大。

四、铃 的 功 用

从形状和结构来看,铃是体鸣类乐器。操作者摇动铃体,依靠铃舌与腔体的撞击发出有节奏的声音。

1. 新石器时代

考古发现的陶铃,多为残损后抛弃。80%以上发现于地层、灰坑、水井和灰沟中,见于建筑基址中的有3件,包括尉迟寺遗址的房址和二里头遗址的大型建筑基址夯土内。

墓葬是研究古代社会的主要资料,相关信息对于我们判研铃形器的功用有着一定的参考作用。出自墓葬内的5件铃形器,见于龙岗寺、刘林和大墩子等遗址(附表三),包含前文所述的A、B型,均为仰韶时代。4件出自男性墓葬,1件出自女性墓葬,死者都是成年人。从墓葬资料看,铃形器的使用者多为成年人,虽然没有男女之别,但是男性使用者的比例相对较高;随葬铃形器的墓葬,随葬品丰富程度不一,但都不是空无一物;尽管仰韶文化中期已经出现了阶层分化,但还难以凭借铃形器的有无来判定墓主人的身份高低。研究认为,此类物可能运用在乐舞、巫术、祭祀、狩猎或者战争场合。从形体来看,铃形器的个体较小,发声效果较差,是否同该时期发现的其他乐器一样,属于节奏类乐器,尚难定论。

龙山晚期,虽然地层、灰坑等遗迹内出土了数量较多的陶铃,但无法据此判定其功用是否发生了变化。礼器是古代社会在祭祀、宴飨、征伐及丧葬等特定礼仪活动中使用的,用以表示使用者身份、等级和权力大小。陶寺遗址出土的铜铃,发现于小型墓葬的墓主人裆部,该墓内除铜铃外,别无他物。尽管陶寺铜铃的铸造特征在冶金史上显然具有划时代的意义,但是与大型墓葬中的彩绘龙盘和鼍鼓相比,尚不具有礼器所具有的指示性特征,故而陶寺遗址发现的铜铃应该仅仅是佩铃。

综上,陶铃在史前时期是否为乐器,目前还不明确。但可以肯定的是它属于响器的一种。铜铃出现以后,虽然不具有礼器的特征,但是在特定场合可能已经作为节奏乐器来使用了。

2. 青铜时代

(1) 二里头文化

二里头文化的陶铃见于地层、灰坑或建筑基址中。其功用与新石器时代应该差别不

---

① 王子初:《中国音乐考古学》,福建教育出版社,2003年,第210页。

大,仍属于响器。

铜铃多发现于墓葬中,置于墓主人腰胯部,应为墓主人腰部所系的佩铃。和发现的铜牌饰一样,它们多被织物包裹,有的被包裹数层。这些现象不仅彰显了铜铃的珍贵,也表明这两类器物在日常生活中是不轻易示人的,有一定的神秘色彩。铜铃发现时多有玉、石质的铃舌同出。一般认为,葬有铜铃和牌饰的墓主人可能为沟通天地的巫者,铜铃作为节奏乐器用于宗教活动中应该较为可信。

从随葬铜铃的墓葬的信息(附表四)来看,墓葬形制、随葬品的数量和种类有着一定的差别:墓葬大小和规模存在着至少两个等级。墓葬一般长度多在2米以上,窄者仅有0.5—0.6米,而宽者则超过1米;随葬品丰富的墓葬有铜器、玉器、漆器、陶器,较少的仅有陶器,但是所有的墓葬都随葬绿松石器;从随葬遗物的类型来看,几乎所有的墓葬(除盗扰外)都见有鬶/盉、爵类等酒礼器,5座墓葬中见有绿松石牌饰(或龙形器),晚期的墓葬中还见有铜礼器和玉礼器。可见,包括铜铃在内的部分铜器,已经成了墓主人身份的一种标识,一起组成了具有二里头文化特色的礼器系统。从音乐史的角度看,最早诞生的乐器为打击乐器和吹奏乐器。打击乐器包括磬、铃、鼓等,吹奏乐器有笛、哨、角、埙等。这两类乐器在新石器时代已经出现,二里头文化发现的打击乐器有木鼓、石磬和铃,吹奏乐器有埙,铜铃已经成为礼乐器。

(2)二里岗文化

二里岗文化早期的遗迹中较少发现铃形器。偃师商城发现的铜铃出自墓葬(1988YSⅣT6M1)之中,该墓葬规模较大,葬具为一棺一椁。人骨长约1.7米,仰身直肢,头向东。同出的随葬品还有陶鬲、陶簋、陶盆、漆器、绿松石器和牙器。铜铃位于墓圹南部居中,棺椁之外。值得注意的是,该墓葬出土的绿松石器和白陶簋(附表四)。绿松石器位于人骨腰部南侧,应在棺内,清理后呈长方形,长约0.2、宽0.12—0.15米,表面镶嵌大小不一的绿松石。图案不清晰。① 该绿松石器与二里头遗址所出类似,应属于非金属类牌饰。墓葬中的随葬品数量不多,陶鬲、陶盆有二里岗文化特征。铜铃形制及同出绿松石牌饰的现象与二里头遗址墓葬所见也颇为相似。同出的白陶簋,形体较大,制作精良优美,可能为仿铜白陶礼器。故而该墓葬的墓主人身份比较特殊,承袭了二里头文化的传统,具有一定的社会地位,应该与二里头遗址拥有铜铃的墓主人身份接近。可见到二里岗文化时期,伊洛地区铜铃的使用还沿袭了二里头文化的传统,具有礼乐器的功用。

藁城台西遗址商代遗存的年代属于二里岗文化晚期至殷墟早期。墓葬(M102)出土的2件铜铃(附表四),均位于女性胸部,同出的器物还有大量的骨簪和骨环。从出土位置看,台西遗址的铜铃虽然也属于佩铃,和二里头文化铜铃的用途已经不同。

可见,在二里岗文化时期,铜铃的功用可能已经开始了分化,原二里头文化分布区仍保留礼乐器的特征,其他地区可能仅充当佩铃的角色。

---

① 中国社会科学院考古研究所:《偃师商城》(第一卷),科学出版社,2013年。

（3）殷墟文化

殷墟时期,包括殷墟遗址和商代晚期的其他遗址中,大量见有铜铃出土,不仅形状较之二里头文化铜铃发生了变化,用途也完全不同。铜铃多见于动物颈部(包括狗、马和象),少数见于死者头部,此时铜铃多成为动物的佩铃或饰铃。而部分墓葬如妇好墓、大司空 M175、殷墟西区 M701 中与石磬同出的铜铃,学者认为不排除仍为乐器的可能性。①

三星堆遗址采集的 2 件铜铃,是否属于礼乐器,目前已不可知。而三星堆 2 号坑和金沙遗址出土的铜铃多挂置于铃架之上,成组出现,部分没有铃舌,依靠铜片与铃壁相撞发声,经音乐功能测试和分析发现具有后世编钟的特点,②故而被称为编铃。祭祀坑内出土的铜铃等乐器,有学者认为只是宗教音乐的文化遗留,而非礼乐文化和世俗音乐活动的产物。③ 从这些铜铃的出土背景看,他们均为祭祀用器,且与石磬同出,应该具有礼乐器的功能。

五、结　语

铃形器脱胎于摇响器,从仰韶时代开始出现。从形制特征看,大体包括顶悬和壁悬两个系统,前者的核心分布区为仰韶—庙底沟文化区,后者核心区为大汶口—龙山文化区,由于仰韶时代东西两个区域间的文化交流,壁悬系统的铃形器也见于西区的边缘地带。进入龙山时代以后,顶悬系统的铃形器核心分布区东移,壁悬系统的铃形器在豫西和晋南也开始出现。之后,铃形器的分布仅限于二里头文化区,壁悬系统的铃形器消失,被顶悬的铃形器完全取代。铃体经历了以桶形为主到几何形和合瓦形出现的过程,应该是在使用中不断实践的结果。从龙山时代晚期的陶寺文化开始,模仿陶铃的铜铃出现,至二里头文化真正成为礼乐器的重要组成。

乐的产生和发展经由了一定过程。由于人类本能的冲动,有了歌的产生或乐器的创制,生活中的节奏交替现象让人们慢慢学会在节奏动作的伴随下发出歌声,这就是最初的乐。乐的产生经过了"声"、"音"、"乐"三个阶段。④ 按照儒家的理解,只有在"音"被赋予了政治上的含义,即上升到了庙堂的高度才称之为"乐"。"声"、"音"、"乐"还是区别禽兽、众庶和君子的标志,先王制礼作乐的目的不是为了极口腹耳目之欲,而是让人们知道什么是善恶,并节制自己的各种欲望,最终回到做人的正道上,懂得了乐也就接近知礼了。⑤

---

① 陈中岚:《殷墟出土乐器研究》,陕西师范大学硕士论文,2008 年。
② 幸晓峰、王其书:《三星堆成组铜铃音乐声学性能的初步探讨》,《中国音乐学》2006 年第 4 期。
③ 胡东亮:《三星堆出土乐器及古蜀音乐形态初探》,《人民音乐》2009 年第 6 期。
④ 《礼记·乐记》:"音之起,由人心生也。人心之动,物使之然也。感于物而动,故形于声。声相应,故生变。变成方,谓之音。比音而乐之,及干戚羽旄,谓之乐。"
⑤ 《礼记·乐记》:"乐者,通伦理者也。是故知声而不知音者,禽兽是也;知音而不知乐者,众庶是也。唯君子为能知乐。是故审声以知音,审音以知乐,审乐以知政,而治道备矣。是故不知声者,不可与言音;不知音者,不可与言乐。知乐则几于礼矣。"

礼乐文明是中国古代社会的主要特征，礼和乐是相辅相成的关系。在历史发展中，早期社会的礼制规范和乐器使用规制已难以探究，但是礼乐社会形成过程中的物质载体——礼乐器得以部分保存。据学者统计，中国境内发现的史前乐舞文物遗存已达500余处，涉及近百处遗址。不同材质的乐器在礼制社会形成中分别扮演了不同的角色。前仰韶时代，以贾湖遗址为代表的裴李岗文化中，龟铃、骨笛是主要乐器器类，但两者均为日常用品，使用者即无男女之别，贫富差异也不明显。仰韶时代的乐器类遗物发现更多，常见的有骨哨、角号、陶铃、陶埙、陶鼓、陶球等。研究者认为黄河流域，陶鼓类乐器为少数权力阶层所专有，是礼器的一类，与同时发现的城址、刻划文字等因素，共同彰显了当时社会贫富分化明显，少数人掌握权力的现象。① 龙山时代，乐器种类更为丰富，包括石磬、鼍鼓、陶鼓、陶埙、陶铃、空心陶球、铜铃等。陶寺遗址发现的石磬、鼍鼓、陶鼓等只出现于大型墓中，且有固定的摆放位置，成为判断墓主身份的重要依据。高炜先生据此认为，铜礼器出现之前，漆、木、陶、玉器等"前铜礼器群"占有相当主要的地位。② 以鼍鼓和石磬为代表的中国礼乐文明社会在龙山晚期基本形成。

"乐者为同，礼者为异"，③礼和乐的糅合，即为学者所称的"援礼入乐"现象，④礼、乐只有到了"相须以为用"的阶段，才算得上礼乐社会的形成。二里头文化早期，精致陶器、白陶器和玉礼器一起承担礼器的功能，铜容器出现后，白陶器、精致陶器、玉器的地位渐衰，在白陶器基础上发展起来的铜容器成为礼器的主要代表。二里头文化二期墓葬中的铜铃，和铜牌饰一起在铜容器担当大任之前已经兼具了礼器的特征，算得上真正的礼乐器。铜铃和石磬等乐器共同构成了二里头文化独特的礼乐器系统，也为礼乐社会的最终形成奠定了基础。

---

① 徐艺、孟华平：《中国礼乐文明之源——以史前乐舞遗存为例》，《东南文化》2003年第7期。
② 高炜：《龙山时代的礼制》，载《庆祝苏秉琦考古五十五年论文集》编写组：《庆祝苏秉琦考古五十五年论文集》，文物出版社，1989年，第235—244页。
③ 《礼记·乐记》："乐者为同，礼者为异，同则相亲，异则相敬，乐胜则流，礼胜则离。合情饰貌者，礼乐之事也。礼义立，则贵贱等矣；乐文同，则上下和矣。"
④ 黄厚明：《中国史前音乐文化区及相关问题初论》，《华夏考古》2005年第2期。

附表一 新石器时代至二里岗文化时期出土陶铃

遗址		遗物编号*	数量	形制	尺寸（厘米）	时代	型式	资料来源	备注
陕西	1. 南郑龙岗寺	M430：2	1	细泥红陶。素面磨光。平顶，平口，外扩，似扣置之碗，钵状。顶部有竖向透孔2个	顶径2.5，口径5.7，高3.3	仰韶文化半坡类型（仰韶早期）	Aa	[1]，第119页，图八三，8；图版七八，3	原报告为疑似澄滤器，出土部位不详
		M431：4	1	细泥红陶。素面磨光。平顶，平口，铃壁稍斜张。顶部有竖向透孔两个。近顶部铃壁有竖向穿透孔3组6个	顶部长径4.3，短径1.7，口部长径6.7，短径5.3	仰韶文化半坡类型（仰韶早期）	Ba	[1]，第118页，图八三，9；图版七九，1,2	原报告为疑似澄滤器，出土部位不详
		不详	1	细泥红陶。素面磨光。残	高6.3，口径5	仰韶文化半坡类型（仰韶早期）	不详	[1]，第118页	原报告为疑似澄滤器，出土部位不详
	2. 长安斗门	不详	1	灰陶。素面。平顶，平口，铃壁稍斜侈。横截面仅圆角长方形。顶上有圆柱状实心甬，甬两根顶端铃壁两侧有对穿孔各有一竖向穿孔	下口长9.4，宽5.3，甬高5.6，通高12.3	客省庄二期文化（龙山晚期）	乙类	[2]；[3]，第19页；[4]，第26—27页，图10	
河南	3. 淅川下王岗	T16⑥：193	1	泥质红陶。平顶，下口欠平整，口部近似合瓦形。顶部穿两孔，长侧铃壁上部亦有对称穿孔2组4个	下口长径7.4，短径3.2，高5	下王岗仰韶文化二期（仰韶早期）	Ba	[5]，第164页，图一七六，4；图版四七，6	
		H169：19	1	残器。泥质。弧顶，口部不平，横截面近似椭圆形，近顶部残存2孔	高5.4，口部复原后长径9，短径3	仰韶文化二期（仰韶早期）	Ba	[5]，第164页，图一七六，5	

* 因有些简报和报告未提及遗物编号，故"遗物编号"一栏有的为"不详"，有的为出土单位。

续表

遗 址	遗物编号*	数量	形 制	尺寸（厘米）	时 代	型式	资料来源	备 注
4. 陕县庙底沟	H387：9	1	细泥红陶。顶部有甬柄。肩部以下斜张，两侧各有一斜向透孔通入铃腔，铃壁较厚，腔较小。素面，外表磨光	下口直径5，高9.2	仰韶文化半坡类型（仰韶早期）	乙类	[6]，第54页，图三六，1；图版肆柒，8	
5. 郑州大河村	T13②：29	1	泥质灰陶。弧顶，平口，铃壁外张，横截面呈椭圆形。顶部竖穿2孔	长径6.5，高4.5	大河村三期（仰韶晚期）	Aa	[7]，第236页，图一三一，1；[8]，第332页，图二二，2	大河村博物馆1379号
	T11④B：17	1	泥质灰陶。小平顶，弧形外张，下口残，横截面呈扁椭圆形。顶部竖穿2孔	顶长2.5，短径1，残高4	大河村三期（仰韶晚期）	Aa	[7]，第236页，图一三一，15；图版五，2；[8]，第332页，图二二，1	大河村博物馆1048号
	T43Ⅱ：4	1	泥质灰陶。平顶，横截面近圆形，下口残。	顶长2.5—2.9，残高2.2	大河村三期（仰韶晚期）	Aa	[7]，第237页，图一三一，7	
	不详	1	不详	不详	大河村三期（仰韶晚期）	不详	[7]，第236页	
	不详	1	泥质红陶。平顶，正中穿孔2个，铃壁一侧近顶部穿孔2个	不详	仰韶文化	Ba	[9]，第76页，图2-25	河南博物院藏品
6. 偃师灰嘴	2006T2H15：34	1	泥质灰陶。横截面呈长方形，有残缺。平顶一侧出棱，方口有残损。顶部较平处有竖向穿孔2个	口部长2.98，宽1.96，残高3.43	仰韶文化晚期	乙类	[10]	

续表

遗址		遗物编号*	数量	形　制	尺寸（厘米）	时　代	型式	资料来源	备　注
河南	7. 渑卅仰韶	T1②:19	1	泥质红陶，器表磨光。凹顶，横截面呈菱形。顶部穿两竖孔，长对角线两侧各穿一横孔	长对角线6，短对角线3.4，残高2.3	仰韶村遗址第四期（龙山时期）	Bb	[11]	原报告称菱形器
	8. 汤阴白营	T4②:10	1	泥质灰陶，素面磨光。弧顶，横截面椭圆形。下口不平，顶上穿2孔	下口长径7，短径3.7，残高3.2	后岗二期文化（龙山晚期）	Aa	[12]，第197页，图四,14	
		T6⑤:20	1	泥质灰陶。平顶，直口，弧壁。顶部有2个圆孔，周壁上下两端各有一道弦纹	口长径7.4，短径3.6,高4.2	后岗二期文化（龙山晚期）	不详	[13]，第30页	无图
	9. 临汝大张	T3:23	1	残器，四面有孔	长14.1，宽2，高8.1	仰韶文化晚期至龙山文化早期	Bc	[14]，第3页，图版叁,7	
	10. 巩义里沟	H1:323	1	泥质褐陶。顶部近似圆角近方形，铃体为方形。顶部有2穿孔，孔之间有凹槽，侧壁上有1个圆孔和1个三角形孔	长4.8，宽2.8,高2.6	大河村五期（龙山早期）	Ab	[15]，第539页，图一五,8	
	11. 禹县瓦店	81ⅡT7④:27	1	平顶，铃壁微外侈。口部不平，横截面呈瓦形。铃壁及顶部较厚。顶部中央有竖向穿孔1个	顶长2.5，口长3.4,高1.8	龙山文化晚期	Ac	[16]，第45页，图十,4	
	12. 杞县鹿台岗	H79:2	1	泥质素面浅灰色。手制，侧视呈长方形，俯或仰视呈半月形，小方唇，微斜直壁，平顶，顶部有圆形穿孔	高5.1	王湾三期文化（龙山晚期）	Aa	[17]，第68页，图三九,9	报告中称之为"船形器，疑为乐器"

续表

	遗址	遗物编号*	数量	形制	尺寸(厘米)	时代	型式	资料来源	备注
13.	博爱金城	HBJ：13	1	顶部以下残。素面。平顶，椭圆形。靠近周缘侧上有2组4个竖向穿孔	顶长4.3，宽3.2，残高1.5	王湾三期文化（龙山晚期）	Aa	[18]，第37页，图七，6	
14.	郑州后庄王	H16：15	1	泥质灰陶。平顶，上窄下宽扁筒体。顶上2个小圆孔	高3.7	大河村四期（仰韶晚期）	Aa	[19]，第22页，图二二，5	
15.	新安槐林	H8：1	1	泥质灰陶。已残。圆角长方体，内空	残长3，宽1.6	仰韶文化王湾类型（仰韶晚期）	Ab	[20]，第9页，图七，5	
16.	新密新砦	不详	1	泥质。器表灰黑色，陶胎较厚。平顶，铃壁较直，自上而下稍外侈，口略大于顶部。横截面近似菱形。平顶铃顶部沿长轴方向有2个不规则的圆形穿孔。顶部散刻斜线纹，四周侧壁刻划叶脉纹	顶长10.6，宽4.3，口长11.4，宽5.5，壁厚0.7—0.9，高4.3	新砦期（龙山晚期）	Ab	[21]，第226页；[22]，第82页，图一二	
		1960Ⅱ T113⑥	2	与铜铃相似，无扉	不详	二里头三期	C	[23]，第222页，图版伍，4	
17.	偃师二里头	2002ⅤT29D6夯2：2	1	残存顶部。平顶，横截面为合瓦形。靠近长轴两端各有1组2个竖孔	残长4.05，残高2.26，残宽4，壁厚0.5—1.1	二里头文化四期	Ac	[24]，第684页，图6-3-2-6-2D-3，彩版二六五，1	简报称之为"埙"

河南

续表

遗 址	遗物编号*	数量	形 制	尺寸（厘米）	时 代	型式	资料来源	备 注
17. 偃师二里头	2005VH412:5	1	残存顶部一部分。泥质红褐陶。顶部为椭圆形，平顶，斜壁。表面光滑，侧面有线状划痕。顶部椭圆形，沿短轴方向有竖向穿孔2个	残高2.2,壁厚0.55—0.8	二里头文化二期	Aa	[24]，第1106页，图f6-4-2-66-2，彩版二七六,1	
	2005VH414:1	1	残存一侧及底部少许。泥质红褐陶。合瓦形，腹面微鼓，底直。表面光滑，内壁有刻出的痕迹。沿纵轴一侧残存竖向穿孔2个	残高5.6,壁厚0.43	二里头文化四期	Ac	[24]，第1158页，图f6-4-2-128-2，彩版二七六,3	
	2005VH414:4	1	残存一侧。泥质灰陶。合瓦形，顶部较平，腹面微鼓，底部敞口较大。内壁有刻划痕迹残留	残宽6.2,高7.2,壁厚0.46—0.65	二里头文化四期	Ac	[24]，第1158页，图f6-4-2-128-2，彩版二七六,4	
18. 驻马店杨庄	T18②:1	1	泥质灰陶。顶微鼓。口部不规则，近似椭圆形，中央有1个圆孔	口径6.8,高5.2	杨庄三期（二里头文化早期）	Aa	[25]，第170页，图一二,16	
	T18④:6	1	泥质浅红褐色。平顶，中央有1圆孔，口部近似圆形	口径6,高8	杨庄三期（二里头文化早期）	Aa	[25]，第170页，图一二,15	
19. 登封南洼	2004H418:1	1	泥质白陶器，含细砂。颜色浅黄。平顶，侈口。顶部圆角方形，留有2个圆形穿孔	高6.3,口径5	南洼遗址第三期（二里头文化）	Aa	[26]，第16页，图十五,13	

河南

续表

遗 址	遗物编号*	数量	形 制	尺寸(厘米)	时 代	型式	资料来源	备 注
	采集Ⅳ：06	1	残存大半。泥质灰陶。平顶，平口。铃壁中部微外弧，近下平口局部稍内敛。横截面近似菱形，周壁器表饰横向刻痕六道，斜向弧线纹若干，组成不规整的方格纹，另一侧痕浅、乱，稀疏。顶部2孔亦是烧制前做成	顶部长8.6，宽5，口部长9.9，宽3.8，高5.4	陶寺文化（龙山晚期）	Ab	[27]，第1070页，图一，"左"；[28]，第296页，图3—1—4b；[48]，第303页，图3—104,1	原图一"左"为铃形铜器，有误，应为铃形陶器
20. 襄汾陶寺	T403④C：48	1	泥质灰陶。平顶，平口。周壁下部外撇。横截面呈不规则椭圆形。顶部顺长轴方向有对穿2孔	顶部长径4.9，短颈3.4，口部长径6.7，高3.5	陶寺文化晚期（龙山晚期）	Aa	[28]，第296页，图3—1—4c；[48]，第303页，图3—104,2	
	H3017：1	1	泥质灰陶。平顶，平口。周壁下部外撇。横截面长方形。顶部顺长轴方向穿2孔，顶部周壁略厚	长4.6，宽2.8，高3	陶寺文化晚期（龙山晚期）	Ab	[48]，第303页，图3—104,4	器表粘有米砂，无图
	H419：5	1	泥质灰陶，器表灰色，胎褐色。凹顶，横截面近合瓦形。复原后，顶部可能有竖向5孔，两侧弧壁有对称孔2组4个	短轴2.7，残长4，残高2.5；复原后长径8.6，高3.7	陶寺文化中期（龙山晚期）	Bc	[28]，第296页，图3—1—4f；[48]，第303页，图3—104,5	
	J301：4	1	泥质灰陶，深褐。凹顶，横截面呈菱形。器形小巧精致。顶部顺长轴穿竖向2孔。顶以上四壁对称部位各穿横向1孔，上下口大小相近	长轴3.3，短轴2.3，高2.6	陶寺文化早期（龙山晚期）	Bb	[28]，第296页，图3—1—4d；[48]，第303页，图3—104,6	

山西

续表

遗 址	遗物编号*	数量	形 制	尺寸（厘米）	时 代	型式	资料来源	备 注
20. 襄汾陶寺	T393④B：3	1	泥质陶，器表磨光，胎红褐色。器表磨光，近下口有细弦纹十多周。凹顶，平口，横截面呈马蹄形。一侧直壁，余为弧壁，铃顶近直壁侧原有竖向2孔，残顶以上弧壁侧原有竖向2孔，残存1个	残宽5.5，高5.5	陶寺文化早期（龙山晚期）	Ba	[28]，第296页，图3-1—4e；[48]，第303页，图3—104,7	
	H340：51	1	口部残缺。泥质陶，胎红褐色，铃顶柄直，横截面呈扁圆形。顶部饰不很清晰的绳纹，顶周有一道不规整的凹弦纹，顺长轴方向有椭圆形孔2个，系烧制前做成	顶部长对角线10.1，短径4.2，残高2.2，复原后高度6	陶寺文化早期（龙山晚期）	Ac	[27]，第1070页，图一，中；[28]，第29页，图3-1—4a；[48]，第303页，图3—104,3	
21. 襄汾丁村	T3⑥：7	1	泥质褐陶。平口，平顶。顶上有圆柱状甬柄，铃体正视呈梯形，横截面呈瓦形。器表磨光，有划纹	顶部长径4.5，短径2.8，口长径5.2，短径3，残高3.4	陶寺文化晚期（龙山晚期）	乙类	[29]，第888页，图七,1	
22. 新绛古堆村	SH6：2	2	不详	不详	陶寺文化（龙山晚期）	Ab	[43]，第23页，图一一,22	
23. 泰安大汶口	H10：1	1	泥质红陶。平口，横截面呈椭圆形。纵剖面梯形，顶穿2竖孔，正背两面对应的横孔3组	口部长径4.1，短径2.3，高4	北辛文化晚期（仰韶早期）	Ba	[30]，第56页，图二八,5；图版一九,2	报告称菱形陶器
24. 章丘宁家埠	H431：1	1	泥质褐陶。合瓦形。正面略呈梯形，椭圆形口。顶部有竖向穿孔2个。饰人面纹	口宽5，高4	龙山文化（龙山晚期）	Bc	[31]，第18页，图八,13	

续表

遗址	遗物编号*	数量	形制	尺寸(厘米)	时代	型式	资料来源	备注
山东								
25. 兖州西吴寺	H4213:37	1	泥质褐陶。凹顶，铃壁中部微鼓，上下两端内敛。横截面呈不规则椭圆形，顶穿竖向4孔，顶以上周壁对称部位有横向4孔	通高6.6	龙山文化（龙山晚期）	Ba	[32]，第94页，图八四，3	原报告称"漏器"
江苏								
26. 邳县刘林	M118:7	1	泥质黑陶。平顶，平口，顶部近合瓦形。顶部竖穿2孔，左右两角铃壁各贯穿一孔	下口长径9，短径5，高7	大汶口文化早期	Ba	[33]，第41页，图三三	原报告称穿孔陶器
	M253:4	1	平顶平口，铃壁弧张。横截面椭圆形，顶中部竖穿两孔。铃壁一面近顶部横穿2孔	高6	大汶口文化早期	Ba	[34]，第41页，图一六，4	原报告称筒形器
27. 邳县大墩子	M325:1	1	平顶，平口，顶部略显弧张，铃壁略薄。横截面呈合瓦形，顶部有竖孔两组，每组2孔，铃壁一面有呈斜向排列的横向4孔	不详	大汶口文化早期	Ba	[34]，第41页，图一六，14	原报告称筒形石器，墓葬登记表称石盖
安徽								
28. 蒙城尉迟寺	F23:6	1	残存一半，泥质灰陶。平顶，铃壁微张，横截面呈圆角长方形，铃壁近顶部前后方对应穿孔	下口长径5，高5.6	大汶口文化晚期（龙山早期）	Bb	[35]，第169页，图126，3；图版64，3	房屋内灶址内
	F33:19	1	不详	不详	大汶口文化晚期（龙山早期）	不详	[35]，第43页	东南角

续表

遗 址	遗物编号*	数量	形 制	尺寸（厘米）	时 代	型式	资料来源	备 注
安徽 28. 蒙城尉迟寺	F37:19	1	夹砂红陶。平顶，正视为等腰梯形。横截面为椭圆形，顶部有竖向穿孔2个，器壁近顶部有对称横向穿孔2组	顶长径4.1，口长径6.1，高3.5	大汶口文化晚期（龙山早期）	Ba	[35]，第169页，图126,8	房屋内灶附近
	T3527⑤:5	1	泥质红褐陶。平顶，横截面呈菱形，顶穿2孔，铃壁近顶部有对称的横向穿孔	顶长对角线3.8，短对角线2.6，口长对角线5.2，短对角线3.1，高4.5	大汶口文化晚期（龙山早期）	Bb	[35]，第169页，图126,2	
湖北 29. 天门邓家湾	H109:44	1	泥质黄陶，红衣。弧顶，平口，圆唇。横截面呈椭圆形，顶部有2个圆孔	下口长径4.4，高4.5	屈家岭第二期文化（龙山早期）	Aa	[36]，第78页，图五四,7；图版一五,4	
30. 天门三房湾	T2⑤:4	1	泥质橙红陶。器身扁椭圆形。顶部有横列小孔2个，斜直壁，铃壁微内曲而外张，下口不平。横截面呈椭圆形，其表面有类似兽面纹的刻划纹样	口径7.1—10，高5.6	三房湾一期（石家河文化，龙山晚期）	Aa	[37]，第76页，图十七,25；[38]，第17页；[39]，第83页，图六；[40]，第10页，图1.2.1	原称刻花陶器、刻饕餮纹小碗
31. 天门贵平堰	H12②:25	1	泥质砖红色陶。手工制成。椭圆形体。器壁微斜，顶为平面，中部竖列2穿孔，器表两面各饰有蝶形划纹，由两只蝶尾部相连成一组	口径7.4，高9.15	贯平堰二期（石家河文化，龙山晚期）	Aa	[37]，第54—55页，图五,9	考古学集刊10

中国早期铃形器

续表

遗址	遗物编号*	数量	形制	尺寸(厘米)	时代	型式	资料来源	备注
32.清水河岔河口	1997QCT071 7G2:14	1	泥质红陶。残存一半。不甚平整，横截面近似椭圆形。铃壁中部微内凹，下口外侈。顶部中央沿纵轴有竖向穿孔2个	不详	岔河口文化（仰韶文化）	Aa	[42]，第27页，图1.3.1f,g	
	1997QCT071 7G2:15	1	泥质红陶。残存一半。不甚平整，横截面近似椭圆形。铃壁中部微内凹，下口外侈。顶部中央沿纵轴有竖向穿孔2个	不详	岔河口文化（仰韶文化）	Aa	[42]，第27页，图1.3.1f,g	
	1997QCH20:1	1	泥质黑灰陶。素面。顶部微内凹，周缘略平。残缺大半。铃壁中间内敛，口部外敞。顶中间有竖向穿孔	不详	岔河口文化（仰韶文化）	Aa	[42]，第27页，图1.3.1a,b,c	
	1998QCT423 8H86围沟	1	泥质黑灰陶。基本完整。素面。平顶，铃壁外敞，口部微内敛。铃壁正背及两侧有对向横穿口2组(4个)	不详	岔河口文化（仰韶文化中晚期）	Ba	[42]，第27页，图1.3.1d,e	
	不详	20	泥质	不详	岔河口文化（仰韶文化）	不详	[42]，第27页	
33.凉城西白玉	H3:1	1	保存完整。夹砂褐陶，颜色不均匀。手工捏制，器表不规整，厚胎。横截面呈扁圆形。凹顶，周缘起棱，沿长轴方向有竖向穿孔2个，铃壁周缘近顶部有横向穿孔2组(4个)	顶长8.5，顶宽3.9，口长9.4，口宽4.3，通高6.5	老虎山文化（龙山晚期）	Ba	[41]，第438页，图四一四1；[42]，第30页	

内蒙古

续表

遗　　址	遗物编号*	数量	形　　制	尺寸（厘米）	时　代	型式	资料来源	备　注
内蒙古								
33. 凉城西白玉	H3∶3	1	破损较甚。泥质灰陶，粗捏而成。顶部及底部应为椭圆形，顶部周围有凸棱，中间截制竖孔，内壁捏抹粗糙，外壁刻有斜线组成的菱形和方格纹	顶部残长2.6，残宽3.6，高5.1	老虎山文化（龙山晚期）	Ac	[41]，第438页，图四一四3；[42]，第30页	
34. 凉城园子沟	F3028∶1	1	泥质，夹极少粗砂，灰色。残，厚胎。顶部应为尖椭圆形，中部残留1个竖穿小圆孔，两壁上部残留2个横穿小圆孔	高4.8	老虎山文化（龙山晚期）	Bc	[41]，第120页，图一五,1	
	F3021∶1	1	泥质，加极少细砂，灰褐色。残，厚胎。顶部应为尖椭圆形	残高5.1	老虎山文化（龙山晚期）	Ac	[41]，第109页，图一四,2	
	F3022∶1	1	残，泥质灰陶，应为圆形，略压光	高5.2	老虎山文化（龙山晚期）	Aa	[41]，第111页，图一四,1	
湖南								
35. 石门皂市	不详	2	方钮，合瓦形体。平顶，平口，顶上有1孔，表面有圆圈纹	不详	二里岗上层文化	C	[44]，第214页	
甘肃								
36. 天水师赵村	T111④∶118	1	外形似钟。分器身和器柄两部分。器柄圆形，器身由柄部向下扩张，肩部有两小孔，穿透内壁，表面磨光	高9.5	师赵村第三期遗存（仰韶中期）	乙类	[45]，第49页，图29,24	陶铃2件
37. 秦安大地湾	T600②∶7	1	泥质橙黄陶。素面，似船形，口大底小，敞口圆底，斜壁平底，底壁开有对称两小孔，腹壁约开四孔	口径5.4—9.7，底径2.7—6.5，高4.3	大地湾三期（仰韶中期）	Bc	[46]，第332页，图二三五,4；图版一三六,4	

续表

遗址	遗物编号*	数量	形制	尺寸(厘米)	时代	型式	资料来源	备注
辽宁 38. 大连郭家村	ⅠT3②:20	1	灰褐陶，器表粗糙。椭圆形，大口，斜壁，平底，顶部有穿孔。3组共6个	口径10.7—14.8，高9.2	小珠山上层(龙山晚期)	Aa	[47]，第323页，图二四,20	
	ⅡT6②:33	1	平顶，斜壁，口部穿孔	口径8.5，高4.6	小珠山上层(龙山晚期)	不详	[47]，第324页，图二六,23	
	ⅠT1②:30	1	平顶，敛口，口部穿孔	口径7.4，高4.7	小珠山上层(龙山晚期)	不详	[47]，第324页，图二六,24	
	ⅡT8②:40	1	不详	口径6.3，残高1.9	小珠山上层(龙山晚期)	不详	[47]，第324页，图二六,25	简报中称之为"甑"，存疑

注释：
[1] 陕西省考古研究所编著：《龙岗寺——新石器时代遗址发掘报告》，文物出版社，1990年。
[2] 中国音乐文物大系总编辑部：《中国音乐文物大系·北京卷》，大象出版社，1996年。
[3] 李纯一：《中国古代音乐史稿(增订版)》（第一分册），音乐出版社，1958年。
[4] 李纯一：《先秦音乐史(修订版)》，人民音乐出版社，2005年。
[5] 河南省文物研究所、长江流域规划办公室考古队河南分队编著：《淅川下王岗》，文物出版社，1989年。
[6] 中国科学院考古研究所编著：《庙底沟与三里桥》，科学出版社，1959年。
[7] 郑州市文物考古研究所编著：《郑州大河村》，科学出版社，2001年。
[8] 郑州市博物馆：《郑州大河村遗址发掘报告》，《考古学报》1979年第3期。
[9] 王子初：《中国音乐考古学》，福建教育出版社，2002年。
[10] 中国社会科学院考古研究所河南一队：《渑池仰韶遗址1980—1981年发掘报告》，《史前研究》1985年第3期。
[11] 河南省文物研究所、渑池县文化馆：《渑池仰韶文化遗址》，《考古》1980年第3期。
[12] 安阳地区文物管理委员会：《河南汤阴白营龙山文化村落遗址发掘报告》，《考古学集刊》第3集，中国社会科学出版社，1983年。
[13] 河南省安阳地区文物管理委员会：《汤阴白营河南龙山文化遗址发掘简报》，《考古》1960年第6期。
[14] 河南省文化局文物工作队：《河南临汝大张新石器时代遗址发掘简报》，《考古》1960年第6期。

[15] 郑州市文物工作队、巩义市文物保管所：《河南巩义市里沟遗址发掘简报》，《考古》1995年第6期。
[16] 河南省文物研究所、郑州大学历史系考古专业：《禹县瓦店遗址发掘简报》，《文物》1983年第3期。
[17] 郑州大学文博学院、开封市文物工作队：《豫东杞县发掘报告》，科学出版社，2000年。
[18] 中国社会科学院考古研究所河南一队、焦作市文物工作队：《河南焦作地区的考古调查》，《考古》1996年第11期。
[19] 河南省文物研究所：《郑州后庄王遗址的发掘》，《华夏考古》1988年第1期。
[20] 河南省文物考古研究所：《河南新安县槐林遗址仰韶文化的清理》，《考古》2002年第5期。
[21] 魏殿臣：《密县新砦发现龙山文化时期陶铃》，《郑州年鉴（1988年）》，内资料，1988年。
[22] 汤威：《郑州新密出土的新砦期陶铃》，《文物》2012年第1期。
[23] 中国科学院考古研究所洛阳发掘队：《河南偃师二里头遗址发掘简报》，《考古》1965年第5期。
[24] 中国社会科学院考古研究所编著：《二里头（1999~2006）》，文物出版社，2014年。
[25] 北京大学考古文系、驻马店市文物保护管理所：《驻马店杨庄——中全新世淮河上游的文化遗存与环境信息》，科学出版社，1998年。
[26] 郑州市文物考古研究院、登封市文化局：《登封南洼：2004—2006年度田野考古发掘报告》，《中原文物》2006年第1期。
[27] 中国社会科学院考古研究所山西工作队、临汾地区文化局：《山西襄汾陶寺遗址首次发现铜器》，《考古》1984年第12期。
[28] 高炜、吴利：《陶寺遗址的乐器标本》，《中国音乐大系·山西卷》，大象出版社，2000年。
[29] 山西省考古研究所：《山西襄汾县丁村新石器时代遗址发掘》，《考古》1991年第10期。
[30] 山东省文物考古研究所：《大汶口续集》，科学出版社，1997年。
[31] 山东省文物考古研究所、章丘县文物管理所：《济青高级公路章丘工段考古发掘报告集》，齐鲁书社，1993年。
[32] 国家文物局考古领队培训班：《兖州西吴寺》，文物出版社，1990年。
[33] 南京博物院：《江苏邳县刘林新石器时代遗址第二次发掘》，《考古学报》1965年第2期。
[34] 南京博物院：《江苏邳县大墩子遗址第二次发掘》，《考古学集刊1》，中国社会科学出版社，1981年。
[35] 中国社会科学院考古研究所编著：《蒙城尉迟寺——皖北新石器时代聚落遗存的发掘与研究》，科学出版社，2001年。
[36] 中国社会科学院考古研究所山西工作队、北京大学考古学系、湖北省荆州博物馆考古队：《邓家湾》，文物出版社，2003年。
[37] 湖北省文物考古研究所、中国社会科学院考古研究所、湖北省天门市博物馆：《湖北天门市石家河三处新石器时代遗址发掘》，《考古学集刊10》，地质出版社，1996年。
[38] 石龙过江水库工程指挥部文物工作组：《湖北京山天门考古发掘简报》，《考古通讯》1956年第3期。
[39] 《湖北省天门石门新石器时代遗址出土文物》，《文物参考资料》1955年第8期。
[40] 中国音乐文物大系总编辑部：《中国音乐文物大系·湖北卷》，大象出版社，1999年。
[41] 内蒙古文物考古研究所编辑：《岱海考古（一）——老虎山文化遗址发掘报告集》，科学出版社，2000年。
[42] 中国音乐文物大系总编辑部：《中国音乐文物大系Ⅱ·内蒙古卷》，大象出版社，2007年。
[43] 中国社会科学院考古研究所山西工作队：《晋南考古调查报告》，《考古学集刊6》，中国社会科学出版社，1989年。
[44] 高至喜：《论商周铜铙》，《湖南考古辑刊》第3集，岳麓书社，1986年。
[45] 中国社会科学院考古研究所：《师赵村与西山坪》，中国大百科全书出版社，1999年。
[46] 甘肃省文物考古研究所：《秦安大地湾——新石器时代遗址发掘报告》，文物出版社，2006年。
[47] 辽宁省文物考古研究所、旅顺博物馆：《大连市郭家村新石器时代遗址》，《考古学报》1984年第7期。
[48] 中国社会科学院考古研究所山西队、山西省临汾市文物局编著：《襄汾陶寺——1978~1985年发掘报告》，文物出版社，2015年。

附表二 石器时代至二里岗文化出土铜铃登记表

序号	遗物编号	遗址名称	形制	尺寸(厘米)	制作方式	时代	型式	资料来源	备注
1	M3926:1	山西襄汾陶寺遗址	横断面呈菱形。口部较大,两角呈弧形。顶部略小,较薄,中央有一圆形小孔,位置略偏一侧。器胎很不均匀,顶部和器壁各有一处不规则的残痕和透孔	口部长对角线6.3,短对角线2.7,顶部长对角线5.2,短对角线2.1,厚0.17,高2.65,壁厚0.28	铸造,浇筑过程有缺陷。孔系整器铸成后加工钻成。红铜,含铜量97.86%,铅1.54%,锌0.16%为混入的杂质	陶寺文化晚期	不详	[1],图版一,2,3,图一,右;[2],[20],第666—667页,图4-146	原图"一、右"图说为铃形陶器,应该为铃形铜器
2	1962 V M22:11		顶部较平,下部两侧外扩,有半圆形钮,钮两侧有孔。口部较大。一侧有扉棱较小,突出	顶长5.7,底长8.4,通高8.2,钮长2.2	不详	二里头文化三期	A	[3],第222页,图版伍20;[4],第137页,图83,图版62-11	原报告称高0.9厘米,有误,该表中依据比例实测。表面有布纹,出土时有朱砂痕迹
3	J1981 V M4:8	河南偃师二里头遗址	出土时已破碎。素面。顶部中间有两个方穿孔,夹一窄梁,一侧出扉	通高8.5,壁厚0.5	不详	二里头文化二期偏晚或三期偏早	A	[5],图六,2	管状玉器为铃舌(M4:6)。两端粗细不同,钻平。中穿一孔系整器钻成。玉质较差,颜色不纯,介于青白之间,长5.3,粗短直径3,细短直径2.5厘米
4	1982 IX M4:1		平顶,孤形钮。器身一侧有扉棱。横剖面呈椭圆形,近口部有一周凸弦纹	口径9,顶径5.8,器高8.2	不详	二里头文化三期	B	[6],图七,1	器表局部黏附麻布。管状玉器为铃舌(M4:2)。色泽暗绿,圆柱状,顶略圆,平底,一通孔,顶径1.8,底径2.8,器高6.3厘米

续表

序号	遗物编号	遗址名称	形制	尺寸（厘米）	制作方式	时代	型式	资料来源	备注
5	1984ⅥM11:2	河南偃师二里头遗址	顶部平，且有两个椭圆形孔。两孔之间有拱形棱。素面。一侧有扉棱，较小	通高7.7，口径8—8.8	不详	二里头文化四期	A	[7]，图六，下	外有包裹用的丝织品残片。玉管状七为铃舌（M11:6），位于铜牌饰与铜铃之间，通体磨光，呈淡墨色，两端平，中间有穿孔。通长7.6，直径1.6—2厘米
6	1987ⅥM57:3		正视呈梯形，顶部与口部呈椭圆形，两侧面有凸棱为边框，单扉。顶中央有一长方形镂孔	通高8.45，口径7.8—8.9，壁厚0.2	不详	二里头文化四期	B	[8]，图三，1	通体绿锈，出土时至少包括有两种纺织品。铃舌管状，（M57:25）乳白色，圆管状，凹腰，下端周缘有撞击痕。高5.7厘米
7	1994ⅨM1		正视呈梯形，顶部为椭圆形。顶部较平，中央有桥形钮。内壁光滑，外壁有方形阴弦纹，在合瓦形扁体共鸣腔的两侧面交界处可见合范的范线	不详	铸造，采用了具有铃共鸣腔弧面的二块外范，一块顶范和一块泥芯组成铸型。浇口可能设在铃一侧可能附耳或铃的附耳的口沿处	不详	B	[9]，图版伍，4—6；[10]，第120页，表2—7	
8	1995Ⅸ		不详	不详	不详	不详	不详	[10]，第120页，表2—7	
9	2002ⅤM3:22		合瓦形。平顶，斜壁，直口。顶部中央置横置桥形钮，其下有纵向方孔2个，一侧有边形扉棱，器表有四道凸弦纹勾勒出方形区	口径12.2—15.4，高13.5，厚0.3—1.5	不详	二里头文化三期	A	[11]；[12]，第1003—1004页，图6—4、3—4—2C，图版二，1	位于墓主人腰部，置于龙之上，表面粘附红色漆皮和纺织品印痕。松石龙之上，表面粘附红色漆皮和纺织品印痕。有铃舌（M3:23）

续表

序号	遗物编号	遗址名称	形制	尺寸(厘米)	制作方式	时代	型式	资料来源	备注
10	不详	安徽肥西大墩孜	平顶,弧形钮。器身一侧有隐棱	不详	不详	二里头文化或稍晚	B	[13],图二	
11	1988ⅣT6M1:2	河南偃师商城	保存完整。桥形钮,钮上有长方形镂孔,器身中部有两周阳文,器身一侧有条隐棱,器身厚度较均匀	口径7,底径4.4,高8.5米	不详	二里头文化上层	不详	[14];[15],第655页,图三六五	
12	M102	河北藁城台西	器身瘦长。有桥形鼻。素面	不详	不详	二里岗文化台西类型	不详	[16],第22页;[17],第39页;[18];[19]	

注释：
[1] 中国社会科学院考古研究所山西工作队,临汾地区文化局：《山西襄汾陶寺遗址首次发现铜器》,《考古》1984年第12期。
[2] 李敏生、黄素英、季连琪：《山西襄汾陶寺遗址出土铜器成份报告》,《考古》1984年第12期。
[3] 中国科学院考古研究所洛阳发掘队：《河南偃师二里头遗址发掘简报》,《考古》1965年第5期。
[4] 中国社会科学院考古研究所二里头工作队：《偃师二里头1959年~1978年考古发掘报告》,中国大百科全书出版社,1999年。
[5] 中国社会科学院考古研究所二里头工作队：《1981年河南偃师二里头遗址墓葬发掘简报》,《考古》1984年第1期。
[6] 中国社会科学院考古研究所二里头工作队：《1982年秋偃师二里头遗址九区发掘简报》,《考古》1985年第12期。
[7] 中国社会科学院考古研究所二里头工作队：《1984年秋河南偃师二里头遗址发现的几座墓葬》,《考古》1986年第4期。
[8] 中国社会科学院考古研究所二里头工作队：《1987年偃师二里头遗址墓葬发掘简报》,《考古》1992年第4期。
[9] 廉海萍,谭德睿,郑光：《二里头遗址铸铜技术研究》,《考古学报》2011年第4期。
[10] 中国社会科学院考古研究所编著：《中国考古学·夏商卷》,中国社会科学出版社,2003年。
[11] 中国社会科学院考古研究所编著：《河南偃师二里头遗址中心区的考古新发现》,《考古》2005年第7期。
[12] 中国社会科学院考古研究所编著：《二里头(1999~2006)》,文物出版社,2014年。
[13] 安徽省博物馆：《遵循毛主席的指示,做好文物博物馆工作》,《文物》1978年第8期。
[14] 刘忠伏：《偃师县尸乡沟商代城址》,《中国考古学年鉴(1988)》(第一卷),科学出版社,1989年。
[15] 中国社会科学院考古研究所编著：《偃师商城》(第一卷),文物出版社,2013年。
[16] 河北省文物管理处台西考古队：《河北藁城县台西村商代遗址发掘简报》,《文物》1979年第4期。
[17] 河北省藁城台西考古队：《河北藁城台西商代遗址的儿座墓葬》,《文物》1986年第1期。
[18] 李学勤,唐云明：《藁城台西青铜器的分析》,《中原文物》1987年第2期。
[19] 唐云明：《藁城台西青铜器的分析补记》,《殷都学刊》1987年第2期。
[20] 中国社会科学院考古研究所,山西省临汾市文物局编著：《襄汾陶寺——1978~1985发掘报告》,文物出版社,2015年。

附表三 出土陶铃遗迹登记表

编号	遗迹	遗址	形制	方向	尺寸（长*宽-深，厘米）	墓主人	同出遗物	年代	资料	备注
1	M430	南郑龙岗寺	长方形土坑竖穴	295°	188*(49-55)-10	男，30—35岁，仰身直肢	鼓腹罐、陶铃	仰韶文化半坡类型	[1]，附表一	塞底有树皮朽灰
2	M431	南郑龙岗寺	长方形土坑竖穴	325°	120*45-8	男，超过30岁，仰身直肢	碗、小头壶、八罐、玉铧、石球、骨锥5、牙饰、陶铃	仰韶文化半坡类型	[1]，附表一	人骨上有树皮朽灰
3	M118	邳县刘林	长方形土坑竖穴	4°	-140	女，20岁左右，仰身直肢	罐形鼎2、觚形杯、陶铃、三足罐、穿孔石斧、骨锥2、骨梳1、刻花骨筒1	大汶口文化早期	[2]，表五	
4	M253	邳县大墩子	长方形土坑竖穴	75°	-160	男，中年，仰身直肢，身长172	觚形杯、盖、钵型鼎、陶铃、猪牙、獐牙	大汶口文化刘林类型	[3]，表一	
5	M325	邳县大墩子	长方形土坑竖穴	84°	-95	男，成年，仰身直肢	石铃、陶杯、骨梳、獐牙	大汶口文化刘林类型	[3]，表一	

注释：
[1] 陕西省考古研究所：《龙岗寺——新石器时代遗址发掘报告》，文物出版社，1990年。
[2] 南京博物院：《江苏邳县刘林新石器时代遗址第二次发掘》，《考古学报》1965年第2期。
[3] 南京博物院：《江苏邳县大墩子遗址第二次发掘》，《考古学集刊1》，中国社会科学出版社，1981年。

附表四　商代晚期以前出土铜铃遗迹统计表*

序号	遗迹单位	遗迹类别	方向	形制	尺寸(长*宽*深厘米)	葬式	同出遗物	铜铃位置	年代	资料出处	备注
1	陶寺 M3926	墓葬	115°	长方形土圹竖穴	215*(65-80)-220	男性。仰身直肢。头向东，面向上，微偏左	无	左侧股骨与耻骨联合处	陶寺文化晚期	[1];图版一,1	包裹丝麻植物
2	二里头 1962 VM22	墓葬	354°	长方形土圹竖穴	口:205*60;底:195*50-40	头向北	陶器:盉1,豆2,爵1;铜器:铜爵1,铜铃1;绿松石器:绿松石珠2;贝类:海贝1	左侧肩骨上,铃口向下	二里头文化三期	[2];[3];第124-125页,图73	原报告为二期
3	二里头 1981 VM4	墓葬		长方形土圹竖穴	250*116-210	头向北	陶器:盉1,豆1,鼎1,罐1;铜器:铜爵1,铜铃1,其他2;绿松石器:2;漆器:5	左侧腰部,铃口向上	二里头文化二期	[4],图二	
4	二里头 1982 IXM4	墓葬		长方形土圹竖穴	不详	不详	陶器:盉1,豆1;铜器:铜爵1,铜铃1;玉器:戈1;其他2		二里头文化二期	[5]	被盗扰
5	二里头 1984 VIM11	墓葬	345°	长方形土圹竖穴	200*95-60	头向北	陶器:盉1,爵1,鼎1,豆1,罐1,盆1,尊1;铜器:铜爵1,铜铃1,铜牌饰1,刀1,其他3;玉器:柄形饰1,璧1;绿松石器:若干;贝类:海贝若干,其他贝类若干	左侧腰部,铃口向上	二里头文化四期	[6],图三,右	包裹丝麻植物
6	二里头 1987 VIM57	墓葬		长方形土圹竖穴	200*105-0.35	头向北	陶器:盉1,爵1;铜器:铜爵1,铜铃1,铜牌饰1,其他2;玉器:1;绿松石器:2;漆器:5	左侧腰部,铃口向上	二里头文化四期	[7],图一,D	包裹丝麻植物
7	二里头 1994 IXM1	墓葬		长方形土圹竖穴	200*60-55		陶器:盉1,爵1;铜器:铜爵1,铜铃1,铜牌饰1;玉器:1;绿松石器:2;贝类:海贝2,其他贝类5		二里头文化三四期	[8];[9]	包裹丝麻植物

* 表中空格为信息不详。

续表

序号	遗迹单位	遗迹类别	方向	形制	尺寸（长*宽-深，厘米）	葬式	陶器 鬲	盉	爵	觚	豆	豆	鼎	簋	罐	盆	尊	盉	圜底器	陶片	盖	其他	铜器 爵	铜铃	铜牌饰	石柄形饰	其他	玉器 戚	主	刀	钺	戚	戈	饰	璧	绿松石器 管	珠	其他	漆器	贝类 海贝	其他贝	其他贝类	其他	铜铃位置	年代	资料出处	备注
8	二里头2002VM3	墓葬	356°	长方形土圹竖穴	口:224*119;底:220*(106-128)-(72-99)	头向北，面朝东。男性，30~35岁	3	1		3		1	1	2	3								1				1	2	5										若干	5	1		2	腰髋部，铃口向下	二里头文化二期	[10]；[11]	包裹丝麻植物
9	偃师商城1988IVT6M1	墓葬	102°	长方形土圹竖穴	口:266*150;底:250*134-(63-75)	仰身直肢，头向东							1		1								1		1																	1		1	墓圹南部居中，椁室之外	二里冈下层二期	[12]；[13]，第374页，图二〇二,B	包裹丝麻植物
10	藁城台西M102	墓葬																									若干																				[14]	

注释：
[1] 中国社会科学院考古研究所山西工作队，临汾地区文化局：《山西襄汾陶寺遗址首次发现铜器》，《考古》1984年第12期。
[2] 中国社会科学院考古研究所洛阳发掘队：《河南偃师二里头遗址发掘简报》，《考古》1965年第5期。
[3] 中国社会科学院考古研究所编著：《偃师二里头——1959年~1978年考古发掘报告》，中国大百科全书出版社，1999年。
[4] 中国社会科学院考古研究所：《1981年秋偃师二里头遗址九区发掘简报》，《考古》1984年第1期。
[5] 中国社会科学院考古研究所二里头工作队：《1982年秋河南偃师二里头遗址发掘简报》，《考古》1985年第12期。
[6] 中国社会科学院考古研究所二里头工作队：《1984年秋河南偃师二里头遗址发现的几座墓葬》，《考古》1986年第4期。
[7] 中国社会科学院考古研究所二里头工作队：《1987年偃师二里头遗址墓葬发掘简报》，《考古学报》2011年第4期。
[8] 廉海萍，谭德睿，郑光：《二里头遗址铸铜技术研究》，夏鼐主编：《中国考古学·夏商卷》，中国社会科学出版社，2003年。
[9] 中国社会科学院考古研究所二里头工作队：《河南偃师二里头遗址中心区的考古新发现》，《考古》2005年第7期。
[10] 中国社会科学院考古研究所编著：《二里头（1999~2006）》，文物出版社，2014年。
[11] 刘忠伏：《偃师县尸乡沟商代城址》，《中国考古学年鉴（1988）》，文物出版社，1989年。
[12] 中国社会科学院考古研究所编著：《中国商城》（第一卷），科学出版社，2013年。
[13] 河北省博物馆文管处台西考古大队，河北省藁城县台西大队理论小组：《藁城台西商代遗址》，文物出版社，1977年。

"族徽"内涵与商代的国家结构*

曹大志

(北京大学考古文博学院)

青铜器上的"族徽"是研究商代历史和社会的学者无法回避的问题,它不仅关系着我国早期的文字系统,也关系着我们如何理解商代国家和社会的结构。① 笔者在最近的教学中对"族徽"的有关问题产生了一些思考。因为这个课题涉及范围很广,所以在此想先提出要点,以请专家们批评。

以往对"族徽"的研究已经取得了相当大的成绩,归纳起来有以下三方面:其一,确认了"族徽"绝大部分是文字而不是图案,并且考释出其中一大批单字;其二,发现"族徽"是艺术化和凝练形式的文字,包含着许多设计因素;②其三,近年来多位研究者用力甚勤,全面系统地整理了"族徽"的资料,为进一步研究奠定了坚实基础。③

目前学界的主流观点认为"族徽"是商周时期的族氏名号,称其为"族氏铭文"。作为一个解释体系,这个看法尚有很多问题无法解决,例如:1. 复合氏名的问题。无论是族氏分支说还是族氏联合说都有克服不了的困难(详后)。2. 考古证据的问题。学界一般把普遍出现某"族徽"的族墓地作为"族氏铭文"的考古证据。根据"族氏铭文"的解释体系,以某"族徽"为氏的族数以百计,所谓"强宗大族"也数量众多,但考古发现中这样的族墓地实际上屈指可数,两者的情况并不相符。3. 作器者的问题。在"族氏铭文"的体系下,"族徽"究竟是氏名、私名、还是两者都是? 作器者究竟是集体还是个人? 对这些问题的解释都很模糊。4. 氏名和亲属、职衔称谓的定性问题。学界公认"族徽"中有一批亲属称谓(如妇、子、姆)和职衔称谓(如册、史、亚),它们在使用形式上与其他"族徽"没有任何差别。在多数"族徽"字义不明的情况下,目前的解释体系势必将尚未识别的亲属、职衔称谓笼统地归为氏名。

除了上述问题,"族氏铭文"的解释体系内还有一些难解的地方,我们在后文还会

---

* 为了更清楚地说明问题,引文格式的甲骨文、金文以及正文中的一些字保留繁体。

① 本文所说的"族徽"在近年的学术著作中一般被称为"族氏铭文"。"族徽"是不正确的概念,但"族氏铭文"同样不能反映问题的实质。由于"族徽"的叫法行用已久,所指范围大家都比较清楚,为了方便起见,我们沿用了旧称。本文特别关注的是延续时间长、涉及铜器数量多的"族徽";偶见的"族徽"文字可能主要是作器者的私名。

② 许多学者表达过相似的看法,参看严志斌:《商代青铜器铭文研究》,上海古籍出版社,2013年,第254—255页。

③ 何景成:《商周青铜器族氏铭文研究》,齐鲁书社,2009年;严志斌:《商代青铜器铭文研究》,上海古籍出版社,2013年;王长丰:《商周金文族徽研究》,上海古籍出版社,2015年;雒有仓:《商周青铜器族徽文字综合研究》,黄山书社,2017年。

谈到。

　　1981年汪宁生先生曾提出一部分"族徽"表示族的职业或职务；其后洪家义先生提出"族徽"多代表职官，"绝大多数徽号应是职徽，包括文武职官徽号和专业职司徽号"。① 由于两位先生都认为"族徽"不是完全的文字，而是以图画反映概念，论证中出现了不少望文生义的问题；他们都把商代国家的复杂性估计得很低，所以没有从根本上区分族和职官的不同。不过洪先生提出了职官普遍性的可能，是有启发的意见。笔者认为，很大一部分常见"族徽"可能是当时的亲属和职衔称谓，在使用时直接指称个人。这是一个不同的解释体系，它不但可以解决现有体系中的矛盾，而且将极大地改变我们对商代国家的认识。

一、以往认识的亲属职衔称谓

　　根据学者们的研究，商周时期带有"族徽"的青铜器约有8000件；②"族徽"中已基本公认属于亲属和职衔称谓的有20多种，它们是："子、妇、娟、臣、尹、史、贾、田、牧、犬、万、保、寝、册、舌、马、羌、卫、旅、箙、亚、祝、雋、射、侯、斑。"下面我们简单梳理这些称谓的含义和它们所涉及铜器的数量，得出这部分铜器在总数中所占的比例。

（一）子

　　"子"是家族族长的称谓。各种有"子"字的铜器有368件。

（二）妇

　　"妇"是对男性贵族之配偶的亲属称谓；另有一种观点认为"妇"相当于《周礼》天官和春官中的"世妇"，则属于职衔称谓。或许两者并不矛盾，古代王室和贵族妇女经常要管理家族内的事务。带"妇"字的铜器有196件。

（三）娟

　　娟是年长女性的称谓，③有"娟"字的铜器有56件。

（四）臣

　　臣是青铜器上最早的一批铭文之一，但署臣字的铜器数量不是很多，可能是因为有多种职责不同的某臣、某小臣，只写臣字没有区分度。有臣字的铜器有58件。

---

① 洪家义：《从古代职业世袭看青铜器中的徽号》，《东南文化》1992年第3、4期。
② 参看刘雨：《殷周青铜器上的特殊铭刻》，《故宫博物院院刊》1999年第4期；王长丰：《商周金文族徽研究》，上海古籍出版社，2015年，第75页。本文关于各种"族徽"的统计以史语所《殷周金文暨青铜器资料库》为基础。
③ 裘锡圭：《说"娟"（提纲）》，《裘锡圭学术文集》第1卷，复旦大学出版社，2015年。

（五）尹

甲骨文中有"多尹"、"束尹"、"盾尹"等称谓,金文中又有"舟尹";单称尹也可以指具体的人:

1. 令尹乍大田。三
   勿令尹乍大田。三　　　　　　　　　　　　　《合集》9472 正　典宾 A

尹的字形像手持笔,有治理和官正的意思,这是因为早期书写系统与行政关系至密。李学勤先生曾利用西周小盂鼎铭文证明殷墟卜辞里的"多尹"是商的朝臣。① "尹"是一种通称,缺乏区分度,各种不同的"尹"在铜器上署名时会留下自己具体管理的事务,如"束"、"盾"、"舟"(详见后文),这样署"尹"的铜器就不是很多。"族徽"中又有"聿"字,字形也是手持毛笔;"尹"和"聿"古音相近;根据辞例,"聿"在甲骨文中也当读为"尹",②说明在商代"尹"和"聿"还没有彻底分化。带"尹"和"聿"字的铜器有 75 件。

（六）史

甲骨文中有"大史"、"小史"、"右史"、"在北史"、"东史"、"西史"、"三史"等称谓。单称"史"可以指具体的人,如:

2. 壬申史示屯。　　　　　　　　　　　　　　《合集》3226 臼　典宾
3. 己巳卜,王贞:史其执卢任。六月。允执。一　《合集》5944　师宾间

史是职官,学界没有异议,但史的职能在文献中有多种记载,所以有记事者、宗教官、外交官、武官等不同看法。③ 关于"史"的字形,过去阮元、王国维等认为象手持盛算器、盛策器,④或说"史"象版牍和笔,这些意见对于理解史的职能是有帮助的。书写和计算是早期国家管理中最基本的活动,伴随着文字系统的形成发展,世界各早期文明都曾训练专门的人员(scribe,一般翻译作书吏),使其具备这两样技能。这种人的地位有高有低,主要的事务是各级行政管理,但也会参与其他需要记录和计算的事务,⑤因此职能多样并不奇怪。王贵民先生把史归为"一般政务官"有一定道理(但他把史都读为事)。⑥ 在甲骨文里,史、事、使三字尚未分化,用同样的字形表示。也就是说,有书写计算技能的官员叫"史",他们所做的行政事务叫"事"(《说文·史部》:事,职也。这也是事字较原始的意义之一),派遣这些人员外出执行任务则叫"使"。后世史官的职责专注于记事,职能丰富的"史"的意思由分化字"吏"承担。

---

① 见李学勤:《释多君、多子》,《甲骨文与殷商史》,上海古籍出版社,1983 年。
② 参看裘锡圭:《说字小记·说"尹"》,《裘锡圭学术文集》第 3 卷,复旦大学出版社,2015 年。
③ 参看胡厚宣:《殷代的史为武官说》,《殷都学刊》1985 年增刊。
④ 王国维:《释史》,《观堂集林》卷六,中华书局,1959 年。
⑤ Wang Haicheng, *Writing and the Ancient State: Early China in Comparative Perspective*, chapter 6. New York: Cambridge University Press, 2014.
⑥ 王贵民:《商朝官制及其历史特点》,《历史研究》1986 年第 4 期。

王国维说"古之官名多由史出"。商代"史"的概念可能略宽泛,在这个层面上,它和"尹"、"臣"等字有相似的地方(但似乎偏重指外派的官员)。有"史"字"族徽"的铜器有 190 件。

(七) 贾

甲骨文中有"多贾"的称谓,还有很多"贾某"的人名。贾字旧释"宁"、"贮",李学勤先生考释为商贾之"贾",已经得到了多数学者的承认。有的学者仍认为有"宁"族,可能是出于对商人身份的疑虑。其实世界早期文明中普遍存在与王室、贵族联系密切的商人,他们依附于上层精英进行远途贸易,获得远方的贵重物品和原材料。远途贸易风险很大而回报丰厚,所以这些商人有着较高的地位,很多商人本就出身于贵族的支系。在甲骨文材料中,我们可以看到"贾"输入马、鬯、贝、龟甲等产自远方的贵重物品,①如:

4. 賈延馬二丙。辛巳雨,以鬯。　　　　《合集》21777　　非王圆体类和劣体类
5. 丁卯卜:多賈又鬯,其……　　　　　《合集》27349　　无名组
6. □□卜,争贞:令亳賈雞貝鬯……　　《合集》18341　　宾三

花东卜辞中,子几次派人去贾那里选马。西周金文对贾的记载也不少,有贵族因"肇贾"而作器。《仪礼》、《左传》、《国语》等东周文献常见"贾人"。②

有"贾"字的铜器有 125 件。

(八) 田

甲骨文中有"在某(地名)田"、"多田"等称谓,单称田也可以指具体的人:

7. 叀田眔戍舞。　　　　　　　　　　《合集》27891　　无名组

裘锡圭先生认为"田"是派驻某地进行农垦的职官,相当于西周金文中的甸人和《周礼·天官》下的甸师;商代后期铜器铭文中屡见的田告"大概也是商王朝的一个'田'"。③ 根据睡虎地秦简和《管子》、《晏子春秋》,战国时秦国和齐国管理农业的官员都叫大田。④ 带"田"字"族徽"的铜器有 42 件。

(九) 犬

甲骨文中有"在某(地名)犬"、"某(地名)犬"、"多犬"的称谓,还有一些"犬某"的人

---

① 马和马车最初由北方草原输入中国;晚商时期已经开始了马的繁殖,但良马可能仍需输入,正如历史上的大部分时期一样。鬯是一种香草,引申又指加鬯调制的酒。根据汉人的注释,鬯在后世如郁金,即今天姜黄类的植物(姜黄利用的是块茎,鬯的字形与之相符)。它只生长在南方,所以加鬯的酒很贵重。贾引进鬯反映的是香料贸易。根据对花东龟甲的鉴定,殷墟时期使用的主要是中国花龟。这个物种今天分布的北界是江苏、安徽。

② 东周文献里的"贾人"一般是身份较低的商贾,这是由于社会的发展变化,并不妨碍对"贾"身份的认识(其实早期也一定有民间的私人商贾,只是得不到甲骨、金文的反映)。

③ 裘锡圭:《甲骨卜辞中所见的"田"、"牧"、"卫"等职官的研究》,《裘锡圭学术文集》第 5 卷,复旦大学出版社,2015 年,第 157 页。

④ 于豪亮:《云梦秦简所见职官述略》,《于豪亮学术文存》,中华书局,1985 年。

名;单称"犬"也可以直接指具体的人:

  8. 丙辰乞自犬二十。並示。   (甲桥刻辞)《合集》2827反+9443 宾三
  9. 贞:犬追亘,㞢及。一   《合集》6946 正 宾一

犬向商王汇报各地的猎情,杨树达先生认为相当于《周礼·地官》的"迹人"。① 另外西周师晨鼎铭有称为"官犬"的官员(《集成》2817),不知是否和商代的犬有关。《集成》3608著录有牢犬(牢地的犬官)为父丁作的一件簋;裘锡圭先生还考释有麓犬(麓地的犬官)作的几件器物。② 牢和麓在甲骨文中都是田猎地。参照这个考释,常见的"亚貘"铜器可能应读为"亚莫犬",莫也是甲骨文中的田猎地。带"犬"字的铜器有 65 件。

(十) 牧

  甲骨文中有"在某(地名)牧"、"南牧"、"北牧"、"二牧"、"三牧"、"左牧"、"中牧"、"右牧"等称谓,单用"牧"也可以直接指称具体的人:

  10. □□卜,㱿贞:牧稱册……登人章…… 《合集》7343 宾三
  11. 牧以芻于執。一   《合集》104 典宾A

学者们认为牧是在各地管理牛羊饲养的官员。③ 西周金文中有司牧的职事(同簋《集成》4271、师獸簋《集成》4311);《周礼·地官》有"牧人"。"族徽"中的"牧"字有从"牛"和从"羊"两种写法,后者有意见认为是"养"的古文。根据"在丂牧"既写作"衔"(《合集》32616)也写作"徼"(《合集》35240),从"牛"与从"羊"可以肯定是一字异体。

  带"牧"字的铜器有 55 件,其中有左牧、右牧。古代副官常置左右两人,左牧、右牧应该是牧的副手。

(十一) 保

  甲骨文中有保某的人名;单称"保"可以指具体的受祭人:

  12. 癸未卜,出贞:㞢于保,叀辛卯酒。 《合集》25038 出一
  13. 丙午卜,出贞:今夕㞢于保小宰。 《合集》25040 出一

裘锡圭先生说:"保可用为职名,骨臼刻辞所记'示'卜骨者有'保[囗]'(《合集》17634),可证。有一条卜辞说'令家弋(代)保囗'(《合》18722),保似亦职名。上引卜辞的'保'和'瞽',估计都是以职名人的。"④ 张亚初先生认为"保"类似《周礼》中的"保

---

① 杨树达:《积微居甲文说·释犬》,收入《杨树达文集》,上海古籍出版社,2013年。
② 裘锡圭:《麓器探研》,《裘锡圭学术文集》第3卷,复旦大学出版社,2015年。
③ 参看裘锡圭:《甲骨卜辞中所见的"田"、"牧"、"衛"等职官的研究》,《裘锡圭学术文集》第5卷,复旦大学出版社,2015年。
④ 裘锡圭:《关于殷墟卜辞的"瞽"》,《裘锡圭学术文集》第1卷,复旦大学出版社,2015年,第513页。

氏"之官①。《大戴礼·保傅》"保,保其身体;傅,傅其德义",是负责培养太子的官员。西周铜器中有著名的"大保"器,还有作器者"大保邿"、"大保菁"、"保侃母"。有一种观点认为"大保"是氏名,但我认为"大保"可能仍是作器者的头衔;大保"族徽"其实是以官称人的作器者署名。带"保"字的铜器有37件。

(十二) 万

甲骨文中有"多万"的称谓,还有很多"万某"的人名,单称"万"也可以指具体的人:

14. □□卜:万其乍至庸,王弗每。大吉 兹用　　《合集》28122　无名组
15. 叀万乎舞,有大〔雨〕。
    叀成乎舞,有大雨。　　　　　　　　　　　《合集》30028　无名组

裘锡圭先生论证"万"是从事乐舞工作的人,并指出商代金文中的"大万"是万人之长、舟万父丁卣中的"万"可能是职名。关于万的考释已为学界普遍接受。②

带"万"字"族徽"的铜器有20件。

(十三) 寝

甲骨文中可见"东寝"、"西寝"、"大寝"等商王宫寝的名称;甲骨、金文中有很多"寝某"的人名。作为职官的"寝"可能与管理宫寝有关,张亚初先生认为是后世的"寝尹"(《左传·定公四年》);李学勤先生认为和《周礼·天官》下的宫伯相当;罗琨先生则提出寝也有保卫的职责。③ 西周殷鼎铭有"王令寝易殷大具",以"寝"指称具体的人。"族徽"中还有一"宀"形的字,表示屋子里有床,裘锡圭先生认为有可能是"寝"的初文。④ 如果计算在内,带"寝"字的铜器有18件,另有作器者寝农(《集成》2710)、寝孜(3941)、寝鱼(9101、NA0141)、寝挚(NA0924)。它们出现在商末较长的铭文中,虽然已不是"族徽"铭文的形式,但作器署名的性质是一样的。

(十四) 册

张懋镕先生曾指出几件"作册"所作的铜器在铭文末尾署"册"字,因此"册"的"族徽"实际上是身为作册的作器者署名。⑤ 甲骨文记事刻辞中的"册入"说明单称"册"可以指具体的人。册的字形像编缀好的简册。作册的职责可能是为官府起草、编撰文书。册

---

① 张亚初:《商代职官研究》,《古文字研究》第十三辑,中华书局,1986年。
② 参看裘锡圭:《甲骨文中的几种乐器名称——释"庸""豐""鞀"》,《裘锡圭学术文集》第1卷,复旦大学出版社,2015年。裘先生认为舟万父丁卣(《集成》5073)的"舟"是族名,我认为"舟"也是一种官职,详后文。
③ 见张亚初:《商代职官研究》,《古文字研究》第十三辑,中华书局,1986年;李学勤:《考古发现与古代姓氏制度》,《考古》1987年第3期;罗琨:《商代寝官初探》,《纪念徐中舒先生诞辰110周年国际学术研讨会论文集》,巴蜀书社,2010年。
④ 裘锡圭:《文字学概要》,商务印书馆,1988年,第158页。
⑤ 张懋镕:《试论商周青铜器族徽文字独特的表现形式》,《文物》2000年第2期。

字有时添加双手,被隶定为"典",但从辞例来看仍是册,如"衛册"写作 ▨(《集成》1358),也作 ▨(NA0167)。甲骨文中也有辞例可证明加双手的"册"仍用作"册"。①

带"册"字的铜器有279件。

(十五) 舌

甲骨文中有"多舌"的称谓。张亚初先生认为相当于《国语·周语中》的"舌人",是翻译之官。② 带"舌"字的铜器有40余件。

(十六) 马

甲骨文中有"多马"、"多马羌"、"多马亚"等称谓,商王出行时也经常占卜是否让"马"这种人先行。殷墟和老牛坡遗址曾出土过一人一马同埋的墓葬,石璋如先生提出这是当时已经有骑马者的证据。③ 一般认为公元前1千纪之前还没有出现骑兵,但学者们发现用于侦查、护从、传递消息的骑马人在很多文化里早于骑兵出现。④ 晚商时期马刚刚引入中原不久,掌握骑马术的人可能有专门的职事(有些人可能是外族)。"马"和管理"马"这种人的官员"马小臣"(也有学者认为马小臣管理养马,可能也是其职责之一),都有参与军事行动的记录,如:

16. 貞:令多馬衛于北。一　　　　　　　　《合集》5711　賓出
17. □来告大方出,伐我㠯。叀馬小臣令……　《合集》27882　何组

周代掌军政的官员叫司马,在名称上和商代的"多马"、"马小臣"不无关系。⑤ 商代铜器上署名"马"的作器者可能是多马、马小臣这类官员。带"马"字的铜器有70件。

(十七) "衛"

甲骨文中有若干称为"在某(地名)衛"的人;单称"衛"也可以指具体的人:

18. 貞:衛以 ▨,率用。　　　　　　　　　《合集》555反　典賓B
19. 衛弗其以 ▨。　　　　　　　　　　　《合集》556反　典賓A

---

① 这个异体在甲骨文中也存在,参看王子扬:《甲骨文字形类组差异现象研究》,中西书局,2013年,第38页。
② 张亚初:《商代职官研究》,《古文字研究》第十三辑,中华书局,1986年。
③ 陕西甘泉阎家沟的晚商时期墓葬出土了2件青铜马,马背上铸出了衬垫,简报作者已指出这是当时有骑马者的证据。
④ Edward L. Shaughnessy, "Historical Perspectives on The Introduction of The Chariot Into China". *Harvard Journal of Asiatic Studies*, vol. 48, issue 1, 1988, 189–237.
⑤ 参看陈梦家:《殷墟卜辞综述》,中华书局,1988年,第509页;王贵民:《商朝官制及其历史特点》,《历史研究》1986年第4期。

这个字的字形作 ⿱，由浚县辛村卫国墓地出土的铭文可知即"衞"字。裘锡圭先生认为"衞"是派驻某地守卫的武官。西周仍可见"衞"这种官与侯、田、男、邦伯几种人并列(《酒诰》、《康诰》《顾命》)。① "族徽"中的"衞"字写作 ▢，四个止描绘得很象形,显然比甲骨文更有美术意味;中间的"囗"旧说象征城邑,但也可能是"方"的本字。甲骨文从"方"和金文从"囗"的两个字形是异体关系,因为"囗(方)在古文字里容易跟'●'(丁)的勾廓写法'▢'和'○'(圆)字等相混,所以很早就被假借字'方'所代替"。② 有"衞"字的铜器有 52 件。

（十八）羌

甲骨文中有"多羌"的称谓,还有一些"羌某"的人名,如羌徲、羌宫、羌立:

20. 戊戌羌徲示七屯。叙。　　　　　　　　《合集》17621 臼　典宾
21. 辛卯卜，㕣 贞:呼多羌逐兔,获。　　　　《合集》154　典宾

根据甲骨文记录,商代国家长期掳掠包括羌人在内的异族人口,用于强迫性的劳动。裘锡圭先生认为名羌某的人是替商王做事的羌人,③但考虑到这种人可以做青铜器(如亚羌子商甗《集成》866),他们更可能是管理羌人的官员(《公羊传·隐公七年》有"贵贱不嫌同号"之说)。

带"羌"字"族徽"的铜器有 25 件。

（十九）旅

甲骨文中有"亚旅"、"左旅"、"右旅"等称谓。传统上以"众"训"旅",无法说明旅的具体职务。也有一种看法认为"旅"是一种军职。④ 西周铜器臣谏簋和晋侯苏钟的铭文中有"亚旅",传世文献《尚书·牧誓》和《左传·成公二年》也提到了"亚旅",其内容都是军事征伐,因此这种意见当然是正确的。

"旅"可能在造字之初就有军旅的含义,字形表示指挥大旗和下面的士卒,即文献常见的"麾下"之意(也作"戏"下,"麾"、"戏"相通)。受指挥的卒众为旅,则以旗帜指挥他们的军官也可以称旅,不过这样仍不能说明"旅"具体是哪种军职。

笔者以为西周金文中的"左、右戏"(师虎簋《集成》4316)可以帮助我们理解"旅"的

---

① 参看裘锡圭:《甲骨卜辞中所见的"田"、"牧"、"衞"等职官的研究》,《裘锡圭学术文集》第 5 卷,复旦大学出版社,2015 年。
② 裘锡圭:《文字学概要》,商务印书馆,1988 年,第 110 页。有一种意见把作动词用的 ⿱ 释作防,但没有像卫国铜器这样充分的证据。此字有加注"眉"声的写法,说明它应读为"衞"。关于"衞"字字形,请参看王子扬:《甲骨文字形类组差异现象研究》,中西书局,2013 年,第 48—49 页。
③ 参看裘锡圭:《说殷墟卜辞的"奠"——试论商人处置服属者的一种方法》,《裘锡圭学术文集》第 5 卷,复旦大学出版社,2015 年。
④ 张亚初:《商代职官研究》,《古文字研究》第十三辑,中华书局,1986 年。

含义。"戯"和"旅"上古音同在鱼部;"戯"为晓母字,旅为来母字,而上古音中有不少晓母与来母相谐相通的例子,如险与敛、虎与虏、虑、僖与釐。"戯"不仅读音和"旅"很近,在意思上也与旗帜和军队有关。《汉书》颜师古注"戯,大将之旗也";《说文》"戯,三军之偏也"。"偏"有属、佐之意,如《左传·襄公三十年》"司马、令尹之偏",①据此"左、右戯"意为军队的副将。春秋铜器有"右戯仲夏父鬲"(《集成》668),《睡虎地秦简·封诊式》有"军戯某爰书"之语,都是用的这个意思。杨筠如《尚书核诂》认为《牧誓》里"亚旅当是三帅之副贰",这个解释是恰当的。

先秦时期军队的主将一般由君主自任或战前选将充任,而军队平时的训练管理需有人负责(《淮南子·兵略训》所说的"正行伍,连什伯,明旗鼓",在后世这是军尉的职责),"左、右戯"或"左、右旅"应该就是这样的军官。他们既是副官长,所以也叫亚旅。

带"旅"字的铜器有86件。

(二十)葡

甲骨文中有"多葡"的称谓,还有名"葡某"的人(如《合集》13884、《屯南》917),学界一般认为"葡"是职官名,但其职掌并不清楚。② 笔者认为此字应读为"备",是管理武备的官员。

葡的字形 象盛箭的器具,孙诒让、罗振玉释"葡",是典籍中"箭箙"之"箙"的本字("箙"则是"葡"后起的同音假借字)。《说文·用部》:葡,具也,从用苟省;又《说文·人部》:"備,慎也,从人葡声。""備"是在"葡"上加人旁,两字意义无别,所以"葡"不仅是箙的本字,也是"備"的本字。换句话说,"箭箙"之"箙"和"武備"之"備"古本同字。"箙"和"備"古音相同,箭箙是储箭以备用的器具(高田忠周说:"箙,備矢之名。"),所以引申而有武备、准备的意思。甲骨金文中有作箭箙讲的葡、備,如毛公鼎、番生簋的"鱼葡"、 簋的"備矢",但也有一些葡、備应读为"備",谨举几个例子:

1. 春秋铜器郘䣌尹征城铭文有"備至鐱兵"一语,戴家祥《金文大字典》引《易·系辞上》"備物致用"和《左传·襄公九年》"備甲兵",说明这里的"備"当读"備"。

2. 西周伯唐父鼎有"伯唐父告備","告備"意为报告具备,见于《周礼·小宗伯》、《礼记·月令》等文献。

3. 西周铜器元年师㠯簋铭文有"備于大左,官嗣豐還,左右师氏"的语句。师㠯受命"左右师氏"是作师氏的副手,即前文的"大左"。"備"在这里不需通假读"服",而应直接读"備"。古有备官、备位的说法,为充任职位的意思。如《国语·鲁语下》:"鲁其亡乎,使童子備官而未之闻邪?""備于大左"就是充任大左的职位。

4. 甲骨文中"葡"有出现在牺牲前作动词的用法,于省吾先生解释为祭名"副",③如:

---

① 王筠《说文句读》解释说"凡非元帅则曰偏";段玉裁《说文解字注》以"军所驻之一面"解释偏是不恰当的。
② 张亚初、刘雨先生认为葡是《周礼·夏官》中的缮人,但重要性与"多葡"似乎不相符,参看《西周金文官制研究》,中华书局,1986年。
③ 于省吾:《释葡·双剑誃殷契骈枝续编》,《于省吾著作集》,中华书局,2009年。

22. 〔壬〕午卜，大贞：翌癸未出于小司三宰，葡一牛。二

《合集》23719　出一

笔者认为这类"葡"字完全可以读如本字，当备办祭品理解。《诗·大雅·旱麓》"清酒既载，骍牡既備。以享以祀，以介景福"。《国语·楚语》"夫神以精明临民者也，故求備物，不求丰大。是以先王之祀也，以一纯、二精、三牲、四时、五色……"这都是"備"与牺牲搭配作备办之意的例子。

总之，𫷷应读为"備"。"備"在文献中的一个重要义项是武备。《国语·吴语》："审備则可以战乎。"韦昭注："備，守御之備。"《左传·昭公二十一年》："齐致死莫如去備。彼多兵矣，请皆用剑。"杜预注："備，长兵也。""備"可能是管理武备的官员，相当于《周礼·夏官》中的司兵、司甲、司戈盾、司弓矢。

带"葡"字"族徽"的铜器有 53 件；此外有名为"葡亚🐾"的作器者（《集成》9102）。

（廿一）亚

甲骨文中有"多亚"的称谓。对于"亚"的含义，学界有各种看法，如认为"亚"是"姻娅"之义，或认为"亚"是武官，或认为"亚"相当于侯，也有的认为不当一概而论，但各种看法都认可"亚"是一种称谓。[①] 笔者支持"亚"为次意的看法，它不是具体的职务，而是限定职务的成分，可称为衔，详细的意见将结合另一个"族徽"在下一节讨论。

带"亚"字的铜器有 991 件。

上述二十余种"族徽"都涉及了数量较多的铜器（"祝、雋、射、侯、𩵋"涉及铜器较少，一共 50 余件，没有单独讨论），除去因"复合"造成的重复，有 2710 件。这是一个相当可观的数量，占"族徽"铜器总数的三分之一，足以说明亲属职衔称谓在"族徽"里不是偶然的。这些"族徽"使用的方式与其他"族徽"没有任何区别，我们之所以知道它们是亲属或职衔称谓，是因为对其含义有比较深入的认识。那么我们了解不多和尚未释读的其他"族徽"情况如何呢？商代的官僚可能不止二十几种，其他"族徽"中是否还有职衔称谓呢？

二、尚未认识的亲属职衔称谓举例

带着上文的问题，笔者对涉及铜器较多的"族徽"进行了考察，初步发现 20 种以上的"族徽"有可能属于亲属或职衔称谓。由于"族徽"这类文字材料普遍缺乏上下文，研究难度较大，在方法上需尽量周详谨慎，避免望文生义。我们从三个方面入手，分步骤进行考察：一，明确字义；二，确认这个字在甲骨文中有作为人称使用的情况，最好是能确定它代

---

① 参看何景成：《商周青铜器族氏铭文研究》，齐鲁书社，2009 年；严志斌：《商代青铜器铭文研究》，上海古籍出版社，2013 年。

表一类人,并发现其职事;三,检查周代的金文和传世文献中是否有名称、职能相似的职官。篇幅所限,下面仅举一些比较容易说明的例子,其他材料将另文探讨。

(一) 天

各种带"天"字"族徽"的铜器有350件,"天"和其他"族徽"复合的情况也很多,因此有的学者认为"天"是一个大族。笔者认为"族徽"中的"天"都当读为大,它限定其他的职官称谓,表示正职的意思。

甲骨文中"天"读"大"的例子常见,如都城"天邑商"即大邑商,祖先"天乙"、"天庚"即大乙、大庚。"族徽"金文是经过形式设计的名号,"大"字普遍使用表现人头的"天"形,可能是出于美观的需要。

"天"的含义可以和"亚"结合考虑。"亚"有次的意义是大家都知道的,如甲骨文有"亚妣"、"亚祖乙",西周金文高祖之后有"亚祖"。"大"和"亚"有时并称。西周齉簋(《集成》4215)铭有"成周里人眔诸侯大亚"之语;《逸周书·世俘》有"纣矢恶臣百人",裘锡圭先生指出应为"纣大亚臣百人"。① 对于上述"大亚"的理解,以"亚"为某种具体官职的学者认为"大"是"亚"的定语,我以为"大"和"亚"是并列结构。《世俘》篇的"大亚臣"是大臣、亚臣。齉簋的"诸侯大亚"应读为"诸侯、大、亚",是诸侯、正职官员、副职官员的意思。大盂鼎铭文讲商代官僚的时候说"殷边侯田与殷正百辟"。齉簋的"诸侯"与"殷边侯、田"相当,"大、亚"则以正、副代指众官,与"殷正百辟"相当。很多职官称谓既与天、大复合,如天册、天犬、大万、大保、天戈、天舟(戈与舟详后文),又与亚复合,如亚册、亚犬、亚万、亚保、亚戈、亚舟。这些大某、亚某的关系就如同《周礼》中的大司马、小司马,大司空、小司空一样。②

下面再从职衔称谓的角度对"天"和"亚"的铜器做一些解释:天、亚都有单署的铜器,可以看作省掉了具体的职官名号或私名,例如安阳刘家庄北M1046出土铜器3件署亚匕屰,16件署亚屰,5件仅署"亚";天、亚有复合的例子,作器者可能兼任或历任大某、亚某两职;天、亚仅表示正、副,官位的高低取决于职衔称谓中的另一部分(即与天或亚复合的字),所以天某和亚某的等级有高有低;按照语言习惯,表正职的"大"可以省略,但表副职的"亚"一般不省略,加之各级官员都可能有副职,副职多有左、右两个,所以亚某的铜器特别多。当然,与亚复合的字也不能排除氏名、特别是私名的可能,那样的话,亚某的称谓可以看作"亚衔"+"某职"(省略)+"私名"。

(二) 束

各种带"束"字"族徽"的铜器有33件,以往一般认为"束"是族名、地名。笔者在另一

---

① 裘锡圭:《释"勿""發"》,《裘锡圭学术文集》第1卷,复旦大学出版社,2015年。
② 汪宁生先生曾注意到大、亚都表示等次,但是他认为"'亚'和'大'、'子'一样,应是表示族的等次的",参看《从原始记事到文字发明》,《考古学报》1981年第1期。

篇文章中曾论证"朿"应读为"蓄积、积贮"之"积"。①

过去大家公认的年代最早的"积"字见于商代晚期小臣䍤方鼎，字形写作 ▨，可以分析为从贝朿声，朿为"責"的声符（"积"字的"禾"旁是东周时才添加的；"积"和朿都是支部字，一属精母，一属清母）。这个字在《合集》22226 上与没有形符"贝"的"朿"字同版而辞例相同，两者表示同一个词"积"。《说文》"朿，木芒也，象形，读若刺"。甲骨文朿的字形 ▨ 有多个尖刺，可能本是"刺"的表意字，音同假借而表示"积"（責）。按照古文字演变的一般规律，"責"是为了明确含义，在假借字"朿"上添加意符"贝"而成的形声字。从甲骨文辞例来看，大量的"朿"字都可读为"积"。

文献中"积"的主要意思是积聚和所积聚的资财。甲骨文反映商代积聚的物资有猪、牛、羊、牛肩胛骨等畜产品，鱼、获、龟甲等渔猎产品，矢、织物等手工业产品；此外晋姜鼎、戎生编钟反映盐也是周代产盐国家蓄积的物资。"积"又可引申为存储积聚之物的设施，如《周礼·掌戮》"刖者使守囿，完者使守积"；《诗·大雅·公刘》"乃积乃仓"，将"积"和仓并列。商代国家在都城和凫、犩、徫、甘、唐等多地建有"积"，商王经常去这些地方"蓋积"。甲骨文中有"朿尹"、"多朿尹"、"朿人"、"王朿"、"亚朿"等称谓，应该就是管理"积"的官员，他们也正是署"朿"字铜器的作器者。西周时期也有管理"积"的官员，如兮甲盘铭文记载兮甲受命"政司成周四方积"。从功能的角度考虑，甲骨文时代的"积"相当于后世的府，《周礼》中大府、内府、玉府等征收储存的有金玉、财、货、衣、币帛、皮毛筋角、玩好、兵器、鱼之鲜薧、齿革、桑麻六畜，可与商代的蓄积对比。

（三）廩

有一个常见的"族徽"写作 ▨、▨，涉及 102 件铜器。目前此字一般释为京，作为无义可说的专有名词，认为是一个族名。

商代甲骨、金文中确定的"京"字写作 ▨（《合集》8034）、▨（《集成》9890）。▨ 与 ▨ 有两个明显的区别，一是上部多出一个三角形，二是下面少了像基座的部分。虽然 ▨ 与京的局部相似，但差别是明显且系统性的，所以笔者认为 ▨ 并不是京字。②

《集成》5808、7184 有写在亚字内的 ▨ 字，除了下面的"口"，与 ▨ 字没有区别，两者很可能是一个字（古文字里同一个字往往有加"口"和不加"口"两种写法）。又《集成》6738、6739、7036 等有字写作 ▨、▨，下部两竖笔用勾廓写法，与填实的 ▨ 显然是一个

---

① 曹大志：《甲骨文中的朿字与商代财政》，《中国国家博物馆馆刊》2016 年第 11 期。
② 这个"族徽"在西周时期铜器上有一种省掉上面的小三角、下部变为三竖笔的写法，但与同时的"京"字一直不同。

字。[图]字有学者释为亩,从亩、从口。甲骨文中的亩比较原始的字形写作[图](《合集》9642),作鄙字偏旁的写作[图][图],墠字偏旁的作[图],与[图]的上半字形相同,证明释亩的意见是正确的,则《集成》5808[图]也是亩。这个线索提示我们,以往释为"京"的"族徽"可能是"亩"。将[图]与甲骨文[图]字直接比较,可以发现两者都写作一小一大两个三角形、大三角形的下面有两竖笔,[图]其实就是亩。进一步比较[图]与汉代"陶囷"的模型,可以发现大小三角分别象囷的顶盖和仓口,两竖笔则象囷体(图一)。顺带说一下,《集成》4747、5500等器上的"族徽"[图],在亩上增加了意符"禾",可视为亩的异体,隶定为"禀"。

《合集》6057正 《合集》6057反 《集成》7584

图一 囷的模型、甲骨字形与"族徽"的比较

亩是粮仓。商代国家在多地建立有粮仓,如"在南亩"、"陕亩"、"甲亩"。甲骨文中亩字也可以指一种人,如:

23. 乙丑卜,先贞:令彗眔鸣以束尹比亩[图],由事。七月 《合集》5452 宾三

亩[图]的人名结构很像是官称+私名。前文讨论过束尹是管理"积"的官员,他与管理亩的官员一起去完成事务是很合适的。又如:

24. 贞:乎卤比亩。〔一二三〕四   《合集》14128 正 典宾

甲骨文中指仓亩的亩一般下面不加"口"(但也有例外,如《合集》858 正),指人的亩则加"口"(也有例外,如上引的亩[图])。姚孝遂先生指出加"口"的亩是为了表示人做出的区分。①

西周免簋铭说"令汝胥周师司廪"(《集成》4240);免簋铭说"令免乍司徒,司奠還廪"(《集成》4626),可知司亩是免的职务内容。②《国语·周语》、《仪礼·少牢馈食礼》、《周

---

① 于省吾:《甲骨文字诂林》第三册,中华书局,1996年,第1967页。
② 参看张亚初、刘雨:《西周金文官制研究》,中华书局,1986年,第12页。

礼·地官》等文献中有称为廪人的官员,职务是管理仓廪。商代的向和向某应该类似后世的廪人,他们也正是在铜器上署名向字的作器者。

(四) 单

"单"字"族徽"涉及 97 件铜器。以往一般认为"单"是族氏名,它又分衍为东单、南单、西单、北单四个支系。笔者在另一篇文章里论证我国商代至汉代的"单"是城市居民的治安防卫组织,商代的单有明显的官方性质。①

根据"单"在"戰"、"獸"等字中作偏旁的线索,多位学者以为"单"字的本义是某种用于战斗、狩猎的武器。笔者认为"单"是"弹"的本字,字形象一种带柄投石器,主要用于城寨攻防,并依据后世文献对同类器物的图像和文字记载做了复原。商代常用工具、武器来命名使用它们的人群,如犬、马,以及后文要谈到的戈、盾。单作为一种组织,其名称和职能都与"单"字的本义有关。

单这种组织的性质需要从材料最丰富的汉代谈起。在汉印和碑刻材料中可见一种名为单、僤、弹的组织,它与兵役、互助、纠弹有关,具体性质仍存在争议。俞伟超先生注意到汉末魏晋的单内有武装,认为它近似官府部曲,并发展为隋唐以后的民团。受俞先生的启发,笔者综合分析了单的各项特征,认为汉代的单是城市居民的治安防卫组织。俞先生主张先秦的单是一般的农村公社,到了汉代性质已发生重大变化,这一点并没有什么确切证据。恰恰相反,早期的单可能与汉代的单一脉相承。例如《诗·大雅·公刘》在讲到公刘迁居豳地时说:

> 笃公刘,既溥既长。既景乃冈,相其阴阳,观其流泉。其军三单,度其隰原。彻田为粮,度其夕阳。豳居允荒。

从上下文文意来看,公刘率领的部众一部分有军事属性(粮在西周专指军粮和其他行道所用之粮②),其组织的单位是单。历来对"其军三单"的解释都有不能令人满意的地方,如果将"单"理解为治安防卫的准军事组织,这几句诗就好理解了。这里是说公刘在迁居豳地时,有三个单的民兵丁壮,还没有正规的军队。郑玄以"大国之制三军"来解释"其军三单",无疑不符合公刘时期先周社会的发展状况。

甲骨文中的单有的指地方、处所,如:

25. 岳于南單。
    岳于三門。一
    岳于楚。一　　　　　　　　　　　　　　　　《合集》34220　历组
26. ……入从南單……

---

① 曹大志:《说单——商至汉代城市居民的治安防卫组织》,《中国国家博物馆馆刊》2018 年第 7 期。
② 裘锡圭:《西周粮田考》,《胡厚宣先生纪念文集》,科学出版社,1999 年。

……从西……　　　　　　　　　　　　《合集》28116 无名组

这种单距离商的都城不远,饶宗颐先生认为应读为文献中的墠。墠是城外空地,其名称或与单组织的活动场所有关。甲骨文中的单也可指人,如:

27. 癸丑卜,争贞:旬亡囚。三日乙卯□(允?)出䰜,單丁人[图]尿于彔……丁巳兔子[图]尿……鬼亦得疾。　　　《合集》137 正+《合集》16890 正　典宾

28. 丙午卜,争贞:黄尹丁人嬬不瘟,在丁家出子。　　《合集》3096　宾三

"丁人"似是某种身份的女性,丁人所从属的"黄尹"是具体的人,所以语法位置相同的"单"也应该是某个人。这种人可能就是管理单组织的。

甲骨文有东单、西单、南单、北单,以往认为是由一个以"单"为氏的家族自然分衍出的四个家族。对比"东史"、"西史"、"在北史"、"西奠"、"北奠"、"在南奠"、"东巫"、"北巫"、"在北工"等名号,东、西、南、北单也应该是国家设置的官称。从下面的卜辞看,商代的单与处置"执"和"虏"等身份的人有关:

29. 庚辰王卜,在鯀,贞:今日其逆旅,以執于東單,亡災。
　　辛巳王卜,在鯀,贞:今日其比自西,亡災。　　　《合集》36475　黄类

30. 戊辰卜,㱿贞:又來虏自𢦔,今日其延于祖丁。一　《合集》27302　何组

这与单准军事组织的性质是吻合的。总之,单是一种组织,商代都城的东、西、南、北四面设置有单,其官长的称谓即为单,他们是"单"铭铜器的作器者。

(五)戈

各种带"戈"铭的铜器约有 400 件。目前学界一般认为商代甲骨、金文中的"戈"都属于一个以"戈"为氏的家族,它的规模颇大,曾多次分衍。有的学者认为"戈族"是《左传》中记载的夏人后裔,也有学者利用铜器的分布研究"戈族"的迁徙。我认为有些"戈"铭铜器的出土地在商王朝的政治疆域之外很远(如湖南宁乡),除了铜器之外,又没有其他证据能够证明当地存在来自中原的贵族精英,这些铜器更可能是辗转流通的贵重物品,不能代表原来的作器者。更重要的是,下面将要讨论的证据显示,戈也是商代一种官职称谓,戈人是一种身份的人。如果是这样,那么署"戈"名的器主之间不一定有亲属关系。

首先,甲骨文中有四戈的称谓,如:

31. 丙寅卜:奉于四戈。　　　　　　　　　《合集》8396　师宾间

32. 癸卯卜,贞:酒奉,乙巳自上甲二十示一牛,二示羊,土燎牢,四戈彘,四巫豕。
三　　　　　　　　　　　　　　　　　《合集》34120　师历间

33. 甲子卜:王从東戈[图]侯,蔑。

乙丑卜：王从南戈〔井〕侯，翦。

丙寅卜：王从西戈〔井〕侯，翦。

丁卯卜：王从北戈〔井〕侯，翦。 《合集》33208　师组出类

四戈是东、西、南、北戈的集合称谓。参考前文对单、史、奠、巫的讨论,东、西、南、北戈不是自然分衍的,而是人为设置的,戈像单、史、奠、巫一样也应该是一种官职。在上引第32条卜辞中,四戈与四巫并列,正可以说明戈是某种身份的名称。第33条卜辞为了出征而在四戈中进行选择,四戈必然相距不远,而且他们离王所在也不会太远,很可能就分布在都城附近。

第二,甲骨文中有"徵戈化"的人名,如：

34. 癸未卜,殷贞：旬亡囚。王占曰：出咎,其出来婕,訖至七日己〔丑〕允出来婕自西,徵戈化告曰：舌方征于我奠……　《合集》584 正甲+9498 正+7143 正　典宾 B

相关的人名有"徵友角、徵友唐"。张亚初、刘雨先生指出这两个人名中的"友"是西周金文习见的僚友之意,如彧鼎的"内史友员"是名叫"员"的内史僚属;《尚书·酒诰》有"内史友、太史友",所以"角与唐都是徵的僚友"。① 这启发我们,在结构相同的人名"徵戈化"中,与"友"位置相同的"戈"也可能是类似"友"的一种身份。李学勤先生曾举出〔图〕侯虎、攸侯喜、而伯鼍、鹹卫夏、攸卫牧、歸甈进、方甈各等例,指出这种人名的结构是地名+爵名或职名+人名。② 裘锡圭先生在研究侯、田、任、卫等职官时,也提到了"成犬卑"、"孟犬山"、"峯田□"、"而任霎"等人名,并指出"某犬某"是"在某犬某"的省称。看来商周时期这种称谓方式是比较普遍的,不仅有"友",还有侯、伯、卫、甈、田、任等。如此"徵戈化"的含义是"徵地名叫化的戈"。

第三,殷墟铜器中有署"大戈"名的、有署"亚戈"名的。以往认为"大戈"是"天"族和"戈"族的复合,"亚戈"是担任"亚"职的戈族族长。根据我们前文的讨论,"大戈"、"亚戈"其实就是正副职的戈;与"徵地"的戈相对,他们应是任职中央的戈。年代更早的洹北商城已出土了"亚戈"铭文的"骨匕"(图五,7);年代较晚的无名组卜辞中也有亚戈：

35. 叀亞戈田省　　　　　　　　《合集》29374　无名组

这两位亚戈肯定不是同一个人,以往会把这种现象理解为存在一个"戈族"、不同的个人以族名为私名,但我认为这只是不同时期担任亚戈官职的两人。顺带说一下,研究者往往引用《合集》8397 认为甲骨文中有"戈方"(贞：叀黄令戈方。二月),但原版"戈"下一字残泐严重,看不清是什么字,这个证据是有疑问的。

第四,甲骨文中戈和戈人经常接受命令,有不少内容是去执行军事任务,如：

---

① 张亚初、刘雨：《西周金文官制研究》,中华书局,1986年,第59、30页。
② 参看李学勤：《殷商至周初的甈与甈臣》,《殷都学刊》2008年第3期。

36. ……戈翦亘。 《合集》3806 师宾间或宾

37. □戌卜,宾贞:戈幸亘。 《合集》6951反 宾一

38. 己亥卜,宾贞:翌庚子步戈人,不囊。十三月。二
    辛丑卜,宾贞:叀彗令以戈人伐舌方,翦。十三月。二
    《英藏》564正 典宾

39. 己丑卜,宾贞:翌庚寅令入戈人。一 《合集》8398正 典宾

40. 庚寅……令入戈人步。 《合集》8399 宾出

第36、37条卜辞中的"戈"与"四戈"、"徵戈化"中的"戈"含义一致,是一种职官,也是下几条中"戈人"的首领。第38条卜辞于己亥日占卜,是否在第二日庚子"步戈人";到了第三日辛丑又占卜,是否令彗带领戈人伐舌方。从词意看,"步"是行军的意思,相似的辞例如:

41. 辛丑卜,步豢伐芇。五月 《合集》20400 师小字

典籍中可见这种"步+宾语"的用法,如《左传·僖公三十三年》:"寡君闻吾子将步师出于敝邑,敢犒从者"。"步师"和卜辞的"步戈人"可以比较。"不囊"可能是说不用囊携带干粮(《大雅·公刘》),也可能是郑玄所谓"兵甲之衣曰囊"(《左传·庄公十年》孔颖达疏)。了解了"步"的含义,可以知道第39、40条"令入戈人"是在做战前的兵力集结调动。与"戈人"类似的结构在甲骨文中有"束人",金文中有大师人(《集成》2469)、师氏人(4469)。"戈人"意为持戈之人,是以最常用的武器称兵士,与《孟子·公孙丑》、《韩非子·说疑》称战国的兵士为"持戟"异曲同工。

第五,在殷墟和其他商代遗址的发掘中,常见一类随葬陶器和铜戈的成年男子墓葬。这种人的地位低于随葬铜礼器的人,又不同于没有铜兵器的人,学界一般认为他们是武士。这种人应该就是甲骨文中的戈人,构成商代主要的武装力量。

总之,商代的戈是一种官职;署戈名的铜器是担任这种职务的人所做。

(六) 盾

⊕字"族徽"涉及99件铜器。⊕字过去曾释册,罗振玉、朱芳圃等人释盾,经林沄先生论证,已经得到学界的普遍认同。①

在甲骨文中,单称"盾"可以指具体的人,如:

42. 丙子卜,贞:盾亡不若。六月。
    东洋文化研究所藏甲骨文字241正 宾一

43. 庚戌卜:盾獲网雉。获十五。一 《合集》10514 师宾间

44. 辛亥卜,贞:盾其取方。八月。 《合集》6754 师宾间

---

① 参看林沄:《说干、盾》,《古文字研究》第22辑,中华书局,2000年。

45. 戊戌卜，贞：盾其以方羌…… 　　　　　《合集》9082　师宾间

盾这种人经常涉及军事行动：

46. ……贞：盾弗翦周。十二月。 　　　　　《合集》6825　师宾间
47. ……盾其翦氐。 　　　　　　　　　　　《合集》6974　师宾间
48. 丁巳〔卜〕，贞：盾弗翦雀。五月。 　　《合集》6971　师宾间 B
49. 甲申卜，王贞：盾再，不由。四
    〔丙〕戌卜，贞：盾弗戎。四 　　　　《合集》24363+美280 师宾间
50. 贞：盾再册，孚……〔一二三四〕五 　《合集》7427 正　典宾 A
51. ……盾其戎…… 　　　　　　　　　　《合集》6973　师宾间

有一条卜辞出现了"盾尹"：

52. 己未……贞：盾尹归。
    禦，舟归。
    弓归。
    乙丑，子卜，贞：🌀归。　　　　　　《合集》21659　非王圆体类和劣体类

盾尹应该属于"多尹"之一，是管辖盾这种人的官员。参照"戈"是执戈之人，"盾"有可能是执盾的人。盾有一种"复合族徽"即"秉盾"，涉及14件铜器，字面意思就是"执盾"（周代金文和文献中可见秉戈、秉钺、秉剑等搭配）。不过"盾"这种人所持的可能不只是盾，应该还有进攻武器戈（商代、西周没有用于战阵的骑兵，所以不会有只持巨盾的盾牌兵）。在冷兵器时代，世界各地的步兵往往有重装、轻装之分，重装的步兵一般有盾和甲，轻装的则未必有盾。从殷墟的考古发现来看，很多男性平民的墓葬有戈但没有盾；与此对照，商王陵和小屯宫殿区的祭祀坑里有一种双手分执戈盾的人，这种人可能就属于甲骨、金文中的"盾"。他们是精英的武士，所以在仪式场合担负着守卫职责。《周礼·夏官》："旅贲氏掌执戈盾，夹王车而趋，左八人，右八人。车止，则持轮。凡祭祀、会同、宾客，则服而趋。丧纪则衰葛执戈盾。军旅，则介而趋。"及至汉初，君主的侍卫武官还叫"执盾"（见《史记·高祖功臣侯者年表》），商代的"盾"大概与后世的旅贲、执盾相当。[①]

有一个常见的"族徽"写作 🧍（《集成》2921），有的学者释为"戎"。甲骨文中目前认定的戎字写作 戎，与上述"族徽"差别明显。我认为这个"族徽"包含几个字，正面大人一手执戈一手执盾的形象可以分解为两个常见的"族徽" 🧍（《集成》821）和 中，前者

---

① 汉代还有一种官职叫"钩盾"，是少府的属官，主近苑囿（《汉书·百官公卿表》颜师古注）。《说文》"句，曲也，从口丩声"。唐代的"句官"也叫"纠曹"（负责句检稽失、纠举非违）。巧合的是，"盾"的"复合族徽"中有一种很常见的"丩盾"（20件铜器）。商代的"丩盾"与汉代的"钩盾"执掌未必相同，但我国古代的官职名称往往长期传承（或者复古），这至少暗示商代的"丩盾"可能是一种二字的官名。

是"大戈"的合文，后者是"盾"，所以这是经过设计的"大"、"戈"、"盾"三字，意味着作器者历任戈、盾二职，或者兼任普通步卒和精英武士的首领。

（七）戍

戍是大家熟知的商代职官。甲骨文中有"左戍"、"中戍"、"右戍"、"五族戍"等称谓，也有很多戍某的人名，如戍冉（《合集》28044）、戍屰、戍带、戍逐、戍肩、戍何（即五族戍）。单称"戍"也可以指具体的人，如：

　　53. 贞：叀戍射。才……　　　　　　　　　　　　《合集》24220　　出二
　　54. 叀田眾戍舞。　　　　　　　　　　　　　　　《合集》27891　　无名组

上辞中戍和田都是职官。戍所涉及的大多数事务是军事行动，有及某方、御羌、翦伐等，可知戍是重要的军事力量：

　　55. 其乎戍禦羌方于義祖乙，翦羌方，不喪眾。　　《合补》8969　　无名组
　　56. 戍弗及敵方。
　　　　戍及敵方，翦。
　　　　戍甲伐，翦敵方校。　　　　　　　　　　　《合集》27995　　无名组
　　57. 壬戌卜，狄贞：叀馬亞乎埶。一
　　　　壬戌卜，狄贞：叀戍乎埶。二　　　　　　　《合集》28011　　何组

下辞表明戍有官署：

　　58. 于戍官入，又正。　　　　　　　　　　　　《合集》28033　　无名组

甲骨文有不少"令戍立于某地"的占卜；西周金文屡见戍在、戍于"某师"（此处戍为动词），"师"是驻军地点，由这些线索推测，各个戍都是管理驻军的武官。

目前作为族氏名的"何"（ ）其实就是戍。裘锡圭先生说："防戍的'戍'本来写作 ，象人荷戈形。这个字早在甲骨文里就已经简化为 ，荷戈人形改为一般的'人'字，横置在人肩上的戈也竖了起来，跟一般的'戈'字取得一致。""族徽"金文普遍比线条化的甲骨文生动象形，"戍"字是一个很好的例子。

戍官们署名的铜器有 44 件。

（八）舟

带"舟"字"族徽"的铜器有 60 件。"舟"一般被当作族名，但铜器中有"天舟"、"亚舟"，且有 20 件直接署名"舟尹"，这些都提示我们"舟"可能是一个官名。

东周文献中有叫舟虞的官员，如《国语·鲁语下》："叔向退，召舟虞与司马，曰：'夫苦匏不材于人，共济而已。'"韦昭注："舟虞，掌舟。"《吕氏春秋·上农》："泽非舟虞，不敢缘

名,为害其时也。"高诱注:"舟虞,主舟官。"舟虞主管航渡,在其他文献中也叫舟子(《诗·邶风·匏有苦叶》)、舟蛟(《左传·昭公二十年》、舟牧(《礼记·月令》)。值得一提的是,西周中期有两件簋,铭文摹作"舟￼乍旅簋"(《集成》3445、3446),￼字或许是漏摹了"口"的"虞"字,如果是这样,那么西周是有舟虞的。

甲骨文中有常见的人名舟龙(如《合集》4928、4929),而单称"舟"也可以指具体的人,如:

59. 贞:勿令舟。二〔告〕　　　　　　　　　　　　　《合集》4925　典宾 B
60. □卯卜,㱿贞:舟稱册,商,若。十一月。三　　　《合集》7415 正　典宾 B
61. 己未……贞:盾尹歸。

　　㝢,舟歸。

　　弓歸。

　　乙丑,子卜,贞:￼歸。　　　　　　　《合集》21659　非王圆体类和劣体类
62. 壬午卜,争贞:舟夲冤。　　　　　　　　　　　《合集》5844 正　典宾 B
63. 壬午卜,㱿贞:尹夲冤。王占曰:"其夲。"七日戊〔子〕尹允夲。

　　　　　　　　　　　　　　　　　　　　　　　《合集》5840 正　典宾 B

第61条卜辞中,"舟"和"盾尹"并列,暗示"舟"可能是一位官员。第62、63两条卜辞的卜日、字体、事项都相同,是为同事所卜。受命去执冤的一为舟、一为尹。"尹"必为"某尹"的省称,根据铜器中常见的"舟尹"称谓,指的不排除是舟尹。如果是这样的话,"舟"和"尹"是一人在不同的贞人口中的两种省称。"舟尹"省称为"舟",与"朿尹"在铜器上只写"朿"、"盾尹"只写"盾"、"马小臣"只写"马"是一样的。

(九)

是一个常见的"族徽",涉及115件铜器,以往一般隶定为"豕"。笔者认为它其实是"豭"字初文,并已假借为"家"。

甲骨文中"家"字写作(《合集》13586),下面的猪形往往有表示生殖器的一笔,可知这个猪形不是一般的豕,而是表示公猪的"豭"字的初文。文字学界大都认为"家"是从宀豭声的形声字。不过甲骨文中的"豭"和一般的"豕"已有相混的现象(生殖器不一定表现出来),如午组卜辞的家从豭,师组小字、宾组、花东子卜辞的"家"从豭也从豕,历组卜辞的"家"字基本都从豕。

"族徽"中有(《集成》5082)、(《集成》10522)、(《集成》8235),上从宀、下从猪形,一般释为"家",应是可信的。值得注意的是,宀下的大猪非常具象,有的着重表现了鬃毛。我们知道发达的鬃毛是公猪与母猪相区别的性征之一,所以这种表现鬃毛、

非常象形的猪应是"豭"字的另一种写法。这种写法只见于金文,一是因为"族徽"倾向于特别象形,二是因为刻写铭文的黏土质软,有条件这样做。一般隶定为"豕"的"族徽"有一些与上述"家"字所从的大公猪写法一致,也着重表现了鬃毛,如 ▨(《集成》3223)、▨(5737)、▨(9204)等,由此可以判断这个隶定为"豕"的"族徽"应是"豭"字。

《集成》7520 的"族徽"▨ 与常见的猪形"族徽"应为一字,这个猪形采用类似甲骨文线条化的写法,所以专门表示了生殖器。这个例子也说明特别象形的猪已经意味着"豭",所以不需要专门表现生殖器。甲骨上用线条化的写法,无疑是由于甲骨坚硬的质地不适合描绘形象。

甲骨文中有"家"和"豭"混用的例子,有时用"家"为豭,如:

64. 甲辰歲妣庚家一。一 《花东》61.1
65. □酉卜:其禦妣庚家。 《合集》19894 师小字

这两条卜辞里的"家"是祭祀妣庚的牺牲,可以与下列卜辞比较:

66. 丁酉歲妣丁豴一。才剢。一 《花东》13.5
67. 甲辰歲妣庚牝一,叹罗。才麗。二 《花东》37.10
68. 己丑歲妣己麀一。一二三 《花东》67.3
69. 庚歲妣庚牝一。一 《花东》180.6

祭祀上甲时也用家:

70. 壬午卜,貞:其〔出〕匚于囗家,其▨。 《合集》13581 宾出
71. 己酉〔卜〕,□貞:……于上囗家。八月。二 《合集》13850 出一
72. □于囗九家▨…… 《合集》1174 宾出

可与下列卜辞比较:

73. □□卜,殻〔貞〕:……囗……豭。一二 《合集》1217 宾一
74. ……酒匚于囗九羌,卯一牛…… 《合集》356 宾出

"家"从"豭"得声,两字同音,作为牺牲的"家"应读为"豭"。过去有认为这种"家"是宗庙的,从上面的比较看(特别是"家一"、"九家"),并不可信。另一方面,有些豭和豕可能应读为"家",如宾组卜辞中提供了龟甲和牛肩胛的人物"豕"和"家"有可能是一个或一类人:

75. 豕入 甲桥刻辞 《合集》11484 反 典宾
76. 丁丑豕见…… 甲桥刻辞 《合集》15684 反 宾出
77. 家入七十。争。 《合集》6505 臼 典宾

晚至西周时期,传世颂鼎之一(《集成》2829)的"成周贾廿家"一句,仍然把"家"字写成不

带宀的"豕"字，①这也是因为"家"从"豭"得声，"豭"有条件假借为"家"。我们知道，早期的形声字有两个产生的主要途径，一是在假借字上加注义符明确字义，二是在表意字上加注声符明确字音。"家"字应该是在假借字"豭"上添加义符"宀"而成的（"家"字不是在宀下加声符而成，因为宀不是家的表意初文）。

甲骨文中有些字从宀与不从宀在一定情况下可以通用，如"积聚设施"的"积"一般写作束，偶尔也作㝨；人名"学戊"的"学"可以写 ▨（《合集》3514）和 ▨（《合集》952 正）。与此相似，"族徽"金文里既有从宀从豭的 ▨（《集成》5082）、▨（《集成》7074），也有不从宀的 ▨（《集成》10679）、▨（《集成》6651）；既有从宀的 ▨（《集成》6240），也有不从宀的 ▨（NA1587）。我认为这些有宀或无宀的"族徽"有可能是一个词，也就是说目前隶定为豕的"族徽"应读作"家"。

甲骨、金文中用公猪形的"豭"与"家"只用于人的名号（"王家"、"我家"等"家室"含义的"家"则有宀旁）。这种名号有两个主要的使用场合，其一即铜器上作器者的署名，各种豭形的"族徽"都说明作器者具有"家"的身份（家的含义详后）。有一个常见的名号"豥"，在金文中写作 ▨（《集成》3223）、▨（《集成》1113），甲骨文中写作 ▨（《合集》10472），研究者很早就注意到 ▨ 就是 ▨，但却以为豥是一个字，作为族名看待。我认为豥是大、豭二字的合文，理由如下：1. 商代甲骨、金文中的小某、大某等称谓经常采用合文的形式，《合集》478 正、19765 两片上"大"、"豕"二字分得很开，是豥为合文的说明。2. 在"大豭"之外，"族徽"中尚有"亚豭"（《集成》1401、7802 等），大、亚恰构成相应的称谓。3. 甲骨文中豥的下部多讹混为一般的豕，但《合集》8428、8429 两片上"大"字下的猪形都有表现生殖器的笔画，可以证明甲骨文豥其实是大豭（家）。

名号的第二种场合是贞人。出组贞人"豕"的占卜记录中，有不少其实刻写的是带生殖器的"豭"，如《合集》23075、23513、23661、26420、《合补》7674，可推知其余的只是混为一般的"豕"。贞人豭与铜器"族徽"中的豭是同一种身份的人。林巳奈夫曾比较"族徽"与贞人名，发现两者重合的有 62 个（有一些是不准确的），关于这个问题我们在后文还会讨论。

下面我们讨论家的含义和家这种人的身份。根据学者们的研究，周代的家是共同居住的社会和经济单位。贵族之家包括其住宅、妻子儿女、奴仆臣妾及各种财产，相关铭文证据很多，谨举师𫘦簋铭（《集成》4311）一例：

> 伯龢父若曰：师𫘦，乃祖考有爵于我家，汝有唯小子，余令汝死我家，䩛司我西偏东偏、僕馭、百工、牧、臣妾，董裁内外，毋敢不善。

---

① 从拓片来看，这件颂鼎铭文中的"豕"上无"宀"并非铸坏；"豕"的前后腿之间有一笔可看作生殖器，其实仍是豭。西周金文的家字很多是从豭的，参看罗琨：《释家》，《古文字研究》第十七辑，中华书局，1989 年。

与贵族之家类似,金文中的"王家"指周王室的经济体,只是规模应更大,结构上可能更复杂。出现"王家"的铭文也不少,例如宰兽簋(NA663):

> 昔先王既命汝,今余隹或(又)申就乃命,更乃祖考事,歔司康宫王家臣妾,奠庸外内……

又如蔡簋(《集成》4340):

> 王若曰:蔡,昔先王既令汝作宰,司王家,今余唯申就乃令,令汝眔日,韍胄對各,从司王家外内,毋敢有不闻,司百工,出入姜氏令……

甲骨文材料显示商代的家可能与西周是相似的,如:

78. 贞:我家舊🈳臣亡害我。 　　　　　　《合集》3522 正　典宾 B

79. 🈳其入王家。一
    丁巳卜:🈳弗入王家。一 　　　　　　《屯南》332　历二 A1

"我家"、"王家"等词汇都习见于西周金文,这里是指商王之家。甲骨文中有一种叫"家"的人,见于某家(如宋家、牛家、名家、丁家)、亚家、右家等称谓,也可以单称,例如:

80. 万家见(獻)一。 　　　　　　　　　　《花东》226.1
81. 令允比宋家。一 　　　　　　　　　　《合补》1265　师小字
82. 畐亞家。 　　　　　　　　　　　　　《合集》21224　师小字
83. □□卜,……今日……亞家……■戊……盧豕……※……
    　　　　　　　　　　　　　　　　　《英藏》1871　师组
84. ……其以右家…… 三 　　　　　　　《屯南》2131　历组
85. 甲申卜,宁贞:令家代保■…… 　　　《合集》18722　宾三
86. 乙酉卜,禦家于羹,父乙五牢,鼎用。　《合集》22091 甲　午组
87. 辛亥🈳卜:家其匄有妾,有畀一。一 　《花东》490.1

裘锡圭先生曾提出家这种人即家臣,是很有启发的意见。① 但裘先生推测家臣只是家内奴隶,从 82、83 辞家受到祭祀、85 辞家可以代保来看,应该有一类地位更高的家。第 87 条中的"家"是为花东之子服务的一个人,因其求妾而占卜是否给予他。臣妾是属于家的一部分,求取妾的"家"可能是管理家的人,类似后世的家宰(上举"某家"可能也是这种含义)。《尚书·梓材》的第一句说:"王曰:封! 以厥庶民暨厥臣,达大家;以厥臣达王,惟邦君。"传统多以《孟子·离娄》中的"巨室"解释"大家"。杨筠如《尚书核诂》认为"大家"是秉政大臣,于文义较合。我以为"大家"可能就是甲骨、金文中的家,是总管王家内外的

---

① 裘锡圭:《甲骨卜辞中关于俘虏和逃亡的史料》,《裘锡圭学术文集》第 5 卷,复旦大学出版社,2015 年。

人,从职责来看相当于文献里的冢宰。管理家的人在商末之后叫宰,家作为一种人的意义不再使用,但文献中仍见一些与"家"相关的职务,如"家相"(《逸周书·祭公》"汝无以家相乱王室而莫恤其外")、"家老"(《国语·晋语》"吾子之家老也",韦昭注:家臣室老)、"家臣"(《左传》)、"家君"(《墨子·尚同下》"卿之宰又以其知力为未足独左右其君也,是以选择其次,立而为乡长、家君")。此外,东周有一种掌管兵甲车马的"家司马"(《周礼·夏官》),汉代有家马令、家马丞、家马尉,这些称号与商末、西周铜器常见的"复合族徽"▨(可读为大家马,24件铜器)吻合。鉴于官号继承性很强(尽管执掌可能历经变化),这或许有助于说明"大家马"是一个职官称谓。

最后我们来看一下甲骨文中的豖。关于豖的卜辞多为残辞,较完整的可看到豖"以羌"、征伐、狩猎、获鱼等:

88. 乙未卜,贞:豖獲薰。十二月。允獲十六,以羌六。 　　　　　　　　　　　　　　　《合集》258　　师宾间 A
89. ……豖伐屮,翦。　　　　　　　　《合集》6562　　师宾间 A
90. 癸▨〔卜〕:令豖伐屮,終亡不若,允翦。　《合集》6564　　师宾间 A
91. □辰〔卜〕:豖狩,不其獲。　　　　《合集》10857　　师宾间
92. 癸卯卜:豖獲魚,其三萬。不。　　《合集》10471　　师宾间
93. 乙卯卜,丙豖出魚,不沁。九月。　《合集》20738　　师小字
94. 丁亥卜,王:豖獲魚,允獲。　　　《合集》20739　　师小字

获鱼之事有多条卜辞,除了上举的还有《合集》10472—10474、19759、27743,有意思的是花东卜辞中,进献鱼而欲迎逆丁的恰是"家"。这或许可以佐证豖和"家"是同一类人。

95. 己卜:家其有魚,其屰丁,侃。三　　　《花东》236.18
　　己卜:家弜屰丁。一　　　　　　　　　　236.19

(十) 龟

龟是一个比较常见的"族徽",涉及铜器 118 件。目前学界把其中一部分释为龟,一部分释为黾,特别是数量很大的"▨"。

郭沫若释▨为"天鼋",与轩辕氏相联系,曾产生很大影响。但由于字形并不相合,其他学者多释为天黾或大黾。在分辨黾与龟的区别时,唐兰先生认为蛙的后足长于前足;于省吾先生更具体地说:"龟形短足而有尾,黾形无尾,其后两足既伸于前,复折于后。然则黾字本象蛙形,了无可疑。"①关于有无尾这一点,已有学者指出不确。于先生认为的"黾"有一些有尾,②而甲

---

① 于省吾:《释黾鼋》,《古文字研究》第七辑,中华书局,1982 年。
② 殷玮璋、曹淑琴:《天黾铜器群初探》,《中国考古学论丛》,科学出版社,1993 年。

骨文中俯视或侧视的"龟"字也经常无尾（如《合集》7076 正、7859 正、7860、8995 正、8998正）。后足是否"既伸于前，复折于后"也不是区别字的要素，有的所谓"黾"后足就很短，没有"既伸于前，复折于后"（如《集成》5766、6681、8589、8740）；而铜器中常见的龟纹却后足"既伸于前，复折于后"（图二，7）。

张光远先生曾经从生物特征和艺术表现两方面论证"族徽"中被认为黾字的都是龟字，但学界似乎未给予足够重视。张先生提出后足的长短并不能区分蛙和龟，但头部是否有细颈是蛙和龟的差别，并举出商王陵出土的大理石龟、蛙为证。① 张先生的看法是很有道理的。对比商代的图像和圆雕材料，并参考真实动物的形态差别，可以发现蛙和龟的区别不在尾与后足（龟尾经常隐于壳内不易见；龟后足的自然状态也是"既伸于前，复折于后"），而在头、颈的形态和甲的有无。现实中龟的头部明显小于身体，颈部又明显细于头部，而蛙的头、颈、身体只是平缓地过渡。商代艺术正是这样表现的（图二，1—6），"族徽"中所谓的"黾"都有很小的头和细细的颈部，只有极个别颈部较粗。② 现实中龟有甲，蛙无甲；商代艺术表现圆形或椭圆形的龟甲（图二，2、4、5）；"族徽"中所谓的"黾"都有圆形的甲。此外，西周金文里确定的"黾"字写作 （师同鼎），从"它"加双足，与"族徽"所谓的"黾"相差很大，既没有甲，也不表现颈部。③ 这样看来"族徽"中现在认为的"黾"其实都应是龟。

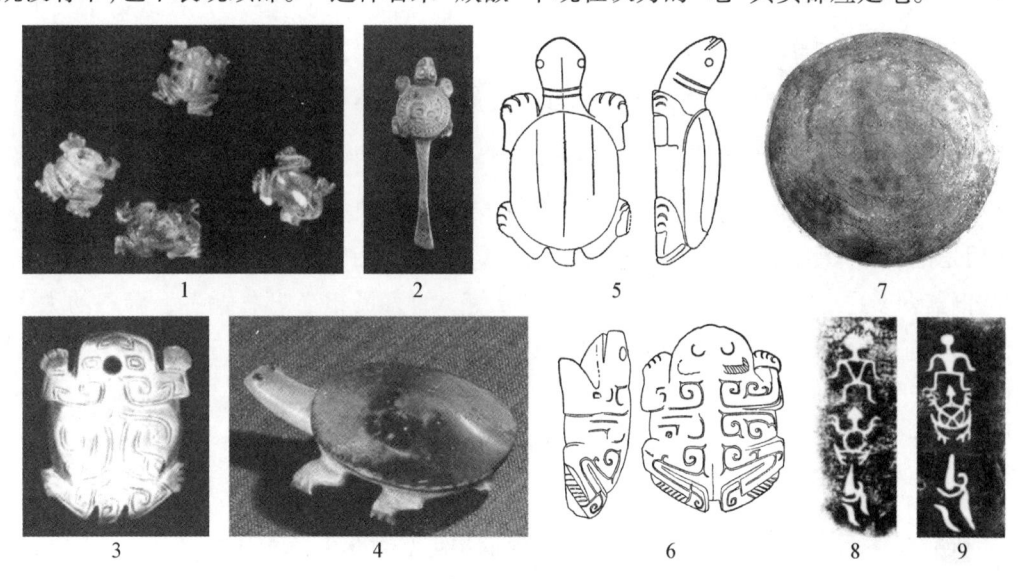

图二 商代艺术中龟和蛙的形象

1—4. 妇好墓出土骨雕蛙、龟和玉蛙、龟　5、6 西北岗 M1001 出土的玉龟、蛙　7. 铜盘龟纹　8.《集成》1554　9.《集成》5623

---

① 张光远：《商代早期酒器上的金文——兼论周官龟人的族徽》，《中国艺术文物讨论会论文集》，台北故宫博物院，1992年。
② 在 118 个"大黾"和"黾"的"族徽"中，只有《集成》1131、2612、4979、8227 几个的颈部不明显。1131 表现了龟甲，与 2612 同铭的 2613 上，动物的颈部很明显。
③ 姚孝遂先生认为甲骨文 （《合集》17953）、 （《合集》20853）等形是黾字（但他认为我们所说的龟字也是黾），见《甲骨文字诂林》第二册 1866 页，残辞不可确知。

甲骨文对龟的记录不多，但能看到单称"龟"来指具体的人，如：

96. 贞：龜以。　　　　　　　　　　东洋文化研究所藏甲骨文字 311 正　典宾 A
97. 贞：龜以。　　　　　　　　　　《合补》2499 正　典宾 B
98. 丙申卜，[图] 贞：龜以。一　　　《合集》8995 正　典宾 B
99. 龜入十。（甲桥刻辞）　　　　　《合集》9176 反　典宾 A
100. 壬申龜示四屯。岳。　　　　　　《合集》17591　典宾
101. 己巳卜，宁贞：龜得妊。王占曰："得。"庚午夕向辛未允得。
　　　　　　　　　　　　　　　　　《合集》926 正　典宾 A
102. 贞：唯龜令。　　　　　　　　　《合集》7860+2658　典宾 B
103. 令龜乍執。　　　　　　　　　　《合集》5947　典宾

根据语法关系和同类的辞例，第 96—99 中的"龟"作主语指人，而不是提前的宾语。

甲骨文中龟的字形多为侧视，也有少量俯视（如《合集》7859 正、7860）。"族徽"金文中的"龟"则都是俯视，这无疑是为了美观。前文讨论过的"族徽""衛"、戍、虞、犬、马、家写法都不同于甲骨文。"族徽"是展示性的文字，形式设计扮演着重要角色，这点与古埃及的象形文字十分相似。[①] 从这个角度来看，"大龟"名号中的"龟"后足表现得很长可能是为了取得与"大"字下垂两笔对称的效果。

周代文献记载有一些以龟为名的职官，如《周礼·春官》下有龟人；《国语·鲁语下》："老请守龟卜室之族。"韦昭注："守龟，卜人。"宗教占卜类的官员以龟命名很顺当，除了龟人之外，《周礼》还有大卜、卜人、占人、占师等占卜官。张光远先生指出 [图] 标示龟人官职，但是他认为"天字原指具有高官身份的人"，没有认识到可直接读为"大"。考虑到大龟的铜器众多，推测其地位重要，可能称为"大龟"的官员相当于总管占卜事务的大卜。上博简《简大王泊旱》中有"龟尹"，是楚国负责占卜的官员，直接为楚王服务。[②] 这是"大龟"相当于大卜的佐证。

（十一）[图]

[图]字"族徽"涉及 64 件铜器。这个字在商末加意符"卤"写作[图]，唐兰先生释为覃，学界多从之。"簟笰"之"簟"在番生簋铭中写作[图]，从竹从覃，在毛公鼎铭中作[图]，从竹从盦，覃和盦可视作异体关系（[图] 换成皿是因两者都是容器，作为意符替换）。对于

[①] 参看裘锡圭：《文字学概要》，商务印书馆，2013 年，第 30—31 页。裘先生认为"由于族徽具有保守性、装饰性，同一个字在铜器上用作族徽时的写法，往往要比一般使用时更接近图形"。值得一提的是，对展示性的文字进行艺术加工也见于埃及、玛雅等文字系统，不是我国特有的现象。

[②] 新蔡简中也有"龟尹"，写作"黾尹"。参看冯胜君：《战国楚文字"黾"字用作"龟"字补议》，《汉字研究》第一辑，学苑出版社，2005 年。

"盬"字，黄锡全和刘钊先生分别据寿县出土的楚金币"☐金"和包山楚简"煮☐于海"释为盐。后来秦文字的"盐"是在"盬"上加'监'声而成。根据这些线索，季旭昇先生提出"覃"、"盐"为一字分化，他说："我们也可以理解成：'覃'是'盐'的早期字形，'盬'是'盐'的较晚起的字形，因为读音稍有不同，或意义渐有转变（'覃'专指'深长'、'延长'义），所以分化为二字。"上古音覃在定纽侵部，盐在喻纽谈部。两者读音相近、意思关联（《说文》覃，长味也），字形有承接关系，所以季先生的看法是可信的。①

季先生还推想☐的字形是放盐的罈子（徐中舒认为☐是罈的象形初文），也是很有见地的看法。近年来商代考古的一大进展是燕生东先生所揭示的商人盐业生产的技术和组织流程。商人以山东内陆分层的聚落网为基地，派出工人进入无法长期居住的海岸地区建立季节营地；开采地下卤水，用特制的陶罐煮盐；这种陶罐大口、束颈、圜底，与☐的字形十分相像（图三，因此季先生的看法需要稍作修正，☐的字形本像大口圜底的罈子，可以用于制盐）；最后，每年制成的上千吨盐还要长途运输进商的腹地。熬盐所需的燃料可以在当地获得，但工人几个月的食物、营地的建材、熬盐的容器都要依赖内陆聚落供给——这无疑是大规模的国家行为。② 文字材料显示我国很早就有国家控制下的盐业生产，甲骨文中有"卤小臣"，《周礼·天官》下有盐人，秦封泥中有"西盐"。旧以为☐"族徽"代表覃氏族，我认为署盐字铜器的作器者是卤小臣一类管理盐业的官员。

图三　商代制盐陶罐与盐字形比较

以上我们讨论的 11 种"族徽"涉及了 1245 件铜器。加上第一部分讨论的 2710 件，并除去因复合造成的重复，有亲属职衔称谓的铜器达 3854 件，已占到 8000 件总数的 48% 以上。由于篇幅关系，本文未及讨论而可能是亲属职衔称谓的还有"殳(37)、守(43)、鱼(98)、车(72)、庚(68)、☐(46)、正(63)、山(37)、㐭(34)、芇(36)、行(45)、工(57)、屯(101)、奚(10)、☐(321)、☐(81)、执(101)、橐(26)、禽(37)、弜(36)、疑(129)、矢(54)、盲(20)、鸟(111)、刀(78)、羊(75)、酉(43)、重(26)、女(122)、冀(221)、弔(101)、皿(41)、未(20)"，当在日后探讨，它们涉及的铜器还有近 2000 件。考虑到称谓的种类和涉及铜器的数量，可以认为亲属职衔称谓在"族徽"中是相当普遍的。

---

① 季旭昇：《谈覃盐》，《龙宇纯先生七秩晋五寿庆论文集》，学生书局，2002 年。
② 燕生东：《商周时期渤海南岸地区的盐业》，文物出版社，2013 年。

"族徽"文字不识者尚多,我相信其中一定还有其他的亲属职衔称谓。现将已知称谓词在甲骨文中的特征总结于下,对以后进一步的研究应有帮助:

一、指人的名词如果前面可以加"多"、"三"、"四"、"五"、"东"、"南"、"西"、"北"等词,有可能是亲属职衔称谓。

二、指人的名词如果前面可以加"大"、"亚"、"王"、"左"、"中"、"右",有可能是职官称谓。

三、指人的名词如果后面可以加"尹"、"臣"、"小臣",有可能是职官称谓。

四、涉及铜器众多,且经常和各种"族徽"复合的,有可能是亲属职官称谓。据此值得怀疑的"族徽"还有"奠、邑、中、于、龙、萬、木、鼎、弓、耳、止、丙、启、竹、佣、告、丫、人、◇"等。

可能有研究者会认为我们所讨论的"族徽"虽然来源于亲属职衔,但在铜器上已经作为氏名使用。由于先秦的确存在"以官为氏"的现象,这个说法看似顺理成章,但是细究之下,问题并没有这么简单。

首先,目前并没有明确的证据可以证明有职官含义的"族徽"已经成为氏名。相反,有的例子表明世代相传的"族徽"也没有成为氏名。例如著名的西周微史家族,自商末"清幽高祖在微灵处",至西周中晚期的微伯兴,其氏名可能一直是"微",但历代铜器上的"族徽"则是"木羊册"。"微"是地名,被用为家族的氏名;"木"、"羊"、"册"可能都是职官名,并没有成为氏名。① 又如滕州前掌大南Ⅰ区墓地,因出土了较多"史"铭铜器,墓主被认为是一个以"史"为氏的族。前掌大与西周薛国故城位置紧邻、年代衔接,而薛侯鼎铭文说"薛侯戚乍父乙鼎彝。史"(《集成》2377),所以学界一般认为薛侯与"史"关系密切,有观点将西周的薛当作商代的"史族"的分支。然而商代甲骨文中已有薛(如《合集》8984);岐山北寨子出土商末周初的鬲鼎铭文为"亚薛(?)史父己"(《集成》2014);有一条黄组卜辞说:甲申卜,贞:翌日丁巳王其乎 ▮ 小臣……于薛史……(《合集》36422)。按照甲骨文辞例,"薛史"意思是在薛地的史,甲骨文有"在北史"、"西史"、"东史"、"在沚史"等,这与"在某田"、"在某犬"也称"某田"、"某犬"是一样的。② 这就是说,"史"是官职,"薛"是其所在地,两者并行不悖。尽管前掌大这一族在商代晚期可能两三代世袭了史的职务,但考虑到商代"薛史",西周"薛侯",春秋"薛子仲安"、"薛仲赤"等名号,他们的氏名未必是"史",更可能是"薛"。③

其次,认为铜器上的亲属职衔都已演变为氏名将无法解释多个称谓共存的铜器。一件有三四个职官名的铜器,例如"亚正册"、"北单戈册",究竟哪个是作器者的

---

① 李学勤先生认为"微"是由"木羊册"后改称的氏(见《考古发现与姓氏制度》),但西周中晚期该家族去微、居周已久,似乎无由改以旧居地为氏。
② 这条卜辞有缺文,如果"薛"字后需要断句,则不能作如此理解。
③ 除了这两个例子,西周中晚期还有一些铜器既可知墓主的氏、铭末又有"族徽",但两者并不相同。如荣仲方鼎,氏名为荣,"族徽"是史;苏甸壶,氏名为苏,"族徽"是执;歸妣进器(《集成》920、2725、2726),氏为歸,"族徽"是束。以往对此的解释为"氏"是"族徽"的分支,但我认为这恰恰说明氏与职("族徽")是两回事。

氏呢？

最后，根据文献记载比较清楚的周代的情况，地名和祖先字、谥是氏的主要来源，以官为氏不是主流。这主要有两个原因，其一，对家族世官的研究表明具体官职与等级未必完全是世袭的，世官仅规定了选官资格，具体任职还涉及个人才能、升迁等多种因素。① 即使两三代人世袭官位，也不必然导致以官为氏，官和氏可以是并行不悖的。其二，职官的种类有限，以官为氏容易混淆不同的贵族家族，区分度不高。由此来看，在商代晚期这段时间内，官称普遍的成为氏名是不太可能的。

三、关于"族徽"的几个问题

常见"族徽"有相当一部分可能是亲属职衔称谓，这为我们提供了一个新的解释体系，可以解决"族徽"研究中尚存在的疑难问题。下面我们选择几个问题进行讨论。

（一）"族徽"的实质

目前通行的观点认为"族徽"基本都是氏名，属于没有特别含义的专有名词，在铜器上是作器者的署名。对于具体的作器者，又有个人作器和集体作器两种观点。第一种观点认为署名虽然是氏名，但背后的作器者是个人，私名被省略，或者"族徽"既是氏名，也是私名。李学勤先生在提到商代人名时曾说："关于商代人名（包括金文、甲骨文）尚有一种相当流行的看法，以为人名等于其所自出的地名或族名。如果这是事实，一地、一族，辈分、排行相异的人，便无法区别了。"李先生研究发现"金文以及其他出土文字中男子单举氏是一种非常特殊罕见的现象"。② 这个情况显然不利于商代普遍以氏指称个人的假设。还有一个相似的看法认为商代族长的名字与族名一致，且代代沿用，我们所看到的甲骨文中受指令的人都是族长。如果是这样，那么在商代的国家体系中，族长以外的人便没有任何位置，而这是不太可能的。商代晚期较长的铭文材料反映很多小子在执行事务后受到赏赐，说明小子在政治生活中自有其地位。

第二种观点认为署名是氏名，作器者是家族集体。然而自商末周初出现较长的铭文后，辞义清楚的铜器基本都是贵族以个人名义为自己、为祖先，或为妻女而作，明确的集体作器是极少数。商末周初以前，铜器的用途、社会的背景都没有本质差别，很难相信铜器的制作主体在这期间发生了根本改变。

实际上，认为铜器上的署名一定是氏名的观点没有考虑器物使用的具体环境。铜器是贵族宴飨、祭祀的器皿，这些活动发生在贵族的住宅和宗庙内，一般没有不同家族的铜

---

① 朱凤瀚：《商周家族形态研究》（增订本），天津古籍出版社，2004年，第390—396页。
② 李学勤：《谈单氏人名——金文释例之二》，《传统文化研究》第19辑，群言出版社，2012年。李先生在《考古发现与古代姓氏制度》一文中说"不管是文献还是卜辞、金文，称个人极少单称其氏的。单称氏，无法区别父子兄弟，不能作为个人的标志"。

器混用之虞,所以铜器上并没有标明家族称号的必要。① 相反的,由于贵族家族经常聚居(可由殷墟发现的大型四合院住宅佐证),大家族内如果不止一人作器,鉴于氏名相同,就有必要表示个人的身份(参考小子作器、兄弟分别作器的例子),而官称或私名才可以达到这个目的。②

以个人名义作器的更深层原因可能在于财产所有制。裘锡圭先生描述西周时期的所有制为"贵族宗子所有"。在这种所有制下,贵族族长有家族财产的支配权。正是因为这种支配权,贵族族长在作器时会以个人的名义署名;小子仍有自己独立的经济,也会以个人名义署名。

我认为很多常见"族徽"不是"无义可说"的专有名词,而是有含义的亲属和职衔称谓。汉语的亲属和职衔称谓既可以指一类人(如在官名+私名的用法里),又可以直接指具体的个人(因为担任某官职的人在一个时刻是明确的)。这一点既有商代的甲骨文作为证明,且在金文和文献中也不乏其例。③

亲属和职衔称谓可以直接指称个人,意味着在每件青铜器上,"族徽"是具体的作器者的名号。例如,一件铜鼎的铭文是"戈",代表某位身为"戈"的人作了这件鼎,署名"戈";一件铜尊的铭文是"戈父乙",代表某位身为"戈"的人为他的"父乙"作了这件用于祭祀的尊,即"戈乍父乙"的省称。④ 一件铜盉的铭文是"北单戈父丁",代表某位同时或曾经具有"北单"和"戈"两种身份的人,为他的"父丁"作了这件祭祀的盉,即"北单戈乍父丁尊彝"。总之,"族徽"的实质是作器者个人的简短署名。⑤ 性质相同的内容在后来的铜器铭文里必不可少,只是称名方式和铭文长度有所不同。试比较商代中期至西周中期的署名:

---

① 我们可以设想一种情况,已经分化为不同氏的家族祭祀远祖。在这种场合下,表示不同的氏似乎是有必要的。但是这种场合即使真的存在,也一定非常罕见,是否要为它专门作器值得怀疑。

② 周代铜器中有一些作器者为"某氏",但所指都为具体的个人。后世器物上可见表明姓氏的,但后世的血缘关系已经松弛,姓氏一般能较好地区分开个人。比如在北大考古的实习工地,为了防止餐具混淆,师生们在碗底写名字时一般写姓。这是因为大家基本不同姓,姓有区别的意义;同姓的同学则会写名字。

③ 关于甲骨文中单用官称指代个人的例证,我们在前文比较"族徽"和甲骨文材料时已经看到很多。商周金文中单用亲属职官的例子有小子(2015、2016)、小臣(2032、2678)、大史(9809)、大保(1735、5018)、大师(2409、3633)、师氏(2803、10322)、有司(4293、4322)、尹氏(2829、4323)、内史(2804、4276)、内尹(NA1452)、内史尹(4243、4274)、守宫(5170、9018)、宗人(NA0331)、寝(NA1446)、走马(8986)、侯(2507)。文献中的例证如《尚书·牧誓》王曰:"嗟!我友邦冢君御事,司徒、司马、司空、亚旅、师氏,千夫长、百夫长……"《尚书·顾命》:"王麻冕黼裳,由宾阶隮。卿士邦君麻冕蚁裳,入即位。太保、太史、太宗皆麻冕彤裳。"这里有些职称谓是复数而不带私名,但司徒、司马、司空、亚旅、师氏、太保、太史、太宗明显是有具体所指的。

④ 有一种看法认为"族徽"指的是作器者的祖先而非作器者。按照这种看法,"戈父乙"的意思是"曾经身为戈的父乙"。但是在古汉语里,"曾经身为戈的父乙"这样的意思是无法通过"戈父乙"三字表达的。而且铜器上单署的"戈"、甲骨文里的"戈"都是行为的主体,"戈父乙"里的戈也应做同样理解。林沄先生曾根据"集父癸"(8696)、"集乍父癸尊彝"(5218)等几组铜器,指出"族徽"是器主署名的略写(但林先生认为作器者是家族集体,署名是族名。参看林沄:《对早期铜器铭文的几点看法》,《古文字研究》第5辑,中华书局,1981年)。只为熟悉语境的人书写必要的信息,这在早期文字系统里是常见的现象,完整的语句和语法都是后来逐渐的发展。"戈父乙"这类铭文虽然简陋,但提供了作器者和受器者的关键信息,只是没有书写动词。在稍晚出现的铭文中,我们可以看到动词"作"的使用。

⑤ 参看胡平生:《对部分殷商"记名金文"铜器时代的考察》,《古文字论集(一)》,考古与文物编辑部,1983年。

表一　作器者署名方式的变化

	商代中期	商代晚期		商末周初		西周早期		西周中期
铭文	1130	4760	5623	2013	2254	9100	5355	3950
释文	龟	大龟	大龟父乙	大龟乍父戊彝	大龟罍乍父辛障彝	甲寅,子赐大龟靴贝,用乍父癸障彝	子赐靴,用乍父癸障彝,大龟	唯九月,唯吊从王员征楚荆,才成周,誺乍宝簋
说明	最早的铭文之一;作器者署名	作器者署名	作器者署名(大龟为父乙所作)	铭文变长;以往把大龟作族徽或氏名,认为省略了具体作器者,读为"大龟,(某)作父戊彝"。其实大龟就是作器者	职名+私名	私名出现频率增加;职名+私名	私名在铭文中,职名署在末尾	署名以私名为主,少见职衔称谓

正是因为"族徽"是个人署名,所以我们不认为商代的常见"族徽"源于官名而很快成为氏名,因为单称氏不能指具体的个人。

当然,这并不是说铜器铭文中没有氏名和私名。如前文提到的牢犬、辳犬、亚莫犬中的"牢"、"辳"、"莫"有可能由地名而作为氏名。再如《集成》5013 有"林亚舲"卣;《集成》613 有林舲鬲,铭文为"林舲乍父辛宝障彝。亚舲",裘锡圭先生曾联系哈佛大学收藏玉戈的铭文"在林田舲舲",认为舲舲是一个在林地的田官,则两器中作为地名的"林"可能也是氏名①(注意官职"田"没有成为氏名)。又如西周晚期的康鼎(《集成》2786)铭文末尾有"奠井"两字;仲义父鼎铭末有"华"字(华是其祖父师华父的字);张家坡 M152 井叔墓出土西

---

① 李学勤先生后来发现舲也是一种职官(参看《殷商至周初的舲与舲臣》,《殷都学刊》2008 年第 3 期)。我认为"舲"很可能也是一种职官,如果是这样,那么"在林田舲舲"是同时使用几个官职来指称一个人,相似的情况可以参考甲骨文中马亚、马羌、马羌臣。此外,甲骨文中还有一批人名的两个字是亲属职衔词,如侯奠、侯盾、侯任、侯臣、射雀、射亚、射冒、犬雀、奠雀、犬侯、犬目、戈任、自贾、戍盾、戍马、戍"衛"、戍马冒、行单、亚侯、亚史、子奠、子束、子贾、子尹、子羌、子戈。目前有两种方式理解这样的人名。一种把第二个字当作私名,但如果"私名"与职衔称谓重复的很多,似乎就不好认为是巧合。第二种分开读作两个人名,但甲骨文一般在并列的人之间加"眔"字。对于人称"子贾",裘锡圭先生曾说"也许子贾并不是指一位称子的贵族,而是指某个贾人的"(见裘锡圭《说殷墟卜辞的奠》)。裘先生推测人名的第二个字也有实际意义,这是很有启发的观点。我猜测"子贾"可能既有"子"的身份又有"贾"的身份。甲骨文里的"犬侯"在成套卜辞里可以省称"犬"(《合集》6813、6820 正+5451+17466+洹 101),可能也是因为犬、侯是两个并列的身份。这类人名的问题有待更多研究。

周中期带流鼎铭"井"字；随州叶家山出土的西周早期白生盉铭末写"曾"字。"奠井"、"华"、"井"、"曾"仍是器主署名的一部分，可能是氏名。从这些例子来看，它们的年代都比较晚，也没有涉及常见的主要"族徽"，所以我们不能据此来推测早期的单字"族徽"都是氏名。

至于私名，多位研究者都曾举出署名殷的铜器（《集成》2971、6780—6782、9161）可能是宾组卜辞贞人殷所作的。还有很多和"亚"搭配的字，种类繁多，一种涉及的铜器数量又很少，我们可以推测"族徽"铭文中这类出现频率较低的字很可能是私名。此外，商代晚期之后的铜器经常可见官称+私名的署名方式，如"戈晷乍厥"（《集成》3394）、"戈厚乍兄日辛彝"（《集成》3665）、"大龟嚻乍父辛尊鼎"（《集成》2254）、"積凌乍尊彝"（《集成》3437）、"大舟采乍父乙彝"（《集成》5205），例多不举。

我们统计了"族徽"文字的出现频率，发现绝大多数集中在1—2次和10次以上两个区间（图四）。这两类"族徽"的频率相差一个数量级，差异明显（如果我们假设存世铜器只有10%，两者是10和100的差别；如果我们假设存世铜器有50%，两者是2和20的差别）。出现10次以上的"族徽"很多是亲属职衔称谓（不排除某个私名存世较多的情况）；出现一两次的应该是私名。它们无法被证明为氏名，因为它们存在的时间不超过一代人，而且一个氏只作过几件铜器也不合理。这两类"族徽"的共同点在于它们都是作器者个人的署名。目前所见的几枚商代印章对说明这点有所帮助：它们的内容与"族徽"相似甚至相同，而印章无论官、私都是与具体的个人相联系的。

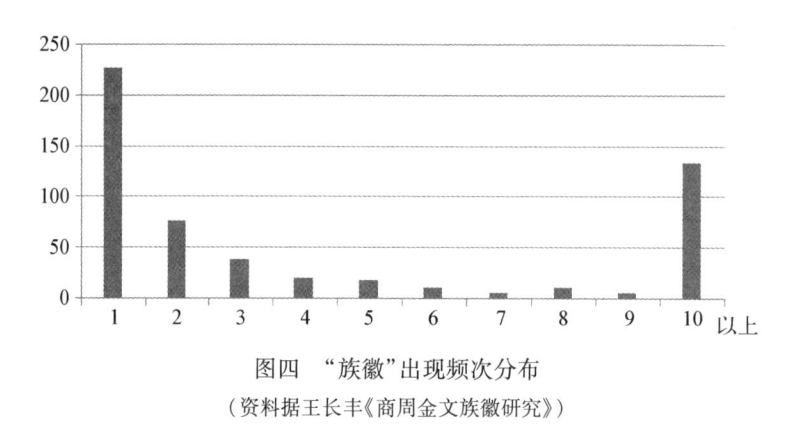

图四 "族徽"出现频次分布
（资料据王长丰《商周金文族徽研究》）

（二）复合族徽问题

所谓"复合族徽"是指两个以上可以单独使用的"族徽"同时出现在一件铜器上。学界目前对复合族徽有"族氏层级分化"和"族氏联合"两种解释。"族氏分化说"认为一个氏族在从母族分化出来后，会把母族的氏名写在新氏名的前面，如此形成两个氏名的复合，继续分化下去则形成三个、四个氏名复合。[①] 严志斌先生对这个假设提出了有力的质疑。由于

---

① 林巳奈夫：《殷周时代の图像记号》，《东方学报》第39册；朱凤瀚：《商周铜器铭文中的复合氏名》，《南开学报》1983年第3期。

"复合族徽"很常见，上百种族徽之间的复合形式复杂多样，他发现按照分化的理论联系各"族"后，若干个母族的下级有相同的支族，一个氏族会成为自身的分支，甚至谁是母族、谁是支族的判断也难有标准。有鉴于此，曾经沉寂多年的"族氏联合说"近年来又被重新考虑。族氏联合的途径不外结盟、通婚，具体的解释有：1. 亲近的族氏联合作器。① 这无法解释带父、祖名的祭器。如果说联合作器的族氏同出一源，则又回到了"分化说"。2. 两个族徽分别表示父族和母族。② 这无法解释单一"族徽"和多"族徽"的铜器。每个人都有父族、母族，为何有的铜器标示父母双方，有的仅标示一方？三个以上的"族徽"又分别标示谁呢？3. 两个族徽分别表示夫族和妻族，为妻女作器会出现作器者和受器者两个氏名。③ 这个解释有两个问题。其一，多数铜器是男性为自己和祖先而作，没有出现两个氏名的条件；而商代女性的铜器多有妇、媷、女等字，也与"复合族徽"铜器不同。其二，三个以上"族徽"的铜器仍难以解释，哪个是夫族、哪个是妻族、多余的又代表谁，都无法说明。研究者可能认识到了这些问题，所以主张要结合使用族氏分化和族氏联合两说。这样虽能弥合矛盾，但何时是"分化"、何时是"联合"、如何"分化"、如何"联合"并没有客观标准，未免使人觉得主观随意。④

除了上述问题，不同"族徽"在复合时表现的差异性也是目前的两种理论都无法解释的。有的族徽经常和其他族徽复合，有的几乎不与其他复合；有的复合形式只出现过一两次，有的则是非常稳定地出现。严志斌先生曾给"分化说"提了一个问题："冀族这样的大族在这样长的时间里为何没有产生像戈族那样多的分支？"这是一个很好的问题，但也同样适用于"联合说"，为什么有的"大族"频繁结盟、通婚，有的不需要结盟、通婚呢？

所有这些难解的问题都是因为坚持"族徽"是氏名，如果认为很多常见"族徽"是亲属职衔称谓，"复合族徽"面临的困境都可以迎刃而解。两个以上的"族徽"出现在一件铜器上，是因为作器者个人使用了两个以上的亲属职衔称谓。一个人能同时署两个以上称谓，可以由同墓所出的铜器证明。例如，82 小屯 M1 出土铜器有"庚豕"觯、"庚豕父丁"鼎、"庚豕父乙"爵、"庚豕马父乙"觚和簋。庚、豕、马都是可以独立出现的常见"族徽"。作器者兼任或历任庚、豕、马三职。他以庚豕的身份为自己、父丁、父乙作过铜器，也以庚豕马的身份为父乙作过铜器。他是这些铜器的所有者，所以铜器都随葬在他的墓中。又如 59 武官 M1 出土铜器有"北单戈"簋、觚、爵，"行单"壶，作器者兼任或历任北单、戈、行三个职位；也就是说，虽然"族徽"复合的内容不同，但都是墓主本人的称谓。⑤

我们把已经讨论过的亲属职衔称谓同时使用的情况总结如下：

---

① 严志斌：《复合氏名层级说之思考》，《中原文物》2002 年第 3 期；雒有仓：《青铜器复合族徽与甲骨文多字族名比较研究》，《古代文明》2014 年 8 卷第 4 期。
② 杨清慧、王进锋：《商周复合氏名意蕴新解——从古文字中一类特殊人物称名说起》，《四川文物》2015 年第 6 期。
③ 何景成：《商周青铜器族氏铭文研究》，齐鲁书社，2009 年；严志斌：《复合氏名层级说之思考》，《中原文物》2002 年第 3 期。
④ 以"复合族徽"ABC 为例（如天子工单、犬山刀），如果结合使用分化和联合两说，究竟是 A 分化出 B 又与 C 联合，还是 A 分化出 C 再与 B 联合，还是 A 与 B 联合再分化出 C，类似的可能有 9 种之多。
⑤ 这样的例子还有大司空 M539 出土铜器有鼓寝、寝出、辰寝出。M160 亚址、亚宪址；M1713 亚鱼、寝鱼；薛家庄 M3 象、执象；王裕口 M103 峀、峀弁；藁城前西关守、守心；邹县化肥厂保、子保。

表二　曾同时出现的部分亲属职衔称谓①

	大	亚	册	尹	单	贾	犬	卫	箙	束	妇	子	虞	舟	羌	舌	龟	史	万	射	戍	保	臣	盾	戈	马	冢	侯	田	祝	牧	旅
妇	✓	✓	✓	✓										✓			✓	✓		✓						✓	✓					
子	✓	✓	✓	✓	✓		✓	✓	✓				✓		✓			✓									✓	✓		✓		
史	✓	✓	✓	✓	✓		✓	✓	✓			✓	✓		✓										✓	✓	✓	✓				
马	✓	✓	✓				✓	✓																								
田	✓	✓														✓	✓				✓											
卫	✓	✓										✓				✓																
牧	✓	✓		✓						✓		✓																				
犬	✓	✓			✓						✓	✓		✓				✓														
保	✓	✓	✓			✓						✓						✓								✓						
万	✓	✓	✓								✓	✓																				
旅	✓	✓					✓																									
箙	✓	✓						✓			✓	✓																				
贾	✓	✓		✓					✓		✓														✓							
羌	✓	✓		✓	✓						✓								✓													
舟	✓	✓		✓			✓					✓								✓												
虞	✓	✓		✓					✓			✓										✓										

① 与"子"同时出现的字容易使人认为是私名，但这些字中有大量的职衔称谓，难以巧合解释，所以我认为这种复合仍然表示作器者既是子，又是某种职官。

续表

	大	亚	册	尹	单	贾	犬	衛	腹	束	妇	子	麋	舟	羌	舌	龟	史	万	射	戍	保	臣	盾	戈	马	罩	豕	侯	田	祝	牧	旅
单	∨	∨	∨				∨					∨											∨	∨	∨								
戈	∨	∨	∨	∨	∨																		∨	∨	∨	∨		∨					
戍	∨			∨	∨																					∨							
盾	∨	∨	∨																				∨		∨								
舌	∨	∨			∨																												
册	∨	∨		∨		∨		∨			∨	∨		∨				∨	∨	∨				∨	∨								
尹	∨	∨	∨		∨	∨	∨	∨		∨	∨	∨		∨	∨			∨	∨			∨			∨	∨				∨			
亚	∨		∨	∨	∨	∨	∨	∨	∨	∨	∨	∨	∨	∨	∨	∨	∨	∨	∨	∨	∨	∨	∨	∨	∨	∨	∨	∨	∨	∨			
天												∨																∨					
臣	∨	∨	∨	∨																		∨											
侯	∨	∨	∨																														
射	∨	∨	∨	∨																		∨				∨							
豕	∨	∨	∨																														
束	∨	∨	∨								∨																						
龟	∨	∨	∨								∨															∨							
罩	∨	∨	∨																∨														
祝	∨	∨	∨									∨																					

可见多个亲属职衔称谓同时使用是很普遍的。根据这些实例,铜器上的署名可能有以下形式:

表三 作器者署名理论上的几种可能

1字署名	2字署名	3字署名	4字署名
称谓	称谓+称谓	称谓+称谓+称谓	称谓+称谓+称谓+称谓
私名	称谓+私名	称谓+称谓+私名	称谓+称谓+称谓+私名
	两字官名	称谓+氏名+私名	称谓+称谓+氏名+私名
	氏名+私名(?)	称谓+称谓+氏名(?)	称谓+称谓+称谓+氏名(?)
	称谓+氏名		

说明:

1. 一个字的署名可以是称谓或私名,但依据李学勤先生的观点,单举氏名的可能不大。①

2. 有一些"族徽"几乎从不单独出现,而只是和固定的"族徽"复合,例如"秉盾"的"秉"、"亦车"的"亦"(可能应读为掖),说明它们是称谓的有机组成部分。商代可能已经出现两字的官名。

3. 理论上氏名可能由2个字组成(复氏,如后世的令狐),但同时署2个以上氏名的可能不大。②

4. 理论上私名可能有两个字,或一名一字,但商代是否有"字"的证据还不明确。

5. 称谓中官称的数量最大,在铜器上使用可以多于3个,既可能是兼任多职,也可能是多年历任的职务。铜器铭文是纪念性文字,连用多个官称可能是为了夸耀。

6. 有的人兼任或历任多种职务,有的人任职比较单一,这是因为职务的专业程度不同。例如"戈"是贵族多可胜任的常见职务,"黾"则不太适合再任其他职务。各种复合形式的"族徽"出现频次一般很低,说明真正兼任多职的人大多是个案。

我想这是对"复合族徽"最平易的解释。神秘的天戈、天黾并不意味着天族分支出戈族和黾族(或相反),也不意味着天族与戈族、黾族结盟、通婚,它们只代表铜器的作器者是"大戈"、"大黾"。原因很简单,根本就没有什么天族、戈族、黾族(这不是说具体的"大戈"、"大黾"没有家族组织)。

行文至此,有必要重新检视所谓"天族"、"戈族"等族氏存在的证据。我们常见的理

---

① 李学勤:《谈单氏人名——金文释例之二》,《传统文化研究》第19辑,群言出版社,2012年。
② 林沄先生曾援引东周文献中一个人有几种称呼的例子,提出商代铜器上可以同时出现几个"氏名"(参看林沄:《对早期铜器铭文的几点看法》,《古文字研究》第5辑,中华书局,1981年)。但出土文字材料所见周代大量具体的人名,罕有确定的同时书写几个氏的例子(参看吴镇烽《金文人名汇编》)。这个现象说明尽管一个人的一生或许可以有一个以上的氏名,但是在一定的场合和时刻他并不会一起使用。事实上,一个人在一生中改变氏名也只是偶然情况。一个贵族可能获得新的领地,一个官员可能数次升迁,他们会因此得到新的称谓,但显然不会每次都改变氏名。一般情况是,他们的后代才会根据一个称谓(封地、官职、字、谥号等)命名新的氏名。

由有三个：

一、不同时期的甲骨、金文中存在相同的人称——过去认为的"异代同名"有很多是受卜辞断代的影响（著名的例子如"妇好"），这个原因以外的同名现象也不必然意味着族名，因为亲属职衔也恰是异代同名的。

二、金文"族徽"与甲骨文中的地名一致，再根据所谓"人名、族名、地名三位一体的原则"，可推论出"族徽"是族名。事实上，与地名一致的"族徽"数量很少，如在本文讨论的30多种主要"族徽"中，只有"舟"字在甲骨文中也是个地名；单、廪、束、牧在甲骨文里虽然可以指地方，但它们是相应的组织、机构、设施的所在地，属于政治地理、经济地理名词。还有一些被认为有地名用法的"族徽"，本不必读作地名，例如"戈受年"、"葡受年"、"廪受年"、"犬受年"的占卜，参考"妇妌受年"、"侯受黍年"，完全可以把主语理解为人称。又如"使人于某"常被当作"某"是地名的证据，但遇甗有"使于猷侯"，《论语·宪问》有"蘧伯玉使人于孔子"，说明这种用法里的宾语也可以是人。据统计甲骨文地名约有一千个，族徽文字近千种，按照很宽泛的标准，两者重合的也不过百分之几；①一些被认为与地名重合的"族徽"只涉及很少的铜器，②如果按铜器数量计算两者重合的比例更低。绝大多数"族徽"与地名不同，这样就不能排除相同的（如"襄"、"萬"、"龔"）只是偶合。

三、金文"族徽"与甲骨文"族名"一致。曾有研究者评论"族徽"为职官的观点不能成立，因为同样的字在甲骨文中均为族名。然而甲骨卜辞十分简略，其中的人称究竟指个人、群体、还是某种称谓，常常缺乏内证。在这种情况下，甲骨文里人称的性质取决于研究者的释读、理解（一个典型的例子是贾，它在没有被释读前被作为族名，释读后发现是一种身份），我们应该清醒地意识到"甲骨文人称是族名"属于推测，不能作为事实对待。

如果我们追问一下甲骨文中某人称为何一定是族名，常见的论据有三个：其一，它也见于铜器"族徽"——显然在这个问题上我们应避免陷入循环论证。其二，它存在于不同期组的甲骨文中——上文已经说明，职衔称谓也会造成这个现象。其三，甲骨文中有相同的地名——这个问题最为复杂，现将我的理解陈述于下。

首先应说明的是，甲骨文中人、地同名的现象并不非常普遍，以张秉权先生的研究为例，他的《甲骨文中所见人地同名考》一文详举一百七十三例，以今天的眼光看来，大半是不牢靠的。张先生在文中感叹："甲骨文中的人名与地名，往往很难分别，上面所举的那些例子，只不过是根据上下文的语气，勉强地把他们分别出来的。"由此来看，与其说甲骨文中的人、地同名相当普遍，毋宁说我们不容易区分甲骨文中的人名、地名。

在可能人、地同名的例子中，除去人名、地名用字的偶然巧合，③还有一种现象特别值

---

① 甲骨文的地名数量依据饶宗颐、沈建华：《甲骨文通检》第二册《地名》，香港中文大学出版社，1994年。"族徽"文字的数量依据何景成：《商周青铜器族氏铭文研究》，齐鲁书社，2009年；王长丰：《商周金文族徽研究》，上海古籍出版社，2015年。

② 参看严志斌：《商代青铜器铭文研究》第七章，上海古籍出版社，2013年。

③ 李学勤先生曾指出"古人为地为人命名，有些字大家都喜欢用"，并举出了许多周代人、地重名的例子（该地并非该人的居地），参看《先秦人名的几个问题》，《历史研究》1991年第5期。

得注意：大多数单纯用为地名的字并没有兼用为人名的情况；而有一些大多数情况下做人称的名词（因其是动作的主语或使令的对象），在少数卜辞里位于某些动词和介词的后面，看似地名。例如武丁卜辞里的 🧍，绝大多数辞例里是一个具体的人，但在下引两组卜辞里似乎有一个名 🧍 的地方：

104. 㞢往于 🧍　　　　　　　　　　　　　　《合集》8111　宾出组

105. 貞：今生月至 🧍 禦于丁。

　　丙辰。

　　貞：于翌丁巳至 🧍 禦。

　　丙辰卜，貞：祼告 🧍 疾于丁，新邑。

　　戊午卜，貞：今日至 🧍 禦于丁。

　　□□卜，貞：禦 🧍 于婦三宰。五月。　　　《合集》13740　典宾 B

在第 105 条中，丙辰、戊午日的几次占卜都问是否于次日或当日至 🧍，说明 🧍 这个地方距离非常近。体会文意，至 🧍 并为 🧍 进行御祭，🧍 这个地方最可能就是 🧍 这个人的宅邸。相似的例子还有：

106. 己未卜，禦婦妣庚。二

　　于亚束禦婦。二

　　……

　　庚申卜，至婦禦母庚牢，束小宰。二　　　《合集》22226　妇女类

这组占卜于己未日卜是否为了妇而向妣庚进行御祭，到次日庚申问是否到妇那里（至妇）向母庚和束进行御祭。以上两例显然是以人称指代场所、特别是其住宅或领地。这种用法在甲骨文中还可举出以下几例：

107. 今日……□ 雍田于 🌿 侯。十二月。三　　《合集》3307　历二 B2

108. 壬戌卜，争貞：气令受田于 🌿 侯。十月。　《合集》10923　宾三

109. 辛□貞：王令□雍田于□侯　　　　　　《合集》33278　历二 B2

110. 乙亥卜，貞：令多马亚㞢遣𡩦省陝廪，至于 𠂤 侯，从鹰川，从 🗿 侯。九月。

　　一　　　　　　　　　　　　　　　　　《合集》5708 正　宾出

111. 乙卯，貞：在婦……八月。一　《合集》21731　非王圆体类和劣体类

112. 貞：勿至史。一　　　　　　　　　　　《合集》5641　宾出

在西周金文中，到某人家的说法是各、至于某人宫、室，如"王至于潊宫"、"王各大师宫"、"王各于庚嬴宫"、"王在师司马宫大室"、"王在周，在师汒父宫"。如果只写人称而不用宫、室等字，就会和甲骨文表现得一样，如斳尊（《集成》5988）：

    唯四月。王工从❍各仲。仲易❍瓒。❍寯仲休。用乍文考障彝。永宝。

又如耳尊（《集成》6007）：

    隹六月初吉。辰才辛卯。侯各于耳。窆侯休于耳。易臣十家。堂师耳对扬侯休。肆乍京公宝障彝。京公孙子宝。侯万年寿考。黄耇。耳日唆休。

仲、耳是两人名，"各仲"、"各于耳"是到仲、耳那里的意思。我们知道，早期的书写系统一般只为熟悉语境的人记录必要的信息，完整的语句和语法是后来书写系统逐渐的发展，因此后人常会感到早期文字的简略。某人的处所（宅邸或领地）可以直接以人称指代，甲骨文中的人、地同名有不少可能属于这种情况。和某个人名相同的"地名"，可以理解为"某人之所"的意思（表所有格的"之"还没有发展出来）。在较晚的语言材料里，偶尔仍能看到这个现象，如《左传·襄公二十二年》"臧武仲如晋。雨，过御叔。御叔在其邑，将饮酒"，句中直接以"御叔"指代其领地。

学界一般认为人、地同名的形成有两个途径，一为以地名人（这是氏名的重要来源），二为以人称地（犹如现在周原的贺家、任家），后者是一种指代。事实上，很多地名最初都是一种代称，因为地理空间本没有名称，都要依靠自然或人工的地物、地貌指代。这种指代如果长期稳定下来就会演变为地名，但并不是说所有临时的指代都会变为固定的地名，上面讨论的例子就都没有成为地名的证据。

（三）周人不用族徽的问题

"族徽"在商代铜器上使用普遍，至西周前后逐渐式微，这被张懋镕先生归结为"周人不用族徽"。张先生认为"族徽"是氏名，他对周人铜器不用氏名的解释是"周人的宗族观念已变得淡薄"。① 然而大量铭文和文献反映周代的宗族组织很发达，两者显然难以调和。我们可以不同意张先生的解释，但只要坚持"族徽"都是氏名，就会存在"商人铜器用氏名而周人不用氏名"这样难解的现象。而从职衔称谓的解释体系来看，"族徽"衰落的实质是作器者署名的变化：在内容上官称和私名此消彼长；在形式上从单独出现到融入铭文。这种变化的背景一方面是国家、贵族阶层、青铜铸造业的发展，另一方面是铭文性质和长度的变化。

在内容方面，目前所见最早的一批铜器署名有龟、天、臣、单、犬、贾、"卫"等，此外洹北出土的"骨匕"有"亚戈"，小双桥的朱书有"天"、"尹"，这些早于殷墟时期的"族徽"大

---

① 张懋镕：《周人不用族徽说》，《考古》1995年第9期。

都是职衔称谓(图五)。① 进入殷墟时期后，单字的亲属职衔称谓在铜器署名里很常见，但出现频率很低的单字可能已经是私名，"复合族徽"中出现频率低的字也可能是私名。同时期的甲骨文里并存单称官名、官名+私名、单称私名几种形式。殷墟晚期的铜器上，私名已经很常见。到了西周早期，仍可见单称官名和官名+私名的作器者，但仅称私名的作器者已经是主流了。②

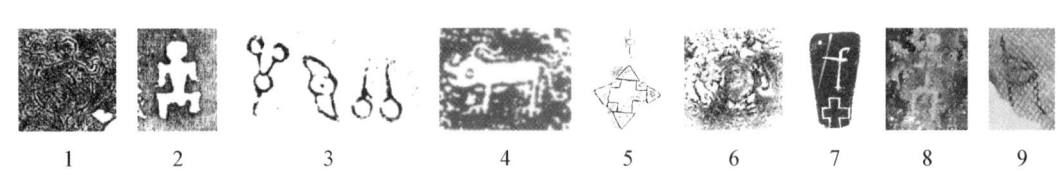

图五　早于殷墟时期铭文中的部分职衔称谓
1. 平谷刘家河鼎(1130)　2. 绥德墕头鼎(992)　3. 故宫藏觚(7203)　4. 圣路易斯博物馆藏觚　5. 头牌子甗(792)　6. 花园庄南M115鼎　7. 洹北商城"骨匕"　8、9. 小双桥朱书

上述署名内容的变化需要结合二里岗之后早期国家的成长来理解。从考古资料来看，二里岗至殷墟时期较早阶段的国家权力高度集中，贵族阶层规模较小。在这种情况下，相对于私人身份，表明身在国家体系内的官方身份有可能被特别强调。具体来说，铸造和占卜部门所属的宫廷经济体相对封闭，服务的对象是占人口比重很小的权贵阶层，正是在这样的环境下，它们的产品——铜器和占卜记录——会普遍地以官称人(例如，早期的铜器铸造业由宫廷高度垄断，铸造规模较小，除王室以外，可能只面向少数有官方身份的人)。如果把表达个人身份和国家控制看作两种相反的力量，此时后者无疑压抑了前者。在殷墟时期的较晚阶段，随着贵族阶层的成长和铜器铸造业规模的扩大，越来越多的人希望并能够得到铜器，贵族表达私人身份的要求也逐渐被满足。这一趋势在西周时期继续发展。铸造规模的扩大、铜器使用的普及，使得贵族阶层可以完全表达私人身份；甚至没有官方身份的贵族，此时可能也在作铜器了。当铜器署名里仅用私名而不再用官称，"族徽"自然会衰落。西周中晚期数量很少的铭文末尾仍可见"族徽"的踪迹，但它们的性质似乎已经与商代不同，或许只是在炫耀祖上的身份了。

在形式方面，目前所见最早的署名基本都是单字，常见粗率的阳文，位于器物内壁，或者近似纹饰，位于器物外壁。进入殷墟时期，经过设计的单字是署名的主流，它们有很强的装饰意味，成为"族徽"的经典形态；为祖先作器的数字铭文和较长的纪念性文字也先后出现。随着铭文变长，单字署名不可避免地被淹没在一段文字中而不再显著，形式设计的意义因此

---

① 这点对认识中国文字系统的起源很有意义。长期以来，中国文字系统究竟产生于宗教占卜环境，还是经济管理背景存在争论。职官称谓与政府管理关系密切，这些单字的年代早于殷墟甲骨文，显然更支持第二种理论。

② 商末周初以后，仍单称亲属职衔的作器者有：犬(3608)、大万(3457)、大保(1735)、亚牧(2313)、大龟(2013)、大史(9809)、子(10555)、小子(5175)、尹(3391)、天尹(5)、亚(7290)、亚羌(9544)、臣(8998)、小臣(2032)、舟(1953)、单(NA0381)、束(879)、戈(5798)、覃(3416)。职衔+私名的作器者有：士某、史某、大史某、内史某、御史某、大保某、大祝某、大师某、师某、大宰某、宰某、膳夫某、作册某、小子某、大子某、小臣某、臣某、尹某、大司工某、司徒某、大司徒某、大司马某。这两种称名的方式在铜器署名中逐渐减少（署名是通常在铭文最后一句的器主自称），但是在铭文内部叙事和称呼其他人时仍长期存在。

丧失。在一些商末周初的铭文里,"族徽"被插在段落中间,有的则与成段的文字分离(位于器壁不同位置),反映了铭文设计者在保持传统、尽力不让署名被段落淹没时所面临的尴尬。相对来说,"族徽"置于铭文末尾是比较醒目的方式。这种形式在段落中写私名,将官称署在最后,类似后世钤印的意味,所指的仍是铭文的主语。① 如果作器者有几个职位,也可以在段落内写其中一个,而将其余的置于铭文末尾,如戍嗣鼎在铭内用了"戍",将"犬"、"鱼"置于铭文末尾,这种形式和并用几个称谓词的"复合族徽"实质是一样的。

"族徽"衰落的过程还伴随着文字形体"象形性"的降低、线条化的增强,当署名彻底融入段落时,"族徽"在形式上也就消亡了。可以说,铭文变长正是"族徽"在形式上消亡的动因。必须指出的是,"族徽"的衰落早于商周更替。我们统计了商代晚期10字以上的铭文(约70篇),发现1/4已经没有使用"族徽"(其实是作器者署名融入了铭文),由此可以看到铭文变长与"族徽"衰落的关系。

(四)"大族"的问题

有一些"族徽"涉及铜器的数量明显较大,学界多视为"强宗大族"。朱凤瀚先生推测其中一些是商王族的名号。② 但目前比较肯定的王室铜器都不写"族徽",如妇好铜器群,姁戊方鼎,根津美术馆收藏的左、中、右方盉,西北岗M1400出土的牛方鼎、鹿方鼎。从亲属职衔称谓的解释体系来看,有些称谓出现率高是因为各级贵族都会使用亲属称谓,如子、妇;各级官称都可能使用职衔,如大、亚;有些官职位高权重,所作的铜器数量多,如大龟、大家;还有一些职位官员的人数众多,如册、戈、史等。李学勤先生在讨论荣氏所作铜器却署"史"字"族徽"的时候说:"或许曾任史职的家族即可署有'史'字,有'史'的不见得属于同一家族。"③这个意见一语中的,只是按照我们的理解,"曾任史职的家族"当修正为"曾任史职的个人"。

四、重新认识商代国家结构

"族徽"为氏名是以往认识商代国家的基础之一。新的解释体系的更大意义在于它将极大地改变我们对商代国家的理解。下面我们只讨论商代国家的政治地理结构和商代中央政府的组织两个问题。

(一)商代国家的政治地理结构

根据甲骨文材料,商人把国家政治体系以外的地方和人群称为"某方"。有不少研究

---

① 裘锡圭先生曾提出"族徽"类似画押,是很有见地的意见(参看《文字学概要》,商务印书馆,1988年,第24页)。值得注意的是,画押一般代表个人。
② 朱凤瀚:《商周家族形态研究》(增订本),天津古籍出版社,2004年,第73—75页。
③ 李学勤:《试论新发现的版方鼎和荣仲方鼎》,《文物》2005年第9期。

将"族徽"铜器视作"方国"的遗存,并援引考古发现的"族墓地"作为证据。① 这类研究设想商代国家的周围分布着不少使用青铜容器和文字系统、社会复杂程度较高的国家。

然而甲骨文中"方"的名称却罕见与"族徽"相同。在已知的 70 多种"方"、"伯"名号和约千种"族徽"文字里,②只有羌方、马方、虎方、龙方、兴方、羞方、大方等为数不多的名称与"族徽"重合。我们知道铜器"族徽"中的"羌"、"马"代表作器者是商代国家内部的"多羌"、"多马"一类人的管理者,不同于"羌方"和"马方";"大"代表正职,也不同于"大方"。这样看来"龙"、"虎"、"兴"、"羞"等字也不能排除是偶然相同。应该指出的是,"方"是商人自己的政治地理概念,有些当代的研究把甲骨文中未见称"方"的地名也一概称为"某方"是不合适的;直接把铜器"族徽"默认为"方"的名号更没有根据。

另一方面,考古证据也并不支持"族徽"铜器是方国遗存的设想。目前考古发现的"族墓地"多位于商代国家的边缘,如山西南部的灵石旌介、浮山桥北,河南南部的罗山蟒张,河北中北部的定州北庄子,它们一般具有以下特点：1. 墓地规模较小,墓葬数量只有几十座；2. 相关遗址的规模小(有的遗址至今未发现,也说明规模不大)；3. 所在区域经过长年工作,可以确认同时期的聚落密度较低；4. 上层物质文化与殷墟高度一致。以上特点说明这些"族墓地"所在的遗址虽然是当地的中心,但人口数量少,所在区域人口密度低,既缺乏支撑国家的基层社会,又没有国家社会典型的分层聚落结构；同时,生活在那里的贵族与商王朝的都城保持着密切联系。因此,相较于"方国"的解释,很多考古学者更倾向认为这些遗址是商王朝设置在外围的据点,具有经济、军事等特殊功能。如果常见"族徽"主要是亲属职衔称谓(尽管我们还不知道每个字的含义),那么使用"族徽"铜器的贵族就完全处在商代国家的政治体系之内,并非什么"方国",这与考古材料反映的情况就相符了。

多数成组的"族徽"铜器出土于河南、河北、山东,这个地域基本在商代国家直接控制下,于是有的研究利用"族徽"复原商人氏族。在不少论著里,这些氏族给人的印象是人口众多、势力雄厚、各据一方,吉德炜甚至认为商代国家是由众多自治族群组成的结合体。

如果常见"族徽"主要是亲属职衔称谓,那么它们代表的就是商人的贵族官僚。这些官僚自然有家族组织,但与以往认为的"族"并不相同。第一,这些"族"并不以"族徽"为名号。第二,同样亲属职衔称谓的贵族未必有血缘关系,这样也就没有以往用"族徽"聚合起来的所谓"大族"。以冀为例,安阳、山东长清、山东费县都出土过署名冀的成组铜器,以往认为这是冀族四处迁徙。我认为冀是"伯、仲、叔、季"之"季"的一种早期写法,③

---

① 例如殷玮璋、曹淑琴：《灵石商墓与丙国铜器》,《考古》1990 年第 7 期；曹淑琴：《庚国(族)铜器初探》,《中原文物》1994 年第 3 期。
② 甲骨文中的方名可参看孙亚冰、林欢：《商代地理与方国》,中国社会科学出版社,2010 年,第 257—258 页。很多研究者把侯、任也计入"方",但根据"侯"、"任"两字的本义,他们都在商代国家政治体系内,是被任命的官员(参看裘锡圭《甲骨卜辞中所见的"田"、"牧"、"卫"等职官的研究》；王贵民《商朝官制及其历史特点》)。甲骨文中某方之某和某侯之某不重复,说明商人的概念里"侯"不是"方"。
③ 冀为季的论证篇幅较长,当另文探讨。

这三地的三个贵族并非同族。第三，同一家族的人可能有不同的亲属职衔称谓，这样一个遗址出土不同的"族徽"也很正常。以青州苏埠屯为例，M1、M7都出土大量"亚丑"铭文，M7南面不远的M8则出土"融"和"融册"。从亲属职衔称谓的视角来看，商代国家内部分布的可能是贵族的封地、采邑。有些贵族可能出身自地方，更多的可能出身于都城；他们的社会、经济地位与其家族不无关系，但政治地位则首先基于他们担任的国家官职，其间的关系正如《左传·襄公三十一年》所说"守其官职，保族宜家"。

总之，商王朝是大的地域国家，其外围分布着很多统治据点，商人眼中的"方"在商王朝直接的政治控制之外。结合中国北方的考古材料，除了商代后期正处于国家形成过程中的关中盆地，方的社会复杂程度相当于我国古籍所说的部落，或者人类学概念中的部落（tribe）、酋邦（chiefdom）。在商代国家内部，也没有使用同一"族徽"的"大族"。商代贵族家族的规模、影响等问题需要使用"族徽"以外的材料去研究。

（二）商代国家的政府组织

学界长期以来流行一种看法，认为血缘关系牢固是早期中国文明的特色。① 其实世界早期文明莫不如此，某种程度上，血缘纽带是传统农业定居社会都不可避免的，认为它为中国所特有暴露了研究中对血缘组织的过度强调。究其原因，以往对"族徽"的理解影响至深。

在商代国家的政府组织问题上也存在对血缘家族过度的强调。按照一种流行的解释，甲骨文中的人称是族名、族长。族长接受指令，率领族人完成各种任务，仿佛商代国家的管理运行主要基于血缘家族组织。

如果本文对"族徽"的解释是正确的，那么甲骨文中很多相应的人称都是指国家的官员。这些人称既有占卜涉及的人，也有问事的"贞人"。他们自然有自己的家族组织，甚至很多人是族长，但是商王的关心、指令并不是因为他们身为族长，而是因为他们身为商王朝的官员，受命完成某项职事；他们完成职事时领导的人员，也没有证据一定都是自己的亲属。② 为了巩固统治，任何早期国家对血缘关系都是既利用又控制、防范。家族组织和国家行政管理是两个领域的问题，不应混为一谈，也不应该把对血缘关系的强调误置于

---

① 这种认识产生于完全依赖马克思主义经典著作认识古代世界的年代。恩格斯《家庭、私有制和国家的起源》认为进入国家社会后，社会的基层单位由地缘团体代替血缘团体；中国的情况并非如此，于是成为一项中国的特色。然而，恩格斯的认识并不准确。

② 一条经常被引用的证据是《合集》9479：戊子卜，宾贞：令犬延族壅田于虎。把这里的"族"理解为普通的"家族"、"宗族"的含义。但学界普遍认为"族"字的本义是有亲缘关系的成年男子组成的武装。根据民族志材料，这种组织在较简单社会里就存在；在国家社会里，它又转变为贵族的亲卫武装。在商代和西周的文字材料中，几乎所有的"族"都与军事行动相关。甲骨文中的"王族"是王的亲卫武装，"多子族"是多位子的亲卫武装，管理这种武装的官员叫"族尹"。甲骨文中还有"三族马"、"五族戍"，有线索表明一族为一百人，可见族不是自然状态的组织，且商代的"族"字具有武装力量的一种单位的含义（犹如师、旅有武装力量、武装力量的单位两层含义）。在东周以前的文字材料里，"族"这个词的范围并不包括老弱妇孺等家族普通成员，与后来的含义不同。因此，"犬延族"不是"犬延家族"的意思（武装组织受命去壅田也是可以理解的）。需要指出的是，有一些考古学研究把殷墟"族墓地"中的大墓都当作"族尹"的墓是没有根据的。

政府组织形式的讨论中。让我们回顾一下前文讨论过的职官：

賈	丁未卜：新馬其于賈视，右用。一		
	丁未卜：新馬于賈视，右不用。一	《花东》7	
犬	戊辰卜：才渼犬中告麋，王其射，亡災，擒。	《合集》27902	无名组
牧	奠出以匎于万。	《合集》101	典宾A①
万	叀万乎舞，有大〔雨〕。	《合集》30028	无名组
束、廩			
	庚寅卜，贞：叀束人令省才南廩。十□月。一	《合集》9636	宾出
	乙丑卜，充，贞令彗眔鳴以束尹比高⌘，由事。七月	《合集》5452	宾三
戈	己亥卜，夸贞：翌庚子步戈人，不雚。十三月。二		
	辛丑卜，夸贞：叀彗令以戈人伐舌方，翦。十三月。二	《英藏》564正	典宾
單	戊辰卜，壴贞：又來房自取，今日其延于祖丁。一	《合集》27302	何组
盾	……贞：盾弗翦周。十二月。	《合集》6825	师宾间
戌	叀戌盾往，又翦。	《合集》27975	无名组
家	癸卯卜：㝬獲魚，其三萬。不。	《合集》10471	师宾间

在上述记录中，商贾处可选马匹，犬官汇报地方猎情，负责畜牧的官员接收匎奴，负责乐舞的官员求雨，管理府库的人员检查仓廩，武装力量（戈、盾、戌）征伐，治安防卫组织处置俘虏，王室总管获鱼。这些人物从事的工作与自己的称号相吻合，说明接受指令的是官员而非族长（上举很多人物曾被认为是族、族长）。虽然占卜记录不是文书，只能间接地反映政府组织，但从它们还是可以推测出商代政府的组织是官僚化的，并非基于血缘家族。

名号与职责相吻合的现象在"贞人"问事时也有反映。例如"行"的贞问约千次，除去例行的卜旬（44次）、卜夕（255次）、王宾（478次）和多种贞人都参与的祭祀祖先（94次），卜问王步自某、步于某、往来无忧的内容有65次，占剩余占卜的73%。又如狄的贞问有约200次，除去例行的卜夕、卜旬（110次）和祭祀祖先（23次），有62次是关于王的田猎，占剩余占卜的75%。"贞人"的问事集中于特定事项，说明他们有专门的职责。"行"可能负责安排王的出行；狄应是"大"、"犬"二字合文，是犬官之长。这就是说，卜辞中一些"贞人"也是官员。② 事实上，"贞人"子、大(?)、亚、贾、尹、史（事）、行、箙、祝、旅、犾、

---

① 丂地有牧官，参看裘锡圭：《甲骨卜辞中所见的"田"、"牧"、"卫"等职官的研究》，《裘锡圭学术文集》第5卷，复旦大学出版社，2015年，第162页。

② 目前学界关于"贞人"的身份有以下代表性观点：1. "贞人"和记事刻辞里同名的人都是史官；2. "贞人"是卜人；3. "贞人"是各部族的族长，到都城为商王服务。三种观点共同的地方是认为"贞人"操作整个占卜过程并且专司占卜。但是根据多种传世文献，"贞"字只有"问"的含义；占卜是由问事人（贞人）、操作人（卜人）、占断人（占人）等多种人参与的过程。"贞人"应该只是"占卜时问事之人"，不需专门的占卜技能，他可以是王、官僚、贵族；当卜人亲自问事或代人问事的时候，"贞人"与卜人重合（参看陈梦家《殷墟卜辞综述》178页）。由于这个问题涉及对整个占卜过程的理解，当另文探讨。

狄、亚奠、雀、疑的名号都是亲属职衔称谓。董作宾先生在最初发现"贞人"时就已注意到了"贞人"名里多有职官，但他解释说"有时此人名甚似官名，则因古人多有以官为名者"。按照我们的理解，这不是"以官为名"，而是"以官称人"。①

在记录甲骨来源的甲桥、骨臼、骨背等五种记事刻辞中，占卜材料提供者的名号与"贞人"的名号有大量的重合，这是学界所熟知的。以往认为龟甲由方国贡献，但供应者的名号鲜见与商代方、伯的名号重合。② 其实向占卜机构提供占卜材料的主要是宫廷和臣僚，妇某、羌某、保某、贾、奠、龟、"衛"、犬、束、册、乍册、臣、小臣、廪、爻、行、史、旅、豕、箙、牧、冒、舟、亚等20多种供应者都是亲属职衔称谓。此外，提供占卜材料的"中"有"小臣中"的叫法，"雀"、"畢"有"亚雀"、"亚畢"的叫法，他们也是官员。官僚向占卜机构提供占卜材料，而后到占卜机构问事，这是一个前后衔接的过程。由于事关商代中央机构的运作管理机制，在此不便展开讨论了。

总之，甲骨文中官名和职事的对应虽零散但明确，透过这些迹象，可以看出以往认为的很多"国族"应是官员，商代政府比以前认识的更加集中而官僚化。商代的官职就笔者所见已有六七十种，实际数量当在此之上，它们涉及财政、司法、军队、建造、道路交通，以及宫廷内的服务、经济、宗教、文化等方方面面。这个系统有明确的组织，有主官（大）、次官（亚）之等，有初步的中央、地方之别，又有细致的分工（如军事职务就有戈、盾、马、射、戍、"衞"、旅等多种）。尽管官僚体制的深层问题无法通过占卜记录和官称去认识，但将来我们至少可以通过讨论更多种"族徽"，系统地研究商代的职务分类。

五、族墓地

"族徽"铜器在墓葬和墓地中的分布是探讨"族徽"内涵最重要的考古材料。商代考古中有一些墓地屡见某个族徽，由于一般认为商周时期普遍按家族组织埋葬，所以学界往往把它们当作"族徽"为氏名的证据。前文我们已经指出这样的墓地屈指可数，与常见"族徽"的数量相去甚远，它们能否证明"族徽"为氏名需要重新检讨。下面我们分殷墟和殷墟以外两步展开讨论。

---

① 除了以官职称呼，"贞人"也可以用私名称呼。例如"宾"、"亘"、"即"、"出"，偶尔也称为卜宾、卜亘、卜即、卜出；贞人"肩"也称"小臣肩"。可知"宾"、"亘"、"即"、"出"、"肩"是他们的私名，"卜"、"小臣"是他们的官职，只是称呼时不带出官职。据此推测，其他种类的官员也有可能被用私名称呼。甲骨卜辞中的"贞人"据统计有一百二三十种，他们的称名方式大概不外官称、私名两类，这意味着王卜辞里的"贞人"还有更多的官员。

对于以官职称呼的"贞人"，我们根据职掌的不同，可以观察到他们问事的特点：一、宾、亘、即、出等人问事的数量大、事项丰富，主要是在为王和其他贵族、官员贞问。因为他们是专业的卜官，掌管着王室占卜机构，所以他们的问事是在履行本职（这类人可能还有"争"、"殼"等）。二、祝、行、尹、旅、獻(家)、贾等官员的问事比较单一，主要问王室祀典是否顺利，特别是有大量关于周祭的贞问。根据周代文献，国家的祭祀活动由众多的官员参与，上述官员的问事大概是由于祭祀为其职责所涉。三、有一些人的问事很有规律，如贾的60次问事中49次是关于"王宾"；史一事的180次问事除去例行的卜旬、卜夕和不明的138次，剩下的42次中有21次关于"王𡙇"。虽然我们还不清楚事项的确切含义，但可以推测这种集中于某事占卜的现象，应该与问事者的职掌有关。

② 参见方稚松：《殷墟甲骨文五种记事刻辞研究》，线装书局，2009年。

（一）殷　　墟

首先，殷墟遗址"族徽"铜器的分布表明"族徽"与墓主的社会等级密切相关。在我们统计的156座随葬一套觚爵的墓葬中，有铭文的铜器只有100件（平均每墓只有0.64件），铭文铜器占随葬铜器总数的22%，61%的墓葬不见有铭铜器。与此形成鲜明对比的是，随葬两套觚爵以上的墓葬仅29座，就出土了有铭铜器478件（平均每墓16.5件），铭文铜器占随葬铜器总数的72%，只有1座墓葬（榕树湾M1）未见有铭铜器。

表四　等级与"族徽"的关系

	有铭容器数	有铭容器比例	有铭墓葬比例
一套觚爵墓葬(156)	0.64	22%	39%
二套以上觚爵墓葬(29)	16.5	72%	97%

保存完整的中型墓葬，如花园庄M54、郭家庄M160，均出土数十件有铭铜器，可以想见那些规模更大、带墓道的中高级墓葬若不是被盗掘，一定会出土更多的有铭铜器。由于"族徽"铜器大多数是传世器物，过去我们并不知道它们的出土背景，现在看来，历史上出土的"族徽"铜器绝大部分应出自中高级墓葬，低级墓尽管数量众多但贡献的比例很低。① 这个现象从"族徽"为氏名的角度是难以解释的——如果说只随葬陶器的墓主因等级低而没有氏名（郑樵《通志·氏族略序》有"贵者有氏，贱者有名无氏"的说法），或者因为没有铜器而无从在考古记录中表现自己的氏，那么一套铜觚爵级别的墓主都是小贵族（这类墓葬在殷墟西区只占2%），他们怎么会没有氏名呢？从"族徽"为官职称谓的角度来看，这个现象则很好理解——低级贵族虽然有经济能力获得铜器，但是他们不担任中央政府的官职，所以铜器上不会有官职称谓；中高级的贵族普遍担任官职，所以他们在铜器上的署名会出现"族徽"。也就是说，"族徽"与社会等级的关联反映的是官职与社会等级的关联。

其次，"族徽"铜器的分布反映"族徽"与个人密切相关。一方面，从"族徽"墓葬的分布来看，作为出土"族徽"铜器最多的遗址，殷墟从没有发现过普遍出土同样"族徽"的墓地。我们检查了已经发表的所有材料，发现出土成组"族徽"铜器的墓葬一般是单独分布的；如果有同样"族徽"的墓葬出现在一起，数量往往是两座，最多只有三座。② 参照西周

---

① 历史上和近代一些非科学发掘但有记录的铜器群可以佐证这点，例如《考古图》著录出土于河南河清的"单光"铭铜器6件；1933年殷墟薛家庄出土的"舌"铭铜器10余件（参看汤威：《舌族探微——1933年安阳薛家庄殷墓稽考》，《中原文物》2011年第3期）；《十二家吉金图·貯》著录的"右牧"铭铜器12件；殷墟以外如益都苏埠屯的"亚丑"铭铜器上百件。这些铜器群都是一墓所出，一出即是一组，为一人所有。

② 这样的例子已经发现很多，如文源绿岛M45、M46相距0.6米，出土同铭爵；大司空M25、M29相距1.5米，出土同铭爵4件；王裕口M94、M103，出土同铭鼎、壶、爵、弓形器；83年安阳市供电局小工厂M1、M2出土同铭觚、爵；高楼庄M8、M9出土同铭爵；殷墟西区三区东部M355、M613距离很近，出土同铭鼎、簋、瓿、爵；殷墟西区第七区M93、M152，相距约20米，同出了带"共"字铜器；第八区M284、M1125、M271，三者最近相距20米，最远约60米，出土同铭鼎、爵；刘家庄北M70、M413、M448出土同铭鼎、簋、瓿、爵；苗圃南地M47、M58、M67出土同铭鼎、簋、觚、爵5件。

及以后的情况,这种随葬同铭铜器的墓主都有很近的亲属关系,同铭铜器本是一人所作。在对殷墟西区墓地的研究中,曾有考古学者声称有的分区只有一种"族徽",给人留下一个分区普遍随葬一种"族徽"的印象。事实上这个说法属于误导:一个分区的数十座墓葬只见一种"族徽",只是因为仅有一座墓出土了有铭铜器,其他墓葬没有随葬铜器,或者有铜器而没有铭文,自然不可能有两样的"族徽"。学者之所以做出如此有倾向性的论述,并敢于使用一两座墓葬的铭文推测数十个墓主的身份,是因为他们希望证明墓地按家族组织安排,又先入为主地接受了"族徽"为整个家族的徽号。如果摆脱这个预设回到事实层面,证据是十分清楚的:同一"族徽"的铜器常见于不同墓地;同一墓地往往有多种"族徽"。殷墟墓地中"族徽"墓葬的分布总体上是分散的,说明"族徽"与集体不相关。

另一方面,从墓葬内铭文的一致性来看,殷墟中高等级的贵族一般整座墓葬的铜器或墓中大部分铜器都具有一样的铭文,如小屯 5 号墓的"妇好"(190 件)、郭家庄 M160 的"亚址"(41/44 件)、花园庄 M54 的"亚长"(36/42 件)、大司空 M303 的"马危"(37/42 件)。对于商以后的墓葬,墓内大量一致的铭文是判断墓主人的标准(例如西周长子口墓),但这个现象对于商代墓葬却被认为只反映墓主的族。其实商代也应做同样的理解,妇好、亚址、亚长、马危等铭文应该是墓主个人的署名,也就是说,大量的"族徽"铜器是与具体的个人直接相关的。①

与中高级的墓葬相反,殷墟低级贵族墓葬不仅多数没有铭文铜器,而且少数有铭文者一般也只有一件。在我们统计的 156 座一套觚爵的墓葬中,只有 61 座出土有铭铜器,其中 33 座只有一件有铭铜器。这可以使我们怀疑,有些低级墓出土的零星"族徽"铜器本不是墓主作器,而更可能来自其他渠道,比如辗转获得,或者中高级贵族家长的赠予。

总之,"族徽"铜器在殷墟墓葬中的分布表明"族徽"与等级和个人身份相关,与集体无关。这不支持"族徽"为氏名的看法,而与"族徽"为亲属职衔称谓的认识一致。

(二)殷墟以外

已知屡见同一"族徽"的墓地均位于殷墟之外,如山西灵石旌介已发掘的 4 座墓葬中 3 座出土了"丙"铭铜器共 34 件(另有 7 种 9 件其他"族徽"的铜器)。河南罗山天湖已报道的 42 座墓葬中 12 座出土了"息"铭铜器共 28 件(另有 8 种 11 件其他"族徽"的铜器)。山东滕州前掌大南Ⅰ区 72 座墓葬中 13 座出土了"史"铭铜器共 64 件(另有 13 种 18 件其他"族徽"的铜器)。

这些墓地有两个显著的特点。其一,它们都位于商代国家的边缘地带——灵石旌介

---

① 这样的墓葬还有多座,如 99 刘家庄北 M1046(26/33 件)、95 郭家庄 M26(5/15 件)、83 大司空 M663(7/12 件)、94 刘家庄北 M793(7/11 件)、94 刘家庄北 M637(6/7 件)、戚东 M269(16/23 件)、范家庄 M4(5/7 件)、86 郭家庄北 M6(5/19 件)、94 大司空 M7(11/13 件)、戚东 M63(7/10 件)、刘家庄北 M9(6/16 件)、赛格金地 M13(6/8 件)、王裕口 M103(5/9 件)、西区 M1713(5/17 件)、80 大司空 M539(5/14 件)、82 小屯 M1(5/19 件)、58 大司空 M51(5/14 件)。

位于商代国家西垂,罗山天湖位于南境,滕州前掌大地处东南。① 其二,墓地中铜器墓的比例很高。据唐际根先生统计,殷墟只有1%—2%的墓葬出土铜容器。但根据已发表材料,罗山天湖有43%(18/42)的墓葬出土铜容器,滕州前掌大南Ⅰ区有31%(22/72)的墓葬出土铜容器,定州北庄子有74%(31/42)的墓葬出土铜器。铜器墓比例高与殷墟反差明显,也与"族徽"铜器较普遍的出现直接相关。上述两个特点为我们理解较普遍随葬某个"族徽"的墓地提供了切入点。

在"族徽"为氏名的解释体系下,殷墟的人员族属复杂,边缘地带的族属简单,所以普遍随葬同一"族徽"的墓地只见于边缘地带。但我认为这种观点是站不住脚的。首先,考古证据表明殷墟以外的墓地也可能有多个"族徽"。如青州苏埠屯M1、M7出土大量"亚丑"铭文,M7南面不远的M8出土"族徽"均为"融"和"融册";滕州前掌大南Ⅰ区主要见"史"字铭文,紧邻的于屯村北见"鸟"字铭文,东面不到1千米的井亭煤矿又有"爻"字铭文。其次,这种观点只能解释殷墟的"族徽"种类多、边缘地带的"族徽"种类少,不能解释边缘地带为何铜器墓的比例高。而且按照这种解释,殷墟应该有很多类似边缘地带、较普遍随葬同样"族徽"的墓地,而事实上如前文已指出的,殷墟并没有这样的墓地。

如果摆脱"族徽"为氏名的成见,我们可以设想两种可能。一种可能是边地社群内贵族的比例高,所以铜器墓的比例高,但这在边地艰苦的生活背景下似乎并不合理。另一种可能是社群内的普通成员比起殷墟同类身份的人有更多机会获得铜器(或者说边地社群内部的社会分层较殷墟平均)。下面我们通过铜器组合以及边地与殷墟贵族墓的对比来说明这种可能。

根据学者们的研究,殷墟三、四期贵族墓葬的铜器组合有一定的规律。如小贵族往往随葬一觚、一爵,或一鼎、一簋、一觚、一爵;中级贵族的完整组合则包括小圆鼎一件、鬲鼎两件、小方鼎两件、扁足鼎两件、觚和爵两套以上、簋、尊卣组合、觯、壶、盘、斝、盉等(图七)。我们以灵石旌介的三座墓葬与殷墟典型的铜器组合比较,可以发现旌介M2有4觚、5爵(2套),但其他容器只有一鼎、一簋、一罍、一卣,组合很不完整(图六);M1—中的3爵(2套)、2卣、罍、觯有"丙"铭,但鼎、簋、尊是其他铭文,3觚则没有铭文,组合是用"丙"铭铜器和其他铭文的铜器拼凑的(图六)。② 同时,如果把M1、M2、M3中的"丙"铭铜器集中在一起则能基本构成一套完整的组合(图七,仍缺少的甗、鬲鼎、尊等或许是由于M3遭破坏)。灵石旌介三座墓的铜器年代是同时的,这就提示我们一种可能:三座墓葬里的"丙"铭铜器原本属于一至二套组合,被分给了几位墓主人。具体来说,三件弦纹爵、三件龙纹爵、两件卣、一件罍、一件觯分给M1的中间墓主;两件弦纹爵分给了M1的左侧

---

① 另据报道,河北定州北庄子、河南荥阳小胡村和正阳润楼可能也常见一种"族徽",但完整的材料尚未发表。这三个地点分别位于商代国家的北部、西部和南部边缘。资料比较丰富的地点可以分为两类:罗山天湖、灵石旌介的遗址规模较小,墓葬数量少,是有特殊功能的据点;滕州前掌大遗址面积广大,墓葬数量多,是能够控制小据点的上一级中心。

② 灵石旌介的M1是一座比较特殊的合葬墓,根据随葬品摆放位置,三位墓主人各有随葬品,且铜器组合清楚(参看图六)。

墓主；一件小圆鼎、一件簋、四件觚、十件弦纹爵、①另一件罍、八件矛分入 M2；两件小方鼎、另一件卣、一件弦纹爵分入 M3（原本应更多，由于墓葬被破坏，已不得而知）。可以设想，旌介存在一位称为"丙"的贵族，他的地位类似"马危"、"亚址"，拥有成套的"丙"铭青铜器；他的铜器被分配给了几位亲属，所以造成单座墓内组合不完整、集合在一起才完整的现象。

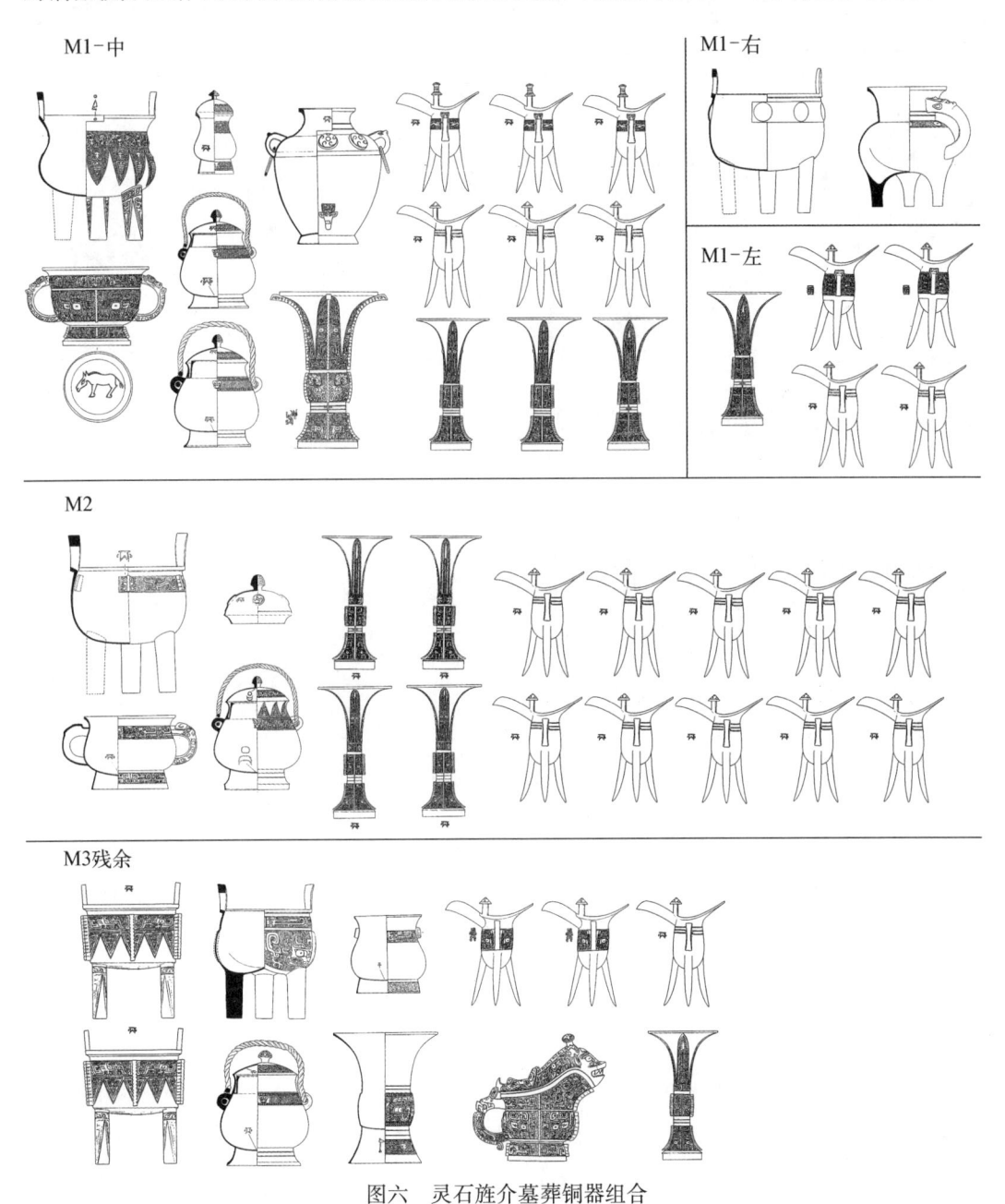

图六　灵石旌介墓葬铜器组合

---

① 《灵石旌介商墓》117 页介绍 M2 有 5 件兽面纹爵、5 件弦纹爵，但编著者韩炳华先生惠示 10 件均为弦纹爵。

大司空M303

灵石旌介丙铭铜器

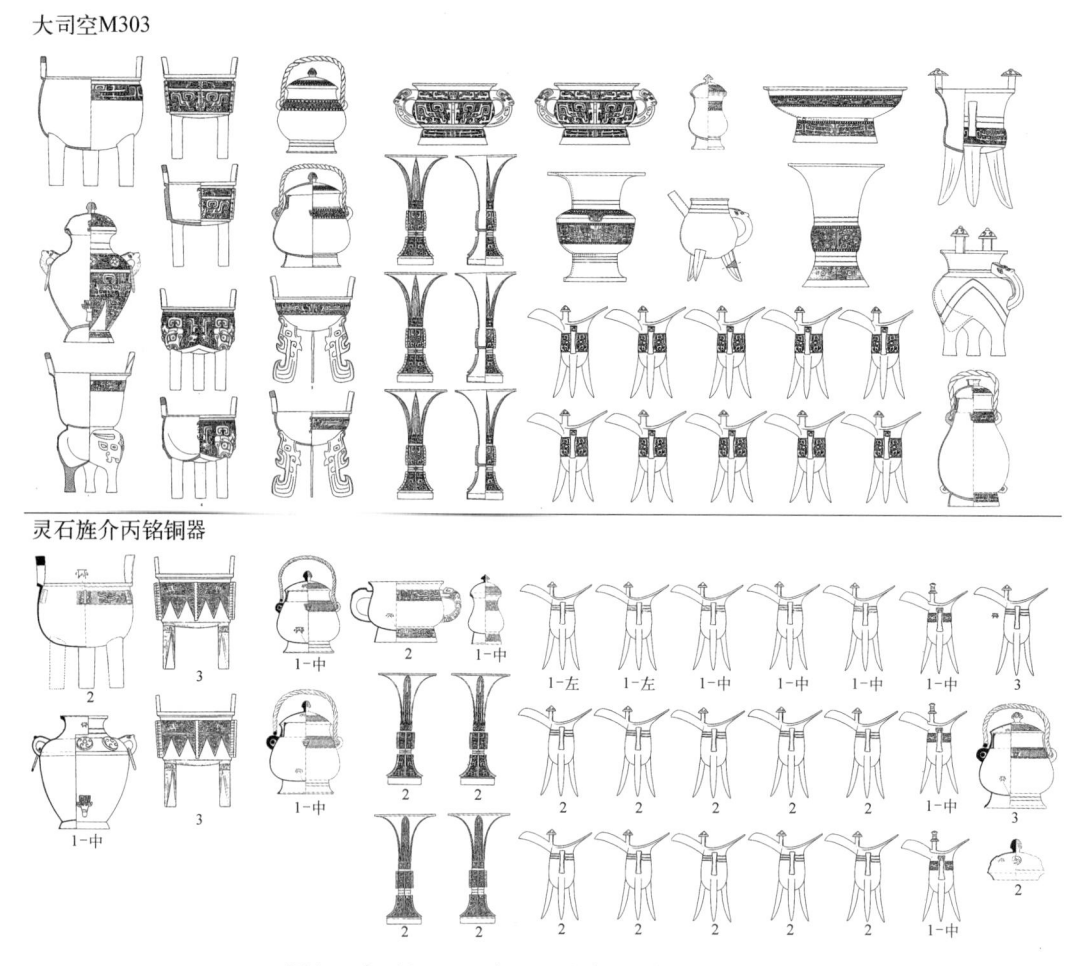

图七 大司空 M303 与灵石旌介丙铭铜器组合比较

滕州前掌大和罗山天湖等墓地的情况更为复杂,或者墓葬更多,或者年代延续更长,铜器组合的套数也较多,因此推测铜器组合的分配情况困难更大。但将天湖、前掌大、旌介、苏埠屯、小胡村等殷墟以外的铜器墓与殷墟的同类墓葬比较,我们可以发现一些很有趣的现象。

1. 一套觚爵的墓葬比较(殷墟以外40座,殷墟156座)

在殷墟,1套觚爵的墓葬平均随葬2.9件容器,其中有铭铜器0.64件。39%(61/156)的墓葬出现有铭铜器。22%的铜器是有铭铜器(100/453)。墓葬面积平均3.68平方米。在殷墟之外,1套觚爵的墓葬平均随葬3.1件容器,其中有铭铜器1.28件。78%(31/40)的墓葬出现有铭铜器。41%的铜器是有铭铜器(51/124)。墓葬面积平均5.68平方米。可以认为,殷墟外围1套觚爵的墓葬随葬品略多,墓葬规模更大,随葬有铭铜器更普遍(表五)。

表五　殷墟和边缘地带随葬一套觚爵墓葬的比较

	容器数	有铭容器数	有铭容器比例	有铭墓葬比例	墓葬面积
殷　墟(156)	2.9	0.64	22%	39%	3.68
殷墟之外(40)	3.1	1.28	41%	78%	5.68

2. 两套以上觚爵的墓葬比较(殷墟以外21座,殷墟29座)

在殷墟,2套以上觚爵的墓葬平均随葬22.9件容器,其中有铭铜器16.5件。97%(28/29)的墓葬出现有铭铜器。72%的铜器是有铭铜器(478/664)。墓葬面积平均7.01平方米。在殷墟之外,2套以上觚爵的墓葬平均随葬13.5件容器,其中有铭铜器7.3件。100%的墓葬出现有铭铜器。54%的铜器是有铭铜器(153/284)。墓葬面积平均10.1平方米。可以认为,殷墟外围2套觚爵的墓葬随葬品明显少,墓葬规模更大,随葬有铭铜器数量更少、比例更低(表六)。

表六　殷墟和边缘地带随葬两套觚爵墓葬的比较

	容器数	有铭容器数	有铭容器比例	有铭墓葬比例	墓葬面积
殷　墟(29)	22.9	16.5	72%	97%	7.01
殷墟之外(21)	13.5	7.3	54%	100%	10.1

综合起来,在罗山天湖、滕州前掌大等殷墟外围的商人社群,上层成员占有铜器和有铭铜器的数量比殷墟有所减少,一般成员占有铜器和有铭铜器的数量有所增加。换句话说,殷墟外围商人社群的社会分化比较温和。这里一个值得思考的问题是,使得一般成员地位得到提升的铜器来自哪里？显然,最近便的来源是社群的上层成员。上层成员转授自己的铜器会缩小墓葬等级分化,会使更多的成员拥有铜器、造成更高的铜器墓比例,还会使多座墓葬出现一样的铭文。如果是这样,外围墓地"族徽"较普遍的分布只是表象。低级墓葬内的"族徽"铜器可能原本是一些完整铜器组合的一部分,转授自中高级贵族。

以前掌大墓地为例,见"史"铭铜器的墓葬共16座(南I区13座、于屯北3座),其中9座只出了1至2件"史"铭铜器,基本都是觚、爵、觯;3座各出土了3件"史"铭铜器,其中6件为觚、爵;真正出土较多的只有M11(26件,可以肯定墓主身份是史)、M120(9件)、M38(8件),其次是出土5件的M18。再如罗山天湖墓地,9座墓葬见"息"铭铜容器(另有一座被盗、两座出"息"铭兵器未计),6座只出土了1至2件"息"铭铜器,基本都是觚、爵;2座各出土了4件"息"铭铜器,其中6件为觚、爵;出土最多的M28有6件"息"铭容器。这就是说,前掌大和天湖虽然都有多座墓葬出现一样的"族徽",但大多数墓葬其实只是随葬1、2件,而且基本是觚、爵。根据殷墟的考古发现,中高级贵族往往制作大量的同铭觚、爵,那些出自低级墓葬的零星有铭觚爵很可能是一种礼物(觚爵是商人最基本的仪式用器组合,这或许可以帮助我们理解,为何中高级贵族会不避重复地制作大量功能和形式都一样的觚爵)。

转授铜器的现象虽然在殷墟也有发现,但在边缘地带的据点更为显著,这与它们所处的特殊经济、政治环境有关。首先,殷墟是当时的铜器生产中心,殷墟以外普遍没有铸造容器的能力。位于边地的小贵族缺少作器机会,他们可能委托中高级贵族作器,或者依赖中高级贵族的赠与。其次,位于边缘地带的据点相较国家内部的聚落孤立无援,它们周围或者聚落稀少,或者是异文化的人群,据点的管理者因而有更多团结社群的需要。通过分配铜器提高成员的地位是赢得他们忠诚的手段。再次,位于边缘地带的据点远离中央,更容易出现权力世袭。如果超过一代人担任同一职官,并且在此期间曾转授铜器,就很容易造成"族徽"在墓地中普遍分布。仍以前掌大南Ⅰ区为例,这里可能是甲骨文中"薛史"的家族墓地。"薛史"的职位曾由两三代人世袭,并且铜器曾被转赠给族人,这种情况就如同叶家山曾侯墓地多座墓葬出土一位曾侯的铜器一样。有参考意义的是,曾侯是周王朝的派出官员,虽然世代为侯,但是家族为南宫氏,这再次说明世袭官职和氏没有必然联系。

总而言之,同一家族(核心家庭和扩展家庭)的成员埋葬在一起是新石器时代晚期至历史时期的常态,商代大概不会例外(至于墓地中大于家族的单位是什么仍是需要探讨的事)。但是家族墓地与"族徽"没有关系。如果考古学家希望实证墓地内死者的血缘关系,可以求助于DNA技术,诉诸"族徽"的排比没有帮助。同样的,"族墓地"也不能证明"族徽"为氏名;恰恰相反,墓葬材料显示"族徽"与等级和个人相关,说明"族徽"不是氏名;某种"族徽"在边缘地带的墓地较普遍分布有具体的原因。

结束讨论之前,我想谈一下商代考古对"族徽"问题的启示。在本文的研究过程中,我常常感到对"族徽"的认识与对商代国家和社会发展程度的评估是息息相关的。小到铜器上的署名和甲骨文中的人称指个人还是群体,大到商代国家的政治地理结构、商代政府的组织,这些问题都牵涉到对商代国家、社会的整体认识。例如,如果我们认为商代已经是高度劳动分工的社会,那么铜器上的署名和占卜记录里的人称指个人就很自然,指氏族则很奇怪。因为只存在亲族关系的社会是非常简单的社会;在文明社会里,个人身份愈发凸显,亲族关系不再是一个人唯一的社会关系,它虽然影响着个人生活,但职业、阶层等因素对于定义一个人的身份更重要(比如一个制陶工匠在制陶社群内部的身份是某某的儿子,但是对整个社会来说,他的身份是制陶工人)。反之,如果认为商代国家内部由众多自治族群组成,或者国家结构是松散的方国联盟;认为政府只有商王和宗教官员(贞人),或者最多是初始的官僚管理,那就意味着商代国家很原始。

那么,对于这两个非常不同的理解,有没有什么独立的评判标准呢?作为一个考古学者,我在商代的考古材料中看到的是复杂的社会分层、大范围一致的上层精英文化、有策略的地方控制体系、大型建筑、完善的书写系统、高度组织的手工业生产(如铸铜、制盐)和远途贸易。我认为考古学已经为我们做出了选择。

附记:本文在写作过程中曾与好友王海城、冯峰、孙沛阳多次讨论,并曾向John Baines教授请教。他们的想法使我获益良多,在此向他们表达深深的谢意。

晚商"族墓地"再检视*

郜向平

(郑州大学历史学院)

一

国内利用墓葬资料对社会组织进行的探索,或可溯源至20世纪30年代郭宝钧对浚县辛村墓地的发掘和研究。① 50年代以后,随着考古资料的积累,一些学者认识到埋葬方式可能与社会组织存在关联。② 从60年代初开始,很多学者利用日渐丰富的墓葬资料,对仰韶文化的社会性质、社会组织等问题进行了深入的研究和讨论。相较之下,以殷墟墓葬为代表的晚商墓葬发掘时间长,积累数量多,但其研究在相当长的一段时间内,集中于文化分期以及人殉人牲性质的争论上,而对墓葬所反映的社会组织的探讨则相对滞后。1979年,由北京大学历史系考古教研室商周组编著的《商周考古》中,对殷墟大司空、后冈等地的墓葬进行了分群研究,进而指出"诸群墓葬有可能属于各个不同的氏族(或家族),或者分属几个氏族(或家族)中的各个不同的分支";书中还对商代墓葬进行了等级划分,对不同等级墓葬墓主的身份地位进行了分析。③

与《商周考古》的出版大致同时,《考古学报》1979年第1期发表了1969至1977年在安阳殷墟西区发掘的939座商代墓葬和5座车马坑的资料,这是殷墟遗址迄今为止刊布数量最多的一批墓葬资料。在简报中,发掘者将殷墟西区墓地分为八个区,并于结语部分分析了不同墓区在陶器组合和其他随葬品方面的差异,提出"具有一个特定范围的墓地,保持着特定的生活习俗和埋葬习俗的各个墓区的死者,生前应属不同集团的成员,这个不同集团的组织形式可暂称为'族'。这八个不同墓区就是八个不同'族'的墓地"。④ 此

---

* 本文是"河南省高等学校青年骨干教师资助计划"成果,编号:2015GGJS-168;并得到国家社会科学基金项目"中原地区周代丧葬礼俗与社会分群、分层研究"资助,项目号:14CKG007。

① 郭宝钧:《浚县辛村古残墓之清理》,《田野考古报告》第一册,1936年。据文末附注,该文完成于1934年4月。该文不但列举数证,论证辛村墓葬为"卫墓",与卫国公族有关;而且认为墓葬可分为"村舍下"、"傍村东"、"村极东"三系,依形制、规模又可分为四类,分别与公侯及夫人、公族侍从对应。此外,文中对墓位的安排也提出了一些看法。

② 1959年出版的《庙底沟与三里桥》报告中指出,庙底沟遗址所发掘的145座庙底沟第二期文化墓葬"有固定的方向及葬式,当是氏族成员的共同墓地"。并且注意到这些墓葬均为单人葬,与仰韶文化存在多人合葬的现象不同,也许象征着社会组织的变化。参见中国社会科学院考古研究所:《庙底沟与三里桥》,科学出版社,1959年,第113页。

③ 北京大学历史系考古教研室商周组:《商周考古》,文物出版社,1979年。

④ 中国社会科学院考古研究所安阳工作队:《1969—1977年殷墟西区墓葬发掘报告》,《考古学报》1979年第1期。

后,葛英会、①朱凤瀚、②韩建业、③刘一曼、徐广德、④唐际根⑤等学者相继对殷墟族墓地进行了研究。学者普遍认为,殷墟各地点的墓葬是根据死者相互间亲缘关系的远近而安排的,根据空间分布及葬俗的差异,可以将墓葬分成不同层次的群组,这些群组与不同层次的亲族组织相对应,因而殷墟的墓地是基于亲缘关系的"族墓地"。⑥

也有一些学者对殷墟"族墓地"提出质疑,如杨升南认为殷墟西区墓地中,同一墓区内不同的墓葬在葬俗上存在着较大差异,因而不具备"族坟墓"的性质;他认为甲骨文和文献中的"族"都是贵族,而殷墟西区墓地是中下层平民的"公共墓地",一般平民百姓是否有"族"的组织是值得再研究的。⑦ 在另外一篇文章中,他明确提出,商代平民阶层是由不同血缘氏族的人聚邑而居、死后同墓域而葬的。⑧ 杨升南的质疑是基于殷墟西区墓地"八个墓区"的划分而进行的,事实上,后来多数学者也认为发掘者所划分的诸"墓区"内部葬俗差异较大,一个"墓区"并不能对应单一的"族"。不过,他们将墓区分解为更小的"分区"或"群"、"组",指出这些更小范围内的墓葬在葬俗上是较为一致的,因而可以与特定的亲缘群体相对应。这种对原墓区的进一步划分,在一定程度上化解了杨升南的质疑。

此外,林沄曾推测,殷墟西区的八个墓区可能是以"里"来安排的,"里"是以血缘为基础的"族"之上的地域性组织。⑨ 我基于对商系墓葬方向的考察,以及对殷墟和同时期其他地区商墓的比较,也对殷墟存在地域性组织的观点表示赞同。⑩ 最近,林森对从"族坟墓"视角出发分析商周墓地的做法进行了深入反思,进而对殷墟西区墓地是否为"族坟墓"也提出了质疑。⑪

商周时期的遗址中,以殷墟的发掘时间最长,墓葬资料积累也最多。对殷墟墓地的解读,很大程度上奠定了对整个商代乃至商周时期墓地及相关家庭形态,乃至社会组织的认识。然而正如林森所言,以往对商周墓地的分析,多是从"族坟墓"视角进行解读的。如若抛开"族坟墓"视角,在观察墓葬空间分布的基础上,对相关墓葬的葬俗做进一步的考察和比较,即可以看出,殷墟的墓地构成是较为复杂的,除了葬俗相对单一、可能属以亲缘为基础的"族墓地"之外,也存在着一些葬俗多样的、其他形态的墓地。此外,殷墟的发掘

---

① 葛英会:《殷墟墓地的区与组》,《考古学文化论集》2,文物出版社,1989年。
② 朱凤瀚:《商周家族形态研究》(增订本),天津古籍出版社,2004年。
③ 韩建业:《殷墟西区墓地分析》,《考古》1997年第1期。
④ 刘一曼、徐广德:《论安阳后冈殷墓》,《中国商文化国际学术讨论会论文集》,中国大百科全书出版社,1998年。
⑤ 唐际根:《殷墟家族墓地初探》,《中国商文化国际学术讨论会论文集》,中国大百科全书出版社,1998年;Tang Jigen, *The Social Organization of Late Shang China——A Mortuary Perspective*, A Thesis Submitted to the University of London for the Degree of Doctor of Philosophy 2004.
⑥ 杨锡璋:《商代的墓地制度》,《考古》1983年第10期。
⑦ 杨升南:《关于殷墟西区墓地的性质》,《殷都学刊》1999年第1期。
⑧ 杨升南:《关于商代的俯身葬问题——附说商代的族墓地》,《四川大学考古专业创建三十五周年纪念文集》,四川大学出版社,1998年。
⑨ 林沄:《"百姓"古义新解——兼论中国早期国家的社会基础》,《吉林大学社会科学学报》2005年第4期。
⑩ 邰向平:《商系墓葬研究》,科学出版社,2011年,第91页。
⑪ 林森:《西周基层地域组织研究》,吉林大学博士学位论文,2015年,第111至115页。

者近年来对殷墟的结构和布局提出了一些新的认识,如重申殷墟的"族邑模式"布局,①强调墓地和居住址相互错杂等。② 在这样新的视角指引下,也需对包括殷墟墓地在内的晚商墓地做一番新的检视。下文不拟对晚商墓地做系统的考察,只撷取若干不同特征的墓群,以揭示晚商墓地的复杂多样性,进而对若干问题进行探讨。

二

在以往对殷墟墓地布局的分析中,研究者多侧重于墓葬空间聚合情况,以及随葬陶器组合的考察,兼及墓葬方向等葬俗。相对而言,殷墟不同地点墓葬的随葬陶器组合虽然呈现出一定的差异,但也有一定的随意性,且同一地点墓葬的陶器组合随时间的发展而多有变化,这为墓葬的分群研究带来了一定困难。而墓向作为一种葬俗,可能代表了更为稳固的族群特征;且同一墓地中的墓葬,或方向一致,或不同方向者相互交错,呈现出较为复杂的状况。故下文将在墓葬空间聚合情况考察的基础上,以墓向为主,陶器组合等特征为辅,对墓葬进行分群。

殷墟各地点多存在由墓向及随葬品组合较为一致的墓葬集结成的小型墓群,如殷墟西区墓地第三墓区西区的北部,北起M366,南至M311,西起M728、M710,东至M724的一群墓葬,计34座,年代多属殷墟三、四期,仅1座属第二期;墓向基本都向南,随葬陶器以鬲为主,多单出鬲或以鬲与觚、爵相配。③ 该群墓葬以东约45米,相隔若干墓葬,有另一群墓葬,北起M658,南至355,西起M623,东至M625,计29座,年代从殷墟二期延至四期,墓向以北向为主,陶器组合多为觚、爵,与豆、盘相配,却无一座葬鬲(图一)。④ 再如第六墓区北区中部两群墓葬,西侧一群北起M1024,南至M1019,西起M1071及M1075,东至M1065,分布较为集中,计30座,墓向基本都向北,随葬陶器以觚、爵为主,有盘无鬲;⑤ 东侧一群与之相距约35米,北至M1030,南至M1054,西起M1025,东至M1082,分布亦较为

---

① 唐际根、荆志淳:《安阳的"商邑"与"大邑商"》,《考古》2009年第9期;岳洪彬、何毓灵、岳占伟:《殷墟都邑布局研究中的几个问题》,《三代考古》(四),科学出版社,2011年。
② 唐际根等先生曾指出,"所谓'殷墟西区墓地',实际上可能是居址与墓地相夹杂的关系",参见中国社会科学院考古研究所安阳工作队:《河南安阳市殷墟孝民屯东南地商代墓葬1989—1999年的发掘》,《考古》2009年第9期。岳洪彬等先生亦云:"从目前的资料来看,殷墟遗址遍地都有居址和墓葬,很难说某区域是单纯的墓地或是单纯的居住址。"参岳洪彬、何毓灵、岳占伟:《殷墟都邑布局研究中的几个问题》,《三代考古》(四),科学出版社,2011年,第271页。
③ 这34座墓葬中,29座向南,3座向北,另有向东、向西各1座;出土陶鬲的有27座;墓内设腰坑者21座,无腰坑者13座。朱凤瀚先生在对殷墟西区墓葬进行的分析中,曾将该群墓葬与其南、东部的若干群墓葬合在一起,划为三(一)群,并指出三(一)群墓葬从殷墟二至四期始终以鬲为主要组合成分,且以单出鬲或以觚爵与鬲相配为主要组合形式,明显地与同区其他墓群相区别。但朱先生所划分的三(一)群墓葬内部各群间距较大;结合墓向来看,其南部及西南部墓葬的方向稍嫌杂乱,西北部4座墓葬则为北向,而本文划分的34座墓葬则相对更集中,墓向更为一致。参见朱凤瀚:《商周家族形态研究》,天津古籍出版社,2004年,第104页。
④ 这29座墓中,24座向北,4座向南,1座向东;出土觚、爵组合或单出觚、爵者共23座;墓内设腰坑者20座,无腰坑者7座,另有2座情况不明。
⑤ 从平面图上看,该群共31座墓葬,其中1座未标墓号。已知30座墓葬中,仅1座向南,余均向北;随葬有觚、爵或两者组合的共14座;墓内设腰坑者10座,无腰坑者14座,另有6座不明。

密集,计30座,年代以殷墟四期为主,个别属三期,墓向基本都向南,随葬陶器以觚、爵为主,配以鬲、盘(图二)。① 此外,1933、②1971③ 及 1991 年④先后在殷墟后冈西部临近洹河处发掘了 73 座墓葬,刘一曼、徐广德分为之为 5 组,并认为属于同一墓区。⑤ 这 5 组墓葬基本都向北,随葬陶器以鬲、豆、簋、盘为主,觚、爵很少。⑥ 类似分布集中,葬俗较为一致的墓葬群,其墓主间很可能有较近的亲缘关系。这些墓群内部又可进一步划分为更小的群组,不同层次的群组可能代表了不同层次的亲缘组织。对此学者多有分析,不另赘言。在此只强调两点:第一,上述分布集中、葬俗相对一致的墓群,包含的墓葬数量多在 30—40 座,结合延续时间看,其所代表的可能是由若干核心家庭构成的扩展家庭。第二,这些墓群中的墓葬虽然分布集中,墓向和随葬品有较高的一致性,但结合腰坑等葬俗来看,其内部仍有一定差异。故这类墓群虽然总体上可能代表了某一层级的亲缘组织,但其中是否有异族人群,仍是需要考虑的。

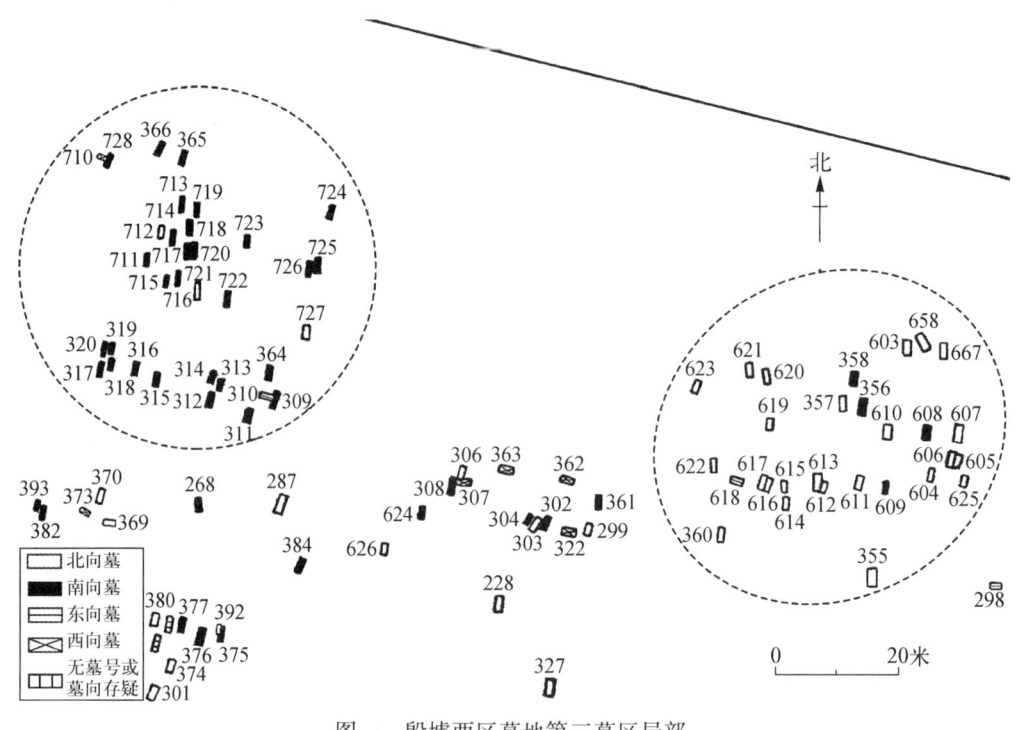

图一 殷墟西区墓地第三墓区局部

① 从平面图上看,该群墓葬共 30 座,其中 1 座未标墓号。已知 29 座墓葬中,仅 1 座向北,余均向南;随葬有觚、爵或两者组合的共 20 座,有鬲的共 5 座;墓内设腰坑者 13 座,无腰坑者 16 座。
② 石璋如:《河南安阳后冈的殷墓》,《历史语言研究所集刊》第十三本,1948 年。
③ 中国科学院考古研究所安阳发掘队:《1971 年安阳后冈发掘简报》,《考古》1972 年第 3 期。
④ 中国社会科学院考古研究所安阳队:《1991 年安阳后冈殷墓的发掘》,《考古》1993 年第 10 期。
⑤ 刘一曼、徐广德:《论安阳后冈殷墓》,《中国商文化国际学术讨论会论文集》,中国大百科全书出版社,1998 年。
⑥ 这 73 座墓葬中,包括 1933 年发掘的 1 座两条墓道的大墓(另有 1 座灰坑葬,不计),以及 1971 年发掘的 34 座墓葬、1991 年发掘的 38 座墓葬,其中东向墓 5 座,其余可知者均向北。这些墓葬大多被盗,出有陶器者共 42 座,其中有陶觚、爵者仅 3 座。

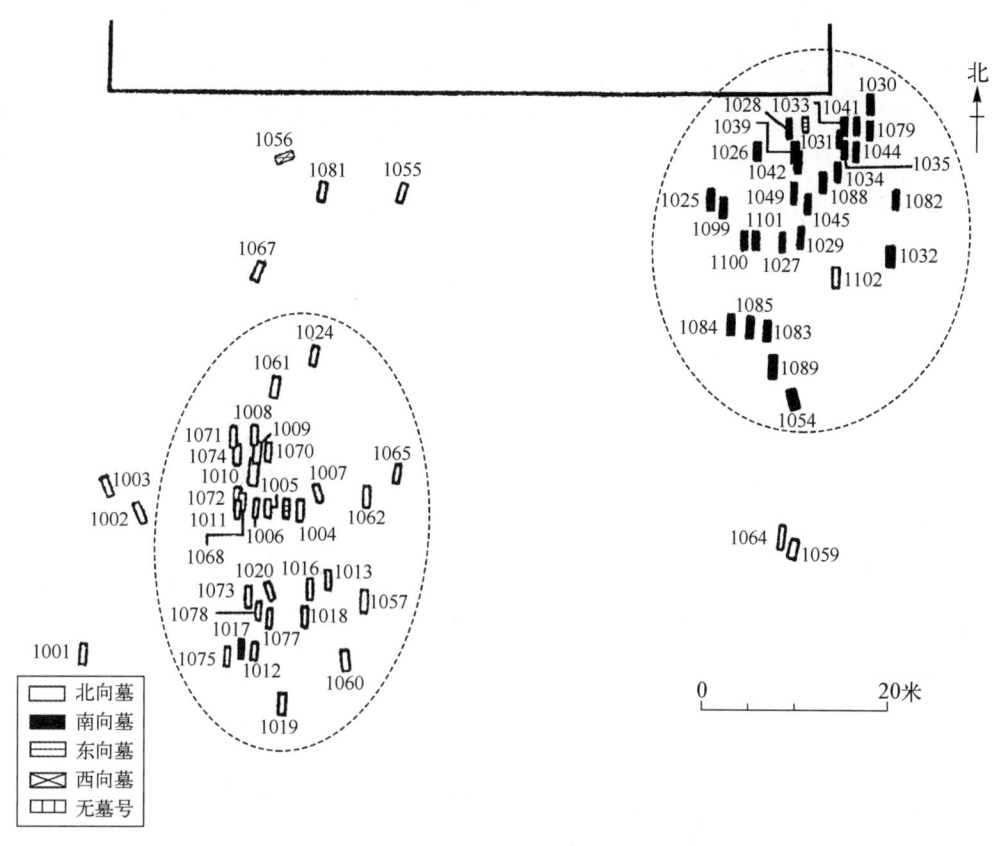

图二　殷墟西区墓地第六墓区局部

从墓葬布局、排列上看，上述墓群中的墓葬常有数个纵列成行，或横列成排，当系有一定规划。这种规划布局可能是基于核心（或主干）家庭①进行的。从整个墓群层面看，墓葬的排列是相对杂乱的，并无一定规律。唐际根认为，"殷人在归葬家族墓地时，墓葬的位置并无十分严格的讲究"，"大体只要进入本家族的茔地范围内即可"。② 对此，若对比近年来发掘的被视为先商文化墓地的鹤壁刘庄墓地③和磁县南城墓地④的墓葬排列情况，即可看出，刘庄和南城墓地的墓葬纵向排列均较规整，刘庄墓葬的横向排列亦有一定规律性，整个墓地当系有整体的规划和严格的布局，而殷墟则未见此类大规模规整排列的墓地。因此，除王陵区外，殷墟各地点的墓葬只能认为是相对集中，而其整体布局则是松散的，甚至可能并不存在整体规划。近年来，殷墟的发掘者指出，"殷墟遗址遍地都有居址和

---

① 主干家庭（stem family）也称主干家族，是在核心家庭基础上繁衍出来的一种小型的扩展家庭，由一对夫妻及其子女，以及夫之父母或妻之父母组成。相对于核心家庭而言，主干家庭有时间上的延续性。参见朱凤瀚：《商周家族形态研究》，天津古籍出版社，2004年，第10页。
② 唐际根：《殷墟家族墓地初探》，《中国商文化国际学术讨论会论文集》，中国大百科全书出版社，1998年。
③ 河南省文物局：《鹤壁刘庄——下七垣文化墓地发掘报告》，科学出版社，2012年。
④ 石磊、王会民、梁亮：《河北磁县南城遗址浅析》，《早期夏文化与先商文化研究论文集》，科学出版社，2012年。

墓葬,很难说某区域是单纯的墓地或是单纯的居住址"。① 最近公布的大司空报告,即展示了居址与墓葬交错分布、相互叠压打破的状态。② 如若这种"居葬合一"的模式是殷墟居民的普遍生活方式,则其墓葬应是埋葬于生活区之中或周围,至多有小片墓区的规划,而难以有大型墓地的规划;目前所见大型墓地,或可能是居住相对集中的人群在居地中(或附近)各自埋葬,最终相连而成的。这与我们对墓葬布局的观察相合。不过,在王陵区之外,殷墟是否有单纯的墓地,发掘者仍有不同意见,③尚需做进一步的工作。

韩建业将1969—1977年发掘的殷墟西区墓葬分为24个"分区",认为代表了24个"族"。④ 后续发掘表明,殷墟西区墓葬远不止此,⑤因而其代表的"族"可能更多。就同一发掘区内部而言,相邻不同"分区"的间距往往很近,从数米至数十米不等。尤其值得注意的是,一些墓向和随葬品有很大差别、显然不能属于同"族"的墓群相距也很近。如前述,第六墓区北区中部两群墓葬相距约35米;韩建业所分第四墓区Ⅳ分区(3)组墓葬多向南,Ⅺ分区(7)组墓葬多向西,两组墓相距仅约10米。若从"族邑模式"的视角分析,上述情况似乎表明,"族邑"的分布是比较密集的,不同族邑拥有的土地或可能有所交错。当然,也存在另一种可能,即不同的族可以居住在同一"邑"内。若此,则其居住单位就难以称为"族"邑了。

而且一些墓群中明显包含了墓向各异的墓葬。具体又可分两种情况,第一种情况是,墓向各异的墓葬在墓群内相对集中,构成若干墓组。如殷墟西区第二墓区墓葬中,南向、西向、东向墓交错分布,而西北部的南向墓、东部的东向墓、东北部和南部的西向墓又各自相对集中(图三)。在这里,墓向一致而又相对集中分布的墓组可能代表了小的亲缘群体;而不同墓组聚集成一个墓群,相互间也应有一定关系,但因其葬俗差异明显,相互间很可能不是"亲缘"关系。换言之,习俗不同的"非亲缘"人群也可以埋葬在一起。进而可推测,这些非亲缘人群生前很可能也生活在一处。若此,则其居住单位也不能称为"族"邑。

还有一种情况是,同一墓群中不同方向的墓葬交错分布,且同一方向的墓葬并无相对集中的迹象。这种情况也比较常见,较典型的如殷墟西区第八墓区西部墓群(图四),以及郭家庄墓地北区的北部、东南部墓群。⑥ 这些墓群中,不同墓向的墓葬分布较为密集,但基本无打破关系,也无显著的时间差异(即不同的墓向并非时间差异造成)。朱凤瀚曾指出,一些异向的墓葬有特定的排列方式,"应该是有意识地用以表示墓主人之间某种特

---

① 岳洪彬、何毓灵、岳占伟:《殷墟都邑布局研究中的几个问题》,《三代考古》(四),科学出版社,2011年,第271页。
② 中国社会科学院考古研究所:《安阳大司空——2004年发掘报告》,文物出版社,2014年。
③ 杨锡璋、刘一曼先生认为"殷墟有单纯的墓葬区,但没有单纯的居住区",参见《殷墟考古七十年的主要收获》,《考古学集刊》15,文物出版社,2004年。
④ 韩建业:《殷墟西区墓地分析》,《考古》1997年第1期。
⑤ 王学荣、何毓灵:《安阳殷墟孝民屯遗址的考古新发现及相关认识》,《考古》2007年第1期。
⑥ 中国社会科学院考古研究所:《安阳殷墟郭家庄商代墓葬》,大百科全书出版社,1998年。郭家庄墓地北区东南部,北起M53、M54,南至M32的6座墓均向西,分布相对集中;其东侧不同墓向的墓葬分布则较杂乱。

图三　殷墟西区墓地第二墓区

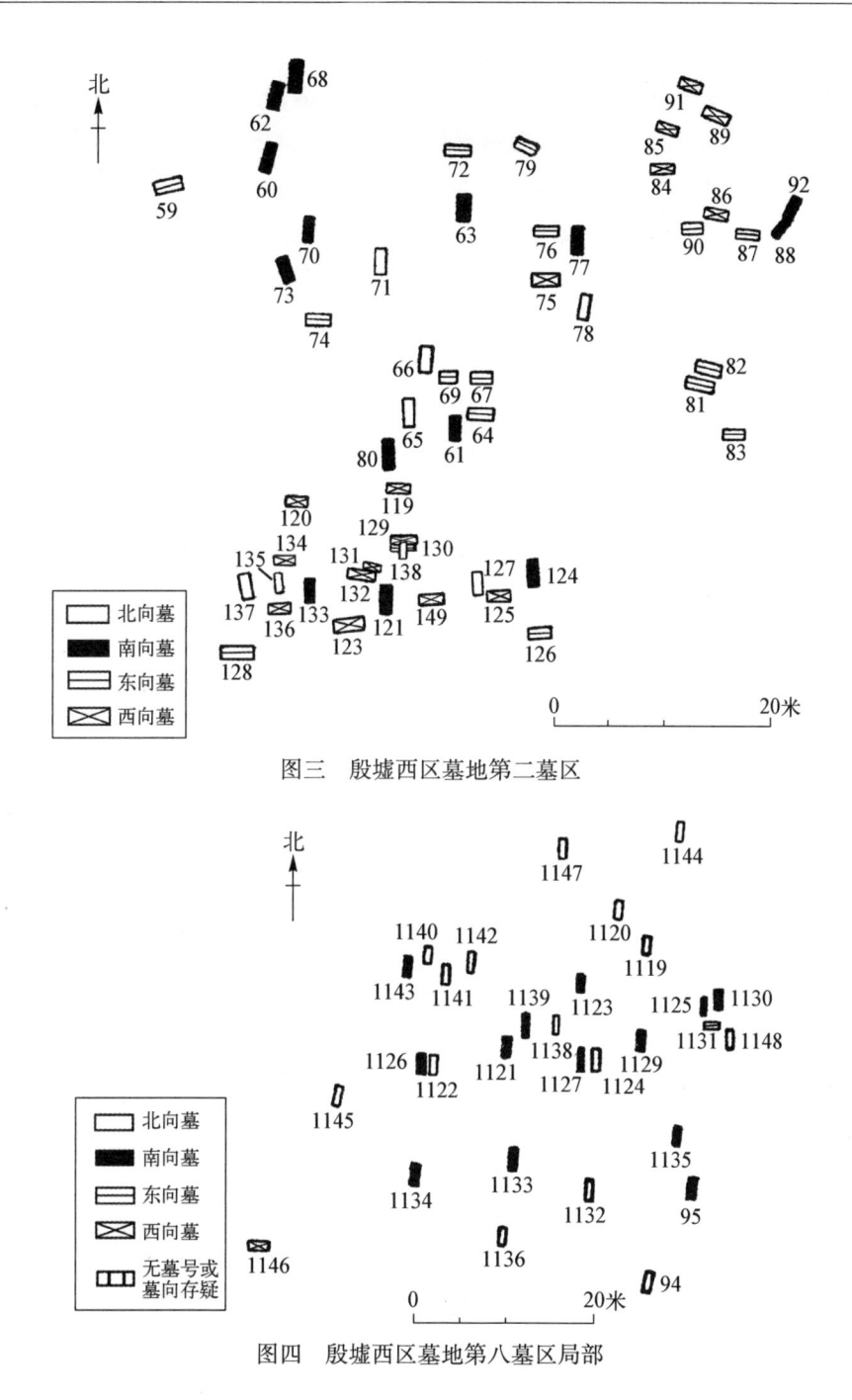

图四　殷墟西区墓地第八墓区局部

定的亲属关系"。① 但多数墓葬的分布看不出显著的规律,朱先生所说的情况即使存在,也应属个案。这些异向墓葬墓主的关系应存在其他可能。

第一种可能是,这些墓群仍为亲缘群体,或以亲缘群体为主,其存在不同墓向的墓葬

---

① 朱凤瀚:《商周家族形态研究》,天津古籍出版社,2004年,第109页。

乃是婚姻的结果,或者是亲缘群体内存在异族依附人群(如奴隶等)。不过,目前所见同一墓群中不同方向的墓葬在等级上多无显著差别,故后者尚无可靠证据;性别鉴定资料的缺乏,也使前者无法深入考察。假使这种可能性存在,则意味着夫妇或主仆可采用不同的墓向,这与晋侯墓地等所展现的周代墓葬的情况是不太一样的。①

另一种可能是,这些墓群所属人群的构成较为复杂,并非来自同一亲缘群体。若此,则此类墓地就不是族墓地,其墓主的相互关系需做进一步的探讨。

对晚商墓地的考察,不能将视野仅仅局限于殷墟遗址。事实上,河南罗山天湖、荥阳小胡村,山东滕州前掌大、青州苏埠屯,河北定州北庄子等地晚商墓葬的发现,已经展示了不同于殷墟墓地的若干特点。我已论证,这些墓地的墓葬等级普遍偏高,葬俗有较高的一致性,族氏铭文也较单一,性质很可能是以贵族为主的军事和殖民据点。② 林森称之为"血缘宗族墓地"。③ 还应指出的是,这些墓地大多未发现同时期的居址。这意味着晚商时期存在另一种形式的墓地,其等级较高,不与居址合一,墓主属同一亲缘群体。对这些墓地的分析,提供了解构殷墟墓地的新视角。可惜已有资料的刊布情况,尚不足以做更进一步的探讨。

三

正如林森所指出的那样,长期以来,对商周墓地的解读多是在周代文献中"族坟墓"相关记载的视角下进行的。对商代墓地的研究,还常常和对青铜器"族氏铭文"的研究,以及甲骨文有关"族"的研究相结合。然而,已有的考古发现表明,即使对照周代墓地,东周文献中的记载也存在诸多不合之处;殷墟遗址中,出土文字资料中的"族"和墓地分群也远没有很好地契合。因此,对商代墓地的考察应尝试跳出"族坟墓"视角,考虑更多的可能性。

本文对晚商墓地的分析表明,晚商应该存在亲缘性的墓地,但其规模一般不大,对应的大概是由若干核心家庭构成的扩展家庭。这是从墓地可以分析到的晚商最大的亲缘性社会单位。

从墓地布局看,殷墟一般墓地中,可能存在基于核心(或主干)家庭的墓葬排列规划;但墓地整体布局较为松散,并不存在整体的严格布局规划。这可能意味着核心家庭等小的亲缘群体的凝聚力较强;而核心家庭之上的亲缘组织,对其内部成员的控制能力趋于弱化。这一现象应该与地域性社会组织的发展有关,也应是殷墟这一超大型都邑稳定延续二百余年的社会基础。

---

① 谢尧亭认为曲村晋国墓地中反映的情况是,"妻子出嫁到夫家,死后埋葬基本上是按照夫族的习俗埋葬"。参见谢尧亭:《晋国早期人群来源和结构的考察》,《新果集——庆祝林沄先生七十华诞论文集》,科学出版社,2009年,第361页。
② 邰向平:《商系墓葬研究》,科学出版社,2011年。
③ 林森:《西周基层地域组织研究》,吉林大学博士学位论文,2015年,第106至110页。

殷墟各地点的墓地中,不同葬俗的墓群相互交错,甚至不同墓向的墓葬交错杂处于同一墓群中。这一现象对殷墟居民聚居的"族邑模式"说提出了新的问题:族邑的规模、范围如何？同一族邑中的人群是否均属同"族",抑或有更为复杂的居民构成形式？是否存在地缘性的"邑"？①

商系墓葬中,一些葬俗的流行范围尚不完全清楚。如腰坑是商墓中流行的葬俗,殷墟设腰坑的墓葬约有半数。虽然相对而言,高等级墓葬中设置腰坑的习俗更为流行,但即使同一墓地中同等级的墓葬,其设置腰坑与否,也并无明确规律。此外,俯身葬葬式一般被认为与男性有关,但并非所有男性都用俯身葬,其取舍标准迄今尚未弄清。还有,不少学者主张殷墟存在夫妇"异穴并葬"的现象,并列举了不少墓例,但对于大量无"并葬"迹象的墓葬却难以做出合理解释。如果我们承认殷墟普遍存在地缘性墓地,甚至一些亲缘性的墓地内也可能存在一定的地缘因素,则上述问题都有可能获得合理的解释,即这些葬俗不但与墓主的等级、性别有关,也与特定的族群有关,拥有不同葬俗的人群葬于同一墓地中,造成了葬俗的多样化。当然,这尚需结合明确的,尤其是殷墟以外的"亲缘性墓地"进行验证。

晚商时期,殷墟以外的若干墓地不但葬俗一致性较强,且等级普遍较高。这些墓地多居于商文化边缘地区,表明晚商王朝在对外控制中更依靠贵族家族,或某些家族中的贵族群体。考虑到殷墟王陵区和包括若干大墓在内的后冈第一区墓葬②中,葬俗的一致性也较强,似乎可以推测,晚商时期的高等级人群更重视亲缘关系。

迄今所见二里岗文化的墓地,多只包含一二十座墓葬;稍晚的以藁城台西为代表的墓地,规模有所扩大;③至晚商时期,殷墟及一些小型聚落④中,多能见到规模较大的墓地。从早商到晚商,墓地规模的逐渐扩大,似乎展示出小型亲缘群体被逐渐整合为大型社会组织的过程。这种整合可能兼有亲缘和地缘的因素,而在高等级族群中似更偏重亲缘整合。再往上溯,目前已发现的先商文化墓地规模较大而布局规整,此种墓地在早商时期各等级遗址中均无发现,则从先商到早商,至少在地方社会组织中,似又经历了从大型亲缘群体解体为小型亲缘群体的过程。究竟是否如此,有待于进一步发现的检验。

---

① 在最近的一篇论及殷墟布局的文章中,殷墟的发掘者们使用"邑聚"、"居民点"等词,替代了"族邑"一词,似乎对殷墟内部"邑"的构成的认识有所变化。见唐际根等:《洹北商城与殷墟的路网水网》,《考古学报》2016年第3期。
② 刘一曼、徐广德:《论安阳后冈殷墓》,《中国商文化国际学术讨论会论文集》,中国大百科全书出版社,1998年。
③ 河北省文物研究所:《藁城台西商代遗址》,文物出版社,1985年。
④ 河南省文物考古研究所:《河南荥阳关帝庙遗址考古发现与认识》,《华夏考古》2009年第3期。

周原遗址黄堆墓地分析

雷兴山[1] 蔡 宁[2]

（1. 北京大学中国考古学研究中心 2. 北京大学考古文博学院）

对周原遗址西周墓地的研究，目前至少有三个问题有待加强：

其一，墓地范围研究甚少。以前仅知周原遗址西周墓地数量多，但无一能明确墓地范围者，直到2012年姚家墓地的钻探，才首次在周原遗址确认了一处西周墓地的范围。

其二，墓地结构研究甚少。墓地结构研究，是指对一个墓地进行分区并判断各分区之间的关系。这些关系包括时间、范围、族群（或特定人群）等方面。以往对周原遗址西周墓葬族属的研究已有不少成果，但由于墓地范围不清等原因，有关墓地分区及墓地族群结构的研究较为缺乏。

其三，墓地与居址区对应关系研究甚少。所谓对应关系，简单地说，是指哪些墓葬与哪些居址遗存是属同一族群（或特定人群），或一处墓地的墓主人生前居住在何处。以往关于周原遗址居葬对应关系仅有初步研究。①

本文对周原遗址黄堆墓地的分析，主要是围绕上述三个问题。

黄堆墓地位于周原遗址的东北边缘，陕西省扶风县法门镇黄堆村坐落其上。宝鸡市周原博物馆等单位分别于1980—1983、1992、1995、1996年对该墓地进行了钻探和发掘。②该墓地墓葬普遍体量较大，出土过青铜器、玉器和原始瓷器等重要遗物，一直是周原遗址墓葬研究的重点对象。

从2013年开始，北京大学考古文博学院等单位对周原遗址进行了大规模的考古调查，大致厘清了周原遗址商周时期的聚落结构。其中针对黄堆墓地的边界问题进行了复查与局部钻探，获得了一批新资料。特别是周公庙、孔头沟、周原等遗址的发掘与研究，加

---

① 种建荣：《周原遗址齐家北墓葬分析》，《考古与文物》2007年第6期；雷兴山：《论周原遗址西周时期手工业者的居与葬》，《华夏考古》2009年第4期。

② A. 陕西周原考古队：《扶风黄堆西周墓地钻探清理简报》，《文物》1986年第8期。B. 罗红侠：《扶风黄堆老堡西周残墓清理简报》，《文博》1994年第5期。C. 罗红侠：《扶风黄堆老堡三座西周残墓清理简报》，《考古与文物》1994年第3期。D. 周博物馆：《1995年扶风黄堆老堡子西周墓清理简报》，《文物》2005年第4期。E. 周原博物馆：《1996年扶风黄堆老堡子西周墓清理简报》，《文物》2005年第4期。本文所引黄堆墓地以往田野工作资料基本来自上述五篇简报。为节约版面，以下所引均不一一注明。凡引1980年—1983年钻探发掘资料，皆引自简报A；凡引1992年清理的墓葬M25、M52和M42，皆引自简报C；凡引1992年清理的其他墓葬，皆引自简报B；凡引1995年清理的墓葬资料，皆引自简报D；凡引1996年清理墓葬资料，皆引自简报E。至于引用简报中的有关认识时，本文再单独注明。本文墓号，是将原简报中墓号前加发掘年份而成。

深了对周原地区西周墓葬的族属特征与墓地结构的理解。这些新发现与新认识乃本文之研究缘起。

一、墓地范围与堆积状况

发掘者认为黄堆墓地"东起法黄公路,西到村西初级小学,南到老堡涝池边,北到大街中心,面积约百亩以上"。① 根据以往田野考古工作成果,结合2013年调查勘探新资料,我们进一步确定了墓地的边界。其中关于墓地北界和西界北段的判断,与以往认识有较大差异(图一)。

1. 判断北界的依据

(1) 在黄堆村外西北部,有一个环形取土壕,断坎编号为DK335(图一)。该坎普遍较深,有些地段达3米,断坎剖面上部为大量河卵石或碎石块层,下部均暴露生土。2013年在DK335东岸南端(即村北部处)发现1座马坑,坑深1.15、宽1.85米,坑内有2具完整马骨。马坑以北的断坎上未再发现有墓葬或文化层。此发现表明墓地已分布至此,原来认为黄堆墓地的北界仅到街道中心的认识有误。

(2) 2013年调查时得知,在新发现的马坑西南部区域,曾出土过青铜钟。遂在该区域钻探,发现了9座墓葬,最大者长约9、宽约6米。在这片墓地以西的DK335上再不见墓葬,在这片墓地以北区域内亦未再钻探出墓葬。上述发现可确定黄堆墓地北界西段。

(3) 2013年在村北区域也进行了小规模钻探,并调查了所有断坎,未发现墓葬。但最北一排房屋的居民告知,在修建房屋时曾发现铜器和墓葬迹象。刘士莪先生曾告知雷兴山,20世纪80年代初,刘先生在黄堆公共汽车站北部断坎上发现1座带墓道大墓,遗憾的是,2013年复查时已不见该断坎。据此信息,将黄堆墓地的北界,大致定在村北现代村舍一线。

2. 判断西界的依据

在黄堆村西钻探新发现的墓葬的西边,是断坎DK335和DK336。这两段断坎剖面所见仍为河卵石层和生土,没有西周遗存。以前在DK336东边的村舍下发现过青铜车器。1980年调查时也得知这一区域出土过青铜器。据此,可把黄堆墓地西界北段,大致定在DK336以东,即今黄堆村西部。至于西界南端的确定,目前尚无充分证据,仅是根据1980年调查钻探结果而定。

---

① 罗红侠:《扶风黄堆老堡三座西周残墓清理简报》,《考古与文物》1994年第3期。

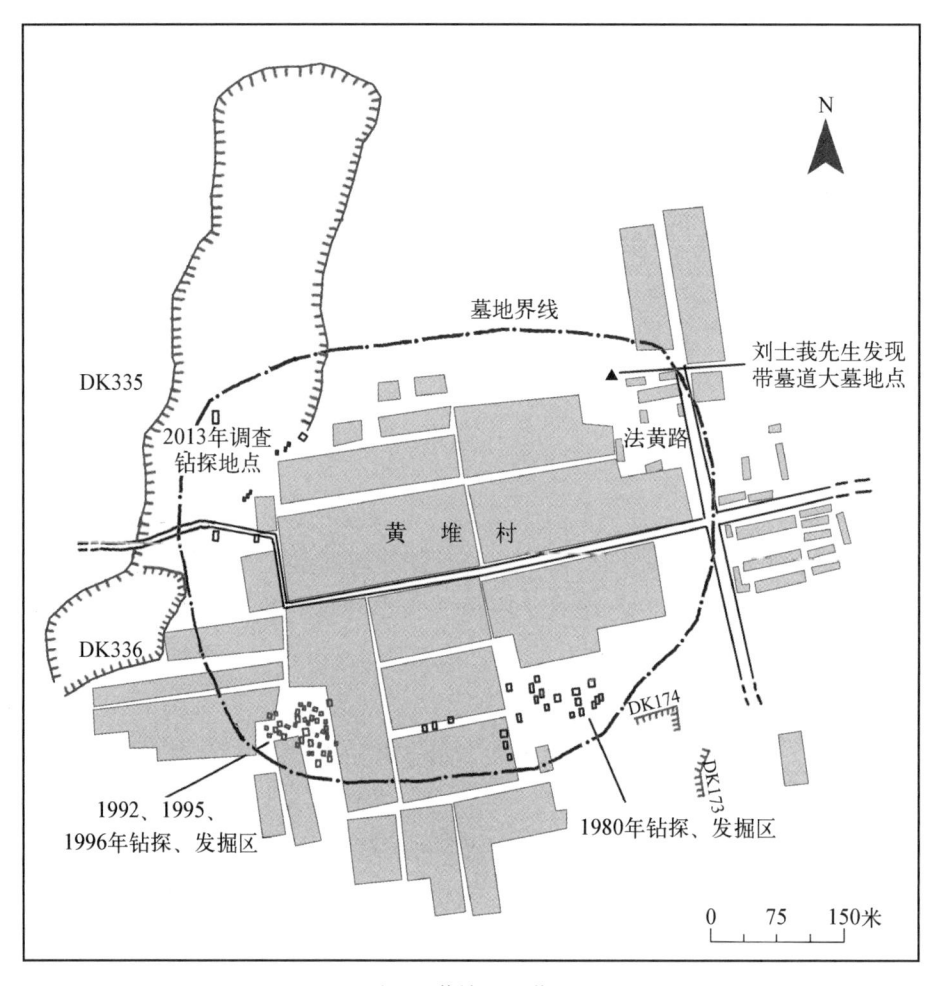

图一 黄堆墓地范围

(本图依据2013年"周原遗址考古GIS系统"改制,村舍分布乃2012年时状况,与1980年状况稍有差异)

3. 判断南界的依据

(1) 确定墓地南界东段的证据较为充分。根据1980年和1983年钻探图可知,①在钻探范围的南部未发现墓葬。2013年调查了村南部3个断坎DK175、DK174、DK173,仅在DK175上发现西周墓葬,而在其他两个断坎上皆未发现墓葬。表明墓地南界东段应在DK175与DK174之间。

(2) 确定墓地南界西段是依据以往工作成果。1983年钻探时认为"涝池北岸也是墓地的南边缘",1995年发掘简报是根据1983年钻探结果,却认为墓地"南到老堡子村涝池

---

① 陕西周原考古队:《扶风黄堆西周墓地钻探清理简报》,《文物》1986年第8期。该文图二上标识了在墓地南端的钻探范围。

南岸",不知何故。现知涝池北墓葬群的南界,的确与前述黄堆墓地南界东段,大致处在东西一条直线上,所以我们仍将涝池北岸作为黄堆墓地的南界西段。

4. 判断东界的依据

(1) 1980年在供销社院内、土壕东边的砖瓦厂和农机站内外空地进行了钻探,没有发现迹象。说明墓地的东缘就截止在土壕东岸。(2) 2013年复查了法黄公路东西两侧的断坎,没有发现墓葬,更是在公路以东大范围区域未发现西周时期堆积。因此同意以往钻探结论,将黄堆墓地东界定于法黄公路一线。

综上,黄堆墓地的范围应为:北部边界位于黄堆村北,南部边界位于黄堆涝池北岸一线,西部边界大致是现在村落的西端,东部边界在南北法黄公路一线。该墓地面积约28万平方米,合400多亩,范围远大于以往所知,是目前所知周原遗址西周聚落中范围最大的墓地。

对于黄堆墓地内的堆积状况,有三点认识:

1. 黄堆墓地是一处单纯的墓地

历年来钻探和发掘资料所见,黄堆墓地内无任何西周时期居址遗存,该墓地应是一处单纯的墓地。周原遗址西周时期墓地可分为两类:一类是单纯的墓地,以黄堆墓地、姚家墓地等为代表;另一类是墓葬与居址遗存共处一地,两种遗存间多有相互打破关系,但陶器分期年代相同,以齐家北制石作坊墓地和李家铸铜作坊墓地等为代表。笔者把这类墓地特征称为"居葬合一"。在周原遗址,单纯墓地的数量,远远少于居葬合一的墓地。

2. 黄堆墓地似可分为多个墓区

黄堆墓地内并非墓葬密布,应有空白区域。1980年在供销社院内钻探未发现墓葬。在村东南的土壕里发现墓葬密集,但南城壕区域仅发现3座墓葬,两块墓地之间尚有大片空白区域。据周原博物馆杨水田介绍,1995年和1996年发掘黄堆墓地期间,曾在多家村民院内钻探,有些院内发现有墓葬,但也有些院内未发现墓葬。据此可初步判断,黄堆墓地似应由多个墓区(或小墓地)组成,墓区与墓区之间存在空白区域。

3. 墓上叠压"黑垆土层"

1980年发掘表明,墓口之上的地层堆积可分三层,其中第三层(西周墓葬均开口于该层下)"土色红褐,土质坚硬,内含砾石、粗砂和一些腐殖质",发掘者认为该层"应是岐山山洪冲刷沉积形成的"。1995年发掘简报介绍M63墓口上叠压的第三层,"为黑褐土层,厚0.26—0.33米。土质松软,内含白色丝状物和春秋、战国时期陶片"。2013年调查也发现了该土层。在周原遗址乃至周原地区,该层普遍分布,所有西周时期遗存均叠压在该层下。研究者一般认为,该层土形成于东周时期,称为"黑垆土层"。

二、墓地分区与族群结构

以往对商周时期墓地分区方法的讨论,有共识也有分歧。比如有些研究者把葬俗特征作为分区依据,而韩建业却认为,"对墓葬布局的空间划分应根据其集结情况和相互间的距离远近而定,而不能以葬俗特征作为划分原则;葬俗特征是划分区、组以后要进一步考察的东西"。①

笔者基本同意韩建业认识,但也有不同意见。笔者认为,墓地分区目的是墓地结构研究,而墓地结构研究的重点是各墓区特定人群关系,所以,不同的墓区应代表不同的人群。而要区别不同的人群,需依据各种人群的葬俗特征。由此理念,笔者认为,可用族群文化特征②(而非一般葬俗特征),作为墓地分区标准。

换言之,笔者认为墓地结构研究的流程也可以是:首先总结不同族群(或特定人群)的文化特征,进而在判断墓主族属的基础上,根据同一族群墓葬的集中程度来划分墓区。特别是在有些墓葬密集分布的墓地,各区墓葬之间没有明显的空白区域,墓向等特征差别也不甚显著,在这种情况下,很难根据墓葬密集程度划分墓区,否则容易造成分歧意见。根据同一族群集中程度来分墓区,不失为一个墓地分区的方法,也许这种分区方法才可直达研究目的。

周原遗址西周聚落内的居民,大体可分为两大族群:一是以姬姓周人为代表的、灭商前居住在关中西部地区的族群,可称为"周系族群"(或"西土集团");另一族群为广义的殷遗民,指灭商前原使用殷墟商文化系统的族群,可称为"殷遗民"(或"东土集团")。由于目前尚不能对这两大族群进行更为细致的区分,故本文仅是依据这两大族群文化特征来分区。

关于殷遗民墓葬文化特征,马赛曾做过系统总结,认为凡是有腰坑、殉人、殉牲、随葬仿铜陶礼器或陶明器之墓,都是殷遗民墓葬。③

我们同意马赛的认识,并又增加了几条标准:④或随葬陶簋,或随葬陶豆,或随葬骨笄,或随葬同形陶器(多为"偶数同形")之墓,族属都是殷遗民。周原地区周系族群墓葬的特征是:无腰坑,无殉人,无殉牲,随葬陶器仅有单鬲,或单鬲单罐,也有少量墓葬仅随葬单罐。

商周时期车马坑或马坑的埋葬方式有异,对应族属有别。以往研究认为,商系多为整车整马埋葬,而周系则为拆车而葬,填埋活马。对于马坑中的殉马,周人多以活埋为主,殉马排列杂乱,异姓部族则多以杀殉为主,马骨排列有序。⑤ 笔者认为这些认识是正确的。

---

① 韩建业:《殷墟西区墓地分析》,《考古》1997 年第 1 期。
② 或可称为"族属代码"。
③ 马赛:《聚落与社会——商周时期周原遗址的考古学研究》,北京大学博士学位论文,2009 年,第 87—106 页。于此还需说明的是:凡具备文中所述特征之一者,即可判定该墓族属为殷遗民。
④ 种建荣、雷兴山、陈钢:《周原遗址姚家墓地结构分析》,待刊。
⑤ 可参考罗西章:《周人车马坑》,《周秦文化与社会研究——纪念中国先秦史学会成立 20 周年学术研讨会论文集》,第 709—738 页;马赛:《聚落与社会——商周时期周原遗址的考古学研究》,北京大学博士学位论文,2009 年,第 105—107 页。

上述墓葬族属判断标准,是否准确科学,能否普遍使用,估计仍会有不同意见,有待更更多的检验。笔者认为,有一种较为直接和有效的验证方法:若按这些标准划分墓区,如果两种族群墓葬是各自集中分布,则可证明上述族属判断标准是正确的。①

依据上述标准,黄堆墓地涝池北符合殷遗民文化特征的墓葬及特征是(图二):

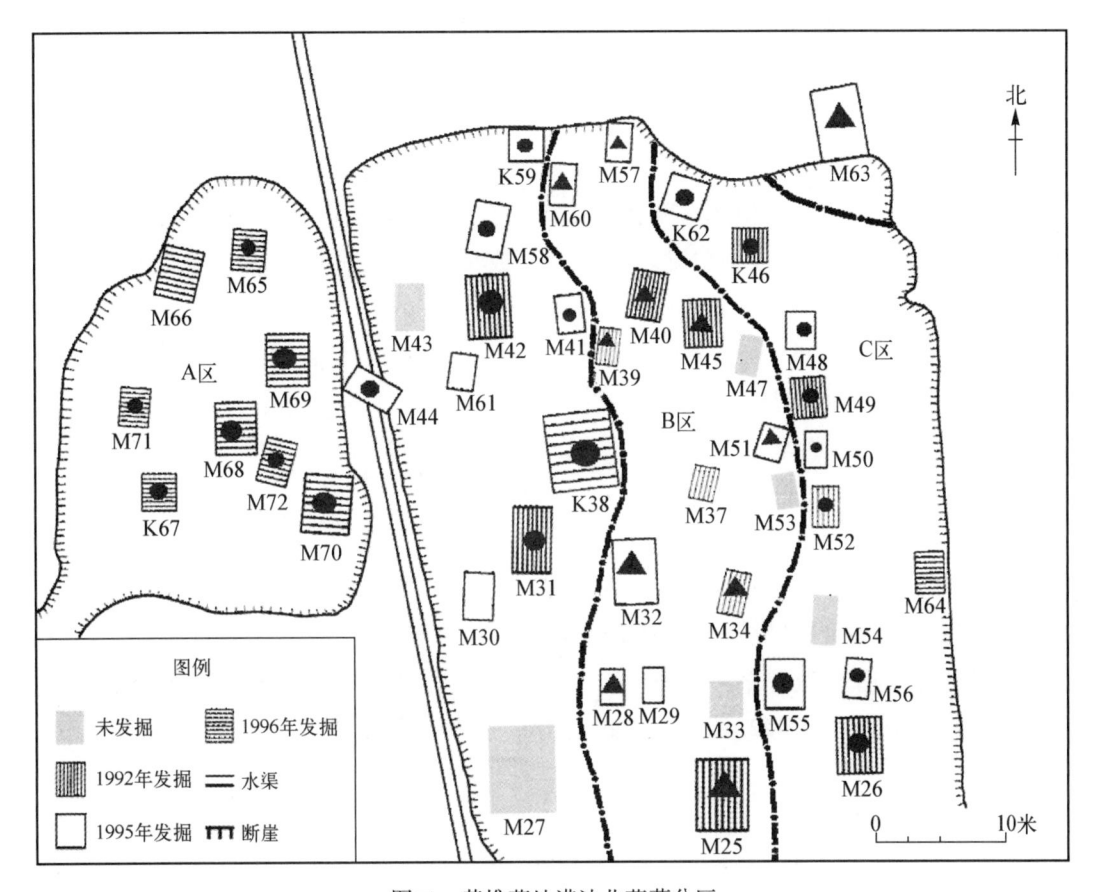

图二　黄堆墓地涝池北墓葬分区

(标三角者表示殷遗民墓,标圆者表示周系墓葬。本图依据周原博物馆《1995年扶风黄堆老堡子西周墓清理简报》图一改制)

(1) 带腰坑的墓葬有:92M25、92M39、92M45、95M57和95M63,腰坑内皆有动物骨架,大部分是狗。

(2) 殉牲墓葬有:95M32(殉羊、殉狗)和95M60(殉狗)。

(3) 出土陶豆墓葬有:92M34(2件,同形)、92M40(2件)、95M28(1件)和95M51(1件),其中92M40还随葬骨笄。

需要强调的是,这些墓葬集中分布,可单独成区(图二中的B区),②其族属应为广义

---

① 我们曾做过验证,发现不仅在周原遗址西周时期的姚家墓地,而且在湖北叶家山西周墓地,甚至在东周时期的曲阜鲁故城,若按这些标准判断族属,则同一族群的墓葬均集中分布。

② 在该区中95M29无报道资料,92M37族属不能明确。

的殷遗民。①

B 区两侧的墓葬,与 B 区墓葬特征迥然有别,不见腰坑,不见殉人,不见殉牲,不见随葬陶鬲、陶豆,不见随葬同形陶器,总之不见上述任何一项殷遗民墓葬文化特征。这些墓葬可归为两区,即 A 区和 C 区(图二)。

A 区墓葬包括 92M31、95M41、92M42、95M44、95M58、96M65、96M68、96M69、96M70 和 96M71、96M72。② 马坑包括 96K38、95K59 和 96K67。③

C 区墓葬包括 95M48、92M49、95M50、92M52、95M55、95M56 和 92M26。④ 马坑包括 92K46⑤ 和 95K62。

黄堆墓葬虽多经盗扰,但随葬陶器一般多残存。A、C 两区墓葬中,劫余陶器组合一般或为单鬲,或为单鬲单罐,或为单罐。5 座马坑(或车马坑)之马均为活殉,车马坑中或仅见车轮,或将车拆散。两区墓葬族属应为周系集团。

C 区东北角的 95M63,与 C 区墓葬有一定距离,该墓有腰坑,腰坑中有殉狗,其族属应为殷遗民,不应属 C 区,应属另一区墓葬。

黄堆墓地东南部墓葬与马坑,较少发掘,多经盗扰,但几座墓葬和马坑族属也可定为殷遗民,分布较为集中(图三):

80M3 为带腰坑墓葬,腰坑内殉狗。80M1 随葬明器陶罐 1 件。随葬仿铜陶礼器盘、盉各 1 件,"均系未经火烧的红泥坯"。马坑 80M7 殉马"摆放整齐,无挣扎状态,应为杀殉"。这 3 座墓葬和马坑的特征完全符合殷遗民文化特征。

遗憾的是,与上述几座墓集中分布的 80M2、80M4 和 80M16 的族属尚不能明确。⑥ 位于老堡子南城壕内的 80M22(图三),无腰坑与殉牲,劫余 1 件陶鬲,其族属有可能为周系族群。

---

① 黄堆墓地相关发掘报告中,均未有墓主性别鉴定报告,影响了部分墓葬(如 80M2、92M37)族属的判断。如果本文所分 B 区全部为女性墓葬,则可能会影响本文结论。本文倾向认为这种可能性甚小,因为至今未发现西周时期单纯女性墓葬大范围聚葬的情况。
② 位于 A 区的墓葬 95M30、96M66 和 95M61 无报道资料。
③ 其中 96K38 和 96K67,在 1995 年发掘简报图一(黄堆老堡子西周墓葬分布图)中未见,原图上标注 1996 年发掘有 M38 和 M67,而简报并未报道 M38 和 M67 的资料。通过对比墓葬位置和描述,我们认为原简报图一中的 M38 和 M67 即为 K38 和 K67,简报图一可能标注有误。
④ 位于 C 区的 96M64 无报道资料。
⑤ A. 1992 年发掘简报(罗红侠:《扶风黄堆老堡三座西周残墓清理简报》,《考古与文物》1994 年第 3 期)中报道车马坑一座,编号为"92FHK(一号马坑)",并描述该马坑位置是"西邻 M40,南邻 M34",但查该简报图一(黄堆西壕墓葬分布图),并未发现该马坑,且 M40 与 M34 相距甚远,估计可能是报道有误。B. 1995 年发掘简报图一(黄堆老堡子西周墓葬分布图)与 1992 年简报图一有较大差异,考虑到黄堆墓地的发掘是周原博物馆的连续工作,故本文以 1995 年发掘简报分布图为准。C. 在 1995 年发掘简报图一中,1992 年发掘的马坑 K46,位于 92M40 之东,故本文暂把"92FHK(一号马坑)"认为是 92K46。
⑥ 80M4 和 80M16 出土铜器却与殷遗民有关。80M4 中出土 2 件铜簋上有铭文"用事厥考日戊"。按张懋镕先生周人不用日名的观点(《周人不用日名说》,《历史研究》1993 年第 5 期,第 217—222 页),器主先考用日名,那么器主是殷遗民。假如铜器主人是 M4 墓主,那么 M4 墓主则是殷遗民。80M16 中出土一件戜簋,铭文作"戜作旅簋"。1975 年周原遗址庄白村出土戜伯诸青铜器(扶风县文化馆罗西章、陕西省文管会吴镇烽、雒忠如:《陕西扶风出土西周伯戜诸器》,《文物》1976 年第 6 期),一般认为此"戜"为殷遗民。黄堆墓地 M16 之戜,与庄白戜伯有可能是同一人。遗憾的是,即使如此,80M4 和 80M16 出土青铜器也无助于这两座墓族属的判断。

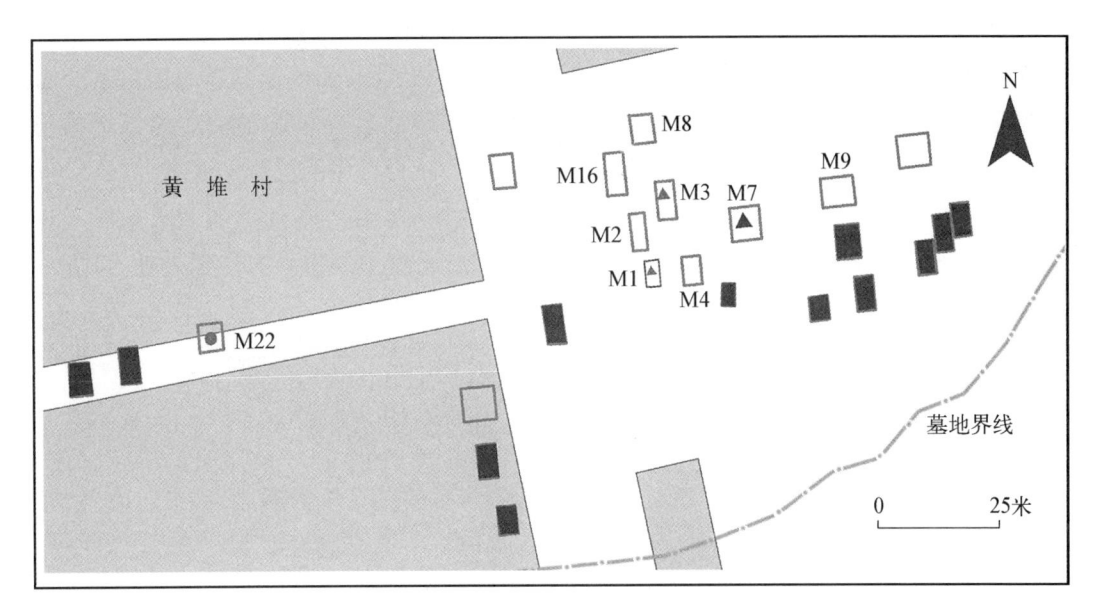

图三　黄堆墓地东南部墓葬分区

(本图主要依据陕西周原考古队《扶风黄堆西周墓地钻探清理简报》图二改制,标三角者为殷遗民墓葬,标圆圈者为周系墓葬,涂黑者为未发掘墓葬,此外仍有部分墓葬已发掘,简报原图未标识墓号)

由上分析可知:

黄堆墓地可按族群不同而分区。墓地族群既包括周系集团,也包括殷遗民。过去发掘者和有些研究者认为黄堆墓地是单纯的周人墓地,①甚至"不少专家早就推测,西周王陵可能就在黄堆一带"。② 但涝池北 B 区殷遗民墓葬集中分布的特征,却显示这里的殷遗民并非个别,而是有一个族群。

周系集团与殷遗民族群共处一地的墓地结构形态,也见于其他西周墓地。如谢尧亭将天马—曲村墓地分出东向墓、北向墓及西向墓等几个族群,分别属于周人、本地土著和殷遗民,同族群墓葬集中分布,不同族群墓葬犬牙交错,整个墓地的墓葬密集分布。③ 再如,林森认为张家坡北区墓地中,既有井叔家族这样的高等级姬姓周人贵族,也有地位明显较低的周人中小贵族及平民,还有来自西方的姜姓羌人和来自东方的殷人遗民。④

这种墓地形态在周原遗址并非孤例,姚家墓地亦如此。笔者曾认为这种形态,或可表明周原遗址西周聚落内,存在以血缘关系为基础的地域组织。⑤ 但黄堆墓地与姚家墓地的形态还有些差异:

---

① 罗红侠:《扶风黄堆老堡三座西周残墓清理简报》,《考古与文物》1994 年第 3 期。马赛:《聚落与社会——商周时期周原遗址的考古学研究》,2009 年,第 87—106 页。
② 罗红侠:《扶风黄堆老堡三座西周残墓清理简报》,《考古与文物》1994 年第 3 期。
③ 谢尧亭:《晋国早期人群来源和结构考察》,《新果集——庆祝林沄先生七十华诞论文集》,科学出版社,2009 年,第 342—348 页。
④ 林森:《从张家坡墓地看西周社会基层地域组织》,《中国国家博物馆馆刊》2014 年第 7 期,第 63—74 页。
⑤ 种建荣、雷兴山、陈钢:《周原遗址姚家墓地结构分析》,待刊。

如黄堆墓地殷遗民墓葬与周系族群墓葬紧密相邻,不似姚家墓地两族群墓区相距较远;黄堆墓地殷遗民墓葬规模较大,等级与周系墓葬不相上下,而姚家墓地殷遗民墓葬面积普遍较小,等级明显比周系族群较低。再如,黄堆涝池北墓葬群所分各区中,墓葬排列散乱,墓向并非完全一致,与姚家墓地殷遗民墓葬排列较为有序的墓位形态差异较大,也与周原遗址齐家北等墓地中"同向小聚集、异向大插花"的墓位形态,①有较大差异。凡此,或可表明黄堆墓地同一墓区中的人群更为复杂,社会组织结构尚有特殊之处,需进一步研究。

三、墓地对应居址区推测

在商周时期大型聚落考古研究中,有些墓地与居址的关系较为明显,易于对应,如殷墟小屯宫殿区可对应西北岗墓地。但总体而言,如何将一处墓地与墓主人居住区对应的实践与理论探讨均较少,这也算是商周墓葬研究中的一个难题。

笔者认为,墓地与居址区对应关系研究,其实就是聚落结构研究,即研究墓地和居址区之间的时间、位置、性质、分布形态、特定人群等关系。2013年周原遗址调查和研究,已初步划分出商周时期聚落的功能区。② 以此为基础,本文拟以黄堆墓地对应居址区研究为例,初步探讨判断居葬对应关系的方法。

我们推测,与黄堆墓地对应的居址区,很有可能是召陈居址区、云塘居址区、下务子居址区。③ 申述如下:

其一,功能区时间对应关系分析。

黄堆墓地发掘简报将绝大多数墓葬年代定为西周中、晚期,我们同意这些认识。发掘简报只将一座墓80 M22的年代定为西周早期偏晚阶段,④我们认为简报对该墓年代的认识可商榷。

80M22中仅出土1件陶鬲M22∶1(图四∶5、6),该鬲应属于高直领型。笔者曾论述过周原地区西周早期的高直领鬲,应来源于先周晚期的横绳纹鬲,并初步分析了两者的演变规律。⑤ 在周原遗址,目前见到的西周早期偏早阶段的高直领鬲,是2002年齐家北制

---

① 雷兴山:《论周原齐家制玦作坊的族徽与社会结构》,北京大学中国考古学研究中心等编:《古代文明》(第10卷),上海古籍出版社,2016年。
② 雷兴山:《周原遗址商周时期聚落分区方法刍论》,何驽主编:《李下蹊华——庆祝李伯谦先生八十华诞论文集》,科学出版社,2017年。
③ 特别说明的是,由于出版印刷等原因,本文不再附周原遗址西周时期聚落各阶段功能区分布图,请读者参阅雷兴山、种建荣:《周原遗址商周时期聚落特征新识》(载湖北省博物馆编:《大宗维翰:周原青铜器特展》,文物出版社,2014年)一文,不便之处,敬请谅解。
④ 陕西周原考古队:《扶风黄堆西周墓地钻探清理简报》,第65页。
⑤ 雷兴山:《周公庙遗址卜甲坑H45的期别与年代——兼论对关中西部商周之际考古学文化分期的几点认识》,北京大学中国考古学研究中心等编:《古代文明》(第5卷),文物出版社,2006年。

石作坊出土的 M29∶2(图四∶1),①该鬲腹上部仍饰横绳纹,足根部饰竖行绳纹,应是横绳纹鬲向高直领鬲的过渡形态。该墓同出的小圆肩罐 M29∶3(图四∶2),少见于西周早期偏早阶段,常见于早期偏晚阶段,消失于早中期之际。因此可将 M29 年代定于西周早期偏早阶段(尚不是周原遗址西周初期)。周原遗址 1999 年度在齐家发掘的 M17 曾出土陶鬲 M17∶7(图四∶3、4),②颈部绳纹被抹,残痕依稀可见,腹部绳纹条理清晰,印痕较深,触之有扎手感,是西周早期偏晚阶段陶鬲的典型特征。

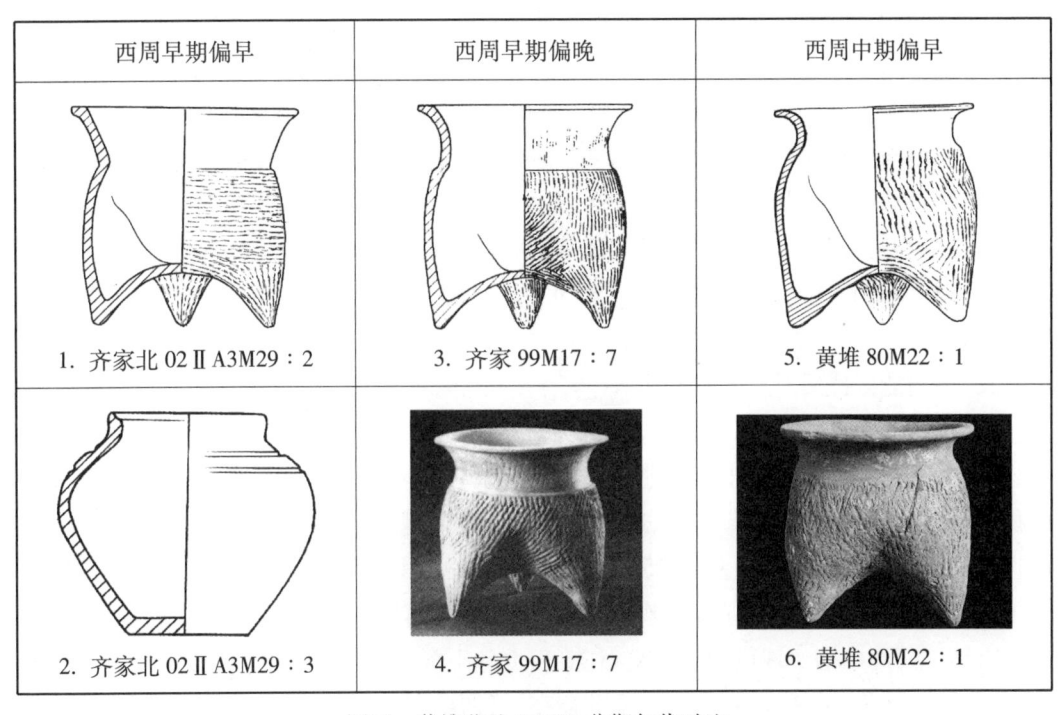

西周早期偏早	西周早期偏晚	西周中期偏早
1. 齐家北 02ⅡA3M29∶2	3. 齐家 99M17∶7	5. 黄堆 80M22∶1
2. 齐家北 02ⅡA3M29∶3	4. 齐家 99M17∶7	6. 黄堆 80M22∶1

图四　黄堆墓地 80M22 分期年代对比

  M29∶2 与 M17∶7,依然延续着先周时期横绳纹鬲的高领、束颈明显之特征,M29∶2 领斜直,而 M17∶7 斜领已稍外卷,式别特征稍晚于前者。黄堆 M22∶1 与前两者相比,领已变矮,且外卷较甚,束颈不明显,不见前两者沿面缘部的"小平台",式别特征明显晚于前两者。另外,M22∶1 所饰绳纹印痕较浅,纹理杂乱。黄堆 M22∶1 的年代特征,均是西周中期偏早阶段陶鬲的特征。所以,M22 的年代应定为西周中期偏早阶段(或早中期之际)。

  由上可知,黄堆墓地的使用年代为西周中期偏早阶段到西周晚期。马赛曾分析认为,召陈、云塘、下务子等居址区的年代为西周中期偏早阶段到西周晚期。③ 在 2012 年和 2013 年周原遗址考古调查中,在这些功能区内未曾发现过西周早期的陶片,因此,我们同

---

  ① 陕西省考古研究院、北京大学考古文博学院、中国社会科学院考古研究所周原考古队:《周原——2002 年度齐家制玦作坊和礼村遗址考古发掘报告》,科学出版社,2010 年。
  ② 周原考古队:《1999 年度周原遗址ⅠA1 区及ⅣA1 区发掘简报》,北京大学中国考古学研究中心等编:《古代文明》(第 2 卷),2003 年,第 517 页。
  ③ 马赛:《聚落与社会——商周时期周原遗址的考古学研究》,北京大学博士学位论文,2009 年。

意马赛的认识。

由上可见,黄堆墓地与召陈等功能区的年代相同,皆出现于西周中期偏早阶段,并存于西周中、晚期。

其二,功能区位置对应关系分析。

西周早期时,周原聚落的东部边缘在召陈村西,该线以东区域几乎是一片空白。西周中期偏早阶段,周原聚落主要向东扩展,在早期聚落东部边线以东区域(可称为周原聚落东部边缘区域),出现了大范围的居址与墓葬遗存,均延续使用至西周灭亡,可分为若干个功能区。

西周中期这些新见功能区的特征是:分布较为分散,一些功能区之间的空白地带较大;单纯墓地与单纯居住区多紧邻;有些功能区内墓葬群与居址区相对分离,与齐家北制石作坊"居葬合一"的特征差别较大。

黄堆墓地与召陈、云塘和下务子功能区,西紧邻早期聚落东部边缘。这几个功能区几乎处在一条南北直线上,黄堆墓地处在最北端。因此,从功能区位置与分布形态看,黄堆墓地与召陈等功能区的关系最为密切。

其三,功能区性质对应关系分析。

在召陈区,除以往发现大量夯土建筑基址外,①2013调查还发现了西周中期到晚期的3座夯土基槽、5座陶瓦坑、小型水池以及一些大型柱础坑。在云塘窑场区,之前发现过大面积夯土,以及散水、柱础石、陶瓦、道路等遗迹,还有多块青铜重器残片等遗物。2013年调查共发现西周中晚期夯土基槽25座,以及多条道路、1处散水、1处水池等遗迹。在下务子区,主要发现为西周晚期夯土基槽、散水等遗迹,还有一些散水遗迹的年代不能明确,但不应早于西周中期。现可初步判定召陈、云塘和下务子等功能区的性质,应是大型夯土建筑区。在这些建筑区内,几乎不见墓葬遗存,可谓单纯的居址区。

前文已述,黄堆墓地为单纯的墓地。因此,从功能区性质判断,黄堆墓地与召陈等区性质可对应。

召陈、云塘和下务子大型夯土建筑群连成一片,南北长约1 700米,面积近80万平方米,是目前所知周原西周中期聚落内规模最大的夯土建筑带,其所有者当为高等级贵族。尹盛平等研究者认为召陈建筑区是王宫所在,②若此,该居住区当是姬姓周人贵族居住区。杜金鹏认为召陈区发掘所见夯土建筑群特征为"散点式",乃西土文化特色。③ 笔者同意这一认识。因此可认为,召陈等建筑区内的族群应主要为周系贵族。至于是否还居住有殷遗民,目前尚无明确证据。

黄堆墓地发掘者和有些研究者认为,黄堆墓葬等级多较高,该墓地是目前所见周原西

---

① 陕西周原考古队:《扶风召陈西周建筑群基址发掘简报》,《文物》1981年第3期。
② 尹盛平:《周原文化与西周文明》,江苏教育出版社,2005年;《周原遗址为什么大量发现青铜器窖藏——兼论周原遗址的性质》,《周秦文明论丛》,陕西人民出版社,2006年。
③ 杜金鹏:《周原宫殿建筑类型及其相关问题探讨》,《考古学报》2009年第4期。

周聚落中等级较高的墓地。① 虽然目前尚不能证明黄堆墓地有周王陵,但该墓地多周系高等级贵族墓葬是可以肯定的。因此,黄堆墓地与召陈等居住区的族群及等级特征大致相符。

其四,与其他功能区对应关系分析。

在周原聚落东部边缘区域,西周中期新出现功能区的居葬对应关系多较为明确,如姚家墓地对应许家北居址区,许家胡同居址区与墓葬区紧邻,任家、白家裤裆、下樊等功能区内,既见居址亦见墓葬。② 也就是说,在周原东部区域,只有召陈等居址区能与黄堆墓地对应。

当然,要判定黄堆墓地与召陈等居址区是唯一对应关系,还需进一步研究。比如,黄堆墓地的墓主是否还包括其他居址区的居民?是否是西周早期一些墓地的分化或迁移?

笔者还不能全面确定地回答这些问题。目前的认识是,周原西周早期的功能区(居址与墓葬遗存)一般延续至西周晚期,与黄堆墓地特征最为相近的、西周中期时废弃的周系单纯墓地,主要是贺家西墓地。③ 不过,目前所见该墓地西周墓葬的年代多为西周早期偏早阶段,之后的墓葬极少。④ 重要的是,贺家西墓地族群中没有殷遗民。所以,黄堆墓地应不是贺家西墓地的迁移。

最后要说明的是,虽然本文对黄堆墓地对应居址区的认识仅是初步推测,但相关研究方法或许对同类问题的研究有所裨益。

---

① 马赛:《聚落与社会——商周时期周原遗址的考古学研究》,北京大学博士学位论文,2009年,第82—87页。
② 关于这些功能区特征的认识,笔者将在2013年周原遗址调查报告中予以详述。
③ 1976年在贺家村西南窑场发掘的墓葬有腰坑殉狗习俗,但该墓地与贺家西墓地不是同一处墓地。
④ 雷兴山:《先周文化探索》,科学出版社,2010年,第184页。

匜鼎研究

田 伟

(中国国家博物馆)

我国山西、陕西、河南、河北、山东、湖北、安徽等地出土过一些青铜带流鼎(图一)。已有一些学者的研究涉及了这类器物。容庚认为其属于鼎类中"有附耳而口有流者"。①

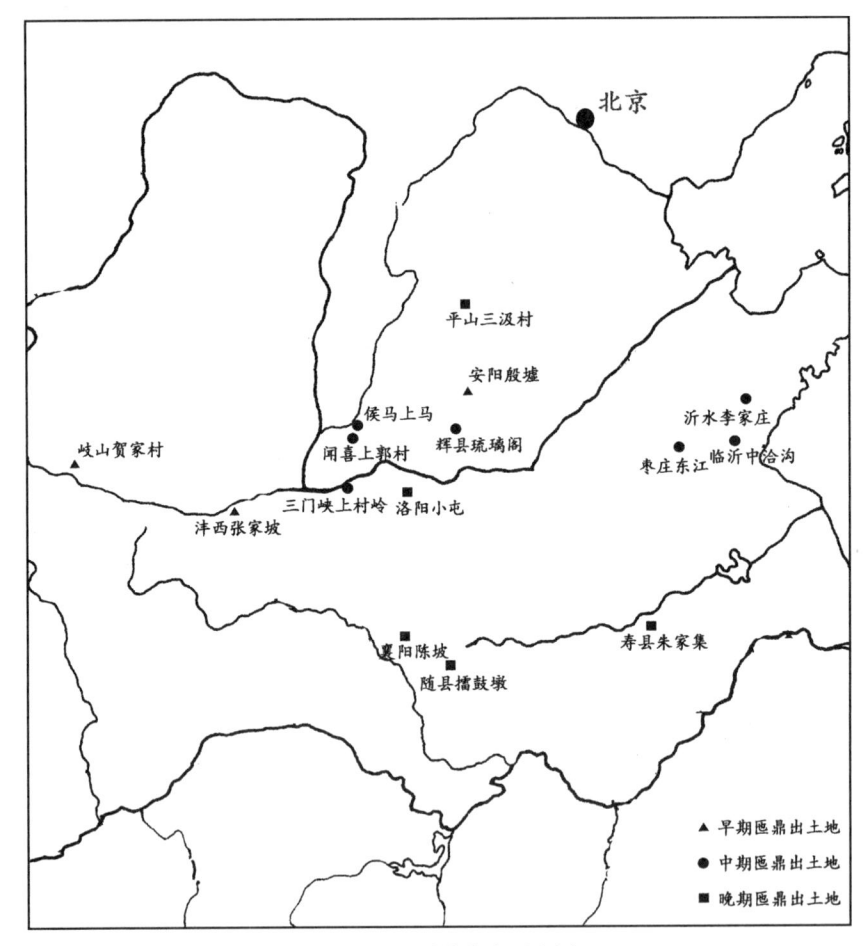

图一 出土匜鼎分布示意图

---

① 容庚:《商周彝器通考》,上海人民出版社,2008年,第227页。

杜廼松认为有流铜鼎"应正名为匜鼎",并指出匜鼎最早见于西周晚期,在春秋、战国时期继续发展,但流的形制结构已有变化。① 李零认为匜鼎在商及两周都有发现,依器形差异可看作是盘或匜的变形。② 张昌平、汪涛注意到,"这种鼎在殷墟文化时期就已经出现,至战国晚期在寿县李三孤堆楚墓中仍然出现"。③ 张闻捷认为匜鼎起源于晋国,是烹煮大羹的镬鼎。④ 这些研究对我们认识此类器物有很大的帮助,但尚不全面和系统。笔者将在总结前人认识的基础上,系统研究这类器物,不当之处,还请方家斧正。

若不计流,这种器物与同时期的铜鼎几无差异,将其归为鼎类是正确的。已有两件带流鼎自名为匜鼎⑤(图二),故应将这类器物正名为匜鼎。因匜鼎与同时期铜鼎形制相近,

图二 自名为匜鼎的带流鼎
1. 枣庄东江 M3∶19 出土匜鼎及铭文　2. 楚王酓肯鈚鼎及铭文

---

① 杜廼松:《虎首流鼎》,见保利艺术博物馆编:《保利藏金》(续),岭南美术出版社,2001年,第165页。
② 李零:《入山与出塞》,文物出版社,2004年,第267页。
③ 张昌平、汪涛:《朱利思·艾伯哈特(Julius Eberhardt)收藏的中国古代青铜礼器》,《南方文物》2013年第4期。
④ 张闻捷:《周代用鼎制度疏证》,《考古学报》2012年第2期。
⑤ 如山东枣庄东江 M3 出土的带流铜鼎,枣庄市博物馆、枣庄市文物管理办公室:《枣庄市东江周代墓葬发掘报告》,见山东省文物考古研究所:《海岱考古》第四辑,科学出版社,2011年,第178页;楚王酓肯鈚鼎,见《中国青铜器全集》第十册,文物出版社,2009年,第11页。

故本文在参考以往学者对商周青铜器分期研究成果的基础上,结合匜鼎的自身特点,分析其型式、判定其年代。

根据整体差异,可将商周时期的匜鼎分为二型:

A 型　器身一侧有单把。单把与一条鼎足位于同一立面之上。据是否有立耳及立耳差异分为三亚型:

Aa 型　无附耳。仅一件,标本安阳殷墟妇好匜鼎,颈饰夔纹,口径19.4、高23.9厘米①(图三,1)。

Ab 型　上腹部两侧各置二附耳。标本《商周彝器通考》著录窃曲纹流鼎,②腹底略平,近柱足,饰窃曲纹;标本保利博物馆藏虎首匜鼎,③口径18.25、高13.5厘米,垂腹,蹄足,颈饰变形窃曲纹,腹饰垂鳞纹(图三,2)。

Ac 型　无立耳,口沿两侧置二圆环。标本山东临沂中洽沟 M1:7,口径23.6、高21.6厘米;④山东沂水李家庄出土匜鼎,口径23、高20厘米⑤(图三,3)。

B 型　器身无单把,据整体形态差异,分四亚型:

时代	类型	A型		
		Aa型	Ab型	Ac型
早期	商代晚期	 1		
中期	春秋晚期		 2	 3

图三　A 型匜鼎
1. 妇好匜鼎　2. 保利藏虎首匜鼎　3. 临沂中洽沟匜鼎

---

① 中国社会科学院考古研究所:《殷墟妇好墓》,文物出版社,1980年,第44页。
② 容庚:《商周彝器通考》,上海古籍出版社,2009年,第463页。
③ 保利艺术博物馆:《保利藏金》(续),岭南美术出版社,2001年,第165页。
④ 临沂市博物馆:《山东临沂中洽沟发现三座周墓》,《考古》1987年第8期。
⑤ 山东省文物管理处、山东省博物馆:《山东文物选集(普查部分)》,文物出版社,1959年,第45页。

Ba 型　口沿或上腹部饰二附耳,敞口流,半球形腹。据器身变化,分五式:

Ⅰ式　垂腹,柱足。标本沣西张家坡 M152：51,上腹部饰一道凸弦纹,口径 19.6、高 20.2 厘米①(图四,1)。

Ⅱ式　半球形腹,略呈蹄足。标本贺家村出土荣有司再鼎,饰重环纹,口径 20.2、高 17 厘米②(图四,2)。

Ⅲ式　半球形腹微鼓,蹄足。标本上村岭虢国墓地 M1704：15,上腹部饰窃曲纹,下腹饰垂鳞纹,口径 20.4、高 14 厘米③(图四,3);上郭村 M46：9,腹饰回形纹,口径 7.5、高 6.7 厘米。④

Ⅳ式　半球形腹略扁,蹄足。标本山东枣庄东江 M3：19(图四,4);标本闻喜上郭村 M2：5,附耳与器身有一短横梁相连,上腹部饰重环纹,下腹饰垂鳞纹,直径 8.4、高 8.2 厘米。⑤

Ⅴ式　球形腹较深,附耳弯曲,蹄足。标本辉县琉璃阁甲墓出土匜鼎,身饰蟠虺纹⑥(图四,5)。

Bb 型　上腹部置二附耳,半球形腹,封口流。分四式:

Ⅰ式　半球形腹,蹄足,标本上郭村 M7：1,上腹部饰重环纹,下腹部饰垂鳞纹,口径 10.3、高 9.5 厘米;⑦标本朱利思·艾伯哈特藏匜鼎,上腹部饰重环纹,下腹部饰垂鳞纹,高 12.4 厘米⑧(图四,6)。

Ⅱ式　标本上海博物馆藏匜鼎,口径 10.7(含流)、高 7.6 厘米⑨(图四,7)。

Ⅲ式　附耳略弯曲,腹底近平。标本中山王墓 XK：10,腹饰一周凸弦纹,口径 21、高 21.6 厘米⑩(图四,8)。

Ⅳ式　附耳弯曲,体较肥硕,蹄足细短。标本洛阳小屯出土错金银团花纹匜鼎,口径 10.5、高 11.4 厘米。⑪

Bc 型　器身近方,无附耳,器腹上部两侧各置二环,并分别穿以铁链,封口流,三足瘦长。标本曾侯乙墓 C.142,⑫口径 44.4、高 40 厘米(图四,9)。

---

① 中国社会科学院考古研究所:《张家坡西周墓地》,中国大百科全书出版社,1999 年,第 143 页。
② 陕西博物馆、陕西省文物管理委员会:《陕西岐山贺家村西周墓葬》,《考古》1976 年第 1 期。
③ 中国科学院考古研究所:《上村岭虢国墓地》,科学出版社,1959 年,第 33 页。
④ 朱华:《闻喜上郭村古墓群试掘》,见山西省考古研究所编:《三晋考古(第一辑)》,山西人民出版社,1994 年,第 101 页。
⑤ 山西省考古研究所:《闻喜县上郭村 1989 年发掘简报》,见山西省考古研究所编:《三晋考古(第一辑)》,山西人民出版社,1994 年,第 142 页。
⑥ 河南博物院、台北历史博物馆:《辉县琉璃阁甲乙二墓》,大象出版社,2003 年,第 73 页。
⑦ 山西省考古研究所:《闻喜县上郭村 1989 年发掘简报》,见山西省考古研究所编:《三晋考古(第一辑)》,山西人民出版社,1994 年,第 142 页。
⑧ 张昌平、汪涛:《朱利思·艾伯哈特(Julius Eberhardt)收藏的中国古代青铜礼器》,《南方文物》2013 年第 4 期。
⑨ 陈佩芬:《夏商周青铜器研究(东周篇)》上,上海古籍出版社,2004 年,第 32 页。
⑩ 河北省文物研究所:《𰯼墓—战国中山国国王之墓》上,文物出版社,1995 年,第 114 页。
⑪ 《中国青铜器全集》编辑委员会:《中国青铜器全集》第七册,文物出版社,2009 年,第 139 页。
⑫ 湖北省博物馆:《曾侯乙墓》,文物出版社,1989 年,第 238 页。

时代	型式 代	B型 Ba	B型 Bb	B型 Bc	B型 Bd
早期	西周中期	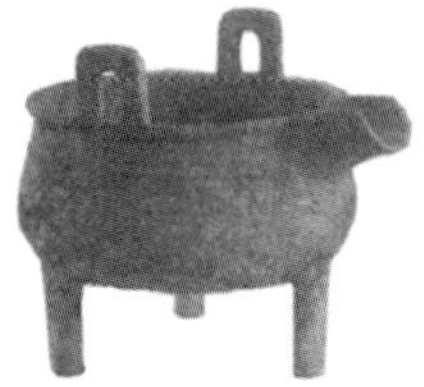 1			
早期	西周晚期	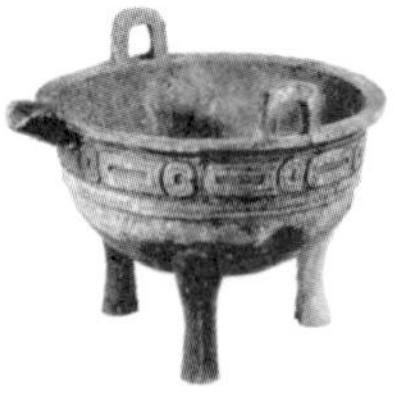 2			
中期	春秋早期	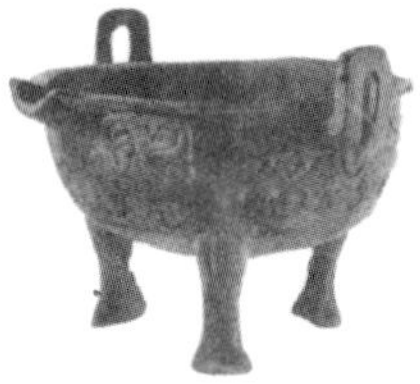 3	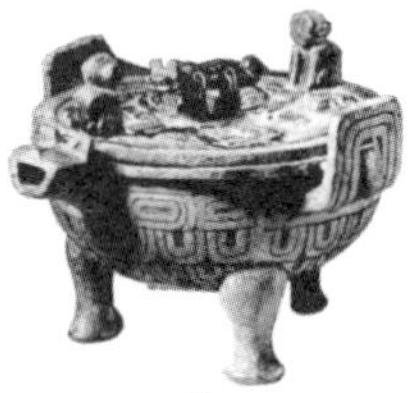 6		
中期	春秋中期	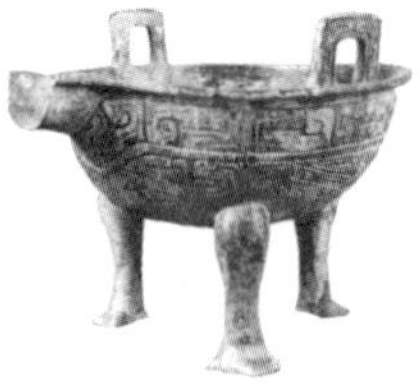 4	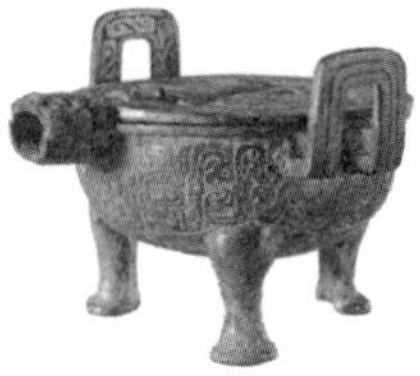 7		
中期	春秋晚期	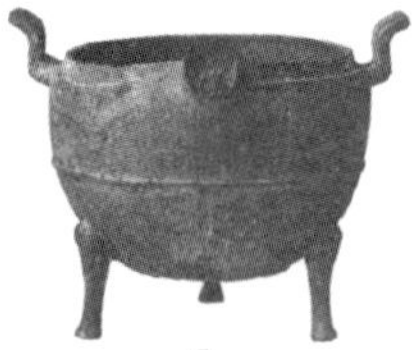 5			
晚期	战国		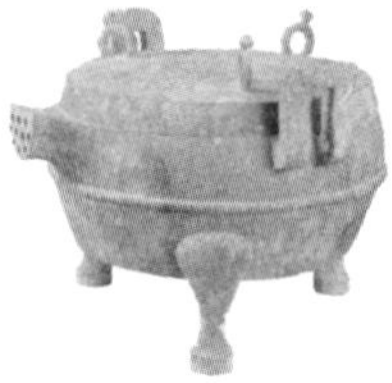 8	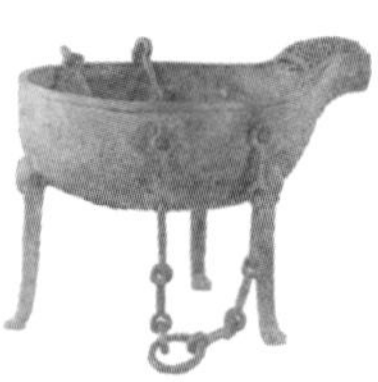 9	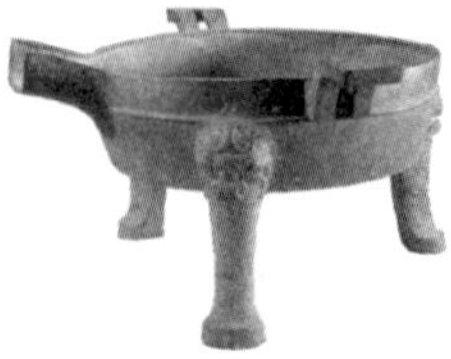 10

图四　B 型匜鼎

1. 张家坡 M152 : 51　2. 荣有司爯鼎　3. 上村岭 M1704 : 15　4. 枣庄东江 M3 : 19　5. 琉璃阁甲墓匜鼎　6.《南方文物》著录匜鼎　7. 上博藏匜鼎　8. 中山王墓匜鼎　9. 曾侯乙墓 C. 142　10. 楚王酓肯鉇鼎

Bd 型　器身扁平，附耳弯曲，敞口流，三蹄足壮硕且较长。标本楚王酓肯鈚鼎，口径 55.5、高 38.5 厘米①（图四，10）；湖北襄阳陈坡 M10S：109。②

从现有资料来看，匜鼎或出土于墓葬，或为传世品，难以利用地层关系确定器物年代。本文主要依靠出土器物单位的时代来考察器物的时代，同时参考已有的青铜器年代研究成果，推定其绝对年代。

Aa 型仅一件，③出土于著名的殷墟妇好墓中，器底中部还有铭文"妇好"二字，当属妇好之物。将这件器物的时代定在殷墟二期应无疑问。

Ab 型共两件，均为传世品，皆属春秋早期之物。

Ac 型共两件，时代均为春秋早期。

Ba 型数量相对其他类型较多，分五式。Ⅰ式仅一件，见于沣西张家坡墓地 M152，该墓时代为西周中期，故 BaⅠ 式的时代应不晚于西周中期；Ⅱ 式出土于岐山贺家村 M3，时代为西周晚期；Ⅲ式见于三门峡上村岭 M1704、闻喜上郭村 M46。这两座墓葬的时代均为春秋早期。因此，BaⅢ式匜鼎的时代为春秋早期；Ⅳ式匜鼎见于枣庄东江 M3、闻喜上郭村 M2 等遗迹单位，可据之将该式的时代定在春秋中期；Ⅴ式见于辉县琉璃阁甲墓，时代为春秋晚期。

Bb 型共分四式。Ⅰ式见于时代为春秋早期的上郭村 M7，此外还有一件传世品。④ 该式的时代为春秋早期；Ⅱ式的代表是上海博物馆藏匜鼎，时代为春秋中期；Ⅲ式见于中山王墓中，时代不晚于战国中期；Ⅳ式匜鼎见于洛阳小屯，其整体形态与战国晚期铜鼎十分接近，可将其时代定在战国晚期。

Bc 型仅一件，为著名的楚王酓肯鈚鼎，时代为战国末年。⑤

Bd 型仅曾侯乙墓 C.142 一件，时代为战国早期。

从现有资料来看，可将匜鼎的发展分为三个阶段，本文称之为三期。

早期：殷墟二期至西周晚期，是匜鼎的起源与发展阶段。这一时期的匜鼎数量较少，流部均为敞口。

中期：春秋时期，这一时期匜鼎的数量与种类均较多，除敞口流外，还出现了封口流，是匜鼎发展的繁荣阶段。

晚期：战国时期，该时期匜鼎的数量大幅减少，走向没落。

最早的青铜匜鼎出土于殷墟妇好墓，本文定之为 Aa 型，时代相当于殷墟二期。略晚于妇好匜鼎的是 BaⅠ式匜鼎，时代当西周中期之时。这两件器物的时代相隔二百余年，之间也许存在其他匜鼎，或可在今后发现。但囿于时代相差太远，笔者无法判断二者间是否存在发展、继承关系。BaⅡ式匜鼎的时代当为西周晚期，其形制、体量均与 BaⅠ式匜鼎近似，可能有一

---

① 《中国青铜器全集》编辑委员会：《中国青铜器全集》第十册，文物出版社，2009 年，第 11 页。
② 湖北省文物考古研究所、襄阳市文物考古研究所：《襄阳陈坡》，科学出版社，2013 年，第 182 页。
③ 据《殷墟妇好墓》著者称，《邺中片羽》曾著录一件匜鼎，不知是否为 Aa 型。
④ 张昌平、汪涛：《朱利思·艾伯哈特（Julius Eberhardt）收藏的中国古代青铜礼器》，《南方文物》2013 年第 4 期。
⑤ 容庚：《商周彝器通考》，上海人民出版社，2008 年，第 47 页。

定的发展、演变关系。从地域来看,妇好匜鼎见于安阳,其他早期匜鼎均见于关中地区。

春秋时期的匜鼎主要见于三晋、两周及东方地区,如闻喜上郭村、三门峡上村岭、辉县琉璃阁及枣庄东江等地。其中尤以三晋地区的发现为最多。从形制上看,这一时期主要存在 AbⅠ式、AbⅡ式以及 Ac 型、BaⅡ—Ⅴ式、BbⅠ—Ⅱ式匜鼎。此外,带有封口流的匜鼎开始出现并逐渐增多,与敞口流匜鼎同时存在。

Ba 型匜鼎目前尚不见于战国时期。Bb 型则有所发现,如 BbⅢ和 BbⅣ式。此外还有形制较为特殊的 Bc、Bd 型。战国时期的匜鼎个体多较大,如 BbⅢ式匜鼎的口径达 21 厘米,而 Bc、Bd 型的口径分别达到了 44.4、55.5 厘米。战国时期,封口流、敞口流匜鼎同时存在,并衍生出流部带有细孔的匜鼎,如中山王墓之所见。

总之,匜鼎起源于商及西周,兴盛于春秋,至战国走向衰落。

匜鼎的使用者为谁?功用如何?有何礼制意义?这些问题难以直接在文献中找到答案,只能通过考古资料来分析、总结。惜目前所见匜鼎数量尚不多,科学发掘出土且未被盗扰者更少。下文统计发掘出土匜鼎的考古背景,并做相关分析。

商周时期,青铜容器的使用主体是王室及各诸侯国贵族。匜鼎的使用者亦如是。首先看匜鼎的滥觞阶段。妇好的身份虽有争议,但很多学者都认为其是商王夫人,地位不言而喻;张家坡 M152 的墓主人是一代井叔,属诸侯级别的高级贵族;岐山贺家 M3 的墓室面积达到了 14.7 平方米,其葬者当是高级贵族。在匜鼎的兴盛阶段,数量大幅增加。其中发现最多的是三晋两周地区。在古曲沃、①新田等地的晋国贵族墓地中,发现了十余件匜鼎,使用者涵盖了晋国卿大夫(如上郭村 M59)至士大夫(如上郭村 86WSM9)之间的贵族,辉县琉璃阁甲墓的葬者是一代晋卿(范子),等级不言自明。齐鲁地区所见匜鼎的数量仅次于三晋地区。该地区随葬匜鼎的墓葬等级均较高,枣庄东江 M3 为小邾国国君夫人之墓;长清 M5 的葬者是郜国高级贵族;临沂中洽沟 M1 的时代当为春秋早期,其墓室面积达到了 23.52 平方米,说明墓主人的身份等级很高。战国时代是匜鼎衰落阶段,这一时期匜鼎的数量虽然变少,但使用者的身份仍然很高。为数不多的匜鼎见于曾侯乙墓、寿县楚王墓、中山王墓、襄阳陈坡楚国贵族墓、洛阳小屯战国贵族墓便是很好的说明。

以匜鼎为随葬品的葬者既有男性,如张家坡 M152、辉县琉璃阁甲墓、中山王墓;也有女性,如长清 M5、枣庄东江 M3 等。这表明匜鼎的使用并无明显的性别差异。

器物加流的作风不但见于鼎,同为炊器的鬲也有类似情况。如江苏沭阳万北遗址出土的商代带流陶鬲、②山西曲沃曲村出土的西周早期带流铜鬲③(图五)等。笔者认为,这些器物加流必与倾倒液体有关。换言之,匜鼎当与某种液体相关。需要注意的是,不同时期、地域发现的匜鼎个体大小存在差异,既有像楚王酓肯铈鼎这样口径 55.5、高 38.5 厘米

---

① 笔者认为,上郭村墓地为古曲沃的一部分。见田伟:《简论古曲沃的地望及相关问题》,《中国国家博物馆馆刊》2014 年第 11 期。

② 谷建祥、尹增淮:《江苏沭阳万北遗址试掘的初步收获》,《东南文化》1988 年第 1 期。本文所用照片系笔者在南京博物院"江苏古代文明"展厅内拍摄。

③ 邹衡主编:《天马—曲村》第二册,科学出版社,2000 年,第 371 页。

匜鼎研究　　　　　　　　　　　　　　　　　·151·

者,也不乏上郭村 M46∶9 那样口径 7.5、高 6.7 厘米者,它们的功用可能也不相同。下文结合匜鼎的出土背景对这一问题进行简要分析。

目前所见匜鼎数量较少,其中还有一些属传世品,出土者也有很多遭到盗扰,仅有 9 座墓葬的考古背景可供参考。其中仅上郭村 89WSM7∶1 随葬的匜鼎被置于棺内,余皆位于棺外,或位于棺椁之间,或放置在器物箱(室)内。依匜鼎与其他器物组合差异,可将这些墓葬分为三类:

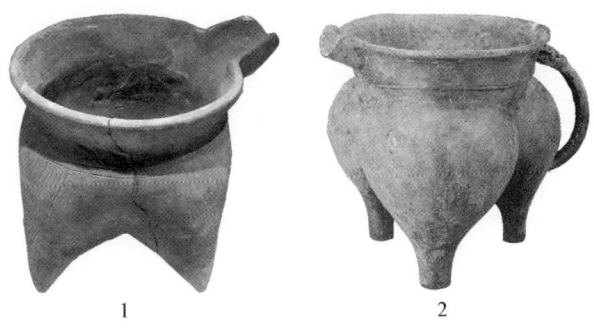

图五　带流鬲
1. 沭阳万北遗址商代带流陶鬲　2. 曲沃天马—曲村遗址 M6010 出土带流铜鬲

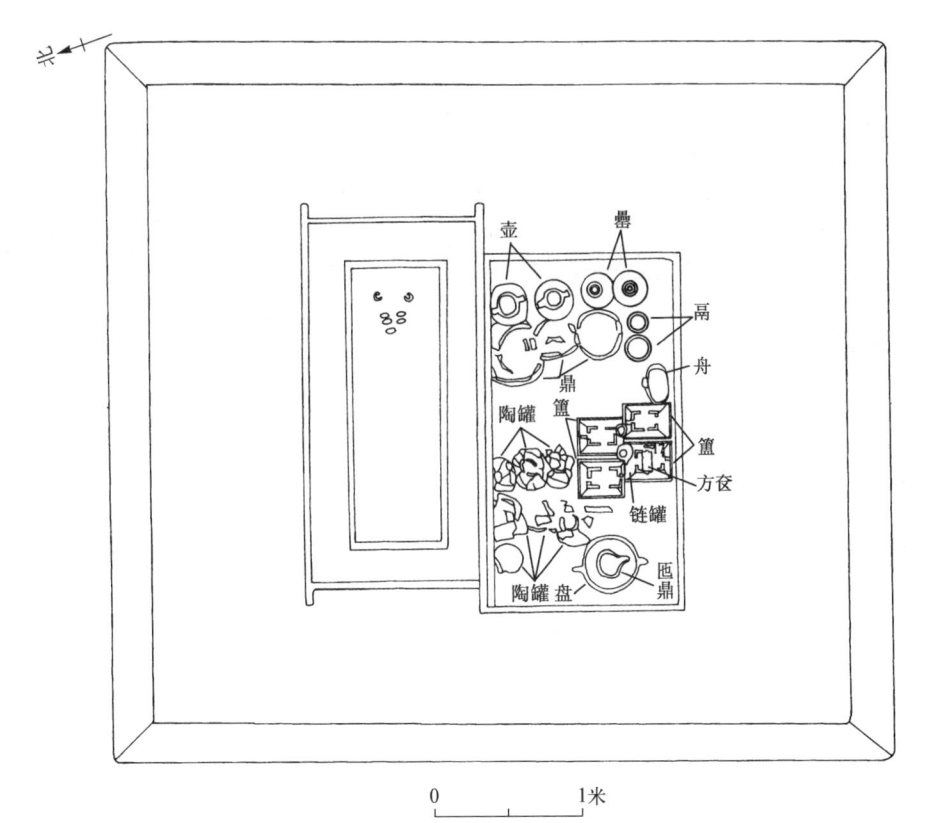

甲类　匜鼎的摆放位置接近水器。例如上郭村 M51,共随葬三件青铜容器,匜鼎与青铜匜、盘均摆放于椁室东北角。枣庄东江 M3(图六),在器物箱内放置多件青铜容器。匜

图六　枣庄东江 M3 遗物分布图①

①　改自枣庄市博物馆、枣庄市文物管理办公室:《枣庄市东江周代墓葬发掘报告》,见山东省文物考古研究所:《海岱考古》第四辑,科学出版社,2011 年,第 178 页。图中所注器名前无质地者皆为青铜器,其他质地的器物则标明,如陶罐等。下文皆同,兹不赘述。

鼎被置于盘中,位于器物箱西侧,作为食器的铜鼎、鬲则被置于器物箱东侧。襄阳陈坡M10(图七),出土器物丰富,匜鼎出土于墓葬"南室"内,与匜、盘、盥缶等水器距离相近。该墓随葬多数食器位于"东室"内。

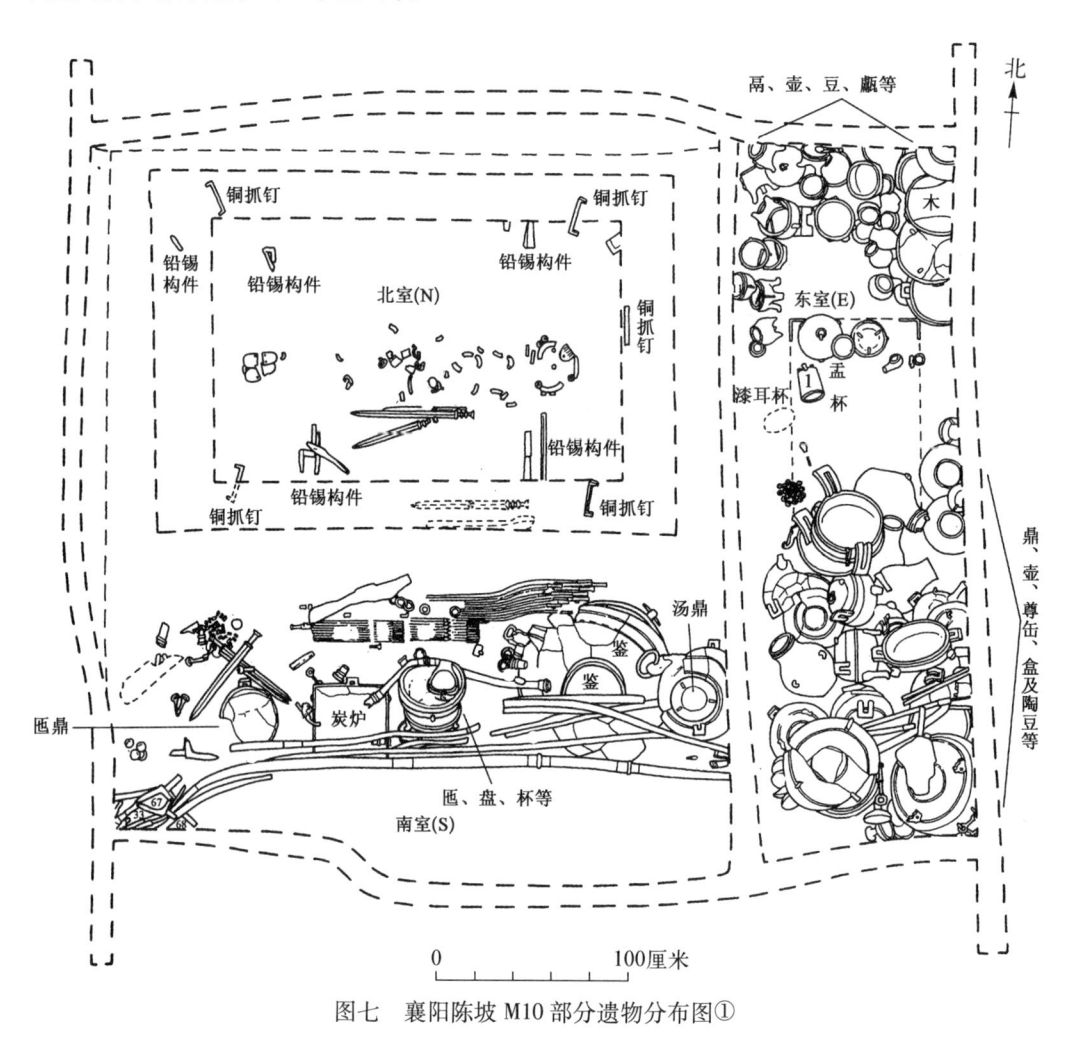

图七　襄阳陈坡 M10 部分遗物分布图①

乙类　匜鼎的摆放位置接近食器。例如曾侯乙墓,该墓随葬品非常丰富,包括多件青铜、木、竹等材质的容器。匜鼎在该墓"中室"内,附近有青铜豆、甗、炉等器物(图八)。中山王墓的匜鼎,置于墓葬"西库"内,与鼎、豆、钟等青铜器距离相近,同位于"西库"西北,作为水器的盘、匜等则位于"西库"的东北角(图九)。

丙类　匜鼎的摆放位置同时靠近食器与水器。例如长清 M5,匜鼎置于棺椁之间,与青铜鼎、盘、舟等相邻(图十)。琉璃阁甲墓的匜鼎置于椁室西北部,与青铜鼎、扁壶、鉴等相邻(图十一)。

---

① 改自湖北省文物考古研究所、襄阳市文物考古研究所、襄阳市襄州区文物管理处:《襄阳陈坡》,科学出版社,2013年,第154页。

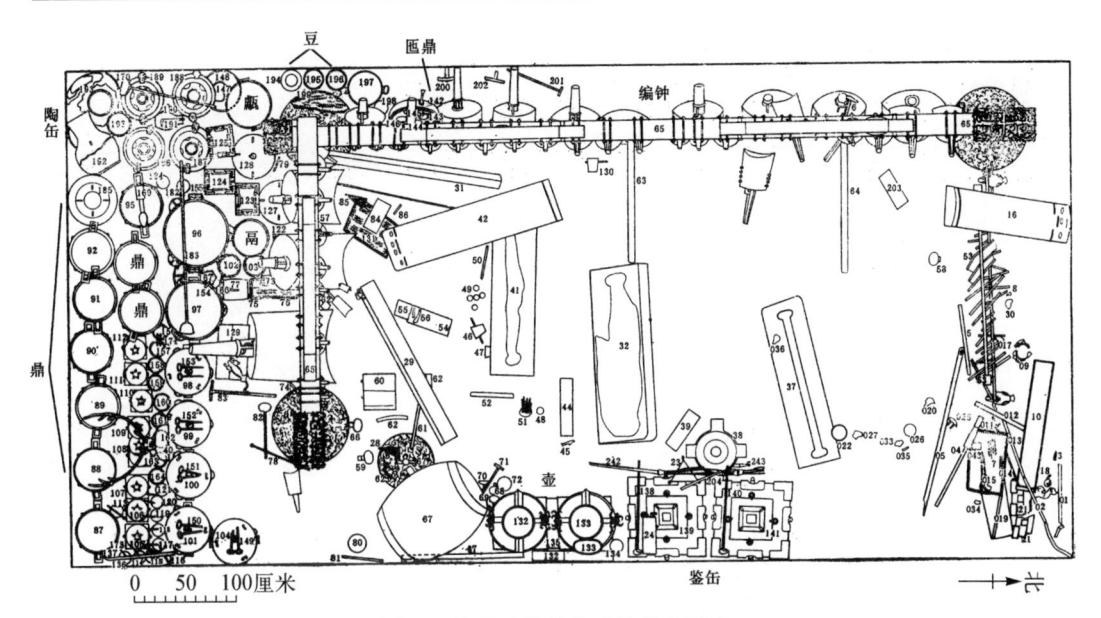

图八　曾侯乙墓部分遗物分布图①

据研究,部分周代墓葬中存在不同类别②的随葬品"杂置"现象,③但相当数量的随葬品是参照类别分开摆放的。如匜多置于盘中,且与其他水器的距离相近。故考察匜鼎与何类器物相近,便可据之推测其功用。前文列举了三类情况,据之可以认为匜鼎具备水器(甲类)或食器(乙类)的功用,或兼具二者的功能(丙类)。

《仪礼·既夕礼》云:"匜实于盘中,南流。"郑注:"盘、匜,盥器也。"④东周代墓葬中,青铜匜常被置于盘内。甲类组合中的匜鼎与其他水器相近放置,其中东江M3中的匜鼎被置于盘中,当可说明其具有同匜相近,即盥洗器的功能。有学者注意到,一些青铜匜在出土时腹底残留烟炱痕迹,⑤说明青铜匜可以用作加热盥洗用水。从器形角度看,匜鼎比匜更适合温水,也应具有此类功能。

《仪礼·公食大夫礼》:"大羹湆不和,实于镫。"郑注:"大羹湆,煮肉汁也。大古之羹不和,无盐菜。"⑥说明湆即煮肉汁,大羹湆即不加盐菜之肉汁,加盐菜之羹实于铏鼎,称为铏羹。《礼记·郊特牲》载:"大羹不和,贵其质也。"⑦周代祭祀宴飨时,大羹是重要的项目。⑧《仪礼·士昏礼》:"大羹湆在爨。"贾公彦疏:"虽有铏羹,犹存大羹,不忘古也。引《周礼》者,证大羹须热,故在爨,临食乃取也。"⑨说明大羹在礼仪过程中也要保持温热,以

---

① 改自湖北省博物馆:《曾侯乙墓》,文物出版社,1989年,第68页。
② 这里的类别是指依器物功用分类产生的类别。如鼎、簋为食器,匜、盘为水器。
③ 毕经纬、杨欢:《随葬品摆放规则初步研究》,《华夏考古》2016年第2期。
④ 《仪礼注疏》,《十三经注疏》阮刻本,中华书局,1979年,第1149页。
⑤ 阴玲玲:《两周青铜匜研究》,陕西师范大学硕士论文,2008年,第14—15页。
⑥ 《仪礼注疏》,《十三经注疏》阮刻本,中华书局,1979年,第1081页。
⑦ 《礼记正义》,《十三经注疏》阮刻本,中华书局,1979年,第1455页。
⑧ 涉及大羹的文献众多,如《仪礼》中士昏、公食大夫、特牲馈食诸礼等。详参《仪礼》相关记载。
⑨ 《仪礼注疏》,《十三经注疏》阮刻本,中华书局,1979年,第963页。

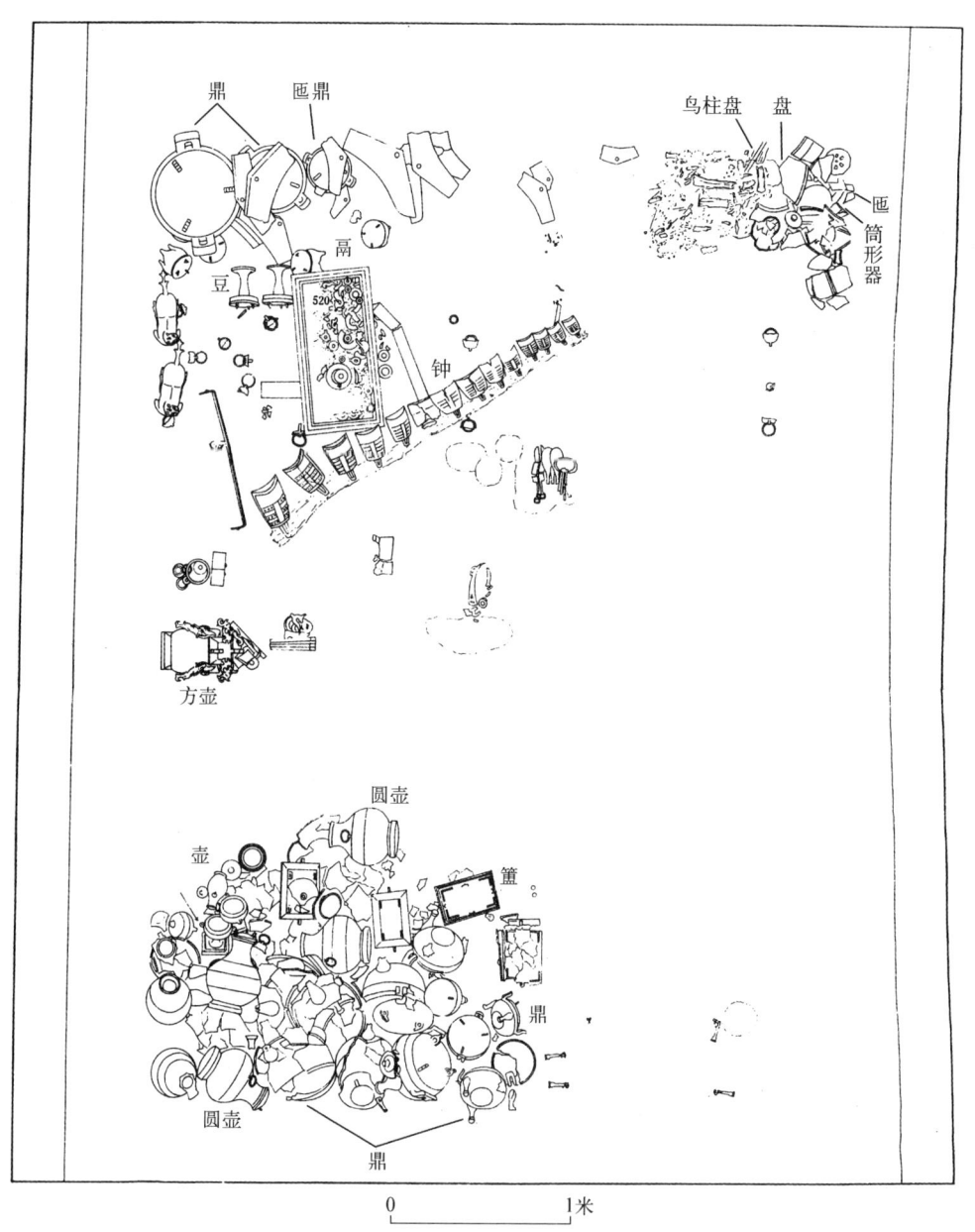

图九　中山王墓西库遗物分布图①

① 改自河北省文物研究所：《𰯼墓—战国中山国国王之墓》，文物出版社，1995年，第63页。

匜鼎研究

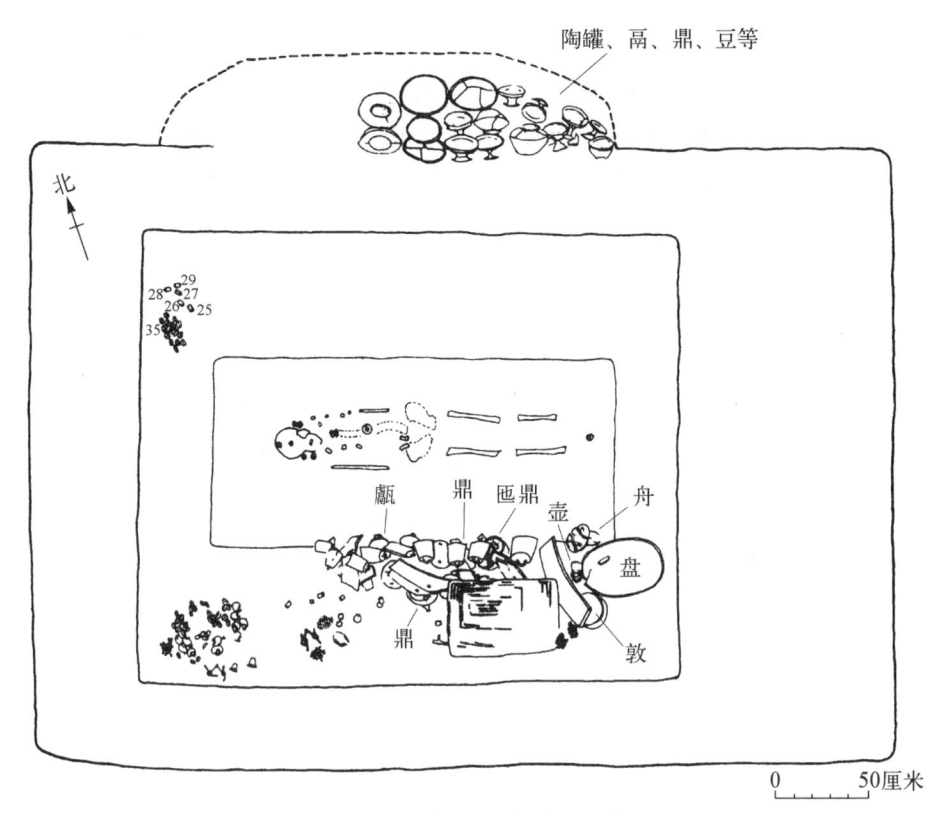

图十　长清 M5 遗物分布图①

图十一　琉璃阁甲墓椁室西北部遗物分布图②

---

① 山东大学历史文化学院考古系:《长清仙人台五号墓发掘简报》,《文物》1998 年第 9 期。
② 河南博物院、台北历史博物馆:《辉县琉璃阁甲乙二墓》,大象出版社,第 47 页。

供取用。方便加热的匜鼎正可满足随时取食热羹的需要。乙类墓葬中,匜鼎与食器一起摆放,说明其充当了食器的作用。中山王墓出土匜鼎中更有结晶的肉汁,说明匜鼎可能与大羹有关。当然,以鼎匕取鼎中肉汁也无不可,但匜鼎似更方便。

丙类提出了一种可能,即匜鼎是否作水器也作食器?有学者注意到"某一种器类不一定只有一种功能,而且功能有随着时代的变化而转移的可能"。① 现知匜鼎至少具备水器、食器两种功能。如有匜鼎兼具以上两种功能,也不应感到奇怪。

总之,商周时期的有流鼎应正名为匜鼎。其在晚商和西周滥觞于中原地区,春秋时期数量和形制均大幅增加,分布范围也有所扩大,至战国时期,数量显著变少,走向衰落。匜鼎的使用者等级均较高。使用者间无明显的性别差异。匜鼎的功用因时因地不同。概言之,既可作盥洗器,也可作食器。作为盥洗器的匜鼎,可能会被用来温水;而作为食器的匜鼎,可能与温热大羹相关。需指出的是,现有匜鼎材料较少,尚不足以全面了解这类器物,待今后材料更为丰富时再做深入研究。

附记:本文的写作得到了刘绪师及冯峰博士的帮助;初稿写毕后,董珊老师又提出了重要的修改意见,在此一并表示感谢!

---

① 张懋镕:《青铜盆小议》,见《古文字与青铜器论集(第二辑)》,科学出版社,2006年,第129—130页。

新见奊簋考释*

田　率

（中国国家博物馆）

2014年中国国家博物馆新入藏了一件西周时期的青铜簋，此器收录于《商周青铜器铭文暨图像集成续编》中，编号0422，① 已有多位学者撰文论及此器，② 分别对此簋器主之名、断代、铭文释义做了精当的论述，现对此器进行再考，希求方家斧正。

一、器　物　时　代

此件簋合盖高19.8、器高14.7、耳径24.3、口径21.4、腹深11.1厘米。器形为侈口，腹较深，腹壁较直，近底部微圆转内收，圈足略外撇，下有一周底阶，附耳横折向上，高于口沿。盖面呈缓坡状，盖顶有圈状捉手，上有二桥孔。外底有阳线网格。盖面饰两周弦纹，口沿下饰一周弦纹，附耳根部有两周弦纹穿过（图一）。

盖内与器内底铸有对铭3行26字（图二、图三、图四、图五），经X-ray探伤摄影（图六、图七），盖面虽有损伤，但无害铭文，经修补后基本完整，器身保存良好，盖、器垫片分布均匀，清晰可辨，应为真器无疑。现将铭文隶定如下：

图一　奊簋

盖铭：隹（唯）廿年又四年才（在）八月既望丁子（巳），（子）易（锡）𣪕（廪）卤百车，奊（典）用乍（作）氒（厥）文考宝殷（簋）。

---

* 本文系国家社科基金项目"中国国家博物馆新入藏商周青铜器研究"（项目批号：17BZS128）阶段性成果之一。

① 吴镇烽编著：《商周青铜器铭文暨图像集成续编》第2册（简称《铭续》），上海古籍出版社，2016年，第67页。

② 吴镇烽：《晋公盘与晋公盆铭文对读》，复旦大学出土文献与古文字研究中心网站，2014年6月22日，http://www.gwz.fudan.edu.cn/web/show/2297；朱凤瀚：《关于西周金文历日的新资料》，《故宫博物院刊》2014年第6期；张懋镕：《论盂形簋》，载《叩问三代文明——中国出土文献与上古史国际学术研讨会论文集》，中国社会科学出版社，2014年；张懋镕：《抡簋及相关问题研究》，《第四届民办博物馆发展西安论坛论文集》，陕西人民出版社，2014年。

器铭：隹(唯)廿年又四年才(在)八月既望丁子(巳)，(子)易(锡)斁(廪)卤百车，奂(典)用乍(作)氒(厥)文考宝殷(簋)。

图二　盖铭照片 　　图三　器铭照片 　　图四　盖铭拓片 　　图五　器铭拓片

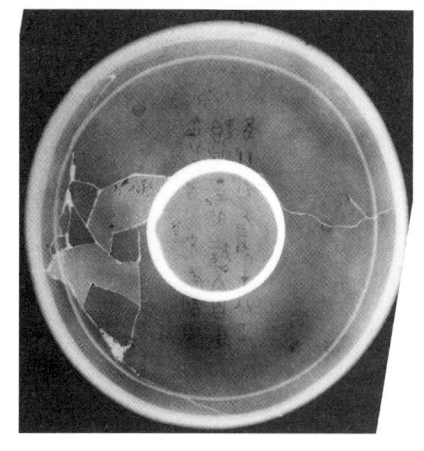

图六　奂簋盖 X-ray 探伤照片 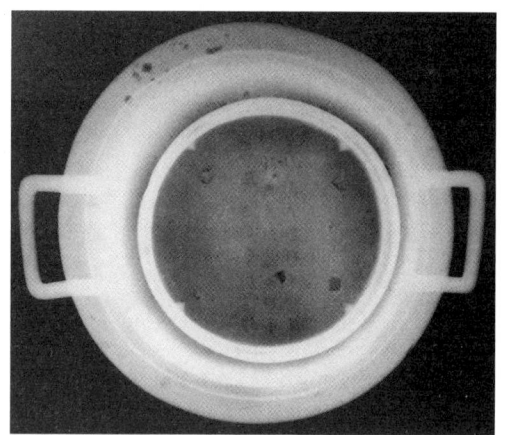　　图七　奂簋器身 X-ray 探伤照片

这种附耳圈足盂形簋器形近似铜盂，陈梦家先生早已指出其与盂的区别在于体量较小，①通高一般不超过 30 厘米。张懋镕先生在《论盂形簋》一文中指出，盂形簋最早出现于商代晚期，主要流行于西周中期。② 这种盂形簋的形制可以细分，任雪莉女士根

---

① 陈梦家：《西周铜器断代》，中华书局，2004 年，第 49 页。
② 张懋镕：《论盂形簋》，《叩问三代文明——中国出土文献与上古史国际学术研讨会论文集》，中国社会科学出版社，2014 年。

据附耳高度的不同分为甲BcⅠ与甲BcⅡ式,甲BcⅠ式附耳低于口沿,耳部向上弯折处呈钝角,器耳外扩较甚;而甲BcⅡ式附耳与口沿基本持平或略高一点。① 既然附耳圈足盂形簋与铜盂在器形上十分接近,我们可以依据腹壁的变化将其分为二式:

Ⅰ式:腹壁斜直内收,倾斜度较大。如商代晚期的戈簋(03514②)、滋簋(04697)、伯椃簋(05078),陕西临潼南罗西周墓出土的顾龙纹簋、③叔宾父簋(04462)、仲簋(04127)、扶风庄白西周墓出土的伯或簋④等。

Ⅱ式:腹壁较直,近底部圜转内收。如1980年长安花园村M15出土的两件弦纹簋(M15:15、16)、⑤命簋(05082)、旂伯簋两件(05147、05148)、裳簋(03455)、2004年山西绛县横水M1(毕姬墓)出土的伯善簋、叔簋(04128)、䟒簋(05295)、1973年扶风县法门镇刘家沟水库墓葬出土的伯簋、⑥不寿簋(05008)等(参见附表)。

此簋显然属于Ⅱ式盂形簋,此式簋主要流行于西周中期,仔细分析上述诸簋的时代,可以看出此式簋在形制上的变化:

花园村M15簋与命簋时代最早,花园村M15时代为西周中期偏早,命簋铭文字体也多带有西周早期偏晚的特征,如"王"字最下一横带有波磔,两端出锋,从"又"之字的捺笔中间存有肥笔,这些笔画特征与昭王时期的小臣谜簋(05269)、过伯簋(04771)及花园村M17出土的䜌簋(04866、04867)等器相近,时代也应在西周中期偏早。

横水M1的时代据发掘简报断定在西周中期的穆王时期或略晚,⑦韩巍先生认为其应属于恭、懿时期。⑧ 横水M1出土的伯善簋的具体时代,需要进行分析:其口沿下饰一周顾首垂冠长卷尾鸟纹,鸟尾迤逦末端向上内卷,与鸟身未分离,陈公柔、张长寿先生将其划定为Ⅲ3式,⑨主要见于穆王时期的器物上,如扶风庄白一号窖藏出土的父辛爵(08532)、扶风庄白墓葬出土的伯或饮壶(10857、10858)等,铭文字体拘束谨约,如"百"、"永"等字比较明显,字间距较大,带有西周中期偏早的特点,时代应在穆王世。

䟒簋现收藏于中国国家博物馆,铭文中有"廿又八年"的纪年,其断代有穆王、恭王两种看法,⑩该簋铭文中"宝"字所从之"宀"为胡肩圆弯,"贝"字下已封口,这些笔画特征已与穆王时期的风格有明显差异,另外从庭礼册命的辞例来看,"毛伯入右䟒立中廷,北向"

---

① 任雪莉:《中国古代青铜器整理与研究·戴家湾卷》,科学出版社,2015年,第58—59页。
② 资料引自吴镇烽《商周青铜器铭文暨图像集成》(上海古籍出版社,2012年),以下编号均出自该书。
③ 赵康民:《临潼南罗西周墓出土青铜器》,《文物》1982年第1期。
④ 曹玮:《周原出土青铜器》,巴蜀书社,2005年,第1373页。
⑤ 陕西省文物管理委员会:《西周镐京附近部分墓葬发掘简报》,《文物》1986年第1期。
⑥ 曹玮:《周原出土青铜器》,巴蜀书社,2005年,第1214页。
⑦ 山西省考古研究所、运城市文物工作站、绛县文化局:《山西绛县横水西周墓发掘简报》,《文物》2006年第8期。
⑧ 韩巍:《横水、大河口西周墓地若干问题的探讨》,载《两周封国论衡——陕西韩城出土芮国文物暨周代封国考古学研究国际学术研讨会论文集》,上海古籍出版社,2014年。
⑨ 陈公柔、张长寿:《殷周青铜容器上鸟纹的断代研究》,《考古学报》1984年第3期。
⑩ 䟒簋被断为穆王世,参见张懋镕:《新见金文与穆王铜器断代》,《文博》2013年第2期。䟒簋被断为恭王世,参见吴镇烽、朱艳玲:《䟒簋考》,《考古与文物》2012年第3期;韩巍:《简论作册吴盉相关铜器的年代》,《中国国家博物馆馆刊》2013年第7期;朱凤瀚:《关于西周金文历日的新资料》,《故宫博物院院刊》2014年第6期。

这种语词在穆王时期的册命铭文中很少见到,多见于西周中期后段及以后的器物,故胾簋的时代定为恭王时期是适宜的。

扶风刘家沟墓葬中还同出有一件弦纹鼎,垂腹甚剧,最大径近于腹底,腹部纵切面似梯形,这种垂腹鼎是西周中期偏晚阶段的典型形态,与之近似的有十五年趞曹鼎(02434),1981年扶风强家村M1出土的弦纹鼎(M1:14、15)①等。十五年趞曹鼎铭中有"恭王"的谥号,故其时代应为懿王世;强家村M1出土的陶器中鬲、罐的形制近于1967年张家坡西周墓四期的形制,时代在懿、孝时期,伯簋的时代也应相近。

不寿簋铭中的"王姜"旧被认为是昭王后,其时代也被认为是西周早期偏晚。彭裕商先生根据其纹饰与铭文字体判定其为孝、夷之世,②是可信的。

通过对上述时代明确的几件Ⅱ式盂形簋进行考察,我们可以总结出附耳圈足盂形簋形制变化的大致规律:较早阶段的器体显高,附耳未超过口沿,较晚阶段整器显宽扁,附耳逐渐超出口沿。如花园村M15簋圈足下接较高的台沿,命簋圈足较高,盖面隆起,皆借此以增加视觉高度;而不寿簋高度仅为15.8厘米,但耳间距可达33厘米,口沿甚外撇,以显器体宽矮。

国博入藏的这件簋,器身与盖面仅饰两周弦纹,与花园村M15簋最为接近,附耳超出口沿,时代应比花园村M15簋略晚。

铭文中"宝"字,盖铭作 形,器铭作 形,所从之"宀"呈尖顶耸肩状,"贝"字下端有两小短竖笔,且不封口。"宀"、"贝"字形分别属于刘华夏先生归纳的BⅡ型(图八)与AⅤa型(图九),主要流行于西周中期前段(图十)。③"又"字及"敾"字从攴的捺笔笔画还保留着些许肥笔现象,字体风格与1975年陕西扶风法门庄白村西周墓出土的穆王时期的戜簋(05379)相近。

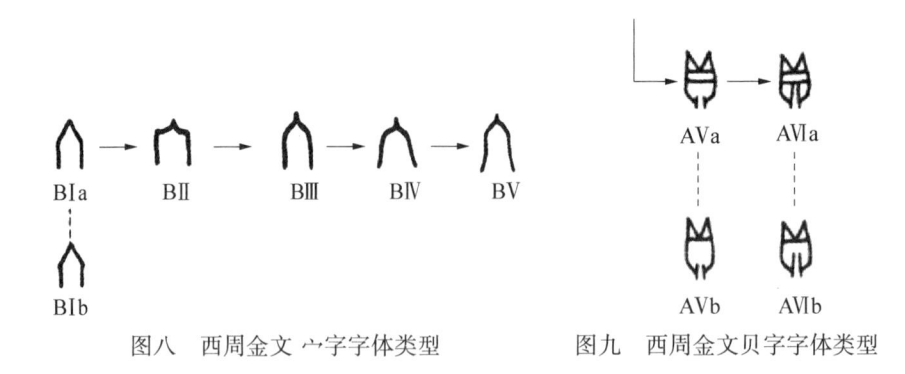

图八　西周金文 宀字字体类型　　图九　西周金文贝字字体类型

另外铭文中有"唯廿年又四年在八月既望丁巳"历日四要素,朱凤瀚、张懋镕先生将

---

① 周原扶风文管所:《陕西扶风强家一号西周墓》,《文博》1987年第4期。
② 彭裕商:《西周铜簋年代研究》,《考古学报》2001年第1期。
③ 刘华夏:《金文字体与铜器断代》,《考古学报》2010年第1期。

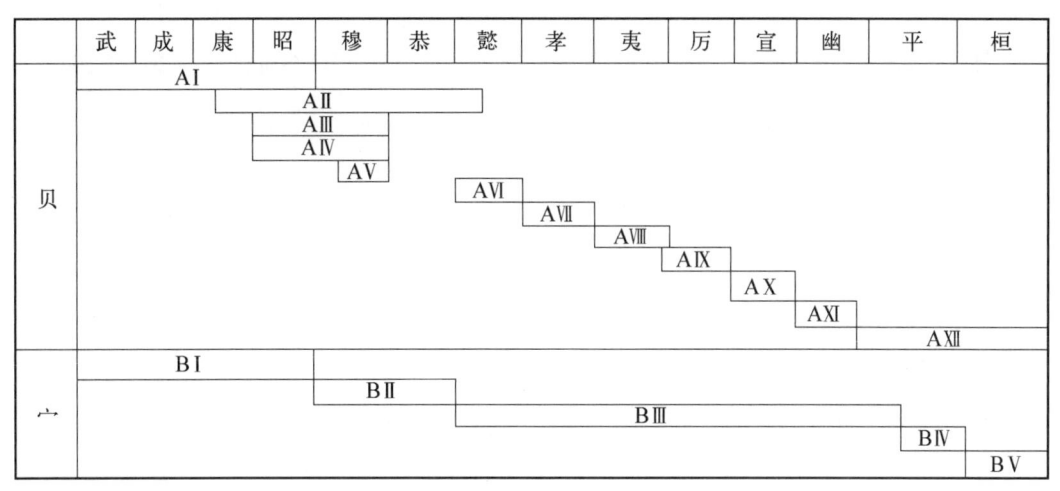

	武	成	康	昭	穆	恭	懿	孝	夷	厉	宣	幽	平	桓
贝	AⅠ	AⅠ	AⅠ	AⅡ AⅢ AⅣ	AⅡ AⅢ AⅣ AⅤ	AⅡ			AⅥ	AⅦ AⅧ	AⅧ AⅨ AⅩ	AⅩ AⅪ	AⅪ AⅫ	AⅫ
宀		BⅠ	BⅠ	BⅠ	BⅠ BⅡ	BⅡ	BⅡ BⅢ	BⅢ	BⅢ	BⅢ	BⅢ BⅣ	BⅣ	BⅣ BⅤ	BⅤ

图十　西周金文宀、贝字字形类型年代

其排入穆王24年的金文历谱中，分别是前973年、前953年，①皆合历。

综上可知，此簋的时代应为西周中期偏早，可归入穆王之世。

二、作器者之名

铭文通篇未有难字，唯作器者之名值得探讨。此字盖铭为 ▣，上部从余，器铭为 ▣ ▣，上部从今省，今的这种省形又见于作册嗌卣（13340）的念字（形为"▣"）所从之今。此字下半部分从册从巜，巜一般隶定为"大"，奠即典字之异体。典字在甲骨金文中有一类作从册从攴之形，如 ▣（《合集》21186）、▣（卫典鼎01358）等，奠字从巜，与攴有时是可以混用的，如甲骨文中有 ▣（《合集》10063）、▣（《合集》18202）字，或作 ▣（《合集》8710）；再如"奂"字，鲁叔奂父盨（05655）▣、寰盘（14528）▣ 与史墙盘（14541）▣，寰字的奂旁皆从巜，而师奂父鉴（14704）▣、曾季卿士奂壶（《铭续》0835②）▣ 则从攴。

该字又见于瘨钟（Ⅱ式）（15593、15594、15595、15596），钟铭为"丕显高祖、亚祖、文考，克明厥心，胥尹奠厥威仪，用辟先王"。奠字作 ▣ 形，旧以余为声，读为叙，侯志义先生曾认为此字从典得声，③早有高见。晋公盆（06274）及新见之晋公盘铭文中分别有"刺

---

① 朱凤瀚：《关于西周金文历日的新资料》，《故宫博物院院刊》2014年第6期；张懋镕：《抢簋及相关问题研究》，《第四届民办博物馆发展西安论坛论文集》，陕西人民出版社，2014年。

② 此编号出自吴镇烽编著《商周青铜器铭文暨图像集成续编》（简称《铭续》），上海古籍出版社，2016年。

③ 侯志义：《金文古音考》，西北大学出版社，2000年，第360页。

(拂、弼)嚞霰(舒)屋(连)"、"刜(拂、弼)禽霾(畏)屐(忌)"之句可以对读,其中嚞、禽分别作 [图] 及 [图] 形,吴镇烽先生考证嚞、禽即"抭"字,通"腆"。① 公黉盘(14526)之黉字作 [图] ,与晋公盘之禽作 [图] 为一字之异体。上述诸例皆证明此器器主之名可读为典。

三、铭文涉及的相关史实

簋铭内容为(周穆王)二十四年八月既望丁巳日,典受赐百车数量的"歠卤",为祭享先父作此宝簋。

歠字,亦见于陈纯釜(18817)作 [图] 形,从米从攵,从亩得声,系亩字之繁体。《说文》云:"亩,谷所振入。宗庙粢盛,仓黄亩而取之,故谓之亩。从入,回象屋形,中有户牖。凡亩之属皆从亩。廪,亩或从广从禾。"《集韵·寝韵》:"亩,或作廩、廪。"此字可读为仓廪之廪。

卤,《说文》云:"西方咸地也。从西省,象盐形。安定有卤县。东方谓之㡿,西方谓之卤。凡卤之属皆从卤。"段玉裁《注》云:"《禹贡》青州'海滨广斥',谓东方也,安定有卤县,谓西方也。"《史记·货殖列传》:"山东食海盐,山西食盐卤。"张守节《正义》:"谓西方咸地也,坚且咸,即出石盐及池盐。"再看盐字,《说文》云:"卤也。天生曰卤,人生曰盐。"徐灏《注笺》:"天生谓不涷治者,如今盐田所晒生盐。人生谓涷治者,如今扬灶所煎熟盐是也。"在古人的概念里盐和卤是有差别的,不需加工而取之自然的盐称为卤,即生盐(粗盐),而经过煎治后的熟盐则称盐,而来自西方内陆盐池的生盐亦以卤代称。

上古时期,卤主要产于河东盐池,乃《汉书·地理志》中所载"河东郡县安邑,盐池在西南"之所在,即今山西西南部运城。河东盐池是中原地区最重要的盐业资源,张光直先生指出:"晋南除了铜矿以外,还有华北最为丰富的盐矿,在中国古代的确是一个富有战略性资源的地区。"②钱穆先生早年考证《史记》中黄帝战炎帝于阪泉,败蚩尤于涿鹿,邑于涿鹿之阿的史实时曾言道:"阪泉在山西解县盐池上源,相近有蚩尤城、蚩尤村及浊泽,一名涿泽,则即涿鹿。"③钱氏把探寻中华文明之源的线索落在晋南地区,随后学界多有沿此思路提出上古时代帝王在此征战及建都多为争夺河东的盐业资源,如张其昀认为"炎黄血战,实为食盐而起",④尧都平阳,舜都蒲坂,禹都安邑都在晋南,"显与保卫此盐池重地有关"。⑤

随着考古工作的不断拓展,学界对晋南盐池地区也有了新的认识,薛新明、李水城先

---

① 吴镇烽:《晋公盘与晋公盆铭文对读》,复旦大学出土文献与古文字研究中心网站,2014 年 6 月 22 日,http://www.gwz.fudan.edu.cn/web/show/2297。
② 张光直:《关于中国初期"城市"这个概念》,《中国青铜时代》,三联书店,1999 年,第 37 页。
③ 钱穆:《国史大纲》,商务印书馆,1948 年,第 6 页。
④ 张其昀:《中华五千年史》第一册《远古史》,中国文化大学出版部,1981 年,第 22—23 页。
⑤ 张其昀:《中华五千年史》第一册《远古史》,中国文化大学出版部,1981 年,第 59 页。

生对庙底沟二期文化晚期的山西芮城清凉寺遗址出现的葬玉（石）、殉人数量众多的厚葬现象进行研究，认为这些墓葬的主人是当地富庶的"权贵"，他们生活的区域距离盐池仅15公里，"清凉寺的'富豪'很可能就是史前时期控制'潞盐'外销的一个特殊群体，他们通过食盐贸易聚敛财富，并通过厚葬显示其身份"，①"那些拥有较多玉器随葬的墓主人可能已经开始经营食盐外销的业务……通过中条山间的小路和黄河上的某些'渡口'将食盐运抵今天的河南，并由此远销东南和南方地区"。② 陈星灿、刘莉、赵春燕等学者对夏县东下冯遗址的研究，认为该址第五期（相当于二里岗下层时期）城垣西南角发现的40余座圆形建筑不可能作为居室，经过对圆形建筑地面上下层土壤与现代盐池土壤进行化学分析来比较，证实此圆形建筑群确为储盐的仓库（图十一）。其形状与《天工开物》画面中的盐仓肖似。而且东夏冯出土的数量众多的大型蛋形瓮、敛口瓮，其中一部分可能是用来储存河东盐池产出的盐。在豫西二里头发现的蛋形瓮、敛口瓮与东夏冯的同类陶器一致，意味着河东盐池的盐在这一时期被运到了夏人的统治中心。东夏冯应是夏商时期中原王朝为控制和获取晋南食盐和铜矿资源设置的一处政治军事据点。③ 另外，商代甲骨卜辞中

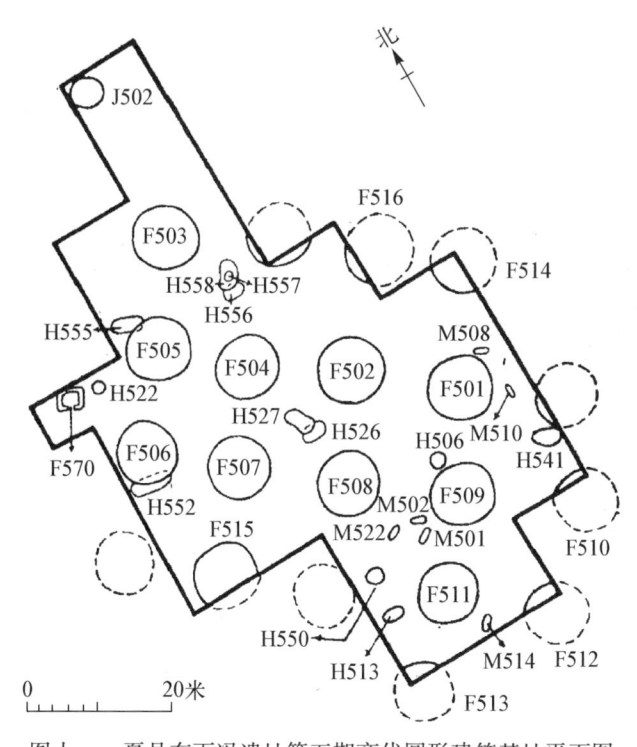

图十一　夏县东下冯遗址第五期商代圆形建筑基址平面图

---

① 李水城：《中国盐业考古十年》，《考古学研究》（九），文物出版社，2012年。
② 薛新明：《山西芮城清凉寺史前墓地死者身份解析》，《西部考古》（第一辑），三秦出版社，2006年。
③ 刘莉、陈星灿：《城：夏商时期对自然资源的控制问题》，《东南文化》2000年第3期；赵春燕：《土壤元素化学分析在考古研究中的利用》，《中国社会科学院院报》2007年8月16日；陈星灿、刘莉、赵春燕：《解盐与中国早期国家的形成》，《中国盐业考古（第二集）——国际视野下的比较观察》，科学出版社，2010年；田建文：《东夏冯"圆形建筑基址"的用途》，《古代文明》第9卷，文物出版社，2013年。

屡见"致卤",如：

□致卤五。(《合集》7023反)

致卤。(《合集》19497)

甲子卜，出贞：束又(有)致卤于寝。(《合集》41021)

致卤意为致送、贡纳盐卤，说明"商代也有盐的索取与贡纳"，①商王朝可以从诸侯、周边方国、贵族处得到盐卤。卜辞中还有"卤小臣"的记载：

卤小臣其又(有)邑？……乎……邑？(《合集》5596)

卤小臣是掌管盐务的官员，说明商王室通过设置盐官而掌控盐业。武丁时期，商王朝对山西地区方国的大肆征伐，其主要目的是保护晋西南的盐资源和盐路的畅通。② 上述论述皆证明河东盐池早在新石器时代直至商代就已被开发利用、管理经营，成为重要的资源。

西周以降，周王朝对河东盐池的管理并未放松，盐业生产和流通依旧发达。《穆天子传》卷六载："天子西绝钘隥，乃遂西南。戊子，至于盬。"郭璞《注》曰："盬，盬池也。今在河东解县。盬音古。"又《说文·盐部》云："盬，河东盐池。"盬为见母鱼部字，卤为来母鱼部字，皆为合口一等上声，可以通转。盬、卤不仅古音相通，而且地望一致，皆指晋南盐池，周穆王亲临河东观盐池，可见对盐业的重视。

西周中期懿、孝之世的免盘(14515)铭有："唯五月初吉，王在周，命作册内史锡免卤百隧。"铭文内容为王在宗周，命令内史赏赐免百隧之盐卤。隧字，作 形，左从阜，右上从肉，右下之部分叟应为此字声符，字形亦见于侯马盟书，作 。李家浩先生释为"弁"。③ 在此作为盛盐的容器，应读为"笲"。《广韵·阮韵》："笲，竹器，所以盛枣修。"《仪礼·士昏礼》："妇执笲枣、栗，自门入。"郑玄注："笲，竹器而衣者，其形盖如今之筥。"筥是一种圆形的筥箕，《说文·竹部》："筥，籚也。"《急就篇》卷三："笐、篓、篚、筥、篾、箄、籝。"颜师古注："竹器之盛饭者，大曰筥，小曰筥。筥，一名籚，受五升。"《诗·召南·采苹》："于以盛之，维筐及筥。"毛传："方曰筐，圆曰筥。"又《淮南子·时则训》："具扑曲筥筐。"高诱注："员底曰筥，方底曰筐。"筥与筐同类，仅底部形制不同(图十二)。

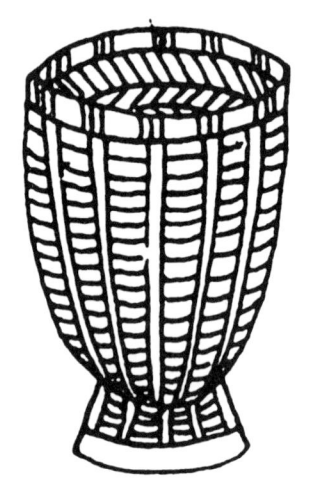

图十二 筥示意图
(摘自《汉语大字典》)

---

① 杨升南：《商代经济史》，贵州人民出版社，1992年，第634页。
② 杨升南：《从"卤小臣"说到武丁北征的经济目的》，《甲骨文发现一百周年学术研讨会论文集》，文史哲出版社，1998年。
③ 李家浩：《释"弁"》，《古文字研究》第一辑，中华书局，1979年。

盐卤不仅作为赏赐物，而且还是重要的物资用来交换贸易。春秋早期偏早的晋姜鼎（02491）铭文有：

> 晋姜曰：余唯嗣朕先姑君晋邦……劼（嘉）遣我易卤责（积）千两（辆），勿废文侯显命，卑（俾）贯通弘，征緐汤（阳）雠，取厥吉金。

保利艺术博物馆收藏的戎生编钟（15240、15241、15242）时代与晋姜鼎接近，铭文中也有类似的内容：

> 至于辞皇考昭伯，趩趩穆穆，懿肃不僭，召匹晋侯，用龏王命。今余弗叚废其顆光，对扬其大福，嘉遣卤责（积），卑（俾）谱（潜）征緐（繁）汤（阳），取厥吉金。

晋姜鼎中的"易"字旧释为赏赐之赐，吴毅强先生释为交换、交易之易，①文通意顺。"卤"即河东盐池所出之盐卤，"积"亦见于兮甲盘（14539）："王令甲政司成周四方责（积）。"其义见于《左传》僖公三十三年："不腆敝邑，为从者之淹居，居则具一日之积。"杜预注："积，刍、米、禾、薪。"李学勤先生认为"积"也即古书上的"委积"，②如《周礼·地官·司徒》："大宾客，令野修道委积。"孙诒让《正义》："《说文·禾部》云：'积，聚也。'……凡储聚禾米薪刍之属，通谓之委积。""繁阳"地名亦见于曾伯霥簠（05979、05980），即今河南新蔡以北的繁阳，李学勤先生认为繁阳地区虽不产铜，但是向东、向南可通向已发现的几处古铜矿，包括湖北大冶、江西瑞昌、安徽铜陵，是南方铜锡北运的汇聚地点，③曾伯霥簠铭中的"金道锡行"反映的正是繁阳乃南北资源贸易的集散中心。晋姜鼎与戎生编钟铭文记述的是贵族运输盐卤、粮草等物资，数量可达千辆之盛，前往繁阳换取铜料的史实。

反观此簠铭文，有几点值得思考：

首先，"廪卤"一词说明这次赏赐的盐卤当为盐池附近的仓库之储备，印证了学者提出商代早期东夏冯遗址发现的圆形建筑基址群为盐库的论断。

其次，"廪卤百车"的赏赐数量颇为可观，"百车"单位中的车应为货车，在商周时期货车一般由牛牵引行使，称为"大车"，如《诗·小雅·黍苗》："我车我牛。"孔颖达《疏》："大车以驾牛。"《易·大有》："大车以载。"孔颖达《正义》："大车，谓牛车也。"《易·系辞下》："服牛乘马，引重致远。""服牛"与"引重"对文，可见牛车是运载货物的工具。师同鼎（02430）："师同从，折首执讯，捋车马五乘，大车廿。"铭文记师同战捷，缴获马车五辆，大车二十辆。李学勤先生亦举云梦秦简中"大车"之谓，指出鼎铭中的"大车"就是军队中载重的牛车。④"大车"与"车马"对举，两种车的性质非常明确，马驾之车为战车，大车（即

---

① 吴毅强：《晋姜鼎补论》，《中国历史文物》2009年第6期。
② 李学勤：《兮甲盘与驹父盨——论西周末年周朝与淮夷的关系》，《人文杂志丛刊》第二辑《西周史研究》，1984年。
③ 李学勤：《戎生编钟论释》，《文物》1999年第9期。
④ 李学勤：《师同鼎试探》，《文物》1983年第6期。

牛车)为军队中运输辎重的货车。这种货车虽不能详知其承载量,可以借战车的规格参考,商周时期的战车一般乘3人,成年男子体重平均以120斤计,那么一辆战车可载360斤,一辆货车大抵至少亦能载重300斤,百车即3万斤。一次性赏赐如此之多的盐卤,一方面说明器主的活动范围应在河东盐池产地不远,才能有此便利条件。另一方面也证实河东盐池地区盐业生产规模之巨大,尽管当地没有西周时期的直接资料,不过我们可以通过对其他地区制盐业的研究窥探一二。近年学者对山东寿光双王城大型盐业遗址群进行了深入探讨,据燕生东先生研究:殷墟时期,双王城就有同时共存制盐单元约50处,东北坞也有20处。也就是说,仅双王城每年就要达5万多斤,整个渤海南岸地区,不下10余处大规模的盐业遗址群,年产量应几十万斤左右,数量是相当惊人的。① 参照山东渤海湾地区的盐业产量,同样作为盐业重镇的河东盐池,其生产方式基本靠阳光曝晒,自然形成结晶,人工捞采,更加简便,产盐量势必不小,"百车"数量的赏赐是完全有可能的。

再次,商周时期赏赐类铭文一般要具备赏赐者、受赐者及赏赐物等要素,笔者曾认为这次赏赐行为中省略了赏赐者。现有另一种推测,"丁子"之"子"字下可能省略了重义符号,分别读之,上读则为"巳",下读本字"子",这种省略情况在商代卜辞中也存在:

① 戊寅子卜,方归才(在)乌人。
戊寅子卜,方归才(在)川人。
癸子卜,于綦月又♡。(《合集》21661)
② 癸丑子卜,来丁酉至伊尹。
己子卜,䏌劦。(《合集》32504)

① 末条、② 二条中的"子"可以分读为"癸巳"、"己巳"和"子",这种重文符号被省略需分读的情况多见于日干这类字,②本簋铭"子"的分读应该是沿袭了卜辞的旧例。故赏赐者为"子",即一族之"宗子",同例如:

子作父戊彝,犬山刀。(子觯10635)
王作荣仲序,在十月又二月生霸吉庚寅,子贺荣仲玚瓒一、牲大牢。己巳,荣仲速芮伯、胡侯、子,子锡白金钧,用作父丁䵼彝。史。(荣仲鼎02412、02413)

上述二器中的"子"分别是犬山刀族和史族的宗子,③本铭中的"子"也是一族之长。晋姜鼎、戎生编钟的记载反映出周代贵族从事盐业贸易的盛况,说明子之家族似由经营盐池地区盐业而兴,故能掌控如此庞大的盐业资源进行赏赐。西周时期商品经济的发达,表现为贵族家族内部经济有专门的私属负责运营管理,如射壶(12443、12444)的作器者射就

---

① 燕生东:《商周时期渤海南岸地区的盐业》,文物出版社,2013年,第116页。
② 参见裘锡圭:《甲骨文字考释(八篇)》,《裘锡圭学术文集·第一卷·甲骨文卷》,复旦大学出版社,2015年,第85—87页。
③ 陈絜:《浅谈荣仲方鼎的定名及其相关问题》,《中国历史文物》2008年第2期。

是受命管理尹叔家族商业的家臣,典的身份和职务与射相同,是子的经济类家臣,但还不能确定其是子的同姓家臣(通常由小宗充任)还是异姓家臣。

文物摄影：邵玉兰、刘化龙
制拓：付万里
X-ray 探伤摄影：胡东坡

附记：本文初稿最早于 2015 年 10 月 16 日在香港大学召开的"出土文献与先秦经史国际学术研讨会"上宣读,承蒙朱凤瀚、张光裕、曹锦炎、徐少华、沈培、袁国华等先生惠赐宝贵意见,以致谢悃。

附表

	附耳圈足盂形簋类型表			
Ⅰ式	 戈簋 通高 20.3 厘米	 滋簋 通高 24.5 厘米，口径 23 厘米	 伯梡簋	 临潼南罗顾龙纹簋 通高 16.5 厘米，口径 24.5 厘米
Ⅰ式	 叔宾父簋 通高 14.4 厘米，腹深 11.3 厘米	 扶风庄白伯䧻簋 通高 15.5 厘米，口径 23.9 厘米	 仲簋 通高 15.8 厘米，口径 21.5 厘米	
Ⅱ式	 花园村 M15 弦纹簋（M15∶15、16） 通高 15 厘米，口径 20 厘米，腹深 12 厘米	 命簋 合盖高 24.1 厘米，口径 21.6 厘米	 旂伯簋 通高 14.5 厘米，口径 23 厘米，腹深 11.8 厘米	 夔簋 合盖高 19.8 厘米，器高 14.7 厘米，耳径 24.3 厘米，口径 21.4 厘米，腹深 11.1 厘米
Ⅱ式	 羹簋 通高 14.8 厘米，口径 21.5 厘米，腹深 12 厘米	 横水 M1 伯善簋	 叔簋 通高 15.5 厘米，耳间距 25.5 厘米	 疏簋 通高 13.7 厘米，口径 21 厘米，腹深 11 厘米
Ⅱ式	 扶风刘家沟伯簋 通高 15.1 厘米，口径 21.2 厘米，腹深 11.5 厘米	 不寿簋 通高 15.8 厘米，耳间距 33 厘米		

晋南与鄂东豫西地区两周时期的地名重名现象

于 薇

（中山大学历史地理研究中心·中山大学历史学系）

一、引　言

地名是先秦文献中非常重要的内容。地名本身即为一种史料。在传统沿革地理的时代，相关研究主要集中在地名本身，对古地名的位置、一地地名的演变等加以考证。学术近代化以后，学者开始利用地名进行历史问题的研究。

地名虽然多只有一两个字，但却包含不容忽视的历史信息，且往往与重大历史事件或历史进程相关。50年代，顾颉刚先生在为中国科学院历史研究所撰写的《工作计划》中就强调古史研究必及地名，且地名研究中要重视族群的移徙问题：

> 研究历史必及地名，而古代地名素来是读者的障碍物。……地名常因民族的移徙，前人对于古代地名看得过分呆板，对于民族移徙又绝未注意，所以弄得许多地方窒碍难通，现在也必须加以纠正。①

当时顾先生已经年逾六旬，在上古历史研究方面积淀深厚，此时他对古地名的强调，可以理解为是在丰富的研究实践中总结出的重要认识。到1978年，中国社会科学院要求科研人员提交研究计划，顾先生在材料中再次写道：

> 古地名众说纷纭，必须加以考索，并联系其氏族之起源与流徙。②

又一次强调族群迁徙与上古地名的历史问题在研究时必须要联系在一起。

顾先生后来也做了一些这样的研究尝试。比如遗稿中《徐和淮夷的迁、留》一文，③就将不同时间不同区域的水名"淮"联系起来梳理出一个变化，然后将其与东夷在西周初年的人群迁移联系起来。这个研究揭示出周初东征以后王朝东部地区的政治联动情况，大大丰富了西周早中期之际的历史场景。虽然从总体看这种工作为数不多，但颇具启发性。

---

① 顾颉刚：《春秋地名考（未刊本）》，北京图书馆出版社，2006年，前言，第3页。
② 顾颉刚：《春秋地名考（未刊本）》，北京图书馆出版社，2006年，前言，第5页。
③ 顾颉刚：《徐和淮夷的迁、留》，《文史》1990年第32期，第1—28页。

然而顾先生这一思路要实践起来也颇为困难,因为将地名地点变化与人群迁移联系起来很冒险。首先,单个地名历史信息十分有限,虽然是文本,但只有一两个字,很难直接对应历史问题。同时,记录地名与人群活动之间关系的材料也极少,文献所见不同地点间同音同字地名来源的可能性又太多,如果不经过严密的材料鉴别和筛选就将几个地名联系起来,再提出解释,很容易流于泛化和想象。要解决单个地名信息不足的问题,唯一可行的方法就是增加信息总量,将相关地名合在一起进行聚类分析,并且要将多类型、多成因的地名史料相互印证。

金祖孟是我国现代地名学基础理论研究中有代表性的学者。1945年,他指出地名存在历史性与地理性,明确提出"地名群"概念。他在《地名通论》一文中谈到地名"结群"的概念:

> 所谓结群(Gruppierung),就是若干不同的地名,由于有一个共同的来源,往往在形式上(用字)或含义上有类似的地方;这种类似的地名,可以很明显的自成一群(Gruppe)。这种地名之群,我们称为"地名群"(Ortsnamengruppe);同一地名群所属各地名之间,因为有共同的来源,总有一种类似共同血统的关系。因此,"地名群"也可以称为地名属(Ortsnamenfamilie)。所谓"共同的来源",至少有两种。第一是构成地名的共同的语言文字的基础;第二是地名取义的共同的地理事物的根据。①

他认为地名"结群"亦可称"地名群",这一概念强调地名之间的联系,利于将地名分析从个体地名引向群体地名。相对于个体地名,"地名群"信息总量大,地名间内在的逻辑关系(即"共同的血缘关系")更为明显,不仅利于把握其地理特性,更容易提示其中隐含的历史信息。但地名之间的关系缺乏直接证据,首先最基本的将哪些地名聚为一群就十分困难。从金先生对地名性质的理解来看,要找到其中的逻辑,时间、空间应该是最直接的入手途径。

在早期文献中,能够看到存在某类"地名群"的迹象。童书业先生曾谈到,汾水流域与汉水流域之间存在一种国名多重名的现象:

> 汾水流域之国,汉水流域多有之。汾水流域有唐,即晋,……汉水流域亦有唐国。②

童先生所谓"国",同时也是地名,虽然只列举了"唐",但既然称"多有之",显然童先生认为不止一处,可以理解为一组重名地名群。在两周时期,汾水流域长期属于晋国,汉水流域则长期属于楚国。以此为线索,以《左传》《国语》为基础史料,对读其中涉及楚晋部分,寻找重名地名信息,将这两种文献中的重名地名代入《诗》、《书》、金文、甲骨文中进行查检,并参核部分战国文献,可以发现,各类重名地名至少有17组,其中不仅有童先生提

---

① 金祖孟:《地名通论》,《新中华》复刊3卷4期,1945年,第32—43页。
② 童书业:《太伯、仲雍所奔"荆蛮"》,《春秋左传研究》,上海人民出版社,1980年,第356页。

到的国名,还有不少河流、聚邑的名字。而且涉及的区域,也不仅是汾水流域与汉水流域,而是今晋南与鄂东豫西这两片更大范围的区域。

若只是某几个地点间单一地名简单重名,其中当然有很大的偶然因素。但汾水流域与汉水流域两地间多处地名重名,数量大到可以成组,若再联系到顾颉刚先生的假设,可以推测这背后隐含着重大事件,其中的可能之一,是族群移徙。

晋南地区指汾水流域、黄河北岸,最主体是太行山——中条山山系的两侧地区。鄂东豫西地区则包括汝水流域、南阳盆地、鄂北山地、随枣走廊和整个汉水流域,最主体是桐柏山——大别山山系两侧地区。这两片地区都是两周历史展开的核心区域,区域发展与商周时期的大历史密切相关。对区域内人群交往与流动的把握程度,关乎对于商周历史的认识精度。同时,近年来考古发现揭示出的新现象也进一步增强了对区域内人群流动,特别是汾水流域与汉水流域之间早期联系与交往问题研究的迫切性。

由于这种关联在传世文献中即已彰显,自2005年起,笔者就开始注意搜集积累这一问题的相关材料。2008年,笔者的博士论文《西周封国的徙封与宗盟》的内容中即已涉及,但论述和讨论还比较初步,主要是当时还没有意识到"地名群组"对于地名与人群流动之间关系建立的重要性。① 在后来到复旦大学历史地理研究中心进行博士后期间,笔者一方面进一步学习地理学的知识和方法,一方面逐步积累,完善论证。到2010年,笔者的博士后出站报告《西周封国与先秦流域间地缘关系过程:以汉水流域为中心》的第二篇"先秦时期汾水流域与汉水流域的地名重名现象"成为出站报告的重点内容之一,此文地名成对论证,以通专名属性、字音义配合作为筛选标准,以交通线作为与人群移徙问题衔接主要逻辑的论证架构基本成型。② 随后,笔者主持国家自然科学基金青年项目"流域地缘关系过程与中国传统政治地理"(2010—2013,40901076),借助基金平台进一步深入探索,数易文稿,最终明确了"地名群组"的研究方法,筛选确立了这样17组地名。经过近10年的时间,形成了本文这样一个初步的研究成果。

在此期间,2011—2013年湖北随州叶家山墓地考古发掘工作取得重大发现,引起学界轰动。叶家山两次发掘共清理墓葬140座,马坑7座,出土器物包括青铜器、玉器等共2100多件(套)。从出土器物看,墓葬所有年代都集中在西周前期,应属西周曾国公墓。③ 叶家山墓地墓葬有一个明显特点,头向基本全部向东。而目前已发现的西周时期包括西周早期诸侯国墓地,除了汾水流域的山西绛县横水墓地和翼城大河口墓地墓葬多作东西向之外,其他基本都是南北向。山西省考古研究所研究员、山西绛县横水和翼城大河口墓地发掘主持者谢尧亭先生,对汉水流域的随州叶家山墓地和汾水流域的绛县横水、翼城大河口、侯马北赵、曲村墓地等墓葬的墓地面积、兆域、墓葬方向、殉人、腰坑、殉牲、斜洞等方

---

① 于薇:《西周封国的徙封与宗盟》,北京师范大学博士论文,2008年。
② 于薇:《西周封国与先秦流域间地缘关系过程:以汉水流域为中心》,复旦大学博士后出站报告,2010年。
③ 张昌平:《叶家山墓地相关问题研究》,《随州叶家山西周早期曾国墓地》,文物出版社,2013年,第270页;黄凤春、黄建勋:《论叶家山西周曾国墓地》,《随州叶家山西周早期曾国墓地》,文物出版社,2013年,第276页。

面进行了比较,认为叶家山墓地东向墓的情况与曲村唐人墓葬十分相似。据此,谢先生提出了一个推断,叶家山人群存在自山西迁徙而来的可能。李零先生在比较了相关出土器物后,也提出了基本一样的问题,即随州叶家山墓地的人群,是否存在从山西汾水流域迁来的可能性。① 笔者之前的研究一定程度上得到了考古发现的印证,并与考古、古文字方向的部分专家观点大体一致,感到十分欣喜,亦更加希望能尽快将此文完成,以这些重名地名为材料,深入分析汾、汉流域的地名重名现象,探索其背后隐含的历史信息。

金祖孟先生谈"地名群"时,专门强调了当中的困难,指出"在同一区域,寻求各时代特有的地名群,这种工作比较困难……各地历史、种族、语言很复杂,……这样的工作,很困难,也就很有意义,同时也常有争议"。笔者深知将"地名群组"这一概念引入先秦地名、族群、流域间关系研究的艰难,也深知这套方法还有诸多不足。而近年来,一些青年学者也已经同笔者一样重视运用这种方法,如南开大学历史系赵庆森博士的学位论文《商周时期的族群迁徙与地名变迁》(2016 年 5 月)第四章第四节"汾水流域和淮汉地区的族群交流"举出 13 组例证,例子和方法都与本文多有交叉。看到更多学者注意到此类问题和方法,笔者十分感慨,这说明十年来坚持的探索方向是具备学术价值的。越来越多学者的关注,有益于此类研究,也必将推动新认识的产生。故而,本篇在探索历史现象的同时,也更是希望能在方法上做一些贡献,进而对利用地名进行历史问题研究十分艰难的先秦研究略有裨益。

二、"重名地名群"的确认

1. 重名地名举例:汾

"汾"是本文最重要的一个关键词。此水为先秦北方最著名的河流之一,《诗·魏风·汾沮洳》有云:"彼汾一曲,言采其藚。"②《魏风》所歌,为春秋晋国核心区内的风物,"彼汾一曲"之"汾",即晋地之汾水。《左传》昭公元年载:"台骀能业其官,宣汾洮,鄣大泽,以处太原。帝用嘉之,封诸汾川,沈、姒、蓐、黄,实守其祀。今晋主汾而灭之矣。"杜预注:"汾、洮二水名。"③在春秋时,汾河是晋国主祀的河流。《周礼·职方》云:"河内曰冀州,其山镇曰霍山,其泽薮曰扬纡,其川漳,其浸汾、潞。"④战国以后,汾水被看作整个冀州最重要的河流之一。

---

① "礼乐中国——湖北出土商周青铜器特展暨叶家山西周墓地国际学术研讨会"会议发言,发表于湖北省博物馆、湖北省文物考古研究所主办"礼乐中国——湖北出土商周青铜器特展暨叶家山西周墓地国际学术研讨会",2013年12月29日。
② 《毛诗正义》,《十三经注疏》,中华书局,1980 年,清嘉庆二十年(1815)南昌府学刊本影印,卷第 5—3,第 357 页。
③ 《春秋左传正义》,《十三经注疏》,中华书局,1980 年,清嘉庆二十年(1815)南昌府学刊本影印,卷 41,第 2024 页。
④ 《周礼注疏》,《十三经注疏》,中华书局,1980 年,清嘉庆二十年(1815)南昌府学刊本影印,卷 33,第 863 页。

《汉书·地理志》"太原郡·汾阳"自注云："北山，汾水所出，西南至汾阴入河，过郡二，行千三百四十里。"①孔颖达《左传》僖公十六年疏云："汾水从平阳南流，折而西入于河。临汾县在汾水北，狐谷疑是狐厨，乃在县之西北。则狐厨、受铎皆在汾北。狄自北而侵，南涉汾水，至于昆都。昆都在汾南也。"②《水经·汾水》云："汾水出太原汾阳县北管涔山，东南过晋阳县东，晋水从县南东流注之。又南，洞过水从东来注之。又南过大陵县东，又南过平陶县东，文水从西来流注之。又南过冠爵津，又南入河东界，又南过永安县西，历唐城东，又南过杨县东，西南过高梁邑西，又南过平阳县东，又南过临汾县东，又屈从县南西流，又西过长修县南，又西过皮氏县南，又西至汾阴县北，西注于河。"③从上述不同时期对汾河流路的文献记载来看，汾河河道在历史时期的变化不大，与今河道基本一致，源出山西宁武管涔山，向南流经静乐县、古交市、太原市、清徐县、祁县、介休市、霍州市、洪洞县、临汾市、侯马市，在河津附近汇入黄河。汾水作为黄河最著名的一条支流，其对于晋国历史，乃至整个三代历史的重要性，已经无需多言了。

引人注目的是，春秋时楚地亦有一汾，虽没有晋地之汾著名，但却是一处兵家必争之地。《左传》襄公十八年"子庚帅师治兵于汾"。④ 因为下文讨论还涉及文内相关地点，故先列全段如下：

> 郑子孔欲去诸大夫，将叛晋而起楚师以去之。使告子庚，子庚弗许。楚子闻之，使杨豚尹宜告子庚曰："国人谓不穀主社稷而不出师，死不从礼。不穀即位，于今五年，师徒不出，人其以不穀为自逸，而忘先君之业矣。大夫图之，其若之何？"……**子庚帅师治兵于汾**。于是子蟜、伯有、子张从郑伯伐齐，子孔、子展、子西守。二子知子孔之谋，完守入保。子孔不敢会楚师。楚师伐郑，次于**鱼陵**。右师城**上棘**，遂涉颍，次于**旃然**。蒍子冯、公子格率锐师侵**费滑**、**胥靡**、**献于**、**雍梁**，右回**梅山**，侵郑东北，至于**虫牢**而反。子庚门于纯门，信于城下而还。涉于**鱼齿**之下，甚雨及之。楚师多冻，役徒几尽。

这段文字记载了郑、楚两国间的一次战役，涉及多处郑楚间地名，其中楚令尹子庚练兵之处即称"汾"，可知楚国有"汾"地。杜预注云"襄城东北有汾丘城"，认为此地在西晋时之襄城县东北汾丘城，即今河南许昌市西南。后来历代注《左传》者如孔颖达、竹添光鸿、⑤杨伯峻，⑥包括专治春秋地理的江永⑦等，也都同意杜说。

---

① 班固：《汉书》，中华书局，1964年，卷28上，第1552页。
② 《春秋左传正义》，《十三经注疏》，中华书局，1980年，清嘉庆二十年（1815）南昌府学刊本影印，卷14，第1809页。
③ 王先谦：《合校水经注》，中华书局，2009年，卷6，第96—104页。
④ 《春秋左传正义》，《十三经注疏》，中华书局，1980年，清嘉庆二十年（1815）南昌府学刊本影印，卷33，第1965页。
⑤ 竹添光鸿：《左氏会笺》，景印汉文大系，台湾新文丰出版公司，1978年，下册，第16襄十八，第21页。
⑥ 杨伯峻：《春秋左传注》，中华书局，1990年，第1041页。
⑦ 江永：《春秋地理考实》卷2"汾"，收入《景印文渊阁四库全书》，台湾商务印书馆，1986年，第181—293页。

但对汾地点的传统说法可能还需讨论一下。是役,楚师先治兵于汾,进攻途中首先次于"鱼陵",战罢回兵途中又涉于"鱼齿"。"鱼陵"和"鱼齿"是判断"汾"地位置的重要参照,而对此二地位置恰恰有不同说法。杜注云:"鱼陵,鱼齿山也,在南阳犨县北,郑地。"① 认为两地实为一地,在西晋南阳国犨县,即今河南鲁山县东南。但若犨在鲁山,汾在许昌,则两地位置似乎不应在伐晋的同一条行军路线上。顾炎武就引范守己说,认为子庚既治兵于襄城之汾,不当南还走鲁山。② 杨伯峻也指出,"楚伐郑,治兵于许昌西南,而军反退至鲁山县一带",③不合常理。"汾"、"鱼陵"、"鱼齿"几处杜注自相矛盾,其中必然存在问题。

顾炎武、杨伯峻等都认为是杜所解鱼陵有误,"鱼陵不为鱼齿山"。但从后面各地点与交通线之间的关系来看,杜注对于鱼陵的注释没有错,而是之前根据西晋时"汾丘"的位置来解春秋时"汾"的位置,比起实际情况偏北了。这段文献中的地名,看起来有些杂乱,但其实有自身的空间逻辑。记载战争活动的文本中涉及的地名,多与关隘和交通线有关。军队出征,一方面是要取胜,一方面要尽量保证自身安全,同时还要保证行军速度,所以行军路线的选择相当谨慎,除非偷袭,一般会选取便于战车行进的常规道路,交通线相对稳定。春秋楚、郑之间的交通线是比较清楚的,结合交通线分析上文一系列地点的相对位置和绝对位置,就可以发现,子庚治兵之"汾"不在"汾丘"。

首先,若依杜注,"汾"在"襄城汾丘城",那么子庚治兵就是在颍水东岸,也就是说,从楚的方向出兵,已经渡过了颍水,则无论鱼陵是不是鱼齿山,都不会有后面"城上棘""涉颍"之事。这里有一处需要说明,杨伯峻注认为"杜注谓西晋之襄城县东北有汾丘城,当在今许昌市西南,颍水南岸",汾丘在颍水南岸的说法似乎不确。《水经·颍水》载:"颍水出颍川阳城县西北少室山,东南过其县南,又东南过阳翟县北,又东南过颍阳县西,又东南过颍阴县西南,又东南过临颍县南,又东南过汝南㶍强县北……又东南至慎县东,南入于淮。"颍水正源自少室山出以后,一路东南流向,郦道元注云:"颍水又南迳颍乡城西,颍水又东南迳柏祠曲东,历冈丘城南,迳繁昌故县北。"④ 赵一清注云冈丘城即"故汾丘城"。⑤ 颍水"历冈丘城南",显然冈丘城在颍水北岸,所以杨守敬《水经注图》中即将汾丘绘于颍水东北。⑥ 若《水经》及诸注记载无误,则杨伯峻认为汾丘在颍水南岸恐不确。即此,楚境在颍水西南,若子庚治兵于汾丘,则当已经渡过颍水了,后面应再无"涉颍"之事。

而且,从事前的铺叙看,子庚本不主张出兵,后受王命被迫起师,也并未开战,只是在汾地"治兵"。"治兵"一词在《左传》中有专门的含义。隐公五年载:

---

① 《春秋左传正义》,《十三经注疏》,中华书局,1980年,清嘉庆二十年(1815)南昌府学刊本影印,卷33,第1966页。
② 顾炎武:《左传杜解补正》,《清经解》,上海书店,1988年,卷2,第13页。
③ 杨伯峻:《春秋左传注》,中华书局,1990年,第1042页。
④ 王先谦:《合校水经注》,中华书局,2009年,卷22,第328—332页。
⑤ 赵一清:《水经注释》,光绪六年八月会稽章氏重刊本,卷22,第4页。
⑥ 杨守敬等:《水经注图》,中华书局,2009年,第325页。

春蒐夏苗，秋狝冬狩，皆于农隙以讲事也。三年而治兵，入而振旅，归而饮至，以数军实。昭文章，明贵贱，辨等列，顺少长，习威仪也。

周制农闲时以田猎形式练兵，在此之外，每三年集中演习一次，即"治兵"。"治兵"是一种礼，虽然也教习战法，但主要目的在于"昭文章，明贵贱，辨等列，顺少长，习威仪"，确立军队中的秩序。①《公羊传》云"出曰祠兵"，《春秋》庄公八年经"甲午，治兵"。《左传》云"治兵于庙，礼也"，讲得更明确。"治兵"是一种需要告庙的仪式，是一种军礼。当然，《左传》中个别地方的"治兵"并不完全与隐公五年传文所称三年一治兵的周期相符合，而是发生在战前，作为授兵仪式，但活动仍然有祭祀的性质。如隐公十一年"授兵于大宫"，"大宫"即太庙，说明授兵也是在庙中，而且是宗庙。各国的宗庙，一般不会建在自己的国土以外。② 所以战前治兵的地点，也不会在封土之外。如僖公二十七年"楚子将围宋，使子文治兵于睽"，"子玉复治兵于蒍"，"睽""蒍"杨注为楚地；又如宣公十五年"晋侯治兵于稷以略狄土"，"稷"杨注为晋地；再如昭公十三年晋"治兵于邾南"，"邾南"杨注为邾国之南境，有误，应在平丘，即今河南长垣、封丘之间，属于晋河南地。③ 这些都是在本国的封境之内。所以，子庚治兵之"汾"，也至少应该是在楚境之内。

而"汾丘"所在的襄城东北，当时并不属楚，而是郑的领地。鲁僖公二十四年《传》载大叔（王子带）以狄师伐周，"王出适郑，处于氾"，杜注："郑南氾也，在襄城县南。"杨伯峻注"在今河南省襄城县南，以周襄王尝出居于此，故名襄城"。④ 据此可知这一地区为郑地。虽然之后楚师入郑都，但未取其地而还。入其国而不取其地的情形，在春秋是比较常见的。到襄公二十六年，《传》云："（楚子伐郑）入南里，堕其城。涉于乐氏，门于师之梁……涉于氾而归。"⑤这次征伐，因为子展听从子产的建议没有设备，楚进兵很顺利，打到郑国都，取胜后从氾地渡汝水还师。《传》中记载南里、乐氏、师之梁都是郑地，氾应该也与他们一样，是当时郑控制下的城邑。子庚治兵是在襄公十八年，十八年到二十四年间，经传未载楚有伐郑夺邑之事，所以可以推知，子庚治兵时，氾一带还应该是郑地。汾丘位置相对泛还要偏东北，距郑都更近，氾当时不是楚地，楚应该也不会越过氾而占有汾丘。显然，汾丘不在楚境之内。春秋时楚国的基本疆域，主要是以方城为界，楚文王时开始伐申（《左传》鲁庄公六年），到成王时已经完全占领了南阳盆地，并在申地设县，此后楚的北部，一直稳定在这个地区。到昭公十九年，也就是春秋末年，费无极才建议楚王"大城城父

---

① 《春秋左传注疏》，《十三经注疏》，中华书局，1980年，清嘉庆二十年（1815）南昌府学刊本影印，卷3，第1726—1727页。

② 后世宗庙一般建在国都，但西周封国，宗庙并非在一地，可能多个城邑有宗庙，故《左传》庄公二十八年云："冬，筑郿，非都也。凡邑有宗庙先君之主曰都，无曰邑。"

③ 前后的一系列行动都与邾没有任何关系，不应该在邾境南。治兵即振旅，整肃军队，以便召开盟会。所以邾南应该就在会盟的平丘附近。

④ 《春秋左传正义》，《十三经注疏》，中华书局，1980年，清嘉庆二十年（1815）南昌府学刊本影印，卷15，第1818页；杨伯峻：《春秋左传注》，中华书局，1990年，第426页。

⑤ 《春秋左传正义》，《十三经注疏》，中华书局，1980年，清嘉庆二十年（1815）南昌府学刊本影印，卷37，第1992页。

而制置太子"，王从其说而筑城父城，①襄城方成为楚的东部前沿。所以，子庚治兵之地，似不应在封境之外的汾丘。

其实，不仅"汾"的位置有问题，这次战役的地理问题，杜注及其后注家整体解释都不够严密。如杜注指旃然为旃然水，在今荥阳附近，杨伯峻亦承杜说，并指费滑为今偃师县南之缑氏镇，胥靡为今偃师县东，献于未详其地，雍梁则取顾栋高《春秋大事表》说为今禹县东北。② 但若按此，则楚军已行至郑都附近，又忽然西南行军百里，离开郑都攻打偃师南之小邑，然后又回师向东，攻偃师东小邑，之后又向南，几乎回到起点，攻打雍梁，然后又向北长途行军回到郑都附近，最后越过黄河，到达封丘。这样的行军线路，无论如何都是非常古怪的，看不出有什么必要。由于汉贾逵、马融注经重经义、制度，于地理不详，可能杜预为《左传》地理问题做注时，旧注中难以找到准确的沿革依据，所以有时要参照他所在西晋时代地名的位置进行推断。但由于经历了战国秦汉数百年的历史变迁和政区发展，不少地名西晋时虽然还在，但却已经不是西周春秋时的位置，所以杜注于地理问题整体看是比较粗疏的。此点后世学者已多有批评，钱基博先生即总结为"言地理，好为臆说，未能揆度远近，辄以影附今地"。③ 认为是杜注的一大过失。

实际上，楚、郑之间的交通线并不复杂，楚侵郑，基本上就只一条干道可走，即经南阳，出方城，经方城外之叶县，然后向北，经汝州到达郑国附近。所以这场战役的行军路线也应该是很清楚的，楚师先驻扎在鱼陵，然后分兵两路：一路从上棘渡颍水，驻扎在旃然，之后沿途攻打费滑、胥靡、献于、雍梁、梅山，侵伐郑的东北部，到达虫牢；另一路则直捣郑国国都，最后两军应该都回师到鱼陵。这样的话，上棘应在颍水南岸，旃然在颍水北岸不远，费滑、胥靡、献于、雍梁、梅山、虫牢应该都是郑东北地名。而楚出次和回军的地点鱼陵在平顶山，也证明了行军路线起点正是方城之外，而子庚出兵之前在封境内治兵的地点，也很可能就在方城附近。

楚"汾"是一处险要之地，而且不是普通的险要，是天下之险。《吕氏春秋·有始览》云："何谓九塞？大汾，冥阨，荆阮，方城，殽，井陉，令疵，句注，居庸。"高诱注："大汾，处未闻。冥阨、荆阮、方城皆在楚。"未详其所在。毕沅认为"大汾"就是晋地之汾："大汾，《淮南》作'太汾'，注云'在晋'，此何以云未闻？"毕沅此说恐怕是没有读懂高诱注的意思。以晋地汾水之著名，高诱何以会不知？高注此地未闻，明显是认为此"大汾"与晋地汾水为两处。吴承仕即为高诱注作解云："言大汾、令疵未闻者，亦其慎耳。"④虽然未详其地，但从语序看，大汾之后三处要塞皆在楚地，大汾很可能也相去不远。《战国策·楚策》云"楚北有汾陉之塞"，不少注家都认为此"汾陉"即"大汾"，也就是《左传》中楚子庚治兵之"汾"。⑤

---

① 《春秋左传正义》，《十三经注疏》，中华书局，1980年，清嘉庆二十年(1815)南昌府学刊本影印，卷48，第2087页。
② 杨伯峻：《春秋左传注》，中华书局，1990年，第1042页。
③ 钱基博：《经学通志》，上海古籍出版社，2011年，第127页。
④ 陈奇猷：《吕氏春秋新校释》，上海古籍出版社，2002年，第665、670页。
⑤ 诸说参见诸祖耿：《战国策集注汇考》，凤凰出版社，2008年，第748—749页。

楚国的领土，东北部以南阳盆地东缘伏牛山、桐柏山为最稳定的界限。楚重要的军事据点，也主要就是这一条山弧中的隘口。"大汾"又称"汾陉"，《说文·𠂤部》云："陉，山绝坎也。"段注云："陉者，一山在两川之间，故曰山绝坎。绝犹如绝流而渡之绝，其茎理亘于陷中也。"①《尔雅·释山》云："山绝，陉。"邢昺疏："陉，谓山形连延中忽断绝者名陉。"②可见，"陉"就是山间河谷。太行山中峡谷多称"陉"，其中最著名的就是"太行八陉"，《元和郡县志》"河北道"有"太行陉阔三步，长四十里"。③ 陉应指比较狭窄的山谷。

伏牛山中也有两处类似的地貌，一处是方城，另一处是醴水出伏牛山的峡谷。《水经·汝水注》云醴水"出南阳雉县……又东南迳唐城北，南入城，而西流出城（自注云：城盖因山以即称矣）。醴水又屈而东南流，迳叶县故城北……又东迳郾县故城南，左入汝。"④这条河，经过了三座非常重要的城邑：唐、叶和郾，其河谷正是东出南阳的干道。河穿伏牛山而过，南有支水烧车水，符合"一山在两川之间"的地貌特征。醴水南有灈水，灈水穿伏牛山的河谷也符合"陉"的地貌，其关隘便是著名的方城。从形势上看，唐、叶之间的醴水河谷，必然也是楚北方最重要的军事据点之一。《左传》僖公四年"四年春，齐侯以诸侯之师侵蔡。蔡溃，遂伐楚。……师进，次于陉"，杜注："陉，楚地。"此陉即汾陉。齐当时兵临楚境，就在楚境最重要的隘口前方扎营。而楚后来有"方城以为城，汉水以为池"之语，也印证此时齐陈兵国门的态势，齐桓公先攻下蔡，然后再伐楚，之后回军退至召陵（今河南省漯河市辖境内），也正是在叶县通鲁宋的这条交通路线上。子庚若治兵于此，不仅与后来的行军路线相符，其地点也与当地的实际地形相符合。所以，楚国的"汾"、"大汾"、"汾陉"，很可能就是在南阳方城附近。

2. 重名地名群中其他地名

（1）随

"随"地在汾水流域和汉水流域都是很著名的地点，且位置在文献中没有太多争议。

汾水流域的随地，见于《左传》隐公五年，"翼侯奔随"，杜预注云："随，晋地。"⑤《读史方舆纪要》"历代州域形势·晋"载："随，晋别邑，或曰在今汾州府介休县东。"⑥杨伯峻注云："今山西省介休县东稍南约二十五里有古随城。"⑦竹添光鸿笺亦曰："随城在今山西汾州府介休县东，晋士会食邑于随，即此。"⑧

汉水流域的随是当地的著名大国。其国始见于《左传》桓公六年，楚武王侵随，斗伯

---

① 段玉裁：《说文解字注》十四下，上海古籍出版社，1981年，第734页。
② 《尔雅注疏》，《十三经注疏》，中华书局，1983年，清嘉庆二十年（1815）南昌府学刊本影印，卷7，第2618页。
③ 李吉甫：《元和郡县图志》，中华书局，1983年，卷16，第444页。
④ 王先谦：《合校水经注》，中华书局，2009年，卷21，第323—324页。
⑤ 《春秋左传正义》，收入《十三经注疏》，中华书局，1980年，清嘉庆二十年（1815）南昌府学刊本影印，卷3，第1727页。
⑥ 顾祖禹：《读史方舆纪要》，中华书局，2005年，卷1，第10页。
⑦ 杨伯峻：《春秋左传注》，中华书局，1990年，第44页。
⑧ 竹添光鸿：《左氏会笺》（上），景印汉文大系，台湾新文丰出版公司，1978年，第1隐五，第62页。

比言于楚子曰:"汉东之国,随为大。"①《汉书·地理志》"南阳郡·随"自注:"故国。"②《续汉书·郡国志》"南阳郡·随"注:"古随国。"③晋杜预注云:"随国,今义阳随县。"④《晋书·地理志下》载"武帝平吴……分南阳立义阳郡",⑤故杜预云晋时随地属义阳郡。晋惠帝时义阳郡移治义阳县,今信阳州南,义阳故城是也。又分置随郡,领随县等县。《读史方舆纪要》云:"随,今湖广德安府随州。"⑥故城在今湖北省随县南。随国的相关考古发现一直很少,学者曾疑此国在当地另有称呼。2013年,湖北省文物考古研究所对随州市文峰塔春秋中晚期曾国墓地进行发掘,出土了"随大司马献有之行戈",使得随国的存在得到了确认。

(2) 唐

汾水流域有唐地,汉水流域也有唐地,童先生论汾汉多重名地名时,即以唐为例,但没有展开。汾水流域的唐见于《诗》,《诗》有"唐风","其诗不谓之晋而谓之唐,盖仍其始封之旧号耳"。⑦甲骨文中有"𦮖"字,孙海波先生释为"唐",认为在有些版中是地名(甲932,乙570)。⑧2008年新出青铜器叔公簋铭文有"王命易伯侯于晋",⑨学者基本上都一致认为应将"易"释为"唐",即晋始封之地,在今山西侯马、曲沃一带。这样看来,汾水流域之"唐"作为地名,西周以前就存在了。汉水流域的唐见于《国语·郑语》,史伯曰"当成周者,南有……随、唐",⑩一般认为在今湖北随县西北唐县镇,或随州枣阳县东南。

除此以外,还有3处唐地,分别在燕地、鲁地和周地。燕地之唐,见于《春秋》昭公十二年,其"经"云"齐高偃帅师纳北燕伯于阳","传"云"高偃纳北燕伯款于唐",杜注云"阳即唐,燕别邑。中山有唐县"。⑪鲁地之唐,见于《春秋》隐公二年,经云"公及戎盟于唐",杜注鲁地,杨伯峻引《春秋大事表》云在山东曹县东南四十里,又引《读史方舆纪要》云在山东省鱼台县东北十二里。⑫周地,即春秋时周天子直接控制的成周附近地区,周地之唐见于《左传》昭公二十三年,传文云"尹辛败刘师于唐",杜注"唐,周地"。⑬

这5处唐中,汾水流域的"唐"原本是一个古国名,西周时可能用以专指原来古唐国所都之邑,也可能稍宽泛地指其国原来所辖的地区。汉水流域的唐,西周时是一个国名。其

---

① 《春秋左传正义》,《十三经注疏》,中华书局,1980年,清嘉庆二十年(1815)南昌府学刊本影印,卷6,第1749页。
② 班固:《汉书》,中华书局,1964年,卷28上,第1564页。
③ 范晔:《后汉书》,中华书局,1965年,卷22,第3476页。
④ 《春秋左传正义》,《十三经注疏》,中华书局,1980年,清嘉庆二十年(1815)南昌府学刊本影印,卷6,第1749页。
⑤ 房玄龄等:《晋书》,中华书局,1974年,卷15,第454页。
⑥ 顾祖禹:《读史方舆纪要》,中华书局,2005年,卷1,第19页。
⑦ 朱熹:《诗集传》,上海古籍出版社,1958年,卷6,第68页。
⑧ 中国科学院考古研究所编辑:《甲骨文编》卷二·九,中华书局,1965年,第44页。
⑨ 朱凤瀚:《𠭰公簋与唐伯侯于晋》,《考古》2007年第3期,第64—49页。
⑩ 徐元诰:《国语集解》,中华书局,2002年,第461页。
⑪ 杜预:《春秋经传集解》第二十二,昭公三,上海古籍出版社,1988年,第1344—1345页。
⑫ 杨伯峻:《春秋左传注》,中华书局,1995年,第20—21页。
⑬ 《春秋左传正义》,《十三经注疏》,中华书局,1980年,清嘉庆二十年(1815)南昌府学刊本影印,卷50,第2102页。

余3处传文和注疏都比较简略,看不出来是什么。但一般情况下,如果是国,在传文或注疏中都会有痕迹,既然看不到,那么是国的可能性则不大。燕地的唐邑可以纳北燕伯,应该具备一定的规模。鲁和周的唐,无从查考,且仅一见,可能是个小邑。后3处唐地西周时期是否已经存在,也不清楚。

(3)霍

汾水流域有霍山,也有霍国。"霍"字在甲骨文中就有出现,写作"䨽"、"䨺"。卜辞有:

癸未卜在霍贞王旬无畎在六月甲申(合集·35887)

在霍𩁹……王卜曰吉(合集·36783)

《禹贡》载冀州域内"壶口雷首,至于大岳"。《诗·唐谱》孔颖达疏引郑玄注有云:"大岳在河东故县彘东,名霍大山。"①《周礼·职方》亦云冀州有霍,为山名:"河内曰冀州,其山镇曰霍山,其泽薮曰杨纡,其川漳,其浸汾潞。"②以霍山为冀州之岳镇。

霍山的具体位置,《周礼》郑注云"霍山在彘",③指其在汉彘县。《汉书·地理志》"河东郡·彘"自注云:"霍大山在东,冀州山,周厉王所奔。"应劭云:"顺帝改曰永安。"④是郑时彘已为永安。《尔雅·释地》云:"西方之美者,有霍山之多珠玉焉。"郭璞注:"霍山今在平阳永安县东北。"⑤则彘县后改名为永安。孙诒让《周礼正义》:"汉彘县即今山西霍州治,霍山在州东南三十里。"⑥清霍州民国改称霍县,即今山西省霍州市。《读史方舆纪要》:"盖霍山崎岖险峻,介并、晋二州之间,实控厄之要矣。"可见霍山不仅是神居之所,也是咽喉要地。

临近霍山有霍国。《逸周书·世俘解》:"庚子,陈本命伐磨,……乙巳,陈本命荒新蜀磨至,告禽霍侯,俘艾佚小臣四十有六。"⑦《集注》引潘振云:"霍侯,厤国君也。"朱右曾云:"霍侯都厤,艾侯都蜀。"⑧则商末已存在一霍国,在商周易代之际,被武王派兵伐灭。《左传》僖公二十四年:"管、蔡、郕、霍……文之昭也。"⑨周初分封,将霍地封与同姓。《左传》闵

35887

---

① 《毛诗正义》,《十三经注疏》,中华书局,1980年,清嘉庆二十年(1815)南昌府学刊本影印,卷1,第360页。
② 《周礼注疏》,《十三经注疏》,中华书局,1980年,清嘉庆二十年(1815)南昌府学刊本影印,卷33,第863页。
③ 《周礼注疏》,《十三经注疏》,中华书局,1980年,清嘉庆二十年(1815)南昌府学刊本影印,卷33,第863页。
④ 班固:《汉书》,中华书局,1962年,卷28上,第1550页。
⑤ 郝懿行:《尔雅义疏》,上海古籍出版社,1983年,第827页。
⑥ 孙诒让:《周礼正义》,中华书局,1987年,卷64,第2675页。
⑦ 《汇校》云:"此句旧本同,卢校改'告禽霍侯、艾侯,俘佚侯小臣四十有六'。庄校作'告禽霍荒侯,俘小臣四十六。'顾校依《路史》'艾'下增'侯'字。"黄怀信、张懋镕、田旭东:《逸周书汇校集注》,上海古籍出版社,2007年,第429—431页,特别是第431页。
⑧ 黄怀信、张懋镕、田旭东:《逸周书汇校集注》,上海古籍出版社,2007年,第431页。
⑨ 《春秋左传正义》,《十三经注疏》,中华书局,1980年,清嘉庆二十年(1815)南昌府学刊本影印,卷15,第1817页。

公元年:"晋侯作二军,……以灭耿灭霍。"虽然此处杜预注云:"永安县东北有霍大山。"①还将其释为山名,但既然为晋侯所灭,则显然是国或族,而不是一座山,所以杨伯峻注云:"霍,姬姓国,文王子叔处所封。故城在今霍县西南十六里。"②《史记·赵世家》云:"晋大旱,卜之,曰:'霍太山为祟'。使赵夙招霍君于齐,复之,以奉霍太山之祀。"③霍国归晋后,霍君移居或逃居齐国。

汝水流域亦有"霍",从文献来看,可能是山名,也可能是邑名。《左传》哀公四年:"夏,楚人既克夷虎,乃谋北方。左司马眅、申公寿余、叶公诸梁致蔡于负函,致方城之外于缯关,曰:'吴将泝江入郢,将奔命焉。'为一昔之期,袭梁及霍。单浮余围蛮氏,蛮氏溃。蛮子赤奔晋阴地。"杜预注云"梁南有霍阳山",为山名。④ 杨伯峻注云:"梁在今河南临汝县西,与僖十九年传之梁在今陕西韩城县南者不同。霍在梁之西南,离临汝县稍远。"⑤

哀公四年中的"梁、霍"也存在另外一种解释,即邑名。顾祖禹《读史方舆纪要》"汝州·霍阳聚"条云:"在州东南二十里。《左传》哀四年:'楚为一昔之期,袭梁及霍,以围蛮氏。'梁即故梁县也,……梁、霍皆蛮子之邑也。"⑥就认为楚所袭为汉霍阳聚,但顾祖禹也不否认汉水流域的"霍"亦与山名有关。在《纪要》"汝州"下载有"霍山"条,顾氏自注云"在州东南二十里。春秋时有霍阳聚,盖因山以名。杜佑曰:'汉于山下立霍阳县,俗谓之张侯城。'"⑦认为霍阳聚是因山以名聚。《水经·汝水注》:"汝水之右有霍阳聚,汝水迳其北。"《大清一统志·汝州》:"(霍阳聚)在州东南,亦名霍阳城。"其地即今河南汝州市西南,汝水流域的霍亦应在此处。

(4) 梁

两处的梁皆为山名。汾水流域的梁山,见于《禹贡》"冀州",其下云"壶口治梁及岐",虽然孔传云"梁、岐在雍州",⑧认为梁山在陕西韩城县西北九十里,不在汾水流域,但蔡沈就提出怀疑,认为雍州之山不当载于冀州,而以石州离石县东北之吕梁山为《书经》之梁山。⑨ 孔传对"梁"的解释确实存在一些问题。《尔雅·释丘》:"梁山,晋望也。"⑩秦晋以河为界,韩城在河西,属于秦境,梁既然是晋的望山,不大可能不在晋境而在秦境。《读史方舆纪要》"永宁州·吕梁山"云:"州东北百里。《禹贡》'治梁及岐',孔氏曰:'梁,吕梁山也。'《吕氏春秋》:'龙门未辟,吕梁未凿,河出孟门之上'是也。"⑪认为冀州之梁山即今

---

① 《春秋左传正义》,《十三经注疏》,中华书局,1980年,清嘉庆二十年(1815)南昌府学刊本影印,卷11,第1786页。
② 杨伯峻:《春秋左传注》,中华书局,1990年,第258页。
③ 司马迁:《史记》,中华书局,1959年,卷43,第1781页。
④ 《春秋左传正义》,《十三经注疏》,中华书局,1980年,清嘉庆二十年(1815)南昌府学刊本影印,卷57,第2158页。
⑤ 杨伯峻:《春秋左传注》,中华书局,1990年,第1626页。
⑥ 顾祖禹:《读史方舆纪要》河南六,中华书局,2005年,卷51,第2439页。
⑦ 顾祖禹:《读史方舆纪要》河南六,中华书局,2005年,卷51,第2438页。
⑧ 《尚书正义》,《十三经注疏》,中华书局,1980年,清嘉庆二十年(1815)南昌府学刊本影印,卷6,第146页。
⑨ 蔡沈:《书经集传》,《景印文渊阁四库全书》,台湾商务印书馆,1983年,卷2,第58—26页。
⑩ 《尔雅注疏》,《十三经注疏》,中华书局,1980年,清嘉庆二十年(1815)南昌府学刊本影印,卷7,第2618页。
⑪ 顾祖禹:《读史方舆纪要》山西四,中华书局,2005年,卷42,第1953页。

山西西部南北纵贯的吕梁山。

另一处"梁"是楚北境的一处险要之地。上揭已引《左传》哀公四年有"为一昔之期,袭梁及霍"。楚人欲图北方,需要先设计取梁、霍,则二地当为楚向北图霸路线上的重要地点。《国语·楚语下》载:"(楚)惠王以梁与鲁阳文子,文子辞曰:'梁险而在北境,惧子孙之有二者也。'"①可知梁在楚北。《左传》杜注云:"梁,河南梁县西南故城也。"《水经·汝水》云:"汝水出河南梁县勉乡西天息山,东出其县北,又东南过颍川郏县南。"②郦注云:"霍阳山水又迳梁城西。按:春秋周小邑也,于战国为南梁矣。"③可知晋梁县在郏县西北。《太平寰宇记》"河南道·汝州·梁县"载梁地宋以前沿革最全:"梁县……汉旧县。战国时谓之南梁,以别大梁、少梁也。汉理在汝水之南,俗谓之治城。隔汝水与注城相对,……后魏于此置治城县,高齐省入今梁县。隋大业二年改为承休县,属汝州,……贞观元年复为梁县。"宋初属河南道汝州,④《大清一统志》云"梁县故城在州西",即在今河南临汝县西。⑤

霍已知为山名,梁虽然文献中载为邑名,但既然称为"梁险",应该也是地形险要之处。汝州在汝水北岸,嵩山山地东端,整个地区的地势比较平坦,不知道这两个山具体对应今何山,但汝州当洛阳与叶县之间,是这条交通要道的关键节点。

(5) 屈

汾水流域有屈地。《左传》僖公二年,晋欲假道虞以伐虢,荀息请以"屈产之乘与垂棘之璧"以为贿,知春秋晋国有屈地。《左传》庄公二十八年载:"(骊姬)使(二五)言于公曰:'曲沃,君之宗也。蒲与二屈,君之疆也。不可以无主。……若使大子主曲沃,而重耳、夷吾主蒲与屈,则可以威民而惧戎,且旌君伐。'……夏,使大子居曲沃,重耳居蒲城,夷吾居屈。群公子皆鄙,唯二姬之子在绛。"⑥骊姬以为君守疆为由令诸公子出居,"皆鄙",夷吾所居之屈,应是晋当时边鄙之地。后来夷吾逃奔秦,再后来回国为晋惠公,屈城一直存在。河南新郑北关战国窖藏出土"北屈"大方足布,⑦可知到战国时,屈地之名都还存在。

庄公二十八年中屈地称"二屈",杜预注云:"二屈今平阳北屈县,或云二当为北。"从杜注理解,"屈"可能是简称,其全称为"二屈"或"北屈",在西晋平阳北屈县。《读史方舆纪要》:"吉州·北屈废县"云北屈地在"州东北二十一里。春秋时晋屈邑,即公子夷吾所居。……汉置北屈县,应劭曰:'有南故加北'。汲郡古文:'翟章救郑,次于南屈。'后汉及魏、晋仍为北屈县。"⑧则认为晋境内屈地分南北,庄公二十八年经中所载为北屈。杨伯峻

---

① 徐元诰:《国语集解》,中华书局,2002年,第527—528页。
② 王先谦:《合校水经注》,中华书局,2009年,卷21,第319—321页。
③ 王先谦:《合校水经注》,中华书局,2009年,卷21,第320页。
④ 乐史:《太平寰宇记》,中华书局,2007年,卷8,第144页。
⑤ 穆彰阿:《(嘉庆)大清一统志》,《四部丛刊续编》,上海古籍出版社,2008年,卷225,册5第500页。
⑥ 《春秋左传正义》,《十三经注疏》,中华书局,1980年,清嘉庆二十年(1815)南昌府学刊本影印,卷10,第1781页。
⑦ 赵新来:《河南新郑城关出土的战国布币》,《考古学集刊》第三集,中国社会科学院出版社,1983年,第128—129页。
⑧ 顾祖禹:《读史方舆纪要》山西三,中华书局,2005年,卷41,第1928页。

注云:"二屈,北屈、南屈,两屈盖毗邻,故夷吾一人镇之。"也认为屈分南北,但两城紧邻,庄公二十八年经文无误,就是"二屈"。北屈的位置,《水经·河水注》云:"河水南迳北屈县故城西,西四十里有风山,风山西四十里河南孟门山。"①则北屈在河水以南,距孟门山八十里,杨伯峻注云:"北屈在今吉县东北,南屈当在其南。据《晋世家》,蒲边秦,二屈边狄。"②屈地当在今山西吉县附近。

汉水流域春秋时也有屈。楚有屈氏,《左传》桓公十一年:"楚屈瑕将盟贰、轸"杜注屈"楚大夫氏"。③ 竹添光鸿:"楚武王生子瑕,受屈为客卿,因以为氏。"④则屈为封邑名。罗泌《路史·国名纪三》云:"屈,武子瑕邑,号屈侯。"⑤屈的具体地点,今已不可考。

(6) 方

甲骨文中有很多"方","方"是当时对部族称呼的一种。同时"方"又是一个专名,商有一方国或城邑即名为"方"。例如下面几条刻辞:

　　方其来(粹1145)
　　方其出唐(甲2924)
　　方其敦大邑(前8·12·2)

这几条卜辞中的"方"即为国族名。陈梦家认为"方当在沁阳之北、太行山以北的山西南部",⑥《诗》载有"方"地。《小雅·出车》云:"王命南仲,往城于方。出车彭彭,旂旐央央。天子命我,城彼朔方。赫赫南仲,玁狁于襄"。《六月》云:"玁狁匪茹,整居焦获。侵镐及方,至于泾阳。"顾颉刚认为二诗在文体上、记事上看是同时之作,描写的是同一场战争,战争过程是"玁狁居焦、获而侵镐、方,以至于泾阳;吉甫伐之,至于太原;方既为玁狁所侵,周王为防御计,遂命南仲往城之"。顾先生认为此"方"的位置并不如二诗传统注释所认为在镐京附近,而是在山西省之西南部,其附近之"焦"即《史记·秦本纪》"惠文君……九年,渡河,取汾阴、皮氏;与魏王会应;围焦,降之"之"焦",《正义》引《括地志》云"焦城在陕州城内东北百步,因焦水为名",看来《诗》中焦地也在安邑附近,则玁狁在今山西南部及河南东北部,《六月》所记战事,是玁狁"先侵山西西南之方京,自河入渭而侵陕西中部之镐京,又渡渭而北至泾阳"。尹吉甫从宗周率兵应战,将玁狁逐回山西南部的太原一带。按照战役发生的先后顺序,应该是先侵方再侵镐,《诗》云"侵镐及方",是为了与"至于泾阳"押韵。⑦

从文献中看,河东地区有不止一处"方",多是山名。《读史方舆纪要》"蒲州·首阳

---

① 王先谦:《合校水经注》,中华书局,2009年,卷4,第54页。
② 杨伯峻:《春秋左传注》,中华书局,1990年,第240页。
③ 《春秋左传正义》,《十三经注疏》,中华书局,1980年,清嘉庆二十年(1815)南昌府学刊本影印,卷7,第1755页。
④ 竹添光鸿:《左氏会笺》第2,桓十一年,景印汉文大系,台湾新文丰出版公司,1978年,第63页。
⑤ 罗泌:《路史》,《景印文渊阁四库全书》,台湾商务印书馆,1983年,卷26,第383—292页。
⑥ 陈梦家:《殷虚卜辞综述》,中华书局,1988年,第270页。
⑦ 顾颉刚:《〈尧典〉著作时代考》,《文史》1985年第24期,第27页。

山"载:"州东南三十里,与中条连麓,……或又谓方山。"① 即在今运城永济市南,与中条山相连。《括地志》"屯留县"又有"方山":"降水源出潞州屯留县西南方山,东北流,至冀州入海。"② 则今山西东部长治屯留县附近有一方山。又《纪要》"永宁州·吕梁山"条载:"方山,在州北故方山县界,县以此名。"即今吕梁市离石区。③ 甲骨文和《诗》所载可能存在于晋南的"方"具体地点已失考,但河东地区多"方"之地名的传统还是可以看到。

西周南阳盆地也有"方"。中甗铭文云:

> 王令中先省南国贯行……中省自方、邓……伯买父乃以厥人戍汉、中、州。(集成·949)

从铭文看,方临近邓,下文会谈到,邓地在南阳盆地南缘,"方"与"邓"相邻,马承源即释中甗铭文云:"方,地名。此方或即方城,在今河南省叶县南。"④ 另一件西周中期的铜器"士山盘"铭文中也有"方":

> 于入中侯,延征郜、刑(荆)、𠂤服,眔允虡服,履服、六孳服。中侯、郜、𠂤宾贝、金。⑤

"𠂤",黄锡全隶定为"方"。⑥ 铭文中"方"与郜、荆等在同一个地区,应该与中甗铭文中的"方"为同一处。西周中期郜在河南淅川,荆在丹阳,都在今天南阳盆地南部,方也应该相去不远,能够与马承源先生的看法相互印证。由此可见,至迟到西周中期,南阳盆地已有"方"。

春秋文献中"方"称"方城"。如《左传》文公三年:"王叔桓公、晋阳处父伐楚以救江。门于方城,遇息公子朱而还。"⑦ "方城"的记载在《左传》中还有多处,是地处南阳盆地东部边缘伏牛山的山间隘口,晋楚争霸,多次在"方城"地区拉锯。春秋、战国时可能也以"方城"代称伏牛山,即《禹贡》导山中:"熊耳、外方、桐柏,至于陪尾。"⑧ 《汉书·地理志》"颍川郡·崈高县"载:"古文以崇高为外方山也。"即今登封县内汉武帝时定为中岳的嵩山。《太平寰宇记》"唐州"有"方城县":"本汉堵阳县,属南阳郡。应劭云:'明帝改为顺阳。'西魏置襄邑郡于此,后废。唐武德初置北澧州。贞观初改为鲁州,九年复废为县,隶唐州。黄城山,即方城山也。《地志》:'南阳叶县方城邑有黄城山。'"⑨ 顾颉刚先生不否

---

① 顾祖禹:《读史方舆纪要》,中华书局,2005年,卷41,第1892页。
② 贺次君校记云:《史记·夏本纪》"北过降水"《正义》引。按各本《史记》此《正义》作"西南方东北流",清吴春照校柯维雄本,张文虎校金陵本均删"方"字。河渠书"过降水"《正义》云"降水源出屯留县西南方山",盖本《括地志》为说,《元和郡县志》亦云"出方山",今据增。李泰著,贺次君辑校:《括地志辑校》,中华书局,1980年,第65页。
③ 顾祖禹:《读史方舆纪要》,中华书局,2005年,卷42,第1953页。
④ 马承源:《商周青铜器铭文选》三,文物出版社,1987年,第77页。
⑤ 朱凤瀚:《士山盘铭文初探》,《中国历史文物》2002年第1期,第4—7页。
⑥ 黄锡全:《士山盘铭文别议》,《中国历史文物》2003年第2期,第6—65页。
⑦ 《春秋左传正义》,《十三经注疏》,中华书局,1980年,清嘉庆二十年(1815)南昌府学刊本影印,卷18,第1840页。
⑧ 《尚书正义》,《十三经注疏》,中华书局,1980年,清嘉庆二十年(1815)南昌府学刊本影印,卷6,第151页。
⑨ 乐史:《太平寰宇记》山南东道一,中华书局,2007年,卷142,第2763页。

认方城在伏牛山,但指出外方之地也可能指较大一片区域,"根据《禹贡》文意,就地形来看,实际当指熊耳山和伊水东南,北起嵩山,斜向西南的伏牛山一带诸山"。① 无论如何,春秋、战国方城关的位置应大致就在今南阳方城境内的山区。

(7) 郇

周初分封,文王一子在郇。《左传》僖公二十四年"毕原酆郇,文之昭也"。②《诗·曹风·下泉》有"郇伯劳之",可见郇为周治下一封邑。《左传》桓公九年"虢仲、芮伯、梁伯、荀侯、贾伯伐曲沃"。杨伯峻注:"荀,姬姓国,今山西省新绛县东北二十五里有临汾故城,即古荀国。《汉书·地理志》注引汲郡古文云:'晋武公灭荀,以赐大夫原氏黯,是为荀叔。'"③西周晚期的多友鼎铭文有"戎伐筍"(集成·2835)有一种意见认为即山西古郇国。④ 僖公二十四年的"郇"与桓公九年的"荀"所指似当为一地,位置在临汾故城。

而在文献中,晋国另有一"郇"地。僖公二十四年重耳归国,"秦伯使公子絷如晋师,师退,军于郇。辛丑,狐偃及秦、晋之大夫盟于郇。壬寅,公子入于晋师。丙午,入于曲沃"。⑤ 则春秋晋郇地临近曲沃,晋师在郇,重耳壬寅入晋师,第四天丙午就可以入曲沃,以一天三十里的基本路程计,郇地与曲沃相距百里以内,即使因为情势紧急,重耳速行,两地相距也不会太远。《左传》成公六年晋议迁都之事,"诸大夫皆曰:'必居郇、瑕氏之地,沃饶而近盐,国利君乐,不可失也。'……(公)谓献子曰:'何如?'对曰:'不可。郇、瑕氏土薄水浅,其恶易觏。'"⑥ 可见郇自然条件颇佳,宜农,且有商利,所谓"近盐",应即临近运城附近的盐池。服虔曰:"郇国在解县东,郇瑕氏之墟也。"⑦《汉书·地理志》河东郡有解县,⑧《续汉书·郡国志》"河东郡·解"自注云:"《左传》曰咎犯与秦晋大夫盟于郇,杜预曰县西北有郇城。"⑨《水经·涑水注》有"涑水又西迳郇城",又自注:"《诗》云郇伯劳之,盖其故国也。……今解故城东北二十四里有故城,在猗氏西北,乡俗名为郇城。"⑩解县即属今运城市。《括地志》则云"故郇城在蒲州猗氏县西南四里"。⑪《舆地广记》"河中府·猗氏县"有郇城,云:"周文王子所封,《诗》所谓'郇伯劳之'者也。"《左传》杨伯峻注则云:

---

① 顾颉刚、刘起釪:《尚书校释议论》,中华书局,2005年,第777页。(笔者按:《左传》中"方城"有三种意思。一是方城关,一是方城山,一是广义的大别山系。《读史方舆纪要》卷51·河南六·方城山"其山连接南阳、唐县、叶县之境,几数千里。"见第2429页)
② 《春秋左传正义》,《十三经注疏》,中华书局,1980年,清嘉庆二十年(1815)南昌府学刊本影印,卷15,第1817页。
③ 杨伯峻:《春秋左传注》,中华书局,1990年,第125—126页。
④ 田醒农、雒忠如:《多友鼎的发现及其铭文试释》,《人文杂志》1981年第4期,第115—118页。黄盛璋:《多友鼎的历史与地理问题》,《古文字论集》(一),考古与文物编辑部,1983年,第12—20页。
⑤ 《春秋左传正义》,《十三经注疏》,中华书局,1980年,清嘉庆二十年(1815)南昌府学刊本影印,卷15,第1816页。
⑥ 《春秋左传正义》,《十三经注疏》,中华书局,1980年,清嘉庆二十年(1815)南昌府学刊本影印,卷26,第1902页。
⑦ 沈豫:《春秋左传服注存》,藏修堂丛书,清光绪十六年新会刘氏藏修书屋刊本,卷2,第19页。
⑧ 班固:《汉书》,中华书局,1962年,卷28上,第1550页。
⑨ 范晔:《后汉书》(《续汉书·郡国志》),中华书局,1965年,卷19,第3398—3399页。
⑩ 王先谦:《合校水经注》,中华书局,2009年,卷6,第110页。
⑪ 李泰:《括地志辑校》,中华书局,1980年,卷2,第52页。

"在今山西省临猗县西南不远之地。"① 则一说郇在旧猗氏县。《国语·晋语》沈镕注曰："郇在今山西临晋县东北十五里。"② 临晋与猗氏紧邻，今已合并为临猗县，临晋在西，猗氏在东，沈镕所谓临晋东北，即《括地志》所言猗氏西南。则郇或在今临猗县境内。

可见，"荀"与"郇"虽然发音相同，但应当是两地。地处临汾的封邑在文献中常见的写法为"荀"，"郇"为异体；而另外一个正写为"郇"的邑，则在临猗。《国语·晋语》云："及（范）文子成晋、荆之盟，丰兄弟之国，使无有间隙，是以受郇、栎。"③ 可知"郇"为晋大夫范（士）氏之邑。而汲冢古文云"荀"则为晋大夫荀氏邑。既然分属两族，应该是两地。甲古文中有"𠂤"，陈梦家先生就认为应释作"荀"，是武丁时代的晋南方国，在新绛西，与"郇"为两地。④

汉水流域亦有"郇"，其地始见于《战国策·楚策》，称"郇阳"：

> 楚地西有黔中、巫郡，东有夏州、海阳，南有洞庭、苍梧，北有汾陉之塞、郇阳。⑤

《史记·苏秦列传》作"北有陉塞、郇阳"。⑥ "阳"应是表方位的通名，"郇"则是其地专名。郇阳的地点，旧注有三种说法。第一种认为郇阳即顺阳。徐广注云："郇阳今顺阳，属汝南。"吴师道云："《正义》云顺阳故城在邓州穰县西，《括地志》邓州穰县顺阳故城在邓州穰县西三十里，楚之郇邑也。"⑦ 这种看法主要是因为后世顺阳在楚境内，又与"郇阳"音近，所以认为两处是一地。但"顺阳"之名得来较晚，《史记·张释之列传》张守节《正义》"堵阳"条引应劭曰"哀帝改为顺阳"，⑧ 既然更名在汉哀帝时期，而之前称"堵阳"，与"郇阳"发音并不接近，郇阳在顺阳也就失去了依据。

第二种说法，认为郇阳在汉新阳县。《苏秦列传》司马贞《索隐》云："郇阳当汝南颍川之界，当是新阳，声近字变尔。"司马贞的说法也是因声求地，认为郇阳所在应为汉汝南、颍川郡范围内的新阳县。考《汉书·地理志》"汝南郡"有"新阳"，自注云："莽曰新明，应劭曰在新水之阳。"东汉建武三十年，改属淮阳国。⑨ 其地沿革比较清楚，今属安徽界首市。界首位于安徽西北，与河南省相邻，可以算是楚北境，所以司马贞的说法从位置上来看有一定可能性。但新阳地处黄淮平原，四周皆是平衍之地，交通便利，却无险可守。据张仪的说法郇阳是一处要隘，从地貌来看，新阳说可能还有些问题。

第三种说法认为"郇阳"是"鄳阳"，且"郇阳"不是《战国策》正文，而是衍文。此说代

---

① 杨伯峻：《春秋左传注》，中华书局，1990年，第422页。
② 徐元诰：《国语集解》，中华书局，2002年，卷14，第426页。
③ 徐元诰：《国语集解》，中华书局，2002年，卷14，第426页。
④ 陈梦家：《殷虚卜辞综述》，中华书局，1988年，第295—296页。
⑤ 诸祖耿：《战国策集注汇考》，凤凰出版社，2008年，第743页。（笔者按：此处"郇阳"的属读问题有争议，本文据《史记》属上读。详见后文）
⑥ 司马迁：《史记》，中华书局，1959年，卷69，第2259页。
⑦ 诸祖耿：《战国策集注汇考》，凤凰出版社，2008年，第748—749页。
⑧ 司马迁：《史记》，中华书局，1959年，卷102，第2751页。
⑨ 范晔：《后汉书》光武十三列传，"三十年，以汝南之长平、西华、新阳、扶乐四县益淮阳国"，中华书局，1965年，卷42，第1444页。

表人物是金正炜,金氏认为:"此文疑本作'北有汾隘之塞',郇阳当为鄝阳,盖旧注误并入文也。《吕览·有始篇》:'何谓九塞? 大汾、冥、陉、荆、阮、方城。'注:'大汾,未闻。冥、陉、荆、阮、方城皆在楚。'(《淮南·墬形》篇注:'大汾在晋,是时或入于楚,又或即大隧。')《燕策》作'鄝隘'。陉、隘字形相似,因以致误。《史记·苏秦传》:'残均陵,塞鄝陉。'徐广曰:'江夏鄝县',故知郇当为鄝,亦字之伪。"诸祖耿亦案:"《初学记》七引作:'楚有汾陉之塞。'《御览》二三〇引《春秋后语》作:'北有汾阴,地方五千里。'均无郇阳字。"①显然也是受了金氏的影响。但金氏之说,本身就有些混乱,他先说"郇阳"为"鄝阳"之讹,但此二字字形相差较大,实在不好说能否讹变。而其后又引《墬形训》注,却不辨其将大汾归于晋、又将其混同于桐柏山义阳三关之大隧这样明显的错误。之后引《燕策》"鄝隘",却论"隘"与"陉"同,显然是又用其解释"大汾"之别称"汾陉",之后引徐广注便得出"郇"与"鄝"通之结论。这一系列论证之间几乎没有明显的逻辑联系,其结论也颇为可疑。

三种既有说法都有些问题,那么《战国策》中楚北要塞郇阳的位置就还有进一步讨论的必要。程恩泽《国策地名考》中提出,郇阳在郧汉之间,陕西兴安府洵阳县(今安康旬阳县)。② 程恩泽专治《战国策》地名,考证精到,其说多可信。王伯厚亦持此说:"《地理志》:汉中有旬阳县。今金州之洵阳。郇、旬、洵古字通也。徐广曰顺阳,《索隐》曰新阳,皆非。按今兴安府,故金州也。洵阳县东旬水上有关,或即楚郇阳。"③洪亮吉也同意这一说法:"今为陕西兴安府洵阳县(郇、旬、洵三字并通)。又商州镇安县,亦其地。"④旬阳地处秦巴山区东段的狭窄河谷间,汉水、旬河于其地交汇,是汉中盆地与南阳、荆襄之间的天然要隘,其地春秋时开始归楚,成为楚北境最重要的门户,正可与苏秦的说法相符。

诸祖耿认为《战国策》正文中"郇阳"可能是古注窜入的,但从《史记·苏秦列传》文本与《战国策》基本相同来看,司马迁引《战国策》时,"郇阳"即已在正文中了,则所谓《战国策》古注不会晚于汉武帝时,《战国策》是战国纵横家书,汉代独尊儒术的文化环境下,很难想象会有人有兴趣为其专门做注,且在任何目录中也都未见有相关记载,后世也没有其他学者提到这个注本,则古注窜入说恐怕很难成立。以往不清楚大汾和郇阳的位置,所以觉得苏秦既已言大汾,再言郇阳有些多余,故疑其为注文窜入。其实,苏秦所说大汾的位置在南阳方城附近,即可知郇阳不会是大汾的注文。大汾、郇阳分守楚北境两条交通要道,大汾守的是东达洛阳的交通要道,郇阳守的则是北通关中的交通要道,是楚北境两个最重要的关隘,苏秦其说不误。

(8) 瑕

河东有瑕,但对于晋境内瑕地是一处还是两处,存在一些争议。杜预认为晋辖境内有

---

① 诸祖耿:《战国策集注汇考》,凤凰出版社,2008年,第749—750页。
② 程恩泽:《国策地名考》,《续修四库全书》第423册,上海古籍出版社,2002年,卷7,第12页。
③ 诸祖耿:《战国策集注汇考》,凤凰出版社,2008年,第748页。
④ 诸祖耿:《战国策集注汇考》,凤凰出版社,2008年,第749页。

两处瑕地。《左传》僖公三十年,郑烛之武退兵,见秦伯曰:"君尝为晋君赐矣,许君焦、瑕,朝济而夕设版焉。"杜预注:"晋河外五城之二邑。"① 认为此处的瑕是河外五城之一,在大河以南。《左传》成公六年:"晋人谋去故绛。诸大夫皆曰:'必居郇瑕氏之地,沃饶而近盐,国利君乐,不可失也。'"杜预注:"郇瑕,古国名,河东解县西北有郇城。"② 认为晋另有一"郇瑕",即"郇",在河东解县。江永则对杜注提出质疑,认为几处涉及"瑕"的杜注都有错误:

> 杜以焦、瑕为河外五城之二,非也。惠公赂秦以河外列城五,东尽虢略,南及华山,内及解梁城,既而弗与。在河外者,焦固其一,然内及解梁城,则亦有河北之邑。《水经注》"河东解县西南五里有故瑕城,晋大夫詹嘉之故邑"则瑕在今之解州,非河外也。此文于河外邑举焦,内及解梁者举瑕,以该所举之邑耳。瑕在解,与河南之桃林塞亦相近,故詹嘉处瑕亦可守桃林之塞。又成六年晋人谋去故绛,诸大夫曰"必居郇瑕氏之地",郇与瑕皆在解,杜并为一地,亦非。又瑕吕饴甥亦曰阴饴甥,盖饴甥尝食采于瑕,兼食于吕,吕即阴,故曰瑕吕饴甥。杜以瑕吕为姓,亦非。是皆不考解有瑕城而失之者也。河外无瑕。顾炎武求之不得,谓瑕有乎音,以汉弘农郡之湖县为瑕,谬矣。③

江永的基本观点是河外无瑕,《传》僖公三十年所谓"许君焦、瑕"并不全在河外,瑕即在河东解州,成公六年的"郇瑕"也不简称为"郇",而分别为两邑,其中"瑕"亦即解州之瑕。顾炎武相信杜注,却无法在文献中找到河外有瑕地的其他证据,而因声求地,指为他处,也不正确。简言之,江永认为晋只有一处瑕地。江永对杜注的批评有合理之处,如"郇瑕"不应为一处,《续汉书·郡国志》"河东·解县"有"瑕城",应即临近郇之瑕地。

但江永坚持认为"河外无瑕",以顾炎武为非,可能也有些问题。《左传》文公十二年秦师侵晋入瑕。十三年春,"晋侯使詹嘉处瑕以守桃林之塞"。杜预注:"詹嘉,晋大夫,赐其瑕邑,令帅众守桃林以备秦。"④ 杜注对使詹嘉处瑕的意图在于助桃林兵防以备秦,这个理解应该没有问题。"与君焦、瑕"的瑕在不在河北可以先存疑,使詹嘉处瑕守桃林的瑕,从地形上一望便知,不会是在河北。杜注:"桃林在弘农华阴县东潼关。"⑤ 若瑕在解州,则瑕与桃林之间,不仅隔着大河,还隔着中条山,将军队置于此处,并不便于镇守桃林塞。所以,沈钦韩在《春秋左氏传地名补注》云:"解与猗氏之瑕,非秦所侵,及詹嘉所处明矣。杜

---

① 《春秋左传正义》,《十三经注疏》,中华书局,1980年,清嘉庆二十年(1815)南昌府学刊本影印,卷17,第1831页。
② 《春秋左传正义》,《十三经注疏》,中华书局,1980年,清嘉庆二十年(1815)南昌府学刊本影印,卷26,第1902页。
③ 江永:《春秋地理考实》,《景印文渊阁四库全书》,台湾商务印书馆,1986年,卷1,第181—274B—275A页。
④ 《春秋左传正义》,《十三经注疏》,中华书局,1980年,清嘉庆二十年(1815)南昌府学刊本影印,卷19,第1852页。
⑤ 《春秋左传正义》,《十三经注疏》,中华书局,1980年,清嘉庆二十年(1815)南昌府学刊本影印,卷19,第1852页。

预注此,横分瑕与桃林为二处,显然违《传》。"①《左传》成公十三年:"公及诸侯朝王,遂从刘康公、成肃公会晋侯伐秦。……肃公卒于瑕。"鲁成公、成肃公等朝王,之后于晋侯会合,以图伐秦,则鲁、成、刘从成周向西北行,晋侯自晋都西南行,两军相会之处正是桃林,之后无论是西进还是东返,都没有越过中条山进入解州的道理。所以,成肃公所卒之瑕,应在河外,很可能就在两军会师的桃林附近。《大清一统志》陕州有瑕城"在阌乡县西",②则其地应在今陕县境内。

所以,顾炎武《日知录》云:"晋有二瑕,其一《左传》成公六年,诸大夫皆曰'必居郇瑕氏之地'……在今之临晋县境;……其一,僖公三十年,烛之武见秦伯,曰:'许君焦瑕,朝济而夕设版焉。'……瑕邑即桃林之塞。"③顾氏的说法应该比较接近当时情况的。

汉水流域瑕地的记载比较一致。《左传》桓公六年:"楚武王侵随,使薳章求成焉,军于瑕以待之。"杜预注:"瑕,随地。"④到成公十六年,《传》云:"楚师(自鄢陵)还,及瑕。"杜注云:"瑕,楚地。"⑤则瑕原为随国地,后为楚所得。只有《水经注·阴沟水》的记载有些不同:"北肥水又东迳山桑县故城南,北肥水又东积而为陂,谓之瑕陂。又东南径瑕城南。《春秋左传》成公十六年楚师还及瑕,即此城也。"⑥认为瑕地在北肥水流域,即今安徽境内。江永《春秋地理考实》认为《水经注》说有误:"楚师自鄢陵还荆州,不当回远由今之蒙城,《水经注》误也。桓六年'楚武王侵随,使薳章求成,军于瑕以待之'当是此瑕邑,盖在今德安府随州。"⑦江永之说有理,据《左传》来看,楚所夺之瑕,应该就在近随之地,即今湖北省随州市境内。

(9)栎

汾水流域有栎地。《左传》襄公十一年:"秦晋战于栎。"杜预注云:"栎,晋地。"⑧《史记索隐》引《春秋释例》云栎在河北,但其地阙。⑨认为晋在大河以北有一栎地。《国语·晋语》载:"及文子成晋、荆之盟,丰兄弟之国,使无有间隙,是以受郇、栎。"韦昭注"郇、栎,晋二邑",所指应该与襄公十一年为同一地。但沈镕注曰:"栎,今河南禹县有阳翟城,即栎邑也。"认为此栎在大河以南。沈镕的说法没有考虑到读音的问题,所以可能有误。

先秦文献中晋南豫东及西侧紧邻的陕东地区内,写作"栎"的地点,不止一地,而是共有三处。但这三处不难区分,因为发音互不相同。宋庠《国语补音》卷三有云:"郇栎,上

---

① 沈钦韩:《春秋左氏传地名补注》,《丛书集成初编》3048册,中华书局,1985年,卷5,第56页。
② 穆彰阿:《(嘉庆)大清一统志》,《四部丛刊续编》,上海古籍出版社,2008年,卷221,第445页。
③ 顾炎武著,黄汝成集释:《日知录集释》,上海古籍出版社,2006年,卷31,第1774页。
④ 《春秋左传正义》,《十三经注疏》,中华书局,1980年,清嘉庆二十年(1815)南昌府学刊本影印,卷6,第1749页。
⑤ 《春秋左传正义》,《十三经注疏》,中华书局,1980年,清嘉庆二十年(1815)南昌府学刊本影印,卷28,第1919页。
⑥ 王先谦:《合校水经注》,中华书局,2009年,卷23,第352—353页。
⑦ 江永:《春秋地理考实》,《景印文渊阁四库全书》,台湾商务印书馆,1986年,卷2,第181—288页。
⑧ 《春秋左传正义》,《十三经注疏》,中华书局,1980年,清嘉庆二十年(1815)南昌府学刊本影印,卷31,第1951页。
⑨ 司马迁:《史记》,中华书局,1959年,卷39,第1683页。

音询,下音铄,晋地也。按《左传》桓十五年郑伯突入于栎,音历,在阳翟。《汉书》高祖初都于栎,音药,在高陵。凡有三音。"①所以,徐元诰就指出:"沈谓禹县之栎,盖非此地。"沈镕是误将音"历"之栎的位置指为音"铄"之栎了。

《国语·晋语》所载栎地,似应离郇邑不远。② 鲁襄公十一年,秦伐晋以救郑,庶长鲍先入晋地,晋士鲂轻敌弗备,秦庶长武自辅氏过河,与已经入晋境的庶长鲍相配合,在栎地交战。辅氏在今陕西大荔县东,其地紧邻黄河蒲津渡,秦师应即自蒲津渡河,随即进入解州境,之后沿涑水继续向东北行军,很快便可以到达郇地。所以竹添光鸿即云"是役秦师济自辅氏,战于栎,则栎为河上之邑明矣"。③ 两军交战的栎地,则应该就是蒲津到郇邑交通在线的一处地方。蒲津在今永济县,郇邑据上文已知在解县或临猗,则栎地即应在两地之间。

除前三处外,在鄂东楚境之内也还有一处栎。《左传》昭公四年:"冬,吴伐楚,入棘、栎、麻。"杜注:"皆楚东鄙邑。"杜预对其中"栎"的地点进行了专门的说明"汝阴新蔡县东北有栎亭",孔疏也强调此非郑河南阳翟之栎。则这个"栎"虽然在楚东境,但不是在阳翟音历的那一个。杨伯峻注曰:"棘,今河南永城县南。……栎,今河南新蔡县北二十里。麻,在今安徽砀山县东北二十五里,旧有麻成集。"竹添光鸿笺曰:"今河南汝宁府新蔡县北二十里有野栎店,即古栎城也。……吴入棘、栎、麻。棘在今亳州,栎在今新蔡,麻在今砀山下。"④也都指此栎在新蔡。

(10)襄

襄,甲骨文写作"𠂤""𠂤""𠂤""𠂤",卜辞有"甲午卜,𠂤令去襄𠂤方"(合集·20464),"癸丑卜,王其田于襄惟乙擒"(合集·29354)等,可以用作地名。⑤ 饶宗颐先生认为:"其地在河域,由侯家庄四一片知之。"⑥认为襄在大河附近。又合集30439片(甲3916)有"贞,王其田于襄,𠂤于河。吉",可以印证饶说。襄地临河,是商王田猎之地。合集30439片为一块完整的龟腹甲,共有17条刻辞,同版地名有"河"、"西洀",钟柏生先生认为同版者还有"衣",他认为"𠂤地近于黄河",但是具体地望不知。⑦ 合集30439属于三四期无名组,时间在祖甲到文丁之间,则至迟到此时商畿附近已有襄。

卜辞中的襄虽然基本可以确定是地名,但性质并不明确。两周时文献中没有见到河东有以"襄"为名的邑,但有以"襄"为名的山。《穆天子传》云"自河首襄山",⑧《史记·封禅书》"自华以西,名山七",其中有薄山。《索隐》云:"薄山者,襄山也。"应劭云:"(襄山)

---

① 宋庠:《国语补音》,《景印文渊阁四库全书》,台湾商务印书馆,1986年,卷3,第406—226页。
② 徐元诰:《国语集解》,中华书局,2002年,卷14,第426页。
③ 竹添光鸿:《左氏会笺》(下),景印汉文大系,台湾新文丰出版公司,1978年,第15襄十二,第30页。
④ 竹添光鸿:《左氏会笺》(下),景印汉文大系,台湾新文丰出版公司,1978年,第21昭四,第16页。
⑤ 于省吾:《甲骨文字诂林》,中华书局,1996年,第69页。
⑥ 饶宗颐:《甲骨文通检》,香港中文大学出版社,1989年,第1304页。
⑦ 钟柏生:《殷商卜辞地理论丛》,艺文印书馆,1989年,第180页。
⑧ 《穆天子传》,《四部丛刊初编》缩印明天一阁本,上海商务印书馆,1922年,卷4,第12页。

在潼关北十余里。"①《括地志》"蒲州·河东县"云:"雷首山,一名中条山,亦名历山,亦名首阳山,亦名襄山,亦名甘枣山,亦名潴山,亦名独头山,亦名薄山,亦名吴山。此山西起雷首,东至吴坂,凡十一名,随州县分之。"②《史记集解》引徐广云"蒲阪县有襄山",但他怀疑相关记载的准确性,称"或字误也"。③ 张守节在《正义》中赞同《括地志》的说法:"此山西起雷山,东至吴阪,凡十名,以州县分之,多在蒲州。"④则襄为山名,即今中条山脉中之一座。在这一地区,有著名的垣曲商城,可见此处与商关系较为密切,出现在卜辞中也比较合理。另外,《读史方舆纪要》载"潞安府"有"襄垣县",在"府北九十里。西北至辽州榆社县百三十里。秦置县,属上党郡。相传邑城为赵襄子所筑也"。⑤ 卜辞中的襄,也有一定的可能性是在此处。

临汾还有一襄陵县,地名也有"襄"字。《史记集解》裴骃案:"《地理志》河东有襄陵县。"徐广曰:"今在南平阳县也。"《史记索隐》:"(襄陵)县名,在河东。"《史记正义》引《括地志》云:"襄陵在晋州临汾县东南三十五里。阚骃《十三州志》云襄陵,晋大夫犫邑也。"⑥三家分晋,此襄陵入魏。《史记·魏世家》载魏文侯三十五年齐取魏襄陵、魏惠王十九年诸侯围魏襄陵,《田齐世家》有"于是……使田忌南攻襄陵",《楚世家》楚怀王六年"攻魏,破之于襄陵,得八邑",出土的鄂君启节中也有"大司马邵阳败晋师于襄陵之岁"等都是指此襄陵。

豫西有"襄城"。《汉书·地理志》"颍川郡"下又有"襄城"县,战国晚期有襄城楚境尹戈,铭文为"都寿之岁,襄城楚兢(境)尹所造",周晓陆认为即颍川郡之襄城,其地在今河南省襄阳、郏县、舞阳一带。⑦

鄂东汉水流域也有称"襄"之地。《路史·国名记》云:"襄,今襄阳,古襄国。"⑧认为襄阳地原称襄,为古国。但在先秦文献中,这片地区未见有以"襄"为名的地名。传世文献中有"襄"之地名,最早见《汉书·地理志》,"南郡"下有"襄阳"县,其地在今湖北襄阳市汉水以南。《古陶文汇编》中收有一陶文"襄阴市"(9·32,p102),字体风格看似为战国或更早时期。若战国时已有"襄阴",也应有与其相对之"襄阳",则"襄阳"之称可能在战国或更早时期已经存在。

《路史》虽然是宋代的书,但在上古国族问题上多有可取之处。"襄"地虽然在西周、春秋时期的文献中不见,但不等于其地名不存。其在早期文献中不甚显著的原因,可能是城邑重要性凸显得时间稍晚。襄阳虽然在中国历史上是非常著名的交通节点和军事重镇,但在西周、春秋时期,楚的控制范围有限,对外交往可能主要是经南阳盆地东出方城通

---

① 司马迁:《史记》,中华书局,1962年,卷28,第1372页。
② 李泰:《括地志辑校》,中华书局,1980年,卷2,第51页。
③ 司马迁:《史记》,中华书局,1962年,卷28,第1372页。
④ 司马迁:《史记》,中华书局,1962年,卷28,第1372—1373页。
⑤ 顾祖禹:《读史方舆纪要》,中华书局,2005年,卷42,第1963页。
⑥ 司马迁:《史记》,中华书局,1962年,卷5,第215、1841、1722页。
⑦ 周晓陆、纪达凯:《江苏连云港市出土襄城楚境尹戈读考》,《考古》1995年第1期,第75—77页。
⑧ 罗泌:《路史》,《景印文渊阁四库全书》,台湾商务印书馆,1986年,卷30,第383—400页。

诸夏,所以地处南阳盆地中的邓才是当时这个地区交通干道上的通都大邑,而邓南部的襄,当时可能只是一个不甚重要的小邑,所以史书中没有太多的记载。到春秋中期以后,楚北灭申吕,东控随枣,西灭庸国后,向西沿丹水河谷西通宗周的道路、向东出方城北通成周的道路,都被楚控制了,楚境内的交通网络结构发生了一些变化,网络中产生了新兴的交通节点,襄阳才逐渐重要起来,而史书中开始出现襄阳,也是在这个过程之后。

至于襄阳与襄国之间的关系,已有材料已无法说清。根据上古地名比较常见的演变趋势,西周到春秋时期单字地名附加某种通名性质的限定字,多为"上""下"或"新""故",①加"阴""阳"的情况不多见,而地名中的"阴""阳",一般认为是指称与山、水的相对位置,"襄阳"、"襄阴"可能也是这类情况。《汉志》"襄阳"注引应劭云"在襄水之阳",则襄阳可能得名于襄水。《读史方舆纪要》"襄阳府·檀溪"载:"府西四里。源出柳子山,北流为檀溪,南流为襄水,亦曰浹水,皆流合汉江。……又襄水,在府西北三里。今皆涸。""汉江"条亦云:"俗亦谓之襄江。""万山"条又云:"志云:县西五里又有襄山。"②则汉水流域有襄水,也有襄山,襄山、襄水都在襄阳城附近。既然这样,就很难说襄阳究竟得名于何处,而更容易理解为襄水、襄山的得名是与古襄国有关。

(11) 邓

晋南汾水流域的邓地,最初出现的时间不详。甲骨文中有"㠱""㠱"字,"庚午卜,王在㠱卜"(合集·24352),"戊辰卜,王曰贞其告其陟在㠱阜卜"(合集·24356),其字从"羽"从"登",为地名。《类纂》列于"登"条后,应该认为其从"登"声,不知是否即为"邓"地。③《广韵·去声卷第四》"四十八·邓"云:"姓……武丁封叔父于河北,是为邓侯。后因氏焉。"④《路史·后记》云:"初,武丁封季父于河北曼,曰蔓侯,有曼氏、蔓、鄾氏。优、邓,其出也。"⑤若按《广韵》及《路史》的说法,则商代河北即有"邓"。

《路史》因为其好说奇异,历来所获评价不高。但实际上,在对于上古经、传的理解上,《路史》别有所长,其中突出价值在于其对上古国族、地理的重要记载。《四库全书提要》对《路史》中记载古族名国名的《国名记》有一段评价:"其《国名记》发挥余论考证辩难,语多精核,亦多怯惑持正之论,固未可尽以好异斥矣。"高士奇《春秋地名考略·凡例》中也对《路史》评价不低:"罗泌好用隐僻,独于抉摘经传亦有所长。取其纯,略其疵缪者,辨之不厌详缕,期归于一是焉。"⑥所以,《路史》

24356

---

① 如上郜、下郜,新绛,故绛。
② 顾祖禹:《读史方舆纪要》湖广五,中华书局,2005 年,卷 79,第 3709、3707、3706 页。
③ 姚孝遂:《殷墟甲骨刻辞类纂》,中华书局,1989 年,第 332 页。
④ 陈彭年:《宋本广韵》,中国书店,1982 年,第 413—414 页。
⑤ 罗泌:《路史》,《景印文渊阁四库全书》,台湾商务印书馆,1986 年,卷 19,第 383—171 页。
⑥ 高士奇:《春秋地名考略》,《景印文渊阁四库全书》,台湾商务印书馆,1986 年,第 176—485 页。

中提到邓出自武丁所封河北曼一事,值得重视。《姓解》一"邑三十一·邓"云:"殷武丁封叔父于河北,是曰邓侯,遂以为氏。"①

《括地志》"怀州·河阳县"载:"故邓城在怀州河阳县西三十一里,六国时魏邑。"②《读史方舆纪要》云河阳汉置县,晋仍为河阳县,后魏因之,北齐置河阳关,后周灭齐,置河阳总管府,唐仍曰河阳县。会昌中,中书门下奏置孟州,金大定中,城为河水所坏,筑城徙治上孟州,兴定中,复治故城,谓之下孟州。元初,复治上孟州,故城为下孟镇。清为孟州。③ 今为河南省焦作孟州市。

《左传》昭公九年"巴濮楚邓,吾南土也",④可知西周南境封国中有邓。南方的邓亦见于传世铜器,且数量不少,如"邓伯氏鼎"、"邓孟壶"等,其铭文分别为:

　　唯邓八月初吉,伯氏、姒氏作䚳嫚臭䲧鼎。(大系·190·176)
　　邓孟乍监嫚尊壶,子子孙孙永宝用。(大系·190·176)

两器为媵器,应是邓公室为嫁女所做,铭文显示,邓女曼姓。《左传》载楚武王之妻为邓曼,可知近楚之邓为曼姓国,所以学者基本都认为这些铜器即近楚的邓国之器。襄阳市文管部门还征集到两件"邓公牧簋",从器形、铭文看,至迟在两周之际。⑤

《春秋》桓公七年《经》中提到过邓国,云:"夏,榖伯绥来朝。邓侯吾离来朝。"⑥但据经文看不出邓国的位置,杜注也没有讲。⑦ 因为汉晋古注中没讲清楚邓的地理位置,后世就出现了一些不同的说法。总结起来主要有三种,分别为今河南南阳邓县、今湖北襄阳东北和今湖北襄阳西北。实际上,在唐代以前,古邓国的位置在文献中比较清楚。《汉书·地理志》"南阳郡·邓"自注:"故国。都尉治。"颜注引应劭曰:"邓侯国。"⑧《续汉书·郡国志》"邓"亦为"南阳郡"辖县。⑨ 许慎《说文·邑部》:"邓,曼姓之国,今属南阳。"⑩也就是说,在汉代,各种记载都认为南阳郡邓县是古邓国。直到《晋书·地理志》中义阳郡"邓城",注云"故邓侯国",都还很清楚。⑪ 但到了《隋书·地理志》中,义阳郡属县已经没有了邓县,襄阳郡下也没有邓县。⑫ 而"南阳郡"注云:"开皇初,改为邓州。"⑬则在隋开皇年

---

① 邵思:《姓解》,丛书集成初编第3296册,中华书局,1985年,卷1,第26页。
② 《史记·秦本纪》"左更错取邓及轵"《正义》引。李泰:《括地志辑校》,中华书局,1962年,卷2,第80页。
③ 顾祖禹:《读史方舆纪要》河南四,中华书局,2005年,卷49,第2298页。
④ 《春秋左传正义》,《十三经注疏》,中华书局,1980年,清嘉庆二十年(1815)南昌府学刊本影印,卷45,第2056页。
⑤ 诸说参见徐少华:《周代南土历史地理与文化》,武汉大学出版社,1994年,第11—16页。
⑥ 《春秋左传正义》,《十三经注疏》,中华书局,1980年,清嘉庆二十年(1815)南昌府学刊本影印,卷7,第1753页。
⑦ 《春秋左传正义》,《十三经注疏》,中华书局,1980年,清嘉庆二十年(1815)南昌府学刊本影印,卷7,第1753页。
⑧ 班固:《汉书》,中华书局,1962年,卷28,第1564—1565页。
⑨ 范晔:《后汉书》,中华书局,2000年,志22,第3476页。
⑩ 许慎:《说文解字》,中华书局,1963年,卷6下,第134页。
⑪ 义阳郡,太康中分南阳郡置,统新野、穰、邓、蔡阳、随、安昌、棘阳、厥西、平氏、义阳、平林、朝阳,即南阳盆地南部随枣走廊一代。房玄龄等:《晋书》,中华书局,1974年,卷15,第455页。
⑫ 魏征、令狐德棻:《隋书》,中华书局,1973年,卷31,第894、891页。
⑬ 魏征、令狐德棻:《隋书》,中华书局,1973年,卷30,第841页。

间,改南阳郡为邓州,以"穰"为邓州治所,"邓县"之名废。"邓州"治所非旧邓故地,其地为《汉书·地理志》中与"邓"县并存的"穰"县。现代的邓县称"邓",是隋代撤州、移治、并县等一系列政区变动的结果,①并不是故邓国所在。汉邓县的政区沿革中断,后世注家渐以唐邓州即今河南南阳邓县为邓国,②而这个地点并不准确。

唐代文献中开始出现对春秋邓国位置的分歧意见。《括地志》引《太康地志》云:"故邓城在襄州安养县北二十里,春秋之邓国。"③即今湖北襄阳县。《元和郡县志》"山南道·襄州·临汉县"载:"本汉邓县地,即古樊城,仲山甫之国也。西魏于此立安养县,属邓城郡。周天和五年改属襄州。天宝元年,改为临汉县。县城南临汉水。……故邓城,在县东北二十二里,春秋邓国也。"④后《太平寰宇记》、《大清一统志》等都沿袭此说。⑤《隋书·地理志》"襄阳郡·安养县"注云:"西魏置河南郡,后周废樊城、山都二县入,开皇初废焉。"⑥但《隋志》同郡内还另载有一"邓城"与"安养县"并列。所以安养东北之邓,应即《晋志》中与义阳郡"邓"并存的襄阳郡"邓城",而非是春秋邓国。⑦由此看来,问题可能最先出在《太康地志》上,《太康地志》对邓的位置记载有误,而唐代邓县又不存,地望不详,所以《括地志》误信《太康地志》,这一说就一直影响到后来。正如竹添光鸿笺所云:"或因襄阳有邓、鄾二城,遂舍南阳之邓州,以襄阳之邓城为邓国,误矣。"⑧

不过《太康地志》中所记的邓,虽然不是邓都,但应该属于春秋邓境。江永《春秋地理考实》云"此(襄城邓县)别是一地,为邓国之南鄙。"⑨陈槃认为河南邓州与湖北襄阳相距一百五十里,襄阳之邓为邓国的南鄙是可能的。⑩直到《晋书·地理志》中,"襄阳郡"还有"鄾",也可知唐襄州北部原来确应是邓南境。⑪

古国位置后世出现争议,一个重要原因是,国名同时也是国都之名,古书中有时说的是国都,有时说的是国境,后世很难分辨。义阳之邓,应该是邓国国都所在,也是汉代置邓县之处,其地唐代已经不存,但应在今南阳境内。襄阳邓城、邓塞,则应是邓国南境的关塞,其城属邓国,故称"邓城"。至于古邓国,即汉代邓县的确切位置,恐怕有待更多材料才能揭示。石泉先生根据《三国志·诸葛亮传》裴注引《汉晋春秋》"亮家于南阳之邓县,在襄阳城西二十里"及《元和志》襄州襄阳县"在(襄阳)县西十一里,与南阳邓县分界处。古谚曰:襄阳无西,言其界促近",认为古邓国、汉邓县在襄樊西北的邓城遗址。⑫徐少华

---

① 班固:《汉书》,中华书局,1962年,卷28,第1564页。
② 杨伯峻:《春秋左传注》,中华书局,1990年,第118页。
③ 司马迁:《史记》卷40《楚世家》"文王二年伐申过邓"张守节《正义》引,中华书局,1959年,第1696页。
④ 李吉甫:《元和郡县图志》,中华书局,1983年,卷21,第529—530页。
⑤ 乐史:《太平寰宇记》,中华书局,2007年,卷145"山南东道四",第2817页。穆彰阿:《(嘉庆)大清一统志》,《四部丛刊续编》,上海古籍出版社,2008年,卷347,册8第291页。
⑥ 魏征、令狐德棻:《隋书》,中华书局,1997年,志26,第891页。
⑦ 房玄龄等:《晋书》,中华书局,1974年,卷15,第455页。
⑧ 竹添光鸿:《左氏会笺》(上),景印汉文大系,台湾新文丰出版公司,1978年,第2桓七,第51页。
⑨ 江永:《春秋地理考实》,景印文渊阁四库全书,台湾商务印书馆,1986年,卷1,第181—259页。
⑩ 陈槃:《春秋大事表列国爵姓及存灭表譔异》,上海古籍出版社,2009年,四三"邓",第389页。
⑪ 房玄龄等:《晋书》,中华书局,1974年,卷15,第455页。
⑫ 石泉:《古邓国、邓县考》,《古代荆楚地理新探》,武汉大学出版社,1988年,第109—111页。

先生根据襄阳邓城遗址、山湾墓地考古发现进一步确认这个位置，认为其可以成为古邓国国都位于此地的可靠材料。①

（12）噩

甲骨文中有"㗊"：

壬子卜田㗊，又五日丁巳卜田高（前2.32.7）

乙酉卜，在乐贞。今日王步于㗊，无灾。（合集·36501）

《类纂》认为㗊是地名，释为"丧"。② 陈梦家指出："甲骨文'㗊'字从罗振玉所释（为'噩'），但当其为动词时（如噩师、噩众）确为'丧'字，地名之'噩'可能即是嚣地。"③陈梦家认为，上面一条卜辞中，卜噩与卜高（鄗）相隔五日，可知"两地当相近。高为敖鄗之鄗，噩疑是敖。仲丁居嚣，《殷本纪》作隞，即敖山"。④ 但细看整个论证，陈先生在讨论"㗊"位置时，没有进行特别的论证，所以这个结论应该还有进一步讨论的余地。

"噩"通"鄂"，《史记·楚世家》中楚王"熊噩"⑤在"十二诸侯年表"中就写作"熊鄂"。⑥《史记·殷本纪》载："九侯女不喜淫，纣怒，杀之，而醢九侯。鄂侯争之强，辨之疾，并脯鄂侯。"称商代末年已有鄂国。裴骃《集解》引徐广曰："（鄂）一作'邘'。音'于'。野王县有邘城。"⑦认为"鄂"即是"邘"。而"邘"即甲骨文中的"盂"，在河内，今河南焦作沁阳一带，⑧鄂的位置在今焦作沁阳附近。

鄂在春秋时为晋地。《左传》隐公六年载："翼九宗五正、顷父之子嘉父，逆晋侯于随，纳诸鄂，晋人谓之鄂侯。"杜预注仅称："鄂，晋别邑也。"具体地点没有说。⑨ 竹添光鸿云："计其地去晋故绛都，亦不甚远。故鄂侯之子仍号为翼侯也。"指出鄂地在故绛附近。⑩ 杨伯峻则称："据《一统志》，鄂侯故垒在今山西省乡宁县南一里。"⑪《史记·晋世家》晋哀侯

---

① 徐少华：《周代南土历史地理与文化》，武汉大学出版社，1994年，第12—13页。
② 姚孝遂等：《殷墟甲骨刻辞类纂》，中华书局，1989年，第516页。
③ 陈梦家：《殷虚卜辞综述》，中华书局，1988年，第262页。
④ 陈梦家：《殷虚卜辞综述》，中华书局，1988年，第262页。
⑤ 字形作"咢"，《索隐》"噩音鄂，亦作'咢'"。司马迁：《史记》，中华书局，1959年，卷40，第1694页。
⑥ 司马迁：《史记》，中华书局，1959年，卷40、14，第1694、526页。
⑦ 司马迁：《史记》，中华书局，1959年，卷3，第106页。
⑧ 陈梦家：《殷虚卜辞综述》，中华书局，2004年，第260—262页。
⑨ 《春秋左传正义》，《十三经注疏》，中华书局，1980年，清嘉庆二十年（1815）南昌府学刊本影印，卷4，第1731页。
⑩ 竹添光鸿：《左氏会笺》（上），景印汉文大系，台湾新文丰出版公司，1978年，第1隐六，第69页。
⑪ 杨伯峻：《春秋左传注》，中华书局，1990年，第49页。

九年载曲沃武公"伐晋于汾旁",①晋即晋侯,此时的晋侯居鄂,伐晋于汾旁,则鄂地距离汾水不远。司马贞《索隐》云:"晋初封于唐,故称晋唐叔虞也。且唐本尧后,封在晋墟,而都于鄂。鄂,今在大夏是也。"②《世本·居篇》云:"唐叔虞居鄂。"③则鄂为晋始封地。近年来,由于天马曲村晋侯墓地的发现,考古界对于晋始封地的研究很多,结论之间分歧也比较大。但基本范围,不出今曲沃—冀城一带,《一统志》认为鄂在汾河以西、吕梁山与临汾盆地之间的乡宁县,位置与考古发现不太符合,恐怕存在一定问题。鄂的大体位置,应该在今曲沃—冀城一带。

鄂东豫西地区先秦时期不同时间存在有三处"鄂"地。一个在南阳盆地,一个在随枣走廊,一个在江汉平原。

《史记·楚世家》中张守节《正义》引《括地志》云:"邓州向城县南二十里西鄂故城是楚西鄂。"④徐中舒、马承源认为即铜器上的姞姓噩国。⑤ 南阳西噩的地点和沿革,历来争议不大。《大清一统志》西鄂故城条云:"在南召县南。两汉县属南阳郡,汉《地理志》南阳郡西鄂注应劭曰:'江夏有鄂,故此加西。'晋属南阳国,宋永初后省,后魏复置,后周废。《括地志》'西鄂故城在向城县南二十里'。"清代则属南阳府。⑥《读史方舆纪要》南阳县·博望城条载:"向城,在府北六十里,汉西鄂县地。西魏置向城县,兼置雉阳郡治焉。隋初郡废,县属淯州,唐属邓州,五代州废。《志》云:向城在府东北,春秋时许国向邑之人迁此,西魏因以名县。"⑦其地即在今南阳市北。但实际上,这一地点并不是噩国最早的地点,而是周厉王以后才迁来的,在此之前,噩国在随枣走廊的随州附近。

以往认为,西周早期凡是出现噩,即南阳西鄂,后来学者逐渐提出怀疑。近年来,随州安居镇㴐水北岸羊子山墓地 M4 出土的铜器,为西周早中期"鄂"地点的确定提供了关键材料,证明传世文献中两处鄂地,均非鄂国原处。张昌平在《论随州羊子山新出噩国青铜器》中指出,根据随州安居羊子山墓地出土噩器情况判断,一直到厉王以前,汉水流域噩国的地望都应在今随州一带。⑧ 而在此以后,鄂国迁至今河南省南阳市区附近,2012 年南阳夏响铺鄂国贵族墓地的考古发现可以证明。⑨

"噩叔簋"(集成·3574)、"噩侯历季"诸器(集成·3668,10·5325,11·5912)即随州噩国的铜器。穆王时期有噩侯驭方鼎,其铭文云:"王南征伐角、㵪。唯还自征,才(在)

---

① 司马迁:《史记》,中华书局,1959 年,卷 39,第 1639 页。
② 司马迁:《史记》,中华书局,1959 年,卷 39,第 1635 页。
③ 秦嘉谟辑本:《世本八种》,中华书局,2008 年,第 349 页。
④ 司马迁:《史记》,中华书局,1959 年,卷 40,第 1692 页。
⑤ 徐中舒:《禹鼎的年代及其相关问题》,《考古学报》1959 年第 3 期,第 53—66 页。马承源:《记上海博物馆新收集的青铜器》,《文物》1964 年第 7 期,第 10—19 页。
⑥ 穆彰阿:《(嘉庆)大清一统志》,四部丛刊续编,上海古籍出版社,2008 年,卷 211,册 5 第 317 页。
⑦ 顾祖禹:《读史方舆纪要》,中华书局,2005 年,卷 51,第 2402 页。
⑧ 张昌平:《论随州羊子山新出噩国青铜器》,《文物》2011 年第 11 期,第 87—94 页。
⑨ 崔本信、王伟:《河南南阳夏响铺鄂国贵族墓地》,中国文物信息网,2013 年 3 月 25 日。

,噩(鄂)侯驭方内(纳)壶(醴)于王,王乃裸之。"王南征后回到伾地,噩侯驭方去找朝觐王,还向王献酒,说明一直到西周中期,噩国都与周王朝保持着比较密切的关系。而到了厉王时期,不知何原因,噩国叛离了王朝。根据《禹鼎》的记载,噩侯带领汉淮间众多国家攻打王朝,被周王室消灭,且惩罚手段非常严厉,"无遗寿幼",①所以在《左传》的记载中,我们就看不到有一个姞姓的鄂国存在了。

在江汉平原,文献中还能看到存在一个鄂地,即"鄂君启节"中有"鄂"地。《史记·楚世家》:"当周夷王之时,……熊渠甚得江汉间民和,乃兴兵伐庸、杨粤,至于鄂。"则此鄂地在江汉之间。《汉书·地理志》江夏郡有鄂县。② 许慎《说文》"鄂,江夏县。"③《楚辞·涉江》"乘鄂渚而反顾"王逸注:"鄂渚,地名。"洪兴祖《补注》曰:"楚子熊渠封中子红于鄂,鄂州,武昌地是也。"④《括地志》鄂州·武昌县:"武昌县,鄂王旧都。今鄂王神即熊渠子之神也。"⑤若根据《史记》,则西周中期此地名即存在,李学勤先生《论周初的鄂国》一文中也认为周初武汉即有鄂。⑥

(13) 州

北方的州,最早比较明确的见于周初铜器铭文。虽然甲骨文中有"州",但其意不详。"邢侯簋"铭文中有"菁邢侯服,易臣三品:州人、䈞人、𤾗人"(集成·4241),陈梦家认为此处的州"或即《左传》隐十一年与郑人之州。杜注云:'今州县'"。⑦ 参照铭文中其他几个地名邢、䈞、𤾗的位置,陈梦家先生的说法应当不错。⑧ 邢侯簋的年代,陈梦家定为成康时期,郭沫若、⑨唐兰⑩及马承源⑪都认定为康王时器。则至迟在周初成康时期,北方的"州"地之名即存。

此"州"地的地理位置与本文所论大多数地名不同,不在晋南汾水流域,而是分水岭以南的河内之地,但也属晋的辖境。《左传》记载春秋时晋国有"州"地。隐公十一年"王取邬、刘、蒍、邘之田于郑,而与郑人苏忿生之田:温、原、絺、樊、隰郕、攒茅、向、盟、州、陉、隤、怀"。⑫ 可见州地原是王朝东部王畿内苏氏的采邑,由天子赐予晋国,其后为晋所有。《左传》昭公三年郑伯如晋,公孙段相,晋侯赐之州田:"初,州县栾豹之邑也。及栾氏亡,

---

① 禹鼎铭文云:用天降丧于下或(国),亦唯噩(鄂)侯驭方率南淮尸(夷)、东尸(夷)广伐南或(国)东或(国)。至于历寒。王乃命西六师殷八师曰:扑伐鄂侯驭方,无遗幼寿。
② 班固:《汉书》,中华书局,1962年,卷28上,第1567页。
③ 许慎:《说文解字》,中华书局,1963年,卷6,第134页。
④ 黄灵庚:《楚辞章句疏证》,中华书局,2007年,卷5,第1351页。
⑤ 《史记·楚世家》"中子红为鄂王"条下《正义》引。李泰:《括地志辑校》,中华书局,1980年,卷4,第232页。
⑥ 李学勤:《论周初的鄂国》,《中华文史论丛》2008年第4期,第1—7页。
⑦ 《春秋左传正义》,《十三经注疏》,中华书局,1980年,清嘉庆二十年(1815)南昌府学刊本影印,卷4,第1737页。
⑧ 陈梦家:《西周铜器断代》,中华书局,2004年,第81—82页。
⑨ 郭沫若:《两周金文辞大系图录考释》,上海书店出版社,1999年,第20页。
⑩ 唐兰:《西周青铜器铭文分代史征》,中华书局,1986年,第159页。
⑪ 马承源:《商周青铜器铭文选》三,文物出版社,1984年,第45页。
⑫ 《春秋左传正义》,《十三经注疏》,中华书局,1980年,清嘉庆二十年(1815)南昌府学刊本影印,卷4,第1737页。

范宣子、赵文子、韩宣子皆欲之"。① 州地入晋后,曾为栾氏封地,晋国内其他大族也多有觊觎,这片地方自然条件和交通区位应该都比较优越。《汉书·地理志》有"河内郡·州",②则州在汉河内郡境。《括地志》"怀州·武德县"载:"怀州武德县,本周司寇苏忿生之州邑也。"③杨伯峻注云"州,当在今河南省沁阳县东稍南五十里之地。"④汉水流域的州国位置比较偏南,但相对清楚。《左传》桓公十一年:"楚屈瑕将盟贰、轸。郧人军于蒲骚,将与随、绞、州、蓼伐楚师。"杜预注:"州国在南郡华容县东南。"⑤《续汉书·郡国志》"南郡·华容侯国"注:"杜预曰州国在县东(南)。"⑥《读史方舆纪要》"历代州域形势·晋·南郡"载:"华容,今荆州府监利县东五里有故城。"⑦《史记·楚世家》:"考烈王元年,纳州于秦以平。"徐广注:"南郡有州陵县。"⑧《左传》杨伯峻注就认为州在今湖北省监利县东之州陵城。⑨

（14）三户

汾水流域的"三户"最早见于卜辞:"㞢于三户。"（合集·32833）陈梦家先生指出,卜辞属于武乙、文丁时期,"三户"位置在邺西。⑩《史记·项羽本纪》载:"项羽使蒲将军日夜引兵渡三户,军漳南,与秦战,再破之。"同篇"楚虽三户,亡秦必楚"句下张守节《正义》引服虔云:"三户,漳水津也。"引孟康云:"津峡名也,在邺西三十里。"⑪《水经·浊漳水注》:"漳水又东迳三户峡为三户津。"⑫《括地志》"相州·滏阳县"条载:"浊漳水又东经葛公亭北,经三户峡为三户津,在相州滏阳县界。"⑬《大清一统志》"广平府"载:"滏阳故城,今磁州治。"⑭则"三户"应在今河北磁县西南漳水上。

汉水流域的"三户"最早见于《左传》。《左传》哀公四年:

32833

---

① 《春秋左传正义》,《十三经注疏》,中华书局,1980年,清嘉庆二十年(1815)南昌府学刊本影印,卷42,第2032页。
② 班固:《汉书》,中华书局,1962年,卷28上,第1554页。
③ 《史记·韩世家》"宣子徙居州"《正义》引。又《通鉴地理通释》"六国"引。李泰:《括地志辑校》,中华书局,1980年,卷2,第78页。
④ 杨伯峻:《春秋左传注》,中华书局,1990年,第77页。
⑤ 《春秋左传正义》,《十三经注疏》,中华书局,1980年,清嘉庆二十年(1815)南昌府学刊本影印,卷7,第1755页。
⑥ 范晔:《后汉书》(《续汉书·郡国志》)郡国四,中华书局,1965年,第3480页。
⑦ 顾祖禹:《读史方舆纪要》,中华书局,2005年,卷3,第111页。
⑧ 司马迁:《史记·楚世家》,中华书局,1959年,卷40,第1736页。
⑨ 杨伯峻:《春秋左传注》,中华书局,1990年,第130页。
⑩ 陈梦家:《殷虚卜辞综述》,中华书局,1988年,第268页。
⑪ 司马迁:《史记》,中华书局,1959年,卷7,第308、301页。
⑫ 王先谦:《合校水经注》,中华书局,2009年,第167页。
⑬ 《史记·项羽本纪》"楚虽三户"《正义》引。又《通鉴》卷六《秦二世纪》"引兵渡三户"注引作"三户津在相州滏阳县界"。李泰:《括地志辑校》,中华书局,1980年,卷2,第84页。
⑭ 穆彰阿:《(嘉庆)大清一统志》,《四部丛刊续编》,上海古籍出版社,2008年,卷33,册1第476页。

"士蔑……将裂田以与蛮子而城之,且将为之卜。蛮子听卜,遂执之,与其五大夫,以畀楚师于三户。"杜预注:"今丹水县北有三户亭"。①《后汉书·郡国志》"南阳郡·丹水县"条下载:"丹水故属弘农。有章密乡。有三户亭。"②《括地志》"南阳郡·内乡县"载:"故丹城在邓州内乡县西南一百三十里"。③《明一统志》"南阳府"载:"三户城,在内乡县西南,春秋时晋执戎蛮子畀楚师于三户,即此。"④《大清一统志》"南阳府"载:"三户城,在淅川县西南。"⑤即今河南淅川县西南。

(15) 涑

涑水是河东地区另一条重要的河流。前引《国语·晋语》宰孔云:"(晋)景霍以为城,汾、河、涑、浍以为渠。"韦昭注:"四者,水名也。"⑥《左传》成公十三年"伐我涑川"杜注云:"涑水出河东闻喜县西南,至蒲坂县入河。"竹添光鸿笺云:"今山西蒲州府城东北二十六里有涑水城,即秦所伐之涑川也。"⑦《水经·涑水》:"涑水出河东闻喜县东山黍葭谷,西过周阳邑南,又西南过左邑县南,又西南过安邑县西,又南过解县东,又西南注于张阳池。"郦注云"又西南迳张阳城东",董佑诚曰"在今虞乡县西北"。⑧ 涑水横贯今山西南部,发源于今绛县,向西南流经今闻喜、夏县、运城市区、临猗,在永济附近入河。涑在战国时已置县,战国早期有"涑县发弩戈"(集成·11213)从字体和"冶某"来看,为三晋兵器。《太平寰宇记》河东县有"涑水故城,在县东北二十六里",即今山西永济市北,临涑水入河处,应即战国涑县。⑨

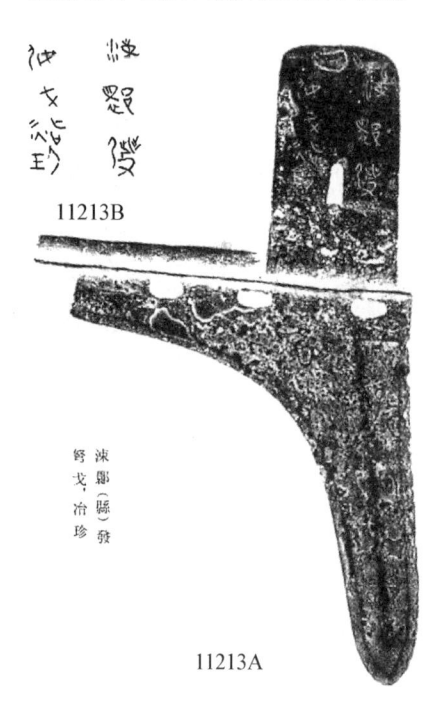

在汉水流域亦有涑水,是一条小河。在早期的文献,此涑水未见记载。最早的记载见于《水经注》。《水经·沔水注》云:"沔水又南与疎水合,水出中庐县西南,东流至邔县北界,东入沔水,谓之疎口也。"⑩"疎"同"涑",《太平御览》中即写作"涑"。《御览》引《十道记》云"涑水亦名襄水",《太平寰宇

11213B

涑鄡(縣)發
弩戈·冶珍

11213A

---

① 《春秋左传正义》,《十三经注疏》,中华书局,1980年,清嘉庆二十年(1815)南昌府学刊本影印,卷57,第2158页。
② 范晔:《后汉书》(《续汉书·郡国志》)郡国四,中华书局,1965年,第3477页。
③ 李泰:《括地志辑校》,中华书局,1980年,卷4,第195页。
④ 《大明一统志》,台联国风出版社,1977年,卷30,第2149页。
⑤ 穆彰阿:《(嘉庆)大清一统志》,《四部丛刊续编》,上海古籍出版社,2008年,卷210,册5第322页。
⑥ 徐元诰:《国语集解》,中华书局,2002年,卷8,第288页。
⑦ 竹添光鸿:《左氏会笺》(上),景印汉文大系,台湾新文丰出版公司,1978年,第13成十三,第15页。
⑧ 王先谦:《合校水经注》,中华书局,2009年,卷6,第107—111页。
⑨ 乐史:《太平寰宇记》,中华书局,2008年,卷46,第955页。
⑩ 王先谦:《合校水经注》,中华书局,2009年,卷28,第425页。

记》"襄州·襄阳县"亦云:"涑水,亦名襄水。"①涑水的流路,文献记载较少,存在一些争议。《沔水注》云涑水出中庐县,东流经邔县入汉水,《太平御览》引《襄沔记》亦云"中庐有涑水,注于沔"。传统上认为中庐在襄阳城南汉水西岸,邔县在今宜城县北境。石泉先生在《古鄾、维、涑水及宜城、中庐、邔县故址新探》一文对楚地涑水进行过考证,认为若按传统说法,则其流向就应该是向北,而不是《涑水注》所谓的"东流"。石先生认为传统说法有误,涑水应位于今湖北省襄阳、宜城、南漳三县之间,古涑水与邔县故城的位置实与后世襄阳城南的襄渠及欧庙相合,而不在今宜城北境。②

(16) 漳

北方的漳水亦见于《尚书》。《禹贡》"覃怀底绩,至于衡漳",此"衡漳"解释有两说。一是衡、漳各为一水,《释文》引马融注、孔疏引王肃注、司马贞《索隐》皆主此说,清王夫之《书经稗疏》、牟庭《同文尚书》等亦从之。二是衡漳为同一水。伪孔传、郑玄注皆云:"漳水横流入河。"孔颖达疏云:"衡即横字,漳水横流入河,故云横漳。"敦煌本(伯3615)孔传记为"漳水奥流入河,……至奥漳也","奥""横"古通,也印证了孔颖达的解释。③ 从两种说法所出的文献来看,伪孔传和郑注似更正统,而王肃解经为求成一家之说,多有意与郑玄相左。不过后人所论,则多据王肃,以"衡"为"漳"之定语。两相比较,"衡漳"即漳的解释可能更具合理性。

《汉书·地理志》"上党郡·沾县"载:"大黾谷,清漳水所出,东北至邑成入大河,过郡五,行千六百八十里。"又"上党郡·长子县"载:"鹿谷山,浊漳水所出,东至邺入(清)漳。"④则漳水又分两支,"清漳"与"浊漳"。《水经·漳水》云:"浊漳水出上党长子县西发鸠山,……又东北至乐成陵县北别出,又东北过成平县南,又东北过章武县西,又东北过平舒县南东入海。清漳水出上党沾县西北少山大要谷,……东至武安县南黍窖邑入于浊漳。"⑤《汉书》言浊漳入清漳,《水经》言清漳入浊漳,两水不能判定何为干流,《括地志》则云:"漳水一名浊漳水,源出潞州长子县西力黄山。"⑥以浊漳为干流。浊漳,水出山西长治县西南,向东流经长治、襄垣、黎城等县,至交漳口合清漳后,出太行东行。《水经·浊漳水注》云:"漳水东迳屯留县南,又屈迳其城东,东北流,有绛水注之。"⑦自是漳水亦称绛水,《汉书·地理志》"广平国·斥章县"注引应劭云漳水在此入河。总的来看,漳水流向基本为正东—西向,也符合"衡漳"之"衡"。

汉水流域亦有"漳"水。前文已引《左传》哀公六年载:"三代命祀,祭不越望。江、汉、雎、漳,楚之望也。"漳水也是楚主祭的河流之一。漳水的流处,特别是注水,文献中有四种

---

① 乐史:《太平寰宇记》,中华书局,2008年,卷145,第2815页。
② 石泉:《古代荆楚地理新探》,武汉大学出版社,1988年,第258、280页。
③ 臧克和:《尚书文字校诂》,上海教育出版社,1999年,第101页。
④ 班固:《汉书·地理志》,中华书局,1964年,卷28上,第1553页。
⑤ 王先谦:《合校水经注》,中华书局,2009年,第164—181页。
⑥ 《史记·河渠书》"西门豹引漳水溉邺"《正义》引,卷29,第1408页。
⑦ 王先谦:《合校水经注》,中华书局,2009年,卷10,第164页。

说法。第一种称漳水入沮。《左传》宣公四年"师于漳澨。"杜预注云："漳澨,漳水边。"对漳水的位置说法不太具体,孔颖达《正义》引《释例》云："漳水出新城沶乡县,南至荆山,东南经襄阳南郡当阳县入沮。"①《水经·漳水》："漳水出临沮县东荆山,东南过蓼亭,又东过章乡南。又南至枝江县北乌(笔者按:一云乌)扶邑,入于沮。"②亦载漳水入沮。竹添光鸿也认为："漳水在今湖北安陆府当阳县北四十里,自襄阳府南漳县流入城,至县东南五十里,与沮合。"③第二种称漳水入汉。《汉书·地理志》"南郡·临沮县"自注云："《禹贡》南条荆山在东北,漳水所出,东至江陵入阳水,阳水入沔。"④认为漳水入汉。第三种说法是漳水出大洪山,入涢。《读史方舆纪要》"安陆县·漳水"条云："漳水,府西南五十里。亦出大洪山,经京山、应城县界流入境,下流合涢水。沈括曰:'清浊相揉曰漳。'漳,交也。⑤别有云梦之漳,与涢水合流,合理如蟠蛛,数十里方混,其处谓之漳口。……又有灌水,在府西南九十里,亦出大洪山,东流会于漳。一云其源出白兆山,达云梦县北二十里蒿子口入于涢水。"⑥第四种说法称漳水入江。《左传》哀公六年孔疏云："漳经襄阳至南郡当阳入江。"⑦杜、班、孔三家说法虽然注水不同,但都源出荆山,流经襄阳,大致流向基本一致,《读史方舆纪要》认为源出大洪山,入涢水,说法明显偏南。诸说分歧应该是因为漳在不同年代有不同位置造成的。石泉先生认为漳水东南流,注入汉水,在今蛮河流域。⑧ 最初的漳水可能源出荆山一带,经襄阳入汉,后来随着楚人进入江汉平原,漳水名也带入了江汉平原涢水一带。

  经过上文梳理可见,童书业先生所谓汾汉之间多地名重名现象所言不虚。笔者统计了《左传》中所有的重名地名,共有34组,其中本文界定的区域内两地对应有17组,在重名地名总量中占整整一半。而且,除了晋南和鄂东豫西之间,其他地区的重名现象都不明显(参见附表一《左传》重名地名总表)。晋南的主体区域是晋国,鄂东豫西的主体区域是楚国,清人沈淑所辑杜预《春秋左传分国土地名》中,晋国有168条,楚国有126条。⑨ 据笔者统计,《左传》中出现晋国地名共计为148条,楚国地名125条,与沈淑辑出的条目略有出入。综合两种统计,基本可以判定《左传》中出现的晋国地名总量约在150—170个之间,楚国地名总量约在130以内。(参见附表二《左传》晋、楚地名表)。若重名地名以17组计,则在晋、楚两地地名中所占的比例,都达到或超过百分之十,这个比例已经属于比较高的了。所以,通过对传世文献的梳理,我们基本能够认定存在一群明显的重名地名是晋

---

① 《春秋左传正义》,《十三经注疏》,中华书局,1980年,清嘉庆二十年(1815)南昌府学刊本影印,卷21,第1869页。
② 王先谦:《合校水经注》,中华书局,2009年,第474—475页。
③ 竹添光鸿:《左氏会笺》(上),景印汉文大系,台湾新文丰出版公司,1978年,第10宣四,第28页。
④ 班固:《汉书·地理志》,中华书局,1962年,卷28上,第1566页。
⑤ 中华书局本作"文也"。
⑥ 顾祖禹:《读史方舆纪要》湖广三,中华书局,2005年,卷77,第3611页。
⑦ 《春秋左传正义》,《十三经注疏》,中华书局,1980年,清嘉庆二十年(1815)南昌府学刊本影印,卷58,第2162页。
⑧ 石泉:《齐梁以前古沮(雎)、漳源流新探》,《古代荆楚地理新探》,武汉大学出版社,1988年,第219页。
⑨ 沈淑辑:《春秋左传分国土地名》,《丛书集成新编》第91册,商务印书馆,1936年。

南与鄂东豫西之间关系的一个特征。

表一 重名地名表

序号	地名	晋南位置	鄂东豫西位置
1	汾	源出山西宁武管涔山,向南流经静乐县、古交市、太原市、清徐县、祁县、介休市、霍州市、洪洞县、临汾市、侯马市,在河津附近汇入黄河	河南南阳方城平顶山叶县之间。醴水出伏牛山的峡谷
2	随	山西晋中市介休县	湖北随州市
3	唐	山西临汾、侯马之间	湖北随州市西北唐县镇
4	霍	山西临汾霍州市	河南平顶山汝州市东南
5	梁	山西吕梁山	河南平顶山汝州市西南
6	屈	山西临汾市吉县	不详
7	方	山西运城市夏县	河南南阳市方城县
8	郇	山西运城临猗县	陕西安康市旬阳县
9	瑕	河南三门峡市灵宝县	湖北随州市
10	栎	山西蒲州与解县或临猗之间	河南许昌禹州市
11	襄	山西中条山南麓	湖北襄阳市
12	邓	河南焦作孟州市	湖北襄阳市
13	噩	山西临汾市曲沃、翼城一带	湖北随州市
14	州	河南省焦作沁阳市	湖北荆州市监利县或湖南岳阳市
15	三户	河北邯郸市磁县	河南南阳市内乡县
16	涑	一说山西闻喜到解县,一说永济县涑州城	湖北襄阳城南
17	漳	水出山西长治县西南发鸠山,东经长治、襄源、黎城等县,至交漳口合清漳后,出太行东行	湖北蛮河流域

但我们亦知,要确定"重名地名群",还须得对诸地名读音的音、类、等级等要素进行一番考察。这里有一个简单的道理,地名是一个空间的名称,要找到一个地点的位置,就必须知道这个地点的地名,而对于日常使用来说,地名的发音比写法更重要。所以一地地名虽然不同文献中用字可能不一样,但读音应该一致。不同地点用字相同,但读音不同,也不能认为是重名地名。例如《左传》宣公十二年载郑有"鄗"地,哀公四年则载晋有"鄗"地。两个地名用字相同,但郑之"鄗"音为"苦交反",晋之"鄗"音为"呼洛反",①两地虽然记字相同但读音不同,就不能认定为重名地名。

---

① 竹添光鸿:《左氏会笺》(上),景印汉文大系,台湾新文丰出版公司,1978年,第11宣十二,第11页。

困难的是,地名实际使用时的读音的声音又颇难通过文献保存下来,只能依靠记名用字的字音来考索。但古地名记字一旦落到文献中,就存在对读音的认定问题,尤其是历史文献,尤为复杂。文献中的字今古发音不同,且存在一字多音的情况。本文也只能借助字书并参照历代注疏对汾汉间用字相同地名的读音逐一考索,加以甄别。目前已有字书,以《说文》、《尔雅》最古,《说文》和《尔雅》是早期字书,虽然成书在汉代,但已是追索古地名古音的最直接途径。

总体来看,晋南、鄂东豫西两地用字相同的地名,读音也高度一致。这17组34个地名,大多不是多音字,都只有一个读音,所以文献中记名相同的地点,发音也应该是相同的。其中只有一个例外,是"栎"字。"栎"字多音,在早期文献中,一共能见到四处"栎"地,虽然用字相同,读音却不完全一致。上文已经提及,宋庠《国语补音》云:"郇、栎,上音询,下音铄,晋地也。……《左传》桓十五年郑伯突入于栎,音历,在阳翟。《汉书》高祖初都于栎,音药,在高陵。凡有三音。"①昭公四年楚地之"栎"陆德明《释音》云:"力狄反,徐又失灼反。"虽然楚地之栎有两音,但四个地名中,与晋地之"栎"同音的只有楚地之"栎"。② 所以在晋南、鄂东豫西两地,"栎"也是同取一音,发音相同,也可以认定为重名地名。

除发音外,地名所标示空间的属性也是地名的一个关键要素。按地名学的分类,地名在性质上可以分为地形名(地文、水文地名)与地域名(行政区域、村镇地名)二类。③ 即使有两个用字和发音都相同的地名,但若标示的空间属性不同,譬如一为地形名,一为地域名,则二者也不宜看作是重名。

《说文》、《尔雅》较多保留字的早期含义,通过对《说文》、《尔雅》中重名地名群地名用字含义逐一查对,可见晋南与鄂东豫西两地区这17组地名性质上也是分属两大类:一类地形名,一类地域名。每组地名在大类方面都是一一对应,即在晋南指地形的地名,在鄂东豫西也是地形,地域名亦然。其中地形名分河流名和山名,组内地名对应的属性基本相同。地域名则主要是城邑,地名群中城邑可以分成两个层级,高层级为国名,稍低层级为邑名。晋南、鄂东豫西两地重名地名的属性基本一致,虽然个别组地名在两地间等级稍有不同,但大多数都还是对应的,在晋南是国名,在鄂东豫西还是国名,在晋南是邑名的,在鄂东豫西也还是邑名(参见下文表二重名地名在《说文》、《尔雅》中字义表)。

从另一个角度,地名在属性上又可以分为"通名"和"专名"。④ 若文献中出现的一个地名记字性质为通名,则在各个地区都能使用,即使用字相同,也不具备"重名"的特质,

---

① 宋庠:《国语补音》,《景印文渊阁四库全书》,台湾商务印书馆,1986年,卷3,第406—226页。
② 《春秋左传正义》,《十三经注疏》,中华书局,1980年,清嘉庆二十年(1815)南昌府学刊本影印,卷42,第2036页。
③ 金祖孟:《中国政区命名之分类研究》,《地理学报》10.1(1943年)。转引自孙冬虎、李汝雯:《中国地名学史》,中国环境科学出版社,1996年,第203页。
④ 金祖孟:《中国政区命名之分类研究》,《地理学报》10.1(1943年)。转引自孙冬虎、李汝雯:《中国地名学史》,中国环境科学出版社,1996年,第203页。

所以，对17组中各地名是通名还是专名，也需要加以甄别。

从《说文》所书看，国邑名中，除三户不见于《说文》外，邓、噩、郁3个明确为地域专名，州则是地形专名，随、唐、屈、方、瑕、栎6个不是地名，是由其他性质的名词借用而为地域专名。水名中，3个都是专名。山名中，霍不见于《说文》性质不明确，襄或名"鄝"为地域专名，梁则是其他名词借用为地域专名。

所以，总的来看，晋南与鄂东豫西间17组地名基本都可以认定为专名，具备认定为重名的条件。需要稍加分析的是三户、汾、州、襄4组。

"三户"的问题，是这个词除表地点外，还有表示"很少的人"的意思，即《史记·项羽本纪》中"楚虽三户，亡秦必楚"句，并由此可引申出为另一重含义，指"很少居民的聚落"，也就是后世土俗称谓中"三家村"一类。这样一来，这个词的性质就由专名变成了一个通名。虽然存在这样一种可能性，但从传世文献看，绝大多数"三户"都是有明确所指地点的，作为通名使用的频率很低。所以，本文还是将"三户"列于重名地名群之内。而且，退一步讲，即使"三户"是通名，也是土俗称谓。聚落的土俗称呼，不同地域间有比较明显的区别。两个地域特征的土俗通名出现在其他地区，则更具考察意义。

"汾"，《水经·汝水注》引《尔雅》"河有雍，汝有濆"，《尔雅·释水》"江有沱，河有灢，汝有濆"，有学者认为两处"濆"同，通"汾"，则"汾"是汝水支流的通称。但实际上，《水经》中"濆"与"雍"对，雍为土丘，"坟莫大于河坟"，是高丘的意思，并不指水，两字是否相通，还有讨论的余地。退一步讲，即使"汾""濆"相通，《释水》云："水自河出为灉，济为濋，汶为灛，洛为波，汉为潜，淮为浒，江为沱，濄为洵，颍为沙，汝为濆。……江有沱，河有灉，汝有濆。"各条河都有对应的支流通称，甚至《释水》中"河"的支流"洛"，其支流也都有通名为"波"，这类说法实在是过于复杂和整齐。此处各水与其说是支流通名，不如理解为最主要的一支支流的专名。从前文考订部分的史料亦可知，至少在《左传》成书的时代，汾已经被公认为指纵贯晋地南北的那条大河，若说是汝水支流，则诸多史料无法解通。所以，汾理解为水名专名似更通达。

"州"，《说文》解为"水中可居"之处，文献中也多见各个"州"，其字可用作地名通名是无需怀疑的。但先秦文献中还有一种现象，在后世地名学理论中尚未得到充分重视，即一些通名同时也是某一地的专名，显著者如"东"、"北"等。这两个例子已为学界熟知，不需赘述。"州"虽以专名显，但据上文考证部分亦可以知，在本文涉及的两个地区，"州"明显是专指一邑的专名。

"襄"，《太平寰宇记》云："荆楚之地水驾山而上者，皆呼为襄上也。"若据此，则"襄"似应亦有专名的属性。但这种说法所见文献比较晚，即使是《荆州记》的说法，也已晚至南北朝。而据前文考证所引材料亦可知，在当时的实际使用中，晋南和鄂东豫西两地的"襄"都有专门所指的地点，所以本文也判定为专名。

综合前文的考订和分析，我们可以认定，晋南与鄂东豫西之间存在17组重名地名，构成一个富有特色的"重名地名群"。

表二　重名地名在《说文》、《尔雅》中字义表

	地名	《说文》	《尔雅》
国邑	随	辵部·从也。从辵，堕省声。旬为切。	
	唐	口部·大言也。从口庚声。	释宫·庙中路谓之唐。
	屈	尾部·无尾也。从尾出声。	释诂·挚敛屈收戢搜哀鸠楼，聚也。
	方	方部·并船也。象两舟省、總头形。	——
	郇	邑部·周武王子所封国，在晋地。从邑旬声。读若泓。	——
	瑕	玉部·玉小赤也。从玉段声。	——
	栎	木部·木也。从木乐声。	——
	邓	邑部·曼姓之国。今属南阳。从邑登声。	——
	鄳	邑部·江夏县。从邑罒声。	——
	州	川部·水中可居曰州，周遶其旁，从重川。昔尧遭洪水，民居水中高土，或曰九州岛。《诗》曰："在河之州。"一曰州，畴也。各畴其土而生之。	释水·水中可居者曰洲。
	三户	——	——
水	汾	水部·水。出太原晋阳山，西南入河。从水分声。或曰出汾阳北山，冀州浸。	《尔雅》"河有雍，汝有濆"，《尔雅·释水》"江有沱，河有洛，汝有濆"。
	涑	水部·瀚也。从水束声。河东有涑水。	释地·西方之美者有霍山之多珠玉焉。
	漳	水部·浊漳，出上党长子鹿谷山，东入清漳。清漳，出沽山大要谷，北入河。南漳，出南郡临沮。从水章声。	——
山	霍	——	释山·大山宫小山，霍。
	梁	木部·水桥也。从木从水，刅声。	释地·梁莫大于溴梁。
	襄	衣部·襄。汉令：解衣耕谓之襄。邑部·鄝今南阳穰县是，从邑襄声。	释言·襄，除也。释言·襄，驾也。

三、"重名地名群"的空间、时间分布特征

回到本文开头金祖孟先生的理论，分析地名群的内在联系是提取隐含历史信息的途

径。除了记字外,一个地名最基础的信息就是它所指的空间位置,再有就是它所使用的时间范畴。在确认了晋南与鄂东豫西"重名地名群"确实存在之后,本文将进一步分析其在空间位置和时间序列方面的特点,以进一步提取地名群包含的历史信息。

1. 空间分布

位置是地名的基本内容之一,重名地名群中诸地名既然存在内在联系,则其空间分布应该与社会属性存在一定关联。总的来说,重名地名群中的17个地名在晋南的空间分布状态比较散乱,没有明显规律,大致散布在太行—王屋—中条山脉东南麓和汾—涑水流域两片区域内。但在鄂东豫西,情况则明显不同。总的来看,鄂东豫西重名地点的空间分布有一定规律,突出特点以关键节点为中心,呈放射状沿交通线分布。下面就详细分析一下鄂东豫西地名的空间分布情况。

(1) 夏路:邓—(噩)—汾(方)—梁—霍

邓、汾、方、梁、霍这几个地点,分布在一条横穿南阳盆地之后向北、向东延伸的交通线上。《左传》庄公九年:"楚文王伐申,过邓。"南阳盆地交通线南端的起点是邓,邓以北的下一个重要节点是申。另外,前面已经提到,根据南阳夏乡铺的考古发掘成果,到两周之际,距离申非常近的地方就是噩。所以,噩也是在由邓出发北穿南阳盆地的交通要线。

由噩向北,出伏牛山的隘口有两个,互相紧邻,一个是稍偏北的汾陉,一个是稍偏南的方城。汾陉虽然在战国时为天下九塞之一,是著名的关隘,但方城隘道也是当时进出南阳盆地最为重要的关口之一。《左传》哀公四年载:"夏,楚人既克夷虎,乃谋北方。左司马眅、申公寿余、叶公诸梁致蔡于负函。致方城之外于缯关,曰:'吴将溯江入郢,将奔命焉。'为一昔之期,袭梁及霍。"杜注云:"夷虎,蛮夷叛楚者。"①这些蛮夷小国位于楚的西方。楚人伐灭了蛮夷叛乱之后,开始向北方图霸。此次北侵,楚人选择的就是方城隘道,"缯关"即方城外之隘口。

出伏牛山山口以后,交通线分为东、北两支。向东的一支,出伏牛山口到叶县,然后向东达宋、鲁。《左传》襄公二十九年:"夏四月,葬楚康王。公及陈侯、郑伯、许男送葬,……公还,及方城。"②鲁襄公由楚还鲁,就是要过方城,然后向东归。这条线,就是史书中著名的"夏路"。向北一支经郾城、临颍、许、长葛到达新郑,之后由新郑可以到达洛邑,也可以到达黄河诸渡口。在方城与新郑之间的重要节点则是梁、霍。哀公四年,楚驻兵方城缯关后,向北袭夺了梁、霍,就是为了夺取北侵交通在线的重要城邑。

向北这条交通线,西周就已经是王朝政治疆域范围内最重要的一条交通干线,而且不排除在商代就已经使用的可能性。前文已经引用过"中甗"铭文中记录西周时中巡省南

---

① 《春秋左传正义》,《十三经注疏》,中华书局,1980年,清嘉庆二十年(1815)南昌府学刊本影印,卷57,第2158页。
② 《春秋左传正义》,《十三经注疏》,中华书局,1980年,清嘉庆二十年(1815)南昌府学刊本影印,卷35,第2005页。

国途径中的一些地点"中省自方、邓、□、□、邦,在噩(鄂)师次……"很明显,中是从成周洛邑出发,经方城进入南阳盆地,然后继续向南过邓,再进入随枣走廊到达噩。方城因为在这条交通线上,所以成为楚北境最重要的隘口。由于方城重要,楚的内外险要都以"方"为名。《禹贡》导山"内方至于大别"①顾颉刚指出:"方城为楚国最险要可守之地。故其外的险要称外方,其内之险要称内方。"②到战国时,方城不仅是楚北境的重要关隘,也是天下之险。《吕氏春秋·有始览》载:"何谓九塞?大汾,冥阨,荆阮,方城,殽,井陉,令疵,句注,居庸。"③一直到东汉末年,这条交通线的重要性都有增无减。《后汉书·孝灵帝纪》载"(中平元年)三月戊申以河南尹何进为大将军将兵屯都亭置八关都尉官",李贤注:"八关谓函谷广成伊阙大谷轘辕旋门小平津孟津也。"④"广成",惠栋《后汉书补注·孝安帝纪》引李吉甫注曰:"广成泽在汝州梁县西四十里。"⑤《读史方舆纪要》亦推此说,其河南府"灵帝光和七年,以黄巾贼乱从河南尹何进言置八关都尉官。八关者,函谷、广成"等,"广成"后自注"见汝州,本河南梁县"。⑥ 汉代时,这条交通在线的"梁",与战国"大汾"列于"九塞"相类,成为天下"八关"之一,说明一直到汉代,这条交通线都还使用,而且军事地位可能越来越重要了。

(2)武关道:三户—邓

三户、邓两地,处于穿秦岭过商洛连接宗周丰镐的交通线上。这条交通线,即后来的武关道。

早期交通线在文献中的记载非常少,复原有一定困难,但严耕望《唐代交通图考》中对这一地区的交通路线进行了非常细致的研究,可以为分析早期交通线提供重要参考。地形上看,汉水流域这个区域,北、东、西都有明显的山体作为边缘,从这三个方向出入,必然要依靠山间交通线,而山间通道多是依靠河谷,《唐代交通图考》中武关道在过武关后经富水关达内乡之后分为两支,一支向东通南阳,一支向南通邓,⑦两条线路都是沿河谷而行。秦岭、大巴山、大别山这样的大山体,历史上自然面貌变化不大,除非有重大技术突破,交通路线在历史上一般变化不大。但河谷出口处山体一般比较低矮破碎,出山口的路线选择相对较多,会稍微复杂一些,而且在不同时代,出山口的不同线路、城市在繁荣程度上也会略有差别。

向东一支暂且不论,武关道南侧的路线,周代可能就与唐代有些差别。在商洛以东,可能还存在更偏南的一条支路,即沿丹水河谷东南行,到淅水入丹处的三户,之后分为两支,一支继续沿丹水南行到达丹水入汉处,另一支则向东,一直到邓地。西周初年,楚人就

---

① 《尚书正义》,《十三经注疏》,中华书局,1980年,清嘉庆二十年(1815)南昌府学刊本影印,卷1,第151页。
② 顾颉刚、刘启釪:《尚书校释议论》,中华书局,2005年,第778页。
③ 陈奇猷:《吕氏春秋新校释》,上海古籍出版社,2002年,第663页。
④ 范晔:《后汉书》,中华书局,1965年,第348页。
⑤ 惠栋:《后汉书补注》,清嘉庆九年冯集梧刻本,《续修四库全书》,上海古籍出版社,2002年,册270,史部·正史类,卷3,第524页上。
⑥ 顾祖禹:《读史方舆纪要》河南三,中华书局,2005年,卷48,第2215页。
⑦ 严耕望:《唐代交通图考》,上海古籍出版社,2007年,第637页。

是从商洛地区沿着这条路线逐渐东迁,达于丹淅之会。这条沿丹水河谷的行进路线在周代可能更为重要。三户在丹淅所会之处,从位置上看,很可能是交通线上的一个重要节点。武关古称少习,据《左传》哀公四年晋楚之战,楚人虚称将开通少习,实际上陈兵于三户,威胁晋国将连秦伐晋,晋人就不得不乖乖将阴地的九州之戎交与楚。所以,楚北出三户的这条路线,应是当时楚北一条颇具战略意义的交通通道。

(3) 子午道：郇—邓

郇、邓之间的联系,落在横穿汉中后北越秦岭到达丰镐的交通线上。

《唐代交通图考》中,从长安出发过秦岭到汉水流域的道路,除武关道外,还有两条。一条是子午道,一条库、义、锡三谷道。严耕望认为,子午道在秦岭以北段,古今道大抵相同,秦岭以南,汉魏古道是循洵水西源及直水(今池河)西侧至安康县。《汉书·高祖本纪》有"从杜南入蚀中",蚀为汉初子午谷之名,则此道的开通不能迟于战国、秦世。① 程大昌《雍录》云："汉长安都城北据龙首山,故子午谷正在南面,遡午则背子矣。"②王先谦《汉书补注》云："关中南面,背碍南山,其有微径可达汉中者,惟子午谷在长安正南。"③也就是说,如果古人出丰镐寻找穿越秦岭的孔道,子午谷应该是最直接的选择,周在丰镐经营数百年,不会不注意子午道,子午道的使用时间,很可能是在战国以前。如果再考虑到这条线路附近西周穀国的位置,西周时期这条路线就已经使用了。④ 而且,秦岭隘道借用山间河谷,并不完全依托栈道,所以即使没有像后代那样正式的、大规模的凿通,路况不够优良,但作为交通线也应该可以使用了。特别是西周时期,武关道商洛以东地区为楚人活动的范围,楚人时叛时服,武关道沟通宗周与江汉之间的能力可能并不稳定,子午谷很可能是丰镐南入江汉的另一条重要途径。顾栋高《春秋大事表·春秋列国形势口号》中有一诗云："楚势鸱张自灭庸,连秦抵角到巴东。戎车更绕周疆后,鄀鄏初通汉水烽。"提到灭庸是楚向北争霸的一个重要环节,这个前人强调得不多。灭庸之所以重要,就是因为庸在竹溪,可以说是控制着子午谷的出入。

还有一条过秦岭的重要路线是库、义、锡三谷道。此道从丰镐南行,起点有三支,分别为库谷、义谷和锡谷,三条线过秦岭后在归安镇(今镇安县)附近汇合,南达金州。⑤ 这条路在先秦时期是否存在,目前尚无较多证据,但三谷道主要沿洵水河谷行进,与之前谈子午道的情况类似,即使没有正式的大规模凿通,这样一条天然交通线应该也是比较早就会被利用了。

子午道越秦岭后,继续向东南过金州,三谷道越秦岭后,亦抵金州,可见金州是子午道

---

① 严耕望：《唐代交通图考》,上海古籍出版社,2007年,第680页。
② 程大昌：《雍录》,中华书局,2002年,卷6,第117页。
③ 王先谦：《汉书补注》高帝纪第一,中华书局,1983年,卷1,第34页。
④ 《春秋》桓公七年："夏,穀伯绥来朝。邓侯吾离来朝。"杜注云"穀国在南乡筑阳县北"孔颖达疏云：(穀邓)南方诸侯,近楚小国。杨伯峻注其故城即今湖北省谷城县西北,顾栋高《春秋大事表》也认为其在湖北襄阳府谷城县。高士奇《春秋地名考略》卷八"九县"条："考姬姓国之近楚者曰随曰息曰蓼曰穀"。穀国姬姓,在谷城,正子午道与三谷道汇合后沿汉东行出河谷处。这个位置出现一个姬姓封国,很可能与控制交通线有关。
⑤ 严耕望：《唐代交通图考》,上海古籍出版社,2007年,第686页。

与三谷道的交汇处。前面已经考证过,郇阳即洵水之阳,其位置正在洵水入汉处的金州。

（4）随枣走廊：邓—唐—瑕—随（噩）

随枣走廊是汉水流域最著名的交通线,前人已经有非常多的研究,此处不再赘述。随是这条交通在线的重要节点,也是汉水流域最著名的国邑。唐、瑕都在随的附近。南下的路线,穿过南阳盆地后,最常使用的路线就是进入大洪山东麓平坦便捷的随枣走廊,经过随后,继续沿涢水南行,进入江汉平原。

（5）樊宜走廊：邓—襄—州

在汉水流域的研究中,随枣走廊一般提到得比较多,但实际上,大巴山东端与大洪山之间才是真正的汉水河谷,也是一条重要的走廊,基本上可以称为樊宜走廊。

前面考证南方的"襄"时,已经谈到,襄阳是在楚控制了子午道以后,地位才逐渐上升,但由于处于汉水津渡上,在这之前也是一个交通节点,这条线就是樊宜走廊,亦即汉水交通线。在楚境内,南北之间的交往至为重要。特别是在楚进入到江汉平原以后,有诸多贵族的领地都还在故地丹淅一带,所以,依托汉水的樊宜走廊对于楚内部的交通意义十分重要。"州"在长江以南,看似与江汉平原比较远,但从《左传》定公四年楚王越江达于"江

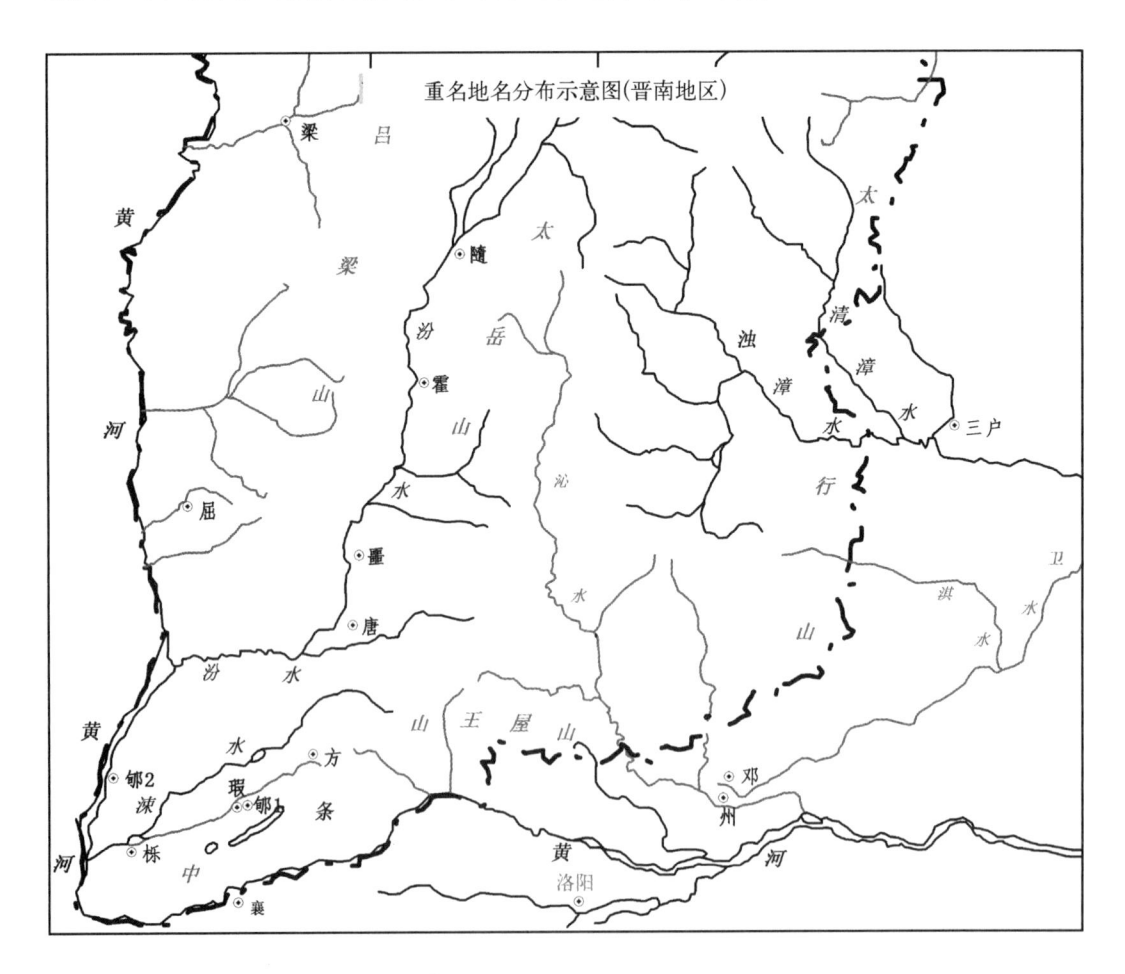

重名地名分布示意图(晋南地区)

南梦中(即大江之南的云梦泽)"来看,①江南地区与楚之间的联系应该是一直存在的,这个地区与北方地区的交往即应是通过汉水,沿樊宜线北上。

通观汉水流域的整个交通网络,各条交通线都在"邓"交汇,"邓"是整个交通网络的中心枢纽。《读史方舆纪要》"河南六·邓州"云:"其地西控商洛,南当荆楚,山高水深,舟车辐辏,号为'陆海'云。秦之末也,沛公自南阳入武关,后之有事关中者,往往图武关,图武关而州为孔道矣。"②虽然讲的是秦以后之事,但实际上,"邓"的重要地位,在周代就已经有所表现。

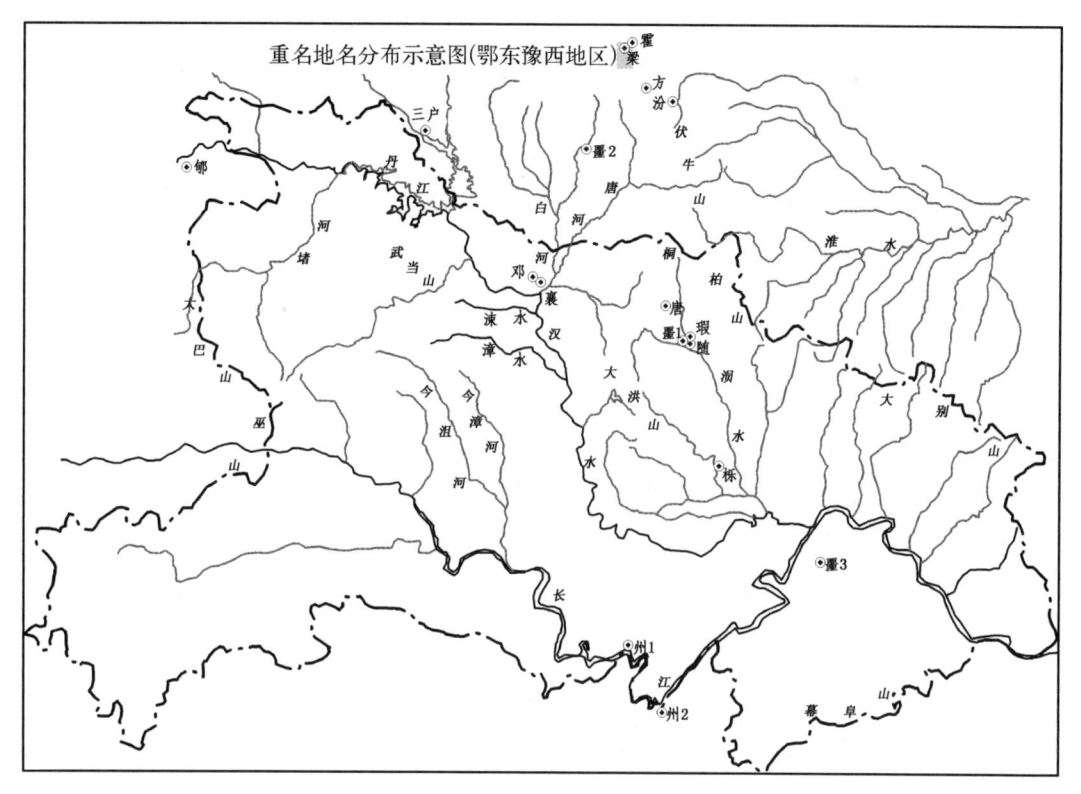

重名地名分布示意图(鄂东豫西地区)

总的来看,鄂东豫西地区重名地名多是以某一地点为中心,在半径不大的区域内分布。汾、霍、梁、方以及西周晚期的噩等5地在今河南南阳附近,襄、邓、三户、涑、漳等5个在今湖北襄阳附近,随、唐、瑕、栎以及西周早中期的噩等5个在今湖北随州附近。只有位置不详的屈和郧、州3地是例外。同时,若将鄂东豫西重名地名连接,由北向南,自东向西,可以连成五条交汇于"邓"地的线,这五条线,又都能与汉水流域重要的交通路线吻合。这样的空间分布样态,颇值得玩味。

---

① 见杜注。《春秋左传正义》,《十三经注疏》,中华书局,1980 年,清嘉庆二十年(1815)南昌府学刊本影印,卷 54,第 2136 页。
② 顾祖禹:《读史方舆纪要》,中华书局,2005 年,卷 49,第 2415 页。

2. 首见文献年代

从最早出现的文本看,重名地名群中鄂东豫西的地名见于各类文献中的记载要迟于晋南。

在前文已经看到,晋南的地名中,有 11 个在甲骨、金文中已经出现,另外有 4 个则始见于春秋文本,还有 3 个始见于战国讲述夏代故事的文本《尚书·禹贡》。不同文本内的地名时代有差异,甲骨、金文中的地名,商、周或以前已经存在。春秋文献中的地名,则可能包含商、西周、春秋三个时代的。虽然没有做十分确切的普遍统计工作,但将金文与春秋时期文献比对可以形成一种感觉,即从西周到春秋,地名的使用相对稳定,《左传》中的地名可能不少都是沿用西周的。《禹贡》中的地名号称夏代,但年代不容易确定。无论如何,晋南的 17 个地名中绝大多数应该至迟在西周就已经存在了。而鄂东豫西的文献,则相对较晚,无一见于甲骨,只有 3 个始见于西周金文,11 个始见于春秋文献,2 个始见于战国文献,另有 1 个见于战国以后的文献。

这当然与地区历史进程、地方文本的生成年代有关。黄河流域的历史进程较早,形成文献也较早。楚地方文本的生成年代目前尚无法简单说清,但用黄河流域的文字进行记载的年代显然比较晚,当然,这并不足以说明鄂东豫西地名使用必然就时间较晚。不过从西周时期鄂东豫西出土的铜器看,西周初年铜器铭文使用的文字与其他地区完全相同,所以,即使晚也晚不过西周初年。既然如此,在文献中出现早晚的原因,就不好与文献的形成年代相联系,而更可能与地名出现和使用的时间早晚有关。

当然,质性分析能解决的问题毕竟有限,靠单一地名本身的信息来判定地名的使用时间,可信度自然不高。但若借助达到一定数量的地名群,倒是可以做一些量化的分析。

表三 重名地名首见文献年代表

区域	地名	甲骨	金文、《诗经》	春秋文献	战国文献
晋南	汾		△		
	随		△		
	唐	△			
	霍	△			
	梁				△
	屈			△	
	方	△			
	郇		△		
	瑕			△	
	栎			△	

续表

区域	地名	甲骨	金文、《诗经》	春秋文献	战国文献
晋南	襄	△			
	邓	△			
	噩	△			
	州		△		
	三户	△			
	涑			△	
	漳				△
鄂东豫西	汾			▲	
	随			▲	
	唐			▲	
	霍			▲	
	梁			▲	
	屈			▲	
	方		▲		
	郇				▲
	瑕			▲	
	栎			▲	
	襄				▲
	邓		▲		
	噩		▲		
	州			▲	
	三户			▲	
	涑	——			
	漳			▲	

由上表可见，重名地名群中地名在晋南出现早于鄂东豫西，这种关系不是个别现象，而是群组状态。若较大胆推论，则重名地名组中鄂东豫西的地名可能比晋南使用时间要晚，一些重名地名可能西周初年在鄂东豫西还未出现。

当然，即使进行了统计，依靠文献中出现年代来判断两地之间地名的实际出现和使用时间早晚还是非常困难。除文献早晚外，我们还可以看到，两地地名属性上的一些现象，似乎也与时间有关。

举"方"为例，在甲骨文中是方国名，存在于晋南。到西周时，晋南、鄂东豫西两个地区都有方,《诗·六月》"狁匪茹,整居焦、获;侵镐及方,至于泾阳"。可见西周时汾水流域的"方"已经不是方国名,而是城邑名。而到了春秋时期,"方"在晋南的具体地点都不明确了。而在鄂东豫西,未见商代时有"方",到西周时,"方"还是一个独立的封国。如士山盘铭文云"中侯、䚄、方宾贝金"。① "中"国君称侯,"䚄"则见于䚄公孜人簋等器,器主明确称"䚄公",《左传》僖公二十五年"以申、息之师戍商密"条杜预注"䚄本在商密,秦、晋界上小国"。② 可知䚄西周时为南土小国。"方"在士山盘铭文中,一方面与"中"、"䚄"并列,一方面与这两国一样进行贡纳,说明"方"不仅是一个途经的城邑,而是一个封国。到了春秋时期,"方"在鄂东豫西也已经不是封国,而是楚所属的一个城邑。

串联起来看,"方"地的等级,在两个地区分别经历了一个"封国(方国)—城邑—小邑"的变化过程,而这个过程的节奏,鄂东豫西相对晋南略慢一拍。这种现象,可能与地名自身变化的规律有关:一个表示比较高等级、比较大范围政区的地名,会在后世发展过程中范围逐渐缩小,等级逐渐降低。亦可以举"陈"为例,原为国名,后为郡名,再后来仅指郡治所城邑名。不仅是方,邓、随、罗也都有类似情况。这种变化的趋势,在两地区倒是一致的,但阶段间存在时差。总体看,鄂东豫西比晋南要晚一些。

虽然只是从时空两方面进行了一些很不完善的统计和分析,但晋南与鄂东豫西重名地名群内地名间的内在逻辑还是比较明显的。两地间存在相当数量的重名地名,其中一地在空间分布上有显著规律,同时两地地名在文献中出现的年代有比较明显的先后关系。将这些特征综合在一起,地名群的成因,用小概率恐怕就较难解释了。

四、"重名地名群"的成因与区域间地缘关系过程

以往认为,地理上相邻的两个地区之间在政治、经济上的联系可能紧密一些。谈到晋南与其他地区的联系,一般会认为与关中最为密切。而鄂东豫西与晋南,一个主体部分属楚,一个主体部分属晋,研究者不大会想到地域间的关联问题。而重名地名群的存在,及其在空间、时间上的分布特征,让我们不得不重新思考两地区间的联系问题。

晋南、鄂东豫西重名地名群形成的机制必然是非常复杂的。坦率地讲,现有的资料也还不足将具体原因讲述得更为具体。顾颉刚先生认为理解上古地名问题,有必要结合族群人群的迁徙流动。这种思路不难理解,而且确实有一定的事实和理论依据。我们在历史时期见到过不少人群迁移时会将原来地名带到移入地的例子,最显著的就是东晋南朝时期的侨置郡县,从郡名到县名的各级地名都被北方移民带入南方,在文本中就显示为诸

---

① 黄锡全:《士山盘铭文别议》,《中国历史文物》2003年第2期,第60页。
② 《春秋左传正义》,《十三经注疏》,中华书局,1980年,清嘉庆二十年(1815)南昌府学刊本影印,卷16,第1820页。

多重名地名。1934年,谭其骧先生《晋永嘉丧乱后之民族迁徙》这篇文章,利用侨州郡县的地名材料,梳理出永嘉丧乱后北方汉民南迁的时空过程,揭示出至今学界公认的中国历史上第一次人口大迁移的重要事实。① 先秦时期的地名材料虽然系统性较弱,但由于处于地缘关系的发生期,寻找一些关于区域地缘关系建立过程中的理论化问题,相信具有一定的学术意义。而在人类学的田野实践中,也常能见到移民带着地名迁移的现象,说明这种地名变化的机制到现在都还发生作用。

近年来鄂东地区的考古发现,也进一步提示了这种可能性。2009年出土的随州文峰塔M1墓地1号编钟铭文云"伯括上庸,左右文武,挞殷之命,抚定天下。王遣命南公,营宅汭土,君此淮夷,临有江夏",②与今年当地新发掘的叶家山西周墓地铜器铭文相结合,可知西周曾国的始封君可能与西周"南公"有比较直接的关系。③ 质言之,南公是曾的祖之所出。《逸周书》载"南公"为殷臣。我们不知道南公最初的封邑地点,但学者一般都承认商代汾水流域的人群与商之间存在比较密切的联系。如果曾的祖之所出为南公,而南公来自汾水流域,那其中几个关键地名的重名现象就非常容易解释。

若真有人群自晋南迁至鄂东,自汾水流域迁移至汉水流域,当地应有相关传说或故事。即使时间、地点、人群都有讹变,也都该有蛛丝马迹可循。不过,目前在文献中还尚未查找到汉水流域类似的传说,可能是因为时间太久远,也可能是因为这一地区人员流动性太大。然而,在后世文献中,其实可以比较多地看到汉水流域有一些族群自称为商人后裔,而这很可能是迁移故事的一种曲折表达。

邓国在传世文献中就有一种说法为商人后裔。《路史·后记》云:"初,武丁封季父于河北曼,曰蔓侯,有曼氏、蔓、鄾氏。优、邓,其出也。"④《广韵》"去声·四十八邓"云:"姓,武丁封叔父于河北,是为邓侯。后因氏焉。"⑤《广韵》将邓作为姓,而不是国,不过他也承认邓国为武丁叔父所封,是商人后裔。《姓解》"邑三十一·邓"则云邓非为姓,而是氏:"殷武丁封叔父于河北,是曰邓侯,遂以为氏。"⑥高士奇《春秋地名考略》因其出于商人,而认邓国为子姓,亦承认其是商人后裔。⑦ 另外,关于邓之所出,还有后稷之后姬姓等说,但往往世系较混乱,如张澍《姓氏辨误》二六"邓氏"条引朱元晦《邓氏谱》云:"邓,后稷之姓在殷为曼姓。至虞叔而封唐,传四世而生变,改国为晋。又五世生吾离,始封邓侯,子孙因以为氏。"⑧即称其后稷后裔,又称其为曼姓,显然是含混其词,有后人杜撰之嫌。到近代,陈槃先生也认为邓国为商人之后,最初封于黄河以北,河南之邓是邓国后来的迁移

---

① 谭其骧:《长水集》,人民出版社,2009年,第206—229页。
② 湖北省文物考古研究所 随州市博物馆:《随州文峰塔MI(曾侯與墓)、M2发掘简报》,《江汉考古》2014年第4期,第14—15页。
③ 《江汉考古》编辑部:《"随州文峰塔曾侯与墓"专家座谈会纪要》,《江汉考古》2014年第4期,第56—57页。
④ 罗泌:《路史》,《文渊阁四库全书》,台湾商务印书馆,1986年,卷19。
⑤ 陈彭年:《宋本广韵》,中国书店,1982年,第413页。
⑥ 邵思:《姓解》,《丛书集成初编》,中华书局,1985年,3296,第26页。
⑦ 高士奇:《春秋地名考略》,钱塘高氏清康熙间刻本,卷2,第4页上。
⑧ 转引自陈槃:《春秋大事表列国爵姓及存灭表譔异(三订本)》,"邓",上海古籍出版社,2009年,第388页。

之地。①

还有一个关于"有南国"的传说,也是说汉水流域有一群商人的后裔。《逸周书·史记解》则载:"昔有南氏有二臣,贵宠,力钧势敌,竟进争权,君弗禁,南氏以分。"孔晁云:"二臣势钧而不亲,权重养徒党,所以分国也。"卢文昭注云:"有南之国,《水经注》以为在南郡。"②《路史·国名纪》载:"禹后有南氏,以二臣势钧争权而分。《楚地纪》云:汉江之北为南阳,汉江之南为南郡者是。"认为其为夏后裔。但有南国的先祖,存在另一种说法,其中以清人陈士元在《江汉丛谈》中辨"有南"之事最详:"'仁卿问有南赤龙',答曰:'有南赤龙者,商汤后也。'《路史》云:'有南以二臣势均争权而分出。《汲冢周书》后有南仲翊宣王以中兴。'罗萍注云:'汤八世孙盘庚,自汤至盘庚十七世。今云八世,误。妃姜氏梦赤龙入怀,孕十有二月,生子有文在手曰南,遂封之南国,号有南赤龙。'"陈士元根据罗萍注,称有南国是殷人后裔,其祖先名赤龙,是商王盘庚之子,后受封于南国。陈士元又谈其国地域"《楚地记》云汉江之北为南阳,汉江之南为南郡,并以古南国得名耳。《诗》称江汉为南国之纪,说者谓在丰镐南也,安知不指商时侯国名哉"。③ 照陈氏的理解,几乎整个汉水流域都是有南国的范围。

这两个传说中的商人后裔,也可以理解为是一群来自北方的人。汾水流域在商代与商人的关系十分密切,在一两千年的流传中,商人后裔已经成为了来自商人控制地区的一种曲折表达。

当然,前文也提到,单独两个重名地名之间,在没有充足材料的情况下,用迁移论来推论可能会有些单薄。所以陈槃先生虽然在《春秋大事表列国爵姓及存灭表譔异》中每个地名都注意其重名地名,并且提出存在迁移的设想,但却没有被学术界普遍接受。其中重要原因,可能就是他没有进一步分析整合这些重名地名,也没有进行分组对应的尝试。晋南与鄂东豫西这17对重名地名,是证明重名地名迁移论的一组好材料,应该可以由此掀开商周两代区域之间政治经济联系建立过程的盖布一角。

从时间上看,传统上谈到南方地区与北方地区的政治联动,往往会想到昭王南征。但仅这样一个历史事件,对地区的发展解释力总归有限。中商以来商势力的扩张,周初陈、蔡的分封,都暗示汉水流域政治进程开始得颇早而且关键。早年南阳出土的商器,信阳出土的"息"器,近年来随州羊子山、叶家山新出噩、曾器,更是确切地将一个很可能比较复杂的汉水流域周代政治进程至少提到了周初。而叶家山墓地出土的陶器,也为两个地区之间的联系又提供了一些证据。

从大的历史过程上看,若结合人群流动的思路,两地重名地名群的成因,可以推测出

---

① 陈槃:《春秋大事表列国爵姓及存灭表譔异(三订本)》,"邓",上海古籍出版社,2009年,第386—387页。
② 黄怀信、张懋镕、田旭东撰:《逸周书汇校集注》史记解第六十一,上海古籍出版社,2007年,卷8,第561—562。
③ 陈士元:《江汉丛谈》"有南",《景印文渊阁四库全书》,台湾商务印书馆,1986年,册590,卷1,第481上—482下。

三种可能性。第一种是封国分封及徙封,这些事件主要发生在西周。第二种是商业活动,从事贸易的人的流动以及物资的交换。晋南与鄂东豫西两地在历史上商业交往一直十分密切,这两个地区,资源上有明显的互补性。河东盐池的食盐是非常重要的物资,而汉水流域不产盐,一直是河东盐的销售区。而汉水流域南端则出产铜,是北方铜料最重要的供应地。两地在后世商业联系都一直非常紧密。明清时期汉水流域最有实力的商人群体就是山陕商人,其中最重要的货物是盐。时人讲"天下至和"就有"河东盐"。第三种则是其他的人员交往。两地间在交往上有天然的交通优势,所谓"楚才晋用",由于交通便捷,两地之间的人员往来有长久的传统。总之,无论如何,这种重名现象的成因都与人的流动有关。

遗憾的是,我们目前为止还是没能找到记载晋南与鄂东豫西两地在商周之间存在人群徙出和迁入的直接材料。这种迁移的机制是什么,是自发还是有组织的,是政治性的还是经济性的?迁移的时间在什么时候?我们目前都还不清楚。未来的研究,可能一方面还只能必须尴尬地尝试从地名个案开始清理,看区域的历史进程中是否有一些指向族群流动的节点,然后再回到对地名重名现象的研究之中。另一方面,从这些地名本身时间、空间特点入手,做一些集合研究,分析其中的一些共性特征。虽然这些地名所依托的文本有些成书年代、性质存在争议,有误差的可能性,但这类研究毕竟是利用成组材料研究的优长之处,过程上不能省略。

附记:由于作者学力、能力有限,本文并非一气呵成,而是耗时近十年,数易其稿。初稿得到导师北京师范大学历史学院晁福林教授的指导和鼓励。修改完善期间,曾呈送北京大学考古文博学院刘绪教授、雷兴山教授,历史系辛德勇教授,城市与环境学院唐晓峰教授,陕西省考古研究院王占奎研究员,南开大学历史学院陈絜教授等先生,得到诸位老师的指教。我的博士后联系导师复旦大学史地所张伟然教授更是曾逐字审阅。撰写期间,还多次得到商周田野工作坊同仁们的指点。在此特向各位师友表达感激之情。匿名审稿人指出本文的多处错谬,意见十分珍贵,并致谢忱。

附表一 《左传》重名地名总表

序号	地名	国	《左传》中出处
1	敖	楚？夷？	哀公十九年
	敖	晋	宣公十二年
2	亳	郑	襄公十一年
	亳	宋	昭公十一年
3	巢丘	鲁	成公二年
	巢	楚	昭公二十五年
	巢	吴	定公二年
	巢	卫？	哀公十一年
4	承匡	晋	文公十一年
	承匡	鲁	襄公三十年
5	东阳	齐	襄公二年
	东阳	晋	襄公二十三年
6	督扬	周	成公十六年
	督扬	鲁	襄公十九年
7	丰	楚	哀公四年
	丰丘	齐	哀公十四年
8	滑	郑	僖公三十三年
	滑	舒蓼	宣公八年
9	黄	鲁—宋	隐公元年
	黄	楚	庄公十九年
	黄	晋	昭公元年
10	霍	晋	闵公元年
	霍	楚	哀公四年
11	棘	楚	昭公四年
	棘	齐	昭公十年
12	稷	晋	宣公十五年
	稷	楚	定公五年
13	焦	晋	僖公三十年
	焦	楚	襄公元年

续表

序号	地名	国	《左传》中出处
14	匡	徐	僖公十五年
	匡	郑	文公元年
	匡	卫(晋)	文公八年
15	栎	郑	宣公十一年
	栎	晋	襄公十一年
	栎	楚	昭公元年
16	梁	晋	僖公六年
	梁	楚	哀公四年
17	麻隧	晋	成公十三年
	麻	楚	昭公四年
18	鄍	晋	僖公二年
	冥阨	楚	定公四年
19	平阳	鲁	宣公八年
	平阳	晋	昭公二十八年
20	濮	卫	隐公四年
	濮	楚	昭公十九年
21	戚	卫(后属晋)	文公元年
	戚	晋	成公十四年
	戚	陈	襄公元年
	戚	郑	襄公二年
	戚	鲁	襄公十四年
22	潜	鲁—戎	隐公二年
	潜	楚	昭公二十七年
23	穷	楚	昭公二十七年
	穷谷	周	定公七年
24	汝	楚	昭公七年
	汝	晋	昭公二十九年
	汝	楚	哀公十七年
25	随	晋	隐公五年
	随	随	桓公六年
	随	楚	定公四年

续表

序号	地名	国	《左传》中出处
26	琐	楚？越？	昭公五年
	琐	卫？	定公七年
27	武城	楚	僖公六年
	武城	晋	文公八年
	武城	楚	成公十六年
	武城	晋	襄公十九年
	武城	楚	哀公十七年
28	昔阳	肥	昭公十二年
	昔阳	晋	昭公二十二年
29	瑕	随	桓公六年
	瑕	晋	僖公三十年
30	夷	陈	僖公二十三年
	夷	晋	文公六年
	夷	楚	襄公元年
	夷	鲁	哀公八年
31	沂	楚	宣公十一年
	沂	鲁	襄公十九年
32	缯	齐	宣公十八年
	缯关	楚	哀公四年
33	訾	楚	昭公十三年
	訾	周	昭公二十三年
34	宗丘	晋	僖公十五年
	宗丘	楚	昭公十四年

附表二　《左传》所见晋、楚地名表

序号	地名	国	注疏中认定的地点	性质	在《左传》中出现的时间	备注
1	故绛	晋	竹添：在曲沃县南	邑	隐公五年	见笺文
2	翼	晋	竹添：山西平阳府翼城县东南三十五里	邑	隐公五年	
3	曲沃	晋	竹添：在今山西绛州闻喜县东北，去翼都约一百五十里	邑	隐公五年	

续表

序号	地名	国	注疏中认定的地点	性质	在《左传》中出现的时间	备注
4	随	晋	竹添：今山西汾州府介休县东	邑	隐公五年	
5	鄂	晋	竹添：鄂地在汾旁。计其地去晋故绛亦不甚远	邑	隐公六年	
6	州	晋	竹添：在今怀庆府河内县东南五十里	邑	隐公十一年	原属周
7	陉庭	晋	竹添：山西平阳府翼城县东南七十五里有荧庭城	邑	桓公二年	
8	千亩	晋	杜预：西河介休县南有地名千亩。竹添：《括地志》晋千亩在晋州岳阳县北九十里。晋州今为平阳府，介休今属汾州府，穆侯时晋境不得至介休	地	桓公二年	
9	条	晋	竹添：今山西解州安邑县有中条山，县北三十里有鸣条岗	山	桓公二年	
10	魏	晋	竹添：今山西解州芮城县东北七里有古魏	国	桓公三年	旧国，入于晋
11	汾	晋	竹添：汾水出太原府静乐县西南，至府城西东、南流经平阳府城西、及襄陵县大平县之东，又南径曲沃县西境，折而西径绛州、又西历稷山县河津县南、至蒲州府之荣河县北、而入于大河	水	桓公三年	
12	聚	晋	竹添：绛州绛县东南十里	邑	庄公二十五年	
13	绛	晋	杜预：（晋）平阳绛邑县。竹添：绛即冀	邑	庄公二十六年	
14	贾	晋	竹添：陕西同州府蒲城县西南十八里有贾城	邑	庄公二十八年	原为国，为晋所灭
15	蒲	晋	竹添：山西平阳府西北二百八十里有隰州，春秋时蒲地	邑	庄公二十八年	
16	屈	晋	竹添：山西平阳府吉州东北二十一里有北屈废县	邑	庄公二十八年	
17	耿	晋	竹添：山西绛州河津县东南十二里有古耿城	旧国	闵公元年	入于晋
18	霍	晋	竹添：山西平阳府霍州西十六里有霍城	旧国	闵公元年	入于晋
19	东山	晋	竹添：山西大原府乐平县东七十里	山	闵公二年	

续表

序号	地名	国	注疏中认定的地点	性质	在《左传》中出现的时间	备注
20	颠軨	晋	竹添：今山西解州平陆县东北五十里	山	僖公二年	
21	垂棘	晋	竹添：杜（预）但云晋地，今无考	地	僖公二年	
22	鄍	晋	竹添：今山西解州平陆县东北二十五里有故鄍城	邑	僖公二年	
23	三门	晋	竹添：三门山在虢城东北，《水经注》三门在大阳城东，大阳今平陆县即是	山	僖公二年	
24	冀	晋	竹添：山西绛州河津县东	邑	僖公二年	
25	桑田	晋	竹添：今河南陕州灵宝县西二十五里稠桑邑即其地	地	僖公二年	
26	采桑	晋	竹添：山西吉州乡宁县西大河津济处	津	僖公八年	
27	高梁	晋	杜预：在平阳杨县西南也。竹添：平阳今山西平阳府临汾县也，杨县今洪洞县也，在临汾东北五十里	邑	僖公九年	
28	韩原	晋	竹添：秦晋战地当在河东，盖在山西平阳府河津万泉之间	地	僖公十五年	
29	宗丘	晋	竹添：即韩原别名	地	僖公十五年	
30	厨	晋	竹添：在汾西	地	僖公十六年	
31	狐	晋	杜预：平阳临汾县西北有狐谷亭。竹添：狐即狐突食邑	邑	僖公十六年	
32	昆都	晋	竹添：山西平阳府临汾县南有昆都聚	邑	僖公十六年	
33	受铎	晋	竹添：在汾西	邑	僖公十六年	
34	绵上	晋	竹添：翼城县西有绵山 江永：清山西沁州府介休沁源之间	山	僖公二十四年	
35	臼衰	晋	竹添：在今解州西北	邑	僖公二十四年	
36	令狐	晋	竹添：今山西蒲州府猗氏县西十五里有令狐城	邑	僖公二十四年	
37	庐柳	晋	竹添：今猗氏县西北有庐柳城	邑	僖公二十四年	
38	桑泉	晋	竹添：今蒲州府临晋县东十三里有桑泉城	邑	僖公二十四年	

续表

序号	地名	国	注疏中认定的地点	性质	在《左传》中出现的时间	备注
39	郇	晋	竹添：今解故城东北二十四里有故城,在猗氏故城西北,俗名郇城	邑	僖公二十四年	
40	南阳	晋	竹添：今太行山之南、河南怀庆府属河内济源修武温四县之地皆南阳也	地	僖公二十五年	
41	焦	晋	竹添：今陕州南二里有焦城	邑	僖公三十年	
42	瑕	晋	杜预：詹嘉,晋大夫,赐其瑕守桃林以备秦。竹添：瑕亦在河南	邑	僖公三十年	
43	清原	晋	竹添：清一名清原,在山西绛州稷山县西北二十里	地	僖公三十一年	
44	殽	晋	竹添：二殽在今河南府永宁县北六十里	山	僖公三十二年	
45	箕	晋	竹添：箕地当近河。今山西隰州蒲县,本汉河东郡蒲子县地,东北有箕城	邑	僖公三十三年	
46	戚	晋	竹添：直隶大名府开州北七里有古戚城	邑	文公元年	原属卫,后入晋
47	茅津	晋	竹添：山西解州平陆县东南有茅城,河水经其南,即茅津也。乃黄河津济处,亦谓之大阳津	地	文公三年	
48	王官	晋	竹添：蒲州猗氏县南二里	邑	文公三年	
49	宁	晋	竹添：今河南卫辉府获嘉县西北有修武故城,古宁邑	邑	文公五年	
50	董	晋	竹添：有董泽,在闻喜县东北四十里,接绛州界	地	文公六年	
51	堇阴	晋	竹添：山西蒲州府荣河县	邑	文公七年	
52	刳首	晋	竹添：在(令狐)西三十里	邑	文公七年	
53	武城	晋	竹添：在今陕西同州府华州东北十三里	邑	文公八年	
54	北征	晋	颜师古：《汉书·地理志》左冯翊征为此传北征。即清陕西同州府澄城县。竹添：恐未是。	邑	文公十年	
55	潞	晋	竹添：山西潞安府潞城县	国	文公十一年	赤狄国,后属晋
56	羁马	晋	竹添：今山西蒲州府永济县南三十六里有羁马城	邑	文公十二年	

续表

序号	地名	国	注疏中认定的地点	性质	在《左传》中出现的时间	备注
57	河曲	晋	竹添：即蒲阪也。今蒲阪故城在山西蒲州府永济县东南五里	地	文公十二年	
58	桃林之塞(瑕)	晋	杜预：桃林在弘农华阴县东,潼关也。竹添：今在河南陕州灵宝县南十一里,即秦函谷关	关	文公十三年	
59	诸浮	晋	竹添：当是(晋国都)城外之近地	地	文公十三年	
60	黄父	晋	竹添：即黑壤	地	文公十七年	
61	首山	晋	竹添：即首阳山。在今山西蒲州府南	山	宣公二年	
62	翳桑	晋	竹添：地名,地点不详	地	宣公二年	
63	阴地	晋	杜预：晋河南山北,自上洛以东至陆浑也。竹添：今河南府陕州卢氏县东北有阴地城	地	宣公二年	
64	怀	晋	竹添：今怀庆府武陟县西南十一里有怀城	邑	宣公六年	原苏忿生之田
65	邢丘	晋	竹添：即怀,在怀庆。怀今武陟县	邑	宣公六年	
66	黑壤	晋	竹添：即黄父。黑壤山在今山西泽州府沁水县西北四十里	山	宣公七年	
67	瓜衍之县	晋	竹添：今山西汾州府孝义县北十里有瓜城	邑	宣公十五年	
68	稷	晋	竹添：今山西绛州稷山县南五十里有稷神山,山下有稷亭	山	宣公十五年	
69	洛	晋	竹添：晋地有上洛,上洛在晋南,洛在其东	地	宣公十五年	
70	曲梁	晋	竹添：此曲梁近潞国,潞国即在潞县	邑	宣公十五年	
71	辅氏	晋	竹添：今陕西同州府朝邑县西北十三里有辅氏城	邑	宣公十五年	
72	断道	晋	竹添：——	地	宣公十七年	
73	卷楚	晋	竹添：即断道	地	宣公十七年	
74	野王	晋	竹添：今河南怀庆府治	邑	宣公十七年	
75	原	晋	竹添：今怀庆府济源县西北有原乡	邑	宣公十七年	原苏忿生之田
76	赤棘	晋	竹添：所在未详	地	成公元年	

续表

序号	地名	国	注疏中认定的地点	性质	在《左传》中出现的时间	备注
77	邢	晋	竹添：亦曰邢丘	邑	成公二年	
78	梁山	晋	杜预：在冯翊夏阳县北。竹添：《吕氏春秋》《尸子》《淮南子》皆以吕梁山即《禹贡》之梁山，公穀皆云，梁山崩，雍河三日不流，梁山之崩能雍河，则俯瞰河流可知，信为禹凿之余也	山	成公五年	
79	浍	晋	竹添：浍水在曲沃县南五里	水	成公六年	
80	新田	晋	竹添：在晋时之绛邑	邑	成公六年	
81	祁	晋	竹添：山西太原府祁县	邑	成公八年	
82	铜鞮	晋	竹添：今铜鞮故城在山西沁州南十里	邑	成公九年	
83	郫	晋	竹添：其为滨河之邑无疑	邑	成公十三年	
84	涑川	晋	竹添：今山西蒲州府城东北二十六里有涑水城，即秦所伐之涑川	地	成公十三年	
85	滑	晋	竹添：在河南府偃师县东二十里	邑	成公十七年	
86	虚	晋	竹添：河南府偃师县东南有虚城	邑	成公十七年	郑子驷侵晋虚、滑
87	瓠丘	晋	竹添：山西绛州垣曲县东南阳壶城是也	城	襄公元年	
88	长樗	晋	竹添：长樗盖近城之地，公及晋侯盟，盟不书地，在晋都也。此盟出城外	地	襄公三年	
89	霍人	晋	竹添：《地理志》太原郡之葰人县。葰人故城，《括地志》云在代州繁峙县	邑	襄公十年	
90	栎	晋	竹添：栎为河上之邑	邑	襄公十一年	
91	瓜州	晋	杜预：瓜州地在今敦煌。竹添：今甘肃省复设敦煌县，属安西州	地	襄公十四年	
92	向	晋	竹添：今济源县西南有向城	邑	襄公十四年	故周向邑
93	清	晋	竹添：一名清原，在山西绛州稷山县西北二十里	地	襄公十七年	
94	纯留	晋	竹添：今潞安府屯留县东南十里有纯留城	邑	襄公十八年	
95	梗阳	晋	竹添：今山西太原府清源县	邑	襄公十八年	

续表

序号	地名	国	注疏中认定的地点	性质	在《左传》中出现的时间	备注
96	长子	晋	竹添：山西潞安府长子县	邑	襄公十八年	周初为辛甲所封邑，后归晋
97	着雍	晋	竹添：着雍盖晋适齐宋河以内之地，当在直隶河间府境	邑	襄公十九年	
98	轩辕	晋	竹添：轩辕山今在河南府巩县西南七十里。其坂有十二曲，将去复还，故名。关在山上。	关	襄公二十一年	
99	孟门	晋	竹添：在卫辉府辉县。齐人入孟门，盖入白陉也	关	襄公二十三年	
100	朝歌	晋	竹添：河南卫辉府淇县东北	邑	襄公二十三年	原属卫
101	大行	晋	竹添：大行首始河内，北至幽州，连亘十三州之界。大行陉在怀庆府城北，亦名羊肠阪	山	襄公二十三年	
102	东阳	晋	竹添：东阳大抵为晋大行山以东之地	地	襄公二十三年	
103	少水	晋	竹添：少水即沁水，今山西泽州沁水县是也	地	襄公二十三年	
104	雍榆	晋	竹添：今在卫辉府浚县西南十八里	邑	襄公二十三年	
105	郫邵	晋	竹添：即郫也。今河南怀庆府济源县西一百里有郫亭，县西百二十里有邵原关	邑	襄公二十三年	
106	鄐	晋	竹添：近邢之地	邑	襄公二十六年	
107	苗	晋	竹添：在怀庆府济源县西苗亭	邑	襄公二十六年	
108	杨氏	晋	竹添：故杨国地，今平阳府洪洞县东南十八里有故杨城	邑	襄公二十九年	
109	任	晋	竹添：今任县属直隶顺德府，县东南有古仕城	邑	襄公三十年	
110	黄	晋	竹添：黄在汾州	旧国	昭公元年	古国，台骀后裔
111	蓐	晋	竹添：——	旧国	昭公元年	
112	沈	晋	竹添：——	旧国	昭公元年	
113	姒	晋	竹添：——	旧国	昭公元年	
114	唐	晋	竹添：——	旧国	昭公元年	

续表

序号	地名	国	注疏中认定的地点	性质	在《左传》中出现的时间	备注
115	洮	晋	竹添：亦涑水兼称。《水经·涑水注》涑水所出,俗谓之华谷,至闻喜县周阳邑,于洮水合。洮水源东出清野山,东径大岭下西流出,谓之唅口,又西合涑水	水	昭公元年	
116	温	晋	杜预：今河内温县也。竹添：温县今属怀庆府	邑	昭公元年	原属周
117	雍	晋	竹添：故雍国,地入于晋。今河南怀庆府修武县西有雍城	邑	昭公元年	
118	大原	晋	杜预：晋阳也。竹添：非地名	地	昭公元年	
119	大夏	晋	杜预：今(晋)晋阳县	地	昭公元年	
120	中都	晋	竹添：怀庆府河内县	邑	昭公二年	
121	虒祁	晋	竹添：晋平阳府曲沃县西四十九里	邑	昭公八年	
122	戏阳	晋	竹添：河南彰德府内黄县北	邑	昭公九年	
123	昔阳	晋	竹添：今正定府之晋州	邑	昭公二十二年	晋所取鼓国都
124	马首	晋	竹添：马首故城在寿阳县东南十五里,今属山西平定州,县东南十五里有马首村	邑	昭公二十八年	
125	平陵	晋	竹添：山西太原府文水县东北二十里	邑	昭公二十八年	
126	平阳	晋	竹添：山西平阳府治	邑	昭公二十八年	
127	涂水	晋	竹添：今涂水故城,在榆次县西南二十里	邑	昭公二十八年	
128	邬	晋	竹添：邬城故址在今山西汾州府介休县东北二十七里	邑	昭公二十八年	
129	盂	晋	竹添：盂本仇犹国,晋灭之以为盂县,战国赵为源仇县,汉置县,今属平定州	邑	昭公二十八年	
130	汝	晋	竹添：汝水在河南汝州鲁山县北,源出大盂山,东北流入伊阳县界	水	昭公二十九年	晋所取陆浑地
131	平中	晋	竹添：今直隶保定府唐县附近	地	定公三年	
132	夏虚	晋	竹添：今大原晋阳也	地	定公四年	
133	中牟	晋	竹添：约当在今直隶顺德府邢台邯郸之间	邑	定公九年	

续表

序号	地名	国	注疏中认定的地点	性质	在《左传》中出现的时间	备注
134	百泉	晋	竹添：河南卫辉府之辉县	地	定公十四年	旧属卫，后属晋
135	邯郸	晋	竹添：——	邑	哀公元年	
136	棘蒲	晋	竹添：今直隶赵州城中有棘蒲社	邑	哀公元年	
137	干侯	晋	竹添：斥丘古城在今直隶广平府成安县东南十三里，春秋时晋之干侯也	邑	哀公元年	
138	柏人	晋	竹添：直隶顺德府唐山县西十二里	邑	哀公四年	
139	壶口	晋	竹添：在今山西潞安府黎城县东北太行山口	邑	哀公四年	
140	临	晋	竹添：在直隶赵州临城县东	邑	哀公四年	
141	栾	晋	竹添：今直隶正定府栾城县，及赵州北境皆古栾邑	邑	哀公四年	
142	逆畤	晋	竹添：今曲逆故城在直隶保定府完县东南二十里	邑	哀公四年	
143	阴人	晋	竹添：地无考	邑	哀公四年	
144	仓野	晋	竹添：丹水在今商州城南一里，州南百四十里有仓野聚	邑	哀公四年	
145	上洛	晋	竹添：今陕西商州治也	邑	哀公四年	
146	菟和	晋	竹添：今陕西商州东有菟和山，通襄汉之道	山	哀公四年	
147	鄗	晋	竹添：在直隶赵州柏乡县北二十二里	邑	哀公四年	
148	英丘	晋	竹添：犁丘在今山东济南府临邑县，则英丘当亦相近之地	邑	哀公二十三年	
149	随	楚	竹添：今湖北德安府随州	旧国	桓公六年	
150	汉	楚	杜预：一名沔水。出武都沮县，至江夏入江。武都今陕西汉中宁羌州、江夏今湖北武昌府江夏县	水	桓公六年	
151	瑕	楚	竹添：随地	邑	桓公六年	京相璠曰："楚地。"道元云："瑕陂水又东南，径瑕城南，左传楚师还及瑕，即此城也。"

续表

序号	地名	国	注疏中认定的地点	性质	在《左传》中出现的时间	备注
152	沈鹿	楚	竹添：今湖北安陆府治钟祥县东六十里有鹿湖池	邑	桓公八年	
153	黄	楚	竹添：河南光州西十二里	旧国	桓公八年	
154	鄾	楚	杜预：在今邓县南沔水之北也	邑	桓公九年	
155	郧	楚	竹添：湖北安陆府京山县	旧国	桓公十一年	
156	郊郢	楚	竹添：今湖北安陆府治钟祥县郢州故城是其地	邑	桓公十一年	
157	鄢	楚	竹添：襄阳府宜城县南有宜城故城，即古鄢也	邑	桓公十三年	楚灭赖，迁赖于鄢
158	荒谷	楚	竹添：在今荆州府治江陵县西	地	桓公十三年	
159	冶父	楚	竹添：在江陵县东	地	桓公十三年	
160	那处	楚	竹添：安陆府荆门州东南有那口城	邑	庄公十八年	
161	涌	楚	竹添：乃夏水支流。今在监利县南	水	庄公十八年	
162	津	楚	竹添：荆州府枝江县西三里有津乡	邑	庄公十九年	
163	湫	楚	竹添：在襄阳府宜城县西南	邑	庄公十九年	
164	方城	楚	竹添：盖楚所指方城，据地甚远，其山居淮之南江汉之北，西踰桐柏，东越光黄，止是一山	山	僖公四年	
165	弦	楚	竹添：今湖北黄州府蕲水县西北四十里軑县故城，为弦国地	国	僖公五年	
166	武城	楚	竹添：今在河南南阳府治北	邑	僖公六年	
167	商密	楚	杜预：今南乡丹水县也。竹添：《水经注》丹水又径丹水县故城南，县有密阳乡，古商密之地	地	僖公二十五年	
168	析	楚	竹添：今河南南阳府淅川县及内乡县之西北境皆析地	地	僖公二十五年	
169	睽	楚	杜预：睽，楚邑	邑	僖公二十七年	
170	蒍	楚	杜预：蒍，楚邑也	邑	僖公二十七年	
171	申	楚	杜预：申在方城内	旧国	僖公二十八年	隐公元年传杜注：申在南阳宛县
172	六	楚	竹添：今安徽省六安州	旧国	文公五年	
173	阪高	楚	竹添：今湖北襄阳府西境	地	文公十六年	

续表

序号	地名	国	注疏中认定的地点	性质	在《左传》中出现的时间	备注
174	大林	楚	竹添：安陆府荆门州西北有长林城，疑即大林	邑	文公十六年	
175	阜山	楚	竹添：在湖北郧阳府房县南五十里	邑	文公十六年	
176	陉隰	楚	竹添：荆州府以东多山溪之险，因名	地	文公十六年	此句为"先君蚡冒所以服陉隰也"
177	句澨	楚	竹添：襄阳府均州西	地	文公十六年	
178	临品	楚	竹添：襄阳府均州界	邑	文公十六年	
179	庐	楚	竹添：——	旧国	文公十六年	
180	仞	楚	竹添：当在今均州界	邑	文公十六年	
181	石溪	楚	竹添：当在今均州界	邑	文公十六年	
182	阳丘	楚	竹添：——	邑	文公十六年	
183	訾枝	楚	竹添：在钟祥县境	邑	文公十六年	
184	叶	楚	竹添：河南南阳府叶县南三十里有古叶城	邑	宣公三年	
185	皋浒	楚	竹添：荆州府枝江县境	地	宣公四年	
186	轑阳	楚	竹添：湖北荆州府江陵县境		宣公四年	
187	梦	楚	竹添：云梦	泽	宣公四年	
188	漳澨	楚	竹添：漳水在今湖北安陆府当阳县北四十里，自襄阳府南漳县流入城，至县东南五十里，与沮合	水	宣公四年	
189	烝野	楚	竹添：——	地	宣公四年	
190	沂	楚	竹添：在今河南汝宁府正阳县境	邑	宣公十一年	
191	州来	楚	竹添：今安徽凤阳府寿州北三十里	旧国	成公七年	
192	钟离	楚	竹添：今安徽凤阳府凤阳县东四里有钟离城	旧国	成公十五年	
193	新石	楚	竹添：在今河南南阳府叶县境	邑	成公十五年	
194	驾	楚	竹添：在无为州境	邑	成公十七年	传曰：驾，良邑也。
196	厘	楚	竹添：在无为州境	邑	成公十七年	
196	虺	楚	竹添：在庐江县境	邑	成公十七年	

续表

序号	地名	国	注疏中认定的地点	性质	在《左传》中出现的时间	备注
197	焦夷	楚	竹添：——	邑	襄公元年	
198	棠	楚	竹添：今为江苏江宁府六合县	邑	襄公十四年	
199	汾	楚	竹添：汾丘城在今河南许州府襄城县东北	水	襄公十八年	子庚帅师治兵于汾
200	雩娄	楚	竹添：在安徽颍州府雩丘县西南。查无雩丘县，疑为雩娄县之误	邑	襄公二十六年	
201	棘	楚	竹添：河南归德府永城县南。疑有误	地	襄公二十六年	
202	胡	楚	竹添：今安徽颍州府阜阳县西北二里有胡城	国	襄公二十八年	旧国，入于楚
203	犨	楚	竹添：河南汝州鲁山县东南	邑	昭公元年	本郑邑，后入楚
204	郏	楚	竹添：河南汝州郏县	邑	昭公元年	本郑邑，后入楚
205	栎	楚	竹添：河南开封府禹州	邑	昭公元年	本郑邑，后入楚
206	麻	楚	竹添：今江苏徐州府砀山县有安阳城。疑有误	地	昭公四年	
207	夏汭	楚	杜预：汉水曲入江，今夏口也。竹添：夏汭当在今寿州	地	昭公四年	
208	繁扬	楚	竹添：在河南汝宁府新蔡县北	邑	昭公五年	
209	罗	楚	竹添：河南汝宁府罗山县旧有罗水，北入淮	水	昭公五年	
210	坻箕之山	楚	《元丰九域志》：巢县有坻箕山	山	昭公五年	
211	莱山	楚	竹添：莱山当在楚境东	山	昭公五年	
212	汝清	楚	竹添：楚界也	地	昭公五年	
213	琐	楚	竹添：今安徽颍州府霍丘县东	地	昭公五年	
214	繁扬	楚	竹添：在新蔡县	地	昭公五年	
215	干溪	楚	竹添：今安徽颍州府亳州东南七十里	邑	昭公六年	
216	大屈	楚	竹添：——	地	昭公七年	贾逵云：大屈宝金可以为剑。大屈，金所生地名。

续表

序号	地名	国	注疏中认定的地点	性质	在《左传》中出现的时间	备注
217	汝	楚	竹添：在楚北境	水	昭公七年	
218	濮	楚	竹添：濮水即沙水兼称。《水经·淮水注》夏肥水上承沙水，东南流径城父县故城南	水	昭公九年	楚人为舟师以伐濮
219	城父	楚	竹添：楚有两城父，一为夷城父，今安徽亳州东南七十里。又有北城父，今河南汝州郏县西四十里	邑	昭公九年、昭公十九年	
220	不羹	楚	竹添：不羹有二。今在河南许州襄城县东者，西不羹也。在南阳府舞阳县北者，东不羹也	邑	昭公十一年	
221	冈山	楚	竹添：荆州松滋县有九冈山	山	昭公十一年	
222	陈	楚	竹添：今为河南陈州府治	旧国	昭公十一年	楚附庸
223	蔡	楚	竹添：今河南汝宁府上蔡县西南十里有故蔡国城	旧国	昭公十一年	楚附庸
224	颍尾	楚	杜预：在下蔡西。竹添：笺曰颍尾在安徽凤阳府寿州西北四十里。颍水入淮处也。亦曰颍口	水	昭公十二年	
225	固城	楚	竹添：魏收《地形志》汝南临汝县有固城	邑	昭公十三年	
226	荆	楚	杜预：荆山。竹添：为楚旧名。	邑	昭公十三年	楚之灭蔡也，灵王迁许、胡、沈、道、房、申于荆焉。……平王即位，既封陈、蔡，而皆复之，礼也
227	息舟	楚	竹添：楚东境邑	邑	昭公十三年	
228	夏	楚	杜预：汉别名也。竹添：汉水始出嶓冢为漾，南流为沔，襄阳以下为夏	水	昭公十三年	
229	鱼陂	楚	竹添：湖北安陆府天门县西北	陂	昭公十三年	水经注·沔水下竟陵国"城旁有甘鱼陂，公子黑肱为令尹，次于鱼陂者也"

续表

序号	地名	国	注疏中认定的地点	性质	在《左传》中出现的时间	备注
230	訾	楚	竹添：河南汝宁府信阳州界	地	昭公十三年	
231	訾梁	楚	竹添：河南汝宁府信阳州界	梁	昭公十三年	
232	召陵	楚	杜预：颍川县	邑	昭公十四年	楚子使然丹简上国之兵于宗丘……使屈罢简东国之兵于召陵
233	宗丘	楚	竹添：湖北宜昌府归州境	邑	昭公十四年	
234	长岸	楚	竹添：今安徽太平府当涂县西南三十里有西梁山，与和州南七十里之东梁山，夹江相对，如门之阙，亦曰天门山	山	昭公十七年	
235	白羽	楚	竹添：白羽恐是析之一邑。析地近武关	邑	昭公十八年	
236	下阴	楚	竹添：湖北襄阳府光化县西汉水西岸有古阴县城	地	昭公十九年	楚工尹赤迁阴于下阴
237	蓬澨	楚	竹添：在今湖北安陆府京山县	地	昭公二十三年	
238	豫章	楚	竹添：豫章水即今章江也。从南安府之西南，东流折而北，经赣州府，与贡水合，又北经吉安临江二府南昌府城西北，又东入鄱阳湖	水	昭公二十四年	
239	卷	楚	竹添：今河南南阳府叶县西南有建城故城	邑	昭公二十五年	
240	丘皇	楚	竹添：今河南汝宁府信阳州境	邑	昭公二十五年	
241	州屈	楚	竹添：安徽凤阳府凤阳县	邑	昭公二十五年	
242	潜	楚	竹添：今安徽六安州霍山县东北三十里有潜城	邑	昭公二十七年	
243	穷	楚	竹添：今安徽颍州府霍丘县西南有安丰故城，县西有穷水	水	昭公二十七年	
244	沙汭	楚	竹添：《水经·渠水注》汴沙到浚仪而分，汴东注，沙南流，至义城县西南入于淮，谓之沙汭，楚东地也。义城故城在今安徽凤阳府怀远县东北	水	昭公二十七年	
245	养	楚	竹添：今河南陈州府沈丘县东有养城	旧国	昭公三十年	

续表

序号	地名	国	注疏中认定的地点	性质	在《左传》中出现的时间	备注
246	南冈	楚	竹添：——	——	昭公三十一年	
247	桐	楚	竹添：今安徽安庆府桐城县北有古桐城	旧国	定公二年	楚附庸
248	柏举	楚	竹添：黄州府麻城县	地	定公四年	
249	城口	楚	竹添：三隘在方城，故总称城口	隘	定公四年	
250	大别	楚	竹添：在今光州固始县与安徽霍邱接壤处	山	定公四年	
251	大隧	楚	竹添：即武阳关，又名澧山关。在应山东北一百三十里	关	定公四年	
252	雎	楚	竹添：雎水入江处在今湖北荆州府枝江县	水	定公四年	
253	冥阨	楚	竹添：即平靖关。应山县属湖北德安府随州，平靖关在应山北六十五里	关	定公四年	
254	清发	楚	竹添：德安府安陆县	地	定公四年	
255	息	楚	竹添：河南光州之息县	旧国	定公四年	
256	小别	楚	竹添：今汉川县	山	定公四年	
257	雍澨	楚	竹添：在安陆府京山县境	地	定公四年	
258	云	楚	竹添：云梦	泽	定公四年	
259	直辕	楚	竹添：即黄岘关，又名百雁关。在应山北	关	定公四年	
260	成臼	楚	竹添：《水经注》汉水又东径石城西，又东南与白水合。吴入郢，昭王奔随，济于成臼，谓是水也。石城即今安陆府治钟祥县。……白水在安陆府之东南	津	定公五年	
261	公壻之溪	楚	竹添：近江之地名	地	定公五年	
262	稷	楚	竹添：今河南南阳府桐柏县境	地	定公五年	
263	军祥	楚	竹添：当在随州西南	地	定公五年	
264	麇	楚	竹添：近雍澨之都城	邑	定公五年	
265	脾泄	楚	竹添：在今荆州府境	邑	定公五年	
266	丰	楚	竹添：今河南南阳府淅川县西南有丰乡城	邑	哀公四年	

续表

序号	地名	国	注疏中认定的地点	性质	在《左传》中出现的时间	备注
267	霍	楚	竹添：霍阳聚在汝州东南	邑	哀公四年	原属周，后入楚
268	梁	楚	竹添：在河南汝州西南四十五里	邑	哀公四年	原属周，后入楚
269	三户	楚	竹添：在今南阳府内乡县西南	邑	哀公四年	
270	缯关	楚	竹添：当在今南阳府裕州境	关	哀公四年	
271	少习	楚	杜预：商县武关也。竹添：武关在少习山，故亦名少习	关	哀公四年	
272	负函	楚	竹添：当在今河南汝宁府信阳州境	邑	哀公四年	
273	慎	楚	竹添：今安徽颖州府颖上县西北有慎城	邑	哀公十六年	

说明：鉴于历代注疏对某些地名存有争议，本表格旧注一律引用竹添光鸿在《左氏会笺》中之说法，竹添氏未提者，采用杜注。旧国入于晋、楚者，以首次作为晋、楚地名出现的年代为文献始见年代。

琉璃阁墓地春秋铜器群文化因素分析*

陈小三

(山西大学历史文化学院)

二十世纪三十年代清理的河南辉县琉璃阁墓地是东周考古的重大发现。由于战乱及政局变动的影响,直到今天,这些资料尚未完整公布。上世纪五十年代郭宝钧先生整理的《山彪镇与琉璃阁》(以下简称《琉璃阁》),以及河南省博物院与台北历史博物馆联合出版的《辉县琉璃阁甲乙二墓》(以下简称《甲乙墓》),①为我们的研究提供了重要资料。以往对于琉璃阁墓地的研究中,多集中在大墓年代和墓地性质两个方面,②对该墓地发现的青铜器的研究并不多。

随着考古工作的进展,各地区东周铜器墓的材料愈加丰富,为我们比较各地青铜器的特殊性提供了极大的便利。加之新世纪以来,展览增多,出版印刷水平大幅提高,对青铜器的研究促进也很大。在东周青铜器的分域研究上,除去古文字研究者利用带有明确国别的铭文进行的研究之外,考古及艺术史学者对青铜器的分域研究开展得很少。这一研究领域,并未像新石器到商周时期的考古学文化那样,详细地开展文化因素分析。这种现象说明,学界对东周时期青铜器的研究还不够深入,该领域还有很大的提升空间。

春秋中期是青铜器风格转变的重要时期,这一时期,除了延续了西周晚期以来的周文化因素之外,在各地的铜器上也出现了不少新的特征。本文以琉璃阁墓地发现的铜器出发,重点来分析该墓地发现的其他地区的文化因素。这些墓葬包括甲、乙墓,M55、M80,两对对子墓。这些墓葬发现的铜器中即具有来自郑国、海岱、楚文化区、江淮地区以及北方地区的文化因素。

---

* 本文为2016年度教育部人文社会科学一般项目"洛阳地区东周墓葬制度研究"(16YKJC780004)的阶段性成果。

① 郭宝钧:《山彪镇与琉璃阁》,科学出版社,1959年;河南博物院、台北历史博物馆:《辉县琉璃阁甲乙二墓》,大象出版社,2003年。

② 大墓的年代和墓地国属是密切联系的两个问题。郭宝钧先生认为,大墓的年代在战国时期,是魏国墓地(郭宝钧:《山彪镇与琉璃阁》,科学出版社,1959年;郭宝钧:《商周青铜器群综合研究》,文物出版社,1981年);李学勤先生认为,大墓的年代从春秋中期延续到了春秋晚期,属于卫国墓葬(李学勤:《东周与秦代文明》,上海人民出版社,2007年,第56—58页);也有学者认为是晋国范氏的墓葬(俞伟超:《周代用鼎制度研究》,《先秦两汉考古学论集》,文物出版社,1985年;宋玲平:《再议辉县琉璃阁春秋大墓的国别》,《故宫博物院院刊》2003年第4期;刘绪:《晋乎?卫乎?——琉璃阁大墓的国属》,《中原文物》2008年第3期)。上述文章中,以晚出的刘绪先生的文章最为翔实,该文从大墓年代、等级和历史地理等因素综合分析,认为琉璃阁大墓的年代集中在春秋晚期,应是晋卿范氏的墓葬。

一、郑国的文化因素

琉璃阁墓地 M80 中有 7 件一组的无盖鼎,其中两件鼎有纹饰拓片发表。与这两鼎纹饰最为接近的铜器,是新郑郑公大墓 5 件一组的铜鼎①及郑国祭祀遗址 K2、K3、K15 中发现的鼎。② 这些铜鼎极为相似,我们以郑国祭祀遗址中的铜鼎为例来讨论。

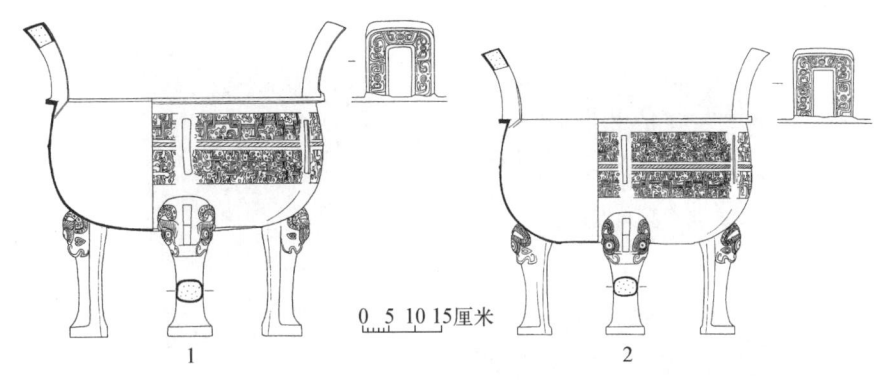

图一 新郑祭祀遗址发现的铜鼎
1. A 型 K15∶8 2. B 型 K15∶9

新郑郑国祭祀遗址中,K2、K3、K15 中各出土 9 件形制相似的铜鼎。以 K15 为例,该坑中发现的 9 件鼎,最大的通高 54.9 厘米,最小的通高 47 厘米,各鼎器壁极薄,仅厚 0.1—0.5 厘米。报告中根据铜鼎腹部纹饰的差别,将这 9 件鼎分为两类,一类是腹部上层为两层蟠螭纹,下腹为三层蟠螭纹(图一,1);另一类是上腹三层蟠螭纹,下腹为两层蟠螭纹(图一,2)。③ 这种纹饰上的差别,是由于模印纹饰时,没有严格规定上、下腹的纹饰范出现的。它们的形制、纹饰如此接近,而且两类鼎上下纹饰有颠倒的情形,充分说明这些铜鼎应是同一批次的产品。

琉璃阁 M80 中这 7 件一组的鼎,发表有两件鼎的耳部纹饰拓片(图二,1、3),从

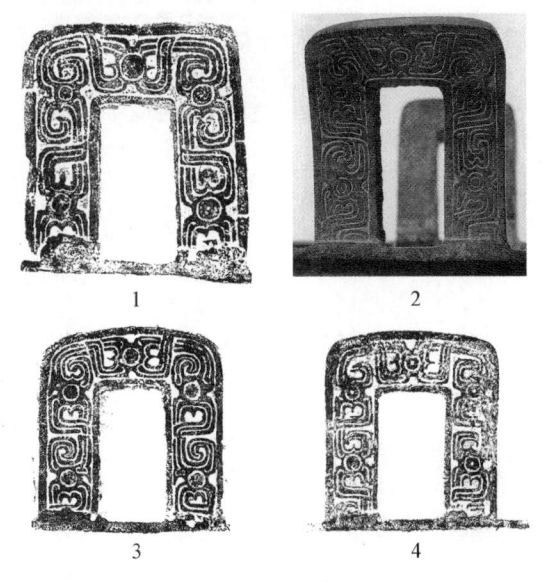

图二 鼎耳纹饰比较
1、3. 琉璃阁墓地(M80∶21、器号不详) 2. 郑国祭祀遗址(K15∶3) 4. 新郑郑公大墓

---

① 河南博物院、台北历史博物馆:《新郑郑公大墓青铜器》,大象出版社,2001 年,第 71—77 页。
② 河南省文物考古研究所:《新郑郑国祭祀遗址》,大象出版社,2006 年。
③ 河南省文物考古研究所:《新郑郑国祭祀遗址》,大象出版社,2006 年。

拓片可以看出,这种耳部纹饰明显与西周中期偏晚到春秋早期流行的窃曲纹有联系,只是单体的窃曲纹互相勾连在一起了。这种纹饰与郑国祭祀遗址中发现的鼎耳纹饰(图二,2)及新郑郑公大墓中鼎耳的纹饰(图二,4)几乎完全一致。

琉璃阁 M80 这 7 件列鼎,还有两件鼎的腹部纹饰拓片发表,其中一件仅有上腹的拓片(图三,1),另一件有腹部较为完整的纹饰拓片(图三,2)。这件鼎(图三,2)的上腹纹饰,明显与 M80：21 鼎(图三,1)上腹纹饰靠下的部分相同。我们仍以郑国祭祀遗址 K15：3 鼎(图三,3)来比较。

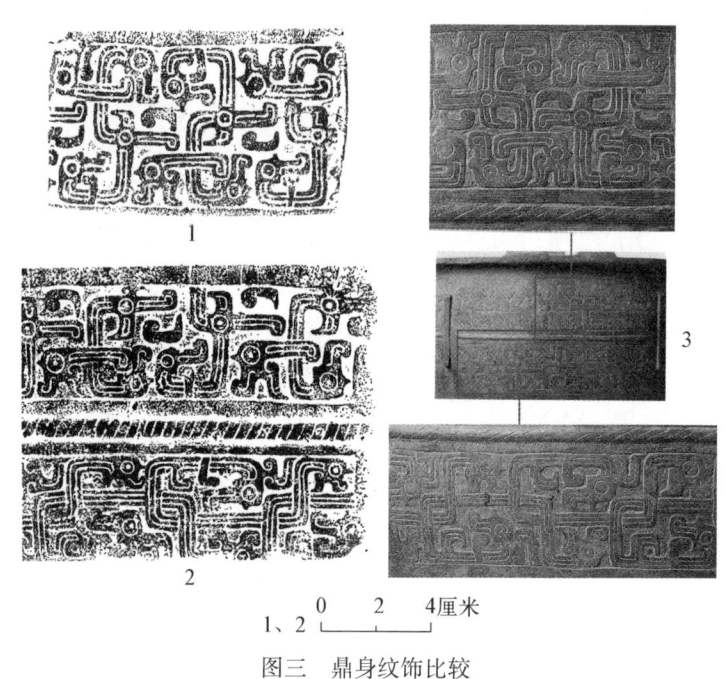

图三　鼎身纹饰比较
1、2. 琉璃阁墓地(M80：21、器号不详)　3. 郑国祭祀遗址(K15：3)

我们将郑国祭祀遗址 K15：3 鼎腹部纹饰的局部放大后(图三,3),可以明显看出,琉璃阁鼎的下腹纹饰与 K15：3 鼎的下腹纹饰全部相同;而琉璃阁这两件鼎上腹的纹饰与 K15：3 鼎上腹纹饰的构图完全相同,只是相同图样的位置恰好相反,如果将其中一个上下颠倒放置,两者就完全相同了。这种现象反映出,大量使用模块范时,合范更注重的是确保纹饰带的连贯性,至于纹饰的方向,并不是十分重视。

《新郑彝器》中,也公布有这种鼎的腹部纹饰拓片,与上述琉璃阁墓地及郑国祭祀遗址中铜鼎的纹饰极为一致,只是上腹和下腹的纹饰位置不同。①

新郑郑公大墓及郑国祭祀遗址均与郑国有关,两处遗址均是这类铜鼎最为集中的出土地点,而此类铜鼎在其他地方极少见,即便是在洛阳地区的东周铜器墓中,也未发现这

---

① 孙海波:《新郑彝器》,转引自《金文文献集成》21,线装书局,2005 年,第 553 页。

种类型的铜鼎,鉴于在新郑还发现有春秋时期的铸铜作坊,①综合目前春秋时期的各批铜器资料,这种类型的铜鼎应是一段时间内郑国铸铜作坊的产品。

到春秋晚期阶段,铜器群形成了以楚、晋为代表的两大最为流行的风格。在这种格局形成之前,列国铜器可能也有自身的一些特点,只是随着政治局势的变化,大国争霸及兼并战争兴起,像郑国这样处在晋、楚之间的这些国家无力在铜器生产上投入过多的力量,风格终被晋、楚同化或取代。

二、海岱地区的文化因素

琉璃阁甲墓中出土一对嵌红铜的扁壶(《甲乙墓》第95—97页)。这对扁壶束颈,溜肩,鼓腹,平底,上有椭圆形平盖,盖面正中立一环状捉手。颈部及下腹各有一对对应的环钮,此外,在下腹相应的一侧还有一个环耳。颈部饰卷云纹和象纹各一周,颈部有嵌红铜的菱格纹,腹部有三道嵌红铜的夔纹,第二、三道夔纹之下也有菱格纹,通高50余厘米(图四)。

从这对壶的形态来看,中原地区极为少见,在洛阳体育场东路M8832②中也发现有这种铜壶(图五,7)。但在海岱地区这种铜壶为数不少。如曲阜鲁故城M48③(图五,1),日照崮河崖(图五,2),莱阳前河④

图四 琉璃阁墓甲出土的嵌红铜扁壶

(图五,3),滕州薛故城M1⑤(图五,5、6),招远东曲城⑥(图五,4),莒县天井汪⑦(图五,8)等地均有发现。因此,这种铜壶可以认为是具有山东地区特色的一类铜器。河南地区见到的这类铜壶,大概是受到山东地区的影响出现的。

以往对嵌红铜工艺的认识不足,近年山东枣庄徐楼村发现的东周墓中出土了一批镶嵌红铜的铜器,一些器物上镶嵌的红铜脱落,如M1中出土的盘和匜,M2出土的铜盘,器身的镶嵌物脱落之后出现孔洞。这些现象反映出,这种新的装饰技术并未完全

---

① 河南省文物考古研究所:《新郑郑国祭祀遗址》,大象出版社,2006年。
② 洛阳市文物工作队:《洛阳体育场路西东周墓发掘报告》,文物出版社,2011年。
③ 山东省文物考古研究所等:《曲阜鲁国故城》,齐鲁书社,1982年,图版81。
④ 李步青:《山东莱阳县出土己国铜器》,《文物》1983年第12期。图片采自中国青铜器全集编辑委员会:《中国青铜器全集》第6卷,文物出版社,1997年,87号。
⑤ 山东省济宁市文物管理局:《薛国故城勘察和墓葬发掘报告》,《考古学报》1991年第4期。
⑥ 李步青、林仙庭、杨文玉:《山东招远出土西周青铜器》,《考古》1994年第4期。该报道中,其中的2件鼎及1件高足簋年代应是西周时期,而同时报道的甗、盆、壶、盘则是春秋时期铜器。
⑦ 鲁文生主编:《山东省博物馆藏珍·青铜器卷》,山东文化音像出版社,2004年,36号。

图五 铜壶

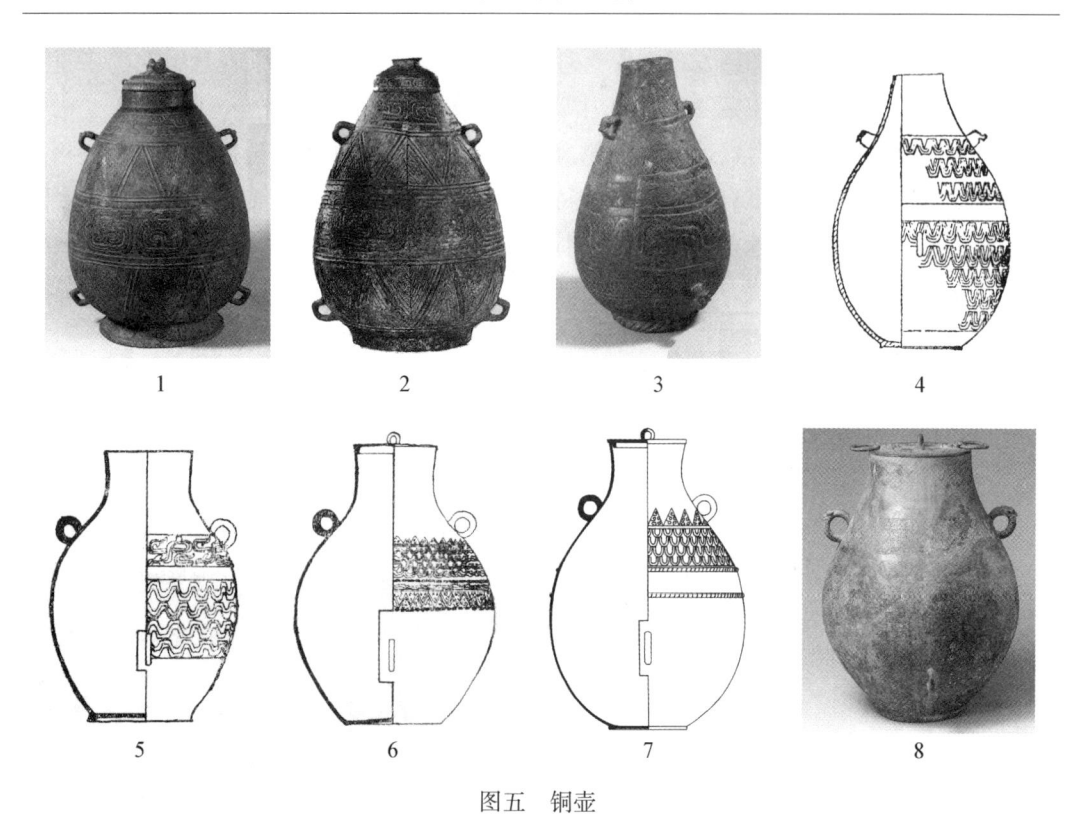

1. 曲阜鲁故城 M48 2. 日照崮河崖 3. 莱阳前河 4. 招远东曲城 5、6. 滕州薛故城 M1 7. 洛阳体育场东路 M8832 8. 莒县天井汪

成熟。① 这批材料对认识这种工艺的产生和发展有重要意义。枣庄徐楼东周墓中出土了和宋公固相关的铜器,根据文献记载,宋公固在位的时间为公元前588年—公元前576年,时间正值春秋中期末叶,这两座墓葬可以作为春秋中期末叶到春秋晚期初铜器群的典型材料。

琉璃阁甲墓中出土的这对壶,在形态上与山东地区发现的铜壶接近,而且镶嵌红铜的做法,目前是山东地区见到的最早。或许这种镶嵌红铜技术的起源,和山东地区有很大联系。琉璃阁墓甲中的这对壶,在造型、工艺上可能都和山东地区相关。

在琉璃阁甲墓中,还发现有一件通体素面的管流瓠壶,通高35.5厘米(图六,1)。这种管流的素面瓠壶,则在山东地区多见。在山东莒县于家沟曾发现有带有"莒太叔"铭文的这种壶②(图六,3),说明该器属于莒国器物,近年,在沂水纪王崮春秋大墓中也有发现这种壶③(图六,2)。这种铜壶,也应该是来自鲁东南地区比较有特色的器物。从出现年代来看,这种瓠壶,也很可能是太原金胜村 M251 中发现的壶口设计为鸟首的瓠壶④的祖型。

---

① 枣庄市博物馆等:《山东枣庄徐楼东周墓发掘简报》,《文物》2014年第1期;枣庄市博物馆等:《枣庄市峄城徐楼东周墓发掘报告》,《海岱考古》7,科学出版社,2014年。
② 苏兆庆编著:《莒县文物志》,齐鲁书社,1993年,第205页。图片采自中国青铜器全集编辑委员会:《中国青铜器全集》第9卷,文物出版社,1997年,76号。
③ 山东省文物考古研究所等:《山东沂水县纪王崮春秋墓》,《考古》2013年第7期。
④ 山西省考古研究所等:《太原晋国赵卿墓》,文物出版社,1996年,图版39。

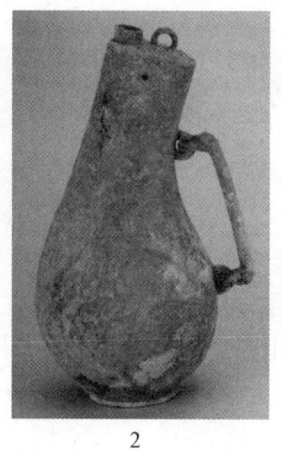

图六 瓠壶
1. 琉璃阁墓甲 2. 沂水纪王崮 3. 莒县于家沟

琉璃阁乙墓中出土的双环耳铜盘,圈足上饰两层绹索纹,通高 11.7 厘米(图七,4)。中原地区流行的铜盘是附耳铜盘,这种环耳矮圈足铜盘是山东地区东周青铜器中的一大特色。山东地区的烟台招远、[①]长清仙人台 M5[②](图七,2)、沂水纪王崮、[③]新泰周家庄[④](图七,5、6)等地均有发现。此外,传世的齐侯盘[⑤](图七,3)、夆叔盘[⑥](图七,1)这些与山东古国相关的铜盘均是这种形制。这种类型的铜盘在山西上马村 M5[⑦]中也有发现,冯峰先生已经指出这是来自山东地区的文化因素。[⑧] 此外,在湖北江陵也发现有这种铜盘,[⑨]也应与海岱地区有关。

在琉璃阁 M80 中出土一件虖怡丘君戈[⑩](图八,1),虖怡丘与山东滕州有关。[⑪] 同出一件瓠壶[⑫](图八,2),其形态及其纹饰风格与山东郯城大埠[⑬](图八,3)、莒县天井汪[⑭](图八,4)发现的瓠壶均非常接近。

---

① 李步青、林仙庭、杨文玉:《山东招远出土西周青铜器》,《考古》1994 年第 4 期。
② 山东大学历史文化学院考古系:《长清仙人台 5 号墓发掘简报》,《文物》1998 年第 9 期,图 4—8。
③ 山东省文物考古研究所等:《山东沂水县纪王崮春秋墓》,《考古》2013 年第 7 期,图 25—1。
④ 山东省文物考古研究所、新泰市博物馆:《新泰周家庄东周墓地》,文物出版社,2014 年。
⑤ 孙志新:《端方、摩根、福开森:西周青铜禁入藏大都会博物馆的一段传奇》,《周野鹿鸣》,上海书画出版社,2014 年。
⑥ 旅顺博物馆编:《旅顺博物馆馆藏文物选粹·青铜器卷》,文物出版社,2008 年,图 81。
⑦ 山西省文物管理委员会侯马工作站:《山西侯马上马村东周墓葬》,《考古》1963 年第 5 期,图版 3—6。
⑧ 冯峰:《鲍子鼎与鲍子镈》,《中国国家博物馆馆刊》2014 年第 7 期。
⑨ 荆州地区博物馆:《江陵岳山大队出土一批春秋铜器》,《文物》1982 年第 10 期,图版 5—5。
⑩ 郭宝钧:《山彪镇与琉璃阁》,科学出版社,1959 年,图版 63—1。
⑪ 李鲁滕:《"虖台(丘)"略考》,《古代文明》(第 6 卷),文物出版社,2007 年。
⑫ 纹饰拓片取自郭宝钧:《山彪镇与琉璃阁》,科学出版社,1959 年,图版 63—4;器物图片采自杜正胜主编:《来自碧落与黄泉:中研院历史语言研究所文物精选录》,中研院历史语言研究所,1998 年,图版 57。
⑬ 山东省文物考古研究所等:《郯城县大埠二村遗址发掘报告》,《海岱考古》第四辑,科学出版社,2011 年,彩版三。
⑭ 齐文涛:《概述近年来山东出土的商周青铜器》,《文物》1972 年第 5 期,第 11 页;本文所用图片取自鲁文生主编:《山东省博物馆藏珍》,山东文化音像出版社,2004 年,第 43 页。

图七　铜盘

1. 夆叔盘　2. 长清仙人台（M5∶46）　3. 齐侯盘　4. 琉璃阁墓乙　5、6. 新泰周家庄（M3∶35、M2∶41）

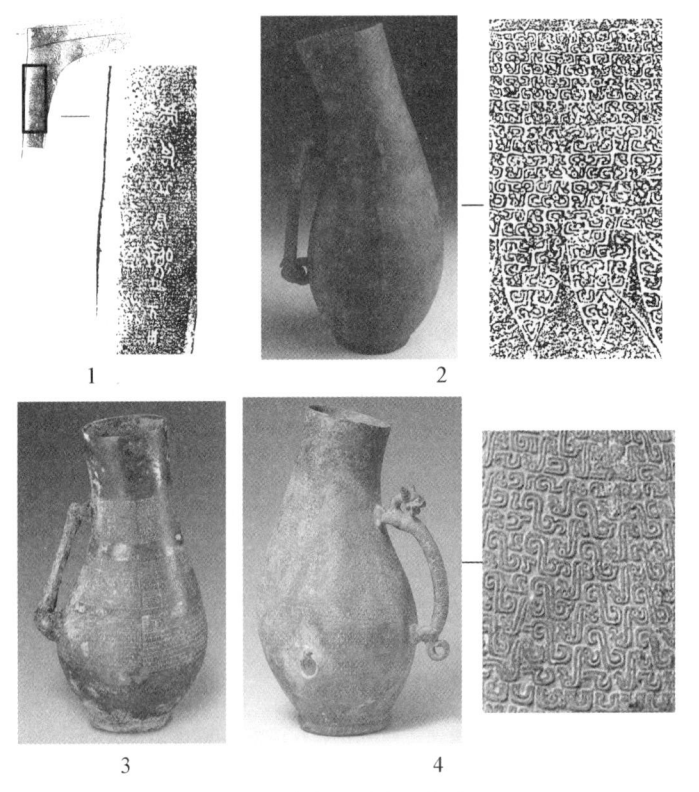

图八　虡佁丘君戈及瓠壶

1. 琉璃阁 M80 虡佁丘君戈　2. 琉璃阁 M80 瓠壶　3. 郯城大埠瓠壶（M1∶13）　4. 莒县天井汪瓠壶

冯峰先生认为,上马M5、琉璃阁M80中这些因素,可能都是受到了山东地区的影响,①这些意见是正确的。可以补充的是,上文已经说明上马M5中的铜盘也具有山东地区风格,该墓中发现的铜匜,从整体形制,尤其是足部形态来看,与齐侯匜、夆叔匜一致,也可能是来自山东地区的文化因素。

还可以补充的是,春秋中期以后,中原地区铜器上的纹饰一般极为规整,相对而言,琉璃阁M80出土瓠壶的纹饰虽说总体规整,但细部比较散乱。同一行的纹饰,有少许的歪扭现象。类似的现象在山东地区比较普遍,以铜器拓片质量较高的沂水刘家店子大墓为例,该墓中,M1:25簋以及M1:33壶的纹饰都有这种特征。② 这反映出纹饰范的制作和组合,相对随意一些。上述郯城大埠壶以及莒县天井汪铜壶的纹饰(图八,3、4)也有这种特征。

三、楚系青铜器相关的文化因素

在琉璃阁墓甲中,发现一件凤首纹直内戈(图九,1)。这件戈的内部,有双阴线勾勒的鸟首纹和变形夔纹。这种内部饰双阴线勾勒的鸟首纹的铜戈是楚式铜戈中的典型器类,而且受楚文化影响的蔡、曾等国中也可见这种类型的铜戈。③ 与琉璃阁甲墓这件戈最为接近的器物,是发现于当阳赵家湖的戈(M43:5),这件戈的铭文为"番中之白皇之造戈",同墓地铜戈(M45:1)也是这种类型,铭文为"许之造戈"④(图九,2、3)。

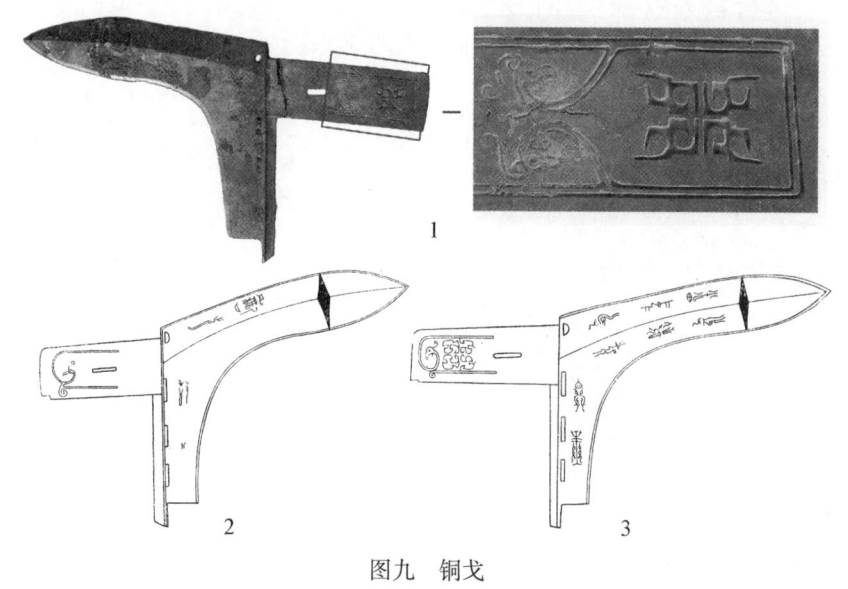

图九 铜戈
1. 琉璃阁墓甲 2、3. 当阳赵家湖(M45:1、M43:5)

---

① 冯峰:《鲍子鼎与鲍子镈》,《中国国家博物馆馆刊》2014年第7期。
② 山东省文物考古研究所等:《山东沂水刘家店子春秋墓发掘简报》,《文物》1984年第9期。
③ 参看井中伟:《早期中国青铜戈·戟研究》,科学出版社,2011年,第三章第一节。
④ 湖北省宜昌地区博物馆、北京大学考古系:《当阳赵家湖楚墓》,文物出版社,1992年,第131页。

琉璃阁乙墓中发现两件蟠虺纹簠，①编号分别为59、60（图十），这两件铜簠分别为中原式簠和楚式簠。它们之间的差异，可以作为中原式铜簠和楚式铜簠的参考。中原式铜簠与楚式铜簠的差异主要表现在三个方面：一是在捉手及圈足的切口上。中原式铜簠的切口并未加工，均为直口；楚式簠的切口边缘均有加厚处理。二是簠身环钮的安置位置有差异。中原式簠器身环钮的一端通常与直立的器壁相接，穿孔较大；楚式簠的环钮则是完全安置在铜簠的斜壁上，穿孔较小，显得笨重。② 三是扣合方式有别，中原式簠通过加宽直壁的平沿，使上下两部分可以密切扣合，而且上下两部分基本全同；楚式簠直壁下没有宽平沿，而是在铜簠的盖子上安置兽头状卡口，同样扣合之后也非常严密，且不易移动（图十，a、b、c所示）。

琉璃阁M80、M55中各发现有4件簠，这些簠的纹饰均为细密的蟠螭纹，虽然仅有拓片发表，但从拓片来看，两墓公布的3件铜簠器盖上的切口均为椭圆形，且长边上均连个兽头为卡钮，这些风格显然与以上分析的"楚式簠"的风格接近，而与中原风格的铜簠不同（图十一）。

图十　中原式簠与楚式簠比较
琉璃阁乙墓59（上）、60号簠（下）

图十一　琉璃阁墓地中的楚式簠
1. M80（总1923）　2. M55（总1334）

在琉璃阁甲墓中发现了一件锁形器（图十二，5），同样类型的铜器，还见于淅川下寺春秋楚墓M8、M36、M2（图十二，1—4），③枣庄徐楼M2、④莒南大店、⑤襄阳沈岗春秋墓、⑥

---

① 关于簠的定名，参看朱凤瀚：《中国青铜器综论》（上），上海古籍出版社，2009年，第138—140页。
② 此点蒙冯峰先生提示。最近路国权先生也有相似的看法。参看路国权：《周楚二系：试论东周时期铜簠的分类和谱系》，《四川文物》2016年第4期。
③ 河南省文物考古研究所等：《淅川下寺春秋楚墓》，文物出版社，1991年，图版8—6、图版18—4、图版68。
④ 枣庄市博物馆、枣庄市文物管理委员会办公室、枣庄市峄城区文广新局：《山东枣庄徐楼东周墓发掘简报》，《文物》2014年第1期，图61。
⑤ 山东省博物馆等：《莒南大店春秋时期莒国殉人墓》，《考古学报》1978年第3期，图版6—3。
⑥ 襄阳市文物考古研究所：《湖北襄阳沈岗墓地M1022发掘简报》，《文物》2013年第7期。

南阳春秋彭射墓、①当阳曹家岗 5 号墓、②1987 江苏谏壁青龙山、③寿县蔡侯墓④等墓葬。此外器形相似，但风格繁缛的锁形器在平顶山 M301、⑤叶县旧县 M4⑥等墓葬中也有发现。除了谏壁王家山大墓和莒南大店外，像寿县蔡侯墓、叶县 M4 都可以看作广义的楚系墓葬。因此，从发现数量及分布地域来看，琉璃阁墓甲中发现的这件锁形器，也可以看作是楚系青铜器。

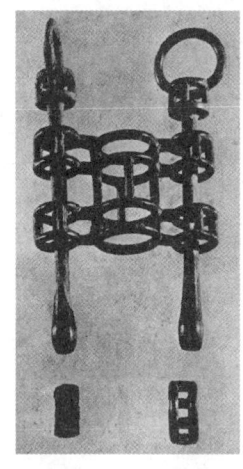

图十二　锁形器
1—4. 淅川下寺（M8∶43，M36∶20，M2∶184、185）　5. 琉璃阁墓甲　6. 寿县蔡侯墓

四、与皖南地区相关的文化因素

琉璃阁乙墓中发现一件铜甗（图十三，1），这件铜甗甑部中央有一道凸弦纹，上部有绚索状环耳；鬲部裆很高，肩部有两个直立的方形耳。这种铜甗的形制与中原地区西周晚期流传下来的方甗及圆甗均不相同；而与此相近的甗在皖南地区非常多见，如铜陵谢垅、

---

① 南阳市文物考古研究所：《河南南阳春秋楚彭射墓发掘简报》，《文物》2011 年第 3 期，图 36。
② 湖北宜昌地区博物馆：《当阳曹家岗 5 号楚墓》，《考古学报》1988 年第 4 期，图版 19—4。
③ 杨正宏、肖梦龙主编：《镇江出土吴国青铜器》，文物出版社，2008 年，第 113 页，100 号。
④ 安徽省文物管理委员会等：《寿县蔡侯墓出土遗物》，科学出版社，1956 年，图版 27—2、102。
⑤ 河南省文物考古研究所：《河南平顶山春秋晚期 M301 发掘简报》，《文物》2012 年第 4 期，图 19、20。
⑥ 平顶山市文物管理局：《河南叶县旧县四号春秋墓发掘简报》，《文物》2007 年第 9 期。

西湖轮窑厂、扫把沟、杨家山等地均有发现(图十三,2—5)。①

同样类型的甗,在南阳李八庙春秋墓中也有发现(图十三,6)。② 该墓中发现的铜鼎铭文显示,墓主可能和番国相关。此前,带有番国铭文的铜器,还发现于信阳、③潢川④等地,说明番国应是淮河流域的一个小封国,可能这种类型的铜甗在淮河流域也有分布,从目前的发现来看,数量远没有皖南地区多。

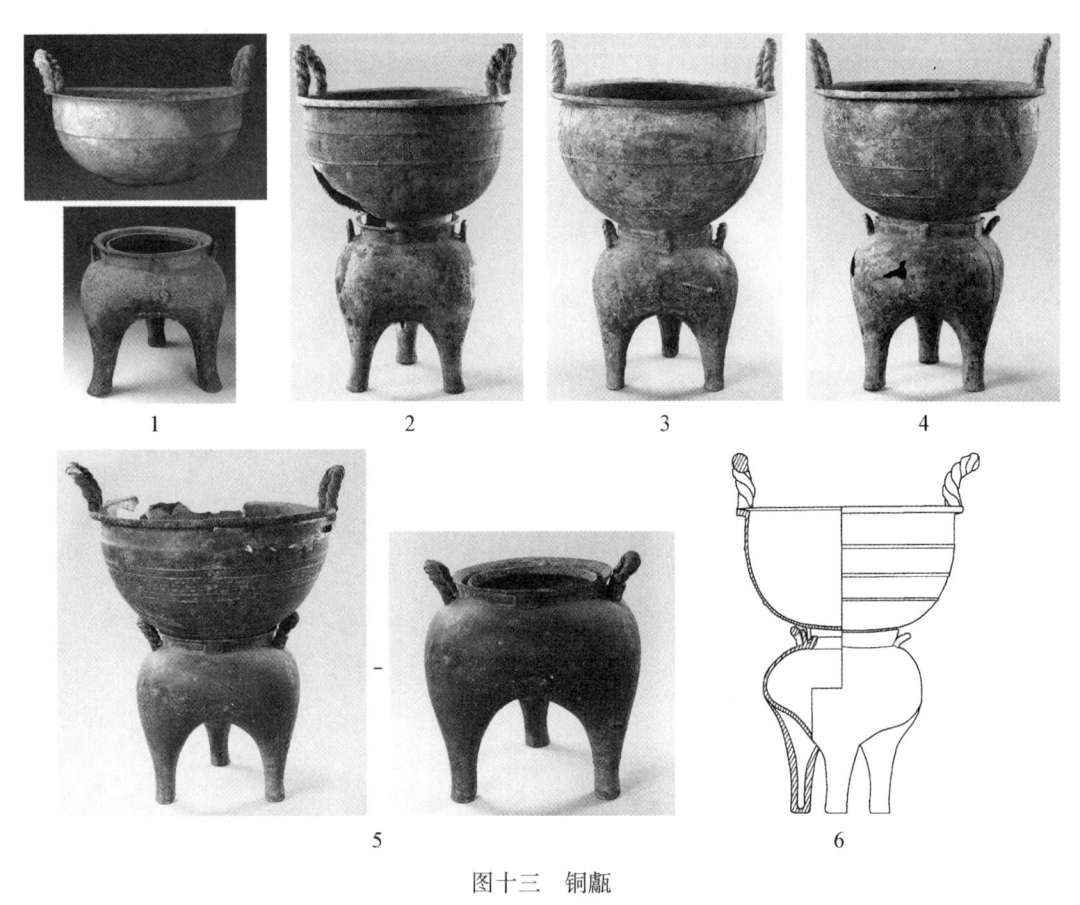

图十三　铜甗

1. 琉璃阁墓乙　2—5. 皖南铜陵(扫把沟、西湖轮窑厂、谢垅、杨家山)　6. 南阳李八庙 M1∶7

这类甗的典型特征是绚索状耳、高裆,中空柱状足。而中原地区,铜甗一般为实足跟。此外,这类甗,鬲部口沿设计也很精巧,是外高内底的双轨口,甑部与鬲部的组装方式比较特别。而中原地区的分体甗,在鬲部口沿内侧伸出横舌,来拖住甑部。

因此,琉璃阁乙墓中发现的这件甗,可能是来自皖南地区或淮河流域的文化因素。

---

① 安徽大学、安徽省文物考古研究所:《皖南商周青铜器》,文物出版社,2006 年,第 112—117 页。
② 南阳市文物考古研究所:《河南南阳李八庙春秋楚墓清理简报》,《文物》2012 年第 4 期,图四—3。
③ 信阳地区文管会:《河南信阳发现两批春秋铜器》,《文物》1980 年第 1 期。
④ 郑杰祥、张亚夫:《河南潢川县发现一批青铜器》,《文物》1979 年第 9 期。

五、与北方长城地带①相关的文化因素

学者利用花格剑、虎形牌饰及一类椭方口铜鍑的分布,论证文献记载的白狄曾从西向东迁徙。② 在琉璃阁墓甲中,4件一组的附耳豆和花格剑,均和北方长城地带相关。

琉璃阁墓甲中4件一组的附耳豆,个体在40厘米以上,它们兼具北方地区铜鍑和中原地区盖豆的特征(图十四,4),这一点学者多有指出。③

图十四④　琉璃阁墓甲铜豆及比较器物

1. 甘肃礼县出土　2. 闻喜上郭村　3. 原平塔岗梁　4. 琉璃阁墓甲　5、6. 太原赵卿墓　7、8. 浑源李峪村

中原地区的盖豆,一部分器身有一对环耳,一部分器身无耳(参看图十四,5—8),但琉璃阁甲墓中的这4件盖豆,器身有附耳,与中原地区铜鼎的鼎耳非常接近,也和北方地区所见的铜鍑耳部相似。但这四件豆的喇叭形圈足很小,与器身不是十分协调。附耳、小喇叭形圈足,器身容积大,这些特征与北方地区所见的鍑特征相近;带喇叭形捉手的器盖以及器身的纹饰,又显示出它明显的中原化特征。在北方地区,目前所见年代最早的铜

---

① 关于北方长城地带的地域界定,参看林沄:《中国北方长城地带游牧文化带的形成过程》,《林沄学术文集》(二),科学出版社,2008年,第39页。
② 林沄:《从张家口白庙墓地出土的尖首刀谈起》,《林沄学术文集》(二),科学出版社,2008年;杨建华:《中国北方东周时期两种文化遗存辨析——兼论戎狄与胡的关系》,《考古学报》2009年第2期。
③ 林巳奈夫:《春秋战国时代青铜器的研究——殷周青铜器综览三》,吉川弘文馆,1984年;郭物:《青铜鍑在欧亚大陆的初传》,《欧亚学刊》第1辑,中华书局,1999年。
④ 图十四所用图片"4号琉璃阁墓甲豆"采自《甲乙墓》;1号礼县秦式鍑采自李永平:《甘肃省博物馆系统所藏青铜器选介》,《文物》2000年第12期。其余图片均采自中国青铜器全集编辑委员会编:《中国青铜器全集》第8卷(东周2),文物出版社,1992年,图十四2、3、5—8号,分别是该书32、198、37、38、40、39号器物。

镦，出自陕西韩城梁带村M26，只是个体极小，仅高6.6厘米。①个体较大，年代较早的铜镦大概是出自甘肃礼县的春秋早、中之际的秦式镦（图十四，1），流散的秦式镦数量也不少。② 春秋中晚之际在山西闻喜上郭村也发现有素面的铜镦（图十四，2），春秋晚期到战国早期，在陕北、晋北及冀北地区均见到有椭方口附耳铜镦，③其中晋北原平塔岗梁（图十四，3）、④浑源李峪村⑤出土的铜镦，带有典型的晋系青铜器纹饰。此外，在怀来北辛堡、⑥新乐中同⑦等地还见有圆形附耳铜镦。相比较而言，琉璃阁墓甲中这4件器物，在造型及纹饰上更近一步中原化了。4件铜豆中有3件的圈足上有竖向的菱形孔，可能是为镶嵌红铜预留的。

琉璃阁墓甲中发现的金柄铜剑，剑格为兽面，柄部饰螺旋纹，剑首为椭圆形，饰蟠螭纹（图十五，1、2）。这种类型的剑在甘肃、陕西、河北、山西都有发现，据井中伟、李连娣的研究，这种剑的祖型为甘肃灵台景家庄M1和礼县圆顶山98M3中发现的花格剑。⑧ 琉璃阁墓地的这种铜剑，大概也和北方长城地带有联系。

1　2
图十五　琉璃阁墓甲中发现的花格剑

六、结　语

琉璃阁墓地四座春秋铜器墓，铜器群中除了主体因素是继承了春秋早期的周文化之外，还有不少来自其他地域的文化因素。其中M80中7件一组的无盖鼎，应是来自郑国；琉璃阁甲墓中的两件嵌红铜的铜壶、素面的瓠壶，琉璃阁M80中的虘伯丘君戈、带纹饰的瓠壶，这些铜器与海岱地区有密切的联系；琉璃阁墓甲中发现的凤首纹直内戈、锁形器，琉璃阁乙墓中60号蟠虺纹簠，琉璃阁M80、M55中各发现的4件簠，这些均是受楚文化影响而出现的器物；琉璃阁墓乙中的一件瓿，可能与淮河流域或

---

① 陕西省考古研究院、上海博物馆：《金玉华年——陕西韩城出土周代芮国文物珍品》，上海书画出版社，2012年，103号，第212—213页。
② 参看李朝远：《新见秦式青铜镦的研究》，《青铜器学步集》，文物出版社，2007年。
③ 参看林沄：《中国北方长城地带游牧文化带的形成过程》，《林沄学术文集》（二），科学出版社，2008年，第57页，图三。
④ 山西忻州地区文物管理处：《原平县刘庄塔岗梁东周墓》，《文物》1986年第11期；忻州地区文物管理处等：《山西原平刘庄塔岗梁东周墓第二次清理简报》，《文物季刊》1998年第1期。
⑤ 山西省考古研究所：《山西浑源县李峪村东周墓》，《考古》1983年第8期。
⑥ 敖承隆、李晓东：《河北省怀来县北辛堡出土的燕国铜器》，《文物》1964年第7期；河北省文化局文物工作队：《河北怀来北辛堡战国墓》，《考古》1966年第5期。
⑦ 河北省文物研究所：《河北新乐中同村发现战国墓》，《文物》1985年第6期。
⑧ 参看井中伟、李连娣：《中国北方系青铜"花格"剑研究》，《边疆考古研究》第13辑，科学出版社，2013年，C型花格剑。

皖南地区相关；琉璃阁墓甲中发现的附耳豆，尽管纹饰为中原地区的纹饰，但这类器物应是受到北方长城地带的影响，在中原地区制作的；该墓中发现的两件花格剑，也和北方长城地带相关。

从上述分析可以看出，琉璃阁墓地出土的铜器群，主体器类承袭自周文化，但各类铜器的造型和纹饰均发生了显著的改变，由春秋早期粗糙简陋的风格向春秋中晚期细密精致化的风格过渡，而且铜器群中还可以看到来自周邻海岱、楚、淮河流域以及北方地区等各种文化因素。这一方面显示出当时文化交流的频繁；另一方面也反映出，春秋早期之后，原本统一的周文化风格铜器，开始在各个地区裂变，出现了一些具有区域性特征的铜器。但这种区域风格的铜器并未能延续自身的特征向前发展，伴随铜器上晋系和楚系两大南北并峙风格的形成，夹处在晋、楚间的各小国铜器，风格终究被晋、楚两系铜器风格同化或取代。

琉璃阁墓地上述春秋墓葬正反映出，周文化风格解体之后各地区青铜器均出现了一些地方性特征，显示出各地青铜铸造蓬勃发展，但尚未形成稳定统一的风格。因此我们可以区别出来自不同地域的文化因素，而到春秋晚期晋、楚两系铜器兴起之后，墓地中就很难看到这种情形了。

试论东周晋系墓葬的长幼之序与男女之别

林永昌

(香港中文大学人类学系/历史系)

一、前　　言

在墓葬研究中,性别考古的问题日益受到重视,[①]但性别考古的内容,并不仅仅关心随葬品和墓主性别的对应关系。[②] 男性和女性的墓葬礼制和随葬物品虽多有差异,但年龄同样也会影响个体的地位和葬礼方式。墓葬的礼制除了与等级身份、性别有关,具体的内容也会和墓主的年龄、族群的认同感有所联系。例如,不同年龄阶段的成员,其地位、角色和观念不一,随葬品和埋葬方式也可能有不同之处。因此,要进一步理解墓葬礼制在古代社会中的意义,分析不同性别在墓葬礼制中体现的地位和观念,就需要以统计方法来探讨不同年龄或族群的墓葬在随葬品内容和葬俗方面是否存在区别。

在先秦时期成书的文献中,冠礼也是格外受重视。《礼记·冠义》提到:"冠者礼之始也。"[③]成年礼在当时的生命礼俗中的重要地位可见一斑。正因对性别观念的认同和社会地位可能随年龄变化,[④]不同成员随葬的各类物品,尤其是与性别有较强关系物品的情况自然会有差异。对年龄因素与随葬品关系的考察,肯定有益于对当时墓葬和葬礼社会功

[①]　张礼艳:《西周贵族墓葬所见性别差异——兼论西周贵族妇女的社会地位》,《江汉考古》2016年第4期,第53—63页;耿超:《晋侯墓地的性别考察》,《中原文物》2014年第3期,第36—43页;陈昭容:《性别、身份与财富——从商周青铜器与墓葬遗物所作的观察》,李贞德主编:《中国史新论·性别史分册》,中研院历史语言研究所·联经出版公司,2009年,第19—86页;林永昌:《西周时期晋国墓葬所见性别差异初探》,北京大学中国考古学研究中心、北京大学震旦古代文明研究中心编:《古代文明》(第七卷),文物出版社,2008年,第109—158页;雍颖:《晋侯墓地性别、地位、礼制和葬仪分析》,林嘉琳、孙岩主编:《性别研究与中国考古学》,科学出版社,2006年,第95—116页;耿超:《晋侯墓地的性别考察》,《中原文物》2014年第3期,第36—43页;陈芳妹:《晋侯墓地青铜器所见性别研究的新线索》,上海博物馆编:《晋侯墓地出土青铜器国际学术研讨会论文集》,上海书画出版社,2002年,第157—196页。

[②]　Gilchrist, Roberta: *Gender and Archaeology: Contesting the Past*. London: Routledge Press, 1999, p.92.

[③]　《礼记正义》卷六十一,阮刻十三经注疏影印本,中华书局,1980年,第1679页。

[④]　Sofaer J. Derevenski: "Age and gender at the site of Tiszapogar-Basatanya, Hungary". *Antiquity*, 1997, 71, pp.875-889; Gilchrist, Roberta: *Gender and Archaeology: Contesting the Past*. London: Routledge Press, 1999, p.106.

能和意义的研究。晋系墓葬目前已发表的资料丰富,是研究东周社会最为重要的一批数据。然而,在过去研究著述甚丰的成果中,[1]却鲜有针对随葬品显示的性别观念和年龄因素影响的专文。正如笔者所述,要了解随葬品性别差异的社会机制和理解墓葬所反映的认同方式,对年龄因素的考察则是必不可少,而分析结果亦有助进一步考察墓葬所见东周时期的社会转变。

以往,笔者[2]曾利用曲村墓地西周时期的资料,对西周时期年龄因素和性别差异的现象进行过分析。结论大致如下:A. 西周时期未成年人在墓地下葬有一定限制,到西周中期以后限制更严格;B. 未成年墓甚少随葬与性别相关随葬品(如大量陶器和玉石项饰);C. 西周早中期女性随葬与性别相关随葬品,在不同年龄女性墓中的比例却有一定变化:年轻女性随葬这些物品的比例要高于老年女性,和同一年龄组的男性也有明显差异,老年女性比例较低,和同一年龄组男性的差异很不明显;D. 西周晚期以后,随葬品的性别差异现象也不再与年龄因素相关。由于东周时期晋系墓葬,即属于晋国或三晋的墓葬,不单数量庞大,有性别和年龄鉴定材料的数量也不少,尽管在三家分晋以后,三晋在墓葬习俗上也许有一定区域之别,但总体而言,三晋墓葬在随葬品组合和器物形制上,仍然保留较强的一致性。如能在统计分析的基础上,总结东周时期晋系墓葬不同年龄阶段之特点及与性别差异之关系,再对比西周时期的情况,便能更全面地对晋系墓葬不同阶段体现的礼制特点加以总结归纳。

下文中,本文收集近3 000座东周时期晋系墓葬,主要材料包括晋西南地区的侯马、[3]

---

[1] 如张亮、滕铭予:《晋南地区东周时期墓葬研究》,《考古》2015年第6期,第87—100页;宋玲平:《晋系墓葬制度研究》,科学出版社,2007年。

[2] 林永昌:《西周时期晋国墓葬所见性别差异初探》,北京大学中国考古学研究中心、北京大学震旦古代文明研究中心编:《古代文明》(第七卷),文物出版社,2008年,第109—158页。

[3] **上马村附近墓葬** 山西省文管会侯马工作站:《侯马地区东周、两汉、唐、元墓葬发掘简报》,《文物》1959年第6期,第47—49页;山西省文物管理委员会侯马工作站:《山西侯马上马村东周墓葬》,《考古》1963年第5期,第229—245页。
牛村古城附近墓葬 山西省考古研究所侯马工作站:《1990年山西侯马战国、西汉墓发掘简报》,《文物》1993年第7期,第43—512页;山西省考古研究所侯马工作站:《山西侯马东周、两汉墓》,《文物季刊》1994年第2期,第29—59页;山西省考古研究所侯马工作站:《侯马市区东周墓葬、遗址发掘简报》,《文物季刊》1996年第3期,第2—13页;山西省考古研究所侯马工作站:《侯马几处东周陶器墓》,《文物季刊》1996年第3期,第14—13页;山西省考古研究所侯马工作站:《侯马牛村古城南陶窑遗址发掘报告》,《文物季刊》1996年第3期,第34—52页;王金平、范文谦:《侯马牛村古城南墓葬发掘报告》,山西省考古研究所侯马工作站编:《晋都新田——纪念山西省考古研究所侯马工作站建站40周年》,山西人民出版社,1996年,第194—248页;山西省考古研究所侯马工作站:《1992年侯马铸铜遗址发掘简报》,《文物》1995年第2期,第29—53页。
下平望墓地 山西省考古研究所侯马工作站:《侯马下平望墓地发掘报告》,《三晋考古》(第一辑),山西人民出版社,1994年,第185—207页;范文谦:《山西侯马下平望墓地出土的东周铜器》,《文物季刊》1993年第1期,第20—21,33页;山西省考古研究所侯马工作站:《山西侯马下平望两座东周墓》,《文物季刊》1993年第4期,第52—60,66页。
周边地区 山西省考古研究所侯马工作站:《山西侯马市虒祁墓地的发掘》,《考古》2002年第4期,第41—59页;李永敏:《1960、1988年凤城古城遗址、墓葬发掘报告》,山西省考古研究所侯马工作站编:《晋都新田——纪念山西省考古研究所侯马工作站建站40周年》,山西人民出版社,1996年,第121—144页;另外在平望古城发现两座墓葬,见田建文:《新田晋都古城》,山西省考古研究所侯马工作站编:《晋都新田——纪念山西省考古研究所侯马工作站建站40周年》,山西人民出版社,1996年,第86—120页。

曲沃、①运城(郊区)、②闻喜、③万荣、④临猗、⑤芮城⑥和垣曲、⑦晋东南地区⑧的长治(主要指长治武乡县一带)、⑨长子、⑩潞城、⑪晋中、晋北和吕梁山地区一带⑫的忻州、⑬榆次、⑭

---

① **曲村墓地的材料见** 北京大学考古学系商周组、山西省考古研究所编著:《天马—曲村(1980—1989)》,科学出版社,2000年。曲沃地区的材料虽主要见于该报告,但关于天马—曲村遗址的墓葬还有以下两份简报,北京大学历史系考古专业山西实习组、山西省文物工作委员会:《翼城曲沃考古勘察记》,《考古学研究(一)》,文物出版社,1992年,第124—223页;山西省考古研究所:《1994年山西省曲沃县曲村两周墓葬发掘简报》,《文物》2003年第5期。
北赵晋侯墓地的材料见 北京大学考古系、山西省考古研究所:《1992年春天马—曲村遗址墓葬发掘报告》,《文物》1993年第3期;《天马—曲村遗址北赵晋侯墓地第二次发掘》,《文物》1994年第1期;《天马—曲村遗址北赵晋侯墓地第三次发掘》,《文物》1994年第8期;《天马—曲村遗址北赵晋侯墓地第四次发掘》,《文物》1994年第8期;《天马—曲村遗址北赵晋侯墓地第五次发掘》,《文物》1995年第7期;《天马—曲村遗址北赵晋侯墓地第六次发掘》,《文物》2001年第8期。
羊舌晋侯墓地的材料见 山西省考古研究所、曲沃县文物局:《山西曲沃羊古晋侯墓地发掘简报》,《文物》2009年第1期,第4—26页。
② 王志敏、高胜才:《运城南相春秋墓清理简报》,《文物季刊》1990年第1期,第39—44,58页。
③ 朱华:《闻喜上郭村古墓群试掘》,《三晋考古》(第一辑),山西人民出版社,1994年,第95—122页;山西省考古研究所:《1976年闻喜上郭村周代墓葬清理记》,《三晋考古》(第一辑),山西人民出版社,1994年,第123—138页;山西省考古研究所:《闻喜上郭村1989年发掘简报》,《三晋考古》(第一辑),山西人民出版社,1994年,第139—153页;运城行署文化局、运城地区博物馆:《山西闻喜邱家庄战国墓葬发掘简报》,《考古与文物》1983年第1期,第5—11页。
④ 杨富斗:《山西万荣县庙前村的战国墓》,《文物参考资料》1963年第5期,第34—35页;山西省考古研究所:《万荣庙前东周墓葬发掘收获》,《三晋考古》(第一辑),山西人民出版社,1994年,第218—250页。
⑤ 赵慧民、李百勤、李春喜:《山西临猗县程村两座东周墓》,《考古》1991年第11期,第987—994页;中国社会科学院考古研究所、山西省考古研究所、运城市文物局、临猗县博物馆编著:《临猗程村墓地》,中国大百科全书出版社,2003年。
⑥ 山西省文物管理委员会、山西省考古研究所:《山西芮城永乐宫新址墓葬清理简报》,《考古》1960年第8期,第18—21页;邓林秀:《山西芮城东周墓》,《文物》1987年第12期,第38—46页。
⑦ 中国历史博物馆考古部、山西省考古研究所、垣曲县博物馆:《垣曲古城东关》,科学出版社,2001年。另笔者按,在垣曲附近的上亳,还发现了这一时期较大型的专门墓地,材料见李永敏:《垣曲上亳墓地发掘东周、汉代墓葬》,《文物世界》2003年第2期,第12—14页。
⑧ 除下文中的长子、长治和潞城地区外,在沁县曾发现一批应属晋系墓葬的铜器,见郭勇:《沁县乌苏发现春秋战国铜器》,《山西文物》1982年第1期,第61—63页。
⑨ 山西省文物管理委员会:《山西长治市分水岭古墓的清理》,《考古学报》1957年第1期,第103—118页;山西省文物管理委员会、山西省考古研究所:《山西长治分水岭战国墓第二次发掘》,《考古》1964年第3期,第111—136页;边成修:《山西长治分水岭126号墓发掘简报》,《文物》1972年第4期,第38—44页;山西省文物工作委员会晋东南工作组、山西省长治市博物馆:《长治分水岭269、270号东周墓》,《考古学报》1974年第2期,第63—84页;崔利民、白红芳:《长治广电局战国墓》,《文物世界》2006年第5期,第21—23,26页。
⑩ 山西省考古研究所:《山西长子县东周墓》,《考古学报》1984年第4期,第503—529页;山西省考古研究所晋东南工作站:《长子孟家庄战国墓葬发掘简报》,《三晋考古》(第一辑),山西人民出版社,1994年,第288—303页;山西省考古研究所晋东南工作站:《长子县孟家庄战国、汉墓发掘简报》,《文物季刊》1999年第1期,第3—13页。
⑪ 山西省考古研究所、山西省晋东南地区文化局:《山西省潞城县潞河战国墓》,《文物》1986年第6期,第1—19页;长治市博物馆、晋东南文物工作站:《山西潞城县潞河东周、汉墓》,《考古》1990年第11期,第989—996页。
⑫ 董珊认为,西沟畔M2和辛庄头M30由于出土有大量赵国得工所监制的金器,认为这两座墓葬应属赵墓。云中、九原在战国中晚期以后确为赵国的属地,但因该墓葬在葬俗上和其他晋系统的墓葬差异颇大,笔者暂时仍将这一类墓葬不纳入到我们分析的范围以内。参见董珊:《战国题铭与工官制度》(未发表),北京大学中国语言文学系博士学位论文,2002年,第54—69页。
⑬ 李有成、徐海丽:《山西省忻州奇村战国墓》,《文物季刊》1995年第2期,第11—18页;山西省考古研究所、忻州市文物管理处:《忻州上社战国墓发掘报告》,石金鸣主编:《三晋考古》(第三辑),山西人民出版社,2006年,第159—170页。另据报道,在忻州地区发现的沙河墓地是该地区发掘规模最大的墓地,共78座战国时期墓葬,个别墓葬的规模达到40—50平方米,不过所有墓葬都被盗,见王勇:《2500年前:铁马金戈雁门关——配合大运高速公路建设沙河墓地勘探记》,《文物世界》2006年第5期,第77—79页。
⑭ 猫儿岭考古队:《1984年榆次猫儿岭战国墓葬发掘简报》,《三晋考古》(第一辑),山西人民出版社,1994年。

柳林、①临县、②太原、③怀仁、④朔州（市区）、⑤以及豫北、冀南一带的辉县、⑥新乡（东北郊）、⑦安阳、⑧邯郸（郊区）、⑨邢台（郊区）、⑩涉县⑪和内邱等，⑫在统计时也包括了河南三门峡地区⑬和郑州附近⑭发现年代相对较晚的晋系墓葬

---

① 吕梁地区文物事业局、柳林县文物管理所：《1997年柳林县杨家坪战国墓葬清理简报》，山西省考古学会、山西省考古研究所编：《山西省考古学会论文集》（三），山西古籍出版社，2000年；孟耀虎：《柳林杨家坪发掘战国至明清墓葬群》，《中国文物报》1999年4月7日1版；山西省考古研究所、吕梁地区文物管理局、柳林县文物管理所：《柳林杨家坪华晋焦煤公司宿舍区墓葬发掘报告》，石金鸣主编：《三晋考古》（第三辑），山西人民出版社，2006年，第297—312页；山西省考古研究所、吕梁地区文物管理局、柳林县文物管理所：《柳林县看守所墓葬发掘报告》，石金鸣主编：《三晋考古》（第三辑），山西人民出版社，2006年，第313—327页。

② 山西省考古研究所、吕梁地区文物管理处：《临县三交战国墓葬发掘简报》，《三晋考古》（第一辑），山西人民出版社，1994年，第304—312页。

③ 山西省考古研究所、太原市文物管理委员会：《太原晋国赵卿墓》，文物出版社，1996年。

④ 高峰、张海啸、安孝文：《怀仁县杨谷庄战国墓清理简报》，山西省考古学会、山西省考古研究所编：《山西省考古学会论文集》（三），山西古籍出版社，2000年，第65—71页。

⑤ 徐庆、刘元：《朔州市区发现一批战国墓》，山西省考古学会、山西省考古研究所编：《山西省考古学会论文集》（三），山西古籍出版社，2000年；另外，黄盛璋指出，在《山西朔县秦汉墓发掘简报》（见平朔考古队：《山西朔县秦汉墓发掘简报》，《文物》1987年第6期）中，有不少战国晚期的赵墓被误定为秦代或西汉时期墓葬，笔者以为黄氏的分析甚有依据。但由于报告并没有发表墓葬登记表，所以这一部分的资料目前无法利用。参见黄盛璋：《朔县战国秦汉墓若干文物与墓葬断代问题》，《文物》1994年第5期，第65—72页。

⑥ 河南博物院、台北历史博物馆：《辉县琉璃阁甲乙二墓》，大象出版社，2003年；中国科学院考古研究所编著：《辉县发掘报告》（中国田野考古报告集第一号），科学出版社，1956年；郭宝钧：《山彪镇与琉璃阁》（考古学专刊乙种第十一号），科学出版社，1959年；河南省文物考古研究所编著：《辉县孟庄》，中州古籍出版社，2003年；崔墨林：《河南辉县三位营发现战国铜器》，《文物》1973年第5期，第91页。

⑦ 新乡市博物馆：《河南新乡五陵村战国两汉墓》，《考古学报》1990年第1期，第103—134页。

⑧ 马得志、周永珍、张云鹏：《一九五三年安阳大司空村发掘报告》，《考古学报》1955年第1期，第25—90页；中国科学院考古研究所安阳发掘队：《1971年安阳后冈发掘简报》，《考古》1972年第3期，第14—25页；河南省文物考古研究所：《河南安阳张河固遗址东周墓葬的发掘》，《华夏考古》2000年第2期，第36—41页。

⑨ 河北省文化局文化工作队：《河北邯郸百家村战国墓》，《考古》1962年第12期，第613—634页；河北省文管处、邯郸地区文保所、邯郸市文保所：《河北邯郸赵王陵》，《考古》1982年第6期，第597—605页。

⑩ 河北省文物研究所、邢台市文物管理处：《河北邢台市葛家庄10号墓的发掘》，《考古》2001年第10期，第45—54页；河北省文化局文物工作队：《邢台尹郭村商代遗址及战国墓葬试掘简报》，《文物》1960年第4期，第42—45页。

⑪ 邯郸文物保护研究所、涉县文物保管所：《河北涉县李家巷春秋战国墓发掘报告》，《文物》2005年第6期，第39—53页。

⑫ 河北省文物研究所：《内邱小驿头遗址发掘报告》，河北省文物研究所编：《河北省考古文集》，东方出版社，1998年，第154—178页。

⑬ 中国社会科学院考古研究所：《陕县东周秦汉墓》（黄河水库考古报告之五），科学出版社，1994年。另外，近年在三门峡一带也发现了若干座战国时期的墓葬，见胡小龙、连海星、刘宇翔：《三门峡市盆景园8号战国墓》，《中原文物》2002年第1期，第4—8页；三门峡市文物考古研究所：《三门峡市西苑小区战国墓（M1）发掘简报》，《文物》2008年第2期，第19—29页。在西苑小区还发现了1座战国时期殉葬3车6马的车马坑，其形制和程村并穴合葬墓所附葬的车马坑相似，M1所在位置附近当有更多中型以上的墓葬。见三门峡市文物考古研究所：《三门峡市西苑小区战国车马坑的发掘》，《文物》2008年第2期，第30—35页。

⑭ 郑州地区　河南省文化局文物工作队：《郑州二里冈》（中国田野考古报告集·考古学专刊·丁种第七号），科学出版社，1959年；郑州市文物考古研究所：《郑州市两处战国墓发掘报告》，《中原文物》1997年第3期，第13—23页；郑州市文物考古研究所：《郑州纺织机械厂战国墓发掘简报》，《中原文物》1997年第3期，第24—29页；郑州市文物考古研究所：《郑州市南阳路家世界购物广场战国墓发掘简报》，《华夏考古》2006年第2期，第3—16页。

新郑地区　河南省文物考古研究所编著：《新郑郑国祭祀遗址》，大象出版社，2006年；新乡市博物馆：《河南新乡杨岗战国两汉墓发掘简报》，《考古》1987年第4期，第323—328、364页；河南省文物研究所新郑工作站、新郑县文物保管所：《新郑县辛店许岗东周墓调查简报》，《中原文物》1987年第4期。河南省文物考古研究所：《新郑西亚斯东周墓地》，大象出版社，2012年；河南省文物考古研究所：《新郑双楼东周墓地》，大象出版社，2014年。

巩义地区　河南省文物考古研究所：《河南巩义市仓西战国汉晋墓》，《考古学报》1995年第3期，第365—393页。

偃师地区　中国社会科学院考古研究所河南第一工作队：《河南偃师市灰嘴遗址东周墓发掘简报》，《考古》2004年第12期，第27—32页。

材料。①

通过统计,本文将分析：A. 未成年人墓在墓地中的情况与随葬品特点；B. 在成年人群体中,与性别相关的随葬品是否出现跟年龄有关的变化趋势。本人在已发表较全面的晋系墓葬的材料中,选取人骨性别和年龄皆发表的数据,包括位于山西的程村墓地、曲村墓地和上马墓地以及位于郑州一带的中行墓地和家世界广场墓地②等。由于笔者和其他学者已指出,③在春秋时期平民墓葬中玉石器一类物品随葬与否一般与性别因素有较强的关联,因此,下文首先介绍判别墓葬中与性别有较强相关性物品的随葬情况,再介绍不同年龄段墓葬中主要随葬品比例的变化,观察年龄因素是否也对葬礼过程中的其他方面产生相似影响,尝试为不同年龄因素对于东周时期葬礼的影响提供讨论的新线索。

二、成年标准之界定与年龄组的划分

下文的分析思路,是根据墓葬的鉴定结果,将墓葬分为不同的年龄段,再考察不同年龄段中与性别相关性较强随葬品的情况,从而探讨墓葬所反映"男女之别"现象与墓主年龄间的关系。在分组以前,首先需要界定当时的成年标准。《礼记·内则》、④《礼记·曲礼上》⑤和《穀梁传·文公十二年》⑥等文献清楚表明,男子和女子的成年年龄分别为20和15岁。所以本文假定,男子20岁、女子15岁可能是先秦时期普遍的成年年龄,在成年以前个体一般被视作未成年人。此外,笔者将年龄鉴定结果分为7个年龄组,分别对应婴孩（1—5岁）,儿童（6—10岁）,少年（男性10—20岁/女性10—14岁）,青年（男性20—29岁/女性15—29岁）,壮年（30—39岁）,中年（40—49岁）和老年（50岁以上）。

在下文中将会看出,成年人墓和未成年人墓在墓室结构和随葬品上是有很大的差异,且大部分未成年人的骨骼是无法判断性别的。为更好地反映不同年龄组的情况,下文首先按期别,将成年人和未成年人分开并统计两组的特点。另外,由于贵族墓葬大多没有准确的年龄判断,加上人骨保存情况甚差,为排除等级因素的作用,在下文统计中也把这部分的材料暂时排除,仅讨论无铜礼器墓葬的情况。

需要说明的是,在分期别统计时,不同年龄墓葬的数量除受到保存条件限制外,随葬

---

① 洛阳地区虽然在战国时期处于韩国的统制之下,但因为我们无法区分出韩国的墓葬是西周或东周的墓葬,因此笔者在本文中只能舍弃不用。
② 近年新郑地区出版的新材料如《新郑双楼东周墓地》和《新郑西亚斯东周墓地》提供了一批相当重要的韩国墓葬数据。新郑双楼东周墓地中公布了267座春秋晚期到战国晚期的数据,西亚斯东周墓地（即原来的李马墓地）,也公布了126座大致同时的数据。但因为西亚斯墓地盗扰严重,双楼墓地明确定为战国中期以后的仅有90座,当中能明确有性别鉴定的墓葬更只有10座,所以这两批材料在此暂不使用。
③ 黄翠梅：《晋国墓葬用玉制度所显示的性别差异——以曲村和上马墓地为例》,林嘉琳、孙岩主编：《性别研究与中国考古学》,科学出版社,2006年,第123—142页。林永昌：《性别考古视野下的社会变动：东周时期不同等级晋系墓葬性别差异的统计分析》（待刊）。
④ 《礼记正义》卷二十八,阮刻十三经注疏影印本,中华书局,1980年,第1471页。
⑤ 《礼记正义》卷二,阮刻十三经注疏影印本,中华书局,1980年,第1241页。
⑥ 《春秋穀梁传注疏》卷十一,阮刻十三经注疏影印本,中华书局,1980年,第2408页。

品的有无也是重要影响因素。众所周知,这一时期的未成年人墓葬,随葬品一般甚少,而当中可以用作断代或分期依据之物则更是不多。如果墓葬无法通过随葬品或空间背景进行分期,在以下的讨论中就自然无法使用,这一点也需提前说明。至于本文所用的年代框架,主要参考原有的报告,大致分为五大期,分别为春秋早、中、晚期,春战之际到战国中期,战国晚期。

三、各期不同年龄墓葬的分析

1. 春秋早期

这一时期有年龄鉴定的材料见于曲村及上马墓地,共227座。笔者首先将这一时期各年龄组墓葬数量统计为表一。和笔者以前讨论过的西周晚期情况[①]相似,春秋早期曲村和上马墓地中未成年人墓葬数量只占很低比例,在曲村墓地中,未成年人墓仅有1座(M6399,9岁),而且该墓较为特殊,本身并未受到盗扰,发现时尸体却呈被支解状态,性质与一般的墓葬相异。在上马墓地中,仅有3座未成年人墓葬能从随葬品判断为这一时期,未成年墓葬的比例占这一时期有年龄鉴定墓不到1%。

表一 春秋早期各年龄组数量统计表

	第1组	第2组	第3组	第4组	第5组	第6组	第7组
女性			1	34	31	24	19
男性			2	14	27	44	33
墓葬总数	1		3	48	58	68	52

在曲村墓地春秋早期的16座墓中,随葬2件玉耳玦的墓葬共2座,皆为第4组的女性墓,因墓葬数量较少,无法判断是否与年龄因素相关。在上马墓地同一性别的群体中,不同年龄的女性墓随葬玉石玦(耳珥)和玉石琀(珩玦)的比例皆较同组的男性墓高,差异也较为明显,即女性墓一般多见玦类随葬品。玉石圭和玉石琀在男女性墓的比例接近,但第7组女性未见随葬玉石琀,随葬琀玦的比例也略低,是较为特殊的情况(图一)。总体上,女性墓各年龄组随葬玉石器的比例大体接近,从第4组至第6组几无差异(图一),且和男性同年龄组相比,比例上的差异也较明显。值得注意的是,上马墓地男性墓随葬玉石器的比例有随年龄增加而上升的趋势:第4组随葬玉石器(即把所有种类的玉石器计算在内)的比例只有38%(N=13座,N代表该组墓葬的总数)。第5组和第6组的比例分别为50%(N=23座)和59%(N=44座)。第7组的老年男性随葬玉石器的比例则高达70%

---

① 林永昌:《西周时期晋国墓葬所见性别差异初探》,北京大学中国考古学研究中心、北京大学震旦古代文明研究中心编:《古代文明(第七卷)》,文物出版社,2008年,第109—158页。

(N=33座)(图二)。在各类的玉石器中,玉石圭的变化最为明显,第4组的男性随葬玉石圭的比例很低,只有7%,但第5、6、7组则基本在20%以上。此外,第7组男性墓随葬玦块的比例为40%,远高于其余各组。总体而言,年龄因素在这时期对随葬品的性别差异的现象影响不大,但老年组的成员(特别是男性),随葬个别玉石器的比例较高。

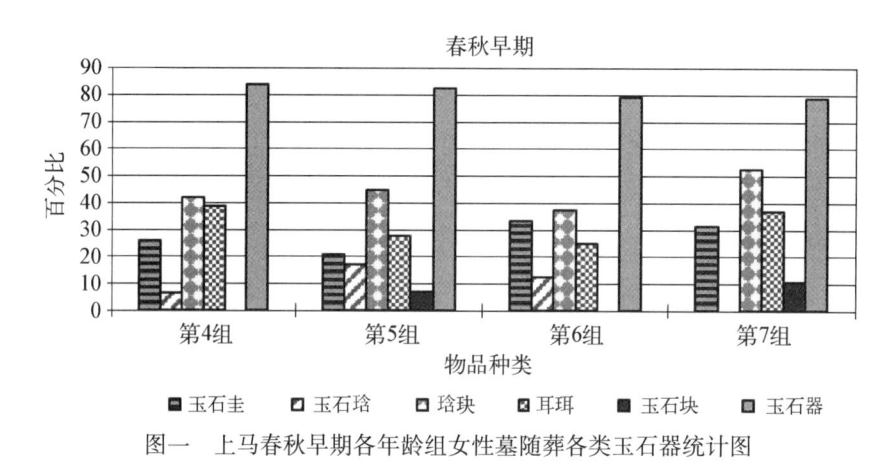

图一　上马春秋早期各年龄组女性墓随葬各类玉石器统计图

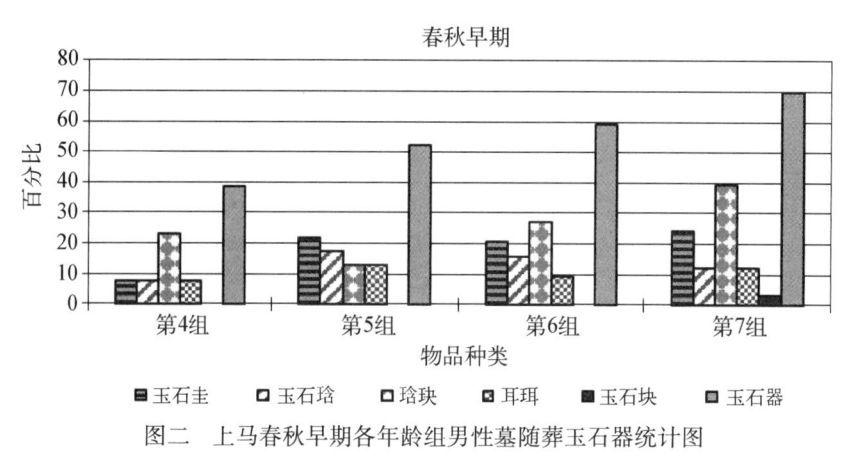

图二　上马春秋早期各年龄组男性墓随葬玉石器统计图

2. 春秋中期

这一时期有年龄鉴定的墓葬共353座,主要来自上马墓地。曲村墓地和程村墓地也有少量有年龄鉴定的墓葬。各年龄组的墓葬数量见表二。

表二　春秋中期各年龄组墓葬数量统计

	第1组	第2组	第3组	第4组	第5组	第6组	第7组
女性				59	44	26	38
男性				27	41	61	45
墓葬总数			1	88	85	85	85

这一时期的未成年人墓葬仅有上马M5295一例,墓主为13岁的女性,除陶器外,该墓没有其他随葬品。由于未成年人墓总体的比例偏低,罗泰先生[①]曾推断,该墓地埋葬的人群肯定只是原来群体的一部分。不过,在上马墓地中仍有3%为未成年人墓,春秋中期以后新出现的程村墓地、琉璃阁墓地[②]和后川墓地[③]却尚未发现能确定为未成年人的墓葬,这些较晚的墓地,以贵族墓葬为核心,组织方式和原则可能和以前的墓地不同。

在上马墓地的女性墓中,各年龄组随葬玉石玦(耳珥)的比例(图三)都高于同组的男性(图四),而且女性墓第5和第6年龄组比例较高,和男性的差异相对更明显一些。至于其他玉石器随葬品,春秋中期平民女性玉石玦(琀玦)的比例整体上与男性也差异不大,甚至出现了第4组、第5组男性的比例略高于女性,而第6组、第7组则女性随葬比例上升,出现了高于男性的情况(图四)。说明背后的随葬原因和性别无太大关系,随葬玉石圭比例也大体如此。那么,年龄因素对女性墓中不同年龄组随葬玉石玦(耳珥)是否产生影响? 由图三可以看出,第5组和第6组的比例较高,分别为37%(N=46座)和38%(N=27座),第4和第7组却只有20%(N=53座)和23%(N=38座),并不说明随葬比例有随年龄增加或减少的趋势。

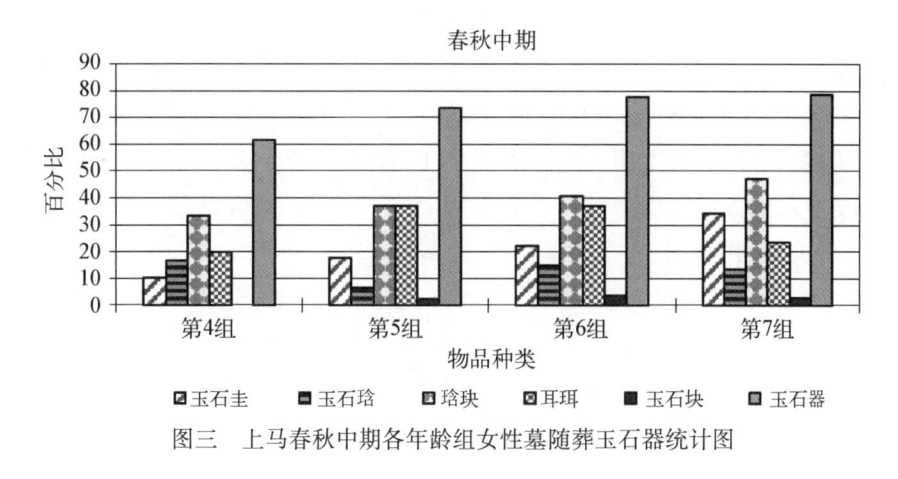

图三 上马春秋中期各年龄组女性墓随葬玉石器统计图

要指出的是,春秋中期不同年龄的男性随葬石玉器的情况和早期不同。上马墓地春秋中期第4组男性墓随葬玉石器的比例大幅度上升,达61%(N=28座),男性墓不同年龄间的比例相对较接近。然而,第7组男性玉石琀和玉石玦(耳珥)的随葬比例为31%和13%,是所有年龄组中最高的。此外,女性墓中第7组随葬琀玦和玉石圭的比例分别为47%和24%,高于其他年龄组。总体而言,墓葬仅在随葬玉石玦(耳珥)方面表现出较规律的性别差异,且性别差异的情况似不受年龄因素的影响。但是,不管

---

① Falkenhausen, Lothar VON. SHANGMA: "Demography and Social Differentiation in a Late Bronze Age Community in North China". *Journal of East Asian Archaeology*, 2001, 3/4, pp. 91-172.
② 河南博物院、台北历史博物馆:《辉县琉璃阁甲乙二墓》,大象出版社,2003年。
③ 中国社会科学院考古研究所:《陕县东周秦汉墓》(黄河水库考古报告之五),科学出版社,1994年。

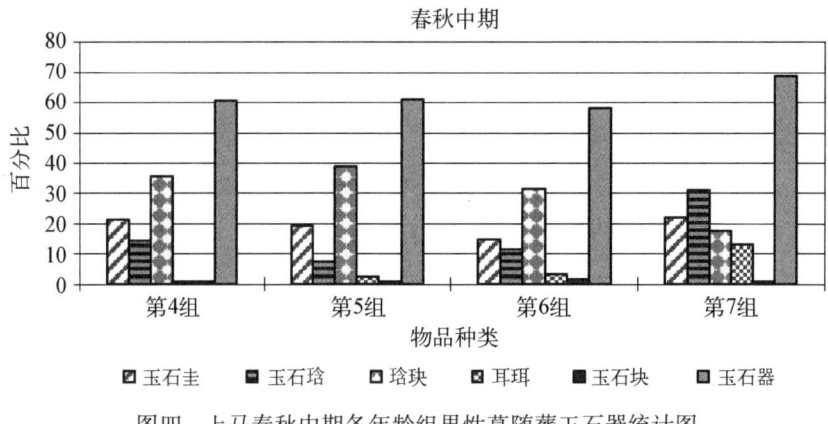

图四　上马春秋中期各年龄组男性墓随葬玉石器统计图

是男性还是女性墓,在随葬个别玉石器方面,老年组的比例可能略高于较年轻的年龄组。

3. 春秋晚期

春秋晚期有年龄鉴定的墓葬共114座,材料主要来自上马墓地和程村墓地,各年龄组的比例见表三。在上马墓地,已无这一时期的未成年人墓。不过,在侯马牛村古城南的铸铜作坊遗址内,①发现了10座瓮棺葬,墓葬无随葬品,墓主很可能是未成年人。此外,该遗址(包括Ⅱ区和ⅩⅩⅡ区)还发现了14座竖穴土坑墓,部分墓坑甚为窄小,很可能为未成年人墓葬。报告中虽然没有年龄鉴定,但《上马墓地》的体质人类学研究报告中,提供了两组由不同公式换算所得的成人身高,由公式1所得的数据为左肢(166.3 cm±4.79)和右肢(166.2 cm±4.62),公式2所得数据为左肢(164.65 cm±8.27)和右肢(164.2 cm±7.78)。②潘其风认为公式1的结果更接近实际。如果测量的数据具代表性,以公式1为依据,那么随机抽取一座墓葬,墓主身高低于150厘米的概率大约为0.01%。③在仰身直肢的情况下,一般成年的墓主,身高都不应低于150厘米,为了容纳遗体,墓坑则要相对更长一些。而且,即使墓坑长度为160 cm,以常理推测,也不易完全让遗体以直肢的方式下葬。因此,笔者较大胆推测,作坊中墓长在160厘米以下的墓葬,墓主很有可能都是未成年人。据此,笔者将ⅩⅩⅡ区作坊中5座土坑墓(M35,M41,M48,M58,M64)判别为未成年人墓葬。这几座墓葬皆没有葬具,也没有随葬品,墓葬的分布较无规律,零散地分布在活动面的两侧,和商周时期瓮棺的埋葬方式相类。

---

① 山西省考古研究所:《侯马铸铜遗址》,文物出版社,1993年。
② 潘其风:《上马墓地出土人骨的初步研究》,《上马墓地》,文物出版社,1994年,第398—483页。
③ 具体的计算方式请参见陈铁梅、陈建立:《简明考古统计学》,科学出版社,2013年,第67—69页。

表三　春秋晚期各年龄组墓葬数量统计

	第1组	第2组	第3组	第4组	第5组	第6组	第7组
女性				16	10	16	5
男性				8	15	22	11
墓葬总数				24	25	38	16

　　和春秋早、中期相同，女性墓在春秋晚期普遍随葬玉石玦（耳珥），比例一般高于男性。按年龄组区分后，除第5组的比例略低，各组随葬比例的差别较不明显（图五）。在春秋晚期，上马墓地中随葬玉石圭的比例上升，且男性墓各组的比例皆高于女性，其中以第6组最高，为35%（N=11座）（图六）。但不论是玉石圭还是玉石玦（耳珥），都没有看出在不同性别的墓葬中有随年龄规律性地变化的现象。至于其他类别的随葬品中，第7组随葬玉石玦（瑹玦）的比例略高于其他年龄组，而且玉石器整体随葬比例较高。但不同于春秋早、中期，男性墓中，第7组并不随葬玉石瑹和玉石玦（耳珥），也看不出哪一类玉石器的随葬比例较高。

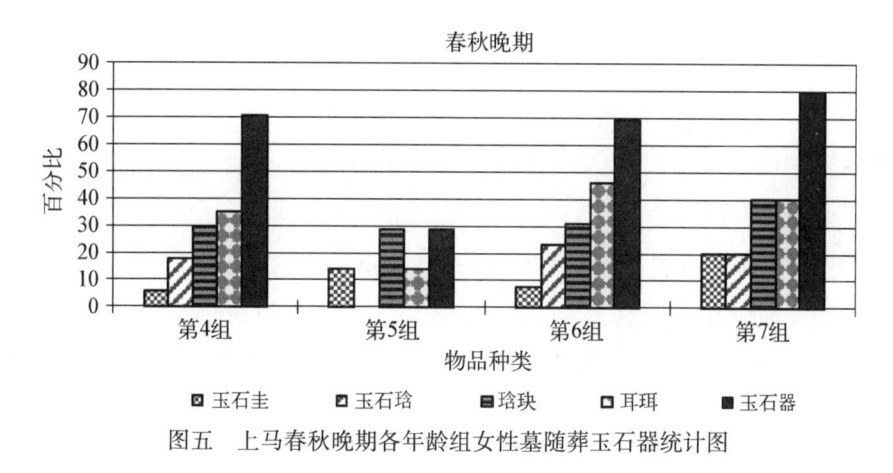

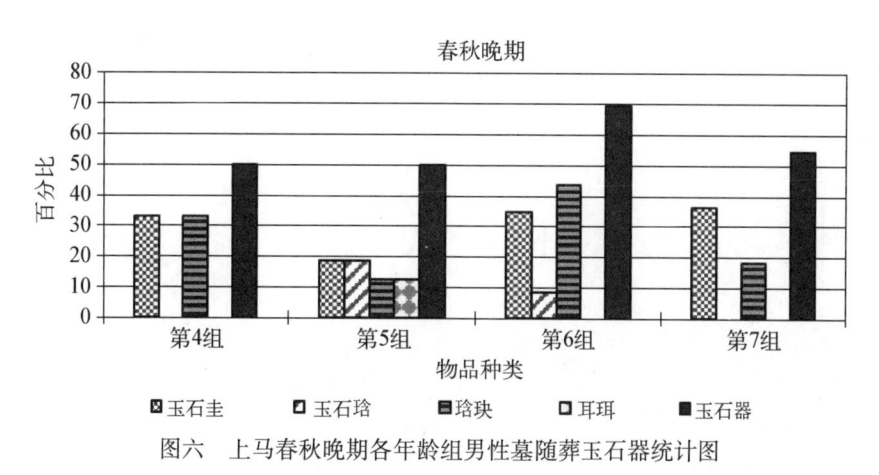

图五　上马春秋晚期各年龄组女性墓随葬玉石器统计图

图六　上马春秋晚期各年龄组男性墓随葬玉石器统计图

不论是墓地结构还是随葬品组合,战国时期的情况与春秋时期相比,差异极大,不妨在此先总结春秋时期的情况,再往下论述。就玉石器随葬品而言,性别差异现象基本不受年龄因素所影响,也就是说,男性或女性随葬比例较高的某一类随葬品,并无随年龄而有规律变化的现象。在上文也曾提到,春秋时期兵器虽然与男性墓有关,但因为大多数皆出自铜礼器墓,无法判断年龄,自然也无法说明是否有随年龄变化的问题。不过,在同一期中,不同年龄随葬部分物品的比例有时相差甚大,某一年龄组的成员可能较多地随葬这些物品。例如,春秋早期上马墓地男性墓随葬玉石器的比例就有随年龄增加而上升的趋势,随葬玉石玦(珩玦)的比例较高;春秋中期的老年男性墓中,玉石珩和玉石玦(耳珥)的随葬比例是所有年龄组中最高的。女性墓中,老年女性随葬珩玦和玉石圭的比例也高于其他年龄组,春秋晚期女性墓第7组随葬玉石玦(珩玦)的比例略高。因此,在春秋中期和春秋晚期,老年女性随葬玉石玦(珩玦)连续地出现比例较高的情况。不过,并非每一阶段都明确看出老年墓葬随葬物品较多的情况。造成这种现象的原因很多,例如对墓葬年代的判断有误,或者对墓主年龄鉴定失当也会造成统计后规律性不明显。同一年龄段在不同时期随葬某一类物品比值的涨落也可能是一种随机的结果。因此,在随葬这类物品上是否存在因年龄差异而导致性别比例有所变化,目前还不敢肯定。

4. 春战之交到战国中期

在各阶段中,由于战国早期和中期的资料中,附带性别和年龄鉴定的墓葬数量不多。故本文只能将原来两段的墓葬合并成一期,在跨度较长的标尺内考虑不同年龄的变化。分析的墓葬主要分布于曲村Ⅰ2区和郑州南阳路家世界购物广场墓地。

曲村Ⅰ2区墓地共40座墓葬,其中有年龄鉴定的墓葬为20座①(表四)。值得注意的是,曲村Ⅰ2区战国时期墓葬男性和女性的年龄结构与其他时期不同,当中并没有发现鉴定为50岁以上的女性墓葬,而男性墓则28%被鉴定为50岁以上,换句话说,女性人群的平均死亡年龄偏小,预期寿命较低,只有30.9岁;②而男性的死亡年龄偏高,为46.9岁。

表四 曲村Ⅰ2区墓地战国墓葬各年龄组墓葬数量统计表

年龄组	年龄阶段	对应年龄	女性	男性	性别不明	所有性别墓葬之总数	占全体墓葬的百分比
第4组	青年	20—29(男) 15—29(女)	5	3		8	20
第5组	壮年	30—39	3	3		6	15

① 当时的鉴定工作由潘其风负责,结果由刘绪老师现场抄录。
② 具体的计算方法,见辛怡华:《天马—曲村墓地人口结构与寿命研究》,西北大学考古学系、西北大学文化遗产与考古学研究中心编:《西部考古·第一辑》,三秦出版社,2006年,第212—233页。

续表

年龄组	年龄阶段	对应年龄	女性	男性	性别不明	所有性别墓葬之总数	占全体墓葬的百分比
第6组	中年	40—49		4	2	6	15
第7组	老年	50岁以上	5			5	12.5
年龄不明			1		14	15	37.5
所有年龄墓葬之总数			7	14	16	40	100

在家世界购物广场墓地发掘的68座墓葬中,女性墓共14座,男性墓共38座,鉴定出来的男性墓葬数量接近女性墓的2.5倍,女性墓不单数量少,而且各年龄组的比例也很不平衡,从表五中可看出,男性的年龄结构和其他时期的墓葬十分接近,但女性的年龄结构中,则以老年的比例最高,老年组占了总体的64%(全体墓葬为14座)。这一情况以当时的生活条件来说,确实难以令人相信,因此,笔者以为可能存在某些因素,使墓地简报所附的人骨鉴定中年龄的判断,与实际有较大的出入。

表五 家世界购物广场墓地各年龄组墓葬数量统计表

年龄组	年龄阶段	女性	男性	性别不明	所有性别墓葬之总数	占全体墓葬的百分比
第4组	青年	1			1	1.5
第5组	壮年	1	11		12	17.6
第6组	中年	3	18		21	30.9
第7组	老年	9	9		18	26.5
年龄不明				16	16	23.5
所有年龄墓葬之总数		14	38	16	68	100

在这一阶段的墓地中,墓葬基本上都是成年人墓葬,未见少年和婴儿墓葬。未成年人只在垣曲东关①和牛村古城南②东周时期的遗址中发现,共5座。同一地点中未成年人墓的数量并不多,使用土坑墓和瓮棺葬的情况皆有。和早期的情况相同,这些墓葬都无葬具,也无任何的随葬品。而且,上述地点的未成年人墓都混杂于居址遗存中,说明在葬礼过程中,得不到成年人所享受到的待遇。

由于这一时期的墓葬数量较少,且曲村Ⅰ2区本身和郑州南阳路的墓地有较大的距离,不妨将两地做区分,讨论各自不同年龄组随葬器物情况的特点:

---

① 中国历史博物馆考古部、山西省考古研究所、垣曲县博物馆:《垣曲古城东关》,科学出版社,2001年。笔者案:因墓葬无随葬品,其年代判断主要依据其他墓葬的年代判断。
② 王金平、范文谦:《侯马牛村古城南墓葬发掘报告》,山西省考古研究所侯马工作站编:《晋都新田——纪念山西省考古研究所侯马工作站建站40周年》,山西人民出版社,1996年,第194—248页。

(1) 曲村Ⅰ2区墓地中,能确定年龄者(N=8座)仅有1座,随葬由玉器或骨器组成的装饰品,墓主为45岁的中年女性,该墓随葬的饰件包括骨角珠19、彩陶珠5和三棱骨饰3,同一墓地的青年女性墓则未见。

(2) 在家世界购物广场墓地,4座女性墓中有2座随葬了铜璜及组玉佩。据鉴定结果,这4座墓葬皆为老年女性。这到底是反映了新的社会结构,还是鉴定结果有可再商榷的地方,值得以后在积累更多数据后进一步分析。

尽管数量过少,但如果年龄鉴定结果比较准确的话,这些资料也许表明了个别老年墓主随葬较多和性别身份相关的随葬品。至于其他种类的随葬品,不论是在曲村还是家世界广场墓地,各年龄组随葬的比例也基本接近。例如,各年龄组随葬仿铜陶礼器的比例基本相等或接近;铜带钩也是各年龄组皆随葬的物品,不同年龄的成员差别不大,也不好说明老年墓主在葬礼上的待遇就一定较高。

5. 战国晚期

这一时期有性别和年龄鉴定的墓葬数量为143座,其中鉴定为未成年人的墓葬有34座,主要分布在中行墓地,在辉县孟庄①也发现了1座这一时期的未成年人墓葬。进行年龄鉴定的成年人墓主要分布在家世界购物广场墓地,曲村Ⅰ2区墓地的数量甚少。另外,由于中行墓地是目前少见的未成年人集葬墓地,②本文将重点分析这一例子,了解未成年人在葬俗上的情况。

中行墓地中,有年龄鉴定的墓葬(包括瓮棺葬)为40座。当中33座墓葬为20岁以下的墓葬,占有年龄鉴定墓葬的82.5%以上。在这33座墓葬中,第2组数量最多,第3组次之(图七)。墓地中土坑墓和瓮棺葬两种埋葬方式同时被使用,部分瓮棺葬和竖穴土坑墓相对靠近,而且使用这两种方式的未成年人各年龄段皆有,尚未能总结使用瓮棺和土坑两种方式在墓主年龄方面有何规律差别。未成年人群体中埋葬方式是否有所区分,目前不易确定。此外,使用土坑的墓葬中,有数座的长度是不够1米,即使要埋入4—5岁的小孩已是相对困难,尽管无年龄鉴定,但墓主应是未成年人无疑。

虽然大部分墓葬的保存状况较差,有准确年龄鉴定的墓葬数量很少,但从墓葬登记表中的数据可看出,墓地中大部分无年龄鉴定的墓葬都应为未成年人墓。在中行墓地中,所有的成年人墓葬都基本不低于1.7米的,而低于1.7米,长度尺寸在1.1米到1.6米的墓葬,则主要是1—5岁左右的墓葬,考虑到墓室一定要挖得比墓主身高的尺寸更大来容纳

---

① 河南省文物考古研究所:《辉县孟庄》,中州古籍出版社,2003年。由于居址和附近的墓地年代都在战国早中期,故推测墓葬的年代也应与此十分接近。

② 在新郑地区的春秋时期郑国的兴弘墓地中,也曾发现过未成年人墓集中埋葬的现象,如墓地中的M32,M49,M72,M79,M81,M82,M84,M86,M94,M95,M97,M102,M105,M107,M109,M110,M111,M114,M115,可以说是东周时期墓地的少数特例。兴弘墓地主要使用年代在春秋,这批墓葬没有随葬品,但因打破不少战国早期墓葬,笔者怀疑这批未成人墓是在主体墓地废弃后改作未成年人墓地,情况与中行墓地所见类似。见河南省文物考古研究所:《郑韩故城兴弘花园与热电厂墓地》,文物出版社,2007年。

战国晚期

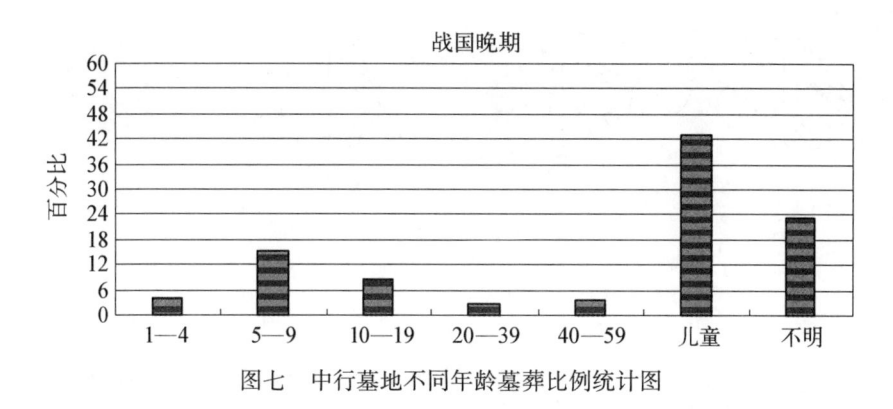

图七　中行墓地不同年龄墓葬比例统计图

尸体，而上文也提到，当时身高在 1.5 米以下的成年人比例极低，因此不妨假设墓葬长度在 1.6 米以下的墓葬都很可能是未成年人墓，特别是 1—5 岁的墓葬。那么，在没有性别和年龄鉴定的墓葬中，可能为未成年人的墓葬则达到 28 座，因原来的未成年人墓达 33 座，即使假设其余的无年龄鉴定墓皆为成年人，中行墓地中未成年人墓葬也可能占全体墓葬的 51.3% 以上（图七）。

根据前面分析所得的经验，在成年人的公共墓地中，未成年人墓大多是没有葬具的。不过，中行墓地的情况与之不同，随葬葬具的比例相对较高。以 1—4 岁组为例，就有 3 座使用木棺葬具（不包括砖室墓），占全体的 63%。

中行墓葬中，大部分墓葬没有随葬品，无随葬品墓共 74 座，占全体墓葬的 62.2%，这一比例不仅远高于同时期的二里冈墓地①或家世界广场墓地，也未见于笔者分析过的晋系墓地中。由于当中大多数为未成年人墓，所以未成年人墓中一般无随葬品也似为战国晚期的通例。但在有随葬品的未成年人墓中，出现以下特点：

（1）未成人墓随葬的陶器组合情况和二里冈等地成年人墓葬所见的情况不同，不单没有一座墓葬随葬仿铜陶礼器，也未见随葬圜底罐或大型的陶壶。虽然仿铜陶礼器在战国以后不一定再有标识身份的功能，但未成年人却连随葬的资格也没有，说明成年和未成年的地位差别仍相当大。

（2）未成年人墓随葬品尽管较少，但有数座儿童墓葬（M808，M842 和 M769）随葬了模型化的陶壶以及陶弹丸（图八），因这一类的随葬品十分特殊，不见于一般的成年人墓中，很可能是专门制作给儿童的随葬品。但这类特殊的陶器是否和性别有关，目前还尚不清楚。

（3）在二里冈等墓地，随葬铜、铁带钩十分普遍，但在中行墓地中却甚为少见，仅在 5 座墓葬②中见到。当中，除 M851 外，其余 4 座皆为未成年人墓，其中一座为瓮棺葬 W7。不过，未成年人墓所见的铜带钩不论是形态还是尺寸都和一般的成年人墓所见相似。因

---

① 河南省文化局文物工作队：《郑州二里冈》（中国田野考古报告集·考古学专刊·丁种第七号），科学出版社，1959 年。

② 在中行报告的综述部分提到铜、铁带钩仅有 3 件，与登记表的情况不符。

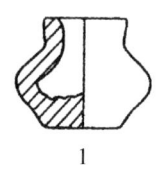

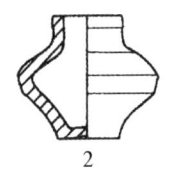

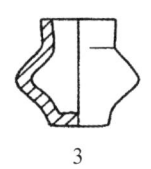

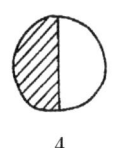

图八 中行墓地未成年人墓随葬陶器
1. 中行 M769：5 2. 中行 M808：2 3. 中行 M769：2 4. 中行 M842：3
（据《新郑郑国祭祀遗址》，第876页，图五九六：3、2、6、9）（比例与原图不一）

此，铜带钩的随葬虽然在未成年人甚为少见，①但是和陶礼器不同，虽然随葬的比例较低，个别小孩墓葬似乎也有资格随葬。

（4）在中行 M769 墓中，还随葬了一些相当特殊的小型装饰品，如小玉珠及小骨珠等。但墓地中能确定为未成年人的墓葬则未见随葬铜璜。由前面提及的家世界购物广场墓地情况可知，女性墓随葬铜璜较为多见，而且往往伴出多件玉石环和玉石骨珠。铜璜与玉珠应为串饰构件，在中行墓地，除了 M851 和 M799（这两座墓葬都很可能是成人墓）外，并未见未成年人随葬铜璜。因此，铜璜这一类随葬品不仅可能有性别的区分作用，同时还可能是成年人的标志。但玉环等出现在未成年人墓中，说明未成年人也可能随葬构件的数量和种类不多的组玉佩，即少数的未成年人正逐渐获得性别的身份。

（5）在这片墓地中，M787、M820、W9、M816 皆随葬了铜、铁刀（削），但在同一时期的二里冈墓地 200 余座墓葬中，却仅有 2 座墓葬随葬铜、铁刀。而且中行墓地 M820 除了铁刀外，还随葬了加工石料 10 件和砺石 1 件。这些未成年人墓随葬铜削并非偶然，因该墓地本身就是铸铁作坊所在地点，埋葬在墓地内的墓主很可能就是作坊工匠的后代。因此，未成年人墓随葬铜刀，则意味着这些成员可能也参加到作坊的日常工作中，在其成年以前，已获得了和工匠相关的身份。

中行墓地所见未成年人墓葬的特点，其实和侯马牛村南春秋时期的铸铜遗址作坊区所见情况相似。例如，墓葬紧邻活动频繁的生活作坊区；墓地中土坑墓和瓮棺同时使用；未成年人墓一般也没有随葬品。不过，在牛村南的铸铜作坊内，未成年人墓的数量少，分布较散，中行墓地则呈现集中分布的现象。事实上，即使在中行遗址内，春秋时期也未见这种未成年人墓集中埋葬的现象，也许中行墓地是战国中期以后新出现的墓地模式，和其他时期性质相似的遗址相比已有较多不同。

中行墓地中另有个别成年人墓葬，但基本无随葬品。② 由于当时成年人集中埋葬在

---

① 笔者比较过这些墓出土的带钩，发现与其他墓地成人墓带钩似乎尺寸上差异不大。
② M851 随葬了 1 件陶罐，3 件玛瑙环，1 件石璧，7 件铜璜以及 1 件铁带钩，这座墓葬墓主的性别鉴定为男性，但没有年龄鉴定，不过因为能鉴定出性别，所以年龄至少是在 13—14 岁以上，或接近成年，因此这可能是整片墓地中的一项特例。

独立的墓地,这些下葬在特殊墓地,且随葬品一无所有的成年人墓,很可能是当时社会中的底层成员。

由于在中行墓地的成年人墓葬皆没有随葬品(女性墓10座,男性墓为21座),随葬品的相关性分析只能基于家世界购物广场墓地的材料。其主要的情况其实和战国中期十分相似:

(1)在家世界购物广场墓地,不少墓葬仍随葬组玉佩。在女性墓中,青年、壮年和老年墓皆有随葬(共4座),男性墓则有2例随葬,属壮年组。此外,随葬铜璜的墓葬,墓主为中年以上的女性。

(2)男性墓和女性墓在各年龄组中随葬铜带钩和仿铜陶礼器的差别并不明显,各年龄组间也没看出性别差异。

因此,从战国中期到战国晚期的情况来看,虽然在一些和性别相关的随葬品上,未能看出随葬比例上的差别,但即使是同一类的随葬品,不同年龄所随葬的比例也有所不同,此外,老年成员随葬个别种类物品的比例较高,待遇与青年群体似有区别。

四、小结与相关问题讨论

1. 未成年人墓葬情况总结

尽管目前已系统发掘、发表的墓葬只反映了整个东周时期人口的一小部分,但整个东周,甚至是西周时期属于晋系统的墓地中,除了极个别的例子,一般都少见或罕见未成年人的墓葬,特别是出生后不久的婴孩墓。即使是有资格埋入公共墓地,未成年人墓使用葬具的比例都较低,墓室面积较小,一般也没有随葬品,有别于成年人墓葬的情况。总体而言,20岁以前的青少年也没有享受到太优厚的待遇。在前人的研究中,滕铭予曾注意到曲村M6123这座西周早期墓葬相对特殊,[①]墓主仅6岁,但随葬了多件铜礼器和銎斧等兵器,很可能是世袭了从父辈而来的贵重之物。然而,像曲村M6123能随葬铜礼器的例子,目前还尚未发现第二例,这足以说明这座墓葬在葬俗上属于特例,大多数贵族成员,一般也遵守未成年人不入墓地之规定。由于公共墓地中的未成年人墓数量太少,绝大多数的未成人墓葬都应是另择地点而葬。而埋入公共墓地的未成年人,只属个别特例,或与其所属贵族后裔的身份相关。

有意思的是,在《礼记·曾子问》和《礼记·檀弓上》两篇文献中,也有若干关于两周时期未成年人埋葬方式的记载:

(1)曾子问曰:"下殇土周,葬于园,遂舆机而往,涂迩故也。今墓远,则其葬也如

---

① 滕铭予:《曲村J4区晋国墓地若干问题的讨论》,《庆祝张忠培先生七十岁论文集》,文物出版社,2004年,第335—349页。

之何?"孔子曰:"吾闻诸老聃曰:'昔者史佚有子而死,下殇也,墓远。召公谓之曰:"何以不棺敛于宫中?"史佚曰:"吾敢乎哉!"召公言于周公。周公曰:"岂不可!"史佚行之。'下殇用棺衣棺,自史佚始也。"①

(2)周人以殷人之棺椁葬长殇,以夏后氏之堲周葬中殇下殇,以有虞氏之瓦棺葬无服之殇。②

就未成年人墓埋在其他地点的情况来看,西周到战国时期未成年人的埋葬方式确实与《礼记》所载的情况相似,选择在居址的附近而埋。在葬具的使用上,未成年人的墓葬虽一般多用瓮棺葬,但在中行墓地和其他墓地,发现了不少使用木棺的例子。《礼记·檀弓上》记载不同年龄阶段的未成年人使用不同葬具的规定,可能并未严格地执行。而史佚的故事也表明,对于儿童墓的处理方式可能允许多种情况同时存在。

另外,在《仪礼·丧服》中记载,在不同年龄阶段,葬礼中所享受的待遇有一定区别:

传曰:何以大功也? 未成人也。何以无受也? 丧成人者其文缛,丧未成人者其文不缛,故殇之绖不樛垂,盖未成人也。年十九至十六为长殇,十五至十二为中殇,十一至八岁为下殇,不满八岁以下皆为无服之殇。无服之殇。以日易月,以日易月之殇,殇而无服。故子生三月则父名之,死则哭之,未名则不哭也。③

在墓地中,不同年龄段墓葬数量的比例其实也有一定的差别,不论是曲村还是上马墓地中,属于未成年和青少年年龄段的墓葬中,"长殇"的墓葬最多,"中殇"次之,而"下殇"则比例最低,而且,一般只有属于"长殇"之墓随葬的物品才较多。所以,墓地中不同年龄段墓葬数量的比例和随葬物品的差别,原则上与文献中所载丧服上的区分是对应的。为更清楚地表示这些差异,笔者将不同年龄阶段的情况总结为表六。

表六 考古所见不同年龄段的墓葬处理方式

年龄段	墓地限制	随葬品
1—4	基本不埋入墓地	基本没有
5—10	只有少数埋入墓地	即使埋入墓地者也不准备葬具和随葬品
11—20	开始较多地埋入墓地	基本有葬具,随葬品也较多,开始随葬和性别相关的随葬品

从西周到春秋(或战国早、中期),大多数社会成员在20岁以后才获得了埋入墓地的资格。如果我们把埋入公共墓地的现象,视为拥有一定社会身份,并被其他社会成员接受的标志,那么,在当时的社会中,很可能在15—20岁之间是一道重要的界线,只有经过这一阶段以后,才能获得较多的社会地位。能否获得成年的身份(社会成员的身份),对于

---

① 《礼记正义》卷十九,阮刻十三经注疏影印本,中华书局,1980年,第1401页。
② 《礼记正义》卷六,阮刻十三经注疏影印本,中华书局,1980年,第1276页。
③ 《仪礼注疏》卷三十一,阮刻十三经注疏影印本,中华书局,1980年,第1111页。

当时的居民来说,在对死者的认同感上起着至关重要的作用,也决定了以何种方式为死者举办葬礼。而且,在成年以前,墓葬一般都是"其文不缛",随葬品的数量很少,大多数与性别差异相关的随葬品更不会随葬。因此,等级和性别观念的认同,实际也建立在死者的成年的身份之上,这一点上,考古现象和文献对成年礼的强调是相契合的。在两周时期的晋国社会中,性别和等级并不是决定任何一个成员墓葬规格和身份的唯一因素,相反,年龄在决定成员是否获得最基本的认同和社会成员身份上,起着更为重要作用。有不少对其他社会的墓葬研究也表明,[1]小孩一般被当成有别于社会其他成员的另一群人。两周时期社会等级区分观念虽然十分强烈,但从墓地安排的角度来看,年龄才是当时社会中最基本的区分,所有的成员也根据成年与否的标准,被分成两类待遇不同的群体。未成年人大多数因还没有获得成年人的合法身份,自然也谈不上依礼制的方式下葬。

未成年人墓中的随葬品虽一般和性别无关,但是,西周早中期曲村墓地中随葬铜礼器的男童墓随葬了铜戈,而且也有两座未成年人墓随葬了銎斧,墓主可能也为男童。这从另外一个角度说明,某程度上男性成员确实在社会中比女性受到了更多的重视。此外,具有性别象征的随葬品,如玉石项饰和玉石玦(耳珥),成年以前随葬的比例很低或基本不见。然而,在战国晚期除出现了专门为未成年人而设的墓地,还开始为儿童准备专门随葬品。因此,在战国晚期,成年人的社会地位以及关于未成年人的墓葬观念可能发生了很大的改变。

2. 成年人墓葬情况总结

总结统计所得的结果,目前并不能说明年龄因素与东周时期性别相关的随葬品,是否存在明显的关联。就本文所重点分析的玉石器为例,一般不见随年龄增长而出现递增或减少的现象,其他的随葬品更是如此。然而,在西周早期和中期,年轻女性和年龄大的女性相比,较多随葬串饰和海贝。年龄因素对死者的性别认同上起着相当重要的地位;在西周晚期以后到战国时期,不论是串饰、海贝、玉石玦(耳珥),还是其他种类和性别有明显关系的随葬品,女性墓都未见随葬比例随年龄有规律变化的情况,随葬与性别相关随葬品也不再与年龄因素有着较强的关联性。

因此,西周早中期年龄因素对性别相关随葬品的影响,与西周晚期相比明显较大。从西周到战国时期,性别差异与年龄差异经历了从关联到无关的变动。由于年龄因素只对西周早中期的性别相关随葬品产生影响,且年龄因素的影响主要表现在和女性相关的物品上,男性随葬兵器的情况并不因年岁的增长而有重大改变。因此,在两周时期年龄因素并没有对成年人群体的性别认同感产生相当重要的影响,性别差异现象当与其他的因素相关。

那么年龄因素对于其他方面的随葬品有何影响呢?

---

[1] Stoodley, Nick: "From the cradle to the grave: age organization and the early Anglo-Saxon burial rite". *World archaeology*, 2000, Vol. 31, pp. 456 – 472. Boxter, Jane Eva: *The Archaeology of Childhood: Children, Gender, and Material Culture*. Walnut Creek: Altamira Press, 2005, pp. 95 – 96.

西周晚期以后性别差异虽与年龄无关,但年龄因素在决定一个人在葬礼上所受的待遇仍有一定影响。例如,春秋时期老年成员随葬玉石圭的比例略高;在战国中晚期,老年的女性随葬装饰品的种类和数量也较年轻的女性丰富。似乎在春秋中期以后,老年的成员受到较多的尊重。相关的例子也可见于其他墓地中。在西周的曲村墓地,随葬装饰品最多的女性墓为M6214,该墓墓主身上还覆盖着缀有大量海贝的编织物,十分特殊,而墓主鉴定为老年女性;在张家坡墓地M251①中,墓主的身旁一周发现了排列十分整齐的海贝,原来在棺内可能放置有编缀海贝的编织物,人骨鉴定结果显示墓主也为老年女性。从本文的统计结果也发现,春秋以后的老年的群体中,随葬某类器物的比例可能较高,或者该类器物和年轻群体所随葬的该类器物相比形态并不一样。在以后的研究中,老年人是否因为地位较特殊而在葬礼中受到特别礼遇,是值得进一步关注的现象。我们希望以后随着资料的累积,②能更深入探讨年龄与个人认同方面的关系。

五、结　　语

对墓地中不同群体的年龄因素分析可以看出,等级和性别差异在决定葬礼的形式上虽说十分重要,但此二者却并不是决定认同观念以及葬礼安排的唯一因素。如果将埋入墓地和举办像样的葬礼视作是每一个成员最基本礼遇的话,在某程度而言,年龄在确定死者的身份和地位上与性别、等级具有同等重要的位置。对东周时期不同年龄的墓葬与墓地的空间研究可看出,在东周乃至西周时期,公共墓地一般是不见婴孩和儿童墓葬,能埋入墓地者仅为特殊的少数,而且,它们在葬礼过程中也与其他的成年人有很大区别:一般不设木椁葬具,大多数则连木棺也没有,随葬品更是少之又少。更重要的是,即使是贵族成员的未成年后嗣,在葬礼中也并不能享用贵族成员的待遇。像曲村M6123这座墓葬目前只是极特殊的例子。可以说,在两周时期的晋国,社会成员只在有资格死后被埋入墓地的前提下,才拥有最基本的社会认同的身份,也才谈得上"男女之别"。可以说,墓地并不仅仅是死后成员埋葬的空间,同时也是建立群体重要观念的场所。

从人类学的角度来看,角色、身份、期望、认同感等,都是会随个体社会化的过程而不断变化,即使是在成年人的群体中,性别认同也会受年龄因素所影响。近年来,商周墓葬性别差异的研究虽然已有不少重要的讨论,但是,年龄在多大程度上影响着墓葬的礼制?有性别差异的随葬品,是否在每一年龄段都会随葬?即使是在同一等级同一性别的成员中,不同年龄随葬物品的情况也可能并非完全一致。正因如此,如果墓葬能根据年龄分成

---

① 中国社会科学院考古研究所:《张家坡西周墓地》,中国大百科全书出版社,1999年。
② 笔者希望以后的考古工作在整理资料过程中,除了要重视全面发表材料外,还要在介绍的材料时,列明判断的依据。例如,在编写墓葬人骨鉴定结果时,尽可能附上鉴定者的身份和方法。事实上,笔者已不是第一次见到这种特殊的现象。笔者在翻检《丹凤古城楚墓》这本报告时,也发现了90%以上战国时期墓葬的墓主居然为老年人,这种情况在正常的社会中是不会出现的(见陕西省考古研究所、商洛市博物馆:《丹凤古城楚墓》,三秦出版社,2006年)。如在公布材料时能同时公布鉴定方法,这样将有助于研究者判断背后是否由于特殊的社会原因,如战争所致。

不同的组来考察葬礼之别，就能帮助进一步认识墓葬礼制。本文指出，年龄因素也对成年群体的墓葬礼制产生一定影响，在数据更多更允可的条件下，年龄因素的讨论将推进对墓葬礼制构成规定的研究。

笔者同时指出，性别认同和年龄因素都是当时社会的墓葬观念背景中的一部分，随时间转移，葬礼所强调的内容不一。笔者之前也指出，在西周晚期以后，随着墓葬更强调与宗法体系相关的因素，而不再是现实生活中角色与地位的对照，年龄因素对性别认同观念的影响逐渐消失。[①] 尽管老年群体随葬个别物品的比例可能高于较年轻的群体，但总体上年龄因素对成年人墓葬中是否随葬与性别相关物品的影响不大。东周时期墓葬体现的性别差异观念，明显与年龄因素无太直接联系，这一点和其他案例研究所揭示的现象不同，值得以后进一步关注。

---

① 林永昌：《西周时期晋国墓葬所见性别差异初探》，北京大学中国考古学研究中心、北京大学震旦古代文明研究中心编：《古代文明》（第七卷），文物出版社，2008年，第109—158页。

战国时期巴蜀文化中"兰"形符号的考察

洪 梅[1] 严志斌[2]

(1. 中国国家博物馆 2. 中国社会科学院考古研究所)

在四川、重庆地区的战国秦汉时期的器物上,常见一些图形符号,其形与常见的纹饰不同,又与汉字不同。这类符号,学界多称之为巴蜀符号。巴蜀符号器物的发现已久,存在的问题与分歧尚有很多。要回答巴蜀符号的性质、内容、分类、特点、规律等问题,笔者以为应当调整研究范式,先摸清巴蜀符号的"家底",厘清每一种每一类巴蜀符号的特征、变化、组合、地域、年代,才能考虑进一步的研究与解读。经笔者初步统计,到目前为止,见于发表的巴蜀符号约有 150 种。本文拟对巴蜀文化中的"兰"形符号稍作探讨。战国时期巴蜀文化中的"兰"形符号,其原形作如下之形(图一)。这五类形体之间稍有不同,但其相互之间的繁简递变关系还是很清楚的,笔者以为是同一符号的异体。下文皆以"兰"形指代这一符号。

图一 "兰"形符号的形体

一

"兰"符号见于巴蜀文化器物上者,笔者所见有 36 件,分列如下:

1. 铜剑,通长 30.6、身长 24.6 厘米。符号为"   虎   "(图二),出土于四川省成都市西郊省水利设计院土坑墓(94CSM5∶23)。① M5 为长方形竖穴土坑墓,残长 5.1 米,宽 0.84 米。墓内填青黄色五花土。随葬器物以陶器为主,铜器次之。墓室北部主要随葬戈、剑、凿等器形较小的铜器,中部置豆、盏等小件陶器,南部随葬物器形稍大,如铜鍪、陶釜等。铜兵器中,以戈形制最为丰富,有三角援无胡戈、短胡戈和中胡戈,在战国早期巴蜀墓葬中常见,铜剑有两种,一种剑身短而窄,茎较宽,身茎直收,通长 23.5 厘米,战国早期常见,另一种茎身之间有明显界线,剑身长而宽,中起脊延伸到茎,脊两侧有血槽,通长 30.6 厘米,时代可到战国中期偏早。铜斧为方銎弧刃,凿为圆銎,有

---

① 成都市文物考古工作队:《成都西郊省水利设计院土坑墓清理简报》,《考古与文物》2000 年第 4 期,第 9 页图一:3;第 11 页图三:4。

大小两种,大的銮部微凸,小的銮下急收,也符合战国中期偏早阶段。铜壶下部已残,仅见颈部以上,盖上4对环形钮,续上有二条白色纹饰,颈下一方形凸棱。陶豆柄较高,豆盘较浅,也符合战国中期偏早特点。综上所述,该墓葬时代应为战国中期偏早。

2. 铜剑,残长40、茎长8.2、宽3.5厘米,符号为"   "(图三)。出土于四川省什邡市城关战国墓(M1∶3)。① M1狭长方形竖穴土坑船棺葬,坑长7.55米,宽1.1米。船棺长7.3、宽0.96、高0.72米。出铜矛3、剑2、戈3、钺2,另有斤、凿、雕刀、削、刻刀、锯、釜、鍪、盘、带钩。报告定其时代为战国中期。此墓所出剑长度较长,中脊突出,两侧有血槽。矛中脊圆凸。钺为束腰圆刃,均具有战国中期晚段的巴蜀兵器的特点。故该墓时代应为战国中期晚段。

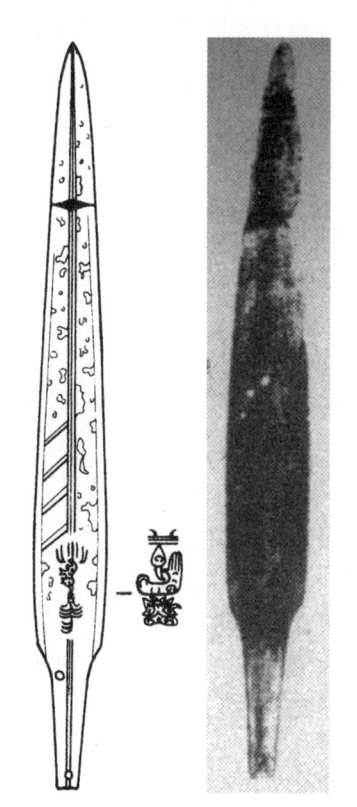

图二　四川省成都市西郊省水利设计院　　　　图三　四川省什邡市城关
　　　　土坑墓铜剑(94CSM5∶23)　　　　　　　　　战国墓铜剑(M1∶3)

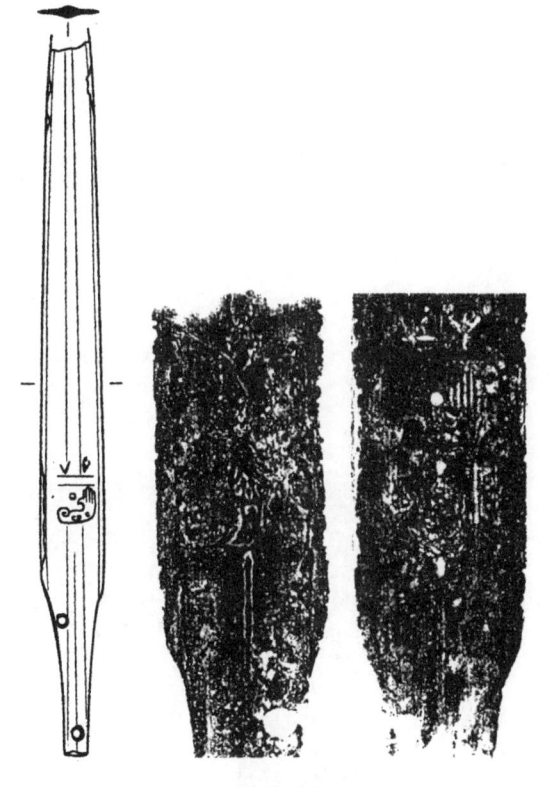

3. 铜剑,通长37、茎长5.2、宽3.2厘米。符号为"虎   "(图四)。出土于四川省什邡市城关战国墓(M7∶2)。② M7为狭长方形竖穴土坑船棺墓,墓

---

① 四川省文物考古研究院、德阳市文物考古研究所、什邡市博物馆:《什邡城关战国秦汉墓地》,文物出版社,2006年,第30页图七∶4;第34页图一三∶1。
② 四川省文物考古研究院、德阳市文物考古研究所、什邡市博物馆:《什邡城关战国秦汉墓地》,文物出版社,2006年,第38页图一七∶2;第40页图一九∶1。

口大于墓底,墓口长6.28、宽0.8、深0.85米。船棺东端残,长5.18、宽0.6米,出土陶罐2、釜1。铜器中有矛2,剑、戈、钺、斤、凿、刻刀、锯、鍪、带钩各1。铜钺束腰圆刃,椭圆形銎口;铜矛分长骹和短骹,均中脊凸出,其中长骹矛的剖面呈菱形;铜剑长度在33到37厘米之间,中脊突起,两侧有血槽;铜锸外侧起棱,剖面呈弧形,尖锋。这些器物特点均具有战国中期晚段巴蜀青铜器的特点。报告定其时代为战国中期晚段,笔者从之。

4. 铜剑,出土于重庆市开县渠口镇云安村余家坝墓地(M60①：4),①剑的中脊有凹槽,边锋较厚,斜肩,肩下缠有竹(藤)质的剑格,长41.5厘米。剑身两侧的符号为:"虎 ⊠〰️🔲◯✿，⌘🐾◉F"(图五)。M60为长方形竖穴土坑墓,墓向59°,墓圹长3.26、宽2.5米,墓内四周有熟土二层台。双棺呈横"日"字形。从随葬器物组合上看,陶器主要为浅盘高柄豆。铜兵器戈、矛、剑、钺都有战国中期特点。从形制上看,矛器身较宽,前锋锐,中脊圆隆,边缘较宽;钺器身短小,窄斜肩,弧刃稍残;鍪为束颈垂腹,圜底略平;各类兵器符合巴蜀墓葬战国中期晚段的特点。该墓出土陶器较少,仅见陶豆,形制上也符合战国中期的特点,综上,笔者认为M60与剑的时代应为战国中期晚段。

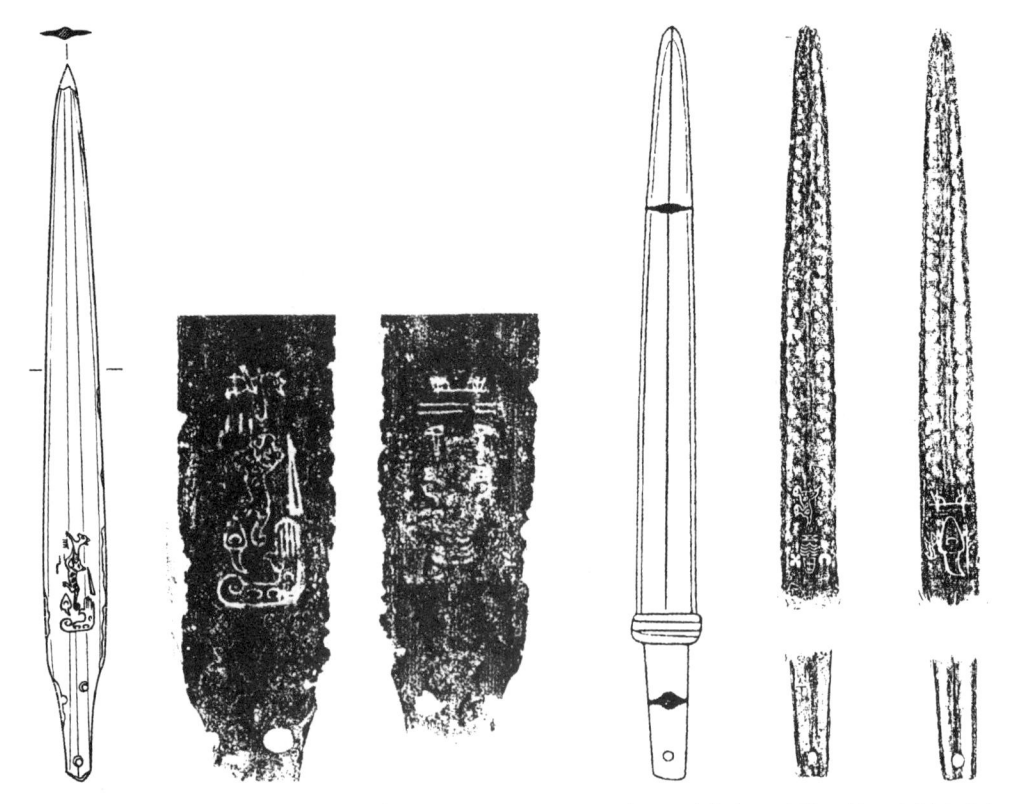

图四　四川省什邡市城关战国墓铜剑(M7：2)　　图五　重庆市开县渠口镇云安村余家坝墓地铜剑(M60①：4)

---

① 山东大学考古学系、重庆市文物局、开县文物管理所:《开县余家坝墓地2001年发掘简报》,《重庆库区考古报告集2001卷》,科学出版社,2007年,第1434页图五：1;第1435页图六：1、2。

5. 铜剑,重庆市涪陵区镇安镇镇安遗址出土,①剑身符号:"￼"(图六)。从局部照片上看,剑通身有脊棱,未见中脊有槽,其时代或在战国中期。

6. 铜剑,通长39.7、宽3.4、茎长7厘米。符号为"￼,虎￼"(图七),四川省荥经县北郊同心村墓葬(M21—B:13)。② M21—B墓为上下重叠墓的下墓,狭长立形竖穴土坑船棺葬,长5、宽1米,墓底有一层棺木朽痕。随葬品共45件,其中27件为陶器,以豆为主,罐、釜次之。铜器14件,有矛、剑、削刀、斧、鍪、釜、盆各1,手镯2,印章5等。另有玉环1,管形料珠3。从器物组合上看,铜兵器只见矛、剑,未见戈、钺,工具有削刀和斧,铜容器有釜和鍪、盘。此铜剑弧尖直刃,弧脊有槽,两侧及刃边铸有半圆形及虎斑纹,当属战国中期晚段。

图六　重庆市涪陵区镇安镇镇安遗址出土铜剑

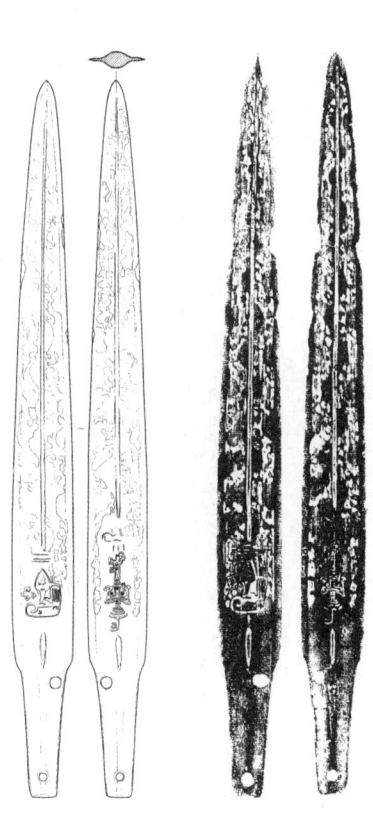

图七　四川省荥经县北郊同心村墓葬铜剑(M21—B:13)

7. 铜剑,残长30.2、宽2.3厘米。符号为:"￼"(图八),出土于四川大邑县五龙乡机砖厂墓地(M2:23)。③

---

① 重庆市文物局:《三峡文物珍存——三峡工程重庆库区地下文物卷》,北京燕山出版社,2003年,第67页。
② 四川省文物考古研究所:《四川考古报告集》,文物出版社,1998年,第251页图五五:3;第253页图五七:2。
③ 四川省文管会、大邑县文化馆:《四川大邑五龙战国巴蜀墓葬》,《文物》1985年第5期,第34页图一九:1;第37页图二二:2;第38页图二三:1。

与前器同出于四川大邑县五龙乡机砖厂墓地 M2 的还有一剑。

8. 铜剑(M2∶22),残长 22.8、宽 3.6 厘米。符号是"⿻,⌒▼〰"(图九)。大邑县五龙乡机砖厂墓地 M2 为狭长方形竖穴土坑木椁墓,墓圹长 4.3、宽 0.9 米,墓北有一熟土二层台,木椁四周填 10 厘米厚的白膏泥,墓向北偏东 30°。随葬器物较丰富,铜兵器有钺、剑、戈、弩机,铜容器有釜、甑、鍪,工具有铜斤,另有带钩及銮铃、料珠等。陶器有釜、鼎、豆。从随葬器物的形制来看,该墓中所出的剑中脊突出,断面呈菱形,体量较小。戈分无胡戈和中胡戈两种。钺为束腰圆刃。鍪为束颈球腹圜底。釜甑上下分体,甑有"米"形箅眼。同时该墓还出有楚文化因素的越式陶鼎。整体上看,该墓当属战国中期偏晚。

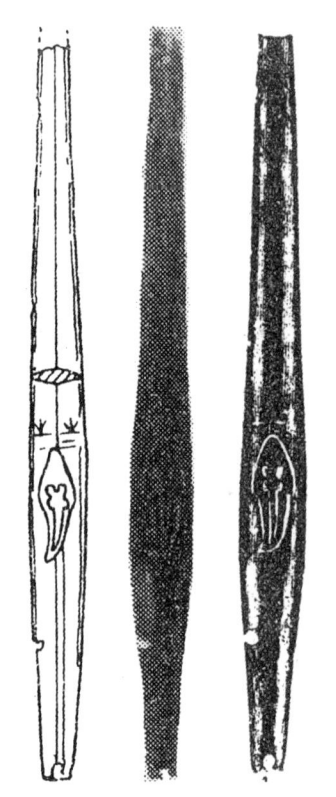

图八　四川大邑县五龙乡机砖厂墓地铜剑(M2∶23) 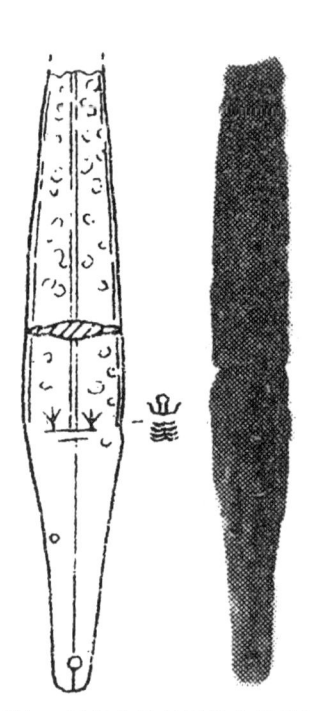　　图九　四川大邑县五龙乡机砖厂墓地铜剑(M2∶22)

9. 铜剑,中脊弧起,两侧起槽长 40.3 厘米。剑身两侧的符号为:"虎⟨⟩〰𐤟𐤟⊞,⿻〰𐤟𐤟⊞"(图十),出土于四川荥经县同心村墓葬(M1∶6)。① M1 为长方形竖穴土坑墓,随葬兵器有铜剑、矛、戈,工具有斧,陶器主要有陶豆。铜矛为短骹,中脊凸出,剖面呈桃核形。戈为中胡戈,援狭长而直,有脊,胡上两穿,铸有一虎,长方内,内上一圆穿。斧呈束腰长身弧刃。该墓的时代为战国中期。

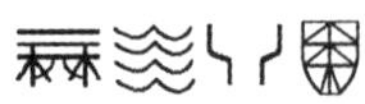

---

① 四川省文物管理委员会、荥经严道古城遗址博物馆:《四川荥经同心村巴蜀墓发掘简报》,《考古》1988 年第 1 期,第 51 页图四∶2;第 53 页图七∶1。

10. 铜剑,长46.6、宽2.8厘米。符号为"▨▨▨▨▨"(图十一),1984年出土于四川犍为县金井乡万年村墓葬(M5∶9)。① M5为长方形竖穴土坑墓,墓圹长3.76、宽3.25米。墓室底部正中有一长方形腰坑,随葬器物主要集中于墓室东南角,以陶器为主,重叠放置。腰坑内多为铜器,零散置于坑中。随葬器物中铜兵器主要有剑和钺,铜工具有削刀和斤,铜容器为鍪,陶器以釜、豆、罐、甑为主。从器形上看,铜剑剑身较长,弧脊有槽,两侧铸有虎斑纹。铜钺束腰圆刃。削刀体形较长。这些均符合战国中期晚段蜀墓的特点。而陶器中除了圜底罐外,还出有战国晚期时期常见的大口小平底罐和陶钵,笔者认为该墓时代可到战国晚期。而此铜剑的年代则在战国中晚期之际。单从剑的形制上说,是战国中期晚段之器。

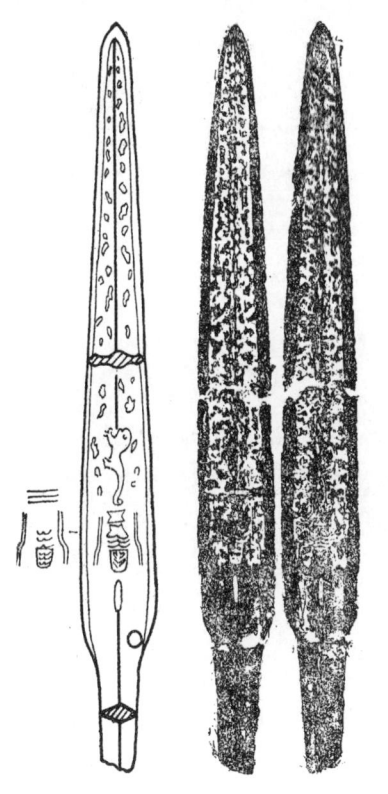

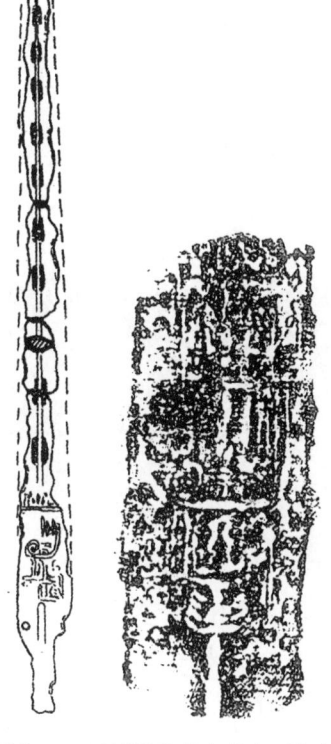

图十　四川荥经县同心村　　　图十一　四川犍为县金井乡万年村
　　　墓葬铜剑(M1∶6)　　　　　　　　墓葬铜剑(M5∶9)

11. 铜矛,通长17、骹长4.4、叶宽3、骹径2.5厘米。矛骹部的符号为"▨▨▨虎,▨▨▨▨▨▨"(图十二)。出土于四川省什邡市城关战国墓(M38∶3)。② 此

---

① 四川省文物管理委员会:《四川犍为金井乡巴蜀土坑墓清理简报》,《文物》1990年第5期,第74页图一八∶12;第75页图一九∶2。
② 四川省文物考古研究院、德阳市文物考古研究所、什邡市博物馆:《什邡城关战国秦汉墓地》,文物出版社,2006年,第155页图一五九∶2;第158页图一六二∶2;图版一五九。

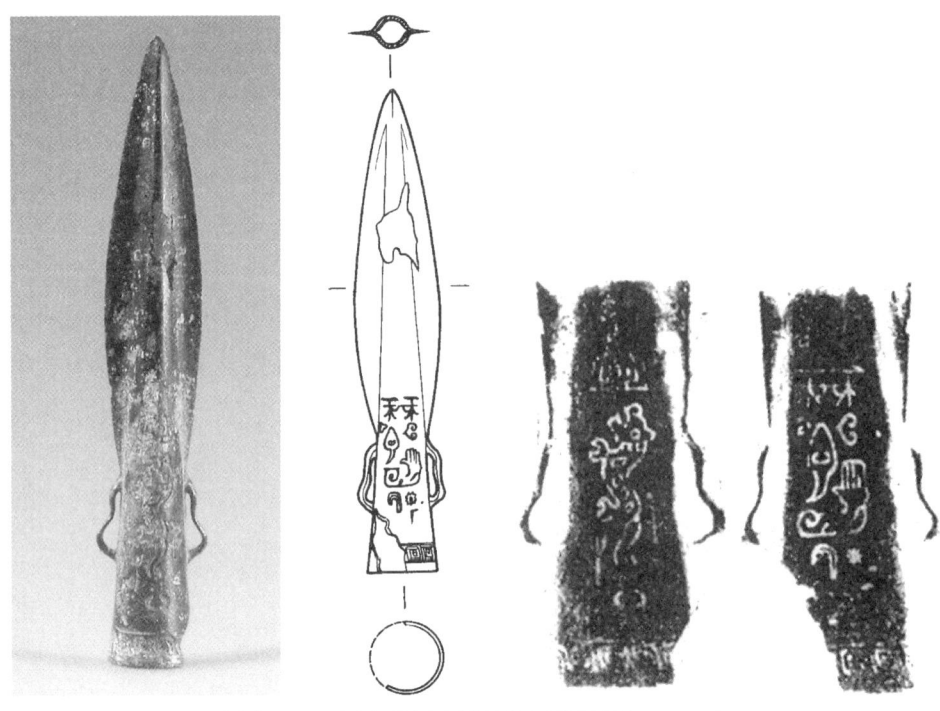

图十二　四川省什邡市城关战国墓铜矛(M38∶3)

墓为狭长方形土坑墓，残长3.2、宽1.2米。出土陶罐2、豆3、釜2、釜甑1；铜器矛4、剑2、镞1、刻刀1、勺1、鍪1、釜甑1。报告定其时代为战国晚期中晚段。从器物组合看，该墓的兵器种类较少，且以矛为主，铜容器为较传统的鍪和釜甑，陶器以豆和圜底罐为主，符合战国中期巴蜀墓葬的特点。从器形看，铜剑较长，通长在39.5到42.2厘米之间，中脊隆起，两侧或中间有血槽；铜矛有长骹和短骹之分，中脊凸出，剖面呈菱形，均为战国中期晚段常见形制，笔者以为该墓时代应为战国中期晚段。

12. 铜剑，上海博物馆藏，① 上有符号："⿱⿰𠃊⿰⿱⿰"（图十三）。该剑中脊隆起，中脊上有血槽，可能为战国中期晚段器。

13. 铜矛，出土于四川省宣汉县普光镇进化村罗家坝遗址(M5∶19)，② 通长22.5、叶宽3.6、骹长6、骹口径2.6厘米。短骹，椭圆形骹口，双弓形耳附于叶下端，中脊圆凸，剖面近圆形。骹部两侧铸有相同的符号："⿱⿰𠃊⿰⿱⿰"（图十四）。罗家坝M5为长方形竖穴土坑墓，墓圹长3.34米、宽0.9—0.95米，未见葬具及朽痕。骨架保

图十三　上海博物馆藏铜剑

---

① 见于上海博物馆青铜器馆展厅。
② 四川省文物考古研究院、达州市文物管理所、宣汉县文物管理所：《宣汉罗家坝》，文物出版社，2015年，第66页图五五；图版一五：3、4、5。

存极差,仅存头骨和下肢骨,仰身直肢葬,头南,面向上。墓主盆骨和股骨上发现6枚箭镞,股骨上的箭镞入骨。随葬器物中,陶器12件,以豆为主,有8件,釜、圜底罐、高领罐和釜甑各1件。豆为中柄和矮柄,釜甑联体,釜小甑大,圜底,肩部以下饰纵向绳纹。铜器15件,其中以兵器为主,矛1,剑1,钺2,箭镞6,工具有刻刀、锯、凿各1件。容器仅鍪1件。其中剑中脊隆起,两从处有血槽,剑身较长,达45厘米。钺2件,束腰,圆形刃,体型较小,通长仅10厘米左右。铜鍪圜底近平,这些器物特征均呈现出战国中期偏晚的特点,原报告认为该墓属战国中期偏晚,笔者从之。

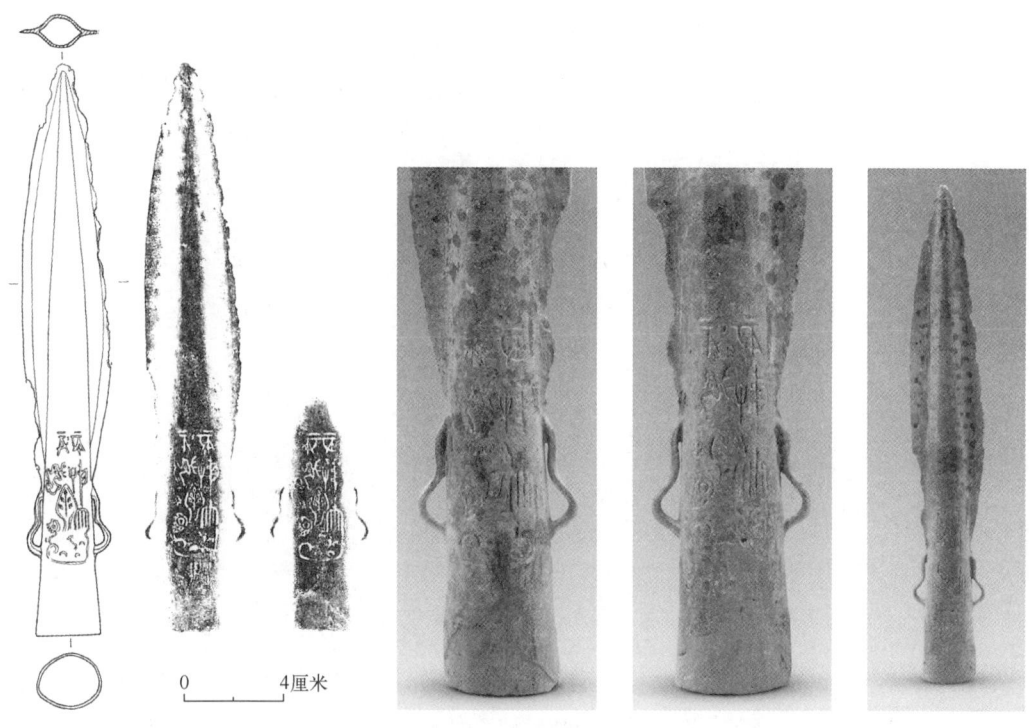

图十四　四川省宣汉县普光镇进化村罗家坝遗址铜矛(M5∶19)

14. 铜剑,出土于四川省宣汉县普光镇进化村罗家坝遗址(M28∶15),①通长38.6、宽4、茎长7厘米。剑身上有符号:"虎 ⌒ 🏺 ≋ , ◉ 𠂇𠂇"(图十五)。罗家坝M28为长方形竖穴土坑墓,墓圹长3.6米,宽0.86米,有长方形木棺。人骨保存极差,仅存下肢骨和头骨朽痕。推测为仰身直肢葬。随葬品共40件,主要是陶器,有20件,其中以豆为主,有16件,另有釜、瓮、圜底罐和网坠各1件,其中钵口微侈,溜肩,微鼓腹,圜底,形状似釜而体形较小,口径12厘米。铜器共11件,釜、釜甑、盆、矛各1件,剑2件,箭镞5件。原报告认为该墓属于战国中期偏晚。从器物组合上看,铜器为釜和釜甑,其中釜甑为分体式,甑底部有放射状箅孔,釜为圆鼓腹平底略内凹。呈现战国中期偏晚的特点。陶器除了

---

① 四川省文物考古研究院、达州市文物管理所、宣汉县文物管理所:《宣汉罗家坝》,文物出版社,2015年,第112页图一〇五:2;第113页图一〇六:1;图版四二:2、3。

豆占绝对多数外,还出现了战国晚期墓中常出现的平底泥瓮。综上,笔者认为该墓时代在战国晚期早段。但是此柳叶形剑,扁茎无格,器身铸有虎斑纹,隆脊,中脊有血槽,年代特征稍早,从形制上看,该剑时代可定为战国中期晚段。

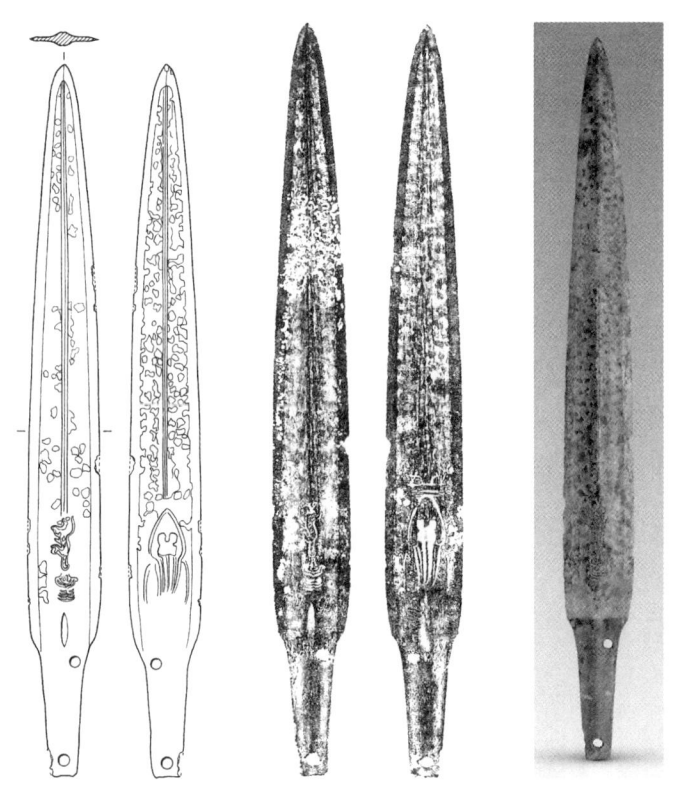

图十五　四川省宣汉县普光镇进化村罗家坝遗址铜剑(M28∶15)

15. 铜矛,出土于四川省宣汉县罗家坝遗址(M50∶1)。① 宣汉罗家坝 M50 为长方形竖穴土坑合葬墓,方向180°,未见葬具及朽痕,墓中有2具人骨架。随葬品共33件,陶器15件,以豆为主,有中柄豆和矮柄两种,以矮柄为主,为战国晚期早段常见形制。其次为釜,圜底罐、陶鍪还有花边口。铜器14件,其中兵器6件,钺3,矛2,剑1。铜剑体较窄,隆脊,脊上有血槽。钺为圆弧形刃,均有战国中晚期特点。工具组合为锯、削刀、斤,铜容器有2件鍪和釜。总体来说该墓完整保持了巴蜀墓葬的特点,有少量的外来因素如花边口圜底罐。原报告认为 M50 时代在战国晚期偏早,笔者从之。矛(M50∶1),叶宽3.8厘米。通长22.7、叶宽3.8、骸长6.3、骸口径2.5厘米。骸部铸有符号:"　　　",虎"　　　"(图十六)。短骸,骸口呈圆形,叶较宽,两弓形耳附于叶下端。中脊圆凸,直达矛尖。剖面略呈菱形,单从形制上看该铜矛时代可早到战国中期偏晚。

---

① 四川省文物考古研究院、达州市文物管理所、宣汉县文物管理所:《宣汉罗家坝》,文物出版社,2015 年,第 225 页图二一九∶2;图版一〇二∶5。

16. 铜矛,出土于四川省宣汉县罗家坝遗址(M61—1:7),①残长12、骹径2.8厘米。短骹,宽叶,双弓形耳,骹部有符号:"虎 [符号] ,[符号]?"(图十七)。宣汉罗家坝M61—1是长方形竖穴土坑墓,方向190°,墓圹长5.96、宽3.45米,为三棺合葬墓。未见完整葬具,只在墓底分别开挖三个长方形土坑,从朽痕看三棺均为长方形。一号棺长5.02米,宽0.88米。一号棺共随葬21件器物,其中陶器6件,钵、釜各2件,豆、瓮各1件。矮柄方唇窄平沿的陶豆,腹微鼓,下腹斜直,喇叭状圈足较大,该形制在战国中晚期巴蜀墓葬中常见。而2件钵的形制与豆盘相近,皆是小平底,无圈足。陶釜为尖唇斜沿束颈扁鼓腹圜底,符合战国中期巴蜀墓中陶釜的特征。铜器共14件,兵器有剑、戈、钺、矛和箭镞,铜工具有斧、锯、锥、凿,铜容器有釜、鍪、盘。铜兵器和工具为战国巴蜀墓的常见组合。钺为无肩圆形刃钺。长胡四穿戈,隆脊,援上昂,有阑,阑下出齿,长方形内,内上一长方形穿;中胡戈则是长援,隆脊有阑,阑下出牙,长方形内,内上一圆穿。钺和戈总体上看均符合此类兵器在战国中期晚段的特点。只是铜剑为扁茎无格隆脊,剖面呈菱形,剑身较宽,通长仅24厘米,是为战国早期常见形制。容器中铜盘为折沿近平,直腹,沿下有两环耳,腹上部有两圆圈纹,或为楚文化因素。另外2号与3号棺中所出的铜器和陶器的形制上也符合战国中期晚段的特点。故笔者认为该墓为战国中期晚段,即秦灭巴蜀之前。

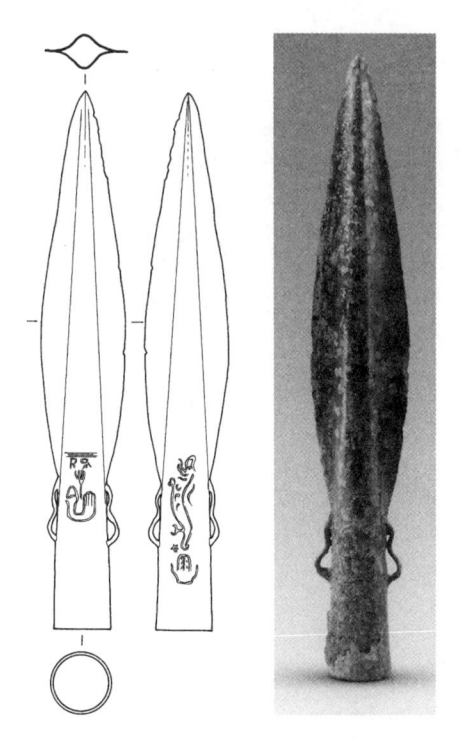

图十六　四川省宣汉县罗家坝遗址铜矛(M50:1)

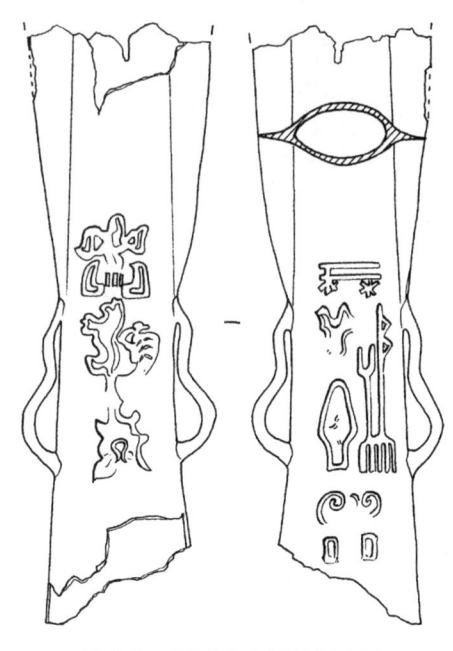

图十七　四川省宣汉县罗家坝遗址铜矛(M61—1:7)

---

① 四川省文物考古研究院、达州市文物管理所、宣汉县文物管理所:《宣汉罗家坝》,文物出版社,2015年,第261页图二五四:4。

17. 铜矛,重庆市云阳县高阳镇李家坝遗址出土。① 骹两侧有符号:"🐾 𠭴 〰 ⎏ 𠂆 ★ (✿?) ⋀ 虎,虎(龙?) ⋀ ✿ ⎔ 𠂆 ⊕ 🐛"(图十八)。此矛只有局部图片,长骹,双弓形耳,推测其时代或为战国中晚期。

18. 铜剑,长 40、宽 4 厘米。剑身两侧有符号:"𠭴 𠂆 𠂆 ?, ⊕ ?"(图十九),部分符号不清。重庆市万州区新田镇五溪村曾家溪墓地(M12∶4)出土。② M12 为长方形竖穴土坑墓,墓向北偏西 10°,墓圹长 4、宽 3 米,未见明显葬具,墓主仰身直肢,双手交叉于腹部,墓底有支垫葬具留下的槽痕。随葬器物中兵器有铜矛、剑、钺,工具有削刀,铜容器有鉴,陶器多已碎,有陶敦、高柄豆、三足盘等。墓主的头部上方出有玉璧,该墓既有浓厚的巴文化特色,也有较多的楚文化因素。从器形上看,青铜剑中有的剑身特别

图十八 重庆市云阳县高阳镇李家坝遗址出土铜矛

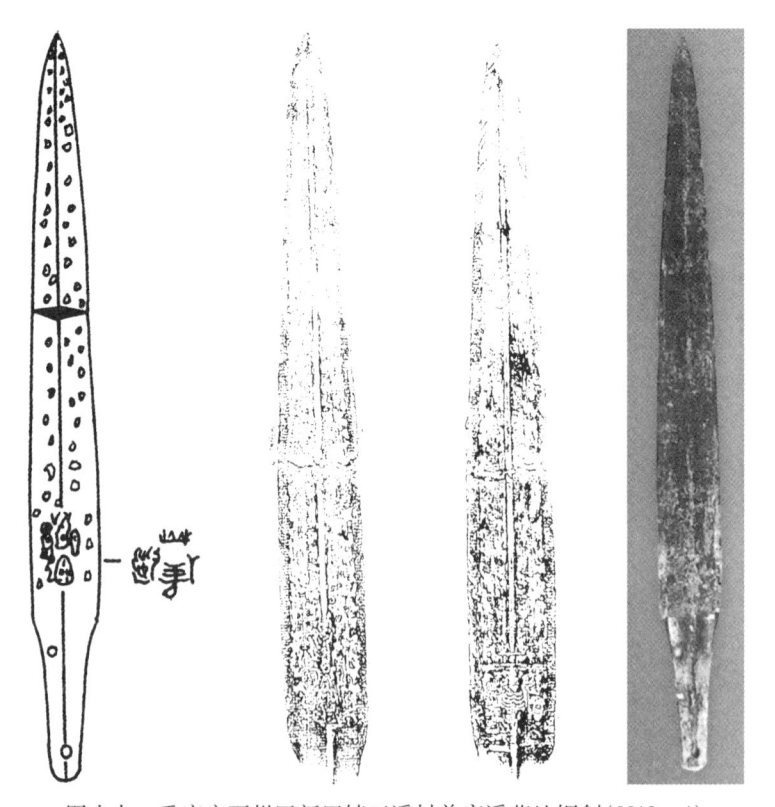

图十九 重庆市万州区新田镇五溪村曾家溪墓地铜剑(M12∶4)

---

① 重庆市文物局:《三峡文物珍存——三峡工程重庆库区地下文物卷》,北京燕山出版社,2003 年,第 72 页。
② 镇江博物馆、重庆市文物局、重庆市文物考古所、重庆市万州区文物管理所:《万州曾家溪墓地考古发掘报告》,《重庆库区考古报告集 2001 卷》,科学出版社,2007 年,第 996 页图一四:4;第 999 页图一六:1、2;彩版二一:2—2。

长,达到了 70 厘米。矛为短骹凸圆脊,钺呈束腰圆刃,削的长度也较长。墓中还出土有黑皮的高柄豆、三足盘及陶敦。原报告认为该墓时代为战国中晚期,笔者从之。

19. 铜矛,古越阁藏,① 长 21、宽 3.2 厘米。符号为"虎 [符号], [符号]"(图二十)。该矛短骹,弓形耳,中脊凸圆,制作精良。从形制上看,该矛时代应为战国中期晚段到战国晚期,综合符号的组合来看,很可能是战国晚期早段。

图二十　古越阁藏铜矛

20. 铜矛,通长 22.5、骹长 5.8、叶宽 3.4、骹径 2.5 厘米。符号组合复杂:"虎 [符号], [符号]"(图二十一),出土于四川省什邡市城关战国墓(M14∶2)。② M14 为船棺葬,狭长方形竖穴土坑船棺葬,墓室两端明显小于中部,坑极浅,长 6.84 米,宽 1.2 米。随葬品共 25 件,陶器 12 件,以豆为主,另有釜、釜甑、壶和盆。铜器 12 件,主要是铜兵器,组合为:铜矛、戈、剑、钺,铜工具有斤和削,铜容器仅有鍪,另有带钩 1 枚、料珠 1 个。从器形上看,所出铜剑长度在 33.5 到 42 厘米之间,中脊突出,两侧有血槽;铜钺束腰圆刃,銎口呈椭圆形;铜矛中脊圆凸,剖面呈菱形;铜戈长胡三穿,援高昂,长方形内;铜鍪长颈垂腹,辫索形耳位置较低。陶豆为直口、卷唇、深腹、矮柄;陶鍪和陶釜圜底近平。另还出现了敞口平底的陶盆。这些特点符合战国晚期早段巴蜀墓葬中陶器的特点,原报告认为该墓时代为战国晚期早段,笔者从之。

---

① 王振华:《商周青铜兵器》46 号,古越阁,1993 年;李学勤:《符号最多的巴蜀矛》,《文物》1995 年第 8 期,第 77 页。
② 四川省文物考古研究院、德阳市文物考古研究所、什邡市博物馆:《什邡城关战国秦汉墓地》,文物出版社,2006 年,第 84 页图七七:3;第 88 页图八〇:2;图版九二。

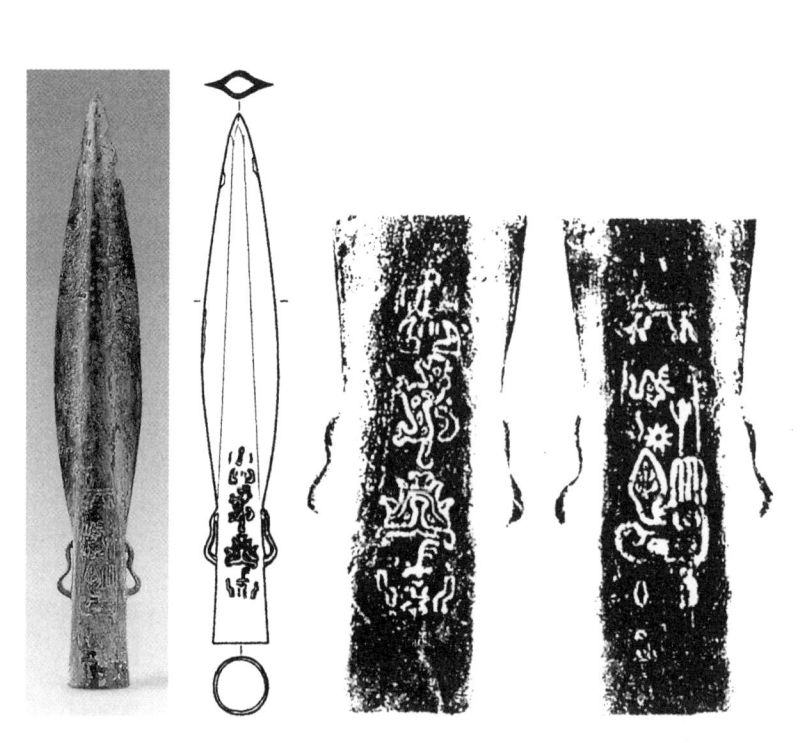

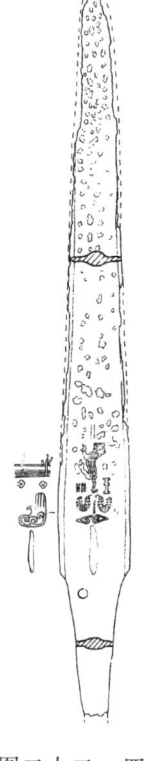

图二十一　四川省什邡市城关战国墓铜矛(M14∶2)

图二十二　四川犍为县金井乡万年村墓葬铜剑(M1∶5)

21. 铜剑,为无格扁茎剑,剑身中脊隆起,两侧形成弧形凹槽,长39厘米。剑身上有符号"▨▨▨▨▨,虎王▨▨▨▨"(图二十二)。出土于四川犍为县金井乡万年村墓葬(M1∶5)。[①] M1为长方形竖穴土坑墓,长约3米,宽约1.2米。随葬器物较丰富,铜兵器有剑、矛、钺,工具有削刀、斧,铜容器有铜鍪、釜、釜甑等,陶器有陶釜、豆、陶鍪、圜底罐、平底罐等,还出有铜印章,各器类组合完整,从器物形制上看,铜矛分短骹和长骹,均中脊圆凸,剑均为无格扁茎剑,剑身中脊隆起,两侧形成弧形凹槽,长度从37到55厘米不等,符合战国中晚期巴蜀青铜剑的特点。铜刀为环首,平面呈桃状,刀身呈弧形。通长41.5厘米,体量很大。铜釜敛口,唇向外斜折,扁圆腹,肩部有一对竖置辫索环耳。底部有浓厚的烟炱痕迹,圜底近平,有战国晚期早段的形制特点。综上,该墓时代应在战国晚期早段。

[①] 四川省文物管理委员会:《四川犍为县巴蜀墓发掘简报》,《考古与文物》1984年第3期,第19页图二∶2。

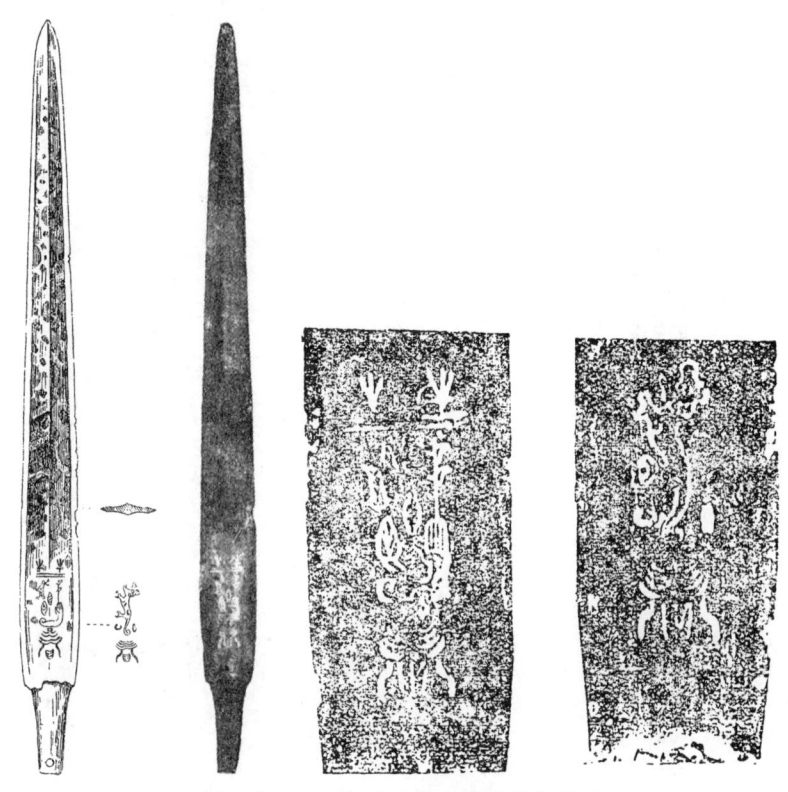

22. 铜剑，四川广元市昭化区宝轮院采集（0∶21），①符号为"⽲🐛{}
⼽🐚✋✕〰〉🛡，虎⌒{}〰〉🛡"（图二十三）。该剑剑身长，中脊起棱，两侧
有血槽，从形制上看应属于战国晚期。

图二十三　四川广元市宝轮院采集铜剑

23. 铜剑，出土于四川峨眉县符溪乡柏香林，②为柳叶无格扁茎剑，茎前宽后窄，中脊
突出，通长约 51.5 厘米，符号为"⽲🐚 ✋"（图二十四）。从形制上看，该剑时代应在
战国晚期。

24. 铜剑，通长 38、宽 3.6、茎长 6.5 厘米，符号是"虎✕〰〉🛡，⽲✿
🌙🏛"（图二十五），出土于四川省荥经县北郊同心村墓葬（M19∶21）。③ 同心村墓葬
M19 为狭长方形竖穴土坑船棺葬，长 6.30、宽 1.14 米，墓圹规格较高，随葬器物较为丰富，
其中铜兵器有戈、矛、剑、箭镞，铜容器有釜、鍪、钵等，另出有印章、铜泡、桥形饰及鎏金饰
等，铁器有铁削一枚。陶器有圜底罐、豆、釜、双耳釜、罍、钵及圜底钵等。从器形上看，剑

---

① 四川省博物馆：《四川船棺葬发掘报告》，文物出版社，1960 年，第 39 页图 38∶6；第 110 页图版二〇∶1；第 51
页图 49∶7（编号为 0∶12）；第 113 页图版二三∶1。
② 陈黎清：《四川峨眉县出土一批战国青铜器》，《考古》1986 年第 11 期，第 985 页图五∶13。
③ 四川省文物考古研究所：《四川考古报告集》，文物出版社，1998 年，第 251 页图五五∶1；第 252 页图五六∶3。

的中脊有槽,两侧有虎斑纹,矛有短骹和长骹两种,均中脊圆凸,戈为中胡二穿戈,直援宽刃菱形脊,胡末有牙,援上铸虎头纹,内上有阴刻的虎身图案,这些都表现出战国中期晚段巴蜀兵器的特点。而墓中所出的陶豆口微敛,圆唇外卷,唇下有凹弦纹一圈,口大底小柄短,形制又有战国晚期早段的特点。综上所述,该墓的时代应为战国晚期早段。

图二十四　四川峨眉县符溪乡柏香林出土铜剑　　图二十五　四川省荥经县北郊同心村墓葬铜剑(M19∶21)

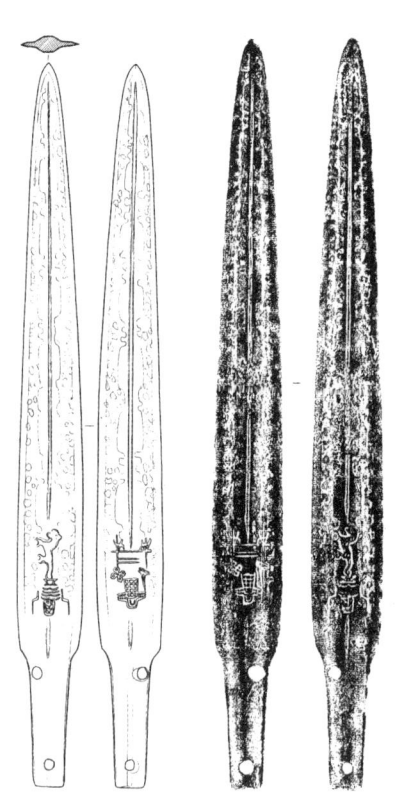

四川省荥经县北郊同心村墓葬 M19 还出有一矛。

25. 铜矛(M19∶16),通长 22.8、骹长 10.1 厘米,骹部符号:"虎 ？, ？"(图二十六)。

26. 铜剑,剑身上有符号:" , "(图二十七),出土于重庆市九龙坡区冬笋坝墓葬(M9∶6)。① M9 为狭长方形竖穴土坑船棺葬,船棺长 6.64、宽 1.49—0.58 米。铜兵器组合为矛、钺、剑,工具组合为削、斤,铜容器组合为釜、甑、鍪、盘,陶器主要为豆罐。铜剑的剑身较长,戈为无胡戈,钺为束腰圆刃钺,有少量中原文化因素,未出现明显的秦文化因素,符合战国晚期的墓葬特点,故该墓可定在战国晚期。

---

① 四川省博物馆:《四川船棺葬发掘报告》,文物出版社,1960 年,第 50 页图 48∶3;第 111 页图版二一∶7。

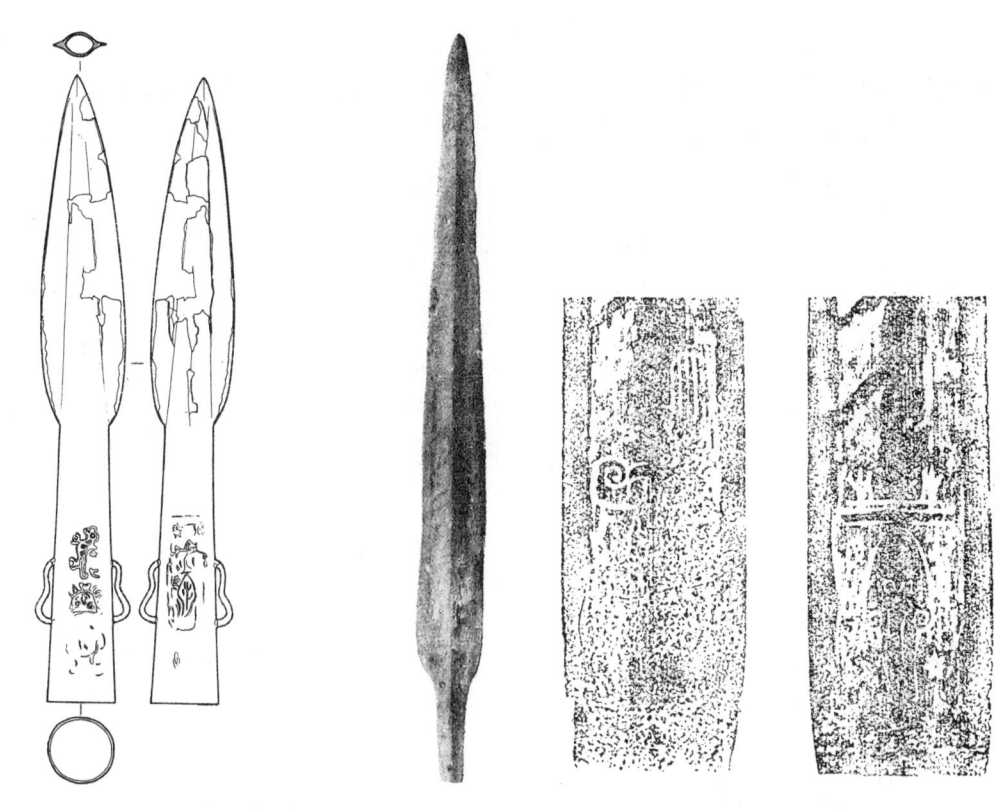

图二十六　四川省荥经县北郊
　　　　　同心村墓葬铜矛
　　　　　（M19∶16）

图二十七　重庆市九龙坡区冬笋坝
　　　　　墓葬铜剑（M9∶6）

27. 铜剑，长53.6、宽4.6、厚0.8厘米。剑身两侧符号为："虎？ ❲符号❳，❲符号❳"（图二十八），出土于重庆市涪陵区白涛镇小田溪墓地（M15∶34）。① 该墓葬为长方形竖穴土坑墓，墓向为120°，墓口长4.35、宽2.3—2.6米，口大底小。葬具为一棺一椁，棺置于椁内。棺两侧各镶嵌3个铺首衔环，棺盖镶2个铺首衔环，椁内填满青膏泥。有熟土二层台。仰身直肢葬。随葬器有铜、陶、漆、木等质地。陶器组合为瓮、釜、盂。从组合上看，该墓不论是兵器还是容器，都有相当大的楚文化因素，如盒、壶、勺、弩等器类。陶器中出现了瓮，其中壶为S形钮，壶身为子母口，长颈鼓腹，兽面衔环，与战国中期中叶的湖北鄂城鄂钢M53②所出壶相似。盒上下相同，与战国中期晚段的江陵雨台山M480③所出的盒相似，所以该墓时代应在战国中期晚段之后。而该墓所出铜剑剑身较长，从34到59.6厘米不等，形制除了有巴蜀特色的柳叶形外，还有外形介于楚式剑与巴蜀剑之间的改装剑。其中柳叶形剑剑身较长，弧脊有槽，饰虎斑纹，符合战国晚期巴蜀剑的特征。

---

① 重庆市文物考古研究所、重庆市文物局：《涪陵小田溪墓群发掘简报》，《重庆库区考古报告集2002卷》，科学出版社，2010年，第1351页图一二：1。
② 鄂钢基建指挥部文物小组、鄂城县博物馆：《湖北鄂城鄂钢五十三号墓发掘简报》，《考古》1978年第4期。
③ 湖北省荆州地区博物馆：《江陵雨台山楚墓》，文物出版社，1984年。

铜戈援狭长上昂,胡上三穿,方直内,援上为三角形纹饰,胡上有龙纹,内上有鹿纹,制作精良,也具战国晚期长胡戈的特点。另铜鍪制作精美,带链带盖。蛇形带钩也别具一格。综上,该墓时代应为战国晚期,秦灭巴蜀之后。

28. 铜剑,通长45.5、宽3.5、茎长8.3厘米。剑身有符号"▨▨,虎▨▨"(图二十九)。出土于四川省荥经县北郊同心村墓葬(M16∶17)。① M16为狭长方形竖穴土坑船棺葬,长6、宽1.17米,墓主仰身直肢葬。该墓随葬器物中,铜容器组合为釜、鍪、盆,兵器有矛和剑,工具出有铁斧和铁削,陶器主要有陶釜和陶鍪,另该墓出有4枚印章和一个带钩。从形制上看,陶釜和陶鍪的直颈稍短,鼓腹圜底,呈现出战国晚期到秦的特点。而铜釜鼓圜底近平,也有战国晚期的特点。一枚方印上带"敬事"二字有秦篆特征。综上所述,该墓的时代当晚至战国晚期,在秦灭巴蜀之后。

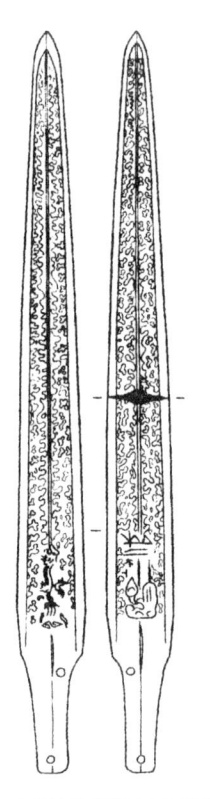

图二十八　重庆市涪陵区白涛镇小田溪
　　　　　墓地铜剑(M15∶34)

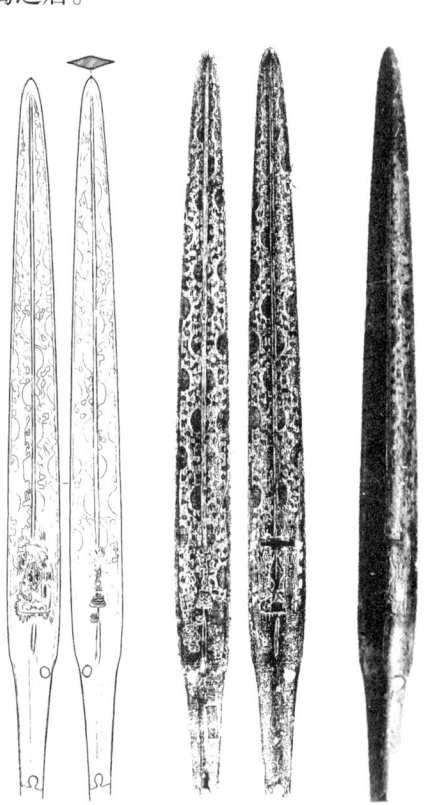

图二十九　四川省荥经县北郊同心村
　　　　　墓葬铜剑(M16∶17)

29. 铜剑,通长45.4、宽3.4、茎长9.2厘米。符号有"▨,▨?▨▨▨"(图三十)。出土于四川省荥经县北郊同心村墓葬(M20∶15)。② M20为狭长方形竖穴土坑船棺葬,墓

---

① 四川省文物考古研究所:《四川考古报告集》,文物出版社,1998年,第251页图五五:4;第252页图五六:1;图版拾伍:6。
② 四川省文物考古研究所:《四川考古报告集》,文物出版社,1998年,第250页图五四:4。

圹长 5.38、宽 0.84 米。随葬器物较丰富,铜兵器有矛、剑、刀、箭镞,铜工具有斤,铜容器有釜、鍪、钵等,另有铜瓶形饰、铜带钩及铜印章,铁器有削刀,陶器组合为釜、豆、圜底罐、钵等。从器形上看,柳叶无格剑为尖锋,剑身较长,达 45.4 厘米,弧脊有槽,铸虎斑纹,有战国晚期早段铜剑的形制特点。陶豆短柄,口大底小,内腹似尖底盏,是战国早期陶豆的特点。而矛为圆銎,矛身脊沿上有多处铜液浇铸不足的残痕,说明该矛应为墓葬专用的明器。从整体上看,该墓规格较高,而巴蜀兵器、工具类的组合均不全,而装饰类小物件较多,这些情况表明该墓的墓主身份可能较高,但实际随葬器物较差的状况。综上所述,该墓的时代应当在战国晚期早段,秦灭巴蜀之后了。

30. 铜剑,长 30.7、宽 2.6 厘米。符号是"![符号]"(图三十一),出土于四川犍为县金井乡万年村墓葬(M6:1)。① M6 为长方形竖穴土坑墓,墓向北偏西 62°,墓圹长 3.02、宽 2.1 米,东南侧壁下有二层台,台宽近墓室总宽的一半。随葬品置于墓室两端及二层台上。随葬器物丰富,有 70 余件,其中陶器占三分之二,以釜、豆为主,有圜底罐、平底罐、釜甑、盂、钵、鼎等。铜容器有鍪、釜、釜甑、盆,兵器有剑、钺、矛,工具有斤、削刀。该墓还出有 4 枚印章,其中三枚为背部扁平的桥形钮圆印,一枚为兽形钮方印。从器物形制看,铜矛为长骹,圆脊凸起。斧束腰弧刃。釜甑分体,其中釜平底有矮圈足,甑的箅眼呈"米"字形。铜盆有铺首衔环。陶豆既有高柄豆也有矮圈足豆。陶鼎三足短小外撇。原报告认为该墓为战国晚期秦灭巴之后向南迁徙的蜀人墓,笔者从之。

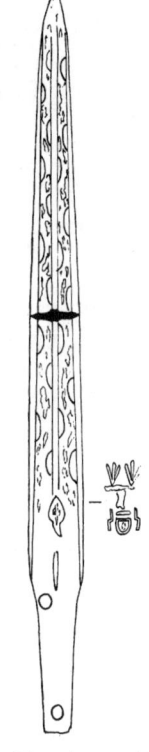

图三十 四川省荥经县北郊同心村墓葬铜剑(M20:15)

31. 铜矛,出土于四川省宣汉县普光镇进化村罗家坝遗址(M30:22),②通长 27.4、叶宽 4、骹口径 3、长 7 厘米。短骹,宽叶,双弓形耳附于叶下端。其中脊圆凸,直达矛尖,剖面略呈菱形。骹中部两面均铸有符号"虎[符号],[符号]★[符号]"(图三十二)。罗家坝 M30 为长方形竖穴土坑墓,方向 206°,墓圹长 4.4 米,宽 1.02 米。随葬品 37 件,其中陶器 16 件,以釜和豆为主,还有釜甑、陶鼎、高领罐和平底罐、纺轮等,其中豆均为矮柄豆,鼎为釜形鼎,圜底,圆鼓腹,足较矮,下端外翻卷。平底罐为侈口束颈小平底,釜甑釜大甑小,圜底,均表现出战国晚期早段陶器的特点。随葬铜器 8 件,其中铜钺无肩,椭圆形銎口,弧形刃。铜鍪,侈口束颈溜肩圆鼓腹圜底,肩部的辫索纹环耳位置偏低,表现出战国中期晚段的器物特点。综上,该墓的时代应为战国晚期早段。

---

① 四川省文物管理委员会:《四川犍为金井乡巴蜀土坑墓清理简报》,《文物》1990 年第 5 期,第 74 页图一八:11;第 75 页图一九:1。
② 四川省文物考古研究院、达州市文物管理所、宣汉县文物管理所:《宣汉罗家坝》,文物出版社,2015 年,第 119 页图一一一:1、图一一二;图版四六:3。

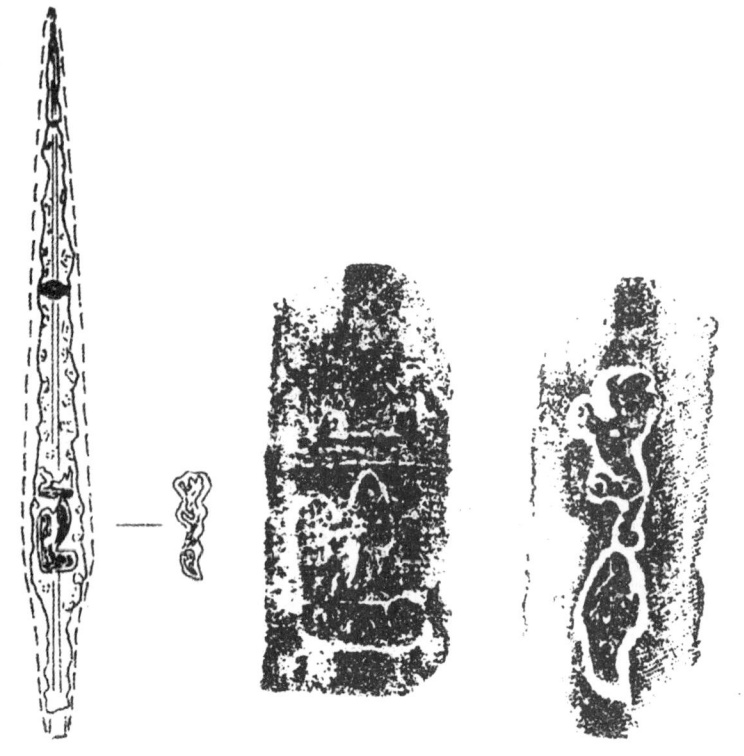

图三十一　四川犍为县金井乡万年村墓葬铜剑（M6∶1）

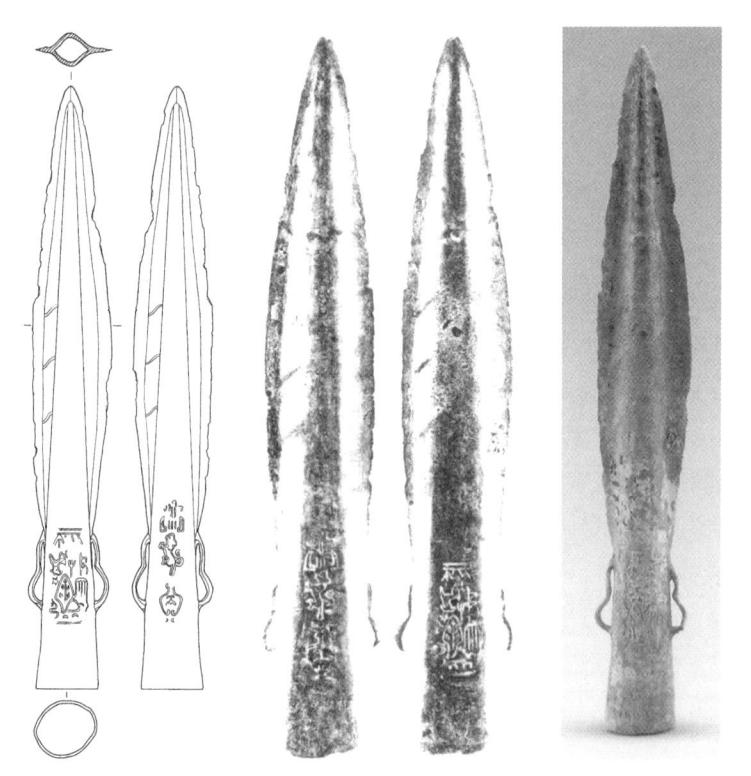

图三十二　四川省宣汉县普光镇进化村罗家坝遗址铜矛（M30∶22）

32. 铜剑,出土于四川省宣汉县普光镇进化村罗家坝遗址（M31：12），①通长38.4、宽3.6、茎长6.6厘米。柳叶形,扁茎无格,茎上下各有一不对称的圆穿,隆脊,两侧有血槽,器身铸刻有虎斑纹,下端两面均铸有巴蜀符号"虎 ◇ ≋ ▨ ↳↲ ，▅ ✤ ▦ ↑"（图三十三）。罗家坝 M31 为长方形竖穴土坑墓,方向210°,墓圹长4.6米,宽0.82米。随葬品共37件,其中陶器11件,以豆为主,另有鼎、盂器盖、圜底罐和釜各1件。豆均为矮柄豆,鼎为釜形鼎,侈口束颈圆鼓腹圜底,矮足外撇,符合中原战国晚期陶鼎的特点。铜器共23件,以兵器为主,其中箭镞9枚,还有钺、剑、戈、矛等。其中矛为短骹,中脊圆隆直达矛尖。戈为中胡二穿,中起脊有阑,胡末向后凸出一牙。钺,无肩,椭圆形銎,圆刃。该墓中也出有不少装饰用品,如刻有浅浮雕虎的铜璜,还出有玉珠和料珠。综上,该墓时代应为战国晚期早段。

与此器同墓所出的还有以下二矛。

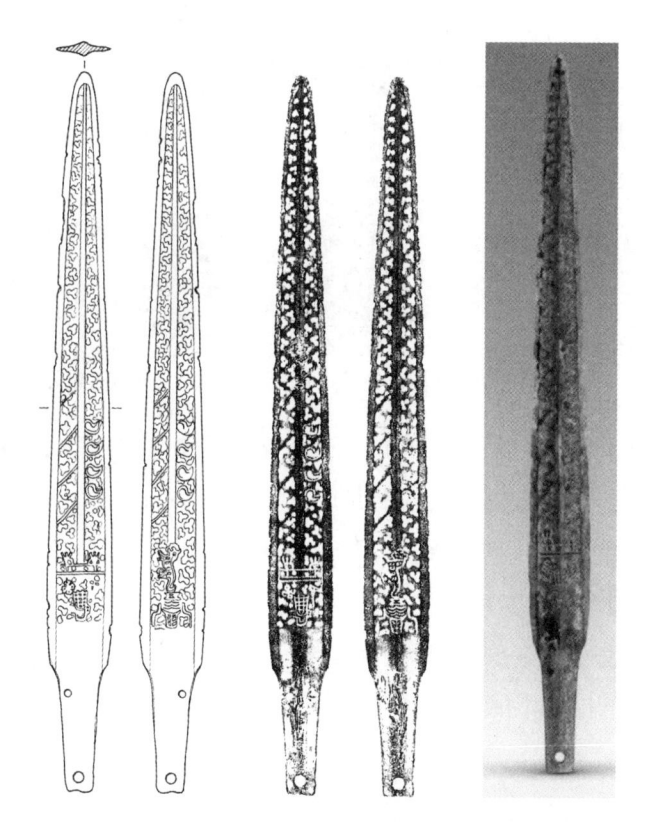

图三十三　四川省宣汉县普光镇进化村罗家坝遗址铜剑(M31：12)

---

① 四川省文物考古研究院、达州市文物管理所、宣汉县文物管理所：《宣汉罗家坝》,文物出版社,2015年,第125页图一一六;图版四九：1、2。

33. 铜矛(M31∶28)，①通长16.5、叶宽3.6、骹口径2.2、长4.2厘米。骹上两侧有符号："虎 ▨▨▨★▨▨▨，▨▨▨▨▨▨▨"（图三十四）。

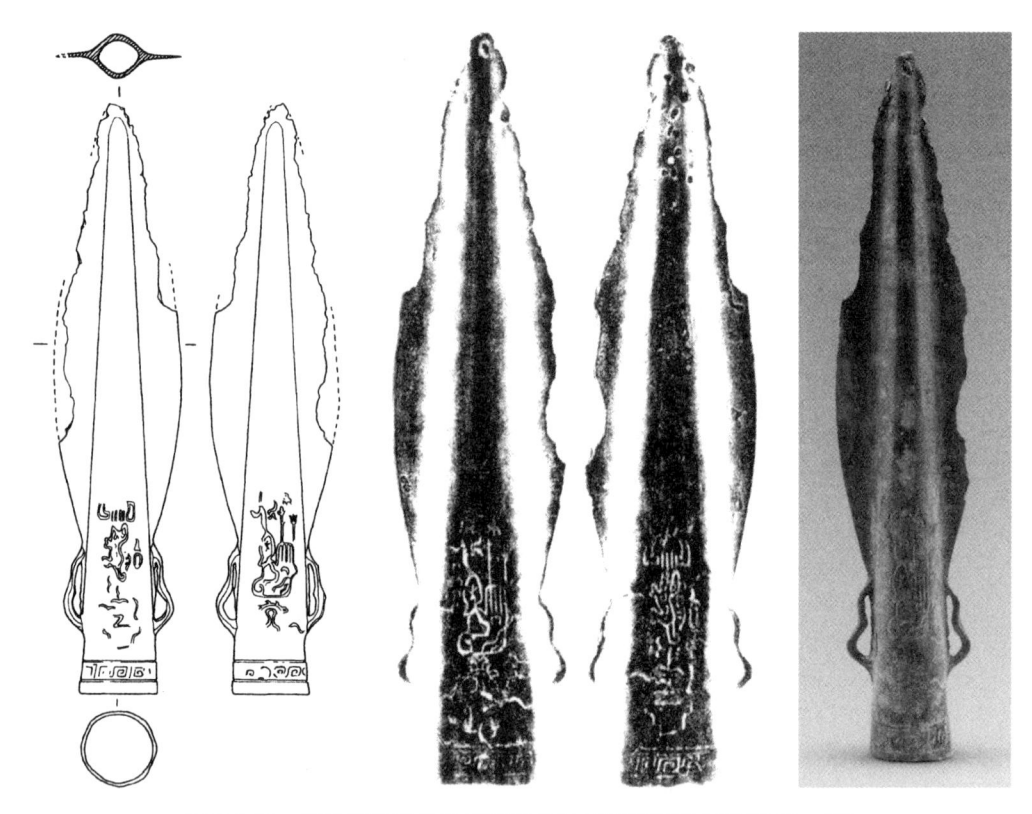

图三十四　四川省宣汉县普光镇进化村罗家坝遗址铜矛(M31∶28)

34. 铜矛(M31∶29)，②通长17.3，叶宽3.4，骹口径2、长5厘米。骹部两侧铸有相同的符号："▨▨▨▨▨▨"（图三十五）。

35. 铜剑，1976年出土于四川省宣汉县普光镇进化村，③残长17.3、宽3.1厘米。上有符号"▨▨▨▨★?，虎?▨▨"（图三十六）。

36. 铜矛，广汉文化馆藏，④符号为"▨▨▨▨▨▨▨，虎王★▨"（图三十七）。此器的年代当在战国晚期。

---

① 四川省文物考古研究院、达州市文物管理所、宣汉县文物管理所：《宣汉罗家坝》，文物出版社，2015年，第127页图一一八：1、图一一九：1；图版四九：4。
② 四川省文物考古研究院、达州市文物管理所、宣汉县文物管理所：《宣汉罗家坝》，文物出版社，2015年，第127页图一一八：2、图一一九：2；图版四九：5、6。
③ 马幸辛：《试探川东北出土的巴蜀铜兵器》，《四川文物》1996年第2期，第34页图二：6。
④ 刘瑛：《巴蜀兵器及其纹饰符号》，《文物资料丛刊》第7辑，文物出版社，1983年，第18页图六：10。

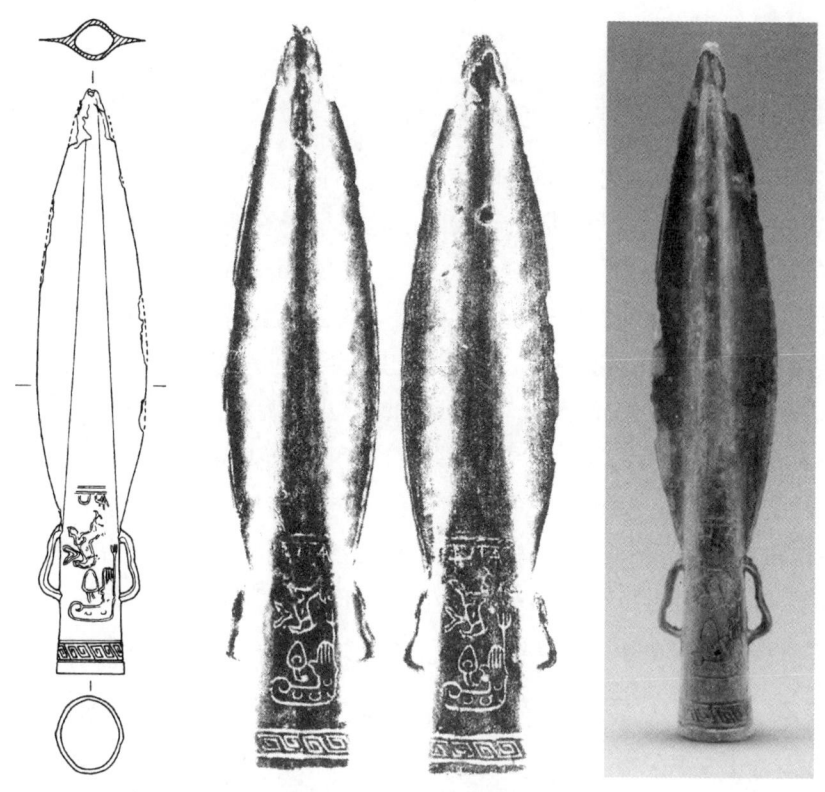

图三十五　四川省宣汉县普光镇进化村罗家坝遗址铜矛(M31∶29)

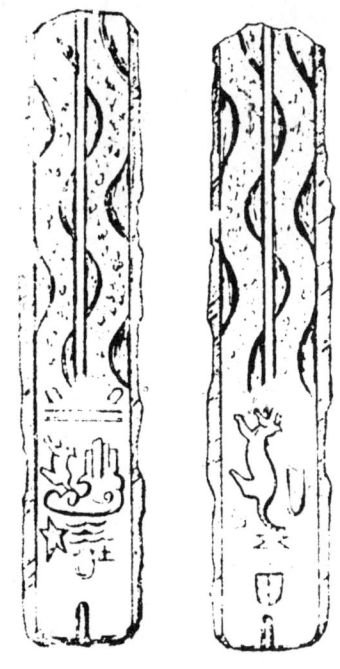

图三十六　四川省宣汉县普光镇
进化村出土铜剑

图三十七　广汉文化馆藏铜矛

二

由上述36件器物的年代分析可知，🀄符存世时间比较短，器物的年代为战国中期到秦灭巴蜀后（战国末期），比较集中于战国中期晚段与晚期早段，这一时段也是巴蜀文化最繁盛的时段。

🀄符号器物的分布地域比较散乱。巴人区的云阳县高阳镇李家坝、万州新田镇曾家溪、开县渠口镇余家坝、涪陵白涛镇小田溪、巴南冬笋坝、宣汉县进化村共出土有15件，其中宣汉进化村一带集中出土9件。蜀人区的峨眉市柏香林、荥经县同心村、犍为县万年村、大邑县五龙乡机砖厂、成都市、什邡市城关、广元市宝轮院等地出土18件，为荥经同心村3座墓、什邡市4座墓、大邑五龙1座墓、犍为万年村2座墓中出土。从出土总量上来看，蜀人区所出🀄符号器物较多，但笔者以为尚不能得出🀄符号为蜀人所独有的结论。🀄符号应该与族群没有对应关系，换言之，符号🀄不是族群的表征。

同出于宣汉罗家坝M31的三件铜剑"虎 🀄 "（M31∶12）、" 虎 "（M31∶28）、" 🀄 "（M31∶29）上都出现🀄符号，这是🀄符器物共出一墓的唯一例子，符号的组合却不相同。🀄符号器物中，编号为7号与8号的器物是四川大邑县五龙乡机砖厂墓地的同一座墓所出，但符号组合不一。同为五龙乡机砖厂墓地的M1①出土有巴蜀符号的斤与剑，符号组合也不同。25号与24号也是同墓所出，符号组合不一。这种情况说明这些符号很难说是墓主自述出身的族群认同性的内容，即很可能不是"族"的标志或个人的名号。

巴蜀文化社会是分层社会，笔者曾据墓葬资料尝试对巴蜀文化人群进行分层研究，将战国中期巴蜀墓葬以3米、6米、10米为界分为四级，战国晚期巴蜀墓以3米、6米、9米亦可分为四个层级。② 下面以此标准再来看看🀄符号所出墓葬在巴蜀文化中所处的等级情况。

表一 🀄 符号所出墓葬规模对照表

编 号	地 点	墓 尺 寸
2	四川什邡 M1	7.55米×1.1米
20	四川什邡 M14	6.84米×1.2米
24、25	四川同心村 M19	6.3米×1.14米
3	四川什邡 M7	6.28米×0.8米

---

① 四川省文管会、大邑县文化馆：《四川大邑五龙战国巴蜀墓葬》，《文物》1985年第5期。
② 洪梅：《试析战国时期巴蜀文化的墓葬形制》，《华夏考古》2009年第1期。

续表

编号	地点	墓尺寸
28	四川同心村 M16	6 米×1.17 米
26	重庆冬笋坝 M9	6.64 米×1.49 米
16	四川宣汉罗家坝 M61	5.96 米×3.45 米
29	四川同心村 M20	5.38 米×0.84 米
1	四川成都 M5	5.1 米×0.84 米
15	四川宣汉罗家坝 M50	5 米×2.2 米
6	四川同心村 M21	5 米×1 米
32、33、34	四川宣汉罗家坝 M31	4.6 米×0.82 米
31	四川宣汉罗家坝 M30	4.4 米×1.02 米
27	重庆小田溪 M15	4.35 米×2.6 米
7、8	四川大邑 M2	4.2 米×0.9 米
18	重庆曾家溪 M12	4 米×3 米
10	四川犍为 M5	3.75 米×3.25 米
11	四川什邡 M38	残 3.2 米×1.2 米
4	重庆余家坝 M60	3.26 米×2.5 米
21	四川犍为 M1	3 米×1.2 米
13	四川宣汉罗家坝 M5	3.34 米×0.95 米
14	四川宣汉罗家坝 M28	3.6 米×0.85 米
30	四川犍为 M6	3.02 米×2.1 米

由上表可知,出土 ⚌ 符号铜器的墓葬的尺寸都在 3—7 米的范围之内。葬俗方面,也存在着土坑墓与船棺葬的区别,如四川省大邑县五龙乡机砖厂墓地 M2、犍为县金井乡万年村墓葬 M6、重庆市涪陵区白涛镇小田溪墓地 M15、开县渠口镇云安村余家坝墓地 M60 还设置有二层台。但据所出随葬品的丰寡程度,这些墓的墓主之间似乎还存在等级与占有社会财富方面的差别,但总体而言, ⚌ 符号铜器所在的墓葬,其墓主当是战国中、晚期巴蜀文化社会的中层,这点应该是可以肯定的。

⚌ 符号在四川什邡城关墓地集中出土,墓葬形式分为二类,一类是船棺葬,另一类是长方形土坑墓。其中 M1、M7、M38 为战国中期墓葬,墓圹长度在 6 米以上。据发掘报告,什邡城关墓地战国中期墓葬有 43 座,其中墓圹完整者 33 座。[①] 这些中期墓葬中(不

---

① 四川省文物考古研究院、德阳市文物考古研究所、什邡市博物馆:《什邡城关战国秦汉墓地》,文物出版社,2006 年,附表一。下文所列什邡城关战国秦汉墓地数据皆采自该表。

包括残墓),不见墓长3米以下的小型墓;墓长在3—6米的中型墓有19座;墓长在6米以上的大型墓葬14座。出有䘒符号器物的M14为战国晚期墓葬,墓长也在6米以上。什邡城关墓地战国晚期墓葬有21座,其中墓圹完整者10座。这些晚期的完整墓葬中也不见墓长3米以下小墓;墓长在3—6米间的中型墓有7座;墓长6米以上的大型墓3座。如此看来,出有䘒符号器物的墓葬在什邡城关墓地中皆为大型墓葬,其墓主也当属什邡城关墓地人群的中上层。

另一处比较集中出土䘒符号器物的墓地在四川荥经的同心村墓地。此墓地1985—1986年发掘巴蜀墓葬25座,墓圹长度2.5—6.46米,宽0.68—1.30米。其中墓圹长3米以下者(不包括残墓,下同)1座;墓圹长3—6米的墓17座;墓圹长6米以上的墓5座。① 出有䘒符号铜器的同心村M1、M16、M19、M21四墓中,M1为残墓,其他三墓墓圹长度均为6米左右,其墓主在同心村墓地所属人群中居于上层,情况与什邡城关墓地近似。

巴人区的宣汉罗家坝墓地也是䘒符号器物的集中出土地。罗家坝墓地共发掘65座墓葬,据发掘报告的研究,这65座墓中,春秋晚期至战国早期墓葬1座、战国早期墓4座、战国中期墓24座、战国晚期墓16座、战国末期至西汉早期墓7座、西汉中期墓1座。② 由此可知罗家坝墓地使用的年代主要是战国中、晚期。出有带䘒符号铜器的M5、M28、M50、M61为战国中期墓;M30、M31为战国晚期墓。罗家坝墓地战国中晚期的40座墓中,墓葬墓圹长度多在3—5米之间。墓圹长度在5米以上的共有4座。战国早期的M33墓圹最长,为6.62米,最宽处4.6米。战国中期且出有带䘒符号铜器的M50、M61墓圹长宽分别为5米×2.2米、5.96×3.45米。这三座墓是罗家坝墓地规模最大的墓葬。另有一座墓圹长度超过5米的战国中期的M60,墓宽只有1.14米,应该与M33、M50、M61是不同层级的墓葬。另外,同为战国中期的M5、M28(墓圹长度3—4米)中也出有䘒符号铜器;战国晚期的M30、M31(墓圹长度4—5米)也集中出土䘒符号铜器。由此看,䘒符号在罗家坝墓地所使用的人群中似乎与人的社会层级没有必然的相关性。这与蜀人区的什邡城关、荥经同心村墓地不同。

总体来看,出土䘒符号铜器的巴蜀文化墓葬规格不一,有的在当地的墓地中处于社会上层,有的为中下层。䘒符号的使用在特定的区域人群中或有层级性的因素,但在整个巴蜀文化社会中却与社会层级没有明显的对应关系。

三

上举36件器物中,矛有12件,剑有24件,都是兵器,其他器类不见。这说明䘒符号的含义与器物种类(特别是剑)有很强的关联性。这种符号与器类的对应无疑有助于

---

① 四川省文物考古研究所:《四川考古报告集》,文物出版社,1998年,第274—275页附表一。
② 四川省文物考古研究院、达州市文物管理所、宣汉县文物管理所:《宣汉罗家坝》,文物出版社,2015年,第344页墓葬统计表二。

我们对巴蜀符号的理解。

巴蜀符号的方向性问题是巴蜀符号研究中的关键问题。兰 符号的方向性问题,即何为 兰 的正向,与矛、剑锋向上时做一对比(即以矛、剑锋向上时为正方向),情况如下:

表二　兰 符号方向与矛、剑锋关系表

编号	器类	出土地*	符号位置
19	铜矛		正
20	铜矛	四川什邡	正
17	铜矛	重庆李家坝	反
36	铜矛		正
11	铜矛	四川什邡	正
25	铜矛	四川同心村	正
31	铜矛	四川罗家坝	正
33	铜矛	四川罗家坝	正
16	铜矛	四川罗家坝	正
13	铜矛	四川罗家坝	正
34	铜矛	四川罗家坝	正
15	铜矛	四川罗家坝	正
22	铜剑	四川宝轮院	反
4	铜剑	重庆余家坝	反
24	铜剑	四川同心村	反
3	铜剑	四川什邡	反
6	铜剑	四川同心村	反
21	铜剑	四川犍为	反
1	铜剑	四川成都	反
35	铜剑	四川宣汉进化村	反
9	铜剑	四川同心村	反
28	铜剑	四川同心村	反
27	铜剑	重庆小田溪	反
5	铜剑	重庆镇安	反

---

* "出土地"一栏中的空格表示无明确出土地。

续表

编 号	器 类	出 土 地*	符 号 位 置
10	铜剑	四川犍为	反
8	铜剑	四川大邑	反
29	铜剑	四川同心村	反
18	铜剑	重庆曾家溪	反
26	铜剑	重庆冬笋坝	反
30	铜剑	四川犍为	反
12	铜剑		反
23	铜剑	四川峨眉	反
2	铜剑	四川什邡	反
7	铜剑	四川大邑	反
32	铜剑	四川罗家坝	反
14	铜剑	四川罗家坝	反

铜矛锋在上,其放置方向与符号的方向应该是一致的。在12件矛中,仅重庆李家坝所出的1件矛上 𢒉 符号作 ⛿ 形,其余11件皆作 𢒉 形,呈横线在上、草形符号部分在下的形态。在24件青铜剑中,若剑锋向上放置,则 𢒉 符号皆作 ⛿ 形,即横线在下,草形符号部分在上。这种符号正、反向的情况与器类呈现出惊人的相关性,而与器物时代、出土地域无关。在巴蜀符号中,同一巴蜀符号在矛与剑上的位置常常互为反向。如 ⛟ 形符号,在青铜矛上出现的 ⛟ 形符号多数是正方向的,在剑上的 ⛟ 形符号则都是反方向的"⛟",而如果剑以剑锋向下放置时则又为正方向。① 则此巴蜀符号的正方向可能是 𢒉 形。这是一个很值得关注的现象。无论如何,剑的正方向似乎是其中的关键性问题。

符号组合的研究是了解巴蜀符号组织规律与加深巴蜀符号研究的必由之路。巴蜀符号组合的演变是由繁趋简抑或是由简益繁,这也关涉到我们对巴蜀符号性质的估计与判断。与 𢒉 符号组合者最少有3个符号,最多有16个符号。笔者将其区分为战国中期与战国晚期两个时断来看(战国早期不见 𢒉 符号),战国中期 𢒉 符号组合出现情况在2—11个符号之间,战国晚期的在3—16个符号之间。鉴于有的器物上同一符号重复出现,若从符号种类来看,战国中期的情况在2—11种符号之间,战国晚期的在3—15种符号之间。略有渐繁的趋势,但并不显著。

---

① 严志斌、洪梅:《战国时期巴蜀文化叠形符号研究》,《中国国家博物馆馆刊》2015年第11期。

表三　战国中期与战国晚期同一器上符号个数对比图

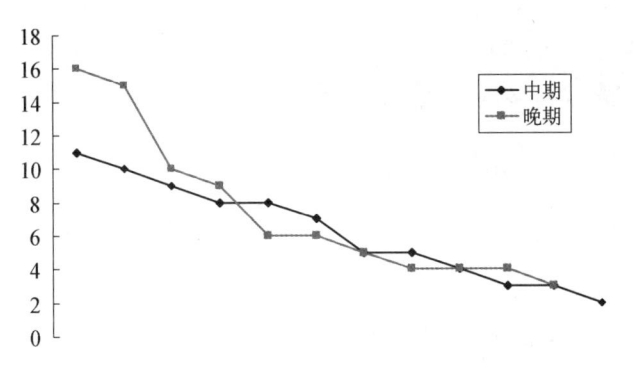

表四　战国中期与战国晚期同一器上符号种数对比图

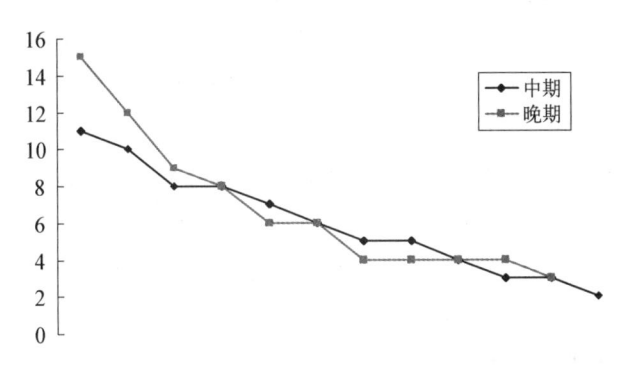

纵观上举有 ☷ 符号的 36 件巴蜀兵器,铜矛上的符号数量普遍多于铜剑上的符号,铜矛上的符号多在 10 种以上,铜剑上的符号一般都在 10 种以下。通过符号之间组合关系的对比,我们认为什邡城关 M38：3 铜矛上的"〧"符号肯定是"〷〱"符号之省写。19 号与什邡城关 M14：2 铜矛符号组合全同,则"〔〕"与"〔〕"应该是同一符号的异构。17 号铜矛与 35 号铜剑上的"≋"当与宝轮院 0：21、重庆余家坝 M60①：4、什邡城关 M7：2、同心村 M1：6 铜剑上的"≋"为同一符号的异体关系,只是目前尚不清楚何为这一符号的正体。"⌒"、"⌒"、"⌒"三者也可能是同一符号的异体关系。同样的,根据什邡城关 M14：2 铜矛、什邡城关 M38：3 铜矛、17 号李家坝铜矛、36 号铜矛、35 铜剑上符号的组合,也可推定 ✸、✷、★、❀ 很可能是同一符号的异体关系。17 号矛一侧骹上有符号："✸ ∣虎",另一侧为"虎(龙?)∣ ❀",笔者推测这里的"✸"与"❀"性质可能是相同的。"⻇"、"⸾"、"⻃"在符号组合中的地位相当,所指可能是相同的,后二个符号皆是第一个符号的省形,它们可能是同一符号的异构。如此,可得如下 6 组同一符号的异体关系:

1. 〧 —— 〷〱
2. 〔〕 —— 〔〕

3. 〰 —— 〰

4. ⌒ —— ⌒ —— ⌒

5. ★ —— ✴ —— ★ —— ✺ —— ✿

6. 🧍 —— 🧍 —— 𝍍 —— 🧍

"禾"符号常与 🐚 🐛 共出,有 22 件;另有 7 件与 🐚 共出;3 件与 🐛 共出,共出率达89%。只有 4 件不与 🐚 🐛 共出。在巴蜀文化符号中,"⻗"共见 12 件,其中 11 件与"禾"共出。而"禾"符号有 9 件,都与"禾"共出。其中有出土地点的 2 件出于什邡市城关战国墓、6 件出于宣汉罗家坝。"⻗"及"⽾"与"禾"构成专属性组合。

"禾"符号与虎纹形符号共出,共有 24 件,共出率达 67%。巴蜀文化铜器上常见虎纹,这类虎纹有二种,一种虎身上有翼(部分还从口中向外伸卷曲的舌头),另一种虎身上不见有翼。以无翼虎为多见。与"禾"符号共出的虎形符号皆为无翼之虎。

19 号与四川省什邡市城关 M14∶2 铜矛符号组合全同,这为判定 339 号铜矛的出土地与时代提供了参考,即 19 号铜矛的年代也可能是战国晚期早段。出土于大邑县五龙乡机砖厂墓地 M2∶22 铜剑与出土于四川犍为县金井乡万年村墓葬 M5∶9 铜剑符号近同,二者的年代均为战国中期晚段。表明此时期南部蜀文化区人群间的紧密联系。

罗家坝 M28∶15 铜剑与大邑五龙乡 M2∶22、犍为万年村 M5∶9 铜剑符号近同,年代同时。同样的,四川荥经县同心村 M19∶21 铜剑与宣汉罗家坝 M31∶1 铜剑符号组合全同,时代均为战国晚期早段,此二剑一出于川西南,一出于川东北,空间相距遥远;文化与族属上虽然不同,造成这种远距离间符号与器类相似的原因尚无法推定。但这两件铜剑上的"⌘"形符号,曾在成都新都木椁墓中大量集中出土,笔者以为新都很可能是这两件剑发生联系的中间点。

宣汉罗家坝 M30∶22、M31∶28、M61—1∶7 三件铜矛符号近同。M61—1∶7 铜矛的符号不清,只见摹本,笔者以为矛上很可能存在 🐚 与 ★ 符号,M30∶22 与 M61—1∶7 符号组合是相同的。M31∶28 比 M30∶22 与 M61—1∶7 只多出现 〰 ⻗ ⌘ (⻗)。此三器中,M30∶22 与 M31∶28 的年代为战国晚期偏早,M61—1∶7 的年代为战国中期偏晚,时代虽有早晚,却也接近。空间距离上,M30 与 M31 毗邻,墓圹大小、朝向、排列一致,两墓间的关系要比同墓地其他墓葬更为紧密。罗家坝 M30∶22、M31∶28 与四川什邡 M14∶2 三件铜矛及 19 号铜矛、罗家坝 M61—1∶7 的符号组合极为接近,其组合中的"⽾"、"⻗"等符号也是四川盆地北部所独有的,说明罗家坝墓地与什邡墓地的人群在战国晚期阶段有着频繁交流。从另一个角度说,笔者怀疑这些形制、符号组合近同的铜矛的铸作地点可能是在同一处。

四

带有 ▨ 符号的巴蜀兵器上的符号最多可达 16 种之多,有的器物上符号的组合、出现的次序近同。符号的目的总要想表达某种信息与含义,下面对几件有代表性的铜矛上的符号组合进行考察。符号的排列方式是:A. 骹部两侧的符号以","号分开;B. 从上到下的次序排列;C. 从右到左排列。

19. 铜矛,古越阁藏,符号为"▨虎▨▨▨▨,▨▨▨▨★▨▨▨▨"。

20. 铜矛(什邡市城关 M14:2),符号为"▨虎▨▨▨▨,▨▨▨▨▨▨▨"。

33. 铜矛(宣汉罗家坝 M31:28),符号为"▨虎▨★▨▨▨,▨▨▨▨▨▨▨"。

31. 铜矛(宣汉罗家坝 M30:22),符号为"▨虎▨▨,▨▨▨▨★▨▨"。

16. 铜矛(宣汉罗家坝 M61—1:7),符号为"▨虎▨▨,▨▨▨▨▨?"。

11. 铜矛(什邡市城关 M38:3),符号为"▨虎▨▨?,①▨▨▨▨▨▨▨"。

从上述铜矛的符号可以看出,巴蜀符号的组合是有一定的次序的,上述铜矛的符号皆以"▨虎▨"或"▨▨▨▨"作起首,"▨▨"、"▨▨▨"或"▨"在最下(后)。这说明巴蜀符号组合出现的次序应该是有其意义的。这种意义的存在,也是对巴蜀符号进行研究的意义所在。

在有次序的共同规律之下,我们发现这个符号组合也有一些局部的变动。19 号铜矛与什邡市城关 M14:2 铜矛的符号估计是相同的,关于后者的最后笔者认为很可能也是有"▨"的,拓本虽然是看不出来,但有足够的空间容纳这个符号。但两者符号中的"★"与"▨"形体有异,笔者以为这是一字异形。但在宣汉罗家坝 M31:28 铜矛上,"★"与"▨"却在骹的不同侧面出现,或者说,它们出现在不同的语境里。而且在什邡市城关 M38:3 中,这二者皆可以省略。推测"★"与"▨"所代表的意义相对"▨虎▨"、"▨▨▨"而言是比较虚的。而"▨虎▨"与"▨▨▨"基本不见共存于铜剑或铜矛的同侧骹部(只有 17 号重庆市云阳县高阳镇李家坝遗址出土的铜矛上▨虎 与 ▨▨▨ 同侧共出。这件铜矛还有一个特殊之处,即它是目前所见唯一 1 件 ▨▨▨ 符号作 ▨ 形的铜矛),而且都在符号的起首位置,应该是起着相当于语言学中实词一类的作用。

---

① "?"表示有符号,但不可辨识。

北京大学藏秦权与单位权意义探论

熊长云

（故宫博物院金石组）

北京大学赛克勒考古与艺术博物馆藏有一枚秦权。此权为青铜质，半球形，上有鼻钮，周身刻有秦始皇诏书40字。权身通高3.56厘米、底径4.75厘米，权底略凹，仔细观察有工具加工痕迹。此外，底部又有漆书编号1951.78.8和J94，另有标签，注明今藏号为96.0505。此权在1951年已入藏北大考古系，后调归赛克勒博物馆，并著录于《燕园聚珍》一书中（图一）。①

图一　北京大学赛克勒考古与艺术博物馆藏秦权

巫鸿先生在《秦权研究》中曾简要著录此权，注为"北京大学藏"，列入《附表Ⅱ》第22号，标注重量273克。② 然而，此权重量因超过学界所认为一斤权重的平均值，故受到一定程度的质疑。《秦权研究》中即认为此权"疑伪"。此后汇存、研究古代度量衡的诸种著作，如邱隆、丘光明、顾㭎森、刘东瑞、巫鸿先生所编《中国古代度量衡图集》、③丘光明先生《中国历代度量衡考》④以及丘光明、邱隆、杨平先生所编《中国科学技术史·度量衡卷》⑤等，皆未收录。吴镇烽先生《商周青铜器铭文暨图像集成》中，虽收录此权，列为18899号，定为真器，但亦未标注重量。⑥ 此权的相关数据，长期以来并未得到度量衡史家的广泛关注。

2016年10月，笔者与董珊教授于赛克勒博物馆重新鉴定并实测此权。经测量，此权重273.7克。经实际观察，得知以往未做出说明的是，在贴近权钮的一侧，有一贯穿而整

---

* 基金项目：国家社科基金重大项目"秦统一及其历史意义再研究"（14ZDB028）。
① 北京大学考古系编：《燕园聚珍——北京大学赛克勒考古与艺术博物馆展品选粹》，文物出版社，1992年，第204—205页。
② 巫鸿：《秦权研究》，《故宫博物院院刊》1979年第4期。
③ 国家计量总局主编：《中国古代度量衡图集》，文物出版社，1981年。
④ 丘光明：《中国历代度量衡考》，科学出版社，1992年。
⑤ 丘光明、邱隆、杨平：《中国科学技术史·度量衡卷》，科学出版社，2001年。
⑥ 吴镇烽：《商周青铜器铭文暨图像集成》18899号"始皇诏权"，上海古籍出版社，2012年，第34册，第359页。

齐的断裂痕迹，长度为4.31厘米，最宽处为0.41厘米。由此残损的铭文，包括第二行"皇帝尽"三字、第十行"法度"以及第十一行"则"等字。同时认为，裂痕中部所增加的部分锈蚀，可能是导致此权质量增重的主要原因。这一情况，使得此权较以往所知秦斤平均重量248±2克，达到10%的偏离。但由于其底径、高度与所见的秦一斤权大致相近，可知仍当判定为一斤权。

我们检核清末民国以来的秦权著录，发现此权曾著录于罗振玉在1930年出版的《贞松堂集古遗文》，①由注文"贞松堂藏"，可知原为罗氏旧藏（图二）。《贞松堂集古遗文》收录此权铭文，由罗福颐摹写，与北大藏权比较，二者铭文的字形、排布均具有极为相似的特征。此外，北大藏权文字有所缺损，而在罗氏摹本中，"皇帝尽"三字已作补全，但摹写"灋"字"鹿"部时，罗氏误将原字左侧的划痕摹入。这也从细节证实，摹本中看似完整的秦权，实际就是本文讨论的这一件。

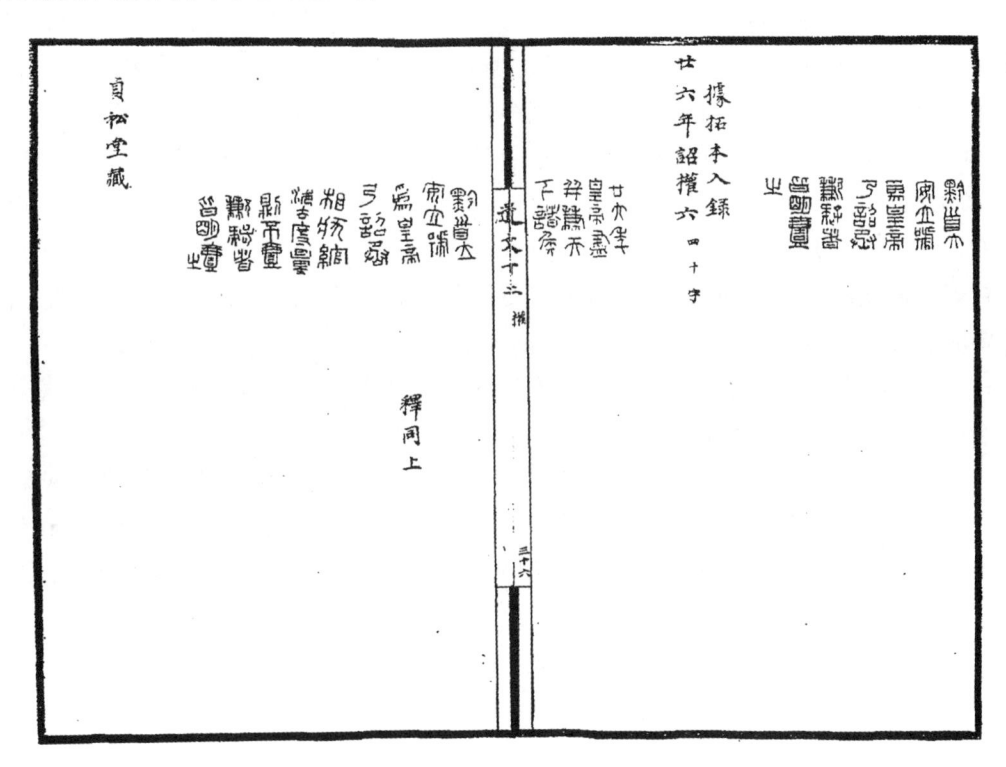

图二 《贞松堂集古遗文》卷十二第36页

仔细观察原权，虽有残损，但制作相当规整，且铭文凿刻简率、自然，也与其他秦器刻铭风格相符（图三）。正如巫鸿先生所指出："出土秦权多异体字，而以往著录秦权大都作标准小篆，其原因很可能是由于著录家只相信标准篆体为'相斯遗风'，文字异体的秦权

---

① 罗振玉：《贞松堂集古遗文》卷十二，北京图书馆出版社，2003年，下册第143—144页。原书为民国庚午年（1930年）出版。

图三　北京大学赛克勒考古与艺术博物馆藏秦权拓本

往往在怀疑不取之列,而作伪者也往往掌握这种心理,而且模仿标准小篆较易,刻写可信的异体字则非作伪者学识能力所及。"① 北大藏秦权,则不属于常见的伪铭风格。《秦权研究》中将贞松堂著录秦权列入《附表Ⅱ》第 8 号,并认为 8 号权为真器。② 实际上,8 号权就是北大藏权,故从铭文看,北大藏权亦应不伪。

秦权的鉴定,往往因认识的发展而有所反复。巫鸿先生即指出一九六五年商承祚先生著《辨伪》一文,始从量值、形态、铭文等方面系统总结了秦权特殊的辨伪标准,提出许多正确看法。同时也认为商承祚判定的许多伪权,实际为真权。正如以往商先生认为,"平阳斤"刻铭不合体例,"决无地名与单独一个'斤'字连在一起之理",但出土"高奴权"刻"高奴石",与"平阳斤"体例完全相同,可证后者非伪。③ 可见对于秦权的认识是不断发展的。此权重量虽然有所偏离,但不合制度的重量,实际也与此权锈蚀状态相关。因此,综合多方面考虑,我们倾向认为此权不伪。尽管此权重量不具有参考性,但仍不失为一件重要的秦权资料。

北大权属于秦一斤权,类似秦权已多有发现。以往对于一斤权在衡制系统中的意义,讨论并不太多,在此也试做阐述。

秦一斤权的著录,最早可追溯至北宋。吕大临《考古图》④和薛尚功《历代钟鼎彝器款识法帖》⑤中,记载有一枚两诏权和"平阳斤"权,二者均属一斤权。此后一斤权不断有所发现。2001 年出版的《中国科学技术史·度量衡卷》搜集到有实物可考的秦权中,一斤权是发现最多的秦权种类之一。⑥

在对秦汉度量衡资料的搜集过程中,我们又先后确认日本东京台东区书道博物馆、⑦

---

① 巫鸿:《秦权研究》,《故宫博物院院刊》1979 年第 4 期,注 14。
② 巫鸿:《秦权研究》,《故宫博物院院刊》1979 年第 4 期,《附表Ⅱ》。
③ 巫鸿:《秦权研究》,《故宫博物院院刊》1979 年第 4 期,注 15。
④ [宋]吕大临:《考古图》,中华书局,1987 年,第 161 页。
⑤ [宋]薛尚功:《历代钟鼎彝器款识法帖》,中华书局,1986 年,第 98 页。
⑥ 丘光明、邱隆、杨平:《中国科学技术史·度量衡卷》,科学出版社,2001 年,第 189 页。
⑦ 此权本为陶斋旧藏([清]端方:《陶斋吉金录》卷 4,宣统元年石印本,第 38 页),但此后藏地长期未明。吴镇烽先生《商周青铜器铭文暨图像集成》18897 录此拓本,亦未详其出处。2015 年 9 月 30 日,笔者于日本东京台东区书道博物馆目验此权,确认即陶斋藏品。

台北故宫博物院①各藏一枚一斤权,加之咸阳博物馆、②澳门珍秦斋③和修正博物馆④新公布的三枚,连同北大所藏的一枚和宋人著录二枚包括在内,则秦一斤权至少已发现19枚。⑤ 目前搜集到的有关秦一斤权的资料,可按衡重从低到高排序如下:

表一 秦一斤权资料一览表

编号	器名	重量(克)	藏所
1	始皇诏铁权	215	咸阳市博物馆
2	"平阳斤"两诏铜权	238(据宋制推算)	原藏河东王氏,《考古图》著录,已佚
3	两诏铜权	238(据宋制推算)	原藏河南李善初家,《续考古图》著录,已佚
4	始皇诏铜权	238	澳门珍秦斋
5	美阳两诏铜权	240	上海博物馆
6	两诏铜权	240	辽宁省通化市修正博物馆
7	两诏铜权	247.5	1973年陕西西安市临潼区秦始皇陵内城西部出土,现藏陕西历史博物馆
8	始皇诏铜权	248	陕西历史博物馆
9	始皇诏铜权	248	上海博物馆
10	两诏铜权	250.4	1967年甘肃秦安县陇城公社(今陇城镇)西汉墓出土,现藏甘肃省博物馆。
11	始皇诏铜权	252	中国国家博物馆
12	始皇诏铜权	252	故宫博物院
13	始皇诏铜权	254(据《陶斋吉金录》推算)	日本东京台东区书道博物馆
14	两诏铜权	254.6	1978年陕西西安市临潼区秦始皇陵园内城西门以北300米出土,现藏秦始皇陵博物院
15	两诏铜权	256	1980年陕西省临潼县秦始皇陵封土两侧出土,现藏陕西历史博物馆
16	铁权	273.2	1962年陕西咸阳长陵车站出土,现藏咸阳市博物馆

---

① 2016年9月29日见于台北故宫博物院,此权与秦诏量同柜陈列。此权底径约4厘米,亦当为一斤权。
② 张延峰:《咸阳博物馆收藏的一件秦铁权》,《文物》2002年第1期;白云翔:《先秦两汉铁器的考古学研究》,科学出版社,2005年,第278页。
③ 萧春源:《珍秦斋藏金·秦铜器篇》,澳门基金会,2006年,第122—125页。
④ 修来富:《修正博物馆度量衡展厅概况》,《中国计量》2012年第S1期;修来富:《修来富度量衡藏品选》,修正博物馆,2014年,第9页。
⑤ 此外,刘体智《小校经阁金文拓本》中亦有部分一斤权著录,但因藏所已不可考,且据拓本亦不便遽判真伪,在此省去不录。见刘体智:《小校经阁金文拓本》,中华书局,2016年,第11册,第2059—2062、2075—2076页。

续表

编号	器　名	重量(克)	藏　所
17	始皇诏铜权	273.4	北京大学赛克勒考古与艺术博物馆
18	两诏铜权	325(火焚后增重,不具参考性)	1975年陕西临潼县秦始皇陵园内城西门以北300米出土,现藏秦始皇陵博物院
19	始皇诏铜权	不详	台北故宫博物院

在有实物可考的约一百枚各式秦权中,秦一斤权占据约20%。秦权的发现虽具有偶然性,但一斤权相对集中的出土量,亦反映出此类权的颁行规模。

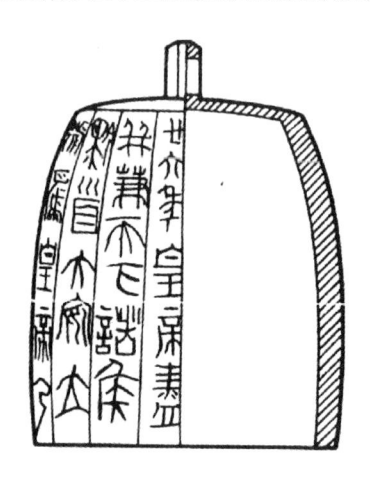

图四　两诏一斤权①

一斤权的大量颁行,其原因当是多方面的。秦衡制单位主要包括石(120斤)、钧、斤、两、铢等,《汉书·律历志上》将这五个单位称为"五权",②而"斤"的衡重适中,故而成为最常用的衡制单位之一。秦器铭文、简牍中对于"斤"这一单位的大量记载,可证在实际层面的频繁运用。一斤权的大量发现,首先与此背景有关。

---

①　1978年陕西西安市临潼区陵园内城西门以北300米出土,现藏秦始皇陵博物院。线图引自丘光明:《中国历代度量衡考》权—86。这类专门设计的一斤权,应属单位标准器。
②　《汉书》卷二一上《律历志上》,中华书局点校本,1962年,第969—970页。

同时亦应说明的是,一斤权不仅用作实用衡器。从部分一斤权的独特形制和《睡虎地秦墓竹简》中的《效律》、《工律》来看,一斤权又具有格外的标准器意义。

在已发现的秦权中,一斤权的制作通常较为精密,也有别于其他类似秦权。如秦二世时期制作的一斤权,尤属特殊之例。目前已发现的二世一斤权几乎皆为钟形,而权身均匀分布十七棱,腹为空腔,形制是极为特殊的(图四)。诸家推测这种空腔权的设计目的,是在保持衡重不变的情况下,尽可能扩大权身表面积,从而能够完整刻下两诏的一百字内容。① 然而抛开设计的具体原因不论,从设计的精密程度来看,这又实际反映出官方对此类权的重视程度,显示出一斤权的特殊地位。这一点,则很可能与一斤权对应的基础单位相关,反映了单位衡器在衡制系统中所具备的基础属性。

《睡虎地秦墓竹简》中《效律》是秦国对于权量检定的律令,或可说明一斤权的标准器性质。《效律》中有关衡制的部分可列举如下:

1. 衡石不正,十六两以上,赀官啬夫一甲;不盈十六两到八两,赀一盾。
2. 半石不正,八两以上。
3. 钧不正,四两以上。
4. 斤不正,三朱(铢)以上。
5. 黄金衡赢(累)不正,半朱(铢)[以]上,赀各一盾。②

对于以上记载,又可总结如下表:

表二 《效律》所载衡器误差规定

权重	误差	误差比例	惩罚内容
一石	十六两以上	0.83%	一甲
	八两至十六两	0.42%	一盾
半石	八两以上	0.83%	
一钧	四两以上	0.83%	
一斤	三铢以上	0.78%	
黄金衡累	半铢以上	/	

《睡虎地秦墓竹简·工律》记载:"县及工室听官为正衡石赢(累)、斗用(桶)、升,毋过岁壶〈一〉。"整理小组释文:"县和工室由有关官府校正其衡器的权、斗桶和升,至少每

---

① 巫鸿先生指出:"这些二世时期制造的权都是一斤权,只有采取空腹以扩大权表面积的方法才能勉强刻下始皇诏、二世诏共一百个字。"丘光明先生指出:"为适应刻两诏的需要,故制成空腹,将权身周围延伸,以保证重量相等。"见巫鸿《秦权研究》以及丘光明《中国历代度量衡考》第350页。
② 睡虎地秦墓竹简整理小组:《睡虎地秦墓竹简》,文物出版社,1990年,释文第69—70页;陈伟:《秦简牍合集·释文注释修订本(一、二)》,武汉大学出版社,2016年,第144—145页。

年应校正一次。"①依据《效律》,上级官署检定的衡器,则包括"衡石"、"半石"、"钧"、"斤"、"黄金衡累"等。然而,考古及传世所见到的秦权,重量介于"斤"与"钧"之间者,还包括五斤、八斤、十斤、十六斤、二十斤、二十四斤等。《效律》仅记载"斤",则可能意味着其他整数倍斤权同样采取"斤不正,三朱(铢)以上"的标准。复现这一标准的基础,自然是一斤权的重量。通过多次复制一斤权的重量,便可以校正其他衡重为一斤整数倍的秦权。"斤"作为校正推算的基础单位,其衡器也理所当然具有更多的标准器意味。

按照同样的逻辑,类似的度量衡标准器并不局限于衡制,在量制系统中也会有所体现。量制中与"斤"相似的单位是"升"。以往发现的"升"这一单位的量器,代表者如商鞅方升与始皇诏铜方升等,形制皆为长方形,这便与半斗、斗、桶等侈口圆量、圆量或椭量的形制不同。相比之下,方形量的最大特点,是在测定量器边长之后易于计算体积,故得以从尺寸上复现及校正一升量容积。现藏于上海博物馆的商鞅方升,为著名的秦国标准器,在其量身左侧,有秦孝公十八年(前344)铭文,便可说明这一点:

> 十八年,齐逹(率)卿大夫众来聘,冬十二月乙酉,大良造鞅爰积十六尊(寸)五分尊(寸)一为升。②

以往学者均指出,"十六尊(寸)五分尊(寸)一为升"的铭文极为重要。此句中,即定义16.2立方寸为一秦升,而这种计算关系又被称为"以度审容"。丘光明先生认为:"用'以度审容'的方法便于复现标准容量、推广统一的量值。"③易水先生认为:"这样就能按照规定进行复制并保证量值的准确一致。"④对于秦度量衡制度而言,"以度审容"的实际意义,则可保证一升容量的标准量可以通过测量量器尺寸得以简单计算得出。因此,方升的形制,并非随意制作,本身具有加强量值准确度的寓意。作为基础单位对应的量器,方升在量制系统中同样具有传递、稳定量值的基准意义,故也成为量制系统中的标准器。从某种意义上讲,"斤"与"升"在各自系统中的基础单位性质大致相近。方升所见标准器属性,故也从侧面印证了前文对于一斤权单位器制的判断。

总的说来,构成度量衡系统的三要素,包括单位、进制和单位的标准量。对于实际运作中的度量衡系统而言,单位标准量主要又为单位标准器本身的量值所左右,因此加强对于单位器量值的标准化,则可有效加强对于系统稳定性的掌控。基于以上背景,一斤、一升等基础单位所对应的度量衡器,制作精密,并兼有一定的标准器属性,也就并不意外。

---

① 睡虎地秦墓竹简整理小组:《睡虎地秦墓竹简》,释文第43—44页;陈伟:《秦简牍合集·释文注释修订本(一、二)》,第99页。
② 见国家计量总局主编:《中国古代度量衡图集》,文物出版社,1981年,图版第50页,释文第12页;丘光明:《商鞅铜方升》,《中国历代度量衡考》,科学出版社,1992年,第140—141页;丘光明:《再谈商鞅方升》,《中国计量》2012年第8期等。
③ 丘光明:《中国古代度量衡》,天津教育出版社,1991年,第40页。
④ 易水:《我国古代、近代计量法制概述》,载河南省计量局主编:《中国古代度量衡论文集》,中州古籍出版社,1990年,第423页。

这类器物通常制作精细,当可有效传递量值,从而有效维持系统的稳定性。揭示这一点,则或许有助于理解秦推广与维系度量衡统一的一种内部运作机制。

附 图

北京大学赛克勒考古与艺术博物馆藏秦权

北朝晚期墓室空间布局研究
——以北魏洛阳时代至北齐都城地区的墓葬为例

王 音

（北京大学考古文博学院）

北魏、东魏、北齐时期的都城地区为南北朝时期中国北方乃至全中国的重心之所在，所谓"汉、魏、西晋之礼乐政刑典章文物，自东晋至南齐其间所发展变迁，而为北魏孝文帝及其子孙摹仿采用，传至北齐成一大结集者"，[1]是为隋唐制度的一大渊源。北魏、东魏、北齐的历史发展与文化变迁一脉相承，考古材料对此也有比较充分的反映。在北朝晚期众多的考古遗存中，墓葬具有分布广、历时久、内涵丰富等特点，是最重要的一类物质遗存。迄今发现的北魏洛阳时代至北齐的墓葬材料十分丰富，其中都城地区的墓葬对官方丧葬礼仪制度贯彻得最为严格，也最为集中地体现了当时主流的墓葬文化，研究价值不容小觑。

北魏至北齐时期的墓葬考古材料历来为研究者所重视。总体来看，过去的研究已基本建立起了相对完整的年代学序列和区系谱系，并且也在由分期分区的基础性研究向文化分析的方向逐步深入。然而，就本文所选取的墓室空间布局这一角度而言，尚未出现专门性的研究。目前所见有关墓室空间布局的考古学研究可分为两类：一类是在综合性研究的文章中，对与墓室空间布局相关的规律性现象有所归纳；[2]一类是在美术史领域，在讨论到墓葬壁画配置的问题时涉及了墓室空间布局的问题。[3]在社会、文化分析受到越来越多关注的今天，本文从墓室空间布局这一点入手，希望能够借用新视角，对北朝晚期礼仪制度及其与北朝晚期文化嬗变之间关系的研究有所补充和完善。

---

[1] 陈寅恪：《隋唐制度渊源略论稿·唐代政治史述论稿》，商务印书馆，2011年。
[2] 余黎星、黄吉博、余扶危：《洛阳北魏墓研究》，《洛阳师范学院学报》2008年第1期；杨效俊：《东魏、北齐墓葬的考古学研究》，《考古与文物》2000年第5期。
[3] 庄程恒：《北齐晋阳—邺城地区墓室壁画的丧葬主题及其空间营建——以北齐徐显秀墓为中心》，《美术学报》2011年第2期；韦正：《北朝晚期墓葬壁画布局的形成》，中山大学艺术史研究中心：《艺术史研究》第十六辑，中山大学出版社，2014年。

一、墓室空间布局的类型学分析[①]

1. 洛阳地区北魏墓葬的墓室空间布局

北魏都城洛阳地区主要包括今河南省洛阳市及其附近的偃师、孟津、孟县、沁阳等地。洛阳地区目前发掘的北魏墓葬有近40座,涵盖了帝陵、元氏皇族、在洛阳供职的官员以及平民墓葬,墓葬等级较齐全。墓向一般为坐北朝南,[②]其墓室空间布局形式根据棺位在墓室中的位置可分为四类。

第一类　棺位纵向位于墓室西部。根据随葬品的位置布局可分为三型。

A型　随葬品基本都置于墓室东半部。见于宣武帝景陵、[③]元氏皇族墓葬中的元邵墓、[④]元䢘墓、[⑤]官吏墓中的吕达墓、[⑥]染华墓、[⑦]王温墓、[⑧]吕仁墓、[⑨]墓主不明确的还有南蔡庄联体砖厂M2、[⑩]偃师杏园村M926、[⑪]偃师前杜楼北魏石棺墓[⑫]等。吕仁墓,墓室中部偏西有一棺,随葬品放置于墓室东部,东南角放一合墓志(图一,1)。

B型　随葬品多数置于墓室东半部,少数置于棺位南北两侧。根据棺位南北两侧所放随葬品的种类可下分为三亚型。

Ba型　陶俑主要置于墓室西南角即棺位之南(前),陶灯放在进门处。如元氏皇族墓中的元睿墓,[⑬]并列二棺均南北向置于墓室偏西侧,石墓志在墓室东部发现,已被盗掘者翻动。陶俑主要分布在墓室西南角,陶灯发现于墓室进门处,其余碗、罐多发现于墓室东部(图一,2)。

Bb型　墓志置于墓室西南角即棺位之南(前)。如官吏墓中的侯掌墓,[⑭]墓室西部有棺灰痕迹,随葬品几乎全部集中在墓室东部,个别器物散置于甬道中;棺灰痕迹南侧置石墓志1合(图一,3)。

[①] 受限于墓葬发掘出土时的保存状况,本文只针对墓室空间布局较明确的墓葬进行分析,受扰动较多、墓室布局破坏较严重的墓葬不计入讨论范围。

[②] 目前所见仅偃师杏园村M4031和孟津朱仓北魏墓M51为坐东朝西,因属于特例,墓主又不明确,故不计入讨论范围。

[③] 中国社会科学院考古研究所洛阳汉魏城队、洛阳古墓博物馆:《北魏宣武帝景陵发掘报告》,《考古》1994年第9期。

[④] 洛阳博物馆:《洛阳北魏元邵墓》,《考古》1973年第4期。

[⑤] 310国道孟津考古队:《洛阳孟津邙山西晋北魏墓发掘报告》,《华夏考古》1993年第1期。

[⑥] 洛阳市文物工作队:《河南洛阳市吉利区两座北魏墓的发掘》,《考古》2011年第9期。

[⑦] 偃师商城博物馆:《河南偃师两座北魏墓发掘简报》,《考古》1993年第5期。

[⑧] 洛阳市文物工作队:《洛阳孟津北陈村北魏壁画墓》,《文物》1995年第8期。

[⑨] 洛阳市文物工作队:《河南洛阳市吉利区两座北魏墓的发掘》,《考古》2011年第9期。

[⑩] 偃师商城博物馆:《河南偃师两座北魏墓发掘简报》,《考古》1993年第5期。

[⑪] 中国社会科学院考古研究所河南二队:《河南偃师县杏园村的四座北魏墓》,《考古》1991年第9期。

[⑫] 洛阳第二文物工作队:《偃师前杜楼北魏石棺墓发掘简报》,《文物》2006年第12期。

[⑬] 中国社会科学院考古研究所河南二队:《河南偃师县杏园村的四座北魏墓》,《考古》1991年第9期。

[⑭] 洛阳市文物工作队:《洛阳孟津晋墓、北魏墓发掘简报》,《文物》1991年第8期。

Bc型　部分盘、碗置于墓室西北角即棺位之北(后)。如偃师杏园村M1101,①墓室西部发现铁棺钉三十余枚,应为棺位所在。随葬器物主要摆放在墓室东部,西北角仅发现部分盘、碗。武士俑站立在墓门内侧(图一,4)。

　　C型　随葬品多置于墓室东、南、北三壁下,陶灯置于棺床上。如官吏墓中的郭定兴墓,②文吏俑位于墓室西壁下中央,陶双髻俑、胡俑、女侍俑、骆驼、牛、车、马位于墓室北部偏西,陶猪、羊、磨、井、灶、碓、女仆俑、莲花中孔盘、瓶、碗、熏位于墓室北部偏东,陶灯、俑头、鸡位于墓室中部,陶盆、壶、罐、狗、镇墓兽、武士俑位于墓室东南角,陶武士俑、狗位于墓室西南角(图一,5)。

　　第二类　棺位纵向位于墓室中部,随葬品置于棺附近。如平民墓中的董富妻郭氏墓,③墓室中部残存棺灰痕迹,陶壶位于墓室东部(图一,6)。

　　第三类　棺位纵向位于墓室北部,随葬品分类置于棺前及墓室各角。如官吏墓中的司马悦墓,④两副棺木遗迹位于墓室北壁下中央,瓷碗在棺木遗迹头部中央按"八"字排列,瓷唾盂位于墓室西北角,黑陶碗和黑陶瓯位于墓室西南角,墓志位于墓室东南角(图一,7)。

　　第四类　棺位横向位于墓室北部,随葬品置于墓室中央即棺位之南(前)。如沁阳西向北朝墓,⑤画像石棺床位于墓室北壁下,青瓷鸡首壶、碗、盏等集中出于墓室中央,一铁冠饰置于墓室东侧、一铁冠饰置于墓室通往甬道处(图一,8)。

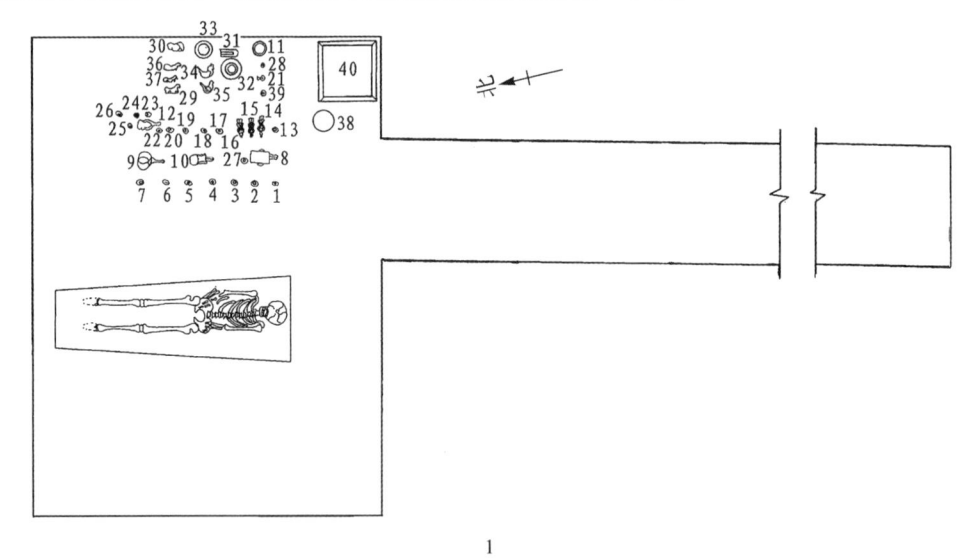

1

---

① 中国社会科学院考古研究所河南二队:《河南偃师县杏园村的四座北魏墓》,《考古》1991年第9期。
② 洛阳市第二文物工作队:《洛阳纱厂西路北魏HM555发掘简报》,《文物》2002年第9期。
③ 洛阳市第二文物队:《北魏董富妻郭氏墓》,《中原文物》1996年第2期。
④ 孟县人民文化馆:《孟县出土北魏司马悦墓志》,《文物》1981年第12期;孟县人民文化馆:《河南省孟县出土北魏司马悦墓志》,《考古》1983年第3期。
⑤ 邓宏里、蔡全法:《沁阳县西向发现北朝墓及画像石棺床》,《中原文物》1983年第1期。

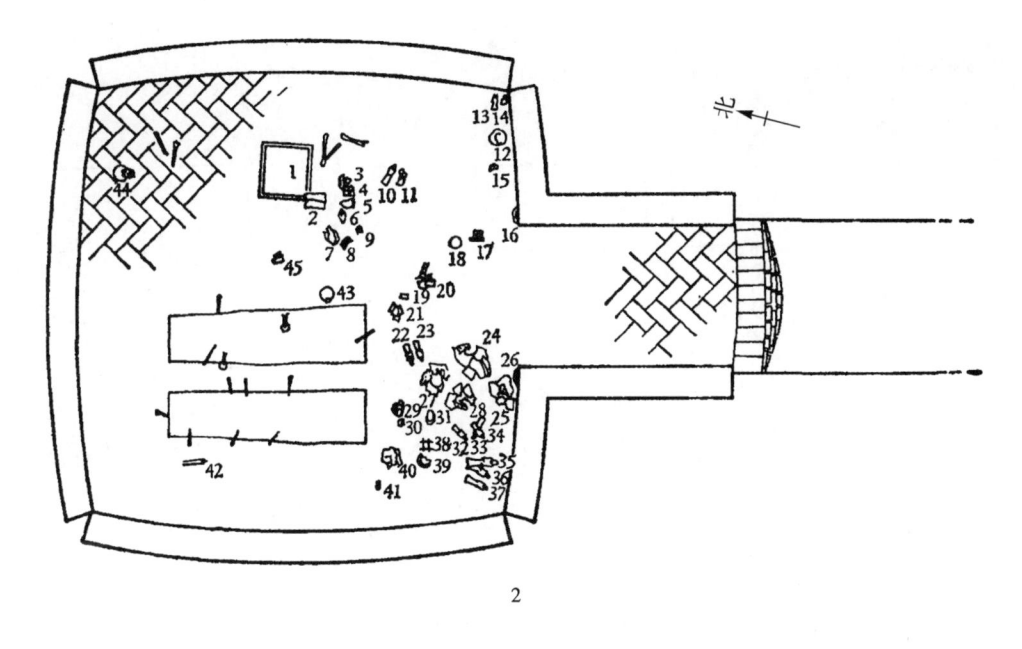

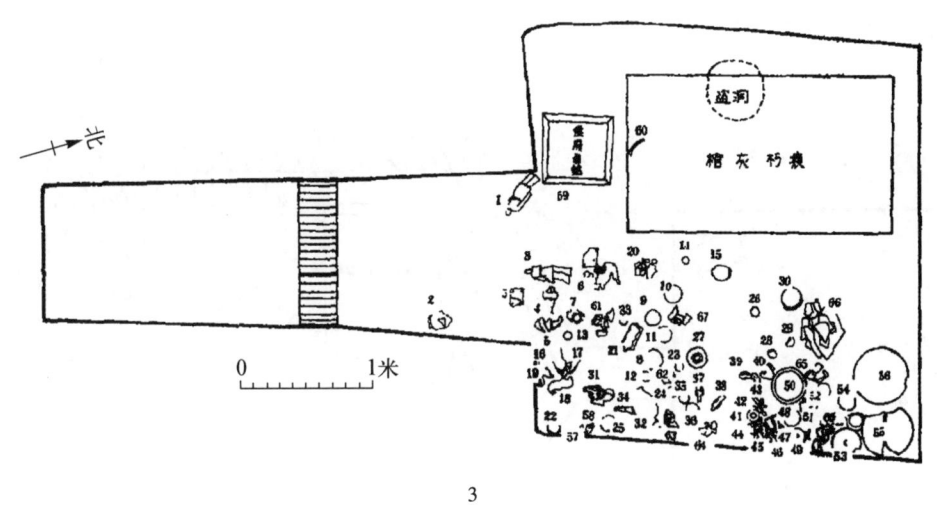

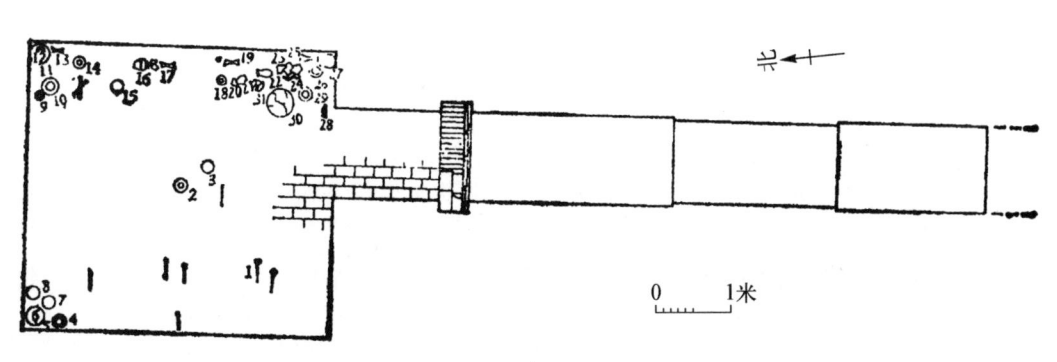

北朝晚期墓室空间布局研究 · 309 ·

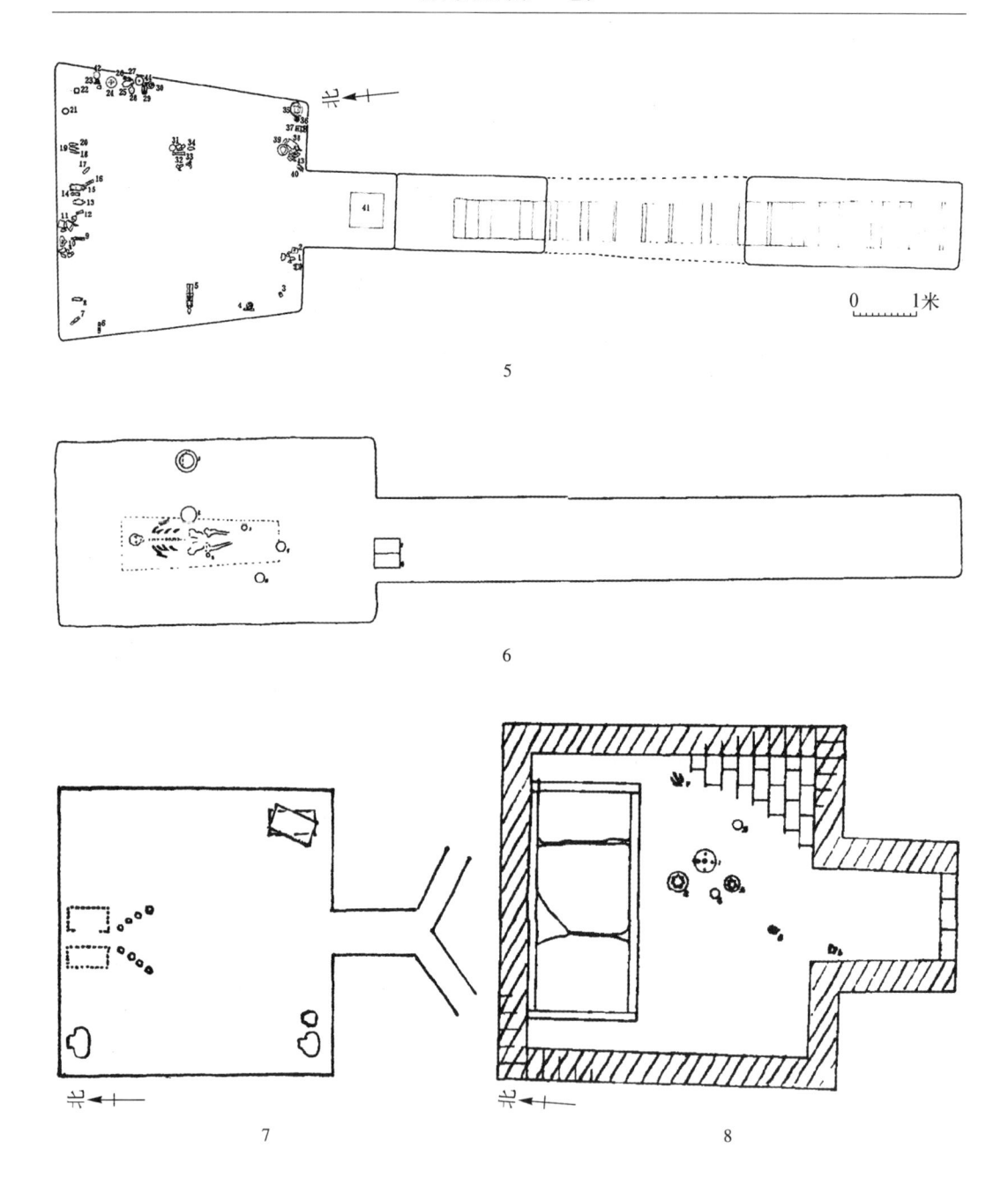

图一　洛阳地区北魏墓室空间布局形式

1. 第一类 A 型(吕仁墓)　2. 第一类 Ba 型(元睿墓)　3. 第一类 Bb 型(侯掌墓)　4. 第一类 Bc 型(偃师杏园村 M1101)　5. 第一类 C 型(郭定兴墓)　6. 第二类(董富妻墓)　7. 第三类(司马悦墓)　8. 第四类(沁阳西向北朝墓)

此外,随葬品位置不明但棺位明确的墓葬有：元昞墓、①洛阳市北郊上窑村砖瓦厂北

---

① 黄明兰:《西晋裴祗和北魏元昞两墓拾零》,《文物》1982 年第 1 期。

魏墓、①洛阳孟津朱仓 M3，②棺位纵向位于墓室西部；洛阳孟津朱仓 M11，③棺位横向位于墓室北部；偃师南蔡庄 M4，④两并列长方形椁室纵向位于墓室中北部。

2. 邺城地区东魏、北齐墓葬的墓室空间布局

东魏、北齐的都城邺城地区主要包括今河北省磁县至河南省安阳市所辖地区。邺城地区目前发掘的东魏、北齐墓葬有近 30 座，包括帝陵、东魏元氏和北齐高氏皇族成员、官吏及其宗亲的墓葬。墓向为坐北朝南，其墓室空间布局形式根据棺位在墓室中的位置可分为二类。

第一类　棺位纵向位于墓室西部。根据随葬品的位置，空间布局可分为二型。

A 型　随葬品基本都置于墓室东半部，墓志位于墓室门口处。如皇族墓葬中的东魏元祜墓，⑤上层官吏及其宗亲墓中的尧赵氏墓⑥和绍隆夫妇墓⑦等。尧赵氏墓，在距西壁 0.45 米处有一条宽 0.48、长 1.76 米的白灰带，可能原为放置棺木的处所，陶俑群集中在墓室中央偏东部（图二，1）。

B 型　部分随葬品位于墓室西南角即棺位之南（前），其他随葬品位于墓室东半部。如上层官吏及其宗亲墓中的范粹墓，⑧陶、瓷质器具如瓷罐、瓷瓶、瓷扁壶及陶盒等多位于棺位之南；叔孙夫人墓，⑨墓志位于棺位之南（图二，2）。湾漳大墓⑩和高润墓⑪虽然随葬品扰乱严重，但仍能看出陶俑和陶、瓷质器具等随葬品原应位于棺位之南。

第二类　棺位横向位于墓室北部，随葬品多分布在棺位之前（南）。根据墓志与其他随葬品间的位置关系可分为二型。

A 型　墓志位于墓室门口处，其他随葬品位于墓志与棺位之间，分类摆放。如上层官吏墓中的贾进墓，⑫中层官吏墓中的赵明度墓，⑬以及安阳木屯村西 M99、⑭安阳固岸墓地 M51、⑮安阳固岸墓地 M2⑯等。赵明度墓，青瓷器分散在墓志北部，四个陶瓶分置于墓室四角（图二，3）；安阳固岸墓地 M2，陶俑集中在棺木之前和墓室西南角，青瓷器集中在墓

---

① 洛阳博物馆：《北魏画像石棺》，《考古》1980 年第 3 期。
② 洛阳市文物考古研究院：《洛阳孟津朱仓北魏墓》，《文物》2012 年第 12 期。
③ 洛阳市文物考古研究院：《洛阳孟津朱仓北魏墓》，《文物》2012 年第 12 期。
④ 偃师商城博物馆：《河南偃师南蔡庄北魏墓》，《考古》1991 年第 9 期。
⑤ 中国社会科学院考古研究所河北工作队：《河北磁县北朝墓群发现东魏皇族元祜墓》，《考古》2007 年第 11 期。
⑥ 磁县文化馆：《河北磁县东陈村东魏墓》，《考古》1977 年第 6 期。
⑦ 河南省文物研究所等：《安阳北齐和绍隆夫妇合葬墓清理简报》，《中原文物》1987 年第 1 期。
⑧ 河南省博物馆：《河南安阳北齐范粹墓发掘简报》，《文物》1972 年第 1 期。
⑨ 河南省文物局：《安阳北朝墓葬》，科学出版社，2013 年。
⑩ 中国社会科学院考古研究所、河北省文物研究所：《磁县湾漳北朝壁画墓》，科学出版社，2003 年。
⑪ 磁县文化馆：《河北磁县北齐高润墓》，《考古》1979 年第 3 期。
⑫ 河南省文物管理局南水北调文物保护管理办公室、安阳市文物考古研究所：《河南安阳县北齐贾进墓》，《考古》2011 年第 4 期。
⑬ 河南省文物管理局南水北调文物保护办公室、安阳市文物考古研究所：《河南安阳县东魏赵明度墓》，《考古》2010 年第 10 期。
⑭ 河南省文物局：《安阳北朝墓葬》，科学出版社，2013 年。
⑮ 河南省文物管理局南水北调文物保护办公室、河南省文物考古研究所：《河南安阳市固岸墓地Ⅱ区 51 号东魏墓》，《考古》2008 年第 5 期。
⑯ 河南省文物考古研究所：《河南安阳县固岸墓地 2 号墓发掘简报》，《华夏考古》2007 年第 2 期。

室西北角,陶模型明器集中在墓室东南角。

B型 墓志位于墓室内中央,随葬品分散在其周围。如上层官吏墓中的尧峻墓,①三方墓志南北向纵列于棺位之前的墓室中央,陶俑位于其东西两侧(图二,4);贾宝墓,②墓志位于墓室正中位置,其西侧散置有瓷罐、高足盘、碗及陶罐等,陶俑集中放置在墓室东南角和西南角墓门两侧,陶模型明器集中放置在墓室东南部靠近墓壁处。皇室成员墓中的颜氏墓,③墓志位于墓室中部偏南处,陶瓶靠近东壁棺床下。

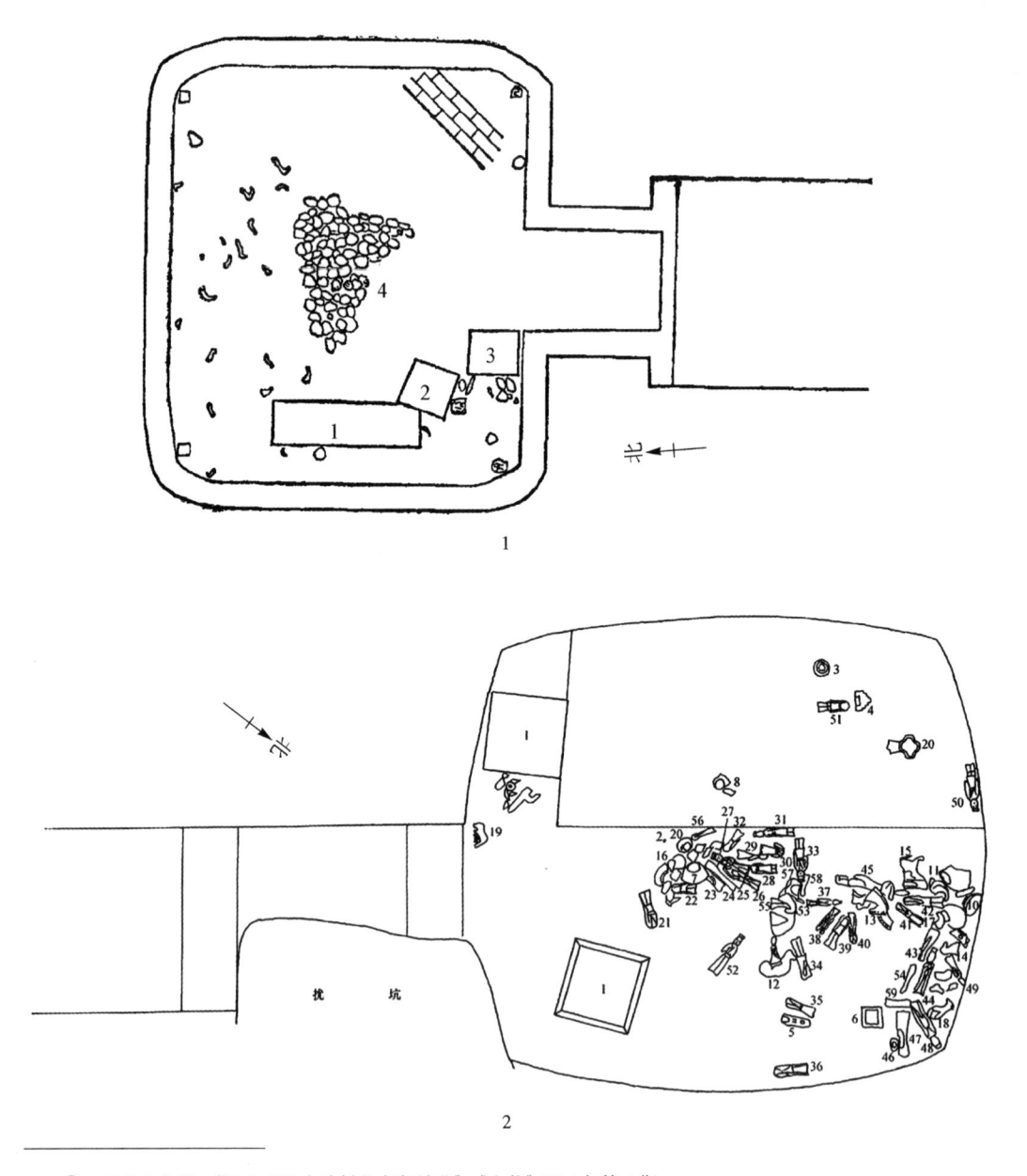

---

① 磁县文化馆:《河北磁县东陈村北齐尧峻墓》,《文物》1984年第4期。
② 河南省文物局:《安阳北朝墓葬》,科学出版社,2013年。
③ 安阳县文教局:《河南安阳县清理一座北齐墓》,《考古》1973年第2期。

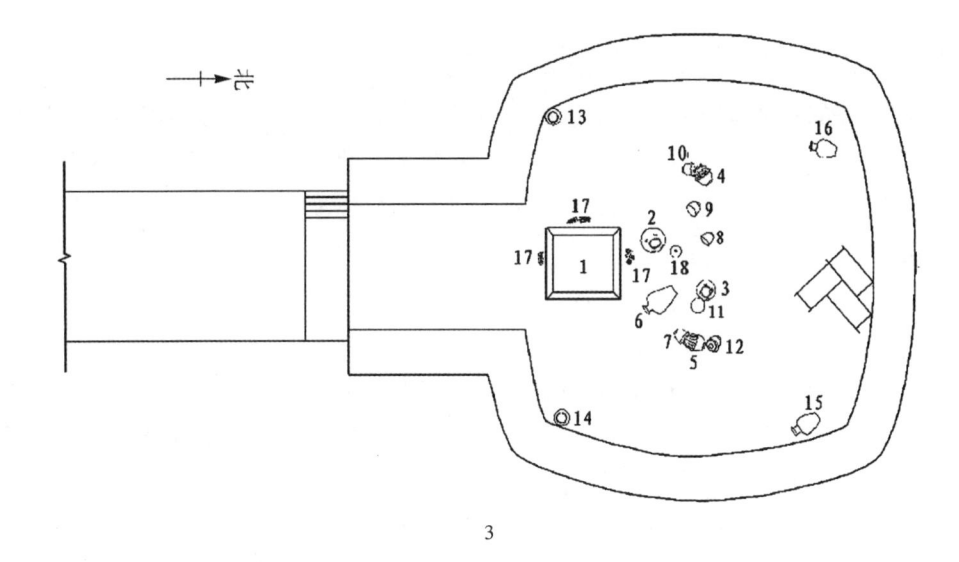

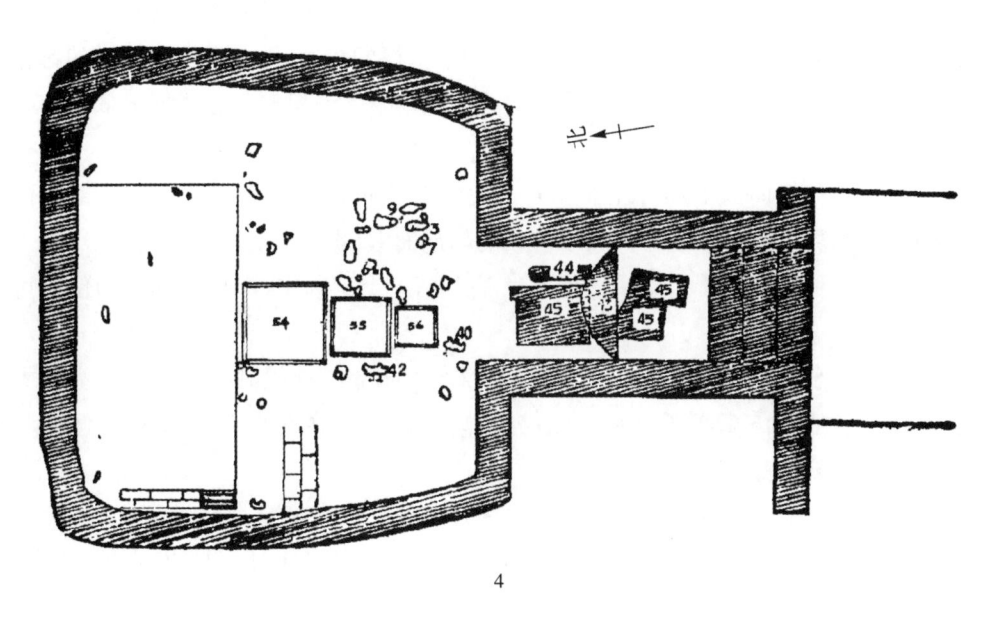

图二　邺城地区东魏、北齐墓室空间布局形式
1. 第一类 A 型（尧赵氏墓）　2. 第一类 B 型（叔孙夫人墓）　3. 第二类 A 型（赵明度墓）　4. 第二类 B 型（尧峻墓）

此外，随葬品位置不明但棺位明确的墓葬有：安阳固岸墓地 M57 谢氏冯僧晖墓、[1]茹茹公主墓、[2]安阳吉庄西北地 M199，[3]棺位纵向位于墓室西部；安阳固岸墓地 M46、[4]安阳吉庄西北地 M6，[5]棺位横向位于墓室北部。

---

① 河南省文物考古研究所：《河南安阳固岸墓地考古发掘收获》，《华夏考古》2009 年第 3 期。
② 磁县文化馆：《河北磁县东魏茹茹公主墓发掘简报》，《文物》1984 年第 4 期。
③ 河南省文物局：《安阳北朝墓葬》，科学出版社，2013 年。
④ 河南省文物考古研究所：《河南安阳固岸墓地考古发掘收获》，《华夏考古》2009 年第 3 期。
⑤ 河南省文物局：《安阳北朝墓葬》，科学出版社，2013 年。

3. 晋阳地区北齐墓葬的墓室空间布局

东魏、北齐的陪都晋阳地区主要包括今山西省太原市及其附近的寿阳、祁县、忻州等地。晋阳地区目前尚未见到明确的东魏墓葬,已发掘的北齐墓葬有10余座,主要为北齐时期异姓诸侯王及中上层官吏的墓葬。墓向一般为坐北朝南,①其墓室空间布局形式根据棺位在墓室中的位置可分为三类。

第一类 棺位纵向位于墓室西部。基本见于方形砖室墓中,随葬品多数置于墓室东半部,部分置于棺位之南(前),根据棺位前所放随葬品的种类可分为二型。

A型 陶俑位于墓室东半部,陶、瓷质器具位于墓室东南角,墓志位于棺床之南(前)。见于异姓诸侯王墓中的徐显秀墓、②上层官吏墓中的贺拔昌墓。③ 徐显秀墓陶俑多数散置于墓室南部,瓷器大多集中在墓室东南部,墓志置于墓室西南角(图三,1)。

B型 墓室东部存在以帷帐建构的空间,陶俑和陶、瓷质器具等分散置于墓室东部和南部。见于异姓诸侯王墓中的库狄迴洛墓④和娄叡墓。⑤ 库狄迴洛墓金器和玛瑙器等装饰品位于棺内人骨架的周围;鎏金铜器大都集中于木椁的东边,即四个石础构成的帷帐空间中;釉陶器排列或叠放在椁外南面;陶俑分布于椁室内外;墓志三合并列于墓室前之甬道口(图三,2)。

第二类 棺位横向位于墓室北部。见于太原南郊北齐壁画墓,⑥墓室北半部为砖砌棺床,东西通抵墓壁,随葬品基本都置于棺床前的地面上(图三,3)。

第三类 棺位纵向位于墓室中部偏北。基本见于土洞墓中,根据随葬品的位置可分为三型。

A型 墓室东部偏南和西南角置随葬品,西部置陪葬的祭祀品。如中层官吏墓中的侯莫陈墓,⑦随葬品大多数置于墓室东侧偏南部,少量放在墓室西南端,墓室西侧的长方形木框内为陪葬祭祀品(图三,4)。

B型 随葬品主要位于棺椁之前。见于官吏墓中的库狄业墓、⑧窦兴洛墓。⑨ 窦兴洛墓坐东朝西,墓志位于洞口处,两侧放置镇墓兽、镇墓武士俑各1件,洞口与木椁南端之间散落有陶俑、陶模型明器和陶质器具等(图三,5)。

---

① 窦兴洛墓为坐东朝西,后文中会作说明。
② 山西省考古研究所、太原市文物考古研究所:《太原北齐徐显秀墓发掘简报》,《文物》2003年第10期。
③ 太原市文物考古研究所:《太原北齐贺拔昌墓》,《文物》2003年第3期。
④ 王克林:《北齐库狄迴洛墓》,《考古学报》1979年第3期。
⑤ 山西省考古研究所、太原市文物管理委员会:《太原市北齐娄叡墓发掘简报》,《文物》1983年第10期;山西省考古研究所、太原市文物考古研究所:《北齐娄叡墓》,文物出版社,2006年。
⑥ 山西省考古研究所、太原市文物管理委员会:《太原南郊北齐壁画墓》,《文物》1990年第12期。
⑦ 山西省考古研究所:《太原西南郊北齐洞室墓》,《文物》2004年第6期。
⑧ 太原市文物考古研究所:《太原北齐库狄业墓》,《文物》2003年第3期。
⑨ 山西省考古研究所、太原市文物考古研究所、晋源区文物旅游局:《太原开化村北齐洞室墓发掘简报》,《考古与文物》2006年第2期。

北

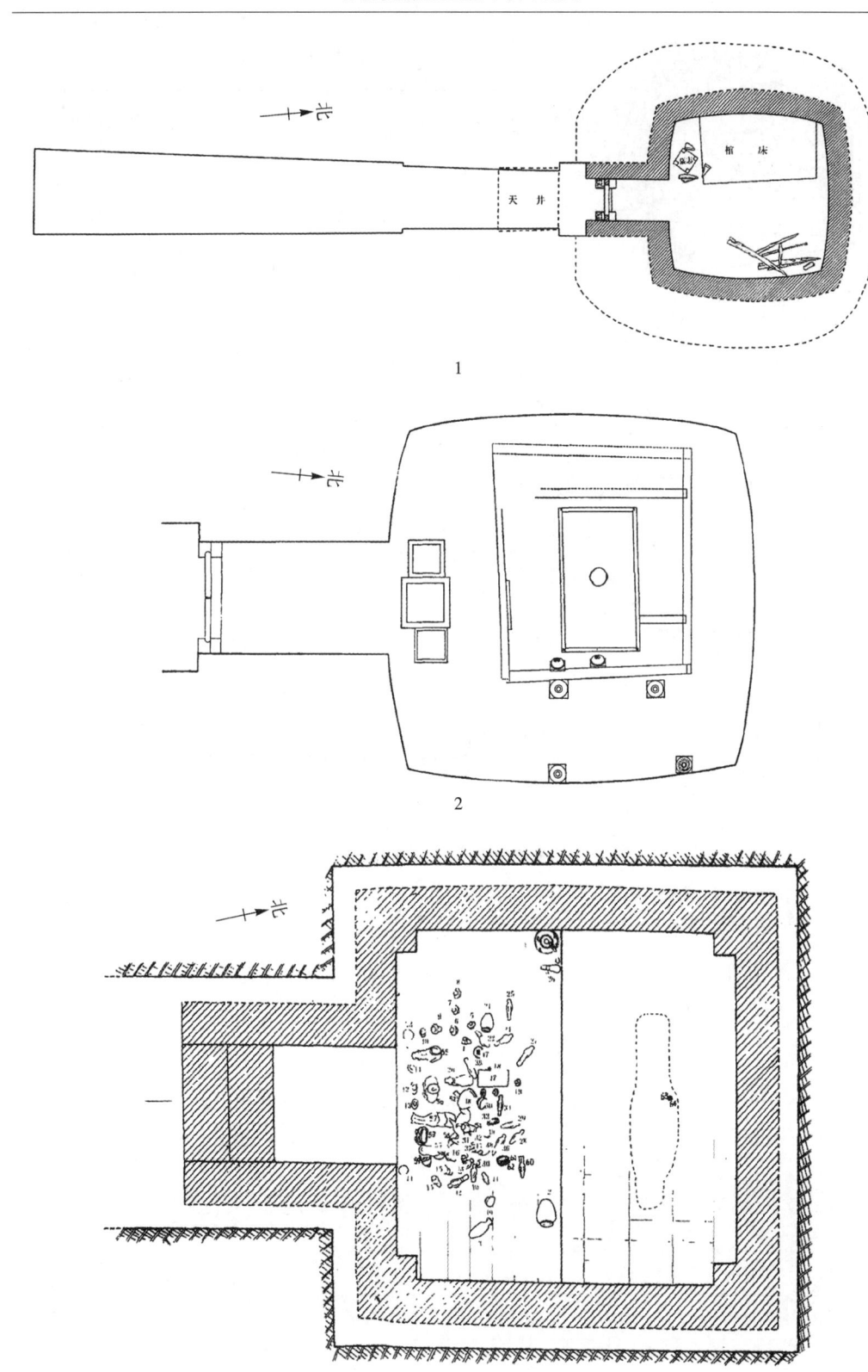

1

北

2

北

3

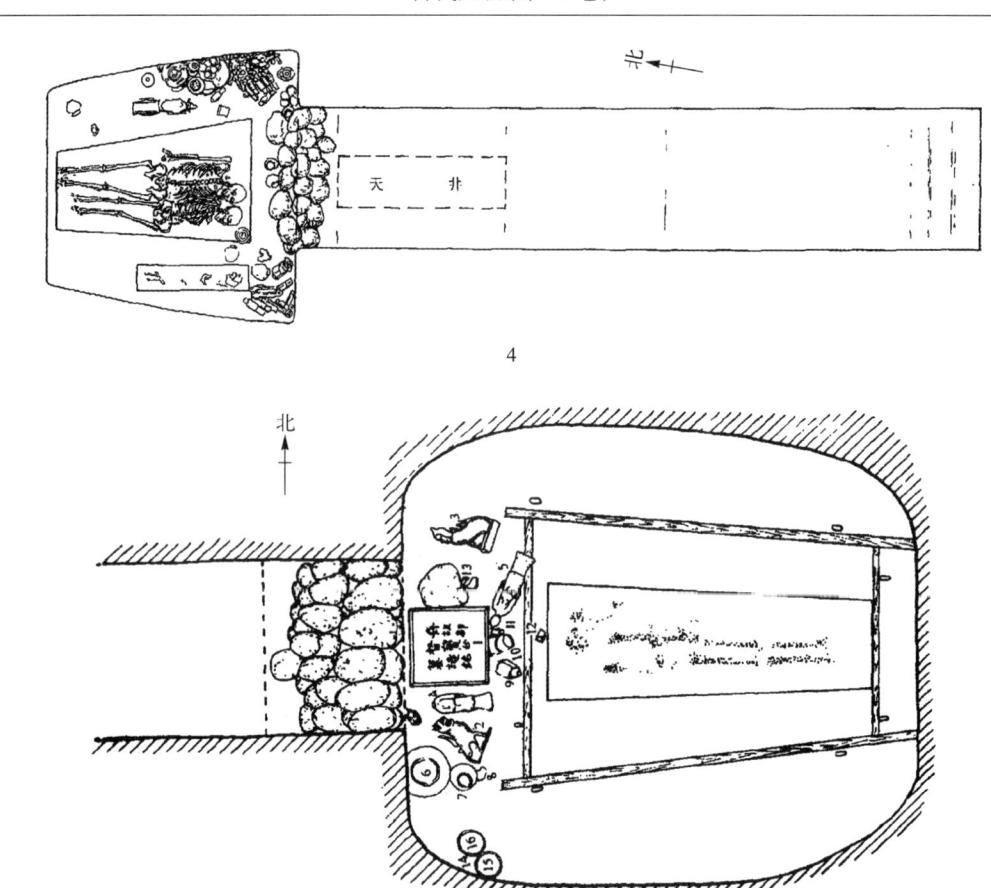

图三　晋阳地区北齐墓室空间布局形式

1. 第一类 A 型（徐显秀墓）　2. 第一类 B 型（库狄迴洛墓）　3. 第二类（太原南郊北齐壁画墓）　4. 第三类 A 型（侯莫陈墓）　5. 第三类 B 型（窦兴洛墓）

C 型　陶俑排列于生土二层台上。如中层官吏墓中的张海翼墓，[①] 仪仗俑等排列在二层台上，陶牛、陶壶等放置于洞室后部，墓志位于墓室洞口。

综上所述，三个地区墓葬的空间布局形式可总结为下表。

表一　北魏洛阳时代至北齐时期都城地区墓葬空间布局分类

地　区	棺位在西			棺位在北		棺位在中	墓葬总数
	随葬品全部在东	随葬品部分在棺位周围	随葬品位置不明确	随葬品在棺前	随葬品位置不明确	/	
洛阳地区	9(48%)	4(21%)	3(16%)	1(5%)	1(5%)	1(5%)	19
邺城地区	3(15%)	4(20%)	3(15%)	8(40%)	2(10%)	/	20

---

① 李爱国：《太原北齐张海翼墓》，《文物》2003 年第 10 期。

续表

地　区	棺位在西			棺位在北		棺位在中	墓葬总数
	随葬品全部在东	随葬品部分在棺位周围	随葬品位置不明确	随葬品在棺前	随葬品位置不明确	/	
晋阳地区	/	4(44%)	/	1(12%)	/	4(44%)	9
总　计	12(25%)	12(25%)	6(13%)	10(21%)	3(6%)	5(10%)	48
	30(63%)			13(27%)		5(10%)	/

注:百分比为每种类型占其所在地区墓葬总数的比例

二、墓室空间布局的社会文化分析

1. 棺位布局的社会文化分析

(1) 棺位在西

据上文可知,在北魏洛阳地区,棺位位于墓室西部的布局方式是绝对的主流(81%)。从时间上来看,棺位位于其他位置的墓葬,凡时代明确者均属于迁洛初期,①自宣武帝景陵②开始,棺位基本被固定在了墓室西部。这种以棺位在西为绝对主流的墓室布局特点,与洛阳地区北魏之前的墓葬以及平城地区的北魏墓葬皆不相同。洛阳地区西晋至十六国时期的墓葬,其墓室前部多充当前堂和摆放随葬品,棺木多被横向安排在墓室后壁之下;③大同地区平城时代北魏墓葬中棺木或棺床位于墓室北半部的墓葬数量比其他类型的总和还多。因此,我们有理由认为,棺位在西的布局方式之所以能够占据如此绝对的主流,或许与北魏政权迁洛后推崇的新规制不无关联。汉人礼制中对建筑空间与礼制活动各方面的方位有明确的认定,④西方在中原传统礼制中具有特殊而重要地位。如《论衡·四讳篇》:"夫西方,长老之地,尊者之位也。尊长在西,卑幼在东。"⑤《礼记·檀弓上》:"周人殡于西阶之上,则犹宾之也。"⑥《通典·丧制》:"周制,殡于西阶之上。"⑦北魏政权迁洛后致力于推行汉化政策,这些理想化的汉礼规定有可能就是北魏统治者最终将棺位

---

① 董富妻郭氏墓年代为北魏太和十二年(478年),司马悦墓年代为北魏永平四年(511年)。
② 宣武帝景陵年代为北魏延昌四年(515年)。
③ 韦正:《北朝晚期墓葬壁画布局的形成》,中山大学艺术史研究中心:《艺术史研究》第十六辑,中山大学出版社,2014年。
④ 这方面最有代表性的是关于明堂的记载,如《礼记·月令》说天子自孟春之月(正月)至季冬之月(十二月)依次居住在:"青阳左个……青阳太庙……青阳右个……明堂左个……明堂太庙……明堂右个……太庙大室……总章左个……总章太庙……总章右个……玄堂左个……玄堂太庙……玄堂右个。"《淮南子·天文训》:"阴阳刑德有七舍。何谓七舍?室、堂、庭、门、巷、术、野。十二德居室三十日,先日至十五日,后日至十五日,而徙所居各三十日。德在室则刑在野,德在堂则刑在术,德在庭则刑在巷。阴阳相德,则刑德合门。"
⑤ 黄晖:《论衡校释》,中华书局,1990年。
⑥ [汉]郑玄注、[唐]孔颖达疏:《礼记正义》,北京大学出版社,1999年。
⑦ [唐]杜佑:《通典》,中华书局,1988年。

规定在了墓室西部的理论依据。①

至东魏、北齐时期，棺位位于墓室西部的墓葬虽然仍有不少（邺城地区50%、晋阳地区44%），但与北魏洛阳时代相比减少明显，远不能再称之为绝对主流。仍然采取这种布局方式的墓葬为东魏、北齐时期最高等级的墓葬，如元祐墓、茹茹公主墓、湾漳大墓、库狄迴洛墓、娄叡墓、高润墓、徐显秀墓等。这显示出，北魏洛阳时代有关棺位布局的规制是为东魏、北齐政权所沿袭的，只是贯彻力度已大不如前，除帝陵、皇室成员及异姓诸侯王墓这些由中央政府亲自安排定制的墓葬还在遵循外，其他墓葬根据墓主的族属习俗和个人意愿来安排墓葬，自由度大大提升。

（2）棺位在北

将棺位横置于墓室北部的做法，在北魏洛阳地区见有司马悦墓一例，墓主为西晋皇族之后，祖父司马楚之，父司马金龙。至东魏、北齐时期，在邺城地区出现了相当数量的此类墓葬（50%），可确定墓主身份的有赵明度墓、尧峻墓、贾进墓、贾宝墓、颜氏墓等。赵明度为秦州天水郡人；尧峻为上党长子人；贾进、贾宝皆为河南洛阳人；颜氏为北齐文宣王妃嫔，齐州人，很有可能与当时汉人大族琅琊颜氏有宗亲关系。② 这些人的共同点就是在族属上皆为汉人，并且大多出身汉人名门。他们采取将棺位横向置于墓室北部的做法，应是承袭自魏晋时期中原汉人单室墓中的布局方式。

（3）棺位在墓室中央

将棺位纵向置于墓室中央的布局方式多见于北齐时期晋阳地区的墓葬之中（44%），值得关注的是有不少高等级墓葬采用这种方式。可确定墓主身份的有侯莫陈墓、窦兴洛墓、库狄业墓等。侯莫陈为代人之姓；③窦兴洛为改姓汉姓的鲜卑人，窦氏原为鲜卑纥豆陵氏；④库狄业为阴山人，世居漠北，代为酋长，至其祖库狄去臣，乃释褐从戎。这些人多属鲜卑，其墓葬形制结构也多为平城地区常见的梯形土洞墓，并且还伴有以石块封门、陪葬动物祭祀等鲜卑葬俗。将棺木放于墓室中央也是平城时代及更早时候的鲜卑梯形土洞墓中的常见做法，因此这类墓葬应承袭自平城时代乃至更早时候的鲜卑旧俗。

2. 随葬品布局的社会文化分析

棺位在北和棺位在墓室中央的墓葬中，随葬品分别被置于棺位之前和棺位周围。如前所述，这两类布局方式分别承袭自中原汉晋和鲜卑旧俗，各有源出，故不再赘述。这里重点分析棺位在西的北朝晚期墓葬中随葬品布局的变化过程。从中我们可以管窥北朝晚期祭奠礼仪空间的变化。

---

① 这些礼制规定在以往的汉人墓葬中都未被严格遵循，却在北魏墓葬中得以实现。
② 琅琊颜氏系由曲阜迁徙而来，另有一支在济北，皆在齐州附近，因此颜嫔出于颜氏一族旁支是极有可能的。
③ 《北齐书·侯莫陈相传》："侯莫陈相，代人也。祖伏颓，魏第一领民酋长。"
④ 崔世平：《北齐窦兴洛墓志与代北窦氏》，《中原文物》2008年第4期。

(1) 北魏洛阳时代

与棺位位置较早固定下来的情况不同,洛阳北魏墓的随葬品布局方式包括有两类,一类是随葬品部分位于棺位周围(19%),一类是随葬品全部位于墓室东部(48%)。值得注意的是,两者在时间上存在前后关系。将随葬品置于棺位周围的现象存在于孝明帝正光五年(524年)之前。孝明帝孝昌二年(526年)之后,随葬品基本全部被置于墓室东部。正光五年(524年)之前,被放置于棺位周围的随葬品包括仪仗俑(元睿墓、郭定兴墓),墓志(侯掌墓)和陶盘、碗(偃师杏园村M1101)等,前两者可以确定具有标志墓主身份等级之作用,它们被放置于棺位周围恐非随意之举。

进一步考察会发现,元睿墓与侯掌墓的仪仗俑和墓志都被置于棺位之南也就是墓室西南角(图一,2、3),郭定兴墓的仪仗俑则在棺位的北侧和西侧皆有发现(图一,5)。西南角在汉制中也具有特殊礼制意义。《礼记·曲礼上》记"为人子者,居不主奥",①《尔雅·释宫》言"西南隅谓之奥"。② 考古材料可以为西南隅为奥位给予较为明确的注解:在多室壁画墓中,偶像式墓主的正面像往往就绘制于墓葬西南隅的右侧室或小龛中,甚至在耳室和小龛退化后墓主人像的位置仍然没有变化;而在前室带耳室或小龛的前后室墓中,当左右耳室分别集中放置车马器和模型明器时,象征墓主位置的席案就会摆放在前室西半部靠后壁的位置。③ 北魏迁洛后多室墓已经不见,侧室、小龛等附属构造也一起消失,在孤零零的一方单室中,不存在可用以象征墓主位置的独立空间,真正字面意义上的"西南隅"也就成为"奥"位的首选。墓志、仪仗俑这些可用以标志墓主身份的随葬品放于墓室西南角,这在礼制上便是十分合适的。不过,由于这一时期的棺位被固定于墓室西部,将这些具有标志墓主身份地位的特定随葬品置于墓室西南角也就意味着将它们摆放于棺位之前,就像是以死者本身为中心来安排摆放的。因此,即使最初将这些特殊随葬品置于墓室西南角时是出于礼制上的考虑,其最终发展结果是这些随葬品不止被放于棺位南侧(墓室西南角),还被放于北侧、西侧或者说是围绕在棺位周边(如郭定兴墓),从而形成了一个以死者本身作为丧葬礼仪主体的祭奠空间。

问题在于,这种以死者本身作为丧葬礼仪主体的随葬品布局方式,既与汉代以来中原墓葬之传统布局相悖,又与汉人礼制规定存在不可调和的矛盾。传统布局方面,以中原地区汉代最为常见的双室墓而言,一般是将前室作为设奠的前堂,陈设象征墓主活动与身份地位的各种随葬品,后室则为藏棺之所,是以棺木为中心的静穆世界。在汉末魏晋单室墓逐渐取代多室墓之后,本来单作一室的前堂就改为了一室之前部,棺木多被横向安排在墓室后壁之下,④但随葬品与棺木在空间位置上仍是相互隔离的。礼制规定方面,据《白虎

---

① [汉]郑玄注、[唐]孔颖达疏:《礼记正义》,北京大学出版社,1999年。
② [晋]郭璞注、[宋]邢昺疏:《尔雅注疏》,北京大学出版社,1999年。
③ 韦正:《北朝晚期墓葬壁画布局的形成》,中山大学艺术史研究中心:《艺术史研究》第十六辑,中山大学出版社,2014年。
④ 韦正:《北朝晚期墓葬壁画布局的形成》,中山大学艺术史研究中心:《艺术史研究》第十六辑,中山大学出版社,2014年。

通·崩薨》:"尸之为言失也,陈也,失气之神,形体独陈。"①死者的尸体既不能作为吊丧中灵魂的象征,也不能作为死后"生活"的主体。或许正是由于这些问题的存在,使得孝明帝在正光、孝昌之际对随葬品的布局位置进行了调整,自此以后所见北魏墓葬随葬品一律被安排在墓室东部,与棺位在空间上重新隔离开来。考诸文献,《魏书·礼志》言朝觐、飨宴、郊庙、社稷之仪,孝文时"始考旧典,犹未周洽",至孝明时才"条章粗备"。② 正光、孝昌年为胡太后主政时期,胡太后本人在丧葬祭祀方面确有自己的一套政见,她曾亲自安排主持改葬文昭皇后的祭奠事务,还曾在嵩高山"废诸淫祀",③因此她在墓葬礼仪空间布置方面进行革新也是完全有可能的。综合上述两点,我们有理由推测,孝明帝正光、孝昌之际政府曾对墓葬相关规制做出过调整,由此强化了墓室东部作为独立的丧葬祭奠空间的作用。太昌元年(532年)的王温墓将墓主夫妇正面坐像绘于墓室东壁,或许就是将其作为了墓室东部丧葬祭奠空间的一组成部分。普泰二年(532年)的吕仁墓随葬品未被扰动,使得我们能够更为细致地了解被安排在墓室东部的各类随葬品的具体位置布局(图一,1):墓志位于墓室东南角,其西侧为一口部损坏的青瓷盘口壶;其他随葬品整齐排列在墓志以北,又可分为东西两部分,靠东壁为由家居生活俑、动物俑和模型明器构成的生活场景,偏西部是以牛车为中心的仪仗出行队列。在这个空间中,主体已不再是死者本身,而是以墓志为代表的死者之位。

(2)东魏、北齐时期

至东魏、北齐时期,在邺城、晋阳地区,棺位在西的墓葬中,随葬品的布局方式与北魏晚期相比又发生了显著改变,重新出现了较多的将随葬品置于棺位周围的现象(邺城地区20%、晋阳地区44%)。这些被置于棺位周围的随葬品中,既有之前出现过的墓志、仪仗俑(贺拔昌墓、库狄迴洛墓、叔孙夫人墓、娄叡墓、徐显秀墓),也有以前不见的瓷质器具(范粹墓)等。北齐以高氏家族为核心的最高统治集团通行鲜卑语,④保留着相当深的鲜卑习俗,并对汉人多有轻视。⑤ 北魏迁洛早期的此类做法或可与效仿汉人礼制挂钩,但考虑到高氏的文化背景,就很难判断这种做法复兴背后的原因了。唯一可以肯定的是,在墓室空间布局的相关规制方面,东魏、北齐政权仅仅继承了棺位纵向置于墓室西部这一特点,随葬品基本置于墓室东部的规制则被取消。

不过,在这一时期,墓室东部空间又被一类新的墓内设施——帷帐所占据。帷帐是汉唐时期丧葬礼仪活动的中心,《通典·丧制》所录《大唐元陵仪注》:"设帐殿庭,帐内设吉幄,幄内设神座……"⑥死者的神位即供奉于帷帐内,帷帐所在处应为丧葬祭奠的中心所在。墓内设帷帐的现象在史书记载和考古发现中都可见到。《后汉书》载桓荣临终前明

---

① [清]陈立:《白虎通疏证》,中华书局,1994年。
② [北齐]魏收:《魏书》,中华书局,1974年。
③ [北齐]魏收:《魏书》,中华书局,1974年。
④ 《北齐书·高昂传》:"高祖每申令三军,常鲜卑语。"
⑤ 《北齐书·废帝纪》:"文宣每言太子得汉家性质,不似我,欲废之。"
⑥ [唐]杜佑:《通典》,中华书局,1988年。

帝"赐以床茵、帷帐、刀剑、衣被"。① 在汉晋墓葬中发现有大量实体的插座等帷帐构件及帷帐图像,它们通常与一些祭奠性质的器物一起构成墓葬内的祭奠礼仪空间。最早的帷帐类实物见于西汉满城一号刘胜墓中,其中室中央设有两个由金属支架和丝织帷幕构成的空座,在其前面及四周,器物和陶俑成行排列②(图四)。在前后室墓中,帷帐座通常出于前室,如洛阳曹魏正始八年墓,前室出有一件铁帷帐架,同出的还有铜锏、铜博山炉、铜饰、铁灯、玉杯等;③偃师杏园村M34,在前室的入口处发现四个兽形帷帐座;④南方地区不少东吴西晋的前后室墓也在前室见有帷帐座,附近还有陶瓷俑。⑤ 在单室墓取代多室墓后,帷帐座仍有发现,如洛阳厚载门街的几座墓葬,帷帐座多位于棺木的前面。⑥

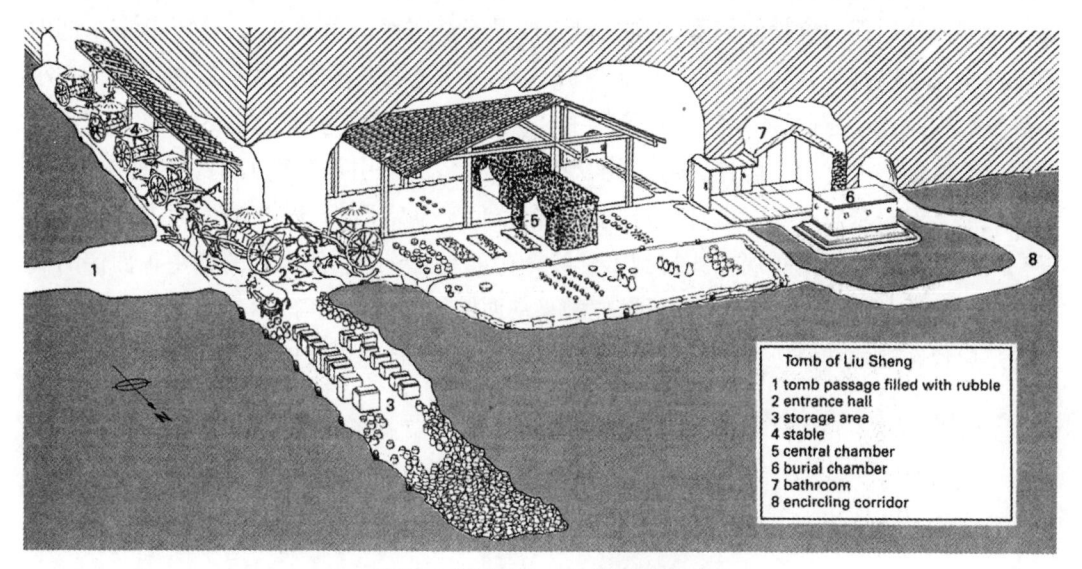

图四 西汉满城一号刘胜墓帷帐⑦

北魏迁洛后,孝文帝规定,"今梓宫之俭,玄房之约,明器帷帐,一无所陈"。⑧ 在考古发掘中,除宣武帝景陵出有石质帐构插座外,再无与帷帐有关之遗物发现。东魏、北齐时期,在库狄迴洛墓、娄叡墓、高润墓、徐显秀墓中发现有帷帐跌石,显示帷帐的使用范围有所扩大,但其下限仍囿于皇室成员及异姓诸侯王一级。库狄迴洛墓和娄叡墓跌石位置明确:库狄迴洛墓石柱础共4件,位于木椁东边也就是墓室东部稍偏北;娄叡墓有四组石狮子8件、石基座8件,分别位于棺床南、东,墓室东中部和墓东壁、北壁下。由此看来,两墓

---

① [宋]范晔:《后汉书》,中华书局,1965年。
② 中国社会科学院考古研究所、河北省文物管理处:《满城汉墓发掘报告》,文物出版社,1980年。
③ 洛阳市文物工作队:《洛阳曹魏正始八年墓发掘报告》,《考古》1989年第4期。
④ 中国社会科学院考古研究所河南第二工作队:《河南偃师杏园村的两座魏晋墓》,《考古》1985年第8期。
⑤ 韦正:《北朝晚期墓葬壁画布局的形成》,中山大学艺术史研究中心:《艺术史研究》第十六辑,中山大学出版社,2014年。
⑥ 洛阳市文物工作队:《洛阳厚载门街西晋墓发掘简报》,《文物》2009年第11期。
⑦ 巫鸿:《黄泉下的美术》,生活·读书·新知三联书店,2010年。
⑧ [北齐]魏收:《魏书》,中华书局,1974年。

的帷帐皆是位于墓室东部的。帷帐的存在,明确标志了魏晋时期存在于墓室前部的祭奠礼仪空间随着棺位移至墓室西部也被相应移至了墓室东部。在此类墓葬中,其他随葬品又重新被置于棺位周围,或许也与为摆设帷帐而挪出空间有关。

然而,在这类高等级墓葬中,位于墓室西部的棺位、张设于墓室东部的帷帐与形成规制的墓葬壁画之间,出现了不可调和的矛盾。这一时期墓室壁画的布局一般为正壁(后壁)绘墓主像,侧壁有牛车築盖和男吏女侍。[1] 这种壁画绘制方式在北魏平城时代即已出现。在平城时代的单室墓中,棺位横向置于墓室后部,与墓室正壁(后壁)的墓主正面像至少形成了权宜的协调。但邺城和晋阳地区的东魏、北齐墓葬与平城墓葬是不同的。围绕在西部棺位周围的仪仗俑与陶、瓷质器具,被置于墓室西南角的墓志,位于墓室东部的帷帐神座,墓室后壁的偶像式墓主正面坐像,多种丧葬礼仪表达方式被杂糅在了同一方小小墓室之中,很难说哪里才是祭奠礼仪的中心所在。北齐国祚短暂,这些矛盾终其一朝也未得到较好的解决。及至唐代,丧礼制度规定"既大敛……引梓宫就西闲……欑事讫,所司设灵幄于欑宫东",[2]可见北朝晚期形成的棺位位于墓室西部、以帷帐为标志的祭奠礼仪空间位于墓室东部的布局方式得到了延续。在墓室正壁绘制偶像式的墓主正面像的做法则基本消失,取而代之的是在靠近棺位的墓室西壁绘制屏风图等可与之相协调的内容。这便是唐代在继承和修正北朝礼制的基础上最终形成的合理连贯的丧葬礼仪表达模式。

三、总　　结

从北魏洛阳时代至北齐都城地区的墓室空间布局来看,北魏迁洛后所形成的官方墓葬文化有创新之处,其面貌与中原汉晋之制和平城墓葬文化显示出文化取向的不同。宿白先生在探讨北魏洛阳城与北邙陵墓布局问题时就曾指出,北魏政权"这个'汉化',并不是简单地恢复或摹拟汉魏制度,而是加入了新因素后的一次发展"。[3] 从墓室空间布局来看,情况亦是如此。进一步还可以看到的是,在贯彻书面的、理想化的汉人礼制原则的层面上,北魏政权的"汉化"典章礼仪制度做的甚至比之前的汉人王朝还要严格(如棺位位于墓室西部),具体贯彻实施也较为彻底,从而在都城洛阳地区形成了相当整齐划一的墓室空间布局面貌。《资治通鉴·齐纪》关于孝文变北俗有一段记载:"魏主(孝文帝)欲变北俗,引见群臣,谓曰:'卿等欲朕远追商、周,为欲不及汉、晋邪?'咸阳王禧对曰:'群臣愿陛下度越前王耳。'帝曰:'然则当变风易俗,当因循守故邪?'对曰:'愿圣政日新。'"[4]墓室空间布局的实物证据可谓对这段记载做了很好的注脚。

北齐统治者出身六镇,号称要反抗北魏的极端汉化政策,然而表现在有关墓室空间布

---

[1] 杨泓:《南北朝墓的壁画和拼镶砖画》,杨泓:《汉唐美术考古与佛教艺术》,科学出版社,2000年。
[2] [唐]杜佑:《通典》,中华书局,1988年。
[3] 宿白:《北魏洛阳城和北邙陵墓——鲜卑遗迹辑录之三》,《文物》1978年第7期。
[4] [宋]司马光:《资治通鉴》,中华书局,1956年。

局的官方制度方面,仍多是因袭北魏之制(如棺位在西),只是贯彻力度大不如前,几乎仅在诸侯王及以上一级的墓葬中有所反映。其官方墓葬文化制度与北魏不同者,多是重新拾起了在平城文化中属于主流但在洛阳时代丧失主流地位的一些因素(如在墓室正壁绘制墓主正面坐像),也有新复兴的中原魏晋旧俗(如帷帐等),像是多种礼仪制度与文化传统的杂糅,释放着"彼此矛盾、方向混乱的信号"。[①] 这种混乱的墓葬布局终北齐一朝也未得到较好的解决,直至大一统的唐帝国建立之后,才在继承北朝墓葬制度的基础上对其矛盾之处加以扬弃,最终形成了区别于汉帝国墓葬制度的合理连贯的丧葬礼仪表达模式,完成了墓室空间布局方面的汉唐变革。

---

① 罗新:《黑毡上的北魏皇帝》,海豚出版社,2014年。

中国境内中古祆教徒葬俗考论(之一)

陈 凌

(北京大学考古文博学院)

祆教是伊朗的古代宗教。或根据它所崇奉的主神阿胡拉·马兹达(Ahura Mazdā)而称为马兹达教(Mazdeism);或根据其创始人先知琐罗亚斯德(Zoroaster)而称为琐罗亚斯德教(Zoroastrianism);或因为其崇拜"圣火"而称之为拜火教;或因为其信奉的主要经典《阿维斯塔》(Avesta)而称之为阿维斯塔教。由于琐罗亚斯德教崇拜光和日月星辰,古代中国人认为这是对天的崇拜,所以称之为火祆教、祆教。

公元前588年,在大夏王维什塔斯帕(Vishtaspa)倡导下,大夏贵族纷纷皈依火祆教,首次确立了琐罗亚斯德教在中亚宗教生活中的官方地位。此后,随着波斯居鲁士大帝(Kurosh,约公元前559—前530年在位)的扩张,琐罗亚斯德教为其及其后历代波斯王所接受,逐渐成为波斯帝国(公元前550—前330年)国教。琐罗亚斯德教随古波斯帝国的扩张,影响渐及欧亚大陆广大地区。波斯帝国被亚历山大大帝(Alexander the Great,公元前356—前323年)征服后,琐罗亚斯德教遭受严重摧残。波斯人在帕提亚时代赢得政治独立,琐罗亚斯德教为代表的波斯文化随即复兴。在萨珊波斯王朝期间(约公元226—851年),琐罗亚斯德教被立为国教,进入鼎盛时期,影响东达中国,西至希腊,南入印度,北近高加索一带,迅速发展成古代东方最主要的宗教之一。[1]

祆教是中古时期在中国境内有较大影响的三夷教之一。中古入居中国的祆教徒多为粟特人。粟特人,中国史籍习称的昭武九姓,其原本居处的主要范围在今乌兹别克斯坦泽拉夫珊河流域的索格底亚那(Sogdiana)。包括有若干城邦小国,如康国(飒秣建,今撒马尔干 Samarkand)、安国(捕喝,今布哈拉 Bukhārā)、曹国(劫布呾那 Kapūtānā)、石国(赭时 Chach)、米国(弭秣贺 Māymurgh)、何国(屈霜你迦 Kuṣāṇika)、火寻(花剌子模 Khwārizmik)、史(羯霜那 Kashāna)等等。

中古时期入华祆教人数甚众,聚落分布较广,影响颇大。[2] 入华祆教徒既侨寓中国,亦多葬于中国。中国境内已知的祆教徒埋葬方式可以分为两大类:第一类是使用纳骨

---

[1] 关于祆教在中亚绿洲及草原游牧地区传播的情况,可以参见《中亚民族与宗教》一书中笔者所撰祆教相关章节。见林梅村:《中亚民族与宗教》,江西人民出版社,2012年。

[2] 关于入华祆教徒聚落的相关情况,参见陈凌:《中国境内祆教相关遗存考略(之一)》,载《欧亚学刊》新2辑,商务印书馆,2015年,第126—157页。

器;第二类是使用石制葬具,如石榻、石椁(石堂)等。对于这一类石制葬具,学界争论尤多,笔者另有专文讨论。本文只讨论纳骨器相关问题。

祆教徒纳骨器主要发现于中亚、新疆地区,而中亚地区发现尤多。就笔者管见所及,欧美学者似无专门研究纳骨器的论述。前苏联(俄罗斯)、中亚学者或侧重个别器物的刊布,或侧重于纳骨器与祆教、粟特文化关系的简单讨论,罕见有深入的研究。当然,限于语言和对材料的了解,前苏联、俄罗斯、中亚学者几乎没能涉及中国境内出土的相关材料。综合看来,前苏联、俄罗斯、中亚学者有关纳骨器的讨论中,以巴托尔德(V. V. Barthold)、加富罗夫(B. G. Gafurov)、蒙盖特(A. L. Mongait)这三人一些简要的提法最有价值。20世纪早期,东方学权威学者巴托尔德曾经认为:中亚祆教与波斯祆教有所不同,其中一点即中亚祆教徒使用纳骨器。他还特别指出,纳骨器只发现于泽拉夫善河(Zerafshan River)至七河流域(Semiryechye)一带,而纳骨器上的浮雕则带有希腊和萨珊波斯艺术的影响。① 加富罗夫则提出,方形和帐篷形两种纳骨器分别代表了农业定居民族、游牧民族两类不同住所。② 蒙盖等在论及中亚片治肯特(Pyanjikent)遗址时注意到了一个重要的现象,即这里的纳骨器是放置在一种称为"纳乌斯"的特殊墓葬之中。③ 20世纪90年代,日本学者影山悦子结合在中国调查所得,对纳骨器做了一些梳理。④ 此后,滕磊在其硕士论文中也部分涉及了纳骨器。⑤

本文拟在此前学界研究的基础上,进一步整理、辨析中亚以及中国境内出土的纳骨器,并对相关重要的问题做一些讨论。

一、祆教徒葬俗与中国境内发现的纳骨器

琐罗亚斯德教在向东传播的过程中,各地在接受其信仰的同时,也按照本地的习俗,一些礼仪相应有所改变。

琐罗亚斯德教教义对于教徒的行为做出种种规定。出于对土地、火、水等物质的崇拜和重视,教义中严禁以任何不洁的方式对之进行污染。因此,琐罗亚斯德教对于处理人和动物的尸体有一套非常严格的规定,有一套完整的操作方式,以保证避免不洁造成的污染。在波斯本土,教徒死后,尸骨要经过一定的仪式处理后移至曝尸台(Dakhma)。《阿维斯塔》(Avesta)之《辟邪经》(Vendidad)有专门的章节加以训导。现代的琐罗亚斯德教徒

---

① 参巴尔托里德:《中亚简史》,耿世民译,中华书局,2005年,第8—9页。按:巴尔托里德的名字,中文有不同译法,文中采用较常用的"巴托尔德"。
② 加富罗夫:《中亚塔吉克史》,肖之兴译,中国社会科学出版社,1985年,第121—122页。
③ 蒙盖特:《苏联考古学》,中国社会科学院考古研究所资料室(内部资料),1963年,第269—276页。
④ 影山悦子:《东トルキスタン出土のオッスアリ(ゾロアスタ教徒の纳骨器)について》,《オリエント》第40卷第1号,第73—89页。
⑤ 滕磊:《祆教在华遗存考》,北京大学硕士论文,2001年。

还保存着这样的习俗①(详见下文讨论)。

在中亚地区,琐罗亚斯德教的葬俗有所变化,人们改用纳骨器盛敛死者遗骸。中国史籍对此略透端倪。《隋书》卷八三《西域·石国传》(《通典》卷一九三《边防典九·石国》略同)记载其王室祭祀礼仪时称:

> 石国,居于药杀水,都城方十余里。其王姓石,名涅。国城之东南立屋,置座于中,正月六日、七月十五日以王父母烧余之骨,金瓮盛之,置于床上,巡绕而行,散以花香杂果,王率臣下设祭焉。礼终,王与夫人出就别帐,臣下以次列坐,享宴而罢。

石国是昭武九姓之地,信奉祆教,因此这里所称"金瓮",应当就是火祆教徒所使用的纳骨器。当然,王室贵族所使用的纳骨器有可能是金制而成,但也可能只是一个泛称而已,材质不一定就是黄金。② 不过,林悟殊提出,《隋书》关于石国的这条记载不能证明其葬俗与祆教有关。理由是其中提到"烧余之骨",这明显与琐罗亚斯德教教义相违背。③ 林悟殊指出中国文献记载的石国葬俗与琐罗亚斯德教教义相悖一点甚是。不过,仅就这一点并不足以证明石国国王不是祆教徒。我们认为,应该充分考虑到古代文献记录的复杂性。事实上,中国古代文献关于域外记录的信息来源比较复杂,对于他国风俗不甚了解的情况下,记载难免有疏失误植的可能性。而且应该说,这种"误读"导致的"误记",从而引起后人更进一步"误读"的情形,在中国古代史籍中是屡见不鲜的。仅以葬俗为例,如《隋书》关于突厥葬俗的记载,实际上就把不同地域、不同等级的葬俗混为一谈。④ 试想,以隋唐时代和突厥交往如此密切尚且不免误记,更遑论其余了。我们怀疑,《隋书》记载所谓的"烧余"可能是想象之词,不能据以否认石国信仰祆教。

早在20世纪20年代,中亚史权威巴托尔德根据当时俄属的泽拉夫善河的卡塔—库尔干到七河流域一带出土的火祆教纳骨器,已经敏锐地指出:中亚火祆教徒和波斯火祆教徒一个不同之处即在于前者使用纳骨器来盛敛骨殖。⑤ 前苏联学者在中亚花剌子模(Khwarezmia)、七河流域(Semiryechye/ Zhetysu)以及费尔干纳盆地(Ferghana Valley)等地发现了不少盛纳骨殖的容器。这些容器多数陶制而成,有也部分由石膏制成,外面装饰图案花纹。由于这些容器用于收纳死者尸骨遗骸,故称纳骨器(Ossuary)。在片治肯特发现的纳骨器呈长方形,前壁和盖上均有纹饰,是放置在一种称为"纳乌斯"的特殊墓葬之中。除了纳骨器之外,纳乌斯里还随葬有其他一些器物、钱币、戒指和手镯等物。⑥

---

① Mary Boyce, *A Persian Stronghold of Zoroastrianism*, London: Oxford University Press, 1977. Mary Boyce, *Zoroastrians: their religious beliefs and practices*, Routledge, 2001.
② 蔡鸿生认为这处史料所记的"金瓮"为金制,而民间则用陶质。参蔡鸿生:《唐代九姓胡与突厥文化》,中华书局,1998年,第26页。现代南方的闽、粤等地,民间仍将盛放死者遗骸的容器称为"金瓮",有陶制,也有瓷质。
③ 林悟殊:《西安北周安伽墓葬式的再思考》,《考古与文物》2005年第5期,第60—71页。
④ 参见陈凌:《突厥汗国考古与欧亚文化交流》,北京大学博士论文,2006年,第二章相关讨论。
⑤ 巴尔托里德:《中亚简史》,耿世民译,中华书局,2005年,第8—9页。
⑥ 蒙盖特:《苏联考古学》,中国社会科学院考古研究所资料室(内部资料),1963年,第269—276页。上文所引《隋书·石国传》所谓"国城之东南立屋",笔者怀疑其所指的就是安放纳骨器的场所纳乌斯。

如果上引《隋书》的记载确实是中亚琐罗亚斯德教教徒祭亡仪式的话,那么可以推测纳骨器应该是置于取收比较方便的场所,而非埋藏起来。据称,在中亚片治肯特遗址曾发掘一处放置有30余件纳骨器的收纳所。收纳所由砖砌成,平面呈方形,并安装有木门。数十件纳骨器显然也不会是在同一时间内放入的,而有木门也表明收纳所是能够开启以存取纳骨器的,并非使用一次即封闭的。所以,笔者认为,存放这类纳骨器的地方应称为纳骨器收纳所,而不应当视为墓葬。

新疆吐峪沟曾出土两件纳骨器,存放的地方发掘简报称为"墓葬",形制相同,均为崖壁土洞墓,墓室平面呈长方形。其中M2东西长1.2、南北宽0.9米,墓顶略弧,高0.7米。墓门面向沟壑,用土块封闭。纳骨器东西向安放于墓室之中①(图一)。在吐峪沟发现纳骨器的地方,当地百姓称此前还曾经出土过人体大小的灰陶棺,形状与1号纳骨器(图二,1)相似。② 如果此说属实,结合高昌有火祆教寺庙的记载,比照片治肯特的发现,那么有理由推测吐峪沟这两处"墓葬"其实也应该是纳骨器收纳所。吐峪沟沟口应当是高昌集中处理火祆教徒遗骸的一处场所。和片治肯特的能收存数十件纳骨器的大收纳所不同的是,吐峪沟这两处收纳所形制较小,用于单人。

图一　吐峪沟纳骨器收纳所平剖面图

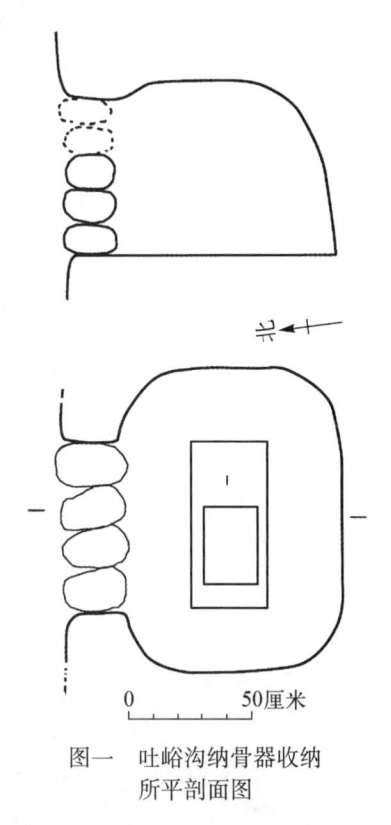

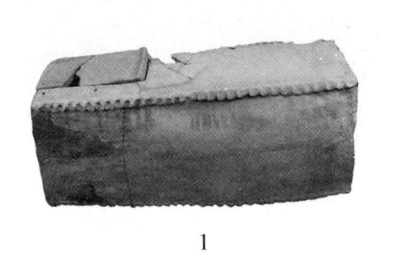

图二　吐峪沟出土纳骨器
1. 吐峪沟1号纳骨器　2. 吐峪沟2号纳骨器

笔者近年在吐鲁番吐峪沟石窟主持考古发掘工作期间曾经多次进行调查。当地人对于两件纳骨器出土的具体位置大多语焉不详,但可以确定是在吐峪沟霍加姆麻扎附近(图三)。这里除了有大量的佛教石窟外,现代穆斯林墓地下还叠压着早期墓葬。从简报描述,及当地老乡的介绍来看,出土纳骨器的地方近似石窟。吐峪沟霍加姆麻扎当地又称

---

① 吐鲁番地区文管所:《新疆鄯善县吐峪沟发现陶棺葬》,《考古》1986年第1期,第87—89页。
② 吐鲁番地区文管所:《新疆鄯善县吐峪沟发现陶棺葬》,《考古》1986年第1期,第89页。

"七圣人墓"。相传伊斯兰六位传道者与一条狗在此避难,后埋葬于此。按照穆斯林的习俗,对狗并无偏爱。相反,狗在祆教中却颇为重要。笔者曾两次进入霍加姆麻扎调查,发现其形制较为特殊。从结构和朝向来看,很可能最初本是祆教寺院,后来迭经摩尼教、佛教改造,最后才为伊斯兰教所利用。因此才会留下与狗有关的传说被后世所附会增饰。吐峪沟也就是阿斯塔那 M524 出土《高昌章和五年(535)取牛羊供祀帐》文书①及法藏敦煌文书《西州图经残卷》(P. 2009)②中所提到的"丁谷"。吐峪沟的祆祠所供奉祆教大神即"丁谷天"。③ 现在吐峪沟佛教石窟中还可以找到从祆教改造而来的一些蛛丝马迹。④

图三 吐峪沟纳骨器收纳所所在位置

新疆库车皮朗古城又名玛扎不坦古城,位于今库车中心的新、老城区之间。一般认为皮朗古城就是龟兹故城。⑤ 上世纪 50 年代,黄文弼曾在此调查发掘。⑥ 黄文弼所调查的一处遗址为位于东城墙北头的麻扎甫塘。农民在此处取土时曾经发现骨架和陶器。其中一件陶器为椭圆形陶盆,根据刊布的照片和线图,我推测这件陶器很可能是祆教徒的纳骨

---

① 国家文物局古文献研究室、新疆维吾尔自治区博物馆、武汉大学历史系编:《吐鲁番出土文书》,文物出版社,1981 年,第 2 册,第 39 页。
② 唐耕耦、陆宏基编:《敦煌社会经济文献真迹释录》(一),书目文献出版社,1986 年,第 55 页。
③ 参见陈凌:《中国境内祆教相关遗存考略(之一)》,载《欧亚学刊》第 13 辑,商务印书馆,2015 年。
④ 这一段文字为 2012 年补记。
⑤ 关于龟兹故城的讨论,参见陈凌:《丝绸之路的古城》第七章,三秦出版社,2015 年。
⑥ 黄文弼:《新疆考古发掘报告(1957—1958)》,文物出版社,1983 年,第 54—61 页。

器(图四)。新疆博物馆也藏有一件出自麻扎甫塘的陶器,上世纪70年代定名为"雕花陶盆"。① 这件陶器高22厘米,器身上半部分雕菱格十字花纹,下半部分雕卷曲茛苕纹。我们注意到此件陶器口沿处塑齿状雉堞纹,是纳骨器典型的特征之一。而器口内沿略微外侈,显然上面原有器盖。可知这件陶器也是典型的纳骨器(图五)。

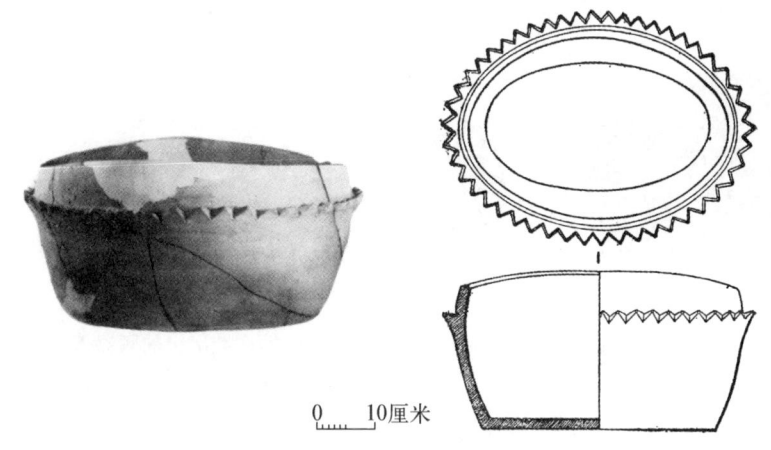

图四　新疆库车皮朗古城麻扎甫塘遗址出土的纳骨器之一

图五　新疆博物馆藏库车皮朗古城麻扎甫塘遗址出土的雕花纳骨器

黄文弼还在麻扎甫塘附近东城墙脚下采集到两件陶器盖。均为椭圆形,手制泥质红陶。器盖上有两头对称的动物头钮,近似龟形。一件长38.9、宽27.3厘米,中脊刻方格纹,两边正反饰交错人字纹,边沿为三角形纹(图六,1)。另一件中脊刻人字纹及蛇纹,两边刻锯齿纹,边沿刻三角纹②(图六,2)。黄文弼已辨认出这两件陶器为器盖,但为何种器物的器盖则未说明。根据这两件器盖的形制与纹饰,我们认为应该也是纳骨器的器盖。

如果上述推测成立的话,那么皮朗古城的麻扎甫塘遗址应当也是一处古代祆教徒的纳骨器收纳所。

---

① 新疆维吾尔自治区博物馆编:《新疆出土文物》,文物出版社,1975年,第120页,图版169。
② 黄文弼:《新疆考古发掘报告(1957—1958)》,文物出版社,1983年,第60页,图版四三。

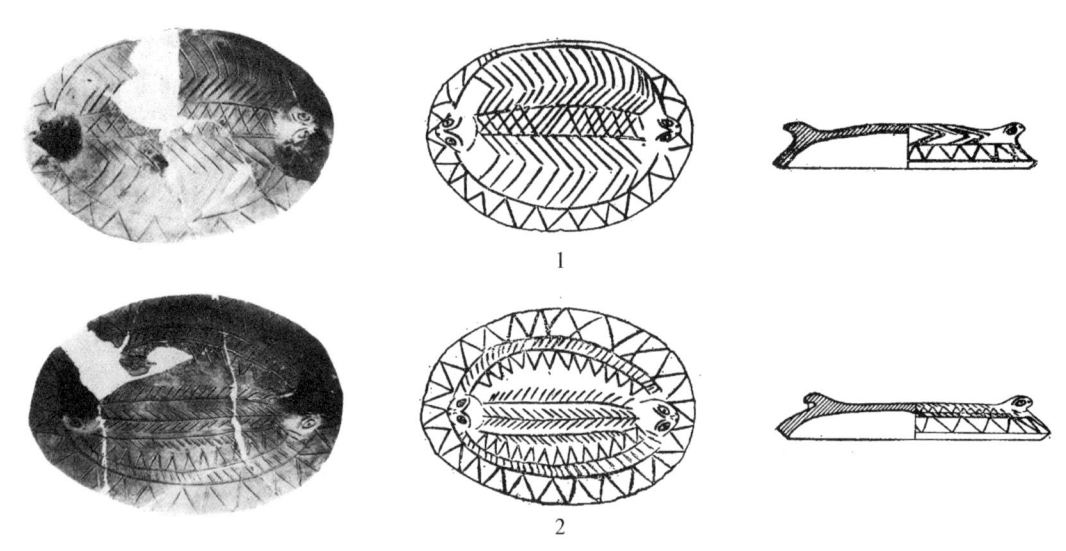

图六　新疆博物馆藏库车皮朗古城麻扎甫塘遗址出土的陶器盖

二、纳骨器的形制

到目前为止,国内外发现的纳骨器不在少数,但是公布的却并不太多。根据业已公布的资料,以及我们自己调查所得,对纳骨器形制略做简单分析。

已知的纳骨器,主要根据器身、口沿、装饰的不同,大体上可以分为七大类型:

(一) I 型　小口方盒形

这种类型的纳骨器外观基本呈长方形,器身开口较小,器盖通常是利用从器身开口切割下来的部分加工制成。又可细分为两种亚型,一种器身呈方形,一种器身略呈圆桶形。

(1) Ia型　方形器身

例1:吐峪沟1号纳骨器(图十,1)

1981年,新疆吐鲁番文管所在鄯善县吐峪沟沟口西岸崖壁上清理了两座墓葬,各出土一具陶棺。原报告推测这两件陶棺所葬为吐峪沟千佛洞附近的寺院僧人,年代相当于唐代(618—907年)。① 经过学者研究,大多已经认同这两件陶棺实际是火祆教徒的纳骨器。② 当然,其中所葬也就不是佛教僧人,而应该是火祆教徒。这两件纳骨器原定名为陶棺,现根据其性质和通用的命名,改称为吐峪沟1号纳骨器、吐峪沟2号纳骨器。

1号纳骨器出土于M1,泥质灰陶,手制,壁厚1.5—2厘米。器身长方形,长73、宽30、高28厘米,四面略外鼓,上面四棱塑有附加堆纹。纳骨器上面偏一侧开口,口呈长方形,长22、

---

① 吐鲁番地区文管所:《新疆鄯善县吐峪沟发现陶棺葬》,《考古》1986年第1期,第89页。
② 参影山悦子:《东トルキスタン出土のオッスアリ(ゾロアスタ教徒の纳骨器)について》,《オリエント》第40卷第1号,第73—89页;滕磊:《祆教在华遗存考》,北京大学硕士论文,2001年,第10—13页。

宽18.5厘米。器盖上也塑有附加堆纹。器口及器盖相对位置上各有六个小孔,供穿系绳索。纳骨器内装有一成年男性骨架。1号纳骨器内还残存一块长20、宽14厘米的棉布。①

(2) Ⅰb型　圆桶形器身

例1:吐峪沟2号纳骨器(图十,2)

2号纳骨器出土于M2。泥质灰陶,壁厚1.4—2.3厘米。器身呈圆桶状,长66、直径30厘米。四棱塑有附加堆纹。纳骨器上面偏一侧开口,口呈长方形,长33.5、宽20厘米。器盖系由棺身上切下而成,呈筒瓦状,上塑附加堆纹。纳骨器内装有一成年男性骨架,尚残存部分干枯的皮肉。②

(二) Ⅱ型　敞口方盒形

这一类型的纳骨器在形态上与上述小口方盒式纳骨器基本接近,但是器身上的开口要比后者大得多,呈敞口箱形。这类纳骨器根据器身的差异,又可细分为两种亚型:一种是纳骨器的器身四面直接拼合,无棱;另一种是纳骨器的器身四面拼合后有一道鼓突的棱边。

(1) Ⅱa型　器身四面无棱边

例1:乌兹别克斯坦Sary-tepe出土纳骨器之一(图十,3)

现藏撒马尔干历史与艺术博物馆。黄陶,由器身和器盖两部分组成,器盖已失,形制不明。器身高33、宽53、厚30厘米。平沿,已残。器身正面最上面一栏压印雉堞纹,其下为两道横纹夹卷草纹;中下部压印三道拱门,柱头也是科林斯式。每一拱门下各有一立像双手交叉抱于胸前。该纳骨器被定为公元7世纪后半期遗物。

例2:乌兹别克斯坦Mollall-Kurgan出土纳骨器(图十,4)

现藏乌兹别克斯坦撒马尔干瑞吉斯坦广场博物馆(Museum of Registan square),由器身和器盖两部分组成,黄陶,通高52、宽34、厚27厘米。器身长方盒形,口沿为雉堞状,正面压印出三个拱门。中间拱门内为圣火祭坛,两侧拱门各有一戴口罩的祆教穆护持物面向火坛。左侧穆护为站姿,右侧穆护跪坐。器盖呈三角形,正面压印两女持物相向,其上为一轮状物。该纳骨器被定为公元7世纪遗物。

(2) Ⅱb型　器身四面带棱边

例1:乌兹别克斯坦Biya-Naiman出土纳骨器(图十,5)

现藏俄罗斯圣彼得堡艾米尔塔什博物馆。黄陶,由器身和器盖两部分组成,器盖已失,形制不明。器身高24、宽47、厚27厘米。口沿已残,但从残存现象看,原先应该也是作雉堞状。器身正面上下各压印一道花瓣纹饰,中部压印四道拱门,柱头为科林斯式。每一拱门下各有一立像。两侧的立像双手持物,一上一下。中间两立像一手持物,一手倚在一蛇状物上。该纳骨器被定为公元7世纪遗物。

例2:乌兹别克斯坦Kashka-darya出土纳骨器(图十,6)

---

① 吐鲁番地区文管所:《新疆鄯善县吐峪沟发现陶棺葬》,《考古》1986年第1期,第87页。
② 吐鲁番地区文管所:《新疆鄯善县吐峪沟发现陶棺葬》,《考古》1986年第1期,第87—88页。

该纳骨器器身的四棱塑附加堆纹,器身还饰有娜娜女神(Nana)、穆护等祆教题材的浮雕。这些浮雕内容清楚地反映了该纳骨器的宗教属性。

(三) Ⅲ型 屋宇形

这一类型纳骨器较为特别,系较直接地制作成模拟土木建筑的样式。根据所模拟建筑的风格不同,又可分为两类。

(1) Ⅲa型 四足屋宇样式

例1:乌兹别克斯坦撒马尔干考古所藏纳骨器(图十,7)

此件为笔者在撒马尔干考古所调查时所见。红陶,高约75厘米,长约100厘米,宽约50厘米。人字斜坡顶,双正脊。正脊、垂脊上饰附加堆纹状雉堞纹。正面中立柱的柱头上方塑一展翼鸟,两角柱的柱头上方各塑一敛翼鸟。柱间为圆拱形龛,龛顶塑"山"字形雉堞,龛下贴塑一右手执兵器神祇。山墙及两侧面均素面,中间以一道附加堆纹隔开。其中一侧面开方口。下部有四足(图七)。纳骨器上所塑鸟形,应为祆教所崇信的瓦兰伽那(Vârengana)神鸟,即祆教战神韦雷斯拉格纳(Verethraghna,相当于粟特语 Wēšparkar)的化身形象。① 这种样式的纳骨器可能模拟的是中亚粟特地区的祆祠建筑。

图七 乌兹别克斯坦撒马尔干考古所藏四足屋宇式纳骨器
1. 正视 2. 侧视 3. 顶视

---

① 陈凌:《突厥汗国与欧亚文化交流的考古学研究》,上海古籍出版社,2013年,第174—177页。

（2）Ⅲb型　汉风建筑样式

例1：北京故宫博物院藏青陶纳骨器（图十，8）

这种形制的纳骨器目前仅见一件，1957年4月起被北京故宫博物院收藏，施安昌1998年从故宫藏品中发现的。① 此器灰陶质，由器身和器盖两部分组成。通高42厘米，器身高32厘米，底长51、宽36.5厘米，口长43、宽26.5厘米，盖长46.5、宽30、高12厘米②（图八）。

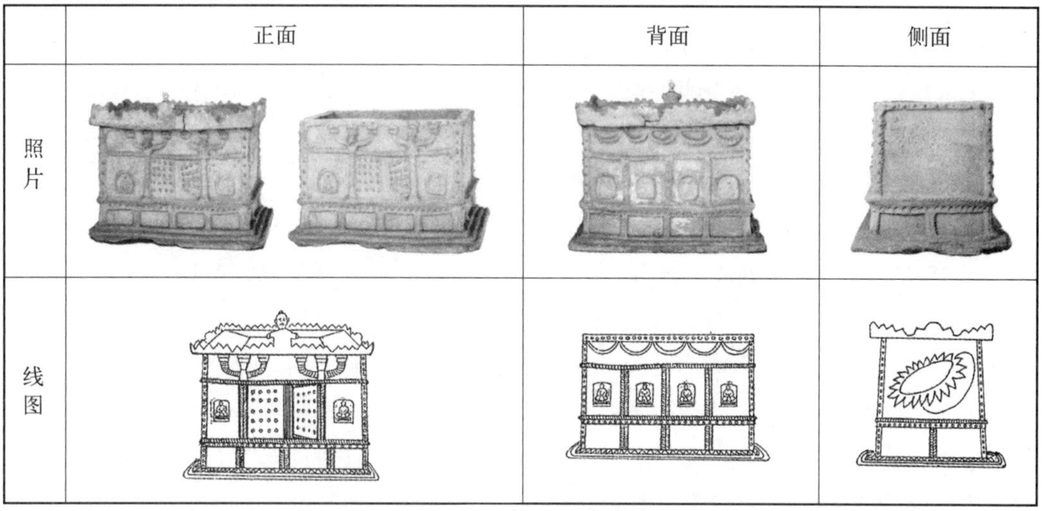

	正面	背面	侧面
照片			
线图			

图八　北京故宫博物院藏汉式屋宇纳骨器

器身部分可分上中下三截。

上截部分。正面压制出一门两龛、两柱。每扇门上压印五排四列门钉。柱头上安阑额，其上为一斗三升斗栱。两龛内各压印出一结跏趺坐像。背面压印三柱四龛。四龛内亦各压印出一结跏趺坐像。柱上安阑额，其上有帐幔纹饰。两侧面各刻划戳印一花纹，或认为是向日葵图案。③ 不过，仔细观察图片，并结合整个器物受佛教龛窟形制影响这一点来看，我们倾向于认为侧面所刻划图案为莲蓬。

中间部分。这部分施安昌将其视作台基，但我们认为其形制和魏晋隋唐时代的台基不类，似应将其与最下一截的台基部分分开来看。正、背两面各有五个支脚，两侧面中间有一支脚。从形制上看，这个部分更接近于榻。

下截部分。共有三层，从下往上每层往里略收，形成三层台式。

器盖部分。四沿向上翻起成齿状，中部呈覆斗形，正中上部塑一半身男像，有发髻，双臂已残。盖与器身制作成子母口相合。马尔沙克认为器盖上的男像代表粟特保护神。④

---

① 施安昌：《火坛与祭司鸟神》，紫禁城出版社，2004年，第86页。
② 施安昌：《火坛与祭司鸟神》，紫禁城出版社，2004年，第88页。
③ 滕磊：《祆教在华遗存考》，北京大学硕士论文，2001年，第12页。
④ 施安昌：《火坛与祭司鸟神》，紫禁城出版社，2004年，第88页。

我们认为,这种看法实际上是想象成分多于实证。

这件屋宇式纳骨器的年代,文物账上注明为唐代。① 马尔沙克认为是公元7世纪遗物。② 仔细观察这件纳骨器可以看出,器身正面的两个一斗三升斗栱形体较大,更接近于南北朝和隋的风格,我们认为它的年代也许可能要比7世纪还略早一些。

另外,这件纳骨器上龛式做法应与中国境内中古时期祆祠建筑形制有关。③

(四) Ⅳ型　圆形纳骨器

这类型纳骨器底面呈椭圆形。器身一般是下部小而上部大,呈略敞口形。根据器盖、器身子母口的不同,又可分为两种亚型。

(1) Ⅳa型　器盖子口

此型器身内部做出母口,器盖为子口。

例1:吉尔吉斯斯坦片治肯特遗址出土纳骨器(图十,9)

高35.5、底径56.5厘米。口沿一半平沿,一半呈齿状。器身也相应地一半红色绘几何方格纹,一半绘穗草纹。器盖已佚,形制不明。

例2:新疆库车皮朗古城麻扎甫塘遗址出土雕花纳骨器(图十,10)

底部呈椭圆形。高22、底部长径55厘米。口沿已残,但有一部分仍保留齿形。器盖形制不明。器身周身刻镂上下两层花纹。下层为卷草纹(似为莨苕叶),上层为两两相背的花叶组成的菱格花纹。

(2) Ⅳb型　器盖母口

此型器身外部做出口子,器盖为母口。

例1:新疆库车皮朗古城麻扎甫塘遗址出土纳骨器(图十,11)

此件为黄文弼调查皮朗古城时所获。泥质红陶,灰陶衣,轮制。椭圆形,敞口,口微敛,口沿下一周锯齿纹形成子口。平底,盖已佚。口长径49、短径34.2厘米,底长径42.2、短径25.2厘米,高26.4厘米,深25.2厘米,壁厚1.2厘米。④ 黄文弼认为这是一件陶盆。从器形与纹饰判断,我们认为应是一件纳骨器。口沿外侧的锯齿纹实际是纳骨器常见雉堞纹的简化形式。

(五) Ⅴ型　仿毡帐形

这种类型的纳骨器外形上系模拟游牧地区毡帐的样子制作而成。根据器身圆弧程度不同,又可分为两种亚型。

---

① 施安昌:《火坛与祭司鸟神》,紫禁城出版社,2004年,第86页。
② 施安昌:《火坛与祭司鸟神》,紫禁城出版社,2004年,第87页。
③ 中国境内中古时期祆祠形制的讨论,参见陈凌:《中国境内祆教相关遗存考略(之一)》,《欧亚学刊》新2辑,商务印书馆,2015年,第126—157页。
④ 黄文弼:《新疆考古发掘报告(1957—1958)》,文物出版社,1983年,第59—60页、图版四二。

(1) Ⅴa 型　圆帐式

例1：新疆吉木萨尔出土纳骨器（图十，12）

这种类型的纳骨器仿毡帐样式制成。整件器体下大上小，呈毡帐形。浅黄陶质，泥条盘筑，底长径 62.5、短径 45、通高 44 厘米。器身塑附加堆纹，呈毡帐饰带状，又有4组三角形组成的十字形图案。器盖系由器身切割下做成的，开口较小，盖钮作人头形。器盖及器身上压印有车轮形图案。

(2) Ⅴb 型　椭圆帐式

例1：乌兹别克斯坦 Sary-tepe 出土纳骨器（图十，13）

现藏俄罗斯艾米尔塔什博物馆。该器底面呈椭圆形，器高 30 厘米，黄色陶质，泥条盘制。器身正背各竖向塑三道附加堆纹，在每两道附加堆纹中间刻划出六叶片形，四正向和中央各剜透出一个三角形小孔。器身两侧偏上部位也各剜透四个三角形小孔。器身上面环塑一道锯齿状附加堆纹。开口较大，形制接近Ⅱ型、Ⅳa 型。覆盆形器盖，上塑有一个小人头像。

这种样式的纳骨器在中亚地区也较为常见。器身的装饰繁简程度有所不同，有较为复杂一些的，还贴塑献祭形象（图九）。

图九　乌兹别克斯坦撒马尔干出土纳骨器

（六）Ⅵ型　椭圆形侧开口

这种样式的纳骨器在中亚地区发现较多。器身下部均为椭圆形，上部则有不同变化形式，有的为圆钮式，有的为无钮镂空十字花式，有的为异形等等。器口开在上部侧面处（图十一）。

例1：乌兹别克斯坦撒马尔干阿弗拉西阿卜遗址出土纳骨器之一（图十，14）

泥质红陶，上部为圆钮式。

例2：乌兹别克斯坦撒马尔干阿弗拉西阿卜遗址出土纳骨器之二（图十，15）

泥质红陶，上部为无钮圆弧顶，两面镂空刻十字花形。

例3：乌兹别克斯坦撒马尔干阿弗拉西阿卜遗址出土纳骨器之三（图十，16）

泥质红陶,上部为异形动物(疑为犬形)。

(七) Ⅶ型 人形

除上面列举的几种类型的火祆教纳骨器之外,还有一种比较特殊的人形纳骨器,即整个纳骨器制作成人体的样式。

例1:女性人形纳骨器(图十,17)

乌兹别克斯坦 Koykrilgankala Karakalpakstan 出土,现藏塔什干乌兹别克斯坦国家历史博物馆。红陶,通高约120厘米。女性正面垂足坐于一方形台上,双臂已残。女性上半身为器盖,下半身及方座为器身,可放置骨殖。据认为属公元前1世纪—公元1世纪制品。

例2:男性人形纳骨器(图十,18)

乌兹别克斯坦撒马尔干阿弗拉西阿卜遗址出土。现藏艾米尔塔什博物馆。该件纳骨器塑成交脚坐姿男像,头戴卷沿帽,双臂已残,后背开口可供收纳遗骸。

型	亚型	纳 骨 器	
Ⅰ	Ⅰa	1	
	Ⅰb	2	
Ⅱ	Ⅱa	3	4
	Ⅱb	5	6

续图

型	亚型	纳 骨 器
Ⅲ	Ⅲa	7
Ⅲ	Ⅲb	8
Ⅳ	Ⅳa	9　　10
Ⅳ	Ⅳb	11
Ⅴ	Ⅴa	12
Ⅴ	Ⅴb	13

续图

型	亚型	纳 骨 器
VI		14　　　　15　　　　16
VII		17　　　　18

图十　纳骨器类型

1. 新疆吐峪沟出土一号纳骨器　2. 新疆吐峪沟出土二号纳骨器　3. 乌兹别克斯坦 Sary-tepe 出土纳骨器之一　4. 乌兹别克斯坦 Mollall-Kurgan 出土纳骨器　5. 乌兹别克斯坦 Biya-Naiman 出土纳骨器　6. 乌兹别克斯坦 Kashka-darya 出土纳骨器　7. 乌兹别克斯坦撒马尔干考古所藏纳骨器　8. 故宫博物院藏青陶纳骨器　9. 吉尔吉斯斯坦片治肯特出土纳骨器　10. 新疆博物馆藏库车皮朗古城麻扎甫塘出土纳骨器之一　11. 库车皮朗古城麻扎甫塘出土纳骨器之二　12. 新疆吉木萨尔县出土纳骨器　13. 乌兹别克斯坦 Sary-tepe 出土纳骨器之二　14. 乌兹别克斯坦撒马尔干阿弗拉西阿卜遗址出土纳骨器之一　15. 乌兹别克斯坦撒马尔干阿弗拉西阿卜遗址出土纳骨器之二　16. 乌兹别克斯坦撒马尔干阿弗拉西阿卜遗址出土纳骨器之三　17. 乌兹别克斯坦 Koykrilgankala Karakalpakstan 出土纳骨器　18. 乌兹别克斯坦撒马尔干阿弗拉西阿卜遗址出土纳骨器之四

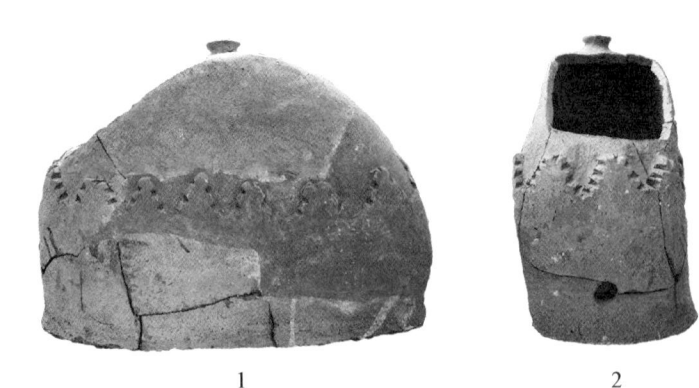

图十一　椭圆形侧开口纳骨器
1. 正面　2. 侧面

上述七种形式纳骨器中,中国境内目前所发现有Ⅰ型、Ⅲb型、Ⅳ型、Ⅴa型等四种,其他类型目前尚未发现。

三、余　　论

由于目前所能见到的资料有限,因此除了上举各类之外,可能还存在其他一些样式的纳骨器为我们所未见。要做更深入的形制探讨,只能有待将来材料的进一步公布。以下就上述纳骨器再做一些简单讨论。

加富罗夫曾经提出,方形和帐篷形两种纳骨器分别代表了两种不同的住所形式。方形表现的是农业定居民族的住房,而帐篷形则表现游牧民族毡帐的样式。[①] 对于这两种形制的纳骨器的年代,伯恩斯坦在上世纪五十年代就提出,帐篷形纳骨器的出现是在突厥时代。换而言之,帐篷形纳骨器是接受祆教信仰的突厥所用的。如果这种观点能够成立的话,则有理由认为Ⅰ型纳骨器的出现要比Ⅴa型早。

乌兹别克斯坦Sary-tepe出土纳骨器上的叶形纹饰(图十二:2),还见于撒马尔干出土的纳骨器上[②](图十二,3,4)。事实上,这种纹饰图样曾经一度流行于新疆地区。大英博物馆藏斯坦因从尼雅遗址所获汉魏时代的一件木制家具(斯坦因称之为"椅")上可以看到同样的图案[③](图十二,1)。在和田地区其他一些遗址中,类似的图案更是屡见不鲜。[④] 斯坦因认为,这种纹饰受到印度犍陀罗艺术的影响。[⑤] 林梅村则进一步说明是借鉴了大夏希腊化艺术。[⑥] 不过,这种叶形纹饰在西亚地区比较早就出现,而且相当常见,[⑦]因此我们更倾向于其源自西亚。实际上,在中亚发现的纳骨器上,希腊和萨珊波斯两种艺术传统的影响都是存在的。[⑧] 然而,无论这种纹饰是传自西亚,或者是间接来自大夏地区,都是来自中国境外的其他地区。

库车皮朗古城麻扎甫塘出土雕花纳骨器器身下层的卷草纹在犍陀罗石雕中常见,颇疑其即由犍陀罗地区传入的。在拜占庭7—8世纪时期的一些碑刻上也有类似的纹样,[⑨]

[①] 加富罗夫:《中亚塔吉克史》,肖之兴译,中国社会科学出版社,1985年,第121—122页。
[②] 田边胜美等主编:《世界美术大全集》东洋编·第15卷·《中央アジア编》,东京小学馆,1999年,第211页,图版114。
[③] A. Stein, *Ancient Khotan, Detailed Report of Archaeological Explorations in Chinese Turkestan*, London: Oxford University Press, 1907, vol. II, pl. LXVII.
[④] A. Stein, *Serindia, Detailed Report of Explorations in Central Asia and Westernmost China*, London: Oxford University Press, 1921. 所附图版中,可以找到不少类似的例子。
[⑤] A. Stein, *Ancient Khotan, Detailed Report of Archaeological Explorations in Chinese Turkestan*, Oxford, 1907, vol. I, p. 334.
[⑥] 林梅村:《楼兰:一个世纪之谜的解析》,中共中央党校出版社,1999年,第122—123页。
[⑦] 参里格尔:《风格问题——装饰艺术史的基础》,刘景联、李薇曼译,湖南科学技术出版社,1999年,第49—50页。
[⑧] 巴尔托里德:《中亚简史》,耿世民译,中华书局,2005年,第8—9页。
[⑨] 参里格尔:《罗马晚期的工艺美术》,陈平译,湖南科学技术出版社,2001年,第141—142页,图版44。一般说来,希腊、罗马的不少装饰纹样取材于西亚而稍加改变,植物纹饰尤其如此。详参里格尔:《风格问题——装饰艺术史的基础》,刘景联、李薇曼译,湖南科学技术出版社,1999年。

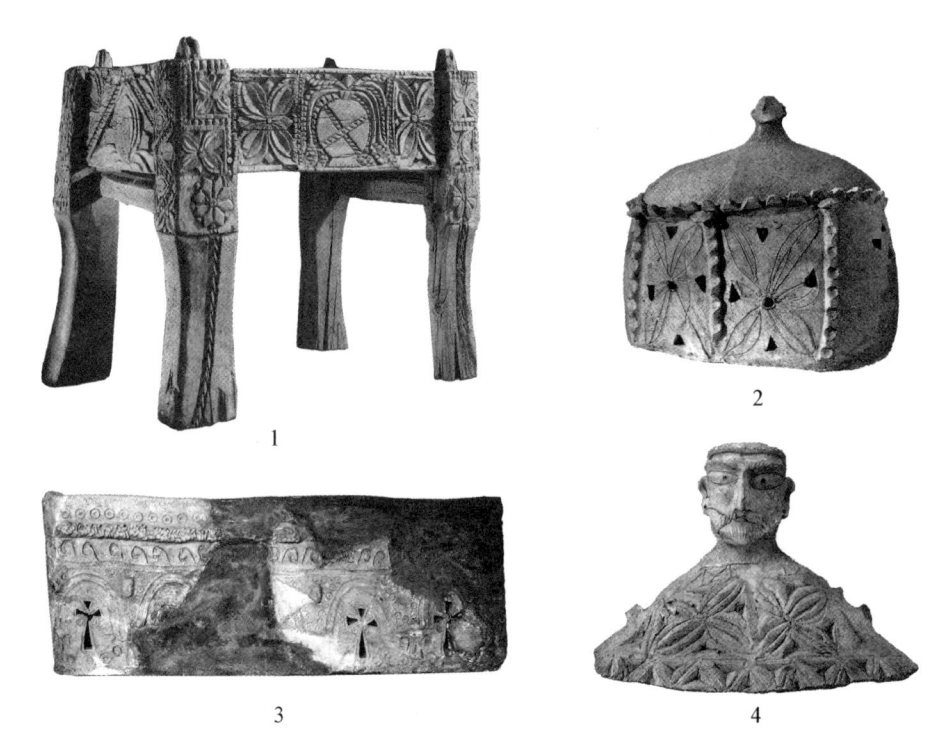

图十二 叶形纹饰

1. 新疆尼雅遗址出土木制家具　2. 乌兹别克斯坦 Sary-tepe 出土纳骨器　3. 乌兹别克斯坦撒马尔干出土纳骨器　4. 乌兹别克斯坦撒马尔干出土纳骨器器盖

说明这种纹饰流传甚广。

我们注意到,纳骨器器身口沿上常制作成齿状或者雉堞状。像乌兹别克斯坦 Kashka-darya 等处,或是片治肯特出土纳骨器口沿多做成典型的雉堞形,与波斯诸王王冠上的雉堞相似。一般说来,在波斯这种雉堞为阿胡拉·玛兹达的象征。因此,推测祆教纳骨器口沿上的齿状也源于对阿胡拉·玛兹达的崇拜是有道理的。① 至于齿状口沿,则是雉堞的一种简化形态,所表达的意义应该也是一样的。

故宫所藏屋宇式纳骨器,一种看法认为:"此器塑胡人像,有龛和神像,这是区别于汉地明器而归属于中亚盛骨瓮的明显特征。"② 另一种看法同意塑胡人像是中亚器物常见的特点,而门钉、斗栱等则为汉文化风格。③ 器身使用的斗栱、门扇为汉式则是没有疑问的。器身上所压制的六个坐像小龛是否直接来自中亚,尚值得讨论。实际上,魏晋南北朝以后,中国境内开窟凿龛立塔以礼佛之事,所在多有,正不必远搜旁求。④ 从该纳骨器上所

---

① 滕磊:《祆教在华遗存考》,北京大学硕士论文,2001 年,第 12 页。关于波斯王冠的分析,可以参见陈凌:《突厥毗伽可汗宝藏及相关问题》,《欧亚学刊》第七辑,中华书局,2007 年;陈凌:《突厥汗国考古与欧亚文化交流》,北京大学博士论文,2006 年。
② 施安昌:《火坛与祭司鸟神》,紫禁城出版社,2004 年,第 88 页。
③ 滕磊:《祆教在华遗存考》,北京大学硕士论文,2001 年,第 12 页。
④ 参见国家文物局教育处编:《佛教石窟考古概要》,文物出版社,1993 年。

压制的斗栱等物形制的准确性来看，制作者对于汉地的建筑应该是比较熟悉的。因此，完全有理由推测其在制作纳骨器时所压制的坐像龛也是就近取材于中国境内的佛教窟龛。当然，我们也注意到，中亚地区的纳骨器确有类似的装饰，如上述Ⅱ型诸例所示。但是，这些例子中的建筑物实际上不是坐像龛式，而是拱门式，两者有所不同。因此，归纳起来可以说，这件纳骨器的器盖部分中亚成分较多而汉式成分较少，器身部分则是汉式（包括佛教）成分较多，而中亚成分较少。

片治肯特出土的一件纳骨器侧面雕塑有兽面图案，①在中亚或者其他地区则似乎找不到渊源，但却与中原地区的魏晋隋唐时代兽面纹瓦当上常见的形象非常接近。因此，我们怀疑，这件纳骨器是受中原的影响，直接将中原瓦当的做法应用到外观装饰上。如果这个推测不误的话，那就说明，制作者是力图将中原屋宇的概念融入这件纳骨器的设计之中。北京故宫博物院所藏屋宇式纳骨器和汉文化区的陶屋明器，有一个共同点是在形态上很多取材于汉式的建筑样式。但两者的性质却又完全不同。故宫藏纳骨器应该是出自汉文化区域，片治肯特无疑是粟特文化居主导的地区，因此这一东一西两个例子就能够很好地说明，已经相当多的汉式建筑理念被引入祆教徒的葬具之中。前面已经提到过，帐篷式纳骨器可能是突厥时代模仿游牧民族毡帐而来的。这样，我们可以看到，祆教徒在采用同一种葬俗时，使用的纳骨器的形态却可以随着民族的不同，文化的不同而有所改变，但其中所包含的信仰观念却是一致的。或者说，葬具形态这些外在的因素可以改变，但内在的理念却没有改变。这也就提醒我们，在研究祆教徒葬俗葬具时，不仅要注意器具的形制，更应注意其所涵的理念，须将两者结合在一起考察而不可偏废。这一结论也可以推及适用于祆教所使用的其他形式的葬具。

中国境内出土的纳骨器中，吐峪沟1、2号纳骨器，吉木萨尔圆帐式纳骨器，以及库车皮朗古城麻扎甫塘遗址出土的两件纳骨器，这五件明确出自新疆。有学者据此认为，入华祆教徒纳骨器只见于新疆，而不见于内地。②我们不同意这种看法，事实上从模仿汉式建筑形制的准确性上讲，故宫收藏的屋宇式纳骨器更可能出自于内地。魏晋隋唐时代，新疆地区的建筑与中原完全不同。因此，要在新疆制造出这样的仿汉式木结构纳骨器是难以想象的。我们推测，故宫藏的屋宇式纳骨器倘若不是中原的汉人工匠所制，至少也是居处于内地且熟知汉式建筑的祆教徒所造。事实上，近年在西安、太原等处发现的入华祆教徒石制葬具制作者的情况也与此相类。这个话题涉及内容比较繁杂，我们另有专文讨论。

2008年9月初稿
2012年4月二稿
2015年3月校订

---

① 见蒙盖特：《苏联考古学》，中国社会科学院考古研究所资料室（内部资料），1963年，第276页图版。
② 荣新江：《粟特祆教美术东传过程中的转化——从粟特到中国》，原载巫鸿主编：《汉唐之间文化艺术的互动与交融》，文物出版社，2001年，第51—72页；收入氏著《中古中国与外来文明》，三联书店，2001年，第301—325页。

赵州城复原研究

徐斐宏

（北京大学考古文博学院）

赵州城，即今河北赵县之旧城，位于北纬37°45′东经114°46′，石家庄市区东南40公里。赵州城地处河北平原，地势平坦，海拔42—47米，城北略高于城南，自城西行约50公里可抵太行山山脚（图一）。城西有清水河，大体沿城西墙南流，于城西南两公里处汇入洨河，洨河东南流，整体南距赵州城2—3公里，河上有著名的赵州桥。近年来，两河水势渐小，清水河甚至已经部分淤塞（见图二）。

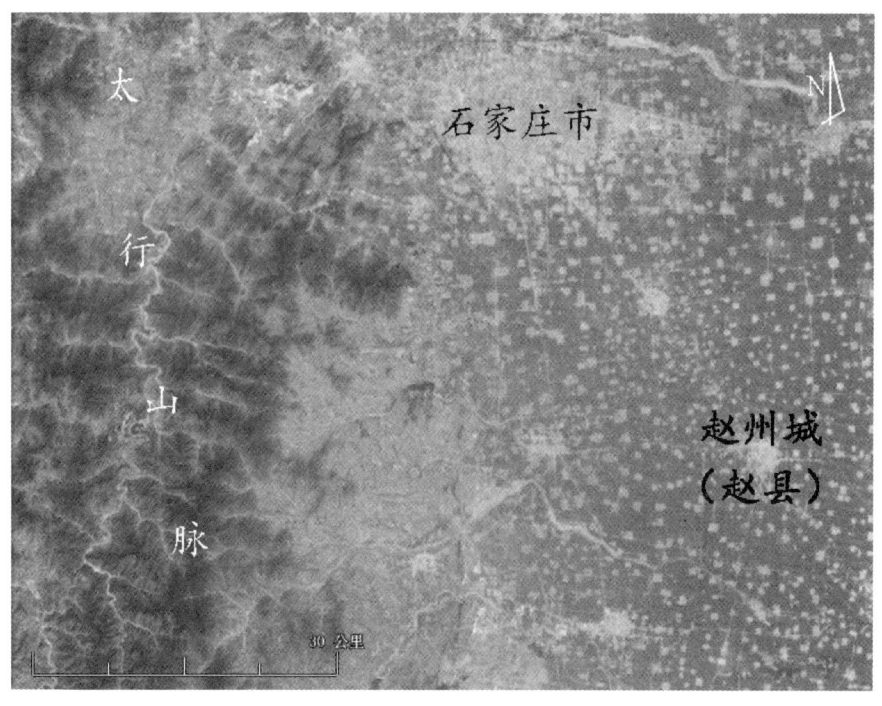

图一 赵州城位置图

赵州城是一座延续了北宋时期格局的古今叠压型城市，复原该城，对研究其所在地区北宋州县城市的布局、规划等问题有较为重大的价值，然遗憾的是，目前为止尚未见有科学、系统复原该城的研究论著发表。本文欲采用城市考古的方法，由晚到早对赵州城的面貌进行复原，以期能在揭示该城演变的基础上，探讨其布局特点与背后的城市规划思路。

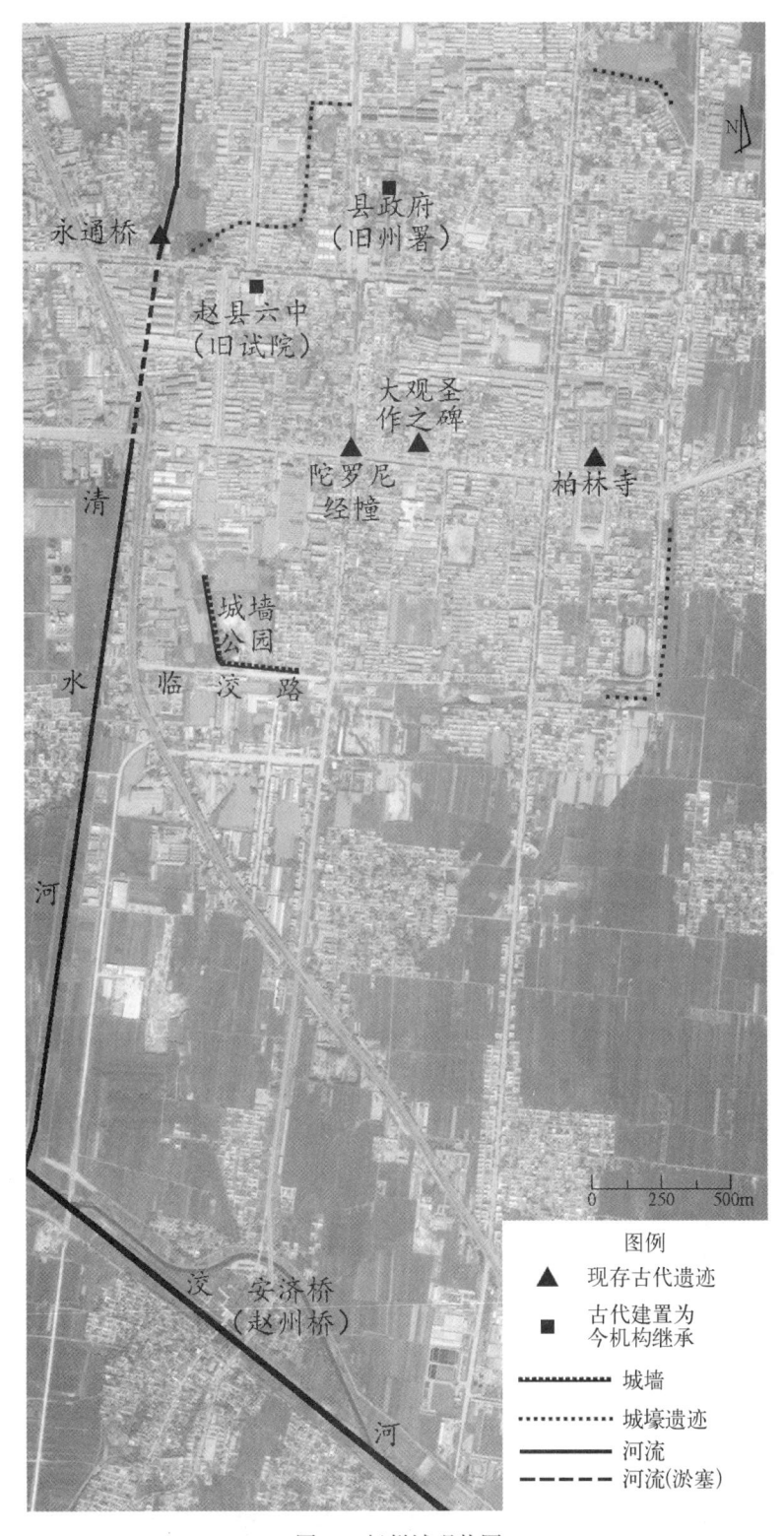

图二　赵州城现状图

（图二、二二—二四均以 Google Earth 提供的 2007 年卫星影像为底图）

一、赵县的沿革与赵州城的兴建

赵县,古称平棘,汉已有之。① 赵州之名,始于北齐。② 北齐至元代的绝大部分时间,平棘县皆为赵州治所,故本文所谓的赵州城,明代以前亦为平棘县县治所在。明洪武中,平棘县被并入赵州。民国时,改赵州为赵县,并延续至今。北齐以降赵县之沿革见下表。

表一 北齐以降赵县沿革表

时代	名称	所属	备注
北齐	平棘县	赵州	天保二年,改殷州为赵州以避太子之讳(《北史》卷七《齐本纪中》)
隋	平棘县	赵州	开皇十六年置栾州,大业三年又改为赵州(《隋书》卷三〇《地理中》)
唐—五代	平棘县	河北道赵州	唐天宝元年至乾元元年改赵州为赵郡(《旧唐书》卷三九《地理二》)
北宋	平棘县	河北西路赵州	大观三年改赵州为庆源军,宣和元年升为府(《宋史》卷八六《地理二》)
金	平棘县	河北西路沃州	天会七年改为赵州,天德三年更为沃州(《金史》卷二五《地理中》)
元	平棘县	燕南河北道真定路赵州	元仍为赵州(《元史》卷五八《地理一》)
明	赵州	直隶正定府	洪武中以州治平棘省入(《明史》卷四〇《地理一》)
清	赵州	直隶正定府	

汉平棘故城,位于赵县东南1.5公里,今固城村一带。③ 唐代赵州城很可能已经位于今赵县县城,即北宋以后赵州城所在的位置。④

而今日所见之赵州城,格局奠定于北宋。赵州所在之处,恰是安史之乱以后藩镇势力最为强大的区域,⑤其地又当契丹南下之路,自不能免于战祸。长期的战事对赵州及附近诸州的城镇多造成了巨大破坏,以至北宋开宝二年,宋太祖:

---

① 《汉书》卷二八《地理志上》。
② 据《北史》卷七《齐本纪中》,天保二年"改殷州为赵州以避太子之讳"。
③ 光绪《直隶赵州志》卷一《舆地志》称汉平棘故城"在今治东南三里",其具体位置可看国家文物局主编:《中国文物地图集·河北分册(中)》,文物出版社,2013年,第91页。按,固城村这一地名或为古城村或故城村讹变而来。
④ 《旧唐书》卷三九《地理二》:"赵州,汉平棘故城在今县南。"可见唐代时,赵州城的位置就已经在平棘故城的北面。今赵州城中有柏林寺,系唐赵州和尚道场,具体考证可参看下文。柏林寺以西八百米,赵州陀罗尼经幢东北,出土有唐代佛教遗物,不能排除有佛教寺院存在,详见国家文物局主编:《中国文物地图集·河北分册(中)》,第92页。这两处佛教遗迹,提示我们唐代赵州城的位置应与北宋以后的赵州城基本一致。
⑤ 唐宝应元年,立李宝臣为成德军节度使,赵州遂为藩镇所控制,事见《旧唐书》卷一一《代宗纪》。至后唐天祐十九年,李存勖平成德军,才结束了赵州作为藩镇属地的历史,详见《旧五代史》卷二九《唐书·庄宗纪三》。

诏镇、深、赵、邢、洺五州管内镇、砦、县悉城之。①

赵州城应正位列其中。根据文献及现存遗迹判断,赵州城格局形成的时间下限在宋徽宗时期。北宋以后,城中诸建置虽历经若干次改易,但综合方志、②笔记等文献的记载,可知赵州城的位置未再变动,城市总体格局亦一脉相承。对于北宋以降赵州城的沿革,下文将作详细论述。

二、赵州城的现状

赵州城至今仍留有若干古代遗迹(见图二),是复原古代赵州城时可参考的重要地标。

赵州城城墙大部分于上世纪80年代被拆毁。③今赵县有城墙公园,保存着赵州城西南角长约330米的夯土城墙,该段城墙保存最高处约10米,墙基宽约6米,夯层明显(图三、四)。公园南门往东,沿今临洨路路北,亦留存有原南城墙遗迹若干(图五—七),受破坏较为严重,保存情况逊于公园内的城墙。赵州城其他部分城墙虽已被拆除,但城西北部、东北部、东南部仍留有城壕遗迹,这在2007年拍摄的Google Earth卫片上有较为清楚的体现。

赵州城内,石塔路与南大街交界处路中央,立有北宋景祐五年(1038年)所立陀罗尼经幢④(图八—一〇,下文简称经幢),当地人称之为石塔。经幢高16.44米,规模为我国现存经幢之最,蔚为壮观。

经幢向东250米,路北县生产资料公司院内,有北宋大观元年(1107年)所立大观圣作之碑一通(图一一),此碑所在地旧为文庙。

大观圣作碑向东650米路北,即柏林寺。柏林寺绝大部分建筑为文革后新建。然寺内有真际禅师塔,上有元天历三年(1330年)塔铭⑤(图一二、一三)。真际禅师塔边,有金天会十二年"慈懿和尚舍利之塔"残件(图一四)。

赵县城南三公里许,洨河之上,有安济桥⑥(图一五)。此桥即举世闻名的赵州桥,当地人称大石桥,相传为隋工匠李春所建。今赵县县城西,有永通桥,当地人称小石桥,形制与赵州桥相似而规模略小,建造年代不详,考古材料显示此桥始建时间或在唐代⑦(图一六)。

---

① 《宋史》卷二《太祖二》。
② 今所见古代赵州的方志,有明程遵纂修正德《赵州志》八卷、明隆庆蔡懋昭纂修《赵州志》十卷、清康熙祝万祉等纂修《赵州志》十卷、清同治孟傅铸纂修《直隶赵州志》二十一卷与清光绪孙传栻等纂修《直隶赵州志》十六卷。同治《直隶赵州志》只有稿本传世,笔者无缘得见。下文引用其他几本方志时,分别简称为《正德志》、《隆庆志》、《康熙志》与《光绪志》。
③ 河北省赵县地方志编纂委员会编:《赵县志》,中国城市出版社,1993年,第454页。
④ 有关赵州经幢、柏林寺塔、大观圣作之碑的具体情况,可参看高英民等:《赵县文物与古迹》,《文物春秋》1991年第4期,第61—65页。
⑤ 1933年梁思成调查真际禅师塔后,认为此塔为金代遗构,见《本社纪事》,《中国营造学社汇刊》第四卷第三四期合刊,中国营造学社,1933年,341页;而1952年祁英涛调查后根据塔铭,认为此塔"无疑是元代的建筑",见祁英涛:《河北省南部几处古建筑的现状介绍》,《文物参考资料》1953年第3期,第65—66页。这里无意于讨论此塔的年代问题。本文将采纳年代较晚的论点,即将真际禅师塔视为元代遗物。
⑥ 关于安济桥与永通桥的详细情况,可参看梁思成:《赵县大石桥即安济桥》,《中国营造学社汇刊》第五卷第一期,中国营造学社,1934年,第1—31页。
⑦ 高英民、刘元树:《永通桥创建年代考》,《文物春秋》1989年创刊号,第103—108页。

图三　城墙公园以内赵州城西墙遗迹现状之一

图四　城墙公园以内赵州城西墙遗迹现状之二

图五　城墙公园外临洨路北赵州城南墙遗迹现状之一

图六　城墙公园外临洨路北赵州城南墙遗迹现状之二

图七　城墙公园外临洨路北赵州城南墙遗迹现状之三

图八　赵州经幢旧照

（常盘大定、关野贞：《支那文化史迹·八》，法藏馆，1940年4月，78页）

图九　赵州经幢现状

图一〇　赵州经幢基座部分现状

图一一　大观圣作之碑现状

图一二　柏林寺真际禅师塔现状

图一三　柏林寺旧照（常盘大定、关野贞《支那文化史迹·八》，75页）

图一四　柏林寺内金"慈懿和尚舍利之塔"残件

图一五　安济桥现状

图一六　永通桥现状

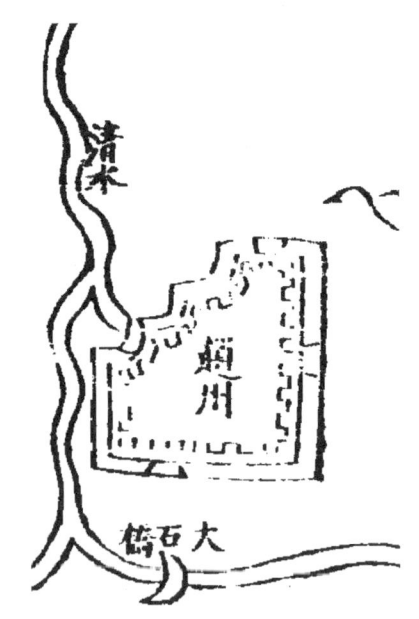

图一七 《隆庆志》卷首"图引"所绘赵州城形态

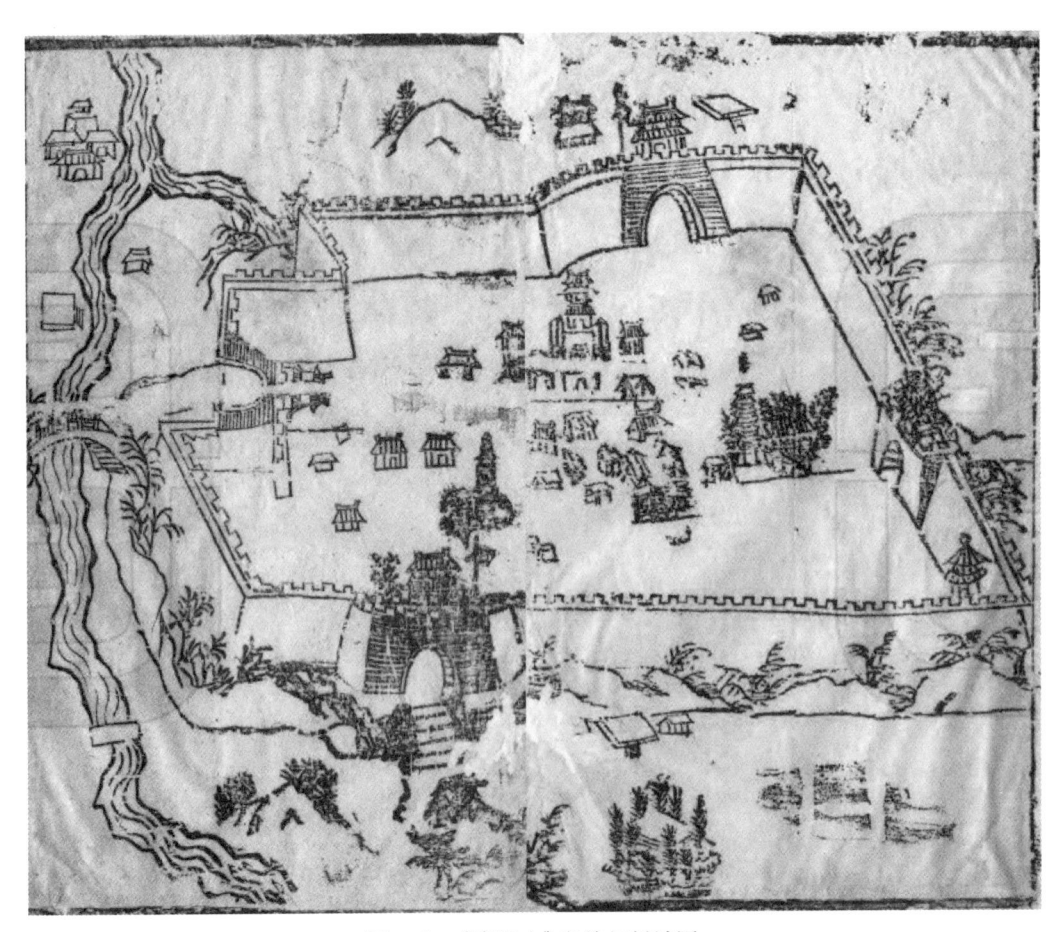

图一八 《康熙志》卷首赵州城图

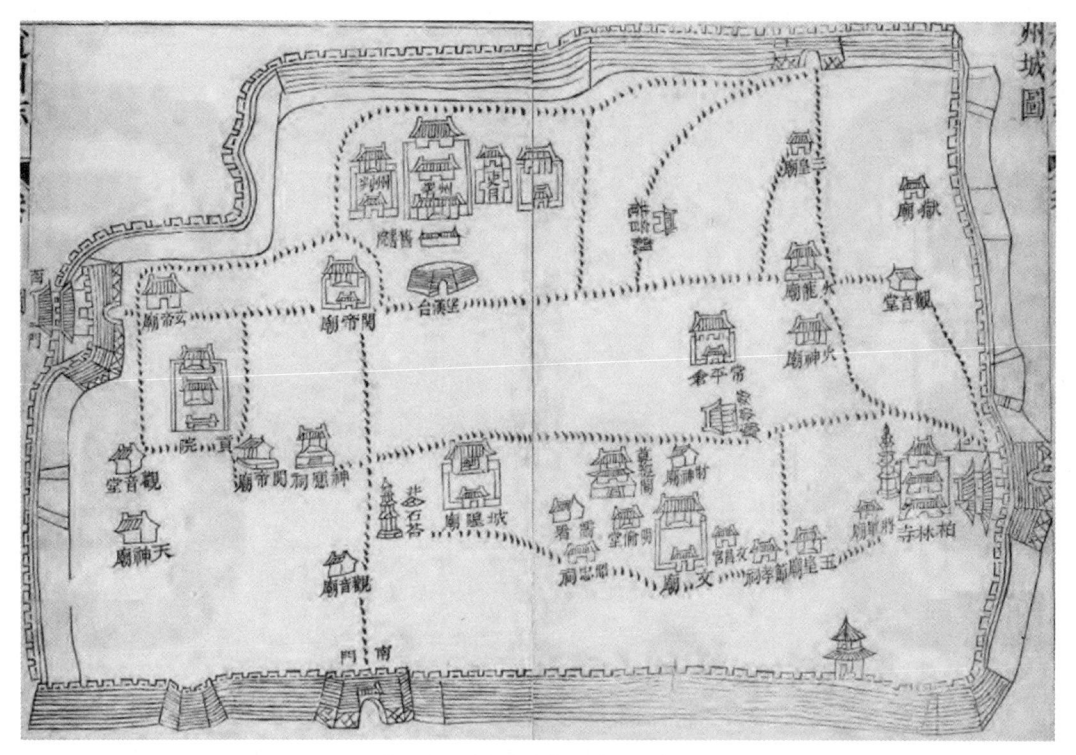

图一九　《光绪志》卷首"州城图"

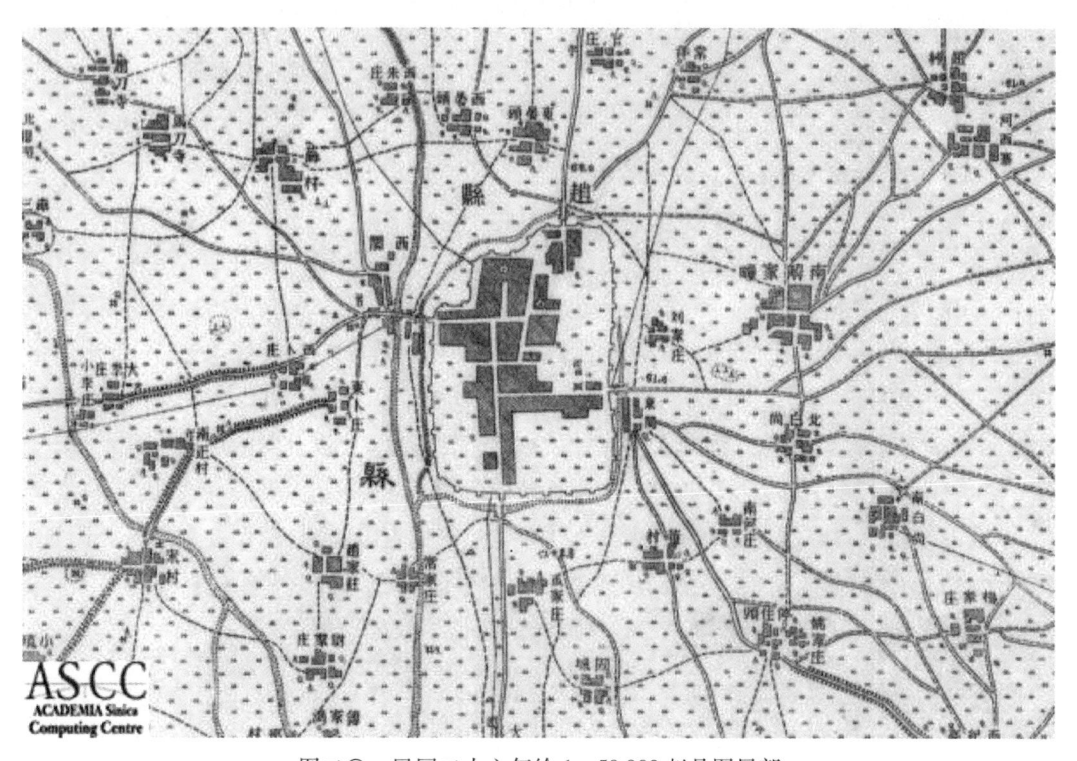

图二〇　民国二十六年绘 1∶50 000 赵县图局部

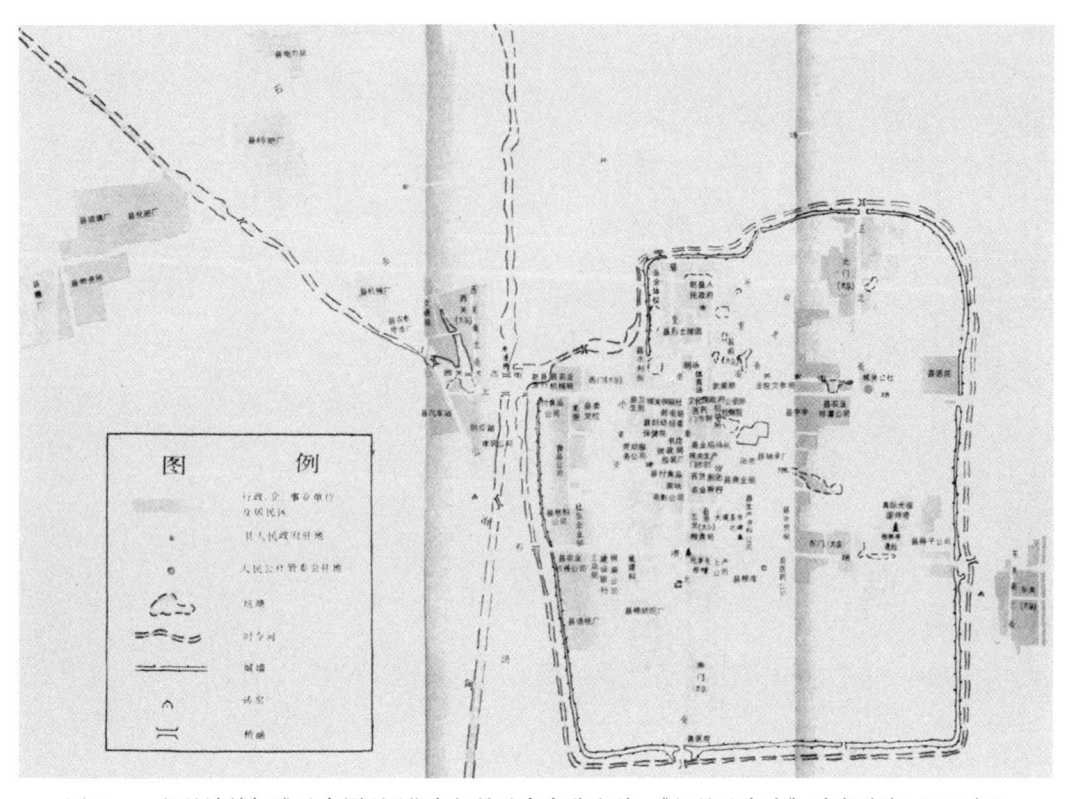

图二一　赵县城关标准地名图（河北省赵县地名办公室编：《赵县地名志》，内部发行，1984 年）

另外，古赵州城内的一些建置虽已不存，然所在地明确为今某些机构继承。例如，今赵县县政府所在地旧为州署，而旧试院今则为赵县六中所占据。①

三、赵州城诸建置之沿革

城池，是古代城市中的重要建置。从近现代地图（图二〇、二一）来看，赵州城的城池直至上世纪八十年代中期都保存得较为完好。根据这些地图，结合现存遗迹，不难还原出被拆毁前赵州城的城墙轮廓，如图二二所示。赵州城城池平面形状并不规则，东、西、南三面城墙较直而北墙多曲折。整个城坐北朝南，方向南偏西5°，南北最长达 2 120 米，东西最宽有 1 800 米，城墙长度总计约 7 100 米。城墙四面各开一门，从图二一上仍能看到南门、东门的瓮城痕迹。城壕走向与城墙一致，壕中之水引自清水河，引水处在永通桥附近，然由于材料有限，城壕的宽度、与城墙的距离等信息不甚明了，因此暂不对其进行复原。

《光绪志》卷三《建置志》"城池"对赵州城池的描述较为详细：

州城土筑，建置莫考，基博二丈五尺，垣崇三丈二尺，周环十三里有奇……东垣七

---

① 赵县地方志编纂委员会编：《赵县志（1987—2005）》，吉林人民出版社，2011 年，第 717 页。

百四十八丈,自艮隅迤逦外跨,当卯位内折,直引至南,门居乙辰之间。巽隅起魁楼,今移置巳位。南垣绳直,四百九十六丈,门居丁未之间。西垣七百四十九丈,自坤隅直引,抵酉、辛间,折而东,郭门在焉。循郭右偏,东行百丈,再折而北,百数十丈乃为乾隅。北垣四百一十九丈,自乾历亥皆直引,当壬位外跨斜指,门居癸丑之间,东抵艮隅止。门凡四,重关双闉,东曰"升华",南曰"临洨",西曰"澄波",北曰"拱辰"。

按垣墉郭郛岁久倾圮,人人可越。咸丰三年九月,粤逆北犯,飘忽驰突,防御不及,城遂陷……同治七年知州刘公锡谷兴工缮治……十年乃蒇事,惟起东楼……

濠阔十丈,深十尺,绕城四周,匦水汪洋……厥后清水河来源既竭,濠亦旋涸,居民犁为平地……同治四年,知州段公光瀛倡议加濬,宽三丈,深一丈三尺半,四境毕赴,工将讫,秋霖群注而止,然需民力已不赀矣。

上述文字记载,在图一九上有明确的印证,将之与图二二对比,不难发现两者表现的城池形态基本一致;而城墙"周环十三里有奇",也与实测值相近。基于这两点,当可认为清晚期至被拆除之前,赵州城的城墙走向没有发生过变化。另外,从以上文字可以看出,赵州城的城池清代时便疏于修缮,以致城墙"岁久倾圮,人人可越"、城壕被"犁为平地",城被太平军攻陷后官府曾试图修缮城墙,最终也不了了之。这种接近废弃的状态恐怕一直持续到了城墙被彻底拆除之时。

《正德志》、《隆庆志》与《康熙志》对城池的记载略同,兹引《康熙志》卷二《建置》"城池"的相关记载如下:

本州土城创建莫考,周围一十三里,阔二丈,高三丈,垛墙高四尺,凡为垛三千九百有奇。濠阔十丈,深十尺,绕城四周,匦水汪洋。城门楼各四座,弘治七年知州张清于西、南门外各建石门二座,规制宏阔,屹然为畿南重镇。国朝康熙七年戊申大水,东城门颓塌,周围垛口大半倾坏,巡抚甘文焜具疏,尚未修补。

可见,赵州城的城池在明清时期都没有经历过大的改动,应当延续着明代以前就已奠定的格局,即图二二中的情况。方志中的示意图(图一七—一九)也能支持该论断。弘治七年于西、南门外修建瓮城应不至于对城池的整体形态造成大的影响。

明清方志中并没有对赵州城街道的系统文字记录。对比古今地图(图一九—二一),可知今赵州城与晚清民国的赵州城在街道方面最主要的变化有二:一是北门内丁字街被改为十字街,使西门内大街直通出东墙;二是东门内大街直通出西墙,令经幢所在街口亦从丁字街变为十字通衢。赵州城街道古今的变化应该不止上述两点,然受限于材料,不能进行更细致的分析,在复原图上勾勒的是赵州城内几条主要街道的情况。整个明清时期,赵州城内主干道的走向当未发生过大的变化。

今赵县县政府所在地古为赵州州治,位于州城北部。《光绪志》卷三《建置志》"官署"述其沿革曰:

> 知州治所居城之乾位,肇基岁月五代以前无可考。或云即汉东光侯耿纯故宅,援属前望汉台证之。北宋为庆源军治所。明洪武初,署知州杨德成建立堂宇。成化七年毁于火,明年知州潘洪重建。……咸丰三年九月初二日,粤逆北犯,城陷,州署悉被焚毁。嗣是,州守僦屋治事,或居试院。亟思兴筑,而土木工钜片瓦尺椽无可凭藉,卒难修复。光绪二十年七月,州守孙公莅任始集僚佐绅耆,妥为商酌,捐廉兴工……始于甲午九月,落成于乙未仲冬。

可见,赵州州署在明洪武以后,位置就基本没有发生过变动。紧邻州署有州判廨、吏目廨、仪仗库、迎宾馆、监狱等机构,①它们连同州署一起,占据了赵县政府大院附近的较大区域。但遗憾的是,由于州署建筑已悉数不存,故州署的详细范围与内部布局,今已较难进行复原,本文暂且从略。州署东南一里有预备仓,也是一处明清沿用的建置。② 所谓望汉台,为一夯土基址,位于州署门外府前街上,创始时间不可考,北宋大观、明弘治间均有重修,③"文革"中被毁。④

上文已经提到,今赵县城中有大观圣作之碑一通,所在地旧属赵州文庙。赵州文庙与儒学相连,方志中均并称。《隆庆志》卷二《建置》"儒学"记载了文庙、儒学的创始与沿革情况:

> 儒学在州治南,建置已久,莫详其始。中多古柏,惟宋时碑刻尚存大观元年九月资政殿学士郑居中奏,以御笔八行诏旨颁于学宫,二年八月礼部尚书郑久中刻石……金天会中,建大成殿。皇统初,建两庑、斋堂。……元末兵毁。国朝洪武十三年,始即旧基重建庙学。

赵州庙学明清时屡经重修,⑤但所在位置与规模应未发生变化,延续着洪武重修后的格局。

今赵州六中所在地旧为试院,创建于乾隆元年。⑥

柏林寺为赵州城内名刹,位于城东门内。上世纪50年代初,祁英涛等人调查柏林寺时,寺内尚有大殿两座,⑦后均被毁,唯余元真际禅师塔。明清方志对于该寺记载多甚简

---

① 见《光绪志》卷三《建置志》"官署"。《隆庆志》卷二《建置》"州治"则记载州署边有吏目宅、判官宅、銮驾库、迎宾馆、监狱等,可见清代应直接继承了明代的这些机构。
② 《康熙志》卷二《建置》"仓库":"预备仓在州治东南一里。旧有二,一在西门内,名曰西仓。弘治十一年,知州张清因西仓地下常被水湿,乃于今东仓右辟地一十七亩移置之。岁久倾圮。国朝康熙十一年,知州祝万祉重修。右辟地无考。"
③ 元人廼贤于所著《河朔访古记》卷上"常山郡部"中记载"赵州城中,州衙南,皇华驿之东,有望汉台。此即东汉耿纯所筑,以望东武之所也,岁久摧圮。宋大观四年,知军州事刘戒,惜其遗迹湮没,乃改而新之。"本文引此书用武英殿聚珍版丛书本,清人将"葛逻禄廼贤"译作"郭罗洛纳新";《隆庆志》卷一《地里》"古迹":"(望汉台)历岁既久,仅存两土,东西分峙。国朝弘治十年,知州张清加甓以合为一。"
④ 河北省赵县地方志编纂委员会编:《赵县志》,第54页。
⑤ 详见《光绪志》卷三《建置志》"学校"。
⑥ 《光绪志》卷三《建置志》"学校":"试院在西门内东南,乾隆元年创建。"
⑦ 祁英涛等:《河北省南部几处古建筑的现状介绍》,第65—66页。

略。明人李时阳所撰《重修柏林寺大慈殿记》①概述其沿革曰：

> 赵州柏林禅寺，畿内名刹也。创于汉末，历晋、隋唐间悉为观音院。南宋（误，当为"北宋"）间为永安院，金元间为柏林禅院。迨我朝，遂更兹名，而州之僧正司设焉。

柏林寺唐代称观音院，亦称东院，为禅宗大师从谂驻锡之所，②考古发现也证明今柏林寺所在地唐代时应即有寺庙。③

赵州城中有关帝庙，《光绪志》卷三《建置志》"坛庙"称其"与南门相对"，故可知赵州城关帝庙位于南门内大街尽头丁字路口处，很可能即图二一中县剧场的位置。关帝庙的兴建时间应在明正统时期，《正德志》卷一"祠庙"记载：

> 关王庙一在州治西，一在州治南，皆正统间建。

关帝庙明清中屡经重修，最大的一次变动发生在清晚期，《光绪志》卷三《建置志》"坛庙"称：

> 咸丰三年，粤逆犯州。（关帝庙）前、中二殿毁于火，荒弃不治者十年。同治元年，移正殿于中殿之址。

至于赵州城隍庙，《隆庆志》卷四《祠祀》记载该庙创建于洪武二年，《光绪志》卷三《建置志》"坛庙"描述了城隍庙的具体位置，称其"在州署正南"，参考图一九，可知城隍庙位于州署正南、文庙以西。《光绪志》记载该庙明清时曾多次重修，且与关帝庙一样，在咸丰三年为太平军重创，后又原址复建。

关于经幢，方志中记载简略，《康熙志》卷二《建置》"寺观"中称：

> 石塔在城隍庙西南大街，宋景祐五年建，为庆源军南关厢开元寺旧址。

经幢上刻有"隆庆五年辛未九月"字样，或为明代修缮时所留。元人葛逻禄廼贤于至正五年（1345年）左右曾游历赵州，④在所著《河朔访古记》卷上"常山郡部"中记载经幢情况如下：

> （柏林）院西丁字街，有石浮图，俗曰"大石塔"，高可四五丈，制作极工，上刻古薤叶篆，亦妙，宋景祐五年，西厢人所建也。

这条文献显示至少从元至正年间起，经幢就一直矗立于柏林寺以西之街口，即今址。而实际上，经幢的位置很可能自北宋乃至更早的时间起就没有发生过改变，详见下文专门讨论

---

① 载《光绪志》卷一四《艺文》。
② 《光绪志》卷一四《艺文》载元人王翊《赵州古佛堂记》："（从谂禅师）后抵赵州之观音院，方驻锡，亦名东院，即今之柏林也。"另赞宁、智轮《宋高僧传》卷一一题其传记为"唐赵州东院从谂传"。
③ 柏林寺于1989年出土有唐代石棺一具，内盛骨灰，可见为佛教徒葬具，应属于寺庙，详见刘运田：《赵县城内发现唐代石棺》，《文物春秋》1996年第1期，第91页。
④ 元刘仁本《羽庭集》有《河朔访古记》序，记载廼贤自至正五年期开始游历，详见《四库全书总目》卷七一《河朔访古记》条。

经幢问题的章节。

永通桥在"城西门外清水河上",①出土碑志等材料显示此桥在明清时经历过多次重修。②

以上,根据以明清方志为主的文献材料,梳理了赵州城诸建置的演变情况,在此基础上可以绘出明清时期赵州城的复原图(图二二)。至此,我们不妨对明清赵州城的演变作一个简单的总结。

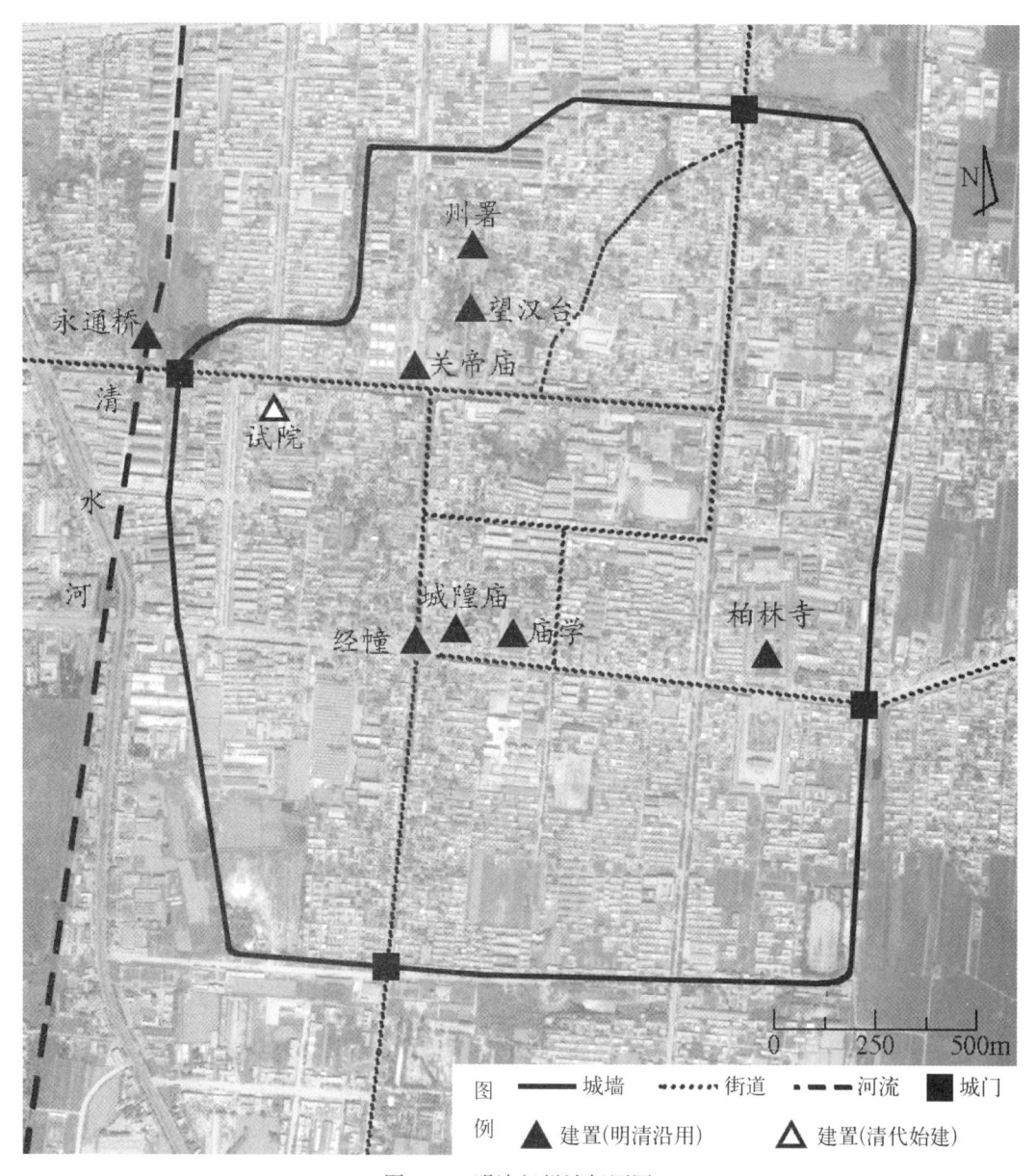

图二二　明清赵州城复原图

---

① 《隆庆志》卷二《建置》"桥梁"。
② 详见高英民、刘元树:《永通桥创建年代考》,第107页。

纵观方志的记载，不难发现赵州城在明清时期没有经历大的变化，城中建置基本都于原址一脉相承。期间，赵州城经历过的最大冲击，或属咸丰三年"粤逆北犯"，州署、关帝庙、城隍庙等建置均被毁，然而这些建置都在此后得以原地重建，故此次冲击并没有对赵州城的布局产生长远的影响。元明之际的战火应对赵州城造成了较为严重的破坏，赵州城内州署、庙学、城隍庙等建置均在明洪武时经历了原址重建或新建，但这也不代表赵州城在明初经历了彻底重建，以致城市格局发生了大幅改变。要向上追溯赵州城格局的演变，复原该城宋元时期的面貌，便不能仅凭明清方志的记载，还需要更多的史料线索。

四、宋元时期赵州城演变考

上文已引用的《河朔访古记》卷上"常山郡部"中，有元至正间廼贤游历赵州时的记录，对复原当时赵州城的面貌有非常重要的价值，并能提示宋元时期赵州城的变迁情况。廼贤称：

> 赵州城中，州衙南，皇华驿之东，有望汉台。此即东汉耿纯所筑，以望东武之所也，岁久摧圮。宋大观四年，知军州事刘戒惜其遗迹湮没，乃筑而新之。……赵州城西门外平棘县境，有永通桥，俗谓之小石桥，方之南桥差小而石工之制华丽尤精。……赵州城中东门内，有柏林院，世呼为"赵州古佛道场"，盖唐末僧赵州和尚修行之所。旧在城外，后城既展，而在东门内矣。院西丁字街，有石浮图，俗曰"大石塔"，高可四五丈，制作极工，上刻古薤叶篆，亦妙，宋景佑五年，西厢人所建也。

从廼贤的描述来看，在当时的赵州城，州署、柏林院、经幢与西门外的小石桥位置均与明清时相同；且据上引明清方志的记载，明洪武重建儒学时也沿用了元代旧址；另外明代方志均称本州城墙"创建莫考"，按常理，若明代赵州城墙有大规模的重建与改扩，明代方志不太可能只字不提，故方志中称城墙"创建莫考"又没有提及城墙有大的变动，某种程度上即印证了明清赵州城墙实际是对元代城墙的继承。综合以上几点，当可得出结论，即至少在元至正时期，赵州城的布局应与明清时期的情况（图二二）基本一致。

《河朔访古记》提示我们另一个重要信息，即赵州城在元代以前经历过一次展筑。而事实上，展筑之前的赵州城，又是某次改建后城墙范围内收的结果。南宋乾道六年，即金大定十年，公元1170年，宋廷遣范成大使金。[①] 范成大途经赵州城，作《柏林院》一诗，诗题原注称柏林院：

---

① 《宋史》卷三四《孝宗二》："（乾道六年闰月）戊子，遣范成大等使金求陵寝地，且请更定受书礼。"

> 即东院,赵州禅师道场,在城中。①

范成大见到的柏林院,在赵州城内,而非城外。洒贤与范成大截然相反的记载并不代表其中必有一误,更合理的解释即赵州城本身在展筑之前经历过一次收缩,且收缩发生的时间,应不早于大定十年。

大定十年与至正五年相隔约175年,在这段时间内,赵州城经历了一缩一展,这背后的原因无疑耐人寻味。笔者以为,赵州城的收缩或当发生在贞祐南渡前后,当时,蒙元的进攻给赵州带来了不小的破坏,《隆庆志》卷二《建置》"儒学"载元好问重修庙学记,有云:

> 自贞祐南渡,河朔丧乱者二十余年。赵为兵冲,焚毁尤甚,民居观寺百存一二。

面对来自北面的巨大军事压力,金人很可能因此选择了将城墙内收,以便守城。当然,战乱之后人口的减少或许也是缩城的原因之一。而赵州城的展筑,恐怕是元代统一,大环境相对安定以后,才发生的事件。这次展筑之后,赵州城的面貌就没有再发生大的改变。遗憾的是,对于两次改动之间赵州城的面貌,相关记载有限,故本文暂不对之进行复原。不过,鉴于赵州城中庙学金元时期有多次修缮,且经幢北宋以降始终位于街口,②可推测至少这些建筑所在区域的城市格局是相对稳定的。

除了上文所引范成大的记述,另有一些史料提到了收缩以前赵州城的情况,能帮助我们复原它的面貌。

就在范成大出使前一年的十二月十八日,楼钥同样作为南宋使团的一员出使金国,当天使团游览了赵州桥,楼钥留下了如下记录:

> 去赵州五里,使副以下观石桥。③

所谓的"去赵州五里"应当指的是赵州桥到赵州南门的距离,而这一距离恰与明清方志中的记载一致。④ 况且金代赵州庙学的位置与后世相同,有多次兴修,⑤考虑到庙学当不至于在城外,故赵州城的南墙,应当在庙学以南。在这两点基础上,本文推测收缩以前赵州城南墙一线应与明清时期相仿。而当时赵州城东墙,也应当在柏林寺以东,其走向或与明清时东墙相似。

方志称明清的赵州州署"北宋为庆源军治所",这种说法并不完全准确。北宋鲁伯能有《望汉台铭》,⑥曰:

---

① 见氏著《石湖居士诗集》卷一二,《四部丛刊》本。
② 对陀罗尼经幢的位置、性质等问题,详见本文第五部分的论述。
③ 楼钥《攻媿集》卷一一一《北行日录·上》,《四部丛刊》本。
④ 《隆庆志》卷二《建置》"桥梁":"安济桥在州南五里洨河上",今赵州桥与赵州旧南门的距离约2300米。
⑤ 《隆庆志》卷二《建置》"儒学"记载金天会、皇统时,均对庙学进行过重修。而所谓"贞祐中,真定路工匠都总管赵振重修庙学,尚书员外郎元好问记",恐记载有误。元好问文中提及"贞祐南渡,河朔丧乱者二十余年",则此文所作时间应在1235年以后,时金朝已为蒙元所灭。若此文确为元好问所作,则此次重修文庙的时间下限应在元好问1257年逝世之时。
⑥ 载《隆庆志》卷一《地理》"古迹"。

郡有古台,直子城之东。图经云东汉耿纯所筑,以望光武。岁久倾圮,惜其遗迹泯废,乃筑而新之。其高七寻,其基延袤二百八十尺,上广六十尺。为屋以蔽风雨,为栏以匝四隅。下瞰城郭,周望原隰……

据上引《河朔访古记》,可知文中提及的重修应发生在北宋大观四年,故此铭成文时间应在北宋末,距范成大等人使金并不遥远。鲁伯能的记录显示当时赵州城有子城,而子城并不见于后世赵州城。子城的设置,当是为安置州署等重要建置。从鲁伯能的描述来看,望汉台为城内的战略制高点,位于子城之内似更为合理。

关于子城的位置与规模,可凭现存的一些遗迹进行推测。笔者认为,明清赵州城北墙之所以蜿蜒曲折,就是因为这段城墙的西半部分沿用了宋金子城的西墙和北墙(图二三)。望汉台在子城东部,说明子城的大部分应在府前街以西的区域。若宋金时期赵州城北墙的走向与明清时一样,则府前街以西留给子城的空间太小,在这一空间内安置州署,州署西、北两面离外城墙太近,显然不利于防御,故不合理。况且赵州城西北角不存在特殊地貌,城北墙的走向并不受客观环境的限制。因此,较合乎逻辑的解释,当是金元之间赵州城的某次改建中,由于原有的外城北墙与西墙北段遭到了破坏,在重建时利用了原来子城的西墙与北墙,造成了后来北墙的不规则走向,城北部的面积也相应缩小,州署一并东移至望汉台以北,①这种格局最终为明清时期所继承。

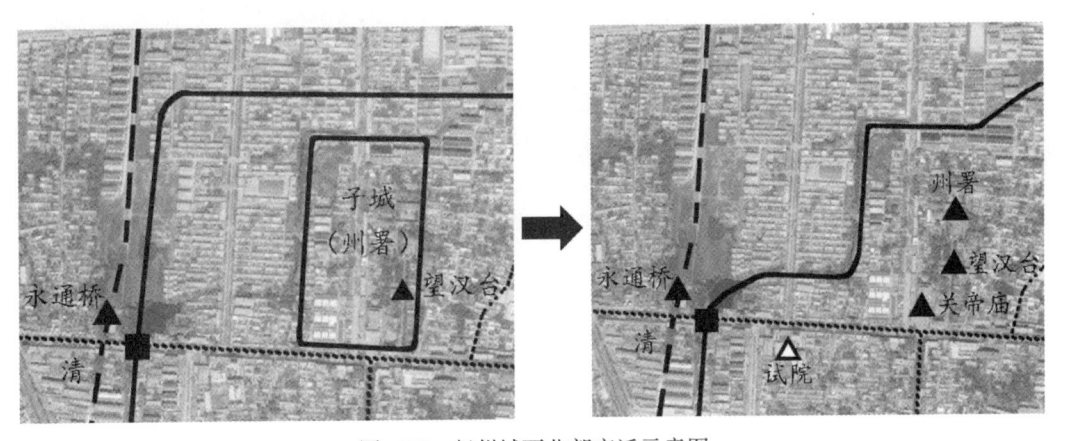

图二三　赵州城西北部变迁示意图

综合上述几条线索,可对收缩以前赵州城的面貌进行复原(图二四)。而关于图二四中城市格局形成的具体时间,根据现有材料尚难以得出确凿的结论。不过,上引《望汉台铭》提及大观四年重修望汉台,城中现存的大观圣作碑亦为徽宗时期遗物,加之陀罗尼经幢立于北宋景祐年间,综合这些情况,可推知图中格局至迟在宋徽宗时就已基本形成。

---

① 明清赵州城州署实际也离北墙不远,这更多是对既有格局的继承,城防似乎已经不是考虑的首要问题。与之相反,北宋赵州城规划时体现出了较为强烈的军事防御色彩,这点将在本文"结语"部分提到。

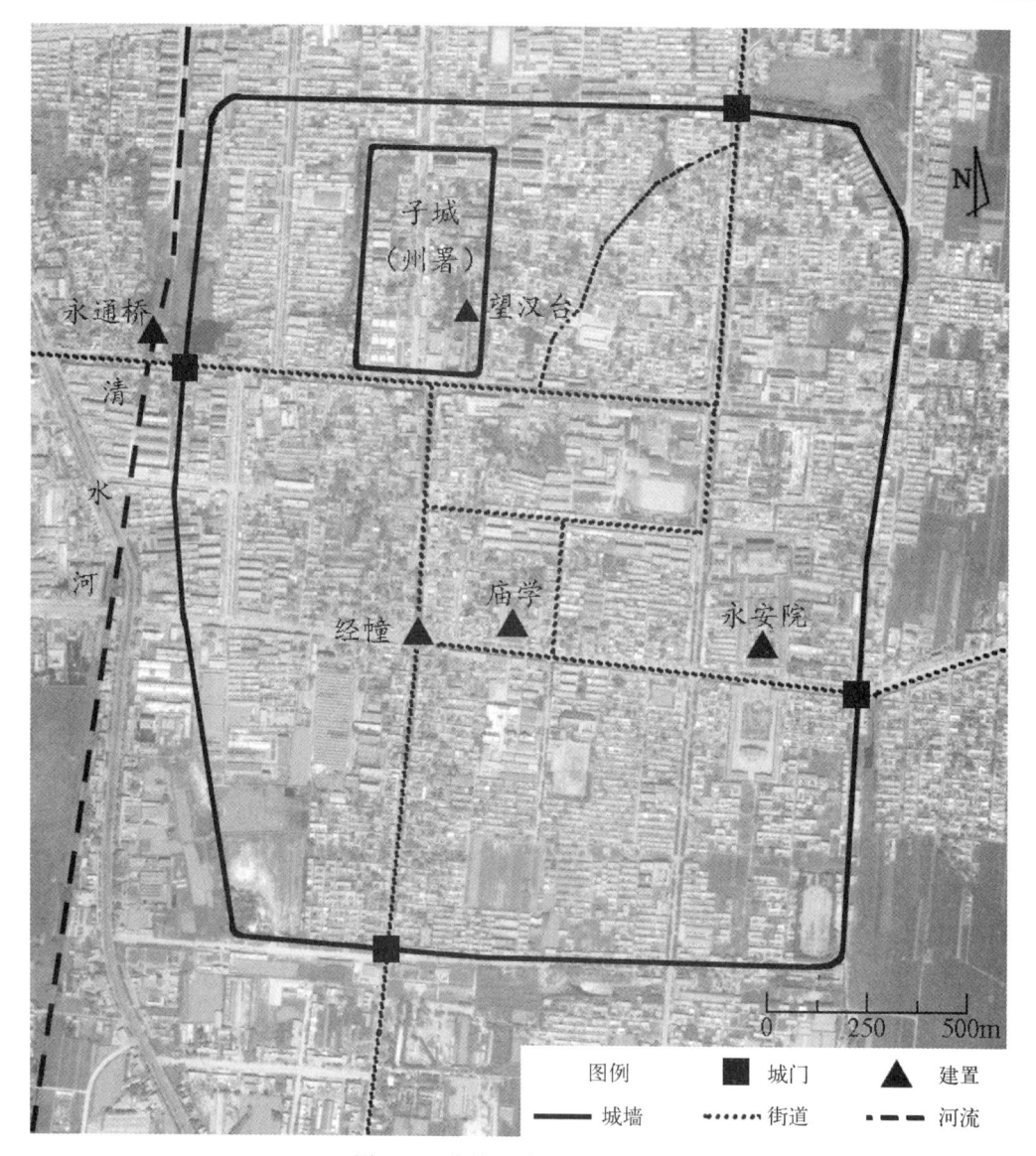

图二四 收缩以前赵州城复原图

五、论赵州经幢的性质

赵州城内有陀罗尼经幢,系北宋景祐五年(1038年)遗物,立于城中南门内街口,为赵州一大名胜(图二五)。经幢有幢身三截,除镌刻陀罗尼经外,有题记一段,记录了经幢建造的年代,以及建造人的姓名与官爵。①

---

① 对经幢幢身文字最详细的记录见于清人陈钟祥于同治间所编《赵州石刻全录》卷下,并见收于国家图书馆出版社辑《地方金石志汇编·3》,国家图书馆出版社,2011年,第1—60页;陆增祥《八琼室金石补正》仅辑录了题记部分,详见该书卷八二"赵州王德成等尊胜经四幢题名",刘氏希古楼刻本。

图二五　赵州经幢立面图

旧论多视经幢为开元寺遗物，如《康熙志》卷二《建置》"寺观"中称其：

> 在城隍庙西南大街，宋景祐五年建，为庆源军南关厢开元寺旧址。

按，庆源军的设立在徽宗时，晚于景祐五年，故此处称"庆源军"不妥。"南关厢"则应出自经幢题记中"大宋赵州南关厢邑人等重特建幢子相轮记"。① 至于"开元寺旧址"的问题，则是本文讨论的重点。

---

① 此据《赵州石刻全录》。伊东忠太1902年赴赵州调查，对经幢题记的录文与此相同，详见氏著《中国纪行》，中国画报出版社，2017年，第89页。《八琼室金石补正》录作"大宋赵州南关□□人等建特建幢子相轮记"，录文不全，且"建特建"的说法殊不可解，似录文有误，本文不取。

照《康熙志》的说法,经幢为开元寺旧物。这里首先需要指出的是,赵州经幢的题记并未提到修建经幢的位置,不能证明经幢与开元寺有关。赵州城开元寺的提法或出自《赵郡开元寺经楼铭》,①从寺名判断,该寺当始建于唐代。经幢东北又发现有唐代佛造像等遗物,②不能排除有唐代寺院遗址的可能性。粗看之下,经幢为开元寺旧物的说法合情合理,很容易让人接受。

然上文已经提到,至少从元至正间开始,经幢就立于赵州南门内路口。若经幢确为开元寺旧物,不禁令人困惑,经幢的位置是如何从寺庙之内变为通衢之中的。按照正常的逻辑,若经幢"为庆源军南关厢开元寺旧址",则至少在北宋景祐年间,赵州城中仍有开元寺,城内道路自然也不可能穿寺而过。之后,因为某种原因,开元寺被毁,仅存经幢一座。此时,若要令经幢立于通衢,只可能有两种情况,或改变道路走向,或搬迁经幢。一般说来,中国古代城市中,若没有特殊情况,道路不太容易发生改变,更不可能为了经过城中既有的经幢,特意改变城中主干道的走向。看起来,经幢经过搬迁是一个较为合理的解释。

然而种种迹象表明,经幢自景祐五年乃至更早时间起,位置就没有发生过改变。经幢是否为开元寺旧物是一个值得推敲的问题。笔者认为,赵州城内高大的经幢并不隶属于寺庙,很可能原本就选址于城内丁字街口。所谓开元寺旧物的说法,当属后人附会。下试证之。

先论经幢位置未发生变动。

赵州经幢最底层为宽大的须弥座式基台,与其上一层须弥座形制相似,而与倒数第三层不类。从经幢最下两层上的人物、门楣等形象看,这两层的年代应不晚于幢身,甚至有比幢身年代更早的可能。考虑到宽大的基台不太可能随同经幢一起搬迁,故根据基台的情况,可以推断经幢并未发生迁移。

再有,1990年,对经幢基座部分进行过一次清理,发现经幢底部已被掩埋深达60厘米。③ 今可见经幢所在地面明显低于现代地面。作为参照,经幢东面不远处的北宋大观圣作碑所在地面同样低于今地平半米。经幢与大观碑的相似情况可视为经幢位置未发生变动的一条佐证。

再说经幢选址于街口的问题。

古代城市中,立经幢于街口的情况,并不鲜见,且这种做法有佛经中的依据,《佛顶尊胜陀罗尼经》④称:

---

① 宋人陈思所编《宝刻丛刊》中,于卷六"赵州"引《诸道石刻录》,称有僧楚琼"赵郡开元寺经楼铭"。
② 河北省赵县地方志编纂委员会编:《赵县志》,第466页;国家文物局主编:《中国文物地图集·河北分册(中)》,第92页。
③ 高英民等:《赵县文物与古迹》,第62页。
④ 唐义净译,见《大正新修大藏经》卷一九"密教部二"。

于四衢道造窣堵波。① 安置陀罗尼合掌恭敬。旋绕周行归命礼拜。天帝彼人能如是供养者,名曰摩诃萨埵。②

在一些经幢的题记中,也提及将经幢建于通衢。③ 今所知经幢立于城市中十字通衢的实例,集中于辽代,如辽平州(今河北卢龙)、新仓镇(今天津宝坻)、顺州(今北京顺义)。冀洛源《辽南京地区城镇中的经幢三例》④一文专门探讨了这三座城址中十字街立经幢的问题,他还提到辽檀州城(今北京密云)也有路口立经幢的情况。值得注意的是,这些城址集中于辽南京附近,空间上距离赵州并不遥远;城中经幢建立的时间多不甚明确,但应与景祐五年相差不远。

冀洛源在文章中总结了平州、新仓镇、顺州三座经幢的形制特点,其中较为突出的一点即这三座经幢均在幢座以下有基台,他认为"这几处基台残迹,更可以确定经幢的高大体量与占据道路中央的选址均是其原始状况"。而正如上文已经提到的,赵州经幢恰也有宽出幢座一米以上的宽大基台,完全符合冀洛源总结的这条规律。除了基台以外,赵州经幢与三座辽幢还有一点非常相似,即经幢原状均甚为高大,通高在十米以上。四座经幢之间的这些共同点,恐怕正与它们在城市中相似的定位有关。

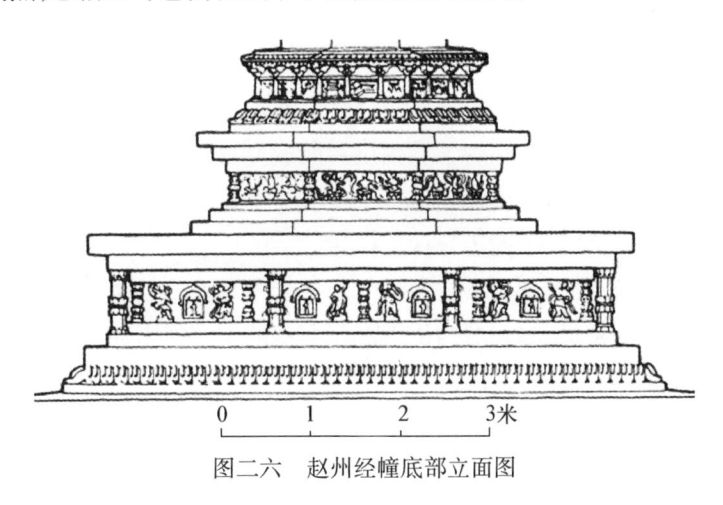

图二六 赵州经幢底部立面图

实际上,冀洛源在文章中特别提及了赵州经幢与赵州城,他在文章的注22中这样写道:"唐宋赵州旧城经幢的基台、幢座保存了北宋重建以前的旧制,其做法与本文所举实例相近。"言下之意,赵州经幢的基台与幢座年代早于幢身,而北宋赵州城至少部分沿用了唐代赵州城的格局。冀洛源此说值得重视。他关于经幢基台年代的判断与本文基本一致,

---

① 此所谓"窣堵波",即指佛塔。经幢实际上应被视为一种佛塔,刘淑芬对此有专门的论述,详见氏著《灭罪与度亡——佛顶尊胜陀罗尼经幢之研究》,上海古籍出版社,2008年,第103—113页。值得注意的是,赵州当地自古就称赵州经幢为石塔。
② 赵州经幢幢身经文中亦有此句,《赵州石刻全录》所载录文中唯将"安置"易作"安"。
③ 刘淑芬:《灭罪与度亡——佛顶尊胜陀罗尼经幢之研究》,第89—90页。
④ 文载《文物》2013年第6期,第57—65页。

且上文已经提到,经幢题记中有"大宋赵州南关厢邑人等重特建幢子相轮记"的提法,若此处录文无误,则将是对冀说的有力支持。唐代赵州城应在后世赵州城的范围以内,若经幢的年代确能上推到唐,那对复原唐代赵州城的面貌将有较大帮助。

但遗憾的是,有关唐代赵州城的材料仍非常有限,目前恐怕还不具备进行复原的条件。况且上文业已提到,赵州城的格局主要是北宋重建之后奠定的,北宋究竟在多大程度上继承了唐代赵州城是一个值得商榷的问题,例如城中的丁字街结构,或许就不是唐代旧制。在这种情况下,本文暂不对唐代赵州城作更多讨论,这里谨将这一请问提出,以求教于学界。

至于经幢为开元寺旧物一说,最早即出自《康熙志》的记载,这恐怕是清人将石塔附会于开元寺的结果,然而此说却愈传愈广,成为流行的说法,影响至今。

六、结　　语

以上,梳理了北宋以降赵州城的演变。不难发现,此城总体面貌自北宋稳定于今址后便未发生重大改易,这也为我们讨论该城的布局、规划等问题创造了条件。

赵州城的州署位于城北地势较高的位置,州署周围集中了城内大部分的行政机构,可以说是城内的行政中心。而城隍庙、庙学、柏林寺等建置则集中在城南,由西向东排列在东门内大街一线,可见这一区域集中了城内主要的教育、祠祀机构。至于城内的居民区与商业区,或沿街分布,集中于城内偏西、偏南的区域,因受限于材料和笔者的学力,本文暂不对赵州城居民区、商业区的情况进行深入探讨。

根据赵州城的面貌,可推测该城在规划时着重考虑了城市的防御问题,这主要体现在两个方面。一是城内的街道,赵州城的街道应属典型的丁字街布局,且这一结构应当是北宋时期就确定的。丁字街的布局在宋代城市中甚为普遍,采用丁字街能防止敌人在城内驰骋,较十字街布局更有利于城防。这点前辈学者已有详论,[①]这里不再展开。二是城中子城的设置,北宋赵州城在城内较高的北部修建子城,并在其中安置州署,这种做法应该说强调了对城内最重要衙署的保护。赵州城规划中对城防的强调应当结合当时的历史大背景与赵州的位置来理解,北宋与辽、金对抗的前线即位于赵州以北不远,赵州自然面临着不小的军事压力,北宋晚期甚至改赵州为庆源军。正是处于这样的战略位置,规划赵州城时自然要着重考虑城防问题,以备可能发生的战事。从这个角度看,赵州城规划时注重城防的举措就不难理解了。

---

① 可参阅杭侃:《宋元时期的地方城镇》,《燕京学报》新二十三期,北京大学出版社,2007年,第76—81页。按照杭侃对丁字街城市的分类,赵州城应当属于"四门丁字形主街"的A型中"衙署位于丁字街口北"的a式。

附表　赵州城建置变迁表

时间	类别	事　　件	出　　处
907①	祠庙	唐末,赵州和尚驻锡观音院,观音院即柏林寺前身	《光绪志》卷一四《艺文》载《赵州古佛堂记》
1110	其他	宋大观四年重修望汉台	《河朔访古记》卷上"常山郡部"
1126	祠庙	北宋,观音院改名永安院	《光绪志》卷一四《艺文》载《重修柏林寺大慈殿记》
1126	学校	靖康之末,文庙毁于兵	《光绪志》卷三《建置志》"学校"
1134	学校	金天会十二年,修文庙大成殿	《光绪志》卷三《建置志》"学校"
1143	学校	金皇统三年,重修文庙两庑	《光绪志》卷三《建置志》"学校"
1208	学校	金泰和中,筑文庙重门廊庑	《光绪志》卷三《建置志》"学校"
1216	学校		《隆庆志》卷二《建置》"儒学"
1234	祠庙	金,永安院改名柏林禅院	《光绪志》卷一四《艺文》载《重修柏林寺大慈殿记》
1257	祠庙	金贞祐中,重修文庙、州学	《隆庆志》卷二《建置》"儒学",考释见本文注32
1330	祠庙	元天历三年建真际禅师塔	塔身题刻
1353	学校	至正十三年重修文庙	《光绪志》卷三《建置志》"学校"
1369	祠庙	洪武二年建城隍庙	《隆庆志》卷四《祠祀》
1375	公署	洪武初,署州事同知杨德成建立州署堂宇	《隆庆志》卷二《建置》"州治"
1380	学校	洪武十三年,即旧基重建庙学	《隆庆志》卷二《建置》"儒学"
1449	祠庙	正统间兴修关帝庙	《正德志》卷一"祠庙"
1453	学校	景泰四年重修文庙	《光绪志》卷三《建置志》"学校"
1462	学校	天顺六年重修文庙	《光绪志》卷三《建置志》"学校"
1471	公署	成化六年,州署公堂毁于火,七年,知州潘洪重修	《隆庆志》卷二《建置》"州治"
1481	学校	成化十七年重修文庙	《光绪志》卷三《建置志》"学校"
1494	城池	弘治七年知州张清于西南门外又各建石门二座	《隆庆志》卷二《建置》"城池"
1497	其他	弘治十年重修望汉台	《隆庆志》卷一《地里》"古迹"

---

① "时间"一栏正体字代表具体时间,而斜体字代表时间下限,具体时间不确定。

续表

时间	类别	事　件	出　处
1498	公署	弘治十一年,迁西仓至东仓右,原西仓改为太仆寺,太仆寺原在州治西南	《隆庆志》卷二《建置》"州治"
1543	祠庙	嘉靖二十二年重修城隍庙	《光绪志》卷三《建置志》"坛庙"
1564	公署	嘉靖四十三年,建州署中正堂	《光绪志》卷三《建置志》"官署"
1566	祠庙	嘉靖中重修关帝庙	《光绪志》卷三《建置志》"坛庙"
1567	学校	隆庆元年重修文庙	《光绪志》卷三《建置志》"学校"
1569	祠庙	隆庆元年重修城隍庙	《隆庆志》卷四《祠祀》
1618	祠庙	万历四十六年重修城隍庙	《光绪志》卷三《建置志》"坛庙"
1620	祠庙	万历间重修关帝庙	《光绪志》卷三《建置志》"坛庙"
1624	学校	天启四年重修文庙	《光绪志》卷三《建置志》"学校"
1654	学校	顺治十一年重修文庙	《光绪志》卷三《建置志》"学校"
1668	城池	康熙七年戊申大水,东城门颓塌,周围垛口大半倾坏	《隆庆志》卷二《建置》"城池"
1672	公署	康熙十一年,重修东仓	《康熙志》卷二《建置志》"仓库"
1685	祠庙	康熙二十四年重修关帝庙	《光绪志》卷三《建置志》"坛庙"
1696	祠庙	康熙三十五年重修城隍庙	《光绪志》卷三《建置志》"坛庙"
1733	祠庙	雍正十一年重修关帝庙	《光绪志》卷三《建置志》"坛庙"
1734	祠庙	雍正十二年重修城隍庙	《光绪志》卷三《建置志》"坛庙"
1736	学校	乾隆元年创建试院	《光绪志》卷三《建置志》"学校"
1775	祠庙	乾隆四十年重修关帝庙	《光绪志》卷三《建置志》"坛庙"
1780	其他	乾隆四十五年,自城东南角移建魁楼于东城墙,后复移至东南角	《光绪志》卷三《建置志》"城池"
1782	祠庙	乾隆四十七年重修城隍庙	《光绪志》卷三《建置志》"坛庙"
1784	学校	乾隆四十九年重修文庙	《光绪志》卷三《建置志》"学校"
1834	祠庙	道光十四年重修关帝庙	《光绪志》卷三《建置志》"坛庙"
1851	祠庙	咸丰元年重修城隍庙	《光绪志》卷三《建置志》"坛庙"
1853	城池	咸丰三年九月,粤逆北犯,飘忽驰突,防御不及,城遂陷	《光绪志》卷三《建置志》"城池"
1853	祠庙	咸丰三年,粤逆犯州,关帝庙前、中二殿毁于火	《光绪志》卷三《建置志》"坛庙"
1853	祠庙	咸丰三年,粤逆之变,城隍庙毁于火	《光绪志》卷三《建置志》"坛庙"

续表

时间	类别	事件	出处
1853	祠庙	咸丰三年柏林寺毁	《光绪志》卷三《建置志》"坛庙"
1853	公署	咸丰三年,太平军北犯,城陷,州署悉被焚毁	《光绪志》卷三《建置志》"官署"
1861	祠庙	咸丰十一年,修复城隍庙	《光绪志》卷三《建置志》"坛庙"
1862	祠庙	同治元年移关帝庙正殿于中殿之址	《光绪志》卷三《建置志》"坛庙"
1865	城池	同治四年疏浚城壕未果	《光绪志》卷三《建置志》"城池"
1871	城池	同治十年重修城墙	《光绪志》卷三《建置志》"城池"
1879	学校	光绪五年重修文庙	《光绪志》卷三《建置志》"学校"
1894	公署	光绪二十年,重建州署,明年建成	《光绪志》卷三《建置志》"官署"

傅斯年与中研院
历史语言研究所的创立

张 敏

(北京大学中国考古学研究中心)

中研院历史语言研究所(简称"史语所"),于1928年3月底开始筹备,聘傅斯年、顾颉刚和杨振声为常务筹备员;1928年7月筹备完成,正式成立;1928年10月22日,迁入广州东山恤孤院后街35号柏园,始有独立所址;1968年所务会议议定此日作为所庆纪念日。① 该所的筹备、成立过程及成立后所开展的一系列工作,杜正胜《无中生有的志业——傅斯年的史学革命与史语所的创立》②一文与《中研院历史语言研究所七十年大事记》等均有所载,③此不赘述。

1928年11月14日傅斯年致陈寅恪信中曾说,"此研究所本是无中生有,凡办一事,先骑上虎背,自然成功",④该所从"无中生有"到正式成立,皆赖傅斯年之功。⑤ 那么,傅斯年为何要成立这样一个机构呢? 杜正胜《从疑古到重建——傅斯年的史学革命及其与胡适、顾颉刚的关系》、⑥《无中生有的志业——傅斯年的史学革命与史语所的创立》⑦等文章从分析傅斯年与胡适、顾颉刚的关系入手,认为是傅、顾的"瑜亮情节"所导致的。但事实远非如此简单,本文试从分析傅斯年三次治学方向的转变入手,对这一问题进行探讨。

---

① 中研院历史语言研究所编:《中研院历史语言研究所七十年大事记》,1998年,第2页。
② 杜正胜:《无中生有的志业——傅斯年的史学革命与史语所的创立》,《新学术之路——中研院历史语言研究所七十周年纪念文集》,中研院历史语言研究所,1998年,第1—41页。
③ 中研院历史语言研究所编:《中研院历史语言研究所七十年大事记》,1998年。
④ 《傅斯年致陈寅恪(1928年11月14日)》,《傅斯年遗札(第一卷)》,中研院历史语言研究所,2011年,第166页。
⑤ 中研院设立之初,并未单独设置历史学、语言学或考古学相关的研究所。傅斯年凭着敏锐的嗅觉及与蔡元培的良好关系,说服蔡元培在中研院内设置语言历史研究所,"史语所的设置可以说是完全出于院长蔡元培对傅斯年的信任"。"史语所的常务筹备员虽有三人,其实只是傅一人而已;杨振声不久就到清华任教,顾颉刚也不参与。对外,傅斯年联系、奔波;对内,事必躬亲,主持一切。"详见杜正胜:《无中生有的志业——傅斯年的史学革命与史语所的创立》,《新学术之路——中研院历史语言研究所七十周年纪念文集》,中研院历史语言研究所,1998年,第14—16页。
⑥ 杜正胜:《从疑古到重建——傅斯年的史学革命及其与胡适、顾颉刚的关系》,《中国文化》1995年第12期,第224—237页。
⑦ 杜正胜:《无中生有的志业——傅斯年的史学革命与史语所的创立》,《新学术之路——中研院历史语言研究所七十周年纪念文集》,中研院历史语言研究所,1998年,第1—41页。

一、第一次转变:国学到文学革命

傅斯年中学时就读于天津府立中学堂,接受的是新式教育,擅长英文和数学。凭着中学时的出色成绩,本可以选择在当时来说前途更好的科学学门或法学的他,却选择了北京大学偏重文史的预科乙部,并于三年后以第一名的成绩升入北京大学本科国文门。这或许与他从小所接受的传统教育有关,也表明了他对中国传统学术的热爱。[①] 被誉为"孔子以后第一人"[②]的他,曾一度被黄侃和刘师培等国学大师视作接班人,[③]但随着蔡元培入掌北大,陈独秀、胡适等新派教员的加入,傅斯年的治学方向发生了第一次转变,如罗家伦所言,"孟真有徘徊歧路的资格,可是有革命性,有近代头脑的孟真,决不徘徊歧路,竟一跃而投身文学革命的阵营了。以后文学革命的旗帜,因得孟真而大张"。[④] 傅斯年的这次转变,曾一度引起人们的怀疑,认为他是保守派的奸细。[⑤] 王汎森曾用一段轶事来解释傅斯年的这一转变:"一天,傅斯年被导师黄侃叫去清理痰盂,傅斯年清理得不干净,于是黄侃打了他一耳光,傅斯年对此感到再也不能忍受,决定离开。"[⑥]与傅斯年跟黄侃的决裂相比,他与胡适的关系却逐渐亲密:"我们开始有较深的了解,却在胡适之先生家里;那时我们常去,先则客客气气的请教受益,后来竟成为讨论争辩肆言无忌的地方。这时期还是适之先生发表了《改良文学刍议》以后,而尚未正式提出'国语的文学,文学的国语'的主张,也就是未正式以文学革命作号召以前。适之先生甚惊异孟真中国文学之博与精,和他一接受以科学方法整理旧学以后的创获之多与深。"[⑦]由此可推知傅斯年这一转变当在1917年间,胡适在这一转变中起了关键的作用。此外,傅斯年对西方知识并不陌生,这也是他能够轻易接受胡适的观点并迅速转变的原因。[⑧]

---

① 关于这个问题,毛子水曾推测:"在我看起来,他那时的志愿,实在是要通当时所谓'国学'的全体;惟以语言文字为读一切书的门径,所以托身中国文学系。三十余年以来,我虽然没有把这个意思问过他,但这个推测可以说和实在情形差不多。"毛子水的推测不无道理,这一主张从傅斯年创办中山大学语言历史学研究所、中研院历史语言研究所时将语言和历史并举,并一度将语言置于历史之前便可看出。见毛子水:《傅孟真先生传略》,《自由中国》四卷一期;转引自傅乐成:《傅孟真先生年谱》,传记文学出版社,1979年,第8页。
② "有几个老同学就说:'他是孔子以后第一人。'这是我对于孟真的第一个印象。"见伍淑:《忆孟真》,《自由中国》四卷一期;转引自傅乐成:《傅孟真先生年谱》,传记文学出版社,1979年,第9页。
③ "当时的真正国学大师如刘申叔(师培)、黄季刚(侃)、陈伯弢(汉章)几位先生,也非常之赞赏孟真,抱着老儒传经的观念,想他继承仪征学统或是太炎学派等衣钵。"见罗家伦:《元气淋漓的傅孟真》,《"中央"日报》1950年12月31日;转引自傅乐成:《傅孟真先生年谱》,传记文学出版社,1979年,第11页。
④ 罗家伦:《元气淋漓的傅孟真》,《"中央"日报》1950年12月31日;转引自傅乐成:《傅孟真先生年谱》,传记文学出版社,1979年,第11页。
⑤ "傅斯年原是北大保守派黄季刚派的中坚,这次转向时,陈独秀曾有怀疑,向周作人说:'他们可不是派来做奸细的么?'"见唐宝林、林茂生:《陈独秀年谱》,上海人民出版社,1988年,第87—88页。
⑥ 王汎森:《傅斯年:中国近代历史与政治中的个体生命》,生活·读书·新知三联书店,2012年,第29页。
⑦ 罗家伦:《元气淋漓的傅孟真》,《"中央"日报》1950年12月31日;转引自傅乐成:《傅孟真先生年谱》,传记文学出版社,1979年,第10页。
⑧ "我们在办《新潮》以前和在办《新潮》的时候,有一件共同的嗜好,就是看外国书。……我们常是交换书看,因此增加了许多共同的兴趣和见解。"(罗家伦:《元气淋漓的傅孟真》,《"中央"日报》1950年12月31日;转引自傅乐成:《傅孟真先生年谱》,传记文学出版社,1979年,第14页)傅斯年的私人图书馆中尚存一些1918年以前出版的英文书,其中温德尔班(Windelband)的《哲学史》购于1916年,罗素(Bertrand Russell)的《哲学的科学方法》、杜威等人编的《创造性思维:实用主义态度论文集》购于1918年。(王汎森:《傅斯年:中国近代历史与政治中的个体生命》,生活·读书·新知三联书店,2012年,第26页)

投身文学革命的傅斯年,于1918年先后在《新青年》上发表《文学革新申义》、《文言合一草议》、《中国学术思想界之谬误》等文,支持文学革命。该年秋,抱着"为文学革命而奋斗"的热忱,傅斯年与罗家伦、毛子水等二十人,创立了新潮社,并于1919年发行《新潮》月刊,成为当时继《新青年》之后公开主张文学革命的第二个刊物。[①] 1918年至1920年傅斯年在《新青年》和《新潮》上所发表的文章主要涉及文学语言(包括文学革命、白话文、拼音文字等)、社会与人生、学术评论三类,[②]其内在逻辑表现为:以近代西方为参照标准,改造文字(由汉字改为拼音文字)——改造语言(由文言文改为白话文)[③]——改造文学——改造思想——改造社会——改造政治——建设真正的中华民国。[④] 对拼音文字、白话文、文学革命的讨论,是为改造思想提供利器;对社会与人生的讨论,是为揭露社会与人生所存在的问题,从而彰显"改造思想"、"改造社会"的迫切与必要;对中国学术的讨论,是为扫清以"保存国粹"为幌子的障碍。傅斯年1918年至1920年发表于《新青年》、《新潮》的所有文章均是围绕着这一内在逻辑展开的,也就是说这一时期傅斯年思想的核心是以近代西方为标准,"改造思想"、"改造社会",他既是新文化运动的参与者,也被新文化运动所深深影响。

二、第二次转变:文学革命到经心理学入哲学

1920年夏,傅斯年入伦敦大学研究实验心理及生理,兼治数学,这是他治学方向的第二次转变。他在1920年9月致蔡元培的信中说到,"斯年临去国时,已决定学心理学",因为"近中蓄积之问题极多,而毫无解决之法。……对待的两方面,同时者我心识界里各占地盘。一人心识,分成两片,非特本人大苦,而且容易成一种心理上的疾病。因此还只好请学问救济罢"。[⑤] 由此可知,傅斯年转学心理学是为了解决心中的矛盾。这一矛盾由来

---

① 罗家伦:《元气淋漓的傅孟真》,《"中央"日报》1950年12月31日;转引自傅乐成:《傅孟真先生年谱》,传记文学出版社,1979年,第13页。
② 欧阳哲生:《傅斯年全集·序》,《傅斯年全集(第一卷)》,湖南教育出版社,2000年,第9—18页。
③ "语言是表现思想的器具,文字又是表现语言的器具。惟其都是器具,所以都要求个方便,都不要因陋就简,安于不方便。我们主张废止文言,改用国语,只因为文言代表思想是不方便的,国语是比较的方便的。汉字改用拼音的道理也是如此。"由此可知傅斯年之所以改造文字和语言,是为了改造思想的方便。见傅斯年:《汉语改用拼音文字的初步谈》,《傅斯年全集(第一卷)》,湖南教育出版社,2000年,第161页。
④ 傅斯年在回答顾颉刚的质疑时,认为"改造思想"而轻视文学是不对的,"思想不是凭空可以改造的,文学就是改造它的利器"。(傅斯年:《傅斯年答顾诚吾》,《傅斯年全集(第一卷)》,湖南教育出版社,2000年,第237页)他这一观点在其《白话文学与心理的改革》一文中继续展开,他认为:"我们现在为文学革命的缘故,最要注意的是思想的改变。"他同意仲密(周作人)《思想革命》一文中所表达的观点,即"文学这事,原本合文字与思想两者而成。表现思想的文字不良,固然可以阻碍文学的发达;若思想本质不良,徒有文字,也有什么用处呢?……文学革命上,文学改革是第一步;思想改革是第二步,却比第一步更为重要"。至于"思想改造"的终极目的,傅斯年论述为:"若是以思想的力量改造社会,再以社会的力量改造政治,便好得多了。——这是根本改革。""真正的中华民国必须建设在新思想的上面。新思想必须放在新文学的里面。若是彼此离开,思想不免丢掉它的灵验,麻木起来了。所以未来的中华民国的长成,很靠着文学革命的培养。"(傅斯年:《白话文学与心理的革命》,《傅斯年全集(第一卷)》,湖南教育出版社,2000年,第245—252页)
⑤ 《傅斯年致蔡元培(1920年9月)》,《傅斯年遗札(第一卷)》,中研院历史语言研究所,2011年,第19—20页。

已久,早在 1919 年 10 月 25 日,傅斯年写给俞平伯、顾颉刚等人的信中,就以《自然》这首诗来表达自己对于"自然"与"人生"的纠结。① "自然"对傅斯年而言,"更有滋味",但"说不出理来","最亲切",是"我的精神安顿的所在",如"黛玉"般,"从我几千年前的远祖直到了我,无数的被你摄魂去了",和它亲切必然"悲剧","我的知识教我敬你远你";"人生"对傅斯年而言,更"有理";如"宝钗"般是"贤明、有才、立业的良妻","我的知识教我信你赖你"。由此可知,"自然"当指代中国传统文化,"人生"指代西方文化。正如他在 1929 年对胡适所言:"我们思想新信仰新;我们在思想方面完全是西洋化了;但在安身立命之处,我们仍旧是传统的中国人。"②

这一矛盾成为傅斯年前往欧洲求学的动力:"我这次往欧洲去,奢望太多,一句话说,澄清思想中的纠缠,练成一个可以自己信赖过的我。……社会是个人造成的,所以改造社会的方法第一步是要改造自己。"③可见傅斯年转学心理学的终极目的还是"改造思想"、"改造社会",作为"心理的、社会的科学之根源"的心理学,便是解决傅斯年这一问题的最好学科。④ "1919 到 1920 年间,新潮社的成员到国外寻求新知识,其中很多人如傅斯年、杨振声、汪敬熙,受'革心'任务的激发,都致力于心理学的学习"。⑤ 由于傅斯年对中国人特性的关注,他希望运用实验心理学探索集体心理,并曾经着手翻译麦克杜高的《群体心理》,用以解释国民的生活和性格。⑥ "他也特别注意精神分析,希望用其深入探究传统的禁忌领域,以便将中国人从传统的束缚中解放出来,重新确定他们对待这些隐藏潜能的态度"。⑦

1923 年 6 月,傅斯年由英至德,入柏林大学人文学院学习哲学。⑧ 王汎森、欧阳哲生等学者受毛以亨观点的影响,⑨认为这是傅斯年对心理学失望之后所做的又一次治学方向的转变。其实不然,傅斯年从心理学转学哲学,是他刚出国时就给自己规划好的治学路线。他 1920 年 8 月 1 日致胡适的信中写道:"斯年近中对于求学之计划比前所定又稍有变更。总之,年限增长,范围缩小。哲学诸科概不曾选习。我想若不于自然或社会科学有

---

① 傅斯年:《自然》,《傅斯年全集(第一卷)》,湖南教育出版社,2000 年,第 376—377 页。
② 胡适 1929 年 4 月 27 日记,《胡适日记全编(1928—1930)》,安徽教育出版社,2001 年,第 404 页。
③ 傅斯年:《欧游途中随感录·北京上海道中》,《傅斯年全集(第一卷)》,湖南教育出版社,2000 年,第 381—382 页。
④ 王汎森认为傅斯年是受章士钊的影响而学心理学。见王汎森:《傅斯年:中国近代历史与政治中的个体生命》,生活·读书·新知三联书店,2012 年,第 59 页。
⑤ 转引自王汎森:《傅斯年:中国近代历史与政治中的个体生命》,生活·读书·新知三联书店,2012 年,第 59 页。
⑥ 王汎森:《傅斯年:中国近代历史与政治中的个体生命》,生活·读书·新知三联书店,2012 年,第 63 页。
⑦ 毛以亨:《关于傅斯年的一封信》,《天文台》1951 年 1 月 4 日;转引自王汎森:《傅斯年:中国近代历史与政治中的个体生命》,生活·读书·新知三联书店,2012 年,第 63 页。
⑧ 傅斯年 1926 年 9 月离开柏林大学时的证明书上,提到普鲁士州教育部通知傅斯年入学的日期是 1923 年 3 月 10 日。他在柏林大学的学习期限到 1926 年夏季学期为止,所学专业为哲学。见王汎森、杜正胜编:《傅斯年文物资料选辑》,中研院历史语言研究所,1995 年,第 53 页。
⑨ 毛以亨认为傅斯年在对实验心理学,尤其是集体心理学的幻想破灭以后,放弃了他要成为心理学家的梦想,而从动物行为的研究来推断人类行为这一概念是他对这一学科的主要反感所在。见毛以亨:《关于傅斯年的一封信》,《天文台》1951 年 1 月 4 日;转引自王汎森:《傅斯年:中国近代历史与政治中的个体生命》,生活·读书·新知三联书店,2012 年,第 63 页。

一二种知道个大略,有些小根基,先去学哲学定无着落。"①他之所以要学哲学,也是因为哲学可以"改造思想"、"改造社会","因为一种哲学,对于一个人的效用比他的饭碗问题还要紧,而一种国民哲学对于它的民族的势力远在政治以上。哲学可以引人从卑浅思想的境界爬出,到自觉自成的地位。它可以告诉我们,我们以前所过的日子,都是受武断的偏心所驱使。它给我们个更清洁的空气,更可靠的根据,更活泼的精神。我们必先和它攀上交情了,才可有个世界观;有了世界观,才可有个人生观;有了人生观,才可以比较的懂得什么是我,什么是他们;怎样用我,怎样用他们"。②

从1920年5月30日傅斯年写给徐彦之等人的信中可以看出,他"从温习化学、物理学、数学等入手,学习心理学,进而哲学"这一治学规划的制定,是有特殊原因的。他在该信中提到近中读书不长进是因为"后来所学不如以前之不切今世,因为切今世,于是渐在用上着想,这个求合实际、求有成功的心思,固不是一概不对,但因此总很难和学问生深切的交情;不能'神游',所以读书总觉不透彻。……想来想去,忽然大悟,全是对于读书的一个责报的心思作梗。有这责报的心思,一切进不去。我所谓责报,固不是借读书混饭吃,乃是将来对此有何等著作,将来对此得何等思想上、行事上之益处等等。这些心思,看来自然要比混饭吃高些,实际上乃发生同等的阻碍力"。而"在国故时代,念书只为爱它,读诗只为爱诗,到颇有些'只求耕耘,不问收获'的意思",于是"日新月异"。鉴于这个觉悟,他决定"以学问上最近层做起",先去"研究动物学、生理学、数学",再以至少三年的工夫去研究心理学,至于"将来要专哪门科学,现在还不会定","如此迂远,成功上实在讲不定。但我宁可弄成一个大没结果,也不苟且就于一个假结果"。③ 傅斯年如此治学就是为了避免"读书的责报"所造成的读书的阻碍,而这个"读书的责报"便是"改造思想"、"改造社会"。

如此看来,傅斯年由心理入哲学,本就是规划好的,时间也恰好是三年,并非出于对心理学的失望,更没想过要成为心理学家,其治哲学的目的与治心理学的目的同《新潮》时期一样,并未发生改变,仍然是"改造思想"、"改造社会"。这点从他转学哲学以后,仍然注意收集心理学书籍和选修心理学的课程亦可看出。④ 在德国读书期间,傅斯年选修了逻辑学、医学心理学、方法论、物理、数学、比较语言学等方面的课程,⑤这些都与傅斯年治哲学所需的"自然或社会科学"有关。

---

① 《傅斯年致胡适(1920年8月1日)》,《傅斯年遗札(第一卷)》,中研院历史语言研究所,2011年,第16—17页。
② 傅斯年:《对于中国今日谈哲学者之感念》,《傅斯年全集(第一卷)》,湖南教育出版社,2000年,第239页。
③ 傅斯年:《留英纪行》,《傅斯年全集(第一卷)》,湖南教育出版社,2000年,第401—402页。
④ "民国三十七年四月,傅先生在美国耶鲁作客时在这本书后用铅笔写着:'詹姆士的书,二次战前余多有之,战后至北平,心理学两册犹在,此是以前致力之书也。今来美洲,欲集其全,因多是(次)登报征求,价至可观,今大体备矣,何时得暇,以三月之功细读耶?詹姆士说可信否,乃别一事,其词与重点之把握至足乐也。'"(王汎森、杜正胜编:《傅斯年文物资料选辑》,中研院历史语言研究所,1995年,第42页)"傅斯年在柏林大学上课时的一张功课表,其中依稀可以看出有逻辑学、医学心理学及方法论等课。"(王汎森、杜正胜编:《傅斯年文物资料选辑》,中研院历史语言研究所,1995年,第49页)
⑤ 王汎森、杜正胜编:《傅斯年文物资料选辑》,中研院历史语言研究所,1995年,第49—52页。

三、第三次转变：哲学到史学

1926年秋，傅斯年由德国经巴黎归国后，是年冬赴广州中山大学任教。1927年春，傅斯年任广州中山大学教授，兼文学院长及国文、历史两系主任，并于同年秋创立中山大学语言历史学研究所，①由哲学转向史学，治学方向发生了第三次转变。

虽然傅斯年的"柏林大学学习证明书"中显示他在柏林大学期间所学专业为哲学，但从1926年11月9日他写给罗家伦的信中所提的归国后找工作的情况来看，其治学兴趣早在归国前就已发生了变化。该信中，傅斯年提到他的工作有以下几种选择（按提及顺序）：②

（1）浙江省科学院：应蔡元培邀请。此时蔡元培为该院筹备处主任。③

（2）厦门大学国学院：应顾颉刚邀请。此是傅斯年最中意的工作，因为他"蓄志数年，欲害颉刚"，换言之就是他和顾颉刚可以"狼狈为善"，即"颉刚古史研究我有许多地方可以帮他忙，而我近中所作二部书，也有很多地方他很可以帮我忙"。胡适亦赞同。

（3）北京大学研究所国学门：傅斯年一直计划要去，但北大方面迟迟不肯明确回应。加之此时北大情形复杂，若蔡元培不就北大，傅斯年亦不去。

（4）商务印书馆：傅斯年对此既无兴趣又不习惯。

（5）东南大学：应罗家伦邀请。傅斯年有三顾虑："（一）张贼（张作霖，笔者注）来，大家走路。（二）弟无预备，教国文，甚有所虑。我觉此时我于旧学问之见解，实如涌泉，然当研究之导者，则可，上堂，则一时有困难。（三）太费你们用力。"言下之意，即他志不在教书，而欲做研究，从他的工作选择以国学院为主亦可看出。

（6）清华大学国学院：应赵元任邀请。傅斯年对此亦有三重顾虑："（一）我也不愿即去，因为我果去，恐也如元任的局面，半在大学，半在国学院，但我很想先自己整理一年再去，因彼处我畏王静庵君，梁非我所畏，陈我所敬，亦非所畏。（二）此时已不成，因开学久，功课定。（三）不便去说。赵处我最不能说，因为本是他约我，我以北大故辞之。今我最无颜去说，陈处因他老本是不管闲事的，最不宜奉扰。金处本无妨说，但我也不能在此时心续下说。"

由上可知，傅斯年归国前，心中早已有了规划。他不愿从事教书的工作，只想在国学

---

① "民国六年在北京，沈尹默先生对我说：'傅孟真这个人才气非凡！'我当时并不认识他，到了民国十五年我在中山大学，为了充实文学院，要找一位对新文学有创造力，并对治新史学负有时名的学者来主持国文系和史学系，和戴季陶、顾孟余两先生商量，聘请他来担任院长兼两系主任。是年冬，他从德国回来到校，马上全力以赴，他延聘有名教授，自任功课亦甚多。十六年春，更在文学院内，创办历史语言研究所，他对教务贡献甚大，当时中山大学的声誉隆盛，他出力很多。"（朱家骅：《悼亡友傅孟真先生》，《傅孟真传记资料》（一），天一出版社，1979年，第97页）

② 《傅斯年致罗家伦（1926年11月9日）》，《傅斯年遗札（第一卷）》，中研院历史语言研究所，2011年，第96—101页。

③ 高平叔编著：《蔡元培年谱》，中华书局，1980年，第82页。

院中专心做研究。他对中国的"旧学问"有许多新的见解和研究方法,急欲实施。经上述考量,傅斯年决定去厦门大学与顾颉刚为伍,一来可以做"研究之导者",实践他对"旧学问"的新见解;二来顾颉刚对他的研究有帮助,两人可以"狼狈为善"一起研究古史。可惜此事只是傅斯年与顾颉刚的一厢情愿,厦门大学校方并未有聘请傅斯年的意图。就在傅斯年彷徨无助几要"弃书佩剑"重拾当年"浪漫想头"之时,朱家骅向傅斯年伸出了橄榄枝。傅斯年意识到中山大学的空白,是试验其研究方法的绝佳场所,①于是欣然前往。入校后不久,傅斯年就着手筹备中山大学语言历史学研究所,并连写两封快信敦促顾颉刚前往襄助。② 此时的傅斯年信心满满,意欲在一年内利用自己的研究方法使中山大学的文科"斯文扫地",即"一、绝国故,二、废哲学,三、放文人,四、存野化"。③ 可惜好景不长,该所成立后不久,傅斯年就因政治原因被迫放弃了这一机构,离开了中山大学。④ 为继续实践自己的研究方法,傅斯年设法说服蔡元培在中研院设置历史语言研究所,由此开启了他一生的志业。史语所成立后,也曾几度面临解散的困境,全赖傅斯年的四处奔波方渡过难关。傅斯年之所以如此不遗余力的设立并维持研究所的运行,是因为他明白"历史学和语言学发展到现在,已经不容易由个人作孤立的研究了,他既靠图书馆或学会供给他材料,靠团体为他寻材料,并且须得在一个研究的环境中,才能大家互相补其所不能,互相引会,互相订正,于是乎孤立的制作渐渐的难,渐渐的无意谓,集众的工作渐渐的成一切工作的样式了"。⑤ 可见傅斯年成立史语所,并非是与顾颉刚争胜,而是借此实践自己的研究方法,实现"为中国而豪外国"的奋斗目标,⑥而顾颉刚恰好是他实现这一目标的有力帮手。⑦

---

① "盖中大经费较充裕,而自改革以后,一张白纸,可以我们经历所见,作些甚新之试验。"(《致李石曾、吴稚晖(1927年5月16日)》,《傅斯年全集(第七卷)》,湖南教育出版社,2000年,第48页)此外,傅斯年前往中大还有其政治考量:"此亦同情于国民党之报应也!(不然,当时紊乱如彼,何必到广州去)今日想起来,只算活该而已。""报应"指的是傅斯年因在广州生活而感染了某种寄生虫。(见《傅斯年致李济(1933年8月18日)》,《傅斯年遗札(第一卷)》,中研院历史语言研究所,2011年,第559页)

② 顾颉刚1927年3月1日记:"孟真来了两封快信,要我到广东中山大学办中国东方语言历史科学研究所。"见《顾颉刚日记(1927—1932)》,联经出版事业股份有限公司,2007年,第22页。

③ 《致李石曾、吴稚晖(1927年5月16日)》,《傅斯年全集(第七卷)》,湖南教育出版社,2000年,第48—49页。

④ 顾颉刚1927年12月3日记:"孟真以戴、朱两校长均行,急欲行。我等以彼行后恐团体松散,尼之。彼谓中大必有变故,与其新校长来再börse走,不如先走之为佳。"(《顾颉刚日记(1927—1932)》,联经出版事业股份有限公司,2007年,第108—109页)此外,傅斯年曾言"研究所的事,大家都不来问我",中山大学语言历史学研究所的实际控制权在顾颉刚手中,这怕是傅斯年能轻易放弃的主观原因。(《致傅斯年(1929年1月31日)》,《顾颉刚书信集·卷一》,中华书局,2011年,第196页)

⑤ 傅斯年:《历史语言研究所工作之旨趣》,《国立中研院历史语言研究所集刊》第一本第一分,1928年,第10页。

⑥ 1928年4月2日,傅斯年写给胡适的信中说道:"中研院之语言历史研究所,业已筹备,决非先生戏谓狡兔二窟,实斯等实现理想之奋斗,为中国而豪外国,必黾勉匍匐以赴之。"见《傅斯年致胡适(1928年4月2日)》,《傅斯年遗札(第一卷)》,中研院历史语言研究所,2011年,第113页。

⑦ "颉刚一返,文科大振,《语言历史学周刊》、《民间文学周刊》、《图书馆周刊》均于下星期出版,而《文科集刊》1月中亦可出来。"(《致胡适(1928年10月16日)》,《傅斯年全集(第七卷)》,湖南教育出版社,2000年,第73—74页)该信的写作年份应为1927年,《顾颉刚年谱》中载1927年10月16日在傅斯年处开会,"商出版刊物事,议定与余永梁、罗常培、商承祚等编辑《国立中山大学语言历史学研究所周刊》,与杨振声、杜定友等编辑《图书馆周刊》,又有钟敬文、董作宾编辑《歌谣周刊》(出版时改名为《民间文艺》)"。(顾潮编:《顾颉刚年谱(增订本)》,中华书局,2011年,第161页)此外,顾颉刚致傅斯年的信中曾说:"中大之语言历史学研究所固由兄创办,但兄因文科事繁,管(转下页)

傅斯年实现"为中国而豪外国"这一目标所仰仗的"研究方法",在他归国前就已形成。考察他这一研究方法的形成过程,目前所能看到的史料主要有他1926年8月写给胡适的信(简称《与胡信》)、①1926年9月写给顾颉刚的信(简称《与顾信》)②以及他留学后期以迄回中国途中的手记(简称《傅笔记》)。③ 这三种史料的写作时间大致如下:《与顾信》"评丁文江《历史人物与地理的关系》"部分写于1924年1、2月间;④与顾颉刚论古史中的"试想几篇《戴记》的时代"、"孔子与《六经》"写于1924年末至1925年初,⑤"在周汉方术家的世界中几个趋向"、"殷周间的故事"写于1925年春夏间,⑥"补说《春秋》与

(接上页)事不多(兄曾言,'研究所的事,大家都不来问我',这就是因开办后,弟天天在所而兄不常到之故),实际上由弟一人办理到今一年半,粗有规模,弟之心血牺牲不少。"(《致傅斯年(1929年1月31日)》,《顾颉刚书信集·卷一》,中华书局,2011年,第196页)可见顾颉刚对傅斯年帮助甚大,但这亦是两人在筹备史语所时产生矛盾的根本原因。顾颉刚1928年4月29日记:"到孟真处,论研究所事,与孟真口角。予之性情有极矛盾者,极怕办事,而又极肯办事。孟真不愿我不办事,又不愿我太管事,故意见遂相左,今晚遂致破口大骂。赖金甫、元胎解劝而止。"(《顾颉刚日记(1927—1932)》,联经出版事业股份有限公司,2007年,第159页)两人破口大骂的导火索怕是顾颉刚1928年3月22日写给胡适的一封信,顾颉刚在信中说:"最好,北伐成功,中研院的语言历史学研究所搬到北京,由先生和我经管其事,孟真则在广州设一研究分所,南北相呼应。这也须先生来此商量的。"(《致胡适(1928年3月22日)》,《顾颉刚书信集·卷一》,中华书局,2011年,第450页)这封信不久后即被傅斯年看到,遂有1928年4月29日的"破口大骂",也是两人由此生间隙以致后来顾颉刚出走燕京大学的根本原因。因有中山大学时"研究所的事,大家都不来问我"的不满,加之对史语所寄予厚望,傅斯年对此事看极重,他并不认为此是顾颉刚的玩笑话,1928年10月6日傅斯年致冯友兰、罗家伦、杨振声的信中重提此事,借机暗讽顾颉刚:"我们(你们都在内)的研究所,以我暑假在此之拼命,经费、设备、接洽工作等,俱有成就了。北平未去,实不敢去也。怕得自己未组织好,辛辛苦苦的为人吞了也。如果人是肯工作的,不把些不相干的大大小小满安着,奉送之不暇,何用此怕? 此实为事业怕耳!"(《傅斯年致冯友兰、罗家伦、杨振声(1928年10月6日)》,《傅斯年遗札(第一卷)》,中研院历史语言研究所,2011年,第152页)可见傅斯年对顾颉刚确实有所忌恨。顾颉刚1973年回忆此事时,于1928年4月29日日记后写到:"我与孟真胸中皆有一幅蓝图在。傅在欧久,甚欲步法国汉学之后尘,且与之角胜,故其旨在提高。我意不同,以为欲与人争胜,非一二人独特之钻研所可为功,必先培育一批班子,积累无数资料而加以整理,然后此一二人者方有所凭借,以一日抵十日之用,故首须注意普及。普及者,非将学术浅化也,乃以作提高者之基础也。此意本极显明,而孟真乃以家长作风凌我,复疑我欲培养一班青年以夺其所长之权。予性本倔强,不能受其压服,于是遂与彼破口,十五年之交谊臻于破灭。"(《顾颉刚日记(1927—1932)》,联经出版事业股份有限公司,2007年,第160页)正可谓"一山不容二虎",两人因"胸中皆有一幅蓝图"而无法合作,最终因一封信而分道扬镳各奔前程。此后二人虽有联系,但早已貌合神离。傅斯年曾写《戏论》讽刺顾颉刚的"古史辨"(王汎森:《傅斯年:中国近代历史与政治中的个体生命》,生活·读书·新知三联书店,2012年,第238—239页),并在1941年6月18日致朱家骅的信中诋毁顾颉刚,即使所言不虚,亦非君子所为(《傅斯年致朱家骅(1941年6月18日)》,《傅斯年遗札(第二卷)》,中研院历史语言研究所,2011年,第1172—1174页)。同样,顾颉刚在傅斯年死后并未如胡适所言写文悼念,却在1973年于1928年4月29日日记后诋毁傅斯年"挟天子以令诸侯",暗自庆幸"不就范于彼也"! 十五年之交,落得如此结局,着实令人唏嘘不已。
① 《傅斯年致胡适(1926年8月17日、18日)》,《傅斯年遗札(第一卷)》,中研院历史语言研究所,2011年,第43—52页。
② 《傅斯年致顾颉刚(1926年9月)》,《傅斯年遗札(第一卷)》,中研院历史语言研究所,2011年,第52—96页。
③ 本文所用《傅笔记》中材料主要见于王汎森、杜正胜相论论文及《傅斯年文物资料选辑》中所公布的三页。(王汎森、杜正胜编:《傅斯年文物资料选辑》,中研院历史语言研究所,1995年,第55页)未能得见全部,甚为可惜。
④ 《与顾信》手稿该部分行首自注"第一件(丁文)是于一九二四年正月二月间所写"。见《傅斯年致顾颉刚(1926年9月)》,《傅斯年遗札(第一卷)》,中研院历史语言研究所,2011年,第53页。
⑤ 《与顾信》手稿该部分行首自注"已(以)下《左传》是于一九二四末至一九二五初所写"。(《傅斯年致顾颉刚(1926年9月)》,《傅斯年遗札(第一卷)》,中研院历史语言研究所,2011年,第61页。)
⑥ 《与顾信》手稿该部分行首自注"以上是1925年春夏间所写(原稿)"。"以上"颇怀疑是傅先生笔误,据前例看当为"以下"。见《傅斯年致顾颉刚(1926年9月)》,《傅斯年遗札(第一卷)》,中研院历史语言研究所,2011年,第78页。

《诗》)"写于1926年8月左右;①《傅笔记》写于留学后期以迄回中国途中;②《与胡信》写于1926年8月17、18日。

1924年1、2月间,傅斯年写《与顾信》"评丁文江《历史人物与地理的关系》"部分,对丁文江将统计学的方法用于历史学研究大加赞赏,认为"丁君这一种方法,将来仔细设施其来,定收很好的效果"。同时他又指出:"研究历史要时时存着统计的观念,因为历史事实都是聚象事实(Mass-facts)。然而直截用起统计方法来,可要小心着,因为历史上所存的数目,多是不大适用的。"并对丁文提出了改进意见。③ 若非熟悉统计学的人,断然不会看出"丁君在就学问的线路上,很受了 Sir Francis Galton, Prof. Karl Pearson 一派的影响,而去试着用统计方法于各种事作上,包括着人文科学";④若非熟悉中国历史学的人,亦不会看出丁文所证求的事实不一定成立,存在严重的缺陷;只有同时熟悉统计学与中国历史的人,才会有如此的眼光。丁文君的这一方法,带给傅斯年极大的启示,即用一些"在欧洲虽已是经常,而在中国却未尝有人去切实的弄过的些新观点、新方术,去研究中国历史"。他曾自言"统计的观点,尤可节约我的文人习气,少排荡于两极端",又说或然率的观念"在近代物理学尤表显威力,几将决定论取而代之。这个观念,在一般思想上有极要的施用"。⑤ 这正可以解释为何他1925—1926年的数学笔记中有不少关于统计及或然率的内容。归国后,傅斯年曾在中山大学讲授过"统计学方法导论",⑥不知是否为史学系学生所开设。

1924年,傅斯年于《努力周报》上见到顾颉刚"古史辨"的文章,"一时大惊大喜","佩服的五体投地",⑦"本发愤想写一大篇寄去参加你们的战论,然而以懒的结果不曾下笔而

---

① 该部分内容提及收到顾颉刚所寄"《古史辨》第一册"、"已要从柏林起身"等事,说明该信的写作时间当在1926年8月左右。此外信中提及对《古史辨》第一册的看法与傅斯年1926年8月17、18日所写《与胡信》中一致。

② 《傅斯年文物资料选辑》所公布的三页中,第1、2页为同一张纸的正反面。这三页笔记至少由两种笔书写而成:第一页、第二页的前半部分与第三页"六经与儒家地理上关系"、"古史"、"五等爵"、"渤海"、"汉儒和法国哲学家"、"子一称之 Evolution"、"帝号"、"太山(旅于太山)"等字迹一致;第二页后半部分与第三页"胡适之 Royal R'd"、"殷周之际"、"爵五等、吴、齐、种族"、"海外有截"等字迹类似但略有区别,从书写版式(如划横线分割等)来看当为后写。第三页中的"胡适之 Royal R'd"据王汎森、杜正胜等人考证,认为是傅斯年1926年与胡适见面前所写;"殷周之际"、"爵五等、吴、齐、种族"、"海外有截"等内容虽出现于《与顾信》1925年春夏间所写"殷周间的故事"中,但因与"胡适之 Royal R'd"字迹一致,应为1926年与胡适见面前所补写;"六经与儒家地理上关系"出现于《与顾信》1924年末至1925年初所写"孔子与《六经》"中,"五等爵"出现于1925年春夏间所写"殷周间的故事"中,这与两者在该页上的位置之间有较大空白的情况相吻合,或非同一时间书写。若傅斯年习惯于将思考的内容随时记于笔记上,则该内容出现于笔记的时间当早于《与顾信》,但相隔应不会太久。由此可知《傅笔记》的出现时间当不晚于1925年,但亦不会太早,当在见到顾颉刚"古史辨"的相关文章之后。杜正胜将《傅笔记》的时间定为1926年,不如《傅斯年文物资料选辑》所定的"留学后期以迄回中国途中"合适。

③ 《傅斯年致顾颉刚(1926年9月)》,《傅斯年遗札(第一卷)》,中研院历史语言研究所,2011年,第53—60页。

④ 傅斯年对统计学有着浓厚的兴趣,早在出国以前,就已经开始研读皮尔森的相关著作:"他对于数学的兴趣比较浓,因为他在国内的时候就喜欢看逻辑的书,研究皮尔生的《科学规律》(Karl Pearson的'Grammar of Science')和或然律(Law of Probability)。后来像金斯(T. M. Keynes)所著的《或然率研究》(Treatise on Probability)一类的书,都是他很欣赏的。"见罗家伦:《元气淋漓的傅孟真》,《"中央"日报》1950年12月31日;转引自傅乐成:《傅孟真先生年谱》,传记文学出版社,1979年,第20页。

⑤ 王汎森、杜正胜编:《傅斯年文物资料选辑》,中研院历史语言研究所,1995年,第50页。

⑥ 王汎森、杜正胜编:《傅斯年文物资料选辑》,中研院历史语言研究所,1995年,第61页。

⑦ 傅斯年在《与胡信》中提及见到顾颉刚发表于《努力周报》上的"古史辨"文章是在"大前年",由《与胡信》的年份推知为1924年。(《傅斯年致胡适(1926年8月17日、18日)》,《傅斯年遗札(第一卷)》,中研院历史语言研究所,2011年,第50页)

《努力》下世",即使如此,"仍然想着,必然写出寄适之先生交别的报登,窃自比于季子挂剑之义",①可见顾颉刚"层累地造成古史"的研究方法对傅斯年的震动甚大。他认为顾颉刚的这一研究方法改变了"史学文籍考订学"在三百年汉学中一直劣势于"语文学"的局面,价值甚大;"史学的中央题目"就是顾颉刚的"累层地造成的中国古史",自顾颉刚发挥后,"大体之结构已就,没有什么再多的新方面(根据物)可找",即使考古也不能将顾颉刚从"宝座"上掘陷下去。他认为顾颉刚已在"史学上称王",地位堪比"牛顿之在力学,达尔文之在生物学"。② 他建议顾颉刚"累层地的观念大体成后,可以转去分析各个经传子家的成籍。如此,则所得的效果,是一部总括以前文籍分析,而启后来实地工作的一部古史,又是一部最要的民间思想流变史,又立一个为后来证订一切古籍的标准"。③ 因信未寄出,顾颉刚自然没看到这一建议,但傅斯年却按照这一建议,用"层累地造成古史"的方法对"经传子家的成籍"进行了考辨。《与顾信》中的"试想几篇《戴记》的时代"、"孔子与《六经》"、"在周汉方术家的世界中几个趋向"、"殷周间的故事"、"《春秋》与《诗》"等,都是这一考辨的结果,写作时间从1924年末持续到1926年8月左右。《与顾信》的这些内容,亦出现于《傅笔记》中,如"六经与儒家地理上关系"、"古史"、"五等爵"、"渤海"、"汉儒和法国哲学家"、"子一称之 Evolution"、"帝号"、"太山(旅于太山)"、④"晚周 v. 汉"、"(1)著书只是 by product v. 著书成专业"、"(2)能见时代背景 v. 不能"、"(3)问题 v. 系统"、"专向 traditional 说挑战。一反殷周间观念,以纣为 hero,志在召前修而增殷民荣誉,故不惮烦。箕子是王夷甫,微子是谯周,周公是多尔衮,太公是王船山心中之贾冲"⑤等,这些片段应是傅斯年在考辨"经传子家的成籍"的过程中所写下的。由此可知,傅斯年在1924年看到顾颉刚关于"古史辨"的文章后到1926年归国前的这段时间里,利用顾颉刚"层累地造成古史"的方法,⑥做了大量考辨"经传子家的成籍"的工作。

  傅斯年之所以能迅速接受顾颉刚的"层累地造成古史"的研究方法并将其发扬光大,首先取决于他深厚的国学功底,但更为重要的是"同类的思想",他"也零零碎碎的以前想到几条",只是没有顾颉刚"这样一体的解决一系文题"。⑦ 傅斯年早在1919年1月发表的《史记志疑》的书评中就肯定了梁玉绳的"疑古"观点,⑧1919年4月发表的《清代学问的门径书几种》再次肯定了清人的"疑古"观点,他将清代学问的精神分为消极、积极两方面,其中消极的

---

① 《傅斯年致顾颉刚(1926年9月)》,《傅斯年遗札(第一卷)》,中研院历史语言研究所,2011年,第53页。
② 《傅斯年致顾颉刚(1926年9月)》,《傅斯年遗札(第一卷)》,中研院历史语言研究所,2011年,第62—63页。
③ 《傅斯年致顾颉刚(1926年9月)》,《傅斯年遗札(第一卷)》,中研院历史语言研究所,2011年,第65页。
④ 王汎森、杜正胜编:《傅斯年文物资料选辑》,中研院历史语言研究所,1995年,第55页。
⑤ 《傅笔记》中的片段,转引自杜正胜:《无中生有的志业——傅斯年的史学革命与史语所的创立》,《新学术之路——中研院历史语言研究所七十周年纪念文集》,中研院历史语言研究所,1998年,第10页。
⑥ 傅斯年在《与顾信》中曾写道:"见你文之初,思如泉涌,曾于一晚想到《大学》、《中庸》之分析。"见《傅斯年致顾颉刚(1926年9月)》,《傅斯年遗札(第一卷)》,中研院历史语言研究所,2011年,第66页。
⑦ 《傅斯年致胡适(1926年8月17日、18日)》,《傅斯年遗札(第一卷)》,中研院历史语言研究所,2011年,第50页。
⑧ "世之非难此书者,恒以为疑所不当疑。自我观之,与其过而信之也,毋宁过而疑之。"见傅斯年:《故书新评·〈史记志疑〉三十六卷》,《傅斯年全集(第一卷)》,湖南教育出版社,2000年,第120页。

方面是怀疑,"这怀疑恰成一串,疑宋儒(顾亭林、毛西河、胡朏明等)、疑伪古文(阎百诗、惠定宇等疑伪孔,于是乎把魏晋六朝唐人学问上的权威推翻了)、疑古文(今文学派皆然,尤以康有为最备)、疑今文(太炎先生),结果便疑孔子,于是乎百家平等了,于是乎容纳印度化、西洋化了"。① 据此,他认为"清代的学问,很有点科学的意味,用的都是科学的方法,不过西洋人曾经用在窥探自然界上,我们的先辈曾经用在整理古事物上"。② 他希望"有人在清代的朴学上用功夫,并不是怀着什么国粹主义,也不是误认朴学可和科学并等,是觉着有几种事业,非借朴学家的方法和精神做不来",这事业包括"整理中国历史上的一切学问",使之"条贯化",供大家研究;研究中国的言语学的起源演变;研究"中国古代的社会学",这三种事业,"必须用清朴学家的精神才能成功",除此之外,还需要"西洋人的学问法",否则"仍然是一无是处,仍不能得结果"。③ 这一观点在1919年5月发表的《毛子水〈国故和科学的精神〉识语》一文中进一步阐述,即用"科学的主义和方法"来"研究国故","把我中国已往的学术、政治、社会等等做材料,研究出些有系统的事物来,不特有益于中国学问界,或者有补于'世界的'科学",这是因为"中国是个很长的历史文化的民族,所以中华国故在'世界的'人类学、考古学、社会学、言语学等等的材料上,占个重要的部分"。④ 由此可知,傅斯年不仅是"疑古的先锋",⑤而且是用科学的方法"整理国故"的首批倡导者,其"国故是材料不是主义"、"清代的朴学不能等同科学"的思想,更是远胜于使"整理国故"发扬光大的胡适。傅斯年的"疑古"与用科学的方法"整理国故"虽较顾颉刚的研究范围更广,涉及学术、政治、社会等方面,但不够深入,如他自己所言,并未"一体的解决一系problem"。也正因为如此,他在一接触到顾颉刚的方法后,便能看到它的惊人之处,一时间"大惊大喜"、"佩服得五体投地","思如泉涌"地进行了一系列考辨"经传子家的成籍"的工作。

就是在这一考辨过程中,傅斯年对中国传统学术有了更深的认识,并逐渐形成了自己独特的研究方法。《与胡信》中,他与胡适探讨如何写作中国哲学史时提出了四个"教条":首先,他将这些"经传子家的成籍"的性质定为"方术论"而非胡适所定的"哲学史",因为他认为"严格来讲,中国没有哲学",《与顾信》中亦有类似观点;其次,他认为研究对象不同,不能用"同一方法和材料",所以对"方术论"的研究,采用"严追亭林(言语学)百诗(章句批评)之遗训,加上些近代科学所付我们的工具"的研究方法,即语言学、文籍考订和近代科学方法;再次,他不主张通史的研究,认为事物纵向之间的关系不一定比横向之间的关系更亲密,如果他来写哲学史,"一面不使之(与)当时的别的史分,一面亦不越俎去使与别一时期之同一史合";再次,他认为"研究问题第一步,即最要紧之一步,是选择材料",研究时当"自上层(下一时)揭到下层(上一时)",既然"经传子家的成籍"大

---

① 傅斯年:《清代学问的门径书几种》,《傅斯年全集(第一卷)》,湖南教育出版社,2000年,第230页。
② 傅斯年:《清代学问的门径书几种》,《傅斯年全集(第一卷)》,湖南教育出版社,2000年,第228页。
③ 傅斯年:《清代学问的门径书几种》,《傅斯年全集(第一卷)》,湖南教育出版社,2000年,第233页。
④ 傅斯年:《毛子水〈国故和科学的精神〉识语》,《傅斯年全集(第一卷)》,湖南教育出版社,2000年,第262—263页。
⑤ 杜正胜:《从疑古到重建——傅斯年的史学革命及其与胡适、顾颉刚的关系》,《中国文化》1995年第12期,第225—227页。

半都是"汉朝官订本",那么整理"古书古史","非清理汉朝几百年一笔大账在先不可也",即"以汉朝历史之研究为古代方术家学之前部"。① 这些见解,亦见于他在中山大学时讲授的《中国古代文学史讲义》中。他强调写文学史要注意三项工作:首先,文学史只是史的一种,与其他史的区别在于材料的不同,所以仍需遵守"一般史学的要求","一般史料的方法"。即首先利用"语言学和历史学"的方法,"考定一书的时代,一书的作者,一个事件之实在,一种议论的根据",这些"虽是文学史中的问题,也正是通史中的事业","这一类的工夫是最根本的工夫,即是我们谈文学史的第一个要求,若这一条任务举不起来,其他的工作没有附丽的所在"。其次,"若干文体的生命仿佛像是有机体","文学史或者可和生物史有同样的大节目可观",因此可以"把发生学引进文学史来"。再次,"文学不是一件独立的东西,而是时代中的政治、思想、艺术、生活等等一切物事之印记","文学不能离其他事物,独立研究,文学史上的事件,不能离其他事件,单独推想而得"。②

综上所述,可将傅斯年的研究方法概括为:(1)材料最重要,必须首先运用语言学和历史学的知识考辨材料的可靠性,这是最基本的工作;(2)除语言学、历史学的方法外,借鉴近代科学的方法对材料进行研究;(3)不能孤立地研究某一类史,要考虑同时的其他史对它的影响。其中(1)(2)两条,是其"国故是材料不是主义"、用"科学的主义和方法"来"整理国故"思想的继承和发展。为了借鉴近代科学的方法,傅斯年在留学后期学习了大量语言学、历史学和统计学的知识。1925 年到 1926 年间,他购买了大量"有关梵文、藏文、缅甸文等方面的书,甚至西洋研究中国语言音韵方面的书,尤其是大量搜集了高本汉的著作";③他所藏的伯伦汉的《史学方法论》曾因翻阅太多,于 1937 年重装,此书是兰克学派在方法论及资料处理等方面精华的积累,④傅斯年及史语所曾长期被视为兰克学派的化身,足见此书对他的影响;⑤他还沉迷于统计学,1925—1926 年的数学笔记中有不少

---

① 《傅斯年致胡适(1926 年 8 月 17 日、18 日)》,《傅斯年遗札(第一卷)》,中研院历史语言研究所,2011 年,第 45—49 页。
② 傅斯年:《中国古代文学史讲义》,《傅斯年全集(第二卷)》,湖南教育出版社,2000 年,第 8—11 页。
③ 王汎森:《思想史与生活史有交集吗?——读"傅斯年档案"》,《中国近代思想与学术的系谱》,吉林出版集团有限责任公司,2011 年,第 496 页。
④ 王汎森、杜正胜编:《傅斯年文物资料选辑》,中研院历史语言研究所,1995 年,第 51 页。
⑤ 王汎森曾指出傅斯年与兰克之间存在着显而易见的区别:"首先,傅斯年试图建立一种像生物学或地质学那样的科学历史学,但兰克理论从未表现出这种意图。虽然兰克强调第一手资料,但他从未极端地认为'史学即史科学'。兰克确曾说过'应该按照实际发生的样子'来写历史,但这仅意味着史家应忠实于事实,并未像傅斯年提倡的那样反对诠释和疏通。兰克也没有完全排除形而上的思考,他将基督徒抬升得甚高,以至于宣称宗教是历史学家的主要动力。而傅斯年却排斥形而上学。兰克最先接受历史语言学训练,后来在研究中广泛运用历史语言学方法。但是他从没将'语言和历史'熔铸出一个新词。历史和语言的结合是兰克学派和德国史学的一个重要特征,但是这个口号却是傅斯年提出的。"(王汎森:《傅斯年:中国近代历史与政治中的个体生命》,生活·读书·新知三联书店,2012 年,第 70 页)从王汎森的这一分析,我们不仅未曾看出两者之间本质的区别,相反,傅斯年深受兰克学派的影响,他的观点是将兰克学派的观点进一步绝对化的结果。这与当时中国的史学氛围有关,只有绝对化的观点才能给人振聋发聩的影响。傅斯年 1945 年为《史料与史学》撰写的发刊词中提到:"本所同人之治史学,不以空论为学问,亦不以'史观'为急图,乃纯就史料以探史实也。……此在中国,因为司马光以至钱大昕之治史方法,在西洋,亦为软克、莫母森之著史立点。"(傅斯年:《〈史料与史学〉发刊词》,《傅斯年全集(第三卷)》,湖南教育出版社,2000 年,第 335 页)周一良亦曾回忆傅斯年曾劝其学习德文,"以便看兰克和莫姆森的原著",可见傅斯年确实深受兰克学派的影响。(周一良:《史语所一年》,《新学术之路——中研院历史语言研究所七十周年纪念文集》,中研院历史语言研究所,1998 年,第 557 页)

关于统计及或然率的内容。在学习的过程中，傅斯年对用近代科学来研究中国学术的重要性有了更深刻的认识，他在笔记中写道："我们现在必须把欧洲的历史作我们的历史，欧洲的遗传作我们的遗传，欧洲的心术作我们的心术。这个叫做'螟蛉有子，蜾蠃负之'，就是说，欧洲人有文明，我们负来。假如我们不这样干，结果却也是一个'螟蛉有子，蜾蠃负之'，就是说，我们有土地，欧美人负去。这是郑康成《解》：'言有国家而不能治，则能治者将得之也。'"① 此外，傅斯年还意识到材料的不足是制约研究的重要因素，学术的进步依赖于新材料。1926 年 11 月，他在写给罗家伦的信中强调新材料对学术进步的重要性，他认为学术不是致用的，其发展依靠"从新方面得材料或用材料"，即新材料或新方法，从而"破遗传的题目"、"创有开拓力量的新题目"。② 他的这些认识在归国前就已形成，《傅笔记》中"如不去动手动脚的干——我是说发掘和旅行——他不能救他自己的命"，③就是由此所发的感慨。傅斯年所创的这套研究方法，已经超越了顾颉刚"层累地造成古史"的方法。他在 1926 年 8 月左右写的《与顾信》、《与胡信》中，表达了对顾颉刚《古史辨》第一册的不满，他觉得顾颉刚"不应该就此辨下去，应该一条一条的把他辨出来的问题料理去"，④这些问题"一条一条解决后，可收汉学之局，可为后来求材料的考古学立下一个入门的御路，可以成中国之结晶轴"，由"疑古"而"考古"，实现中国 Altertumswissenschaft（科学的古代学⑤）的研究目标。傅斯年的这些研究思想和方法在他亲自撰写的《历史语言研究所工作之旨趣》中得到系统阐述，并成为史语所的立所之纲，⑥即"利用自然科学供给我们的一切工具，整理一切可逢着的史料"。⑦

傅斯年 1926 年 8 月写的《与胡信》及此后在巴黎与胡适进行的长谈，当是他 1924 年看到顾颉刚关于"古史辨"的文章后到 1926 年归国前这一时期学术研究的主要成果，如杜正胜所言，《与胡信》是傅斯年"一封揭示毕生志业的信"，⑧可惜胡适当时并未意识到这

---

① 王汎森、杜正胜编：《傅斯年文物资料选辑》，中研院历史语言研究所，1995 年，第 55 页。
② 《傅斯年致罗家伦（1926 年 11 月 14 日）》，《傅斯年遗札（第一卷）》，中研院历史语言研究所，2011 年，第 103—104 页。这是傅斯年回国初应罗家伦邀请为东大演讲所准备的演讲内容，题目是"汉学之进步与其所用材料之关系"。
③ 王汎森、杜正胜编：《傅斯年文物资料选辑》，中研院历史语言研究所，1995 年，第 55 页。
④ 《傅斯年致胡适（1926 年 8 月 17 日、18 日）》，《傅斯年遗札（第一卷）》，中研院历史语言研究所，2011 年，第 51 页。《与顾信》中表为："我尤其希望的是颉刚把所辨出的题目一条一条去仔细分理，不必更为一般之辨，如作'原经'一类的文章。"见《傅斯年致顾颉刚（1926 年 9 月）》，《傅斯年遗札（第一卷）》，中研院历史语言研究所，2011 年，第 92 页。
⑤ 杜正胜的翻译，见杜正胜：《从疑古到重建——傅斯年的史学革命及其与胡适、顾颉刚的关系》，《中国文化》1995 年第 12 期，第 231 页。
⑥ 傅斯年的这些思想和方法亦见于中山大学《〈语言历史学研究所周刊〉发刊词》中，据顾颉刚 1927 年 10 月 21 日的日记，可知该文为顾颉刚所写，至少是起草。比较顾颉刚 1926 年 12 月 28 日所作《〈厦门大学国学研究院周刊〉缘起》一文，可知"实地搜罗材料，到民众中寻方言，到古文化的遗址去发掘，到各种的人间社会去采风问俗，建设许多的新学问"当是顾颉刚所写，而"语言历史学也正和其他的自然科学同目的同手段，所差只是一个分工"等，当时受傅斯年影响所写。见傅斯年：《〈语言历史学研究所周刊〉发刊词》，《傅斯年全集（第三卷）》，湖南教育出版社，2000 年，第 13 页；顾颉刚：《缘起》，《厦门大学国学研究院周刊》第 1 卷第 1 期，1927 年 1 月 5 日。
⑦ 傅斯年：《历史语言研究所工作之旨趣》，《国立中研院历史语言研究所集刊》第一本第一分，1928 年，第 9 页。
⑧ 杜正胜：《从疑古到重建——傅斯年的史学革命及其与胡适、顾颉刚的关系》，《中国文化》1995 年第 12 期，第 230—232 页。

点,否则不会在日记中表达对傅斯年的失望之情。① 傅斯年与胡适见面时所谈,因胡适日记无载,我们不得而知。《傅笔记》中写有"胡适之 Royal R'd"的一页上,写有"六经与儒家地理上关系"、"古史"、"五等爵"、"渤海"、"汉儒和法国哲学家"、"子一称之 Evolution"、"帝号"、"太山(旅于太山)"等内容。傅斯年将"胡适之 Royal R'd"写在这一页的空白处,并在写下"胡适之 Royal R'd"的同时写下"殷周之际"、"爵五等、吴、齐、种族"、"海外有截"等内容。他的这一举动,或许与他准备与胡适见面时讨论这页笔记上的内容有关。这页笔记上的内容,比《与胡信》中提及见面详谈的内容更为广泛。归国后,傅斯年将这页笔记的内容多陆续写成论文,"如《夷夏东西说》、《大东小东说》、《周东封与殷遗民》、《论所谓五等爵》、《姜原》",构成他"古代史研究的主要部分"。② 另外,《傅笔记》中的其他内容,如"庄子齐物论",傅斯年后来写成《谁是齐物论的作者》;"晚周 v. 汉"及其三项子题"(1)著书只是 by product v. 著书成专业"、"(2)能见时代背景 v. 不能"、"(3)问题 v. 系统"等,是傅斯年 1927—1928 年任教于中山大学时所编讲义《战国子家叙论》的内容。③ 由此可见,这一时期对傅斯年而言至关重要,不仅是其研究方法的创立期,更是其主要学术成果的酝酿期。

  综上所述可知,受新文化运动的影响,傅斯年原本怀着"改造思想"、"改造社会"的抱负出国学习心理、哲学,但在留学后期却转向了史学研究。这一转变,固然是深受顾颉刚"层累地造成古史"的研究方法的影响,激发了他固有的史学思想及知识储备,但更重要的是缘于他对哲学的失望(抑或是大彻大悟)。他将自己学哲学的经历总结道:"我当方到英国时,觉得我好像能读哲学书,甚至德国哲学的书。后来觉得不能懂德国哲学了,觉得德国哲学只是些德国语言的恶习惯,现在偶然那(拿)起一部 Hume 来,也不知所谓了。总而言之,我的脑筋对于一切哲学都成石头了。"④对于这个结果,傅斯年是欢喜的,认为是他的三件成绩之一。不仅如此,他还总结自己的留学收获是"一事未曾学得,事事都已忘却",甚至连在"国中念得几句中国书",都"忘得光光净净"。这"几句中国书",当指他因此而产生的"改造思想"、"改造社会"的抱负,要不何来"真正舒服"、"大快乐"之说?傅斯年指出他所说的这些"都不是说笑话",可见他此时已完全放弃了"改造思想"、"改造社会"的初衷。1942 年傅斯年致胡适的信中对此亦有提及:"我本以不满于政治社会,又看不出好路线来之故,而思遁入学问,偏又不能忘此生民,于是在此门里门外跑去跑来,至于咆哮,出也出不远,进也住不久,此其所以一事无成也。"⑤由此看来,傅斯年转向史学研

---

  ① 胡适 1926 年 9 月 5 日记:"这几天与孟真谈,虽然感觉愉快,然未免同时感觉失望。孟真颇颓放,远不如颉刚之勤。"见曹伯言整理:《胡适日记全编(1923—1927)》,安徽教育出版社,2001 年,第 280 页。
  ② 杜正胜:《无中生有的志业——傅斯年的史学革命与史语所的创立》,《新学术之路——中研院历史语言研究所七十周年纪念文集》,中研院历史语言研究所,1998 年,第 9 页。
  ③ 杜正胜:《无中生有的志业——傅斯年的史学革命与史语所的创立》,《新学术之路——中研院历史语言研究所七十周年纪念文集》,中研院历史语言研究所,1998 年,第 9—10 页。
  ④ 《傅斯年致胡适(1926 年 8 月 17 日、18 日)》,《傅斯年遗札(第一卷)》,中研院历史语言研究所,2011 年,第 50 页。
  ⑤ 《傅斯年致胡适(1942 年 2 月 6 日)》,《傅斯年遗札(第三卷)》,中研院历史语言研究所,2011 年,第 1208 页。

究，绝不是要与顾颉刚争胜，对政治的失望才是他发生转变的根本原因，他甚至提出"废哲学"的主张，①而恰好此时顾颉刚的"层累地造成古史"的方法引起了他的兴趣。相较于顾颉刚而言，掌握大量西方近代科学知识的傅斯年，在研究中自然更有优势，超越是早晚的事情。

依傅斯年的聪明才智和学术功力，他很快就创造了一套超越顾颉刚的研究方法，并希望用这套方法为中国建立一个全新的学术界，实现中国 Altertumswissenschaft（科学的古代学）的研究目标，而史语所正是其为实践这一研究方法并实现这一抱负而创立的。他亲自撰写的《历史语言研究所工作之旨趣》（简称《旨趣》），②不仅是他所创研究方法的系统阐述，更是史语所的立所之纲，其核心就是《旨趣》一文开篇所言："近代的历史学只是史料学，利用自然科学供给我们的一切工具，整理一切可逢着的史料。"这一思想，傅斯年在对人阐述史语所的设置目的或意义时屡次提及。③ 根据这一纲领，傅斯年先是将史语所规划为历史、语言两大类九个组，其中历史类包括文籍考订、史料征集、考古、人类及民物、比

---

① 《致李石曾、吴稚晖（1927年5月16日）》，《傅斯年全集（第七卷）》，湖南教育出版社，2000年，第48页。
② 傅斯年：《历史语言研究所工作之旨趣》，《国立中研院历史语言研究所集刊》第一本第一分，1928年，第3—10页。目前学术界分析《旨趣》一文的相关文章甚多，以王汎森、杜正胜、欧阳哲生、桑兵等学者的分析最为全面，见王汎森：《傅斯年：中国近代历史与政治中的个体生命》，生活·读书·新知三联书店，2012年，第83—92页；《什么可以成为历史证据——近代中国新旧史料观点的冲突》，《中国近代思想与学术的系谱》，吉林出版集团有限责任公司，2011年，第346—380页。杜正胜：《无中生有的志业——傅斯年的史学革命与史语所的创立》，《新学术之路——中研院历史语言研究所七十周年纪念文集》，中研院历史语言研究所，1998年，第22—37页。欧阳哲生：《傅斯年全集·序》，《傅斯年全集（第一卷）》，湖南教育出版社，2000年，第23—36页。桑兵：《近代学术转承：从国学到东方学——傅斯年〈历史语言研究所工作之旨趣〉》，《晚清民国的国学研究》，上海古籍出版社，2001年，第260—292页；《傅斯年"史学只是史料学"再析》，《晚清民国的学人与学术》，中华书局，2008年。本文对《旨趣》一文的分析，主要观点都见于上述文章中，但论证时所用材料有所不同，恕不一一注出。
③ "现在中研院有历史语言研究所之设置，非取抱残守缺，发挥其所谓国学，实欲以手足之力，取得日新月异之材料，借自然科学付与之工具而从事之，以期新知识之获得。材料不限国别，方术不择地域，既以追前贤成学之盛，亦以分异国造诣之隆。"（傅斯年所拟中研院历史语言研究所聘书草稿，王汎森、杜正胜编：《傅斯年文物资料选辑》，中研院历史语言研究所，1995年，第62—63页）"中研院历史语言研究所设置之目的如下：（1）系统的并以科学的方法取得一切历史学及语言学范围内之材料，以免自然之损失及因鲁莽的搜集或发掘而生之损失。（2）研究一切新得及旧有材料，以增加历史学及语言学中各科目之科学的知识。"（《傅斯年、顾颉刚、杨振声呈大学院（1928年5月5日）》，《傅斯年遗札（第一卷）》，中研院历史语言研究所，2011年，第134页）"研究所的宗旨：（一）到处找新材料，（二）用新方法（科学付之工具）整理材料。"（《傅斯年致冯友兰、罗家伦、杨振声（1928年10月6日）》，《傅斯年遗札（第一卷）》，中研院历史语言研究所，2011年，第154页）"中研院设置之意义，本为发达近代科学，非为提倡所谓固有学术。故如以历史语言之学承固有之遗训，不欲新其工具，益其观念，以成与各自然科学同列之事业，即不应于中研院中设置历史语言研究所，使之与天文地质物理化学等同伦。今者决意设置，正以自然科学看待历史语言之学。此虽旧域，其命维新。材料与时增加，工具与时扩充，观点与时推进，近代在欧洲之历史语言学，其受自然科学之刺激与补助，昭然若揭。以我国此项材料之富，欧洲人为之羡慕无似者，果能改从新路，将来发展，正未有艾。故当确定旨趣，以为祈响，以当工作之径，以吸收同好之人。此项旨趣，约而言之，即扩充材料，扩充工具，以工具之施用，成材料之整理，乃得问题之解决，并因问题之解决引出新问题，更要求材料与工具之扩充。如是伸张，乃向科学成就之路。"（《国立中研院历史语言研究所十七年度报告》，《傅斯年全集（第六卷）》，湖南教育出版社，2000年，第9页）"敝所设置之意，无非刊布材料，供之于人，整理材料，以为结论，但为客观之业，不作一家之言，凡共此好者，皆同志也。"（《傅斯年致李济（1929年）》，《傅斯年遗札（第一卷）》，中研院历史语言研究所，2011年，第244页）"敝所设置之意，并非求继续汉学之正统，乃欲以'扩充材料，扩充工具'为方术，而致中国历史语言之学于自然科学之境界中。"（《致王献唐（1930年9月13日）》，《傅斯年全集（第七卷）》，湖南教育出版社，2000年，第92页）"这个研究所确有一个责任，即'扩充工具、扩充材料'之汉学（最广义的）。"（《傅斯年致胡适（1933年6月30日）》，《傅斯年遗札（第一卷）》，中研院历史语言研究所，2011年，第528页）"入所一事，一时恐无办法。盖第一组之范围，一部分为史学，一部分为文籍学（经、子等）。后者规定仅当前者三分之一，今乃过之，不复能加人矣。而前者之古史一门，本所不提倡文籍中之辩论，乃愿以甲骨、金文、器物及考古学解决问题也。故近十年中，未曾增治古史者一人。一机关应有其学风，此即本所之学风也。"（《傅斯年致杨向奎（1944年8月15日）》，《傅斯年遗札（第三卷）》，中研院历史语言研究所，2011年，第1522页）

较艺术等,语言类包括汉语、西南语、中央亚细亚语、语言学等,后正式成立时调整为史料学、汉语、文籍校订、民族文艺、汉字、考古、人类学、敦煌材料等八组。这八组(九组)的工作目的均是为获得客观材料,其中文籍校订组是在顾颉刚的带领下对旧材料进行梳理,审定真伪,校勘异同等,以供学者研究所用,史料学、汉语、民族文艺、汉字、考古、人类学、敦煌材料等组则是利用近代科学方法获取或研究新材料。1929 年 5 月迁往北平后,因经费问题将原设八组并成历史、语言、考古三组,研究风格更加突出,历史组以整理明清内阁大库档案为主,语言组以调查各地方言为主,考古组以殷墟及其他遗址的发掘和调查为主,即傅斯年所说的"我们不是读书的人,我们只是上穷碧落下黄泉,动手动脚找东西"! 傅斯年将这种研究风格概述为:"本所同人之治史学,不以空论为学问,亦不以'史观'为急图,乃纯就史料以探史实也。史料有之,则可因钩稽有此知识,史料所无,则不敢臆测,亦不敢比附成式。此在中国,固为司马光以至钱大昕之治史方法,在西洋,亦为软克、莫母森之著史立点。史学可为绝对客观乎? 此问题今姑不置答,然史料中可得之客观知识多矣。"① 李济对此回忆道:"他告诉研究所的同仁一个原则,要大家找新材料,他说:有新材料才有新问题,有了新问题必须要找解决问题的方法;为了解决新问题必须再找新材料,新材料又生新问题,如此连环不绝,才有现代科学的发生。"② 史语所正是在《旨趣》这一纲领的指引下,并在傅斯年的精心呵护下,迅速成长为当时的学术重地,取得了令世人瞩目的学术成就,并对整个中国学术界产生了深远影响。

---

① 傅斯年:《〈史料与史学〉发刊词》,《傅斯年全集(第三卷)》,湖南教育出版社,2000 年,第 335 页。
② 李济:《傅所长创办史语所与支持安阳考古工作的贡献》,《李济文集(卷五)》,上海人民出版社,2006 年,第 236 页。